W0397981

GERHART M. RIEGNER

NIEMALS VERZWEIFELN

Sechzig Jahre für das jüdische Volk und die Menschenrechte

Aus dem Französischen von
Michael von Killisch-Horn

Bleicher Verlag

Der Verlag dankt dem französischen Ministerium für Kultur – Centre nationale du livre, für die Unterstützung bei der Veröffentlichung dieses Buchs.

Die Originalausgabe erschien 1998 unter dem Titel
Ne jamais désespérer auf Französisch
im Verlag Les Éditions du Cerf, Paris.
© by Les Èditions du Cerf, Paris.

Die Deutsche Bibliothek – CIP-Einheitsaufnahme

Riegner, Gerhart:
Niemals verzweifeln : sechzig Jahre für das jüdische Volk
und die Menschenrechte / Gerhart M. Riegner.
Übers.: Michael von Killisch-Horn.
– 1. Aufl.. – Gerlingen : Bleicher, 2001
(Zeugen der Zeit)
Einheitssacht.: Ne jamais désespérer <dt.>
ISBN 3-88350-669-9

© der deutschsprachigen Ausgabe
bei Bleicher Verlag GmbH, Gerlingen 2001
www.bleicher-verlag.de
Alle Rechte vorbehalten
Umschlag: Atelier Reichert, Stuttgart
Lektorat: Angelika Vogt, Gerlingen
Herstellung: fgb freiburger graphische betriebe, www.fgb.de
ISBN 3-88350-669-9

Inhalt

Vorwort

In diesen Erinnerungen unternehme ich den Versuch, meine wichtigsten Aktivitäten im Dienst des jüdischen Volks und der Menschenrechte zusammenzufassen. Gleichzeitig ist dieses Buch in mancher Hinsicht auch eine Geschichte des Jüdischen Weltkongresses, dem ich seit mehr als sechzig Jahre verbunden bin. In einer Zeit, in der diese Organisation einen sichtbaren Platz in der Tagespolitik einnimmt, erscheint es mir durchaus sinnvoll, ein breites Publikum mit ihren ideologischen Grundlagen, ihren Zielen und ihren Leistungen bekannt zu machen.

In meinem Bericht konzentriere ich mich auf die objektiven Probleme und ihre Entwicklung. Dieser meinem Charakter entsprechende Ansatz mag mich zuweilen verleitet haben, den Anteil meiner Mitarbeiter und Partner an der Erfüllung dieser Aufgaben nicht deutlich genug herauszustellen. Ich habe stets das Glück gehabt, mich auf selbstlose, von Idealismus erfüllte und von unserer Sache überzeugte Mitarbeiter verlassen zu können. Ich kann sie nicht alle nennen. Doch ich bin ihnen unendlich dankbar.

Die Entstehung dieses Buches beginnt mit ausführlichen, über einen längeren Zeitraum geführten Gesprächen mit Léon Abramowicz, einem aus Polen stammenden Journalisten in Paris. Er war ein großer Kenner der Shoah und nahm regen Anteil am kulturellen Leben der Juden. Mehrere Jahre lang arbeitete ich drei Tage im Monat mit ihm, mehr Zeit ließen mir meine anderen Aktivitäten leider nicht dafür. Auf diese Weise haben wir gemeinsam den größten Teil der ersten Version dieses Buches erarbeitet. Leider hatte Léon Abramowicz große gesundheitliche Probleme und erlag schließlich seiner Krankheit. All das hat die Ausarbeitung des Buches um eineinhalb Jahre verzögert. Ich werde niemals genug Worte finden, um auszudrücken, wie dankbar ich ihm bin. Er hat wesentlich zum Entstehen dieses Buches in einer Atmosphäre harmonischen und fruchtbaren Einvernehmens beigetragen. Dieses einvernehmliche Verständnis setzte sich mit seinem Sohn Emmanuel Abramowicz fort, der mit großer Selbstverständlich-

keit die schwierige Aufgabe übernahm, alle in Paris in den Computer eingegebenen Manuskripte nach Genf zu transferieren.
Ich war glücklich, nach Léon Abramowicz' Tod einen äußerst tüchtigen und herzlichen Mitarbeiter in dem Genfer Journalisten Jean-Paul Darmsteter zu finden, mit dem ich den gesamten Text wieder vorgenommen und beendet habe und der dazu beigetragen hat, ihn lesbarer und lebendiger zu gestalten. Auch ihm gilt mein tief empfundener Dank für sein aufmerksames Interesse an meiner Arbeit und seine Unterstützung.
Zum Schluss möchte ich nicht versäumen zu sagen, wie zutiefst dankbar ich meinen beiden Sekretärinnen Myra Becker und Ruthy Alcheh bin. Diese beiden engen Mitarbeiterinnen sind mir jahrzehntelang eine unvergleichliche Stütze gewesen. Ich verneige mich vor ihrer großen Kompetenz, ihrer Treue, ihrer Ergebenheit, die meine Ungeduld nie trüben konnte, und ihrer ständigen Verfügbarkeit – lauter Eigenschaften, die mir meine Arbeit erst ermöglicht haben und ohne die es dieses Buch nicht geben würde.

G. M. R.

Frühe Jahre

Ursprünge – Ausbildung

Die beiden prägenden Quellen

Ich stamme aus einer kultivierten bürgerlichen jüdischen Familie, wie es im Deutschen Reich vor dem Ersten Weltkrieg und besonders in der Weimarer Republik viele gab, und gehöre der Generation an, die allgemein die postassimilationistische Generation genannt wird. Unsere Anpassung an die deutsche Kultur war seit langem vollzogen. Die Annahme unseres Judentums war das Ergebnis einer bewussten Wahl. Diesbezüglich entfernte ich mich jedoch ein wenig von meinem Vater und meiner Mutter, worauf ich noch zurückkommen werde.

Zunächst möchte ich von meiner Familie mütterlicherseits berichten. Mein Großvater, Max Arnheim, wurde in Magdeburg geboren; meine Großmutter hatte in Halle das Licht der Welt erblickt. Beide kamen aus der tiefsten deutschen Provinz, nicht zuletzt deswegen, weil ihre Vorfahren schon seit Generationen dort ansässig waren.

Zu meinem Großvater hatte ich eine besonders enge Beziehung. Als überaus bescheidener und absolut integrer Geschäftsmann besaß er einen tiefen Sinn für Gerechtigkeit. Ich war der erste männliche Nachkomme in der Familie; er hatte drei Töchter bekommen, und die beiden Ältesten hatten ihrerseits wieder Mädchen geboren. Meine Geburt hatte ihn sehr stolz und sehr glücklich gemacht. Er verwöhnte mich sehr und spielte mit mir. Sein ganzes Leben lang sollte er mir auf vielfache Weise seine Liebe bezeugen.

Meine Großmutter war eine Lewandowski. Sie war die Tochter eines *Chasan*, eines Vorbeters in der Synagoge, Jacob Lewandoswski, und die Nichte des berühmten Louis Lewandowski, der als Chorleiter der großen Synagoge von Berlin im 19. Jahrhundert die in den Synagogen gesungene Musik reformiert hatte. So bin ich also mit diesem berühmten Komponisten verwandt, der die moderne Musik der jüdischen Liturgie revolutioniert hat. Eine überaus friedliche Revolution, geführt mit herrlichen Melodien und mit prächtigen Gesängen. Ver-schiedene Kompositionen von Lewandowski werden heute noch gespielt.

Väterlicherseits stammte die Familie in noch stärkerem Maße aus der deutschen Provinz. Meine Großmutter väterlicherseits war in Neu-Brandenburg geboren worden; mein Großvater in Niederschlesien, in Namslau. Einer meiner Großonkel hat jahrzehntelang ein jüdisches Hotel in Breslau (heute Wrocław) geführt; Generationen von Juden haben dort gewohnt. Als noch junger Mann war mein Großvater nach Berlin gekommen. Sein Vater hatte ihm ein paar Dukaten in die Hand gedrückt und ihm empfohlen, sein Leben in der Großstadt zu versuchen.

Ein einziges Mal nur habe ich in meinem Leben von Namslau sprechen hören. Eines Tages nannte meine Mutter der Verkäuferin von Kaisers Kaffeegeschäft, einer Lebensmittelkette, ihren Namen, damit die Einkäufe nach Hause geliefert würden. »Riegner? Sind Sie aus Namslau?« Meine Mutter, erstaunt: »Warum?« »Ich bin auch aus Namslau in Niederschlesien. In meiner Stadt heißen alle Riegner.« Ich habe nie versucht, mehr zu erfahren, obwohl mich diese Eröffnung sehr verblüfft hat. Denn das musste ja bedeuten, dass in Namslau zahlreiche Einwohner, Jude oder nicht, meinen Namen trugen.

Meine Familie war sehr stark in der jüdischen Tradition verwurzelt, wozu mein Großonkel Louis Lewandowski viel beitrug. Obendrein war seine Tochter Martha die Frau von Hermann Cohen, dem neukantianischen jüdischen Philosophen. Hermann Cohen war neben Paul Natorp der führende Kopf der Marburger Schule. Er war eine der Berühmtheiten des deutschen Judentums der damaligen Zeit. Und er war ein Denker der jüdischen Philosophie, bekannt durch sein Buch *Religion der Vernunft aus den Quellen des Judentums.* Cohen war – weit über die Grenzen hinaus – eine respektierte Stimme des deutschen Judentums, vor allem seit dem Berliner Antisemitenstreit, einer Kontroverse, die durch den aufsehenerregenden Artikel, den Heinrich von Treitschke 1879 in den *Preußischen Jahrbüchern* veröffentlicht hatte, ausgelöst worden war. Die *Preußischen Jahrbücher* waren eine wichtige Zeitschrift, und Heinrich von Treitschke galt als angesehener Historiker. Der erwähnte Artikel war ein heftiger Angriff gegen die Juden; er enthielt den schrecklichen Satz: »Die Juden sind unser Unglück«, einen Satz, den man jede Woche in der Wochenzeitschrift der Nazis *Der Stürmer* lesen konnte. *Der Stürmer* unseligen Angedenkens war die furchtbare antisemitische Zeitschrift, die von Streicher herausgegeben

wurde. Hermann Cohen war, auf diese Anklage reagierend, einer der glühendsten Verteidiger der Juden gewesen, ein echter Wortführer des deutschen Judentums.
Hermann Cohen hatte sein Studium im Rabbinerseminar in Breslau begonnen. Sein Vater war ein *Melamed*, ein jüdischer Religionslehrer. All dies spielte sich in Mitteldeutschland ab. Von diesem Zweig meiner Familie habe ich einen sehr entwickelten Sinn für das Judentum geerbt. Philosophisch gesehen war mein Vater Neukantianer, der den Ideen Cohens nahe stand. Die Familienbeziehungen, die bereits sehr herzlich und eng waren, verstärkten sich noch nach 1912, dem Jahr, in dem Cohen Marburg verließ und nach Berlin ging. Er lehrte dort an der Lehranstalt für die Wissenschaft des Judentums, der ersten Hochschule, an der man das Judentum unter dem Blickwinkel der wissenschaftlichen Erfahrung studieren konnte, wie ich meine, nicht ohne einen gewissen Hang zum Positivismus. Diese angesehene Schule, die auch auf das Rabbinat vorbereitete, wurde von den Protagonisten der so genannten »Wissenschaft des Judentums« geleitet.
Jeden Sonntag gingen wir zum Mittagessen zu meinen Großeltern. Mit einer subtilen Dosis unendlicher Güte und großer Strenge herrschte meine Großmutter über diese Familienessen, die nach dem Tod ihres Mannes weiterhin stattfanden. Ihre Küche war köstlich. Ich erinnere mich heute noch an das eine oder andere ihrer Gerichte, die gebratene Gans mit Rotkohl etwa oder ihren ofenfrischen Apfelkuchen.
Meine Mutter und meine kleine Schwester haben ihrerseits nach den »Rezepten von Großmutter« gekocht – zu aller Entzücken! Ihr Duft weckt noch immer zahllose Erinnerungen in mir.
Nach dem Mittagessen gingen wir zum Tee oder Kaffee zu den Cohens. Dort begegneten wir den unterschiedlichsten Menschen, unter ihnen russischen Juden, Schülern von Cohen, die zum Studium nach Berlin gekommen waren. Mehrere Dutzend Personen scharten sich so um Hermann Cohen, um über alle möglichen Probleme mit ihm zu diskutieren. Ich sehe ihn noch in seinem Schaukelstuhl, einem der zahlreichen *rocking chairs*, die im Haus verteilt waren (ich brachte sie natürlich erst sehr viel später mit Kennedys Lieblingsstuhl in Zusammenhang).
Cohen war von kleiner Statur mit einem gewaltigen, von silbergrauem Haar gekrönten Kopf. Es sah sehr schlecht und trug eine dicke blau-

getönte Brille. Zu uns Kindern war er außerordentlich nett. Er liebte es, mit uns zu spielen. Ich erinnere mich noch an den Abend, an dem ich ihn zum letzten Mal gesehen habe. Das war im Herbst 1917, während des Festes von *Simchat Thora* (Tag der Gesetzesfreude) in der Synagoge in der Fasanenstraße. Ich war damals ein kleiner sechsjähriger Junge. Während dieses Festes findet in der Synagoge eine Prozession statt. Dabei werden die Thorarollen getragen. Hermann Cohen ging unmittelbar hinter dem Rabbiner und hielt eine kleine in einen Holzrahmen eingepasste Thora. Sechsundsiebzigjährig, sichtbar geschwächt, folgte er würdevoll dem Rabbiner, ein Patriarch der Bibel. In meinen Augen war er die Personifizierung des jüdischen Geistes. Auf mich, das Kind, das ich damals war, machte er einen tiefen Eindruck, der immer noch in mir lebendig ist und immer lebendig bleiben wird. Der Einfluss, den er auf diese Weise ausübte, ging weit über einfache familiäre Bindungen hinaus, Bindungen, die übrigens fruchtbar waren, hier aber gleichsam transzendiert wurden.

Wir waren nur selten allein bei den Großeltern. Fast jeden Sonntag trafen wir dort die Goldschmidts, die Familie der jüngsten Schwester meiner Mutter. Meine Tante war die Frau eines sehr gebildeten Rechtsanwalts, der später in wichtige Funktionen im Preußischen Justizministerium berufen wurde. Sie hatten einen Sohn und eine Tochter.

Diese erweiterten Familienzusammenkünfte trugen dazu bei, dass zwischen den Generationen hervorragende Beziehungen entstanden und sich innerhalb der jungen Generation Freundschaften entwickelten, da sie eine echte Kameradschaft förderten. Es scheint mir nicht uninteressant, darauf hinzuweisen, dass mein Onkel, während er seinen Beruf als Rechtsanwalt ausübte, ebenso wie mein Vater ein sozialistisches Mitglied des Reichstags als Partner hatte, Oscar Cohn, der 1912 unter Kaiser Wilhelm II. ins Parlament gewählt worden war. Gegen Ende der zwanziger Jahre hatte Oscar Cohn seine Karriere als deutscher Politiker aufgegeben, um sich ganz den jüdischen Angelegenheiten zu widmen. Er wurde zum Rechtsanwalt der jüdischen Flüchtlinge aus Osteuropa, die sich immer häufiger an ihn wandten, und kümmerte sich vor allem um Hilfsdienste für die Juden, was ihn ganz natürlich dazu bestimmte, die sozialistischen Zionisten (Poalei Zion) im Rat der Jüdischen Gemeinde Berlins zu führen. Nachdem er 1933 Deutschland verlassen hatte, wurde er in Paris Mitglied des Comité des délégations juives

(CDJ). In dieser Eigenschaft arbeitete er sowohl im Rahmen der Tätigkeiten des Komitees als auch bei der Vorbereitung des ersten jüdischen Weltkongresses eng mit Motzkin und Goldmann zusammen. Oscar Cohn war Koautor des berühmten *Schwarzbuchs* über die antijüdische Politik des Dritten Reichs, das vom CDJ herausgegeben wurde.

Meist sind es die Kinder, die sich von den religiösen Traditionen ihrer Eltern entfernen. Bei uns jedoch waren die Kinder diejenigen, die die Eltern zur Praxis des Judentums zurückführten. Eines Tages brachte meine ältere Schwester meinen Vater mit ihrer Frage, wie es komme, dass er im Gegensatz zur Mutter nicht mehr in die Synagoge gehe, wieder dorthin zurück. Wir haben es hier – so empfinde ich es heute sehr stark – mit einem wichtigen Phänomen zu tun. Wir, die Kinder, haben darauf bestanden, dass die jüdischen Feste gefeiert, dass der *Seder* (der Pessachabend) begangen wurde ... Damit will ich nicht behaupten, dass wir orthodox gewesen wären. Aber wir haben doch wieder ein gewisses Jüdischsein in die Familie eingeführt.

Das deutsche Judentum, aus dem ich stamme, befand sich damals in einem Wandel. Im Großen und Ganzen hielt es an den religiös geprägten familiären Traditionen und Praktiken fest. Die Lockerung der ererbten Regeln – durch das so genannte Reformjudentum wie durch die Neoorthodoxie – hat gewiss dazu beigetragen, Leben in die Gemeinden zu bringen. Als einige liberale Deutsche den Juden vorschlugen, ihre Religion und ihre Traditionen aufzugeben, um in den Genuss wirklicher Gleichberechtigung zu kommen, lehnten diese energisch ab. Sie kämpften für den Vollbesitz ihrer Bürgerrechte einschließlich des Rechts, ihre jüdische Identität zu behalten, die zu einem Großteil auf soziohistorischen und religiösen Grundlagen beruhte.

Dennoch verloren die Gemeinden an Substanz. Durch Gleichgültigkeit auf der einen Seite, denn viele Juden hatten jegliche Form der Religionsausübung aufgegeben, und auf der anderen Seite durch die Abschaffung eines Gesetzes, das die automatische Zugehörigkeit zu einer Religionsgemeinschaft regelte, wodurch viele Personen plötzlich keine Religion mehr hatten. Aber es gab noch einen weiteren, nicht unwichtigen Grund, nämlich die zunehmende Zahl von Mischehen. In diesen Verbindungen fügte sich meist der jüdische Partner in die christliche Mehrheit ein. Paradoxerweise führte der Fall der Schranken zwischen Juden und Nichtjuden zu einem mitunter erheblichen Antisemitismus.

Gleichsam um diesen Verlust zu kompensieren, verstärkte der wachsende Zustrom von Juden aus dem Osten die Gemeinden, auch wenn diese Neuankömmlinge, die häufig als »primitiv« angesehen wurden, von den »alteingesessenen« deutschen Juden nicht immer freundlich aufgenommen wurden. Wie auch immer, das deutsche Judentum übte, gestärkt durch sein sehr hohes geistiges Niveau, einen ungeheuren Einfluss auf die jüdischen Gemeinden in der ganzen Welt aus.

Diese Zeit war wesentlich durch die Konfrontation des Judentums mit der modernen Welt gekennzeichnet. Und diese Konfrontation schloss auch die Begegnung mit der sehr prägenden deutschen Kultur eines Lessing und Schiller ein. Sie kann mit den Begegnungen des Judentums mit den anderen Völkern oder den anderen europäischen Kulturen kaum gleichgesetzt werden. Es ist oft von einer jüdisch-deutschen Symbiose gesprochen worden. Selbst wenn die Ereignisse, die wir erlebt haben, Anlass genug sind, diesen Prozess mit Vorsicht zu betrachten, kann man eine derartige Tendenz nicht leugnen. Diese Tatsache, ein gewisser gegenseitiger Einfluss, hat zahlreiche Elemente von großem Wert, Grundlagen für bereichernde Entwicklungen auf vielen Gebieten, mit sich gebracht. Der jüdische Historiker und Philosoph Gershom Scholem, ein eminenter Kritiker dieser Entwicklung, vertrat die Ansicht, dass es diese Symbiose nur in den Köpfen der Juden gegeben habe; dennoch erkannte er die Bedeutung des Phänomens. Die Konzepte Kants und Schillers, insbesondere hinsichtlich der Freiheit des Menschen, waren erfüllt von Brüderlichkeit, und Kants kritische Philosophie bot ein Denksystem, das den emanzipierten Juden erlaubte, ihre eigenen religiösen Überzeugungen in ein allgemeines und – zumindest hofften sie es – allgemein akzeptiertes philosophisches Konzept einzubetten. Die leidenschaftliche Liebe der gebildeten Juden zur klassischen Literatur und zum deutschen Idealismus hat dazu geführt, dass sie sich ein idealisiertes Bild von Deutschland zurechtzimmerten. Ein Bild, das sich immer mehr von der Wirklichkeit entfernte. Umgekehrt kann man beobachten, dass die meisten Deutschen zu dieser Zeit nur eine Karikatur des Judentums kannten.

Wenn ich an diese Zeit zurückdenke, kommt mir ein Abend in den zwanziger Jahren in den Sinn, an dem mein Vater nach Hause kam und uns erzählte, er habe in seiner Kanzlei einen Vertreter des jüdischen Nationalfonds empfangen, der nach Europa gekommen sei, um Geld für den Kauf von Land in Palästina zu sammeln. Die jüdischen Pioniere leisteten damals in Palästina Phantastisches. Mein Vater erzählte uns in aller Ausführlichkeit unglaubliche Geschichten über diese Pioniere, die die Wüste fruchtbar machten und die ungesunden Sümpfe trockenlegten. Dabei war er gar kein Zionist. In seiner eigenen Familie war man noch assimilierter als in der meiner Mutter. Mein Vater war eines von neun Kindern einer sehr patriarchalischen Berliner Familie. Ich habe meinen Großvater väterlicherseits nicht gekannt, er starb im Jahr meiner Geburt. Er war aus seiner Heimat Niederschlesien gekommen und hatte ein Geschäft aufgebaut, ein *self made man*.

Als Getreidegroßhändler hatte er sich mit einem gewissen Herrn Preuss zusammengetan. Ihre Firma hieß ganz selbstverständlich »Preuss und Riegner«. Die Partnerschaft sollte gut dreißig Jahre andauern. Und die Geschäfte gingen gut. Dieser Herr Preuss war der Vater von Hugo Preuss, der ein berühmter Professor für Verfassungsrecht war und später Innenminister und Verfasser der Weimarer Verfassung werden sollte. Unsere Familien standen sich sehr nahe. Mein Vater war eng befreundet mit Preuss' Sohn, dessen politische, demokratische und fortschrittliche Ideen er teilte. Wie viele Deutsche damals hatte sein Vater den brennenden Wunsch, vor seinem Tod die Schönheiten Italiens zu entdecken. Da er schon recht betagt war, wünschte er sich einen jungen Begleiter. Er wählte meinen Vater, den er als leidenschaftlichen Kenner der Kunstgeschichte schätzte. Diese Reise durch Italien, von Norden nach Süden, war für meinen Vater das Abenteuer seiner Jugend. Innerlich bewegt zeigte er mir – gut sechzig Jahre später – Orte, die er mit Preuss entdeckt hatte. Als er starb, hinterließ mein Großvater der Familie eineinhalb Millionen Goldmark, ein Vermögen vor dem Ersten Weltkrieg. Die Inflation sollte es vollkommen dahinschmelzen lassen. Davor ging es uns finanziell sehr gut. Wahrscheinlich hatten wir deshalb nie einen übertriebenen Respekt vor dem Geld. Psychologisch war es wichtig: Wir wussten, was es war, dass man welches haben konnte, dass man es auch verlieren konnte. Dass es einem folglich fehlen konnte.

Mein Vater war ein Intellektueller, der ein wenig gegen seinen Willen Rechtsanwalt geworden war. Er wäre lieber Kunsthistoriker geworden, aber sein Vater hatte das nicht erlaubt. Diese Art Beruf verhieß damals keine gesicherte Existenz. Einer seiner Brüder studierte Medizin, und mein Großvater war der Meinung, ein Intellektueller in der Familie sei genug. Mein Vater musste sich also gegen seine Eltern durchsetzen, um ein Universitätsstudium absolvieren zu können. Als Gegenleistung musste er akzeptieren, Jura zu studieren, das als etwas Praktisches galt. Im Laufe der Jahre sollte er sich jedoch zutiefst mit seinem Beruf identifizieren. Aber dennoch war mein Vater ein umfassend gebildeter Mann, der ebenso in der modernen Philosophie wie in der deutschen Literatur, in der Ökonomie wie in der Geschichte zu Hause war – und natürlich in der Kunstgeschichte. Mein Vater war ein typisches Beispiel für die deutsch-jüdische Bourgeoisie, die größten Wert auf Erziehung und Allgemeinbildung legte. Dieses Klima der Offenheit, das in meiner Familie herrschte, hat mich zutiefst geprägt. Was mir um den Familientisch mitgegeben wurde, mussten sich viele junge Leute hart erarbeiten. Viele meiner Schulkameraden kamen zu uns, um Bücher für ihre verschiedenen Arbeiten einzusehen. Alles Wichtige stand in der Bibliothek meines Vaters.

Nachdem mein Vater Rechtsanwalt geworden war, tat er sich schon sehr bald mit einem politisch sehr aktiven deutsch-jüdischen Anwalt zusammen. Dieser Partner, Kurt Rosenfeld, war sehr angesehen. Die ganze Weimarer Republik hindurch war er Mitglied des Reichstags. Während der Revolution von 1918 war er sogar Mitglied der provisorischen Regierung Preußens. Es gab damals in Preußen eine Koalitionsregierung aus Sozialdemokraten und Unabhängigen Sozialisten. Ihre Mitglieder hatten beschlossen, dass jedes Ministerium zwei Köpfe haben sollte, von jeder Partei einen. Kurt Rosenfeld war also für ein doppelköpfiges Justizministerium verantwortlich. Als die Partei der Unabhängigen Sozialisten zerbrach, schlossen sich einige ihrer Mitglieder den Kommunisten an. Die anderen – unter ihnen Rosenfeld – traten den Sozialdemokraten bei. Kurt Rosenfeld war im Reichstag einer der Hauptakteure der deutschen Bewegung gegen die Todesstrafe. In zahlreichen politischen Prozessen übernahm er sehr mutig die Verteidigung. In einem dieser Prozesse vor dem Reichsgericht lud er einen gewissen Adolf Hitler als Zeugen vor. Und als Hitler ihn als Juden beschimpfte, ließ er ihn zu einer Geldstrafe von 4000 Mark verurteilen. Das muss um 1930 gewesen sein. Hitler sollte es nicht vergessen.

Meine Mutter war in ihrer Jugend Volksschullehrerin gewesen und hatte anschließend in Berufsschulen für Mädchen unterrichtet. Bürgerkunde

vor allem, wobei sie den Mädchen die Rechte und Pflichten der Frau in der Gesellschaft erklärte. Dadurch wollte sie den deutschen Mädchen Bürgersinn vermitteln.
Sie engagierte sich außerdem stark in der Frauenbewegung. Deshalb begann sie während des Ersten Weltkriegs auch ein Studium der politischen Ökonomie, das sie allerdings abbrechen musste, als sie ihr drittes Kind erwartete, was sie wiederum später nicht daran hinderte, sich als aktives Mitglied der Demokratischen Partei der Politik zu widmen. In der Weimarer Republik war sie sogar Mitglied des Zentralkomitees der Partei. Das bot ihr Gelegenheit, Wahlen vorzubereiten, auf Wahlkampfreise zu gehen und auf öffentlichen Versammlungen das Wort zu ergreifen ...
Mein Vater interessierte sich ebenfalls lebhaft für das politische Leben, ohne jedoch direkt daran teilzunehmen. Er war Linksdemokrat mit einem ausgeprägten sozialen Bewusstsein. Da seine Handlungen in vollkommenem Einklang mit seinen Ideen standen, verteidigte er die Leute oft kostenlos. Er veröffentlichte zahlreiche Artikel, um seine Vorstellung von sozialer Gerechtigkeit zu verbreiten und die Haltung der Juristen zu brandmarken, die sich allein in den Dienst der großen Privatinteressen stellten. Daher war er einmal der Kandidat der jungen Anwälte bei den Vorstandswahlen der Anwaltskammer, der die meisten Stimmen in Berlin auf sich vereinigen konnte. Für einen so bescheidenen Mann wie ihn war das erstaunlich. Man schätzte ihn vor allem wegen seiner Integrität und seines hochentwickelten Sinns für soziale Verantwortung.
Es war also ganz normal, dass meine Familie leidenschaftlich Anteil an den politischen Geschehnissen der Weimarer Republik nahm. Jeden Tag entbrannten heftige Diskussionen über das Wohl und Wehe der Demokratie. Die Politik stand bei uns im Mittelpunkt des Interesses und spielte folglich eine herausragende Rolle.
Mein Vater war seinem Wesen nach ein eher beschaulicher Mensch, während meine Mutter mehr zum Handeln neigte. In gewisser Weise verbinden sich diese beiden Elemente bei mir. Einerseits habe ich einen theoretischen Sinn für Logik, Analyse und ein systematisches, methodisches und philosophisches Herangehen an die Dinge; andererseits habe ich mich stets verpflichtet gefühlt, die praktischen Konsequenzen aus meinen Überlegungen zu ziehen, dass heißt, die Gedanken in die Tat

umzusetzen. Ich bin mir stets bewusst gewesen, wie wichtig es für mich ist, jede Situation unter Kontrolle zu haben und zu meistern.
Dies sind also die beiden Hauptquellen meiner Berufung. Aus der einen ergibt sich meine Leidenschaft für politisches Handeln, aus der anderen meine tiefe Verbundenheit mit der jüdischen Tradition und dem jüdischen Volk. Mein Charakter spiegelt diese Einflüsse wider, die sich in mir mischen wie die Zuläufe eines Flusses.

Vom Ersten Weltkrieg zur Weimarer Republik

Mein Vater wurde bereits im zweiten Kriegsjahr mobilisiert. Er hatte in seiner Jugend keinen Militärdienst geleistet. Dennoch wurde er mobilisiert, um in der deutschen Armee in den Krieg zu ziehen, und kämpfte nacheinander an den beiden Fronten: zuerst im Osten, in Russland, und dann im Westen, in Frankreich. Diese Erfahrung sollte sein Leben entscheidend prägen. Und unseres auch.
Während des Kriegs im Osten begegnete mein Vater Juden aus Osteuropa. Wie für viele deutsche Juden war das für ihn eine Offenbarung. Als er nicht mehr an der Front kämpfte, konnte er sie näher kennen lernen. Er empfand es als ganz besondere Erfahrung, zu ihnen eingeladen zu werden, um ihr Leben zu teilen und mit ihnen den Vorabend und den Beginn des Schabbat zu feiern. Diese Aufnahme in die Familien öffnete ihm die Augen für die reiche Kultur des östlichen Judentums, das tief in Begriffen und Überzeugungen wurzelt, die aus einer profunden Kenntnis der Bibel, des Talmud, der rabbinischen Kommentare und der Traditionen hervorgegangen sind. Eine ganze Generation von Schriftstellern hat diese wunderbare Erfahrung beschworen. Die Illustrationen des Malers Hermann Struck in *Das ostjüdische Antlitz* wurden von einem Text Arnold Zweigs erläutert. Sami Gronemann schrieb *Havdolo und Zapfenstreich* und Arnold Zweig seinen berühmten *Streit um den Sergeanten Grischa*, der die unglaubliche und tragische Geschichte des Prozesses eines braven Soldaten, des Streits um sein Schicksal erzählt.
Später, nach dem Krieg, sollte uns mein Vater voll Dankbarkeit und innerlich bewegt von den jüdischen Familien erzählen, die ihn in Thorn, in Kowno (Kaunas), in Aleksandrowo ... aufgenommen hatten. Meine

Familie hat gegenüber den Juden aus Osteuropa niemals die Arroganz an den Tag gelegt, mit der die deutschen Juden ihnen so häufig begegneten.
Dennoch war der Erste Weltkrieg für unsere Familie eine lange Zeit der Angst und schwieriger Probleme, die gemeistert werden mussten. Als mein Vater an der Front war, waren wir oft monatelang ohne Nachricht von ihm, und eine unbestimmte Unruhe nagte an uns. Der Winter 1917 war besonders hart. Unsere Nahrung bestand im Wesentlichen aus Kohl und Kohlrüben, in Wasser gekocht. Vor allem die Kohlrüben wurden zum roten Tuch für uns: Das Brot bestand aus Rübenmehl, Rüben waren in der Suppe, die das Hauptgericht bildete, und selbst im Nachtisch verbargen sie sich. Aber was hätten wir sonst essen sollen? Ich beobachtete manchmal meine Mutter, wie sie nachts umherirrte auf der Suche nach einem kleinen Stück Zucker. Sie wollte den Kindern ihre Ration nicht vorenthalten und versuchte auf diese Weise, ihren Hunger zu stillen. Wir waren drei Kinder. Ich habe zwei Schwestern, eine fast drei Jahre älter als ich, die andere zehn Jahre jünger. Meine ältere Schwester war träumerisch und romantisch und machte häufig den Eindruck, als fehle ihr jeglicher Sinn für die Realität. Sie begeisterte sich für die deutsche, französische und spanische Literatur. Vor dem Zweiten Weltkrieg war sie allein in die Vereinigten Staaten gegangen, die ihr zur zweiten Heimat werden sollten. Während des Krieges promovierte sie in Radcliffe in Literaturwissenschaft und unterrichtete danach an mehreren amerikanischen Universitäten. Sie hat geheiratet und zwei Kinder bekommen.
Meine kleine Schwester war das Nesthäkchen der Familie, das beschützt werden musste. Als kleines Mädchen sah sie in mir, der ich bereits ein großer Junge war, den beschützenden Bruder. Ich habe sie leider nicht heranwachsen sehen, da ich 1933 Deutschland verlassen musste. Ich habe ihre Entwicklung, ihr Erblühen nicht miterlebt. Sehr viel später ist sie mit unseren Eltern in die Vereinigten Staaten gegangen, um in Boston Karriere zu machen. Dann hat auch sie geheiratet und vier Kinder zur Welt gebracht. Und auch in ihrem Fall konnte die Entfernung der Liebe unter uns Geschwistern nichts anhaben. Leider ist meine kleine Schwester vor ein paar Jahren gestorben. Das war einer der großen schmerzvollen Augenblicke in meinem Leben. Kurz darauf starb auch ihr Mann an einer furchtbaren Krankheit. In gewisser Weise haben ihre

Kinder mich adoptiert, wie ich sie adoptiert habe. Sie bilden meine kleine Familie, mit der ich mich stark verbunden fühle. Ich sehe sie recht häufig. Zu dieser kleinen Familie gehört auch der Sohn meiner holländischen Cousine, der sehr früh seine Eltern verloren und eine starke Zuneigung zu mir entwickelt hat. Er hat eine glänzende Universitätskarriere in Großbritannien gemacht. Und auch andere Mitglieder meiner holländischen Familie stehen mir sehr nahe. Auf diese Weise bilden wir eine zugleich amerikanische und europäische Familie.

Schule und Familienleben

Ich muss auf meine Jugend zurückkommen, auf die Zeit, in der mir allmählich und dann immer stärker bewusst wurde, dass ich Jude war. Es ist, als habe die Welt darüber gewacht, dass ich mir von frühester Kindheit an immer stärker bewusst werde, Jude zu sein. Auf diese Weise haben sich Erfahrungen, Prüfungen angesammelt, die mich für immer prägen sollten.

Das erste spürbare Zeichen, durch das die Außenwelt mich auf diesen Zustand aufmerksam machte, war die Beschimpfung. Das ereignete sich während meiner ersten Tage in der Schule. Ein Junge rief, als ich vorbeiging: »Dreckiger Judenbengel.« Ich war gerade fünfeinhalb und stolz, ganz allein und gelassen mit meinem kleinen Schulranzen in die Schule zu gehen. Dieser vollkommen unerwartete Angriff traf mich zutiefst. Ich spürte, dass ich reagieren musste. Also beschimpfte ich ihn meinerseits, indem ich ohne weiter zu überlegen zu ihm sagte: »Dreckiger Christenbengel.« Das war mehr als idiotisch. Aber man muss auch verstehen, dass ich damit eine Verweigerung zum Ausdruck bringen wollte. Ich konnte diese Art von Behandlung einfach nicht akzeptieren.

Leider häuften sich derartige Geschichten, die mir nach und nach bewusst machten, was Antisemitismus ist. Ich will sie hier nicht ausbreiten. Aber ich muss doch meine erste Begegnung mit dem sozialen Antisemitismus beschreiben, der sich darin äußerte, dass wir nicht in christliche Familien eingeladen wurden. So habe ich drei Jahre lang ein wirkliches Drama wegen eines Klassenkameraden durchlebt, der ebenfalls der Sohn eines Rechtsanwalts war. Die Freundschaft drückte sich auf ganz natürliche, spontane Weise durch gegenseitige Einladungen

Die Eltern Heinrich und Agnes Riegner geb. Arnheim.

beispielsweise an Geburtstagen aus. Doch nie wurde ich zu ihm nach Hause eingeladen. In meinem kindlichen Gemüt fand ich alle möglichen Entschuldigungen für ihn ... während ich auf das nächste Mal wartete, das nie kam. Wahrscheinlich, redete ich mir ein, gibt es irgendein Hindernis, weswegen ich nicht eingeladen werde, irgendwelche familiären Zwänge, die nicht zulassen, dass ein nicht zur Familie gehörender Freund bei der Feier einer Konfirmation oder der Beerdigung eines Bruders dabei ist. Ich war damals ungefähr zehn, und diese Erfahrung hat mich für mein Leben geprägt. Dieses Verhalten war wirklich erstaunlich: Unsere Schule lag in dem Wohnviertel im Westen Berlins, in dem zahlreiche Juden lebten. So viele, dass sie ungefähr ein Drittel meiner Klasse ausmachten; in anderen Klassen waren es manchmal sogar noch mehr. Jedenfalls wurde ich mir auf diese Weise der Unterschiede zwischen uns bewusst. Und unseres Ausgeschlossenseins.
Das war in der Weimarer Republik zu Beginn der zwanziger Jahre. Ich war ein sehr lebhaftes, neugieriges, an der Politik interessiertes Kind und las die Zeitungen; die antisemitischen Vorfälle entgingen mir keineswegs, im Gegenteil, ich widmete ihnen meine ganze Aufmerksamkeit. Die häufigen Diskussionen, die wir zu Hause hatten, halfen mir

zu verstehen, was da vor sich ging. Ich kannte die antijüdischen Parteien, wusste, wer ihre Führer waren, wie ihre Aktivitäten aussahen. Dennoch verlief mein Leben in der Schule insgesamt harmonisch. Trotz dieser gewiss unangenehmen, aber doch seltenen und unbedeutenden Vorfälle erinnere ich mich gern an meine Schulzeit.

Einige der Freundschaften, die sich in dieser Zeit entwickelten, haben ein Leben lang gehalten. Ich denke vor allem an den Klassenkameraden, mit dem ich zwölf Jahre dieselbe Schulbank teilte, von unserem ersten Schuljahr 1917 bis zum Abitur 1929. Ein treuer Kamerad, der ein sehr angesehener Arzt in Israel geworden ist. Meine Freundschaft zu ihm hat sich sogar auf seine ganze Familie ausgedehnt.

Wie in anderen Schulen gab es auch in unserer ein paar nationalistische Lehrer. Aus einsichtigen Gründen zeigten sie aber kaum, dass sie Antisemiten waren – oder nicht waren. Wenn sie monarchistische Ideen propagierten, waren wir schockiert. Wir ärgerten uns, denn wir hatten uns an die Republik gewöhnt, die das Kaiserreich abgelöst hatte.

Manche Lehrer waren ausgezeichnet. Damals kamen gerade neue Unterrichtsmethoden in allen Fächern, auch im Sport, auf. Es war die Zeit der Erneuerung des Unterrichts durch die Öffnung auf die aktive Pädagogik. Reines Auswendiglernen war daher nicht mehr gefragt. Wissen wurde durch Verstehen erworben; man konnte endlich über das Wissen, über die Kenntnisse sprechen. Aufgewachsen in einem Milieu, in der intellektuelle Neugier und Achtung vor dem Studium eine wahre Hymne auf das Wissen waren, fühlte ich mich bei diesem freien Unterricht wohl wie ein Fisch im Wasser.

Im Geist dieser neuen Pädagogik unternahmen wir mehrere Reisen nach Süddeutschland. Die Lehrer zeigten uns alte Städte wie Regensburg, Passau, Nürnberg, die für ihre Bauwerke und Kunstwerke berühmt waren. Diese Bildungsreisen bezeugten, dass ein Wandel eingetreten war: An die Stelle des passiven Lernens war eine Pädagogik der aktiven Mitarbeit getreten. In diesem Fall eine Pädagogik, die sich auch auf den Unterricht und die Erziehung durch die Beschäftigung mit dem Schönen, mit der Kunst stützte. Was für schöne Erinnerungen!

Das galt auch für die Reisen, die sportliche Ziele hatten und von unserem Turnlehrer organisiert wurden. Das Skifahren war immer mein Lieblingssport gewesen. Schon mit zwölf Jahren war ich ein guter Skifahrer. Wir fuhren ins Riesengebirge.

Drei Ereignisse haben meine Kindheit ganz besonders geprägt: Das erste war die Ermordung Rathenaus; das zweite die Beerdigung des Reichspräsidenten Ebert; das dritte die Wahl des Feldmarschalls von Hindenburg zum Reichspräsidenten.
Zunächst zur Ermordung Walther Rathenaus. Als er 1922 starb, war ich zehn. Man hatte soeben den einzigen jüdischen Minister in der Regierung getötet. Er war ein außergewöhnlicher Mann mit zahlreichen Begabungen und ein ausgezeichneter Firmenchef mit großem Organisationstalent (das sich vor allem auf nationaler Ebene entfaltete), der sich für die Politik interessierte. Diese Neigung sollte ihm zum Verhängnis werden. Er war ein Mann mit großen Visionen und bekannt für seine Friedensliebe. Als Außenminister war er überzeugt, dass sich Deutschland, um sich in den Augen der Westmächte zu rehabilitieren, mit der Sowjetunion versöhnen musste, die übrigens das erste Land war, das den Friedensvertrag mit Deutschland unterzeichnet hatte. Er hatte sich dieses Ziel gesteckt, als er den Vertrag von Rapallo unterzeichnete, der den aus dem Ersten Weltkrieg ererbten Zwistigkeiten ein Ende setzte. Der von ein paar fanatischen jungen Nationalisten verübte Mord erschütterte uns. Er führte uns die Heftigkeit des rechtsextremen deutschen Antisemitismus vor Augen. Die Wirkung auf mich als Kind war gewaltig.
Das Begräbnis des Reichspräsidenten Ebert ist das zweite Ereignis, von dem ich berichten möchte. Ich habe an der schweigenden Massendemonstration teilgenommen, die ihm zu Ehren stattfand. Auf der weiten Fläche des Lustgartens, der schwarz von Menschen war, hatte ich wirklich das Gefühl, dass man die Republik zu Grabe trug. In diese Vorahnung mischte sich ein eigenartiger Schmerz: Welche düstere Zukunft würde auf diese noch der Demokratie verpflichtete Welt folgen?
Die dritte mich prägende Begebenheit war die Wahl des Feldmarschalls von Hindenburg. Ich erinnere mich sehr gut an die bedeutende Wochenzeitung *Berliner Illustrirte Zeitung*, die groß darüber berichtete. Zwei Fotografen hatten die Kandidaten für die erste Seite fotografiert. Die Bilder zeigten den republikanischen Kandidaten, den ehemaligen Kanzler Marx, und den Kandidaten der Rechten, den berühmten Hindenburg. Man hätte die Unterschiede zwischen diesen beiden Männern nicht besser zeigen, sie nicht besser einander gegenüberstellen können. Auf der einen Seite erschien Marx im dunklen Anzug in seiner ganzen

Schlichtheit, der Zivilist par excellence. Auf der anderen Seite in großer Uniform unter seiner funkelnden Pickelhaube Feldmarschall von Hindenburg; mit all seinen Orden war er das Symbol des deutschen Militarismus der Vergangenheit. Nur der Vergangenheit? Diese bildliche Gegenüberstellung war ein Schock für mich.
Gewiss, ich war sehr jung, an der Schwelle zum Jugendlichen, ein netter Junge, sagte man vermutlich. Aber auch ein vorzeitig reif gewordenes Kind. Das erklärt, dass mich die Uniform selbst in diesem Alter nicht beeindruckte, jedenfalls nicht positiv. Und auch mein Vater war nicht sehr stolz auf das, was er im Ersten Weltkrieg hatte tun müssen. Mehrfach hatte er mir anvertraut: »Ich war zwar Soldat, aber ich habe niemanden auf dem Gewissen.« Das bringt mich dazu, hier einen unbedeutenden Zwischenfall zu erwähnen, der sich während des Kriegs ereignete. An einem meiner Geburtstage hatte mir meine Mutter Bleisoldaten und anderes Kriegsspielzeug geschenkt, wie man es gern Jungen schenkte. Ich erinnere mich, dass an jenem Tag ein kleiner Streit zwischen meiner Mutter und Rosenfeld, dem Partner meines Vaters, entbrannt war, der gekommen war, um mir zum Geburtstag zu gratulieren. Rosenfeld hatte meiner Mutter Vorwürfe gemacht, dass sie gerade solches Spielzeug gewählt hatte. Muss ich betonen, dass ich trotzdem kein Militarist geworden bin?
Die große Inflation 1922-1924 war eine weitere schwierige Zeit für meine Familie. Unser Vermögen und unsere Rücklagen schmolzen dahin. Wie sollte man das Geld verdienen, das die Familie brauchte, wenn die galoppierende Inflation astronomische Höhen erreichte und man beispielsweise für eine einfache Briefmarke hundert Millionen Mark bezahlen musste? Wie sollte man unter solchen Umständen die Familie ernähren? In den meisten Fällen wurden die Honorare meines Vaters erst Monate, nachdem er seine Rechnungen geschickt hatte, bezahlt. Was blieb da übrig? Sehr häufig praktisch nichts. Als er schließlich durchgesetzt hatte, dass man ihn sofort bezahlte, und die Bezahlung am Vormittag erfolgte, bekam er schon am Nachmittag auf der Bank nur noch einen Teil ausbezahlt. Es mussten also außergewöhnliche Maßnahmen ergriffen werden. Und meine Eltern bewiesen Einfallsreichtum: Sie begannen einen bescheidenen Kunstsalon. Meine Mutter führte die Geschäfte, und mein Vater mit seinem reichen Wissen auf dem Gebiet der Kunst war die eigentliche Seele des Unternehmens. Das dauerte

mehrere Jahre, solange es nötig war. Obwohl äußerst schwierige Zeiten uns diese Tätigkeit aufgezwungen hatten, verschaffte sie uns eine enorme Befriedigung. Denn sie trug nicht einfach nur dazu bei, den Lebensunterhalt für die Familie zu sichern. Dieser Handel schmückte die Wände unserer Wohnung mit Meisterwerken, die durch andere Meisterwerke ersetzt wurden. Auf diese Weise lernten wir enorm viel über die Kunst und die Künstler. Unser Haus öffnete sich für zahlreiche Maler, Graveure und Bildhauer, die uns wiederum in ihren Ateliers empfingen. Ich begleitete meine Eltern oft. Besonders lebhaft erinnere ich mich an die Besuche bei Lesser Ury, einem deutsch-jüdischen Künstler, mit dem uns eine enge Freundschaft verband. Eines Tages wollte er mich überreden, ihm für eines seiner großen biblischen Gemälde Modell zu stehen. Aber er wollte mich nackt malen, was entschieden mein Schamgefühl verletzte. Ich weigerte mich.

In diesen unruhigen Zeiten versuchte man so gut es ging, die Familie zusammenzuhalten. Am Sonntagvormittag unternahm man in der Regel im Tiergarten, dem großen Park im Zentrum Berlins, einen Spaziergang. Man konnte dort manch überraschende Begegnung erleben. So trafen wir einmal während eines Spaziergangs den Philosophen Ernst Cassirer und seine Frau und plauderten eine ganze Weile miteinander. Ein anderes Mal begegneten wir Theodor Heuss und seiner Familie. Mein Vater kannte ihn seit seiner Jugend. Sie waren beide Schüler von Eugen Richter, dem Führer der Fortschrittspartei, gewesen. Von Zeit zu Zeit trafen sie sich im Demokratischen Klub oder bei Freunden.

Mehr als dreißig Jahre später stand ich plötzlich, als ich eines Abends mit Nahum Goldmann das Hotel Baur au Lac in Zürich verließ, Theodor Heuss, damals Präsident der Bundesrepublik Deutschland, und seinem Gefolge gegenüber. Heuss und Goldmann begrüßten sich herzlich; Goldmann stellte mich dem Präsidenten vor. Da mein Name eher selten ist, erinnerte sich Heuss sofort an meinen Vater und fragte mich, wie es ihm ginge. Ich erzählte es ihm und erinnerte ihn an unsere Begegnung im Tiergarten; ich fügte hinzu, dass es mir damals als kleiner Junge großen Spaß gemacht habe, mit seinem Sohn zu spielen. Er lächelte und sagte zu mir mit einer entsprechenden Handbewegung: »Hier steht der Sohn, mit dem Sie gespielt haben.«

Manchmal besuchten meine Eltern ein älteres Ehepaar, Theodor und Paula Rosenstock, deren Kinder zu ihrem Freundeskreis gehörten. Sie hatten alle Karriere gemacht, der bekannteste von ihnen ist der Philosoph und Theologe Eugen Rosenstock-Huessy. Bei einem dieser Besuche begegneten wir dem bedeutenden jüdischen Philosophen Franz Rosenzweig, dessen faszinierendes und fruchtbares Werk ich später mit Bewunderung entdecken sollte. Rosenzweig war äußerst nett zu Kindern und spielte daher mit uns Verstecken. Ich sehe ihn noch, wie er sich hinter den großen Vorhängen im Salon der Rosenstocks versteckte. Ich wusste nicht, dass er mit Edith Hahn verlobt war, die 1917 meine Religionslehrerin in der Schule gewesen war. Das war lange vor der schrecklichen Krankheit, die ihn schließlich das Leben kosten sollte.

Jedes Jahr machte unsere Familie lange Reisen, die zu meinen schönsten Erinnerungen aus dieser Zeit zählen. Sie fanden während der Sommerferien statt, der einzigen Zeit im Jahr, in der wir vier Wochen lang unsere Eltern für uns allein hatten. Wir lebten wirklich zusammen, ohne dass die Außenwelt und ihre Verpflichtungen uns störten. Diese Ausnahmemomente haben entscheidend dazu beigetragen, die gefühlsmäßigen Bindungen zwischen uns zu stärken; uns Jungen haben sie auch erlaubt, uns mit dem kulturellen Erbe unserer Eltern vertraut zu machen. Wir verbrachten diese Ferien mal in Bayern, mal in Tirol, später auch in der Schweiz. Dabei habe ich die Berge lieben gelernt. Und ganz allgemein das Gebirge, das mein ganzes Leben hindurch im wahrsten Sinne des Wortes meine große Leidenschaft gewesen ist.

Das Theater und die Musik haben eine wichtige Rolle in meiner Ausbildung gespielt. Berlin war damals eine Weltstadt der Kultur, außerordentlich lebendig und kreativ. Es gab eine unglaubliche Zahl ausgezeichneter Schauspieler und Musiker. Und wir nahmen lebhaften Anteil an diesem kulturellen Leben, indem wir so viele Aufführungen und Konzerte wie nur möglich besuchten.

Ich füge hier einen durch meine tiefe Liebe zur Musik gerechtfertigten musikalischen Exkurs ein. Schon als Kind spielte ich Cello und wurde von bemerkenswerten Lehrern unterrichtet. In der Schule spielte ich in einem kleinen Orchester. Meine Leidenschaft für dieses Instrument findet noch heute ihre Erfüllung in einer Sammlung von Schallplattenaufnahmen der großen Cellisten. Zu meinem großen Bedauern habe ich mein Cello jedoch zurückgelassen, als ich gezwungen war, Deutschland mit zwei Koffern zu verlassen.

Ende der zwanziger und Anfang der dreißiger Jahre, einer Zeit, die durch

Veranstaltungen zum hundertsten Todestag von Beethoven (1927) und Schubert (im Jahr darauf) geprägt war, bot Berlin ein außerordentlich intensives kulturelles Leben, das mir überwältigende »musikalische Momente« bescherte. Auch in meiner Familie gab es ausgezeichnete Musiker. Meine Eltern hatten mich schon sehr früh in die Kammermusik eingeführt. Wir gingen häufig zu Martha Cohen, der Frau von Hermann Cohen und Tochter von Louis Lewandowski. Martha Cohen war selbst eine bemerkenswerte Pianistin. Ich erinnere mich gerührt an ihr Spiel, als sie uns anlässlich meiner Bar-Mitzwa mit ihren Interpretationen vor allem jüdischer Melodien überraschte. Manchmal spielte bei Martha Cohen auch das Quartett, das von Albert Einstein angeführt wurde. Die zweite Violine spielte Professor Alfred Lewandowski, der Bruder von Martha Cohen. Man erzählte amüsiert, wie er eines Tages dem berühmten Mathematiker vorgeworfen habe, dass er »nicht bis drei zählen könne«.
Ich möchte jedoch nicht den Eindruck erwecken, wir seien eine vollkommen harmonische Familie ohne jeden Konflikt gewesen. Die Unterschiede im Charakter und im Temperament ihrer Mitglieder führten manchmal zu Beurteilungen einer Situation und zu Urteilen, die alles andere als einmütig waren. Aber war es nicht normal, dass es von Zeit zu Zeit zu Streitereien kam, denen mehr oder weniger lange Verstimmungen folgten? Das verlieh übrigens den Versöhnungen, die dann unweigerlich folgten, eine ganz besondere Würze. Vielleicht vertieften diese Ausbrüche und Spannungen ja die Gefühle, die aus uns eine solidarische und vereinte Familie machten, der ich so viel verdanke.
Nach dem Gymnasium verbrachte ich 1929 zwei Monate in Dijon. Die Universität veranstaltete dort Ferienkurse. Die Hauptstadt der Herzöge von Burgund gab mir Gelegenheit, zahlreiche Schätze zu genießen, etwa die Schönheit und den Reichtum der Sprache, der Architektur, der Kunst allgemein, nicht zu vergessen die Verführungen der regionalen Küche, einer der köstlichsten eines von der Gastronomie so sehr verwöhnten Landes. Diese vielschichtige Entdeckung Frankreichs offenbarte mir nicht nur eine stolze Provinz. Ich nutzte die Gelegenheit, um für ein paar Tage nach Paris zu fahren. Dieser erste Besuch in der Hauptstadt erscheint mit heute wie eine unglaubliche Erfahrung, geprägt durch zahllose Entdeckungen: Straßen, Plätze, Bauwerke, Museen ... dieses Gefühl ist in meinen Erinnerungen noch heute lebendig.

Hitlers Opfer

Universitätsstudium. Begegnung mit dem Nazismus

Wie bereits erwähnt, war ich schon früh der Überzeugung, dass der Nazismus eine rasant zunehmende Bedrohung darstelle, und diese Überzeugung wurde von Jahr zu Jahr stärker. Natürlich las ich viel. Wir hatten zwei oder drei jüdische Zeitungen abonniert. Häufig sträubten sich mir bei ihrer Lektüre die Haare vor Wut, denn instinktiv begriff ich, was ich erst viel später rational ableiten sollte. Ich spürte immer stärker, dass angesichts des pränazistischen und nazistischen Antisemitismus rationale Argumente nichts ausrichten würden im Kampf gegen den Nazismus. Wir waren mit leidenschaftlich vertretenen Vorurteilen, Reaktionen und Argumenten konfrontiert, die aus der Tiefe der deutschen Seele aufstiegen. Die antisemitischen Machenschaften waren Ausdruck irrationaler Kräfte und Überzeugungen. Für mich war klar, dass man sie nicht mit rationalen Argumenten bekämpfen konnte. Auf der Ebene der Logik zu gewinnen bedeutete mit Sicherheit, alles zu verlieren. Aber dies war noch immer die Politik einer der Logik verpflichteten Diskussion, die von blindem Vertrauen in die Vernunft getragen wurde. Auf diese Weise arbeitete der Centralverein deutscher Staatsbürger jüdischen Glaubens, der alle jüdischen Richtungen von den Anhängern der Assimilation bis hin zu den Orthodoxen umfasste. Die eigentliche Spaltung stellten jedoch die Zionisten dar, eine kleine Minderheit, die in der Mehrheit unterging. Der Verein hatte die Aufgabe, gegen den Antisemitismus zu kämpfen. Wir haben ihn alle lange, zu lange wahrscheinlich, unterstützt. Viel zu lang hat es gedauert, bis uns endlich bewusst wurde, dass seine Methoden angesichts des Wesens des Nazismus, der den Juden die elementarsten Menschenrechte verweigerte, absurd waren.

Nach dem Abitur kam das Studium. Ich verbrachte zunächst ein Sommersemester in Freiburg im Breisgau. Das zweite Semester wurde an der Universität von Berlin absolviert, ein weiteres danach in Heidelberg. Beendet habe ich mein Studium in Berlin.

Ich begann mit Jura und Politikwissenschaft, wobei mein Interesse ganz besonders dem öffentlichen Recht und der Rechtsphilosophie galt. Getreu der Familientradition beschränkte ich mich nicht nur auf die Gebiete des Rechts. Ich hörte auch Vorlesungen in Geschichte, Philosophie, Literatur, Soziologie, Kunstgeschichte ... Auf diese Weise folgte ich der Vision meines Vaters, sich eine wirkliche Allgemeinbildung anzueignen.

Freiburg bedeutete für mich die Entdeckung der Natur. In einer Großstadt geboren und aufgewachsen, lebte ich ein paar Monate und zum ersten Mal auf dem Land am Rande des Schwarzwalds. Ein herrliche Erfahrung.

Aber der Aufenthalt in Freiburg im Breisgau hatte für mich noch eine andere Bedeutung: Ich machte dort meine ersten juristischen Studien und begann gegen alle Gepflogenheiten nicht mit dem römischen Recht, sondern mit dem geltenden Zivilrecht. Vermutlich aus Pragmatismus, denn ich war ungeduldig und wollte mich mit den konkreten Problemen des Lebens befassen, anstatt Rechtsgeschichte zu büffeln. Und so schrieb ich mich bereits im ersten Semester in die »praktischen Übungen« ein, in denen man im Seminar oder zu Hause echte Fälle beurteilen musste. Diese Aufgabe löste ich sehr gut, und ich war stolz, von meinem Professor mit einer kleinen Gruppe der besten Studenten zu einem geselligen Ausflug eingeladen zu werden. Das gab mir Vertrauen in meine Fähigkeiten als Jurist und war für mich eine große Ermutigung für die Zukunft. Zur Vervollkommnung meiner juristischen Kenntnisse und um das Geschäftsleben kennen zu lernen, machte ich während der Semesterferien ein mehrmonatiges Volontariat in einer großen Privatbank in Berlin.

Mein Aufenthalt in Heidelberg hat mich für mein ganzes Leben geprägt. Damals, 1930, hatte die dortige Universität einen wirklich hervorragenden Ruf. Das Studium dort war ein großes intellektuelles Vergnügen. Es wehte noch der Geist von Max Weber. Sein Bruder, der Soziologe Alfred Weber, der Philosoph Karl Jaspers und einige bedeutende Juristen – wie Gerhard Anschütz und Gustav Radbruch – setzten die Tradition fort. Radbruch war übrigens einige Jahre lang Justizminister. Ein anderer berühmter Professor der Heidelberger Universität war Friedrich Gundolf, der Literatur lehrte. Sie alle zählten zu den besten Köpfen der deutschen Intelligenz. Es ist keine Übertreibung festzustellen, dass man damals in Heidelberg in einer Art ständiger intellektueller Schwingung lebte. Heidelberg war unbestritten ein bedeutendes Zentrum des Wissens. In dieser anregenden Atmosphäre blühte ich auf, in einem Geist, der meine Ausbildung buchstäblich für immer befruchtet hat. Rückblickend wird mir bewusst, in welchem Maße mir die Studienjahre in Deutschland und dann in Paris, Genf und Den Haag (an der Akademie für Internationales Recht) eine der umfassendsten Ausbildungen beschert haben, von der ein Jurist nur träumen kann. Dieses Privileg erklärt gewiss zum Teil den Erfolg, den ich, nach ihrer Wertschätzung für mich zu urteilen, bei meinen Professoren hatte.

Während meiner Studienjahre in Freiburg und Heidelberg nahm ich aktiv an der Bewegung der demokratischen Studenten, an den Studentendemonstrationen und an den Kampagnen für die Universitätswahlen teil. Dies war meine Lehrzeit auf dem Gebiet des politischen Lebens, vor allem im Kampf gegen die Nazistudenten und den Schrecken, den sie verbreiteten.

Seit meinem ersten Studienjahr nahm ich an den Wahlen für die Studentenräte teil. Solche Wahlen gab es nur noch in dem kleinen Land Baden. In Preußen hatten die Nationalsozialisten bereits überall eine so große Mehrheit erreicht, dass die Regierung jede Wahl abgeschafft hatte. Die Wahlkampagnen machten mich mit dem Verhalten der Nazis vertraut. Insbesondere mit ihrem Zynismus, ihrem Fanatismus und ihrer Brutalität.

Im Zuge der Wahlen arbeitete ich mit Harro Schulze-Boysen zusammen, der später einer der Leiter der »Roten Kapelle«, des berühmten kommunistischen Spionagenetzes während des Zweiten Weltkriegs, wurde. Dieser erstaunliche Schulze-Boysen kam aus der rechten Szene. Als ich ihn kennen lernte, war er Demokrat. Dann trat er der Kommunistischen Partei bei. Vom nazistischen Verteidigungsministerium aus, wo er eine Anstellung gefunden hatte und das von Göring geleitet wurde, plante er seine kommunistischen Sabotageaktionen in der Wehrmacht. Schließlich wurde er enttarnt und von den Nazis hingerichtet.

In den Jahren 1929/30 war ich sogar mehrere Semester lang Sekretär des Vereins der demokratischen Studenten an der Universität Berlin.

Meine Studienjahre waren schwer, fielen sie doch mit der Weltwirtschaftskrise und der katastrophalen Zunahme der Arbeitslosigkeit zusammen. Und es waren auch die Jahre des siegreichen Angriffs der Nazis auf die Republik. Ich habe bereits die erschreckenden antisemitischen Auswüchse des Nazismus erwähnt, die sich in immer größeren Wellen entwickelten und schließlich zu einer Flut wurden, der man nicht mehr entkommen konnte.

In einem schmerzhaften und fortschreitenden Prozess wurden die Juden immer stärker isoliert und ausgeschlossen. Dieser Prozess erfasste uns alle. Und er warf mich, den jungen Juden, der stolz darauf war, ein Jude zu sein, immer mehr auf seine Wurzeln zurück.

Ich erinnere mich, wie eines Tages Nazikommandos der SA mit Knüppeln und Schlagstöcken in die Universität von Berlin eindrangen, um die jüdischen Professoren und Studenten hinauszujagen. Das war 1930 oder 1931, lange bevor die Nazis an die Macht kamen. Ich erinnere mich an ihr massenhaftes Eindringen und an ihre Brutalität. Sie benahmen sich so bestialisch, dass wir durch die Fenster ins Freie springen mussten, die einzige Möglichkeit, ihnen zu entkommen. In diesem Klima beendete ich mein Studium. Dann meldete ich mich zum Staatsexamen an. Nachdem ich es Anfang Januar 1933 mit Auszeichnung bestanden hatte, wurde ich sofort Gerichtsreferendar in Berlin-Wedding am wichtigsten Amtsgericht der Hauptstadt. Normalerweise dauerte die Referendarzeit drei Jahre; mir blieben nur drei Monate.

Am 30. Januar 1933 kam die NSDAP auf völlig legale Weise an die Macht. Adolf Hitler wurde vom Reichspräsidenten von Hindenburg zum Reichskanzler ernannt. Dieses Datum war ein Einschnitt im Leben jedes deutschen Juden. Sobald sie die Macht übernommen hatten, errichteten die Nazis ihre Schreckensherrschaft.

Von Anfang an verfolgte ich ihre Kundgebungen und ihre Gewalt. Ich wusste, dass die Nazis den Reichstag angezündet hatten, um dieses Verbrechen der Opposition in die Schuhe zu schieben. Ich wusste schon sehr früh von der Existenz der Konzentrationslager in Oranienburg und Sachsenhausen. Ich wusste, dass man im einstigen Gebäude der kommunistischen Zeitung *Rote Fahne* Menschen schlug und folterte. Mit einem Wort, ich konnte das Ausmaß der Nazibrutalität ermessen.

Der Tag des Judenboykotts

Der 1. April 1933 wurde von den Nazis zum »Tag des Judenboykotts« erklärt. Das war der schrecklichste Tag im Leben aller deutschen Juden. An diesem Tag wurden Tausende von Personen aus ihren Arbeitsstellen gejagt, in ihren Geschäften, Arztpraxen, Anwaltskanzleien, Architektenbüros ... angegriffen. An diesem 1. April stand vor jedem Unternehmen, vor jedem Geschäft, vor jeder Praxis, jeder Kanzlei, die einem Juden gehörten, ein SA-Mann Posten, damit niemand auch nur den geringsten Kauf bei einem Juden tätigen konnte. Jede Geschäftsbeziehung mit den Juden sollte unmöglich gemacht werden. Man ging sogar soweit, die deutschen Frauen zu misshandeln, die sich mit einem Juden eingelassen hatten. Die Liste aller Vergehen, die an den Juden aus dem einfachen Grund begangen wurden, weil sie Juden waren, wäre lang.

Diese Maßnahmen trafen auch mich. Während der drei vorangegangenen Monate hatte ich eine gewisse Praxis im Beruf des Richters erworben, indem ich die Urteile redigierte, die Zeugenaussagen aufnahm und die Arbeit erledigte, die täglich am Gericht anfällt!

Der Boykott traf alle deutschen Juden, also zwangsläufig auch meine Familie. An diesem 1. April 1933 brach für mich und für meine Familie alles zusammen, in einer Erschütterung, vergleichbar einer Flutwelle. Nach all meinen Studien wurde ich nun als Gerichtsreferendar entlassen, mein Vater aus der Anwaltskammer ausgeschlossen, meine ältere Schwester vom Lehrdienst in einem Gymnasium in Frankfurt suspendiert und meiner jüngeren Schwester der Besuch der Volksschule untersagt. Gewiss, die Mehrheit der Bevölkerung folgte Hitler, aber ein großer Teil der deutschen Intellektuellen war entsetzt. Der Besuch zweier Damen tröstete unsere Familie in ihrer Verzweiflung. Sie kamen, um ihre Solidarität mit den Juden und ihre persönliche Freundschaft zum Ausdruck zu bringen. Die eine war Agnes von Zahn-Harnack, die Tochter des berühmten protestantischen Theologen Adolf von Harnack. Die andere, Illa Uth, katholisch, war die enge Mitarbeiterin des Gewerkschaftsführers Anton Erkelenz.

Unsere Lage war nicht zuletzt deshalb so besorgniserregend, weil mein Vater damals gesundheitliche Probleme hatte. Der Arzt hatte ihm eine Luftveränderung verordnet, ein Leben außerhalb der Stadt und die

Vermeidung jeglicher Anstrengung. Wir waren daher in ein Haus in einem Berliner Vorort gezogen. Am Abend des berüchtigten 1. April war ich mit meiner kleinen elfjährigen Schwester allein zu Hause. Vom Tag müde, nahm ich ein Bad. Kaum saß ich in der Badewanne, hörte ich die SA-Männer brüllen. Ein wahrhaftiger Chor! Wir waren in dieser Gegend die einzige jüdische Familie; sie wussten es. Unter unseren Fenstern stehend, versuchten sie uns eine gute Viertelstunde lang mit einer Art Sprechchor – oder besser Brüllchor – einzuschüchtern, indem sie unablässig schrien: »Juden raus!« Ich rührte mich nicht aus meiner Badewanne. Ich war zu Tode erschrocken.
Da mein Vater sehr schwach war, wollte ich nicht, dass er mit derartigen Vorfällen konfrontiert würde, die ihm hätten schaden können. Deshalb zögerte ich meine Abreise aus Deutschland etwas hinaus. Ein paar Wochen später jedoch verließ ich es endgültig.
In den Tagen, die auf den Boykott folgten, herrschte eine unerträgliche Atmosphäre. Um die weitere Entwicklung zu verfolgen, hörten wir natürlich Radio, was dazu führte, dass wir sogar in unserem eigenen Haus ständig von den offiziellen Reden beleidigt wurden: Hitler, Goebbels, Rosenberg, Streicher und ihre Helfershelfer verpesteten uns die Luft. Eines Tages packte ich außer mir vor Wut über die Flut von Beleidigungen den Radioapparat und schleuderte ihn heftig zu Boden, damit wir wenigstens zu Hause unseren Frieden hatten.
Ein paar Menschen wollten mich damals davon abbringen wegzugehen; vergeblich. Ich erinnere mich sehr lebhaft an die letzte Unterhaltung, die ich kurz vor meiner Abreise mit Professor Rudolf Smend, einem konservativen nationalistischen Deutschen, hatte. Er, einer der geschätztesten Professoren für öffentliches Recht an der Universität Berlin, wollte mich zum Bleiben überreden und hatte mich in die Universität gebeten, obwohl jedem Juden das Betreten des Gebäudes verboten war. Doch auf diesem Ohr war Professor Smend taub. Sich über das Verbot hinwegsetzend, begleitete er mich persönlich hinein. Während des mehrstündigen Gesprächs versuchte er mich von meinem Plan auszuwandern abzubringen. Er war überzeugt, dass die augenblickliche Situation nicht ewig dauern würde, dass alles nur eine vorübergehende Episode sei und bald der Vergangenheit angehöre.
Der junge Jurist sah die Dinge richtiger als der Professor. Ich wusste, dass der Ausschluss der Juden aus dem Leben in Deutschland eines der

obersten Ziele der Nazis war. Ich kannte ihren Fanatismus und ihre Brutalität, ihre nie nachlassende Bestialität. Ich hatte *Mein Kampf* gelesen und begriffen, dass der 1. April 1933 der Anfang vom Ende des deutschen Judentums war. Daher bin ich dem Rat meines Professors nicht gefolgt. Dieses Gespräch hat sich meinem Gedächtnis umso tiefer eingeprägt, als Rudolf Smend unter den Hunderten von Deutschen, die ich kannte, der Einzige war, der sich nach meiner Emigration nach meinem Ergehen erkundigte und eine Weile in Briefkontakt mit mir blieb. Tatsächlich habe ich von keinem anderen nichtjüdischen Deutschen nach 1933 noch ein Wort gehört oder eine Nachricht erhalten, weder von meinen Klassenkameraden noch von meinen Kommilitonen, auch nicht von meinen zahlreichen Bekannten oder den Mitgliedern der verschiedenen Vereine, denen ich angehört hatte ... kein Laut mehr! Immerhin hatte ich mehr als einundzwanzig Jahre in diesem Land gelebt. Diese Zurückweisung bewies nur zu deutlich die tief sitzende Feigheit der damaligen deutschen Intelligenz. Sie sollte mich noch jahrelang verfolgen, und die Erinnerung daran ist nie ganz verblasst.

Der Briefwechsel mit Professor Smend hatte einen besonderen Grund. Er war von einem Referat, das ich als ganz junger Student in seinem Seminar über »Die Wandlungen des Rechtsstaatsbegriffs« gehalten hatte, sehr beeindruckt und wollte, dass der Text außerhalb Deutschlands veröffentlicht würde, da Schriften von Juden in Deutschland nicht mehr gedruckt werden konnten. Damit man versteht, warum meine Arbeit Professor Smend so beeindruckt hatte, muss ich hinzufügen, dass ich nach intensiver Recherche in einer Veröffentlichung aus der zweiten Hälfte des 18. Jahrhunderts die erste Formulierung des Begriffs »Rechtsstaat« gefunden hatte. Das entbehrte nicht einer gewissen Symbolik, denn ich war überzeugt, dass der Aufstieg der Nazis zur Macht den Rechtsstaat in Deutschland begraben hatte. Und Professor Smend schien diese Sichtweise zu teilen. Und doch wollte er den Kampf nicht aufgeben. Aber die Tatsache, dass der traditionelle Begriff des Rechtsstaates mit dem neuen Nazistaat – der auf dem Begriff des Führers und seiner willkürlichen Allmacht beruhte – vollkommen unvereinbar war, war in Deutschland und auch im Ausland noch nicht begriffen worden. Und die deutschen Juden waren sich dessen anscheinend ebensowenig bewusst.

Ich erinnere mich an meinen letzten Abend in Berlin. Am Abend vor meiner Abreise nahm ich an der Geburtstagsfeier eines Kollegen meines Vaters (er wurde fünfzig) teil. Ich sollte die Freunde, die anwesend waren, nie mehr wiedersehen. Den ganzen Abend über redete ich auf sie ein und wiederholte unablässig: »Seht ihr denn nicht, dass dies das Ende des deutschen Judentums ist?« Ich flehte die ältere Generation an, doch wenigstens die Jungen gehen zu lassen. Ich mit meinen einundzwanzig Jahren konnte verstehen, was da vor sich ging, wieso konnten die anderen es nicht? Vielleicht aus dem einfachen Grund, weil sie es nicht wirklich wollten ...

Die Heimat verlassen: Frankreich, die Schweiz

Vor meiner Abreise musste ich allerdings noch eine Reihe von Problemen lösen. Denn nachdem die Entscheidung gefallen war, musste ich zunächst eine Antwort finden auf die wesentliche Frage: »Wohin?« Schon 1930 hatte ich mich in meiner Verzweiflung über die deutsche Politik schrittweise dem Zionismus angenähert. Ich wusste, welche Ziele er hatte, da mehrere meiner Freunde der Bewegung verbunden waren. Während meines Studiums hatte einer von ihnen sein Jurastudium abgebrochen, um sich an der Hochschule für Landwirtschaft einzuschreiben. Und eines Tages ging er nach Palästina, um dort das Land urbar zu machen.

Bereits damals war mir bewusst, dass man sich, um dieses zionistische Ideal zu verwirklichen, in Palästina ansiedeln, aber auch im Kibbuz leben musste. Und ich wusste, dass das bäuerliche Leben in der Gemeinschaft kein Leben für mich war; es würde nicht funktionieren. Ich war – und bin immer noch – ein viel zu großer Individualist. Was also hatte – von Ärzten abgesehen – ein Intellektueller dort zu suchen? Palästina schied folglich als Ziel aus. Zwei meiner Freunde gingen dorthin, blieben aber aus guten Gründen nicht. Leider, bin ich versucht hinzuzufügen, denn später hätten sie, und ich mit ihnen, dort interessante Möglichkeiten und faszinierende Lebensumstände gefunden. Aber dazu hätte man Geduld haben müssen.

Da ich mich stark für Rechts- und Staatsprobleme interessierte und über gute Kenntnisse auf diesem Gebiet verfügte, beschloss ich, mein Studium fortzusetzen. Mit zahlreichen Empfehlungsschreiben von Juraprofessoren versehen, ging ich nach Paris. All das hätte mir jedoch nicht viel genützt, wenn mich nicht mein Onkel in Holland, der mit der älteren Schwester meiner Mutter verheiratet war, unterstützt und mir in der ersten Zeit monatlich eine kleine Geldsumme geschickt hätte. Dieser Onkel war übrigens der rettende Engel meiner ganzen Familie: Er half tatkräftig bei ihrer Rettung aus Deutschland.

In Paris kam ich – wie andere junge Juristen, die vor dem Naziregime geflohen waren – in den Genuss einer Sonderregelung: Die aus Deutschland geflohenen Juristen waren davon befreit, das ganze Studium zu wiederholen. Unsere deutschen Titel und Diplome wurden anerkannt, so dass wir uns direkt zu den Prüfungen melden konnten.

Ich war im Mai 1933 nach Frankreich gekommen und verließ das Land, trotz bestandener Prüfungen und obwohl ich mich in Frankreich wohlfühlte, bereits wieder im November des folgenden Jahres. War ich nicht achtzehn Monate lang in eine reiche Kultur eingetaucht? Ich verschlang die großen Romane, wurde ein glühender Bewunderer von Balzac, Flaubert, Anatole France, Proust, Roger Martin du Gard, Jules Romains ... Ich verliebte mich in die Architektur der Kathedralen, die Schätze der Museen, die Schlösser ...

Um mich mit dem französischen Gerichtsprocedere vertraut zu machen, absolvierte ich ein mehrmonatiges Volontariat in einer großen Pariser Anwaltskanzlei.

1934 verabschiedete das Parlament jedoch auf Verlangen der französischen Anwaltskammer ein Gesetz, das den Ausländern untersagte, in den ersten zehn Jahren nach ihrer Einbürgerung irgendeinen juristischen Beruf auszuüben. Da man mindestens fünf Jahre im Land leben musste, um eingebürgert zu werden, kam das einem Ausschluss gleich. Eine aberwitzige Maßnahme. Es waren allerhöchstens fünfzig junge Juristen aus Deutschland gekommen. Gewiss, wir waren dynamisch, beharrlich und ehrgeizig; wir wollten in unserem Beruf Erfolg haben. Dennoch war es für ein so großes Land erbärmlich, uns derart zu behandeln und im Sommer 1934 ein solches Sondergesetz zu erlassen. Ich brauchte noch zwei, drei Monate, um mein in Frankreich begonnenes Studium zu beenden. Deshalb kam es gar nicht in Frage, es abzubrechen. Das wurde, ohne dass ich es wusste, zu einem der entscheidenden Augenblicke meines Lebens.

Zu jener Zeit hatte die Sorbonne den österreichischen Professor Hans

Kelsen zu drei Vorträgen eingeladen. Er hatte seit 1911 in Wien Jura gelehrt und war der Begründer der berühmten »Reinen Rechtslehre«. 1929 hatte er die österreichische Hauptstadt verlassen, in der, insbesondere an der Universität, ein heftiger Antisemitismus herrschte. Die Nazis spielten dort eine enorme Rolle; sie schürten ständig Demonstrationen gegen die jüdischen Professoren und besonders gegen Hans Kelsen. Kurt Waldheim mag ruhig weiter behaupten, dass die Organisation der Nazistudenten im Dienst rein sozialer Aktionen gestanden habe. Jeder weiß, dass es sich in Wirklichkeit um eine extrem gewalttätige politische Bewegung handelte. Damals war Konrad Adenauer, der künftige deutsche Kanzler, Bürgermeister von Köln. Um der Stadt zusätzlichen Glanz zu verleihen, hatte Adenauer eine neue Universität gegründet, obwohl es in Bonn, unmittelbar auf der anderen Seite des Rheins, eine alte, sehr renommierte Universität gab. Um seiner Universität Bedeutung zu verleihen, hatte Adenauer namhafte Professoren berufen, unter ihnen Hans Kelsen. Am Ende des Ersten Weltkriegs war dieser einer der einflussreichsten Berater des österreichischen Kaisers Karl I. gewesen. Kelsen hatte den Kaiser vor allem bei verschiedenen Friedensinitiativen unterstützt. Nach dem Krieg war er der Autor der österreichischen Verfassung, die von den Nazis abgeschafft und dann nach dem Zweiten Weltkrieg wieder in Kraft gesetzt wurde, was ein klarer Beweis dafür ist, welch außerordentlichen Rang sie einnimmt.
Hans Kelsen war also zu drei großen Vorträgen an die Sorbonne eingeladen worden. Voller Bewunderung, aber auch eine Spur keck, wie junge Studenten es häufig sind, hatte ich ihm schon seit meinem ersten Semester in Deutschland mehrmals geschrieben. Am Ende des zweiten Vortrags nahm ich meinen ganzen Mut zusammen und ging zu ihm: »Können Sie mir helfen, mir einen Rat geben? Ich bin wieder einmal in der Klemme.« Kelsen lehrte damals am Institut Universitaire de Hautes Études Internationales in Genf. Einige Semester lang unterrichtete er auch, auf Einladung von Eduard Benesch, dem Präsidenten der Tschechoslowakei, an der deutschen Universität in Prag. Außerdem war Kelsen eng befreundet mit Professor William Rappard, auf den ich noch zurückkommen werde.
Kelsen hörte mir zu, dann antwortete er mir: »Kommen Sie nach Genf.« Ich war gezwungen, ihm zu erwidern: »Leicht gesagt: Ich bin Flüchtling.« Zu jener Zeit hatte ich gerade ein Stipendium der Entraide

universitaire française bekommen, wodurch ich meinen Onkel in Holland finanziell entlasten konnte, der ja auch meiner Familie unter die Arme griff.

Am Ende des Gesprächs fragte Kelsen mich, ob ich vier bis fünf Monate in Genf zurechtkommen könne. »Im Prinzip ja«, lautete meine Antwort. Daraufhin wiederholte er, dass ich nach Genf kommen solle, und um mich zu überzeugen, fügte er hinzu: »Ich kenne Sie, Sie sind ein intelligenter junger Mann. In Genf gibt es ein wunderbares Institut und einen hervorragenden Leiter. Kommen Sie und arbeiten Sie mit uns. Nach fünf Monaten erhalten Sie ein Stipendium für ein Jahr, das verlängert werden kann. Zwei Jahre lang werden Sie jedenfalls keine materiellen Sorgen mehr haben.« Hier zeigte sich die Haltung eines großen Wissenschaftlers, der wirklich Schüler suchte, die er persönlich ausbilden konnte. Außerdem verstand er die Probleme der geflohenen Intellektuellen. Sobald ich in Paris die Prüfungen für meine »licence en droit« bestanden hatte, ging ich in die Schweiz. Prüfungen waren für mich nie besonders aufregend, eher eine Pflichtübung, eine Art Formalität. Interessant und wesentlich war für mich stets das intellektuelle Leben.

Nach fünf Monaten in Genf erhielt ich tatsächlich für ein Jahr ein Stipendium. Und dann ein weiteres. Neben meinem Studium und meinen Forschungen nahm ich regelmäßig an einem Privatseminar teil, das Professor Kelsen bei sich zu Hause hielt. Er las uns aus seinen Manuskripten über den Begriff der Gerechtigkeit bei Platon, Aristoteles und anderen vor. Das war außerordentlich anregend und machte mir große Freude. Was für herrliche Abende, unvergesslich!

William Rappard war ein wahrhaft beeindruckender Mann, der über unschätzbare Kontakte in der Welt der Politik verfügte. Dieser große Liberale war eine starke Persönlichkeit, spielte eine große Rolle in den internationalen Beziehungen und engagierte sich weit über den Unterricht der politischen Ökonomie und der öffentlichen Finanzen hinaus. Vor dem Ersten Weltkrieg hatte Rappard in den Vereinigten Staaten an der Universität Harvard gelehrt. Er war der Freund von Wilson geworden, der damals in Princeton war. William Rappard beeinflusste Wilson dahingehend, dass Genf zum Sitz des Völkerbunds gewählt wurde. Er wurde der erste Leiter der Mandatssektion im Generalsekretariat des Völkerbunds. Später wurde er Mitglied der Mandatskommission, die über die Verwaltung der Mandatsgebiete, insbesondere über die ehemaligen deutschen Kolonien und über bestimmte Gebiete des ehemaligen Osmanischen Reichs wachte. Da Palästina eines der Mandatsgebiete Großbritanniens war, spielte diese Kommission eine wesentliche Rolle für die Zukunft dieses Landes und seiner jüdischen und arabischen Bevölkerungsgruppen.

Rappard war ein großer Freund der Juden. 1925 hatte er die Universität Genf bei der Grundsteinlegung der Hebräischen Universität in Jerusalem vertreten. Er war ein großer Bewunderer Chaim Weizmanns und unterhielt ausgezeichnete Beziehungen zu Nahum Goldmann. In manchen schwierigen Momenten bewies er seine Freundschaft zu den Juden, vor allem während der großen Krise, die 1939 durch das Weißbuch der britischen Regierung ausgelöst wurde und die Einwanderung der Juden nach Palästina auf brutale Weise beschränkte.

Als ich 1934 nach Genf kam, war Rappard dort ein bekannter Mann und übte zahlreiche Funktionen aus; unter anderem war einer der beiden Leiter an dem Institut, an das ich kam. Mit seinem starken Charakter und seiner Offenheit prägte er das Institut. Seine Offenheit äußerte sich beispielsweise in seiner Gewohnheit, renommierte Professoren zu gewinnen, die von den Diktatoren ihrer Länder vertrieben worden waren. Auf diese Weise sind Professor Kelsen, der Historiker Guglielmo Ferrero, die Volkswirtschaftler Wilhelm Röpke, Ludwig von Mieses und Luise Sommer Lehrer am Institut geworden, neben anderen namhaften Professoren wie dem Schweizer Carl J. Burckhardt, dem Franzosen Georges Scelle und dem Belgier Maurice Bourquin. All dies hatte beträchtlich zum internationalen Ruf der Schule beigetragen.

Die Anwesenheit dieser renommierten Lehrer zog zahlreiche junge Intellektuelle an, unter denen sich viele jüdische und nichtjüdische Flüchtlinge aus Deutschland, Österreich und Italien befanden, denen das Institut eine materielle Unterstützung gewährte.

Das Institut hatte wie gesagt zwei Direktoren. Neben William Rappard übte ein weiterer hervorragender Professor, Paul Mantoux, ein französischer Jude aus einer sehr alten Familie, diese Funktion aus. Mantoux war ein bemerkenswerter Historiker der industriellen Revolution. Während der Friedenskonferenz von Versailles war er der Dolmetscher der »großen Vier« gewesen. Er war eine phantastische Persönlichkeit, ebenso gebildet wie bescheiden. Man schätzte ihn vor allem wegen seines unerschöpflichen Schatzes politischer Anekdoten.

Das Institut Universitaire de Hautes Études Internationales war eine der Lehranstalten, in denen die jungen Leute auf das internationale Leben und die Karriere als Diplomat oder hoher Beamter der internationalen Organisationen vorbereitet wurden. Ich war seit Ende 1934 am Institut. Das Jahr 1935 war verstrichen. Im April 1936 wurde mein Stipendium für das folgende akademische Jahr erneuert, das im September begann.

Engagement für das Judentum

Der Kongress wird gegründet

Im Sommer 1936 beschließen Stephen Wise und Nahum Goldmann nach mehreren vorbereitenden Konferenzen, die Gründungsversammlung des Jüdischen Weltkongresses nach Genf einzuberufen. Was seine materielle Organisation betrifft, entscheiden sie sich, in Genf ein bescheidenes ständiges Büro einzurichten.
Goldmann wohnte seit 1935 als Vertreter der Jewish Agency for Palestine beim Völkerbund in Genf. Das war wichtig, vor allem gegenüber der Mandatskommission.
Das provisorische Büro des künftigen Kongresses befand sich in Paris in dem großen Büro des ehemaligen Komitees der jüdischen Delegationen bei der Versailler Friedenskonferenz, das seine Aktivitäten in den zwanziger Jahren fortgesetzt hatte. Sein ehemaliger Präsident, Léon Motzkin, war dort weiterhin tätig, vor allem für die Juden in der Diaspora. Als er 1933 starb, wurde Nahum Goldmann sein Nachfolger.
Zwei dringliche, zwingende Gründe führten zur Gründung des Jüdischen Weltkongresses: Der eine war der Kampf gegen Hitler und den Nazismus, der andere der Schutz der Millionen von Menschen, die die jüdischen Minderheiten der Länder Mittel- und Osteuropas bildeten. Diese litten zutiefst unter der politischen, wirtschaftlichen und sozialen Diskriminierung, der sie ausgesetzt waren.
Das Leben all dieser Gemeinden wurde geregelt durch die Minderheitenschutzverträge und -erklärungen, die von der Friedenskonferenz in Versailles – und im Anschluss daran – ausgearbeitet worden waren und deren Durchführung der Aufsicht des Völkerbunds unterstellt war.
Das Büro des künftigen Jüdischen Weltkongresses sollte in Genf eingerichtet werden, da diese Stadt zu einem sehr wichtigen Zentrum internationaler Aktivitäten geworden war. Aus diesem Grund hatten sich dort zahlreiche Journalisten niedergelassen, die einen weltweiten Einfluss ausübten. Der Kongress hatte ebenfalls Genf gewählt, den Sitz des Völkerbunds, der die Aufsicht über diese Verträge führte.

Damit das kleine Büro in Genf auch wirklich arbeiten konnte, brauchten die Gründer des Kongresses einen jungen Juden, der sich auf den Gebieten des internationalen Rechts, der Menschenrechte, des Minderheitenschutzes und in den entsprechenden Prozeduren auskannte. Zu diesem Zweck konsultierte Nahum Goldmann drei Professoren des Instituts, die er gut kannte, Rappard, Kelsen und Guggenheim, damit sie ihm einen Kandidaten vorschlugen. Ohne mir etwas zu sagen und sogar ohne sich untereinander abzusprechen, nannten alle drei spontan mich als den geeigneten Mann. Da ich mit den beiden Letzteren häufigen Umgang hatte, war ich nicht weiter überrascht. Insbesondere was Kelsen betraf, den ich regelmäßig sah. Der Zufall wollte es, dass ich in seiner Nähe wohnte. Eine Zeit lang war ich sogar in eine seiner Töchter verliebt.
In diesem Zusammenhang möchte ich ein kleines Geständnis machen, nämlich dass ich, obwohl ich meiner Familie und der Familie ganz allgemein immer sehr verbunden gewesen bin, nie geheiratet habe. Ich war mehr als einmal verliebt, ohne daraus jemals die Konsequenzen zu ziehen, die man als »normal« bezeichnen könnte. Dafür gibt es mehrere Gründe. Zunächst das Unbehagen, in einer Zeit zu leben, die stark dem Unbekannten ausgesetzt war, und, ich gestehe es, die Schwierigkeit, unter diesen Bedingungen den Mut zu finden, einen Haushalt, eine Familie zu gründen. Eine Familie, die ich mir ganz einfach glücklich wünschte, wozu mein anstrengender Beruf kaum beigetragen hätte. Zu diesen inneren Gründen kamen die finanziellen Gründe, da ich meine Familie unterstützen musste, die ich nie hätte im Stich lassen können. Und diese Gründe waren sehr real. Dennoch muss ich noch einen weiteren Grund für mein Junggesellendasein nennen. Dass ich so lange gezögert habe zu heiraten, bis ich schließlich endgültig darauf verzichtete, hat auch damit zu tun, dass ich mich an die Unabhängigkeit gewöhnt und Geschmack an ihr gefunden hatte. Eine Unabhängigkeit, die ich mir im Laufe der Jahre geschaffen habe und die so tief in mir verwurzelt ist, dass es mir sehr schwer fiele, sie aufzugeben! Kurz, mag es nun richtig oder falsch gewesen sein, ich habe kein Heim gegründet. Manchmal bedaure ich es.
Auch Guggenheim kannte ich sehr gut; er lud mich jede Woche ein, um bei einer Tasse Tee zu plaudern. Die Überraschung war Rappard. Zu ihm hatte ich einen viel geringeren persönlichen Kontakt. Dennoch muss

er meine Fähigkeiten und meine Interessensgebiete sehr genau erkannt haben. Jedenfalls sprach Goldmann mich kurz nach diesen Konsultationen an, erzählte mir vage von seinen Plänen und fragte mich, ob ich interessiert sei. Ich antwortete ihm, dass ich es nicht wüsste. Ich hatte ein fünfzehnmonatiges Stipendium vor mir und keine Sorgen. Im Grunde war ich mit meiner Situation zufrieden: Ich konnte tun, was ich wollte, über die Themen arbeiten, die mich am meisten interessierten. Eine Anstellung suchte ich nicht. Dennoch bat Goldmann mich wiederzukommen, um mir zu erklären, was er wollte. In der Zwischenzeit hatte ich natürlich intensiv nachgedacht. Ich kannte Goldmann nicht, ich hatte ihn lediglich ein paarmal in der Öffentlichkeit sprechen hören. Er hatte mich stets sehr beeindruckt. Und ich wusste, dass die Personen, die den Jüdischen Weltkongress gründen wollten – damals ein einfaches Vorbereitungskomitee –, die einzigen in der jüdischen Welt waren, die Hitler wirklich bekämpften und dem Nazismus Widerstand leisteten, indem sie die internationale öffentliche Meinung mobilisierten. Das war ein mutiges und überlegtes Verhalten. All dies spielte eine gewichtige Rolle und lastete auf meinem Gewissen. Doch Goldmanns Vorschläge blieben vage. Denn er hatte nicht die Befugnis, Entscheidungen zu treffen. Noch war nichts entschieden, die Strukturen existierten noch nicht. Es ging darum, an der Gründung des Jüdischen Weltkongresses mitzuarbeiten; da noch nichts endgültig war, blieb auch ich sehr unbestimmt. Was erwartete Goldmann genau von mir? Ein prinzipielles Einverständnis? Er hatte mich gefragt, ob der Plan mich interessieren würde, ob ich bereit sei, dabei mitzuarbeiten. Trotz aller Unklarheit bezüglich der Zukunft machte ich deutlich, dass die Sache mich interessierte, ohne mich jedoch eindeutig festzulegen. Darauf sagte Goldmann: »Ich möchte trotzdem wissen, wie Sie arbeiten.« Und er übergab mir eine schwere Akte. »Können Sie mir darüber ein Memorandum machen?« Das Memorandum war recht schnell fertig, und ich glaube, es gefiel ihm. Das war im Juni. Goldmann fragte mich erneut: »Der Kongress soll im August zusammentreten. Wo werden Sie im Sommer sein? Kann ich Sie erreichen?« All dies kam mir doch sehr vage vor. Ich hatte nicht das Gefühl, dass daraus etwas werden könnte. Es war für mich alles andere als sicher, gerade mal eine Möglichkeit. Kurz darauf fuhr ich zu meiner Familie nach Holland. Im Sommer 1936 hatte mein Onkel wie jedes Jahr um diese Zeit ein Haus am Meer, in Noordwijk, gemietet, um dort die Familie zu empfangen. Meine Eltern, die noch in Berlin wohnten, kamen ebenfalls. Das war die einzige Gelegenheit im Jahr, uns zu sehen. Zehn Tage nach meiner Ankunft kam ein Telegramm von Goldmann: »Kommen Sie sofort, wir brauchen Sie. Es ist sehr wichtig.« Ich war sehr froh, wenigstens diese Ferientage gehabt zu haben. Ich fühlte mich erholt. Ich eilte also nach Genf, um Goldmann zu treffen: Er ist in Sankt Moritz! Ich begab mich ins Vorbereitungsbüro des Kongresses, der in der folgenden Woche zusammentreten sollte. Wir mussten einige zusammenfassende Berichte für die Delegierten zusammenstellen. Es war Sonntagmorgen. Den ganzen vorherigen Tag und die Nacht war ich im Zug dritter Klasse von Amsterdam nach Genf gereist. Im Vorbereitungsbüro übergab man mir eine riesige Akte: »Schreiben Sie ein Memorandum über das Problem der jüdischen Flüchtlinge aus Deutschland. Fassen Sie zusammen, was seit 1933 geschehen ist, was getan worden ist, und skizzieren Sie ein Programm, was getan werden muss.« »Bis wann?« »Bis letzte Woche!« Und es wurde hinzugefügt: »Der Text muss in mehrere Sprachen übersetzt werden. Kommen Sie schnell wieder, denn Sie müssen noch andere Themen bearbeiten.«

Wir hatten nur ein paar Tage zur Verfügung. Ich machte mich also unverzüglich an das Studium der Akte. Die zahlreichen und komplexen Probleme der deutschen Juden kannte ich recht gut. Um jedoch ein vollständiges Memorandum ausarbeiten zu können, musste ich alle Details der diplomatischen Verhandlungen während der letzten drei Jahre kennen, bei denen Chaim Weizmann eine entscheidende Rolle gespielt hatte. Diese Verhandlungen hatten ihren Höhepunkt 1935 mit dem Rücktritt des Hochkommissars des Völkerbunds für die Flüchtlinge James Mac Donald erreicht, der damit gegen die negative Haltung der Länder protestierte, die in ihrer überwiegenden Mehrheit den jüdischen Flüchtlingen aus Deutschland keine Visa bewilligten. Das Memorandum, das ich innerhalb von zwei oder drei Tagen schrieb, erfüllte die Erwartungen und wurde für ausgezeichnet befunden. Es gab nicht nur einen Gesamtüberblick über das, was zwischen 1933 und 1936 geschehen war, es enthielt auch Vorschläge für eine künftige Politik. Ich habe es selbst jahrelang benutzt. Meines Erachtens wollte Goldmann mit dem Memorandum meine Fähigkeiten auf die Probe stellen. Sobald ich den Text abgeliefert hatte, bekam ich weitere Themen zur Bearbeitung.

Ein paar Tage später wurde der Kongress endlich eröffnet. Es war ein Samstagabend, der 8. August 1936. Die Atmosphäre glich der eines großen internationalen Kongresses, der wichtige Entscheidungen zu treffen hat. Für mich war das etwas völlig Neues. Die Eröffnung war feierlich und bewegend. Wise, die moralische Autorität, und Goldmann, der brillante intellektuelle Führer, waren sehr eindrucksvoll. Nahum Goldmann hielt eine der größten Reden seiner Karriere.
Angesichts der Skepsis der einen und des Zynismus der anderen, die Hitlers Dreistigkeit nur noch verstärkten, beteuerten Wise und Goldmann nachdrücklich die dringende Notwendigkeit, gegen die Kräfte des Bösen zu kämpfen. Sie machten sich keinerlei Illusionen über den Zerstörungswillen des Diktators. Wise zitierte Hitler: »Wir werden die Juden ausrotten«, um hinzuzufügen: »Wie Haman, Titus und Pobedonoszew wird es Hitler nicht gelingen!«
Goldmanns Analyse war pessimistischer: »Heute existiert in Europa ein Judenproblem, wie es in diesem Ausmaß und in dieser Schärfe seit Jahrhunderten nicht mehr existiert hat. Heute ist die Judenfrage beinahe gar nicht mehr ein Kampf um Minoritätsrechte, es ist bald schon gar nicht mehr ein Kampf um bürgerliche Gleichberechtigung, *sondern sie wird immer mehr zu der ganz primitiven Frage physischer Existenz in des Wortes elementarster Bedeutung.*« Das war 1936!
All dies begeisterte mich. Mitten in der Versammlung kam jemand und sagte zu mir: »Sie werden der ständige Sekretär des Ausschusses für die deutschen Juden sein«, und einen Augenblick später ein anderer: »Sie werden der ständige Sekretär des Ausschusses für Minderheitenrechte sein.« Wie sollte ich für beide Ausschüsse gleichzeitig arbeiten, die zu allem Überfluss manchmal auch noch gleichzeitig zusammentraten? Wen kümmerte das schon. Ich musste sehen, wie ich zurechtkam, selbst wenn ich unter dem Chaos litt, das mehr oder weniger überall in der Arbeitsorganisation herrschte! Außerdem sprach niemand mit mir über die Zukunft. Ich sagte mir: »Es ist eben so, jetzt ist nicht der richtige Zeitpunkt, um Fragen zu stellen; ich gehöre zu ihnen, sie brauchen mich. Außerdem ist alles, was sie tun, nützlich, notwendig, ja sogar unerlässlich. Ich bin da, um ihnen zu helfen, und ich werde mein Bestes geben.«
Die konstituierende Versammlung des Jüdischen Weltkongresses war für mich eine aufregende und eine anstrengende Erfahrung. Meine wich-

tigste Aufgabe war es, der Sekretär der beiden Ausschüsse zu sein. Ich musste die Diskussionen verfolgen, um an der Ausarbeitung der Resolutionen teilnehmen und anschließend die schriftlichen Berichte verfassen zu können, die dann noch übersetzt und verteilt werden mussten. Und das war beileibe nicht alles. Angesichts der Dringlichkeit musste ich mich um alle Arbeiten kümmern, jedem zur Verfügung stehen, der meine Hilfe brauchte. Mir war bewusst, dass hier vor meinen Augen ein Instrument zur Bekämpfung der Ungerechtigkeiten, denen das jüdische Volk ausgesetzt war, geschaffen wurde. Und ich wollte selbstverständlich an diesem Kampf teilnehmen.

Die Beratungen der konstituierenden Versammlung des Kongresses dauerten eine ganze Woche. Ich schuftete bis zum Umfallen. An manchen Abenden blieb ich freiwillig bis ein Uhr nachts. Um diese Zeit fuhren keinen Busse und keine Straßenbahnen mehr, die mich nach Hause gebracht hätten; und zu Fuß brauchte ich eine knappe halbe Stunde. Ich sehe mich noch, wie ich eines Abends durch die menschenleere Stadt gehe. Mit einem Mal hält ein Wagen. Jemand sagt zu mir: »Was machen Sie hier?« Es war Goldmann, der mich in seinem Wagen nach Hause fuhr ... das war der Anfang einer langen Beziehung.

Auf den Kongress und seine Arbeit, seine Kämpfe, Erfolge und Niederlagen werde ich zurückkommen. Hier in Genf war 1936 eine Struktur geschaffen worden, die durch ihre weitgesteckten Aufgaben und ehrgeizigen Ziele, die die Probleme des gesamten jüdischen Volkes überall in der Welt einschlossen, einzigartig war. Die Versammlung hatte sich nachdrücklich zum Prinzip der Einheit des jüdischen Volkes bekannt. Aus dieser Sicht ist es bedeutsam, dass bereits die Frage der sowjetischen Juden angesprochen wurde und dass der Kongress die zionistische Bewegung unterstützte, die versuchte, den diskriminierten, verfolgten Juden, die kein Land aufnehmen wollte, eine nationale Heimstätte zu sichern.

Mein Engagement

Am Tag nach der ersten Versammlung fand ohne meine Teilnahme ein Treffen der Exekutive statt, auf dem Goldmann den Vorschlag machte, ein kleines Büro in Genf zu eröffnen und mich zum Sekretär für alle rechtlichen Fragen zu ernennen. Von Seiten einiger Mitglieder der Exekutive aus Osteuropa gab es einen gewissen Widerstand, später unterhielt ich jedoch die besten Beziehungen der Welt zu ihnen. Einer sagte: »Aber Riegner spricht nicht jiddisch!« Worauf Goldmann erwiderte: »Ich brauche ihn im Völkerbund. Dort spricht man nicht jiddisch, aber französisch und englisch, zwei Sprachen, die er kann.« Das Argument reichte jedoch nicht aus, um mich durchzusetzen. Schließlich stand der einzige anwesende Deutsche, Professor Georg Bernhard, der unbestrittene Führer der deutschen Emigration und Chefredakteur des *Pariser Tageblatt*, auf. Vor dem Nazismus war er Mitglied des Reichstags, Professor an der Handelshochschule Berlin, Syndikus des Verbands der Warenhäuser Deutschlands und Chefredakteur der *Vossischen Zeitung*, einer bedeutenden liberalen Tageszeitung, gewesen. Er war ein verantwortungsbewusster Politiker, eine sehr bekannte Persönlichkeit von großer Autorität. Er hatte gerade akzeptiert, die Abteilung für wirtschaftliche Studien des Jüdischen Weltkongresses zu leiten. Angesichts des nicht nachlassenden Widerstands erhob sich also Professor Bernhard und sagte: »Aber Riegner kommt aus einer sehr, sehr guten jüdischen Familie.« Das war für die Juden sehr viel wichtiger, als jiddisch zu sprechen. Jiddisch kann man lernen, eine Familie dagegen kann man sich nicht einfach so auf die Schnelle zulegen. Diese Behauptung erlaubte es ihm, seiner Meinung Gewicht zu verleihen und mich durchzusetzen!

Ich habe mir seitdem immer wieder die Frage gestellt, warum Professor Bernhard Wert auf die Feststellung legte, dass ich aus einer sehr guten jüdischen Familie stamme. Ich wusste, dass er und mein Vater sich von Jugend auf kannten und dass sie sich manchmal im Demokratischen Klub in Berlin trafen. Gelegentlich schrieb mein Vater auch für die juristische Beilage der *Vossischen Zeitung*. Der wahre Grund aber lag woanders. Eines Tages erzählte ich meinem Vater von Bernhards Eingreifen; zunächst zögerte er etwas, aber dann erzählte er mir die folgende Geschichte: Professor Bernhards Vater war der Prokurist meines Großvaters gewesen; er war ein eindrucksvoller Mann, der seine Kunden mit einem zweispännigen Fiaker besuchte. Die beiden Pferde des Prokuristen hatten meinen Vater in seiner Jugend wohl mächtig beeindruckt. Mein Vater fuhr fort: » Ich muss dir eine sehr merkwürdige Geschichte anvertrauen. Eines schönen Tages ist dieser Herr Bernhard verschwunden. Er hatte seine Frau und seine Kinder verlassen, ohne eine Spur zu hinterlassen. Und etwas später hat man auch festgestellt, dass in der Kasse Geld fehlte. Wir haben weder Herrn Bernhard noch seine Kutsche je wiedergesehen, und das Geld auch nicht!« Mein Großvater, der ein Gentleman war, hat nicht im Traum daran gedacht, sich an der Familie schadlos zu halten. Im Gegenteil, er hat sich sehr um die Frau und ihre beiden kleinen Kinder gekümmert. Er hat sie unterstützt und ist sogar für ihre Ausbildung aufgekommen.

Da habe ich begriffen, dass ich nicht aufgrund meiner Verdienste in den Jüdischen Weltkongress aufgenommen worden bin, und auch nicht aufgrund der Empfehlung Nahum Goldmanns. Ich bin aufgenommen worden, weil mein Großvater ein Gentleman war!

Das also waren meine Anfänge beim Jüdischen Weltkongress, und so verzichtete ich auf eine Karriere als Jurist. Ich träumte davon, Professor für öffentliches Recht und Rechtsphilosophie zu werden. Oft habe ich mit einer gewissen Wehmut (aber nicht allzu ernsthaft) an den großen Verlust gedacht, den die Bücher, die ich nicht geschrieben, und die Vorlesungen, die ich nicht vor bewundernden Studenten gehalten habe, für die Welt bedeuten!

Im September 1936 wurde ich Angestellter des gerade gegründeten Jüdischen Weltkongresses. Mein Gehalt betrug, glaube ich, hundert Franken mehr als das Stipendium des Instituts. Aber ich hatte einen Titel, der mit schwerer Verantwortung und ernsthaften Belastungen verbunden war. So traf das Geld am Monatsende nicht immer rechtzeitig ein, während die Zahlungen meines Stipendiums stets mit echt Schweizer Pünktlichkeit überwiesen worden waren. Manchmal musste ich sogar Geld für die Briefmarken, für das Gehalt der Sekretärin, für was weiß ich noch alles vorstrecken. Eine Sekretärin, ein Telefon und eine Schreibmaschine ... das war am Anfang das ganze Büro des Jüdischen Weltkongresses! Einen Monat später musste ich ein neues Büro finden. Ich wählte eine Zimmerflucht in dem großen Gebäude des Palais Wilson, aus dem der Völkerbund gerade ausgezogen war. Die wenigen Büromöbel erstand ich auf dem Flohmarkt. So war das Büro wenigstens nicht vollkommen leer! All das hatte den Charakter der Improvisation, war Ausdruck der Unsicherheiten. Ich sagte mir: »Da diejenigen, die den Kongress machen, die Einzigen sind, die den Nazis Widerstand leisten, werde ich ein paar Jahre mit ihnen arbeiten. Danach werde ich weitersehen!« Die Dinge haben sich anders entwickelt. Mehr als ein halbes Jahrhundert später bin ich noch immer da. Gewiss, meine Anfänge waren bescheiden, ich bin Generalsekretär geworden und schließlich Mitvorsitzender des Vorstands. Und heute bin ich Ehrenvizepräsident des Jüdischen Weltkongresses. Insgesamt habe ich der Organisation mehr als sechzig Jahre meines Lebens geschenkt. Dass ich so lange dabeigeblieben bin, beweist, wie sehr diese Arbeit mich befriedigt hat. Denn wäre ich nicht schon längst gegangen, wenn ich meine Entscheidung bereut hätte? Aber vielleicht sollte ich zum Abschluss dieses autobiographischen Kapitels doch versuchen, diese Lebensentscheidung, diese Entscheidung für ein Berufsleben, das nicht selten mit dem Leben an sich zusammenfiel, etwas eingehender zu analysieren. Auf der einen Seite war da die unglaubliche Verschiedenartigkeit und Vielfalt der Probleme, mit denen man unaufhörlich konfrontiert wurde; und auf der anderen Seite die Notwendigkeit, sich ihnen zu stellen und zu versuchen, sie zu lösen ... Was für eine Herausforderung! Die anspruchsvollste, aber auch die treueste aller Leidenschaften.

Wenn ich zurückblicke, sehe ich den enormen Weg, den wir in allen Bereichen zurückgelegt haben. Ich sehe das Drama des jüdischen Volkes und das unglaubliche Ausmaß seiner Vernichtung. Ich sehe die Wiedergeburt des Staates Israel und des ganzen jüdischen Volkes. Ich sehe die gigantische Arbeit, die den Kongress zur großen jüdischen Weltorganisation gemacht hat. Ich sehe die Erneuerung der jüdischen Gemeinden, das Auftauchen eines neuen Typs von Jude und die Anbahnung neuer Beziehungen zwischen den Juden und der Welt.

Gewiss bleiben gewaltige Aufgaben zu bewältigen. Und ich bemühe mich, sie mit beiden Beinen auf der Erde zu sehen, den Blick prüfend nach oben und in die Ferne gerichtet. Mögen wir uns diesen Aufgaben, die guten Willen und darüber hinaus Berufung verlangen, mit all den lebendigen Kräften stellen, die die Hoffnung verleiht. Ohne sie können wir nichts ausrichten, sie aber macht alles möglich.

Die Zeit der Shoah

Gerhart M. Riegner 1939.

Das »Riegner-Telegramm« enthüllt die »Endlösung«

Die Zeit der Shoah bildet den Anfang des Berichts über meine Aktivitäten. Es war die dramatischste Zeit meines Lebens, und das Schicksal wollte es, dass ich der Erste war, der der westlichen Welt authentische Informationen über Hitlers Plan, die Gesamtheit des europäischen Judentums auszurotten, übermittelte. Es ist daher nicht überraschend, dass man mich häufig dazu befragt hat und wissen wollte, wie ich diese Tragödie erlebt habe.

Hier die Tatsachen. Die Geschichte beginnt am 29. Juli 1942. Ich erhielt einen Anruf meines Freundes Benjamin Sagalowitz, Pressechef des Schweizerischen Israelitischen Gemeindebundes in Zürich. Sagalowitz bestand darauf, mich unverzüglich zu sehen. Unser Treffen fand am 1. August in Lausanne statt.

Sagalowitz erzählte mir, dass ein Freund mit einem deutschen Großindustriellen in Verbindung stehe, der einen Konzern mit mehreren Zehntausend Arbeitern leite, der einen aktiven Kriegsbeitrag leiste. Diese Rolle verschaffe ihm Zugang zu den höchsten militärischen Kreisen. Sein Freund treffe sich manchmal mit diesem mächtigen deutschen Firmenchef in Zürich, wohin dieser regelmäßig Geschäftsreisen unternehme. Nun sei er einige Tage zuvor erneut nach Zürich gekommen, anscheinend um sein Gewissen zu erleichtern. Er habe erfahren, dass man im Führerhauptquartier einen Plan diskutiere, »der das Ziel habe, alle Juden Europas, zwischen dreieinhalb und vier Millionen, in die Länder Osteuropas zu transportieren, um sie dort auszurotten und so ein für alle Mal die Judenfrage in Europa zu lösen«. Der deutsche Industrielle hatte vorgeschlagen, diese Entdeckung den Juden und den Alliierten zu übermitteln. In der Nachricht wurde auch erwähnt, dass darüber diskutiert werde, auf welche Weise der Plan durchgeführt werden könne, und dass Blausäure im Gespräch sei. Erst viel später wurde bekannt, dass das Zyklon B, das in den Gaskammern in Auschwitz und anderen Konzentrationslagern benutzt wurde, Blausäure enthielt.

Als Sagalowitz mir dies mitteilte, diskutierten wir fünf oder sechs Stunden darüber, während wir am See entlanggingen. Musste man das ernst nehmen? War es vorstellbar, Millionen von Menschen zu töten? War das nicht nur eine Provokation? War die Botschaft glaubwürdig? Allem zum Trotz, was wir über das, was in Deutschland und im besetzten Europa vor sich ging, bereits wussten – und wir wussten viel –, kam uns das doch unglaublich vor. Ein paar Tage lang quälten wir uns mit diesen Fragen. Trotz aller Informationen, über die ich verfügte, trotz aller Diskussionen, die immer mehr das Schlimmste für möglich hielten, trotz all dessen, was ich bereits selbst erlebt hatte, brauchte ich noch zwei Tage, um mich zu überzeugen, dass diese Nachrichten möglich waren, und schließlich daran zu glauben. Sagalowitz quälten die gleichen Fragen, die gleichen Bedenken, auch er wendete die Informationen hin und her. Wir blieben in ständiger Verbindung.

Unsere Überlegungen wurden vor allem von drei Tatsachen geleitet, an die hier erinnert werden muss.

Erstens hatte Hitler mehrfach unmissverständlich seine Absichten kundgetan. Er hatte es unter feierlichen Umständen getan, so anlässlich der Feier des Jahrestags der Machtergreifung durch die Nazis (am 30. Januar 1933). Erstmals 1939 hatte Hitler am Tag dieser Feier die Juden der Kriegshetze beschuldigt ... ein Krieg, der, wenn er denn stattfinden sollte, mit dem Ende des europäischen Judentums und nicht des deutschen Volkes seinen Abschluss finden würde. Die Warnung mit dem Ende des europäischen Judentums – wiederholt beim gleichen feierlichen Anlass 1940, 1941 und 1942 – war nicht beachtet worden, niemand hatte die Drohung ernst genommen. Wir erinnerten uns des gleichen Verhaltens bei der Lektüre von *Mein Kampf*: Obwohl Hitler darin all seine aggressiven Pläne angekündigt hatte, hatte ihm ebenfalls niemand geglaubt. Sollte man ein weiteres Mal seine Drohungen ignorieren und denselben Fehler begehen?

Zweitens befanden wir uns Anfang August 1942. Zwei Wochen zuvor hatten in allen von den Deutschen besetzten westeuropäischen Ländern große Massenverhaftungen der Juden stattgefunden. Fast am selben Tag, um den 14. Juli herum, hatte es Massenverhaftungen in den Straßen verschiedener Großstädte gegeben: Amsterdam, Antwerpen, Brüssel, Paris, Lyon, Marseille ... Zehntausende von Juden waren verhaftet und in Sammellagern zusammengepfercht worden, um deportiert zu werden. Wir waren sehr genau darüber informiert, weil wir Berichte erhalten hatten, die genaue Zahlen erhielten. Viele der verhafteten Juden, auch das wussten wir, waren bereits in den Osten deportiert worden. Wir fragten uns sofort, was diese Verhaftungs- und Deportationswellen zu bedeuten hatten. Wir wussten natürlich, und auch hier kannten wir genaue Zahlen, von den Verhaftungen und Deportationen, die bereits von Berlin, Wien und Prag aus stattgefunden hatten (von Warschau, wo die Deportationen am 25. Juli begannen, wussten wir noch nichts). Abrupt geriet ganz Europa in einen Strudel der Vernichtung. Die Botschaft des deutschen Industriellen verlieh all dem, was da geschah, endlich Sinn.

Drittens wussten wir über das kriminelle Wesen des Naziregimes und der Schreckensherrschaft, die es ausübte, Bescheid. Ich hatte es am eigenen Leib erfahren, denn ich hatte die Nazis am Werk gesehen, hatte ihre Brutalität beobachtet, ihren Fanatismus, die durch keine Ethik und keine Moral gezügelt wurden. Die Verhaftungen der Regimegegner, die Einrichtung der Konzentrationslager, die Folterungen, all das war mir bekannt. Der Reichstagsbrand war eine gewaltige Provokation, die einen deutlichen Vorgeschmack vom Charakter des Naziregimes gab. Schon 1933 konnte man begreifen, dass die Nazis mit Hilfe von Terror das Programm der NSDAP, wie es in *Mein Kampf* beschrieben worden war, in die Praxis umsetzen wollten. Diejenigen, die 1933 nicht begriffen hatten, dass sie es mit einem kriminellen Regime zu tun hatten, hätten es 1934 anlässlich der Nacht der langen Messer und der Ermordung Röhms begreifen müssen. In einer brutalen Vergeltungsaktion töteten die Nazis ohne Prozess und Gerichtsverfahren Hunderte von Mitgliedern der SA, die bis dahin ihre schlagkräftigste Waffe gewesen war. Unmittelbar im Anschluss daran ermordeten sie zahlreiche andere politische Gegner. Nach dieser blutigen Abrechnung ließen die Nazis diese Aktion in einer Abstimmung des Reichstags für legal erklären und Hitler zu »des deutschen Volkes oberstem Gerichtsherrn« ausrufen. Wer hat in diesem Augenblick nicht den kriminellen Charakter des Regimes begriffen?

Dieser nazistischen Politik des Terrors im Inneren entsprach eine zynische Politik der Gewaltstreiche nach außen, die sämtliche Regeln des internationalen Rechts missachtete. Im Einklang mit ihrer Ideologie erklärten die Nazis: »Recht ist, was dem Volke nützt.« Die Remilitarisierung des Rheinlands 1936, der Anschluss Österreichs 1938, die Abtretung der Sudetengebiete und die Auflösung der Tschechoslowakei 1938/39, schließlich der Angriff auf Polen 1939 ... lauter kriminelle Stationen, die zum Zweiten Weltkrieg geführt haben.

Bei all unseren Überlegungen waren wir uns voll und ganz der Tatsache bewusst, dass der Judenhass der zentrale Punkt der Ideologie und des Programms der Nazis war. Ihr oberstes Ziel war die Eroberung der Welt, die Herrschaft der germanischen Rasse. Ihre rassische Überlegenheit gab den Deutschen das Recht, über alle anderen Völker zu herrschen. In erster Linie hatten sie es jedoch auf die Juden abgesehen.

Ihre mächtige Propaganda konzentrierte sich auf den Judenhass; der Jude wurde zum Sündenbock erklärt, dem alle Übel der Welt aufgebürdet und die widersprüchlichsten Eigenschaften zugeschrieben wurden, der für den Kapitalismus, den Kommunismus, den Liberalismus, den Sozialismus, die Demokratie, für alles Elend und alle an sich gebrachten Reichtümer verantwortlich war. Ein fast mittelalterlicher Dämonismus war der gemeinsame Nenner und in gewisser Weise die psychologische Waffe dieser Zerstörungswut. Die Vernunft hatte darin keinen Platz. Der Kampf gegen das Judentum war der zentrale Punkt des Naziprogramms.

Hitlers Reden zufolge sollte dieser Kampf in die Vernichtung des jüdischen Volkes münden. Seit ihrer Machtergreifung verfolgten die Nazis diese Politik ganz systematisch: der 1. April 1933, der Tag des Judenboykotts; die ersten antijüdischen Gesetze etwas später, die die Juden aus allen öffentlichen Ämtern und selbständigen Berufen ausschlossen; die Nürnberger Gesetze vom September 1935, die den Juden alle politischen Rechte absprachen und, indem sie die himmelschreiende »Arisierung« der jüdischen Güter anordneten, zum Ausschluss der Juden aus dem Wirtschaftsleben des Landes führten ... Zahllose Deutsche, von den größten Bankiers bis hin zu den kleinsten Ladenbesitzern, stürzten sich schamlos auf die Habseligkeiten der Juden.

Das landesweite Pogrom vom November 1938 nach der Ermordung eines Sekretärs der deutschen Botschaft in Paris, dem der Brand von 267 Synagogen, die Zerstörung und Plünderung von 7500 Geschäften, der Abtransport von nahezu 30 000 Juden in Konzentrationslager, eine kollektive Geldstrafe von einer Milliarde Mark und die straflose Ermordung von nahezu 100 Juden folgten: Das waren die Höhepunkte

der Verfolgung vor dem Krieg und das blutige Signal, das die anschließende Ausrottung ankündigte.
Ich glaube, nur ein deutscher Jude, der Zeuge der Nazimethoden geworden war, war in der Lage, Hitlers Absichten und deren tödliche Gefahren zu begreifen. Unter diesem Gesichtspunkt nahmen die Enthüllungen des deutschen Industriellen ganz entschieden das Gesicht der Wahrheit an.
Während meiner Diskussionen mit Sagalowitz ging mir eine andere Erinnerung nicht aus dem Kopf. Ich hatte jahrelang mit den Juden von Danzig für die Verteidigung ihrer Rechte und ihres Statuts, das vom Völkerbund garantiert wurde, gekämpft. Einer ihrer Führer, Walter Gerson, hatte mich Pfingsten 1939 aufgesucht. An jenem Tag machten wir einen langen Spaziergang in der Umgebung von Genf. Dabei sprachen wir auch über den Krieg. Wir wussten, dass er unvermeidlich war und dass er das einzige Mittel war, um Hitler aufzuhalten. Aber wir wussten auch, dass der Krieg schrecklich sein würde. Wir waren hin und her gerissen.
Ich habe niemals vergessen, wie Gerson plötzlich sagte: »Wissen Sie, was der Krieg für uns bedeutet? Er wird für uns eine Katastrophe sein, wie wir sie noch nie erlebt haben. Die Nazis werden Millionen Juden töten, und wegen ihrer Brutalität und Entschlossenheit haben wir nicht die Mittel, sie daran zu hindern.« Und mit einer erstaunlichen prophetischen Vorstellungskraft beschrieb Gerson mir, was geschehen würde, wenn der Krieg ausbräche. Auf diese Weise drückte er konkret aus, was wir undeutlich spürten und nicht zu formulieren wagten.
Einige Monate später, nach der Invasion Polens und nachdem es zu den ersten Judenmassakern in Poznán und in Bromberg gekommen war, erfuhr ich, dass er zu den ersten Opfern gehörte, die dort von den Nazis ermordet worden waren. Diese Erinnerung ging mir nicht aus dem Kopf. Meine Einschätzung der Lage verdankt viel Gersons apokalyptischer Vision.
Der Bericht des deutschen Industriellen warf ein ganz anderes Licht auf diese Tragödie. Einerseits entdeckten wir entsetzt, dass all den verschiedenen Formen der Verfolgung ein globaler Vernichtungsplan zugrunde lag, der auf höchster Ebene beschlossen worden war. Andererseits war diese Nachricht insofern von entscheidender Bedeutung, als sie, im Gegensatz zu den meisten unserer Informationen, nicht von den

Opfern kam, sondern von einer deutschen Quelle aus den höchsten Kreisen der Macht.

Dies war der Gang unserer Überlegungen. In diesem Stadium war es meine erste Pflicht, die Quellen und die Glaubwürdigkeit des Boten zu ermitteln. Sagalowitz kannte den deutschen Industriellen nicht persönlich. Er hatte ihn in Begleitung der jüdischen leitenden Angestellten eines großen Züricher Unternehmens, die seine Freunde waren, gesehen. Ihr Chef, Jacques Rosenstein, war von Zürich nach New York gezogen, wo er während des Krieges wohnen sollte. Rosenstein kannte Nahum Goldmann und unterstützte die Politik des Jüdischen Weltkongresses. Der leitende Angestellte des Unternehmens, dem die Botschaft von dem deutschen Informanten übermittelt worden war, war Isidor Koppelmann.

Ich bestand darauf, ihn zu treffen und aus seinem Mund die genaue Botschaft des Informanten zu hören. Je mehr Mittelsmänner es gibt, desto größer ist die Gefahr der Fehlerhaftigkeit. Den deutschen Informanten wollte ich nicht treffen, ebenso wie anscheinend auch er mich nicht sehen wollte. Vergessen wir nicht das Klima, das während des Krieges in der Schweiz herrschte ...

Zwei Tage später unterhielt ich mich in Begleitung von Sagalowitz in Zürich mit Isidor Koppelmann. Während unseres sehr eingehenden Gesprächs bestätigte mir dieser alles, was Sagalowitz mir mitgeteilt hatte. Er präzisierte, dass vorgesehen war, den Plan der physischen Ausrottung der Juden bis Ende 1942 durchzuführen; es durfte keine Überlebenden geben. Was die Mittel betraf, mit denen dies bewerkstelligt werden sollte, erwähnte auch Koppelmann die Blausäure und fügte hinzu, dass von riesigen Krematorien die Rede gewesen sei, in denen alle Juden Europas, die in Konzentrationslager im Osten des Kontinents transportiert worden seien, »in Flammen aufgehen« sollten. So sehr dieser Ausdruck mich auch beeindruckte, ich gestehe, dass es mir nicht gelang, mir das vorzustellen, und ich erwähnte das daher bei meinen späteren Schritten nicht.

Koppelmann hatte die Persönlichkeit des deutschen Industriellen, den er schon lange kannte und der ihm bereits Informationen von allergrößter Wichtigkeit über den Krieg gegeben hatte, sehr beeindruckt. Insbesondere hatte er ihm einige Wochen im Voraus die bevorstehende Invasion der Sowjetunion durch die Deutschen angekündigt. Es gab

keinen Zweifel, dass er mit sehr hochgestellten Persönlichkeiten des Naziregimes in Verbindung stand.
Die Nachricht, die Koppelmann uns bestätigte, war nicht die erste Ankündigung einer beträchtlichen Verschlimmerung der Nazipolitik den Juden gegenüber. Von der Ostfront erreichten uns seit dem Angriff auf Sowjetrussland ständig schreckliche Berichte über Judenmassaker. Wir waren nicht über alles, was dort geschah, genau unterrichtet und kannten den Begriff der »Einsatzgruppen« noch nicht. Wir erhielten jedoch seit Herbst 1941, zwei, drei Monate nach der Invasion, Informationen über die furchtbaren Ereignisse, die sich dort abspielten. Ohne allzu viele Details zu kennen, wussten wir, dass an einem bestimmten Ort 10 000 Juden erschossen worden waren und dass man an einem anderen Tausende niedergemetzelt hatte. Derartige Informationen erreichten uns nach und nach von verschiedenen Orten. Wir konnten daraus erkennen, dass an der Ostfront und in den Ostgebieten ein gewaltiges Blutbad an den Juden organisiert wurde.
Diese Nachrichten veranlassten mich, am 27. Oktober 1941 an Nahum Goldmann zu schreiben: »Denn es wird ja immer klarer, dass in Europa für die Juden auf die Dauer kein Leben mehr sein wird. Das, was jetzt vor sich geht, ist vielleicht schon das letzte Stadium der völligen Niederdrückung des europäischen Judentums, und wenn wir auch nicht wissen, was sich von den russischen Juden noch rettet, so wird westlich der Weichsel und des Pruth nicht mehr viel stehen bleiben. [...] ich fürchte immer mehr, dass wir sehr wenig Menschen und Gut überhaupt retten werden können.«
Im März 1942 sprachen Richard Lichtheim, der Vertreter der Jewish Agency in Genf, und ich ein erstes Mal beim apostolischen Nuntius von Bern, Monsignore Filippe Bernardini, vor, damit er den Vatikan verständige. Der Nuntius in Bern war eine sehr geschätzte und hochrangige Persönlichkeit. Er hatte wichtige Aufgaben zu erfüllen. Heute wissen wir, dass ein großer Teil der Botschaften des Vatikans über ihn lief. Als er uns empfing, sagten wir ihm in der Substanz: »Tun Sie wenigstens etwas in den katholischen Ländern, dort, wo Sie Einfluss haben, um die Massaker zu stoppen.« Auf seine Bitte hin lieferten wir Monsignore Bernardini ein Memorandum, das Land für Land die antijüdischen Aktionen beschrieb, die darauf abzielten, die Gemeinden zu liquidieren.

Ebenfalls um diese Zeit – Ende 1941, Anfang 1942 – erhielt ich Nachrichten über die Experimente hinsichtlich der Tötung durch Gas und Injektionen. Die Experimente mit Gas wurden in hermetisch abgeschlossenen Autobussen durchgeführt, in denen man diejenigen erstickte, die in ihnen eingesperrt waren.

Gelegentlich trafen die gleichen Nachrichten mehrmals ein. Beim ersten Mal fragten wir uns, ob solche Dinge möglich seien. Doch als die Nachrichten sich wiederholten und obendrein aus verschiedenen Orten kamen, begannen wir sie zu glauben. Wir spürten, dass sich die Lage von Tag zu Tag verschlimmerte.

Ich behielt die Nachricht des deutschen Industriellen für mich. Nur einer einzigen Person teilte ich sie mit, Paul Guggenheim, dem juristischen Berater des Jüdischen Weltkongresses. Da ich ein sehr junger Büroleiter war, hatte Goldmann mir, als er Genf 1940 verließ, empfohlen, bei größeren Problemen Guggenheim zu konsultieren. Genau das tat ich, und ich erklärte ihm, was ich zu tun beabsichtigte. Ich bat Guggenheim auch, mich Paul Squire zu empfehlen, dem Konsul der USA in Genf, dem ich mehrmals in seinem Haus begegnet war.

Guggenheim, Schweizer, Professor der Rechte und ein erfahrener Mann, war ein vorsichtiger Mensch. Prinzipiell war er mit meinem Plan einverstanden. Dennoch war ihm daran gelegen, den Text des Telegramms, den ich aufgesetzt hatte, abzumildern. Sich auf diese Vorbehalte berufend, haben manche sehr viel später behauptet: »Riegner hat selbst nicht daran geglaubt.« Das war jedoch nicht richtig, wie die Aussage des amerikanischen Vizekonsuls beweist. Die Vorsicht des Professors hat den Sinn des Telegramms in keiner Weise beeinträchtigt.

Ich war also entschlossen, die alliierten Mächte, das heißt die Amerikaner und Engländer, ganz offiziell zu informieren. Die Sowjetunion unterhielt keine diplomatischen Beziehungen mit der Schweiz, infolgedessen gab es auch keine offizielle Vertretung. Und Frankreich wurde nach wie vor von der Vichy-Regierung vertreten.

Am 8. August begab ich mich also ins Konsulat der Vereinigten Staaten. Es war Ferienzeit, der Konsul war abwesend. Ich sprach mit dem Vizekonsul, Howard Elting Jr. Sein Bericht über unser Gespräch findet sich in Arthur D. Morses Buch *While 6 Million Died.*

Ich erinnere mich, dass ich lange mit ihm sprach, um ihm in allen Einzelheiten die tiefen Gründe für meine Überzeugung zu erklären, die mich zwangen, den deutschen Bericht sehr ernst zu nehmen. Elting war beeindruckt. In seinem Bericht, den er noch am selben Tag schrieb, sagte er, dass er trotz der Ungeheuerlichkeit dessen, was ich ihm berichtet hätte, gespürt habe, dass ich aufrichtig und zutiefst überzeugt sei von dem, was ich behaupte. Er fügte hinzu: »Riegner ist ein ernster und ausgeglichener Mann, der seinen Quellen vertraut.«

Ich bat Elting um drei Dinge. Ich sagte: »Erstens: Hier ist ein Bericht, den ich von einer sehr seriösen Quelle erhalten habe.« Den Namen nannte ich nicht, erklärte aber die Situation des Informanten. »Ich bitte Sie, Ihre Regierung zu informieren. Zweitens: Sie verfügen über Geheimdienste, ich nicht. Lassen Sie die Richtigkeit dieser Behauptungen durch Ihre Geheimdienste überprüfen. Drittens: Übermitteln Sie dieses Telegramm Stephen Wise, dem Präsidenten des Jüdischen Weltkongresses in den Vereinigten Staaten, ein sehr bekannter Mann und persönlicher Freund von Präsident Roosevelt.«

Der Text des Telegramms

Vorsichtshalber hatte ich zwei Telegrammtexte aufgesetzt. Einen über die schreckliche Nachricht und einen längeren, in dem ich alles zusammenfasste, was man bereits über die Deportationen in Mittel- und Osteuropa wusste.

Dem Vizekonsul gab ich die kürzere Version. Der Text lautet in deutscher Übersetzung:

> Alarmierenden Bericht erhalten, der angibt, dass im Führerhauptquartier Plan diskutiert und erwogen wird, nach dem alle Juden in den von Deutschland besetzten oder kontrollierten Ländern, insgesamt dreieinhalb bis vier Millionen, nach Deportation und Konzentration im Osten auf einen Schlag vernichtet werden sollen, um ein für alle Mal Judenfrage in Europa zu lösen. Stop. Aktion dem Bericht zufolge für Herbst geplant. Mittel für Durchführung werden noch diskutiert. Stop. Erwähnt wurde Blausäure. Stop. Übermitteln Information mit aller gebotenen Vorsicht, da Richtigkeit von uns nicht überprüft werden kann. Bitten darum anzugeben, dass Informant enge Beziehungen zu höchsten deutschen Autoritäten haben soll und seine Berichte in der Regel zuverlässig sein sollen.

Elting telefonierte vermutlich mit Squire. Jedenfalls übermittelte er meinen Bericht der Gesandtschaft der Vereinigten Staaten in Bern und unterstützte meine Bitten. Und die Gesandtschaft kabelte den Bericht schließlich ans State Department in Washington.

Anschließend begab ich mich zum britischen Konsulat. Da der Konsul, H.B. Livingstone, den ich seit mehreren Jahren kannte, nicht da war, wurde ich von Vizekonsul Armstrong empfangen. Ich gab ihm den gleichen Bericht und trug ihm die gleichen Bitten vor, außer dass meine Botschaft an S. Sydney Silverman übermittelt werden sollte, ein sehr bekanntes Parlamentsmitglied, der zu diesem Zeitpunkt Chairman der Britischen Sektion des Jüdischen Weltkongresses war. Ich möchte darauf hinweisen, dass der Text des Telegramms mit dem an Wise übereinstimmte, bis auf eine Nuance. Am Ende des nach England geschickten Textes hatte ich hinzugefügt: »*Inform and consult New York*.« Das verstand sich im Grunde von selbst. Aber es zeigt meine Zweifel hinsichtlich der Übermittlung des an Wise adressierten Telegramms durch die Amerikaner. Ich sagte mir, dass das Foreign Office nicht wagen würde, ein Telegramm schlicht und einfach verschwinden zu lassen, das vom britischen diplomatischen Dienst an ein bedeutendes Parlamentsmitglied geschickt wurde.

Ich täuschte mich nicht; die Dinge spielten sich exakt so ab, wie ich es vorausgesehen hatte. Die Botschaft an Wise ist vom State Department niemals weitergeleitet worden. Heute wissen wir, dass sie lebhafte Diskussionen ausgelöst hat. Einer der hohen Beamten hat sogar gesagt: »Wenn Rabbiner Wise eines Tages erfährt, dass wir die Botschaft zurückgehalten und nicht weitergeleitet haben, könnte er einen Skandal auslösen und gewaltigen Ärger machen.« Wises Temperament war bekannt.

Die Welt will es nicht glauben

In einem Brief vom 24. August 1942 informierte mich der Konsul der Vereinigten Staaten, dass das State Department meine Botschaft nicht an Wise weitergeleitet habe, »*because of its unsubstantiated character*« (wegen ihres unbegründeten Charakters). Squire, von dem ich diese Nachricht erhielt, war sehr nett und verständnisvoll. Und bedauerte die Sache zutiefst. Er bat mich, alle Informationen, die meine Botschaft bestätigten, an ihn weiterzuleiten. Später sind wir wirkliche Freunde geworden.

Mein Telegramm an Silverman dagegen wurde von der britischen Gesandtschaft in Genf ans Foreign Office in London übermittelt. Seltsamerweise dauerte es etwa zehn Tage, bis es zu Silverman gelangte. Während der Parlamentsferien befand sich Silverman nicht in London. Schließlich machte man ihn in seinem Wohnsitz in Liverpool ausfindig.

Sobald er das Telegramm erhalten hatte, versuchte Silverman Wise zu informieren. In Kriegszeiten mussten alle Telefonate ins Ausland genehmigt werden. Silverman bat darum, mit Wise telefonieren zu dürfen, aber das War Office, das Kriegsministerium, erteilte ihm die Erlaubnis nicht, obwohl er Mitglied des Parlaments war. Schließlich gelang es Silverman, das Telegramm über das War Office abzuschicken. Wise erhielt es am 28. August 1942, drei Wochen, nachdem ich es abgeschickt hatte! Drei Wochen, in denen Tag für Tag Tausende von Juden niedergemetzelt wurden!

Man hat mich häufig gefragt: »Warum haben Sie die Telegramme auf dem Umweg über Botschaften geschickt und sie nicht direkt auf der Post aufgegeben?« Diejenigen, die den Krieg nicht erlebt haben, wissen nicht, dass jeder Brief, jedes Telegramm, alles, was aus der Schweiz in die alliierten Länder geschickt wurde, von der deutschen Spionage abgefangen wurde. Und die Schweiz praktizierte eine sehr strenge Militärzensur. Aus Sorge, sie könnten die Deutschen beleidigen, hätten sie ein Telegramm mit einem solchen Inhalt niemals durchgehen lassen. Die Post hätte sich schlicht geweigert, es weiterzuleiten.

Als Wise das Telegramm erhielt, war er erschüttert. Das bezeugen die ergreifenden Worte in den Briefen, die er in den folgenden Tagen an seine Freunde, den Richter am Obersten Gerichtshof Felix Frankfurter und den Pfarrer John Haynes Holmes, schickte.

Sofort nach Erhalt meiner Botschaft nahm Wise mit Sumner Welles, dem Unterstaatssekretär, Kontakt auf, ohne zu wissen, dass dieselbe Nachricht sich bereits seit Wochen in den Händen des State Department befand. Wises Memoiren zufolge bat Sumner Welles ihn, die Botschaft nicht zu veröffentlichen, bevor er nicht den Wahrheitsgehalt überprüft habe. Um seine Quellen nicht zu verlieren, respektierte Wise

diese Bitte. Gleichzeitig ließ er mir eine Botschaft durch einen hohen Würdenträger der protestantischen Kirchen Amerikas, Samuel McCrea-Cavert, eine der wenigen Personen, die damals die Schweiz besuchten, zukommen. Wise fragte mich, ob wir absolut sicher seien, dass »Deportation« »Vernichtung« bedeute. Unsere Bestätigung wurde Wise telegrafisch durch dieselbe Person zugeleitet.
Auch das State Department versuchte die Nachricht durch den Vatikan und das Internationale Komitee vom Roten Kreuz überprüfen zu lassen. Der Vatikan gab eine vage, ausweichende Antwort: »Wir haben Kenntnis von Misshandlungen der Juden, aber keine Bestätigung eines globalen Vernichtungsplans.«
Das Internationale Komitee vom Roten Kreuz erklärte in seiner Antwort vom 21. Oktober, dass es von den Deportationen der Juden »unter schwer erträglichen Bedingungen« wisse, bestätigte aber nicht die Existenz eines Plans für die totale Ausrottung.
In England wurden meine Informationen mit Skepsis aufgenommen, wie die Archive beweisen, die seitdem geöffnet worden sind. Ich habe in meinem Schreibtisch Fotokopien der Aktennotizen, die von verschiedenen Beamten des Foreign Office geschrieben wurden. In den ersten zehn Tagen, die auf den Erhalt meines Telegramms folgten, stellten sich alle, anstatt herauszufinden, ob der Inhalt des Telegramms wahr ist oder nicht, die Frage: »Wer ist Riegner?«
Damals war mein Name in den diplomatischen Kreisen unbekannt. Zum einen war ich noch ein junger Mann, zum anderen lebte meine Familie, als ich 1936 in den Kongress eintrat, noch in Deutschland. Um meine Eltern nicht zu gefährden, vermied ich bis Ende 1938 bewusst, dass mein Name in den öffentlichen Dokumenten erschien. Bis zum Krieg tauchte mein Name daher nirgends auf.
Im Grunde glaubte niemand die Nachricht. Nach der Notiz eines hohen Beamten des Foreign Office glaubte dieser sogar zu wissen, dass es sich um *»wild rumours born of Jewish fear«* (wilde Gerüchte, geboren aus der Furcht der Juden) handele. Erst als die Nachrichten sich häuften und aus verschiedenen Quellen kamen, begann die britische Regierung allmählich ihre Haltung zu ändern. Heute kann man erkennen, wie die Flut dieser Nachrichten nach Eingang meines Telegramms die britische Politik im Umgang mit dem Problem der Kriegsverbrecher beeinflusst hat.

All dies ist umso erstaunlicher, als wir heute wissen, dass es dem britischen Geheimdienst gelungen war, den deutschen Code zu knacken, und sie daher sehr genau über die Fortschritte der Durchführung der Endlösung informiert waren.

Bestätigung durch Zeugen

Die Langsamkeit der Reaktionen der Alliierten war ein furchtbarer Schock für mich. Ich spürte, dass man an der Richtigkeit unserer Berichte zweifelte. Das veranlasste mich, meine Anstrengungen nach weiterer Bestätigung des Plans für die totale Ausrottung zu verstärken. Die Suche nach zusätzlichen Informationen und Beweisen war von höchster Bedeutung, ebenso wie die Aufgabe, den jüdischen Organisationen in Amerika und England so viele Informationen wie möglich zu liefern. Das ist mir gelungen.

Hier einige der wichtigsten unmittelbaren Zeugnisse, die ich gesammelt habe und die die Information über die Endlösung bestätigen.

Im September 1942 trafen in der Schweiz zwei Briefe aus Warschau ein. Ein Jude, der illegal außerhalb des Warschauer Ghettos lebte, hatte sie an Isaac Sternbuch, den Vertreter der Agudath Israel (einer jüdisch-orthodoxen religiösen Organisation) in der Schweiz, geschrieben. Die beiden Briefe berichteten in einer kaum verhüllten Sprache von der täglichen Deportation der Warschauer Juden. Sie ließen nicht den geringsten Zweifel daran, dass dort alle ausgerottet worden waren. Im deutschen Text dieser Briefe finden sich hebräische Ausdrücke wie *Gerusch* (Verstoßung, Verbannung), der die Deportationen evoziert, und *Uncle Achinu* (der Onkel unser Bruder), der das Schicksal des jüdischen Volks evoziert: »Uncle Achinu ist verstorben« (unser Volk ist tot).

Auch aus anderen Quellen erhielten wir Informationen über die Massendeportationen der Warschauer Juden im Juli 1942, die das bevorstehende Ende des Ghettos ankündigten. In einem Bericht vom 15. August 1942 schrieb Lichtheim, mit dem ich enge Beziehungen unterhielt:

> Das Warschauer Ghetto ist in Liquidation begriffen. Es werden Juden ohne Unterschied von Alter und Geschlecht aus dem Ghetto gruppenweise weggenommen, erschossen und deren Leichen zur Fettherstellung bezw. deren Knochen als Düngemittel verwendet. Es sollen zu diesem

Zweck auch Leichen wieder ausgegraben werden. Die Massenhinrichtungen finden natürlich nicht in Warschau selbst statt, sondern in besonders hierfür eingerichteten Lagern. Ein solches Lager soll sich in Belzek befinden.

In Lemberg selbst soll man in den letzten vier Wochen rund 50 000 Juden an Ort und Stelle hingeschlachtet haben, in Warschau nach einem anderen Bericht 100 000. Im ganzen östlich von Polen gelegenen Gebiet inkl. des besetzten Russlands, soll sich bereits kein einziger Jude mehr befinden.

Ich muss noch einen weiteren wichtigen Augenzeugenbericht erwähnen, der von Gabriel Zivian, einem jungen Juden aus Lettland, stammte. Dieser kam im September 1942 nach Genf zu entfernten Verwandten. Zivian erzählte mir vom Schicksal der Juden von Riga, der Hauptstadt Lettlands. Er beschrieb mir in allen Einzelheiten, was in zwei Nächten, im November und Dezember 1941, geschehen war. In diesen beiden Nächten wurde die gesamte jüdische Bevölkerung der Stadt, darunter der berühmte jüdische Historiker Simon Dubnow, ausgerottet.

Unmittelbar nach der Ankunft der deutschen Truppen am 1. Juli 1941 begannen die Massenverhaftungen, die von Brutalitäten begleitet waren. Zahllose Juden wurden für verschiedene Arbeiten herangezogen. Gleichzeitig wurden ein- bis zweitausend Personen eingesperrt. Später wurde bekannt, dass sie am 20. Juli in einem Wald erschossen worden waren.

Eines Tages wurden die Rigaer Juden gezwungen, sofort in ein Ghetto umzuziehen. Chaos, Überbevölkerung, Elend waren an der Tagesordnung. Viele hatten nicht einmal ein paar persönliche Dinge mitnehmen können, ganz zu schweigen von Möbeln, Wäsche oder Kleidung zum Wechseln.

Vor ihrer kollektiven Ermordung waren die Rigaer Juden mit furchtbarer Brutalität zusammengetrieben worden. Jeder Versuch zu fliehen oder sich einfach nur zu entziehen, wurde mit sofortiger Erschießung bestraft. Als den Menschen auf dem Marsch zu den nahe gelegenen Schluchten bewusst wurde, was sie erwartete, war es zu spät. Die Schüsse und die Schreie waren weit im Umkreis zu hören.

Gabriel Zivian, der all dies in Riga miterlebt hatte, hatte sich retten können. Da er Medizinstudent war, arbeitete er anschließend einige

Monate unter falscher Identität in einem Krankenhaus in Stettin. Nach verschiedenen Abenteuern gelang es ihm schließlich, ein Visum für die Schweiz zu erhalten. Als man ihn zu mir schickte, befragte ich ihn acht Stunden lang. Er beschrieb mir detailliert alles, was sich in Riga neun Monate zuvor abgespielt hatte und wovon die Welt absolut keine Ahnung hatte. In zwei Nächten wurden 24 000 Juden von speziell ausgebildeten Kommandos mit Maschinenpistolen erschossen. Damals hörte ich zum ersten Mal den Bericht eines Augenzeugen.
Einen Monat später kam mir ein noch unglaublicheres Zeugnis zu Ohren. Ebenfalls im September erhalte ich einen Anruf aus dem Kantonskrankenhaus. Cécile Rhein, eine jüdische Ärztin, die ich kannte, sagt zu mir: »Kommen Sie schnell, ich werde Ihnen etwas Erstaunliches zeigen. Am Telefon kann ich Ihnen nicht sagen, worum es sich handelt.«
Im Krankenhaus stellte sie mir einen Mann vor, der Isak Lieber hieß. Ich habe seinen Namen niemals weitergegeben, da es rechtswidrig war, mit jemandem zu sprechen, der unter Polizeiaufsicht stand. Ich wollte weder der Ärztin noch dem Kranken Unannehmlichkeiten bereiten. Die Ärztin sagte zu mir: »Hören Sie, wir haben hier diesen Mann, der sehr merkwürdige Geschichten erzählt. Ich habe keine Ahnung, wovon er redet, aber Sie können sicher mehr damit anfangen.«
Der Patient war ein junger Jude, der bei einer der Massenverhaftungen im Juli/August 1942 in Brüssel von den Nazis verhaftet worden war. Zunächst nach Malines, in das belgische Durchgangslager in der Nähe der Hauptstadt, überführt, war er anschließend nach Osteuropa deportiert worden. Er beschrieb mir mit großer Genauigkeit seine Verhaftung, das Lager von Malines, die verschiedenen Stationen seiner Deportation bis nach Rava Ruska und dann in die Nähe der Front bei Stalingrad, wo er für die Befestigungsarbeiten herangezogen wurde. Nachdem er dort eine gewisse Zeit gearbeitet hatte, fragte ein junger deutscher Offizier, ob es unter den Häftlingen jemanden gebe, der chauffieren könne. Da er Mechaniker war und fahren konnte, meldete Lieber sich. Der Offizier beschäftigte ihn mehrere Wochen als Chauffeur. Dieser Wehrmachtsoffizier, der im Kampf zwei seiner Brüder verloren hatte, hatte den Krieg gründlich satt. Er beschloss, dem jungen Juden zur Flucht zu verhelfen. Während ihrer Fahrten erkundigte sich Lieber nach dem Schicksal der Juden: »Was ist aus den Leuten geworden, den

Frauen, den Kindern, die bei uns waren?« Der Deutsche erklärte ihm daraufhin ohne Umschweife: »Diejenigen, die arbeitsfähig sind, werden für alle möglichen Arbeiten eingesetzt, vor allem bei der Befestigung der Ostfront. Die anderen werden umgebracht. Diejenigen, die nicht mehr arbeitsfähig sind, werden ebenfalls umgebracht.« So also wurde vorgegangen. Die ganze Tragödie komprimiert in wenigen, einfachen Sätzen.

Nachdem der Offizier beschlossen hatte, Lieber zu retten, versteckte er ihn in einem Zug, der nach Westen fuhr. Es war ein Güterzug, gefüllt mit Uniformen deutscher Soldaten, die in der Schlacht um Stalingrad gefallen waren. Der Offizier gab ihm auch »Besatzungsmark« und Lebensmittel für ein paar Tage. Und der Jude rollte, verborgen in einem Wagen voller Uniformen, nach Westen. Er rollt und rollt, es ist unvorstellbar, tage- und nächtelang. Schließlich hält der Zug auf einem Abstellgleis im Bahnhof einer Großstadt. Da stieg er aus. Und stellte sofort fest, dass er sich in der Nähe der Gare de l'Est in Paris befand. Da er Geld hatte, kam er ganz gut zurecht.

Dann verließ Lieber Paris. Nachdem er die Demarkationslinie passiert hatte, um in die »freie Zone« Frankreichs zu gelangen, versuchte er über die Schweizer Grenze zu gehen. Dort wurde er von einem Soldaten verhaftet. Da seine Füße stark geschwollen waren, brachte man ihn ins Krankenhaus.

Lieber war ein ganz einfacher Mann. Er erzählte mir das alles in fünf oder sechs Stunden. Ein weiterer Augenzeuge.

Es gab auch einen Bericht, den ich damals nicht benutzt habe: Im Winter 1941/42 wurde eine Schweizer Sanitätseinheit an die Ostfront geschickt. Sie sollte ein wenig den Zorn der Deutschen auf die Schweizer dämpfen. Die Deutschen waren unzufrieden, weil die öffentliche Meinung in der Schweiz ihre Sache nicht unterstützte und starke Kritik an Deutschland übte.

Um die Situation zu entspannen, entsandten die Schweizer eine Sanitätseinheit, die die Leiden der armen Deutschen an der Ostfront lindern sollte. Sie nahmen Ärzte und Medikamente mit ... Da es sich um eine militärische Mission handelte, bestand die Einheit vor allem aus Schweizer Militärärzten. Der Präsident des Schweizer Roten Kreuzes nahm ebenfalls daran teil.

Die Einheit kehrte im Februar 1942 in die Schweiz zurück. Sie hatte

schreckliche Dinge an der Ostfront beobachtet. Ein Arzt aus der deutschen Schweiz, Dr. Bucher, den die Gräuel, die er gesehen hatte, ganz besonders beeindruckt hatten, hielt einen Vortrag über dieses Thema auf einer Konferenz, zu der nur die Berner Ärzte Zutritt hatten. Ich hatte den Text seines Vortrags nicht gelesen, aber es wurde darüber gesprochen. Er hatte ganz offen die Tatsachen dargestellt, die die systematische Vernichtung der Juden an der Ostfront betrafen.
Dies brachte Dr. Bucher eine Rüge von Seiten des Schweizer Militärdepartements ein, das heißt des Verteidigungsministers, der ihm befahl: »Es ist Ihnen nicht erlaubt, darüber zu sprechen.«
Die Schweizer Regierung hat stets behauptet, sie habe nicht gewusst, was für abscheuliche Dinge im Osten geschahen, als sie im August 1942 ihre Grenzen für die Juden schloss. Das ist ein Gegenbeweis.
Ein weiteres, für uns überaus wichtiges Zeugnis war das von Professor Carl Jacob Burckhardt, dem Vizepräsidenten des Internationalen Komitees vom Roten Kreuz. Als wir von der Existenz des Naziplans der totalen Ausrottung der Juden informiert wurden, fragten wir ihn, ob er oder das Internationale Komitee über diesbezügliche Informationen verfügten. Die Frage war ihm von Guggenheim, seinem Kollegen am Institut Universitaire de Hautes Études Internationales, im Professorenzimmer, wo sie sich häufig trafen, gestellt worden.
Burckhardt, den ich ebenfalls recht gut aus meinen Jahren am Institut kannte, bestätigte uns, dass er ähnliche und übereinstimmende Informationen von zwei Deutschen erhalten habe, von denen der eine für das Außenministerium und der andere für das Kriegsministerium arbeitete. Ihre Erklärungen, die sie unter dem Siegel der Verschwiegenheit gemacht hatten, bestätigten unsere eigenen Informationen. Burckhardts Antwort, die auf den Erklärungen dieser beiden Deutschen beruhte, ließ keinen Zweifel an dem Willen Nazideutschlands, sich die Juden vom Hals zu schaffen. Der gebräuchliche Ausdruck lautete, Europa »judenfrei« zu machen. Aber, sagte er, da es kein Land gab, das die Juden aufnehmen konnte, konnte es nicht den geringsten Zweifel hinsichtlich der Bedeutung dieses Ausdrucks geben.
Burckhardt war also ausgezeichnet informiert. Wenn man heute die Berichte liest, die Heydrich, der oberste Chef der Sicherheitspolizei des Reichs, an Ribbentrop, den Reichsaußenminister, im Herbst 1941 und später über die Judenmassaker und die Fortschritte der Endlösung

schickte, sieht man, dass er überall den Ausdruck »judenfrei« benutzt. Burckhardt informierte uns auch, dass Albrecht von Kessel, ein Beamter des deutschen Konsulats, ihn Anfang September gebeten habe, nicht mehr zugunsten mancher Einzelfälle zu intervenieren, derartige Initiativen seien von nun an völlig sinnlos.

Es erscheint seltsam, dass Burckhardt niemals mit seinen Kollegen vom Internationalen Komitee vom Roten Kreuz über die Informationen zur Endlösung sprach, die er aus den deutschen Quellen hatte. Laut den jüngsten Veröffentlichungen – vor allem dem Buch von Jean-Claude Favez, *Das Internationale Rote Kreuz und das Dritte Reich* – über die Rolle des Internationalen Komitees vom Roten Kreuz während des Zweiten Weltkriegs finden sich in den Archiven der Organisation keinerlei Hinweise über eine derartige Mitteilung Burckhardts.

Es ist nicht weniger seltsam, dass er diese Informationen ein paar Wochen später Paul Squire, dem Konsul der Vereinigten Staaten, mitteilte, als dieser sich nach meinem Gespräch mit Minister Leland Harrison, dem Chef der amerikanischen Gesandtschaft in der Schweiz, an ihn wandte.

Inzwischen war der deutsche Industrielle wieder in die Schweiz gekommen. In der ersten Version der Tatsachen, die er Ende Juli übermittelt hatte, hatte er von der Endlösung als Plan gesprochen. Bei seinem erneuten Besuch in Zürich ein paar Wochen später präzisierte er, dass es sich nicht mehr um einen Plan handele, sondern dass es einen Befehl Hitlers gebe und dass die Entscheidungen, die auf höchster Ebene getroffen worden seien, mittlerweile in die Tat umgesetzt würden.

Wir hatten also eine ganze Reihe sehr wichtiger Tatsachen erfahren, die aus verschiedenen Quellen stammten und den Bericht des deutschen Industriellen bestätigten. In dieser ganzen Zeit gab ich nach und nach alle Informationen, die ich erhielt, an Squire und die anderen weiter.

Eine entscheidende diplomatische Initiative führt zur Erklärung der alliierten Regierungen

Gegen Mitte Oktober wurde ich von Leland Harrison nach Bern gerufen. Diese Einladung war Sumner Welles von Wise vorgeschlagen worden. In einem Telegramm bat Wise mich, Harrison sämtliche Informationen zu geben, über die ich verfügte. Wise bat mich auch, Richard Lichtheim, den Vertreter der Jewish Agency in Genf, an der Demarche zu beteiligen.

Ich hatte ein gutes Verhältnis zu Lichtheim, der sein Büro auf derselben Etage wie ich hatte. Dennoch hatte ich ihn nicht sofort über die Nachricht informiert, die ich von der deutschen Quelle erhalten hatte. Ich erzählte ihm erst etwas später davon. In der Folge tauschten wir dann zahlreiche weitere Informationen aus, die zwischen August und Oktober eintrafen, und diskutierten darüber.

Lichtheim war furchtbar pessimistisch, viel pessimistischer als ich. Er war viel älter und hatte große politische Erfahrung. 1920 war er bereits Mitglied der Exekutive der Zionistischen Weltorganisation gewesen. Während des Ersten Weltkriegs war er mit Victor Jacobson in Konstantinopel gewesen. Dort hatte er seine diplomatische Lehrzeit absolviert. Angesichts seines Pessimismus bewahrte ich mir noch ein paar Fünkchen Hoffnung.

Ich glaube, er dachte, alles, was wir unternahmen, habe keinen Sinn. Ich dagegen sagte, obwohl ich ebenfalls pessimistisch war: »Man muss wirklich alles tun, was man tun kann. Selbst wenn der Erfolg ausbleibt, muss man es versuchen, immer wieder versuchen. Es ist unsere Pflicht.«

Wir wurden also in die Gesandtschaft der Vereinigten Staaten in Bern eingeladen. Wir bereiteten uns beide gründlich auf dieses Gespräch vor, von dem wir sehr viel erwarteten.

Bei diesem Treffen übergaben wir Harrison ein etwa dreißig Seiten starkes Memorandum, das alle Informationen, über die wir verfügten, zusammenfasste, alles, was wir über die Deportationen wussten, die einzelnen Berichte und die Zeugenaussagen von Lieber, von Zivian ...

Ein Gesamtüberblick über die Deportationen der Juden in ganz Europa vervollständigte das Dossier.
Als wir ins Büro des Ministers geführt wurden, der kein Berufsdiplomat war, sondern wahrscheinlich ein bedeutender Businessmann mit großer Geschäftserfahrung, sagten wir ihm, dass wir Wises Telegramm erhalten und ihm ein Dossier vorbereitet hätten, das sämtliche Informationen enthalte, über die wir verfügten.
Harrison begann, ohne ein Wort zu sagen, dieses dreißigseitige Memorandum zu lesen. Zwanzig Minuten herrschte tiefe Stille in seinem großen Büro. Nachdem er seine Lektüre beendet hatte, ging er das Dossier Seite für Seite durch und stellte uns Fragen zu den Punkten, die er erklärt haben wollte. Er gab weder Sympathie noch Antipathie zu erkennen. Sein unbewegtes Gesicht war der Grund, warum mein Freund Lichtheim ihm anschließend den Spitznamen »*poker face*« gab.
Ich möchte auf zwei wichtige Dinge hinweisen. Erstens war dieses Gespräch das einzige Mal in meinem Leben, dass ich in einem verschlossenen Umschlag den Namen des Deutschen, der uns informiert hatte, und seine Funktion in der Industrie preisgegeben habe. Es handelte sich um Eduard Schulte, Generaldirektor eines Bergwerk-Konsortiums, Georg von Giesches Erben (erst nachdem die Historiker Schultes Namen in den Archiven des State Department gefunden hatten, bestätigte ich seine Identität). Zweitens gab ich mündlich das vertrauliche Zeugnis Burckhardts unter Angabe seines Namens und Titels wieder. Ich spürte, dass dieses Gespräch entscheidend war: Entweder man glaubte mir oder man glaubte mir nicht. Ich musste alles auf eine Karte setzen. Am Ende des Gesprächs fragte Harrison, ob Zivian eine offizielle eidesstattliche Erklärung abgeben würde (*Affidavit*), die seinen Bericht bestätige. Harrison bat auch um eine eidesstattliche Erklärung von Guggenheim über sein Gespräch mit Burckhardt. Ich machte Harrison darauf aufmerksam, dass Guggenheim Burckhardts Namen wahrscheinlich nicht nennen würde. Der Minister nahm es zur Kenntnis. Und Guggenheim sprach dann tatsächlich von einer »bedeutenden internationalen Persönlichkeit«. Die beiden eidesstattlichen Erklärungen wurden unserem Dossier beigefügt. Andererseits wissen wir heute, dass Harrison den Konsul der Vereinigten Staaten in Genf, Paul Squire, gebeten hat, Burckhardt aufzusuchen, um den Wahrheitsgehalt meines Berichts zu überprüfen. Der Konsul verfasste zwei Noten über seine

Gespräche mit Burckhardt, die meinen mündlichen Bericht bestätigten und in den Archiven des State Department aufbewahrt werden.
All das beweist, wie ernst Harrison unser Dossier nahm. Wie wir heute wissen, war Harrison sehr skeptisch gewesen, als ich meine ersten Informationen dem amerikanischen Konsulat in Genf präsentierte. Es scheint jedoch, dass unsere Dokumentation ihn beeindruckte und er daher seine Einstellung änderte.
All diese Interventionen hatten eine gewisse Zeit in Anspruch genommen. Als das dicke Dossier schließlich in Washington eintraf, rief der Unterstaatssekretär Sumner Welles Wise zu sich und sagte ihm: »Diese Dokumente bestätigen und rechtfertigen Ihre schlimmsten Befürchtungen.« Der Unterstaatssekretär gab Wise daher seine Zustimmung, die Berichte zu veröffentlichen, was Wise und Goldmann sofort taten.
Nachdem sie den Bericht veröffentlicht hatten, begannen die jüdischen Organisationen der freien Welt zu handeln. Bereits in den ersten Septembertagen hatte Wise, als er durch Silverman mein erstes Telegramm erhalten hatte, die wichtigsten jüdischen Organisationen der Vereinigten Staaten zu zwei vertraulichen Treffen zusammengerufen. Sie diskutierten über den Inhalt meines Telegramms sowie eines Telegramms des Schweizer Vertreters der Agudah, das ein paar Tage später eingetroffen war und mitteilte, dass 100 000 Warschauer Juden getötet worden waren.
Von diesem Augenblick an mobilisieren sich die amerikanischen Juden. Sie organisieren öffentliche Protestdemonstrationen, führen Sammlungen durch, denken über ein kohärentes Hilfsprogramm und weitere Möglichkeiten nach. Das furchtbare Drama des europäischen Judentums macht täglich Schlagzeilen in der jüdischen Presse.
Auch in London werden die jüdischen Organisationen aktiv. Angestachelt von der dynamischen Britischen Sektion des Jüdischen Weltkongresses, drängen sie die britische Regierung zu handeln. Sie wenden sich an alle Exilregierungen in London, informieren die Kirchen und die anderen wichtigen Akteure des öffentlichen Lebens. Die Vertretung der britischen Juden, der Board of Deputies of British Jews, organisiert eine große öffentliche Kundgebung in der Londoner Albert Hall.
Für die einen wie für die anderen ging es darum, Erklärungen von in der Öffentlichkeit stehenden politischen und religiösen Persönlichkei-

ten zu erhalten und zu veröffentlichen, Pressekampagnen zu organisieren und die alliierten Regierungen anzusprechen, um eine gemeinsame Erklärung zu bekommen. Manche dachten sogar ernsthaft daran, mit Repressalien wie der Beschlagnahmung des deutschen Grundbesitzes und der deutschen Guthaben usw. zu drohen. Alle waren sich einig, dass diese Verbrechen nach dem Krieg nicht unbestraft bleiben durften.

In London waren die Reaktionen der verschiedenen Exilregierungen sehr unterschiedlich. Sie spiegelten die Bedenken der Alliierten wider. Die polnische Regierung vertrat eine sehr energische Position und unternahm eine Reihe von Interventionen bei den anderen alliierten Regierungen und beim Vatikan.

Hier möchte ich einfügen, dass wir alle ein wenig skeptisch hinsichtlich der Haltung der polnischen Exilregierung gegenüber den Juden und dem Vernichtungsprozess waren. Wenn man heute auf das zurückblickt, was getan und was veröffentlicht worden ist, habe ich den Eindruck, dass sie sich viel besser verhalten hat, als wir dachten. So sind beispielsweise die eindringlichen Briefe ihres Präsidenten Wladyslaw Raczkiewicz an Papst Pius XII., insbesondere derjenige vom 2. Januar 1943, sehr bewegend. Merkwürdigerweise glaubte der tschechoslowakische Präsident Eduard Benesch, der ein großer Freund des jüdischen Volkes war, dass es sich um eine Provokation der Deutschen handele, und schenkte dem Bericht keinen Glauben.

Der Einzige, der die Initiativen des Jüdischen Weltkongresses in London mit wirklicher Sympathie begrüßte und den Bericht für wahrscheinlich und glaubwürdig hielt, war Iwan Maiski, der Botschafter der Sowjetunion in London. Historisch gesehen ist dies sehr interessant. Er wusste wahrscheinlich aus eigener Erfahrung, dass derartige Massaker stattfinden konnten, ohne dass die Welt davon wusste.

Doch leider scheint alles darauf hinzudeuten, dass solche ganz einfach menschlichen Überlegungen den Berufsdiplomaten eher fremd sind. So erzählt der Historiker Morse die Geschichte des Präsidenten von Honduras, der während des Krieges mit dem amerikanischen Botschafter über das beklagenswerte Schicksal der europäischen Juden sprach. Die Antwort des Botschafters: »Das kommt alles von einem Juden, der in der Schweiz wohnt.« Unglaublich!

Man hat mich oft gefragt, ob die Nachricht meines Telegramms wirklich positiv von den jüdischen führenden Persönlichkeiten aufgenommen wurde und ob diese an die Richtigkeit meines Berichts geglaubt haben. In diesem Zusammenhang ist es sinnvoll, einige meiner persönlichen Erfahrungen zu erzählen.

Ich habe diese Frage insbesondere Maurice Perlzweig, dem damaligen politischen Leiter des Jüdischen Weltkongresses in New York, gestellt, der natürlich an allen Diskussionen über dieses Thema teilnahm. Er antwortete mir spontan: »Natürlich haben wir geglaubt, was Sie vorgebracht haben. Niemand hat Ihren Bericht bezweifelt.« Andere sagten mir: »Ihre Nachricht war nicht wirklich neu.« Die polnische Regierung hatte bereits im Mai einen Bericht über die Gräuel, die Verfolgungen und die Ausrottung der Juden in Polen veröffentlicht.

Ich nutzte daraufhin eine Gelegenheit, um diese Frage einem der beiden jüdischen Mitglieder des Staatsrats der polnischen Exilregierung, Dr. Ignace (Itzhak) Schwartzbart, zu stellen. Als ich ihn fragte, bestätigte Schwartzbart mir, dass mein Telegramm einen großen Schock ausgelöst habe und dass ihm sofort größte Bedeutung beigemessen worden sei. Er fügte hinzu: »Natürlich wussten wir, was in Polen geschah. Wir wussten, dass die Nazis polnische Juden massenhaft verfolgten und ermordeten. Aber Ihre Nachricht war eine Sensation, weil wir zum ersten Mal von der Existenz eines Gesamtplans der Nazis für die Ausrottung aller europäischen Juden erfuhren. Das war uns nicht bekannt gewesen.«

Ein weiteres Zeugnis, das mich sehr beeindruckt hat, ist dasjenige von René Cassin, Professor für Internationales Öffentliches Recht, Justizminister im Comité national de la France libre und enger Mitarbeiter von General de Gaulle. Ich kannte ihn sehr gut. Am Ende meines Jurastudiums in Paris war er einer meiner Prüfer gewesen. Das war unsere erste Begegnung gewesen. Später sahen wir uns regelmäßig bei den Vereinten Nationen in der Menschenrechtskommission, im Wirtschafts- und Sozialrat und bei vielen anderen Gelegenheiten.

Eines Tages sprach René Cassin mich während einer Sitzung der Menschenrechtskommission in der UNO an und sagte mir, er sei dabei, seine Memoiren zu schreiben, und wolle Auskunft von mir über gewisse Details meiner Botschaft vom August 1942 über die Vernichtung der Juden, die damals ein so ungeheures Aufsehen erregt habe. Er sagte mir, dass er auf einer Zusammenkunft, die bei Israel und Rebecca

Sieff stattgefunden habe, davon Kenntnis erhalten habe. Die Sieffs, eine sehr bekannte Londoner jüdische Familie, führten einen großen politischen Salon. Dort traf sich regelmäßig eine gewisse Anzahl jüdischer und nichtjüdischer Persönlichkeiten aus England und dem Ausland, unter ihnen Mitglieder verschiedener Exilregierungen, die sich damals in London befanden. Bevan, Cassin und Masaryk gehörten zu den regelmäßigen Gästen.
Rebecca Sieff war selbst sehr aktiv in den Gremien des Jüdischen Weltkongresses. Der politische Salon von Israel und Rebecca Sieff war einzigartig in seiner Art. Sein Ziel war es, die Kontakte zwischen den jüdischen Führern und den Führern der in den Krieg verstrickten Länder zu verstärken. Cassin beschrieb mir damals sehr lebendig den Abend bei den Sieffs, an dem er diese Nachricht zum ersten Mal gehört hatte. Er erinnerte sich genau an die Diskussionen, die darüber stattgefunden hatten, und bestätigte mir, dass dies tatsächlich das erste Mal gewesen sei, dass man von dem Gesamtplan der Ausrottung aller europäischen Juden gehört habe.
Cassin hatte also die Absicht, in seinen Memoiren darauf einzugehen. Er starb jedoch, ohne sie beendet zu haben. Ich weiß nicht einmal, ob er in seinem persönlichen Archiv Notizen hinterlassen hat.
Ein letztes Zeugnis muss genannt werden. Es stammt von Dr. Schneier Levenberg, der dem Büro der Britischen Sektion des Jüdischen Weltkongresses angehörte und zugleich aktives Mitglied des Büros der Jewish Agency in London war. Er hatte an der Sitzung des Jüdischen Weltkongresses teilgenommen, auf der Sydney Silverman mein Telegramm präsentiert hatte, und beschrieb mir den ungeheuren Schock, den die Nachricht bei allen ausgelöst hatte. Es beschloss, sich unverzüglich zum Büro der Jewish Agency in der Great Russell Street zu begeben, um seine zionistischen Kollegen über die Nachricht zu informieren. Berl Locker, Mitglied der zionistischen Exekutive, berief sofort eine Zusammenkunft seiner Kollegen für den nächsten Tag ein, an der vor allem Lewis Namier, Selig Brodetsky, Joseph Linton und Schneier Levenberg teilnehmen sollten. Die Sitzung beschloss, ihre Kollegen in Jerusalem durch ein kodiertes Telegramm zu verständigen. Leider habe ich in den zionistischen Archiven keine Spuren dieser Botschaft gefunden.

Die Erklärung der alliierten Regierungen

Das konkrete und wichtige Ergebnis all dieser Aktionen, die ich ausgelöst hatte, war die Erklärung der alliierten Regierungen vom 17. Dezember 1942 zur Ausrottung der Juden. Die Idee zu einer solchen Erklärung kam übrigens von mir; ich hatte sie erstmals in einem Brief vom Oktober 1941 an Nahum Goldmann geäußert.

Nachdem die Idee einer solchen Erklärung einmal in die Welt gesetzt worden war, fanden mehrere Wochen bisweilen langwierige Verhandlungen vor allem zwischen der britischen und der amerikanischen Regierung statt. Die sowjetische Regierung brachte ebenfalls Änderungsanträge ein.

Man kann sich vorstellen, dass diese Idee sowohl von Seiten der Bürokraten des State Department als auch mancher Beamten des Foreign Office auf Widerstände stieß. Sie fürchteten, eine Erklärung, die die Naziverbrechen verurteile, würde die jüdischen Organisationen ermutigen, noch mehr Aktionen zu verlangen, die das grauenvolle Naziunternehmen der Endlösung bekämpfen sollten.

Schließlich wurde die Erklärung am 17. Dezember 1942 unter dem Titel »Deutsche Politik der Vernichtung der jüdischen Rasse« verabschiedet. Hier der Wortlaut:

> Die Aufmerksamkeit der Regierungen Belgiens, der Tschechoslowakei, Griechenlands, Luxemburgs, der Niederlande, Norwegens, Polens, der Sowjetunion, des Vereinigten Königreichs von Großbritannien und Nordirland, der Vereinigten Staaten von Amerika und Jugoslawiens und des Comité National Français (France Combattante) ist auf zahlreiche Berichte aus Europa gelenkt worden, denen zufolge die deutschen Machthaber, nicht damit zufrieden, Personen jüdischer Abstammung in allen Gebieten, auf die sie ihre barbarische Herrschaft ausgedehnt haben, die elementarsten Menschenrechte zu verweigern, jetzt Hitlers oft wiederholte Absicht, das jüdische Volk in Europa auszurotten, in die Praxis umsetzen.
>
> Aus allen besetzten Ländern werden die Juden unter grauenhaften Bedingungen und mit entsetzlicher Brutalität nach Osteuropa abtransportiert.
>
> In Polen, das in den Hauptschlachthof der Nazis verwandelt worden ist, werden die von den deutschen Invasoren eingerichteten Ghettos

systematisch von allen Juden geleert, mit Ausnahme einiger weniger hochqualifizierter Arbeiter, die in der Kriegsindustrie eingesetzt werden.

Von denen, die deportiert worden sind, hat man nie wieder etwas gehört. Die Gesunden und Kräftigen werden in Arbeitslagern durch anstrengende Arbeiten langsam zu Tode gebracht. Die Kranken und Schwachen werden dem Tod durch Erfrieren oder Verhungern preisgegeben oder bewusst in Massenhinrichtungen niedergemetzelt.

Viele Hunderttausende vollkommen unschuldiger Männer, Frauen und Kinder sind bereits Opfer dieser blutigen Gräueltaten geworden.

Die oben genannten Regierungen und das Comité National Français verurteilen diese bestialische Politik kaltblütiger Ausrottung aufs Schärfste. Sie erklären, dass solche Vorfälle die Entschlossenheit aller freiheitsliebenden Völker, die barbarische Tyrannei Hitlers zu stürzen, noch verstärken.

Sie bekräftigen ihre feste Entschlossenheit, dafür zu sorgen, dass die für diese Verbrechen Verantwortlichen ihrer Strafe nicht entgehen werden, und zügig die hierfür notwendigen praktischen Maßnahmen zu ergreifen.

Dieser Text wurde gleichzeitig in Washington, Moskau und London veröffentlicht. In London gaben das Parlament und die Regierung ihm eine spezielle Form: die einer Erklärung an das Unterhaus, in der Anthony Eden, der Außenminister, auf eine Frage von Sydney Silverman antwortete. Am Ende der Erklärung erhob sich das englische Parlament und legte zwei Schweigeminuten ein.

Anthony Eden schrieb in seinen Erinnerungen: »Die Erklärung hatte eine dramatische Wirkung, die sehr viel stärker war, als ich es erwartet hatte.« Lloyd George, der große alte englische Staatsmann, einer der »großen Vier« der Friedenskonferenz von Versailles, sagte anschließend: »Ich erinnere mich nicht an eine solche Szene in all den Jahren meines Parlamentslebens.«

Manche Historiker haben behauptet, die Erklärung der Alliierten sei ungenügend verbreitet worden. Ich bin nicht dieser Meinung. Ich denke im Gegenteil, dass sie beträchtliche Wellen geschlagen hat. Ich erinnere mich, dass sie sogar in der Schweiz, wo man mit der Verurteilung der Achsenmächte sehr vorsichtig war, von weiten Teilen der Presse veröffentlicht wurde. Jedenfalls war die Ausrottung der Juden durch die Nazis jetzt allgemein bekannt. Niemand konnte sie mehr ignorieren.

Die Erklärung der Alliierten weckte natürlich gewaltige Hoffnungen, die allerdings meist sofort wieder einen Dämpfer bekamen. Gewiss gab es Vorschläge, wie das Leben der europäischen Juden gerettet werden könnte. Natürlich gab es, wie wir sehen werden, zahlreiche Pläne zu ihrer Rettung. Die jüdischen Vorschläge, die sehr präzise formuliert waren, verlangten von den alliierten Regierungen sofortige Aktionen, die alle durchführbar waren. Es ist den jüdischen Organisationen nicht gelungen, ihre Durchführung durchzusetzen. Die Standardantwort, die man mit leichten Variationen von den Alliierten immer wieder zu hören bekam, lautete: »Wir müssen zuerst den Krieg gewinnen.«

Auf den globalen Vorschlag einer großen Verhandlung mit den Deutschen über die neutralen Staaten oder den Vatikan als Unterhändlern wurde uns geantwortet, man könne mit dem Feind nicht verhandeln. Andererseits wurden praktisch alle Einzelvorschläge, die wir machten, unter verschiedenen Vorwänden abgelehnt. Nirgends fand sich ein Land, das den Juden Asyl geboten hätte. Die restriktive Gesetzgebung der Vereinigten Staaten hinsichtlich der Einwanderung galt als sakrosankt und unantastbar. Großbritannien weigerte sich, Juden nach Palästina einreisen zu lassen. Dieses Land blieb verschlossen, da es den Engländern, die das Mandat über Palästina hatten, zu gefährlich schien, die Araber zu provozieren. In Südamerika gab es keinen Platz. Man hatte dort Angst vor Spionen, die sich unter die Flüchtlinge mischen könnten. Einige der jüdischen Flüchtlinge konnten schließlich auf die Insel Mauritius fliehen.

Mit zahlreichen Sonderaktionen wurde versucht, die Kinder zu retten. Mrs. Roosevelt engagierte sich sogar persönlich. Aber letztlich sind alle Pläne gescheitert. Kein Land hatte Platz für die jüdischen Kinder, nicht einmal vorübergehend. Die Schweiz beispielsweise unternahm große Anstrengungen, um den Kriegsopfern und besonders den Kindern zu helfen, indem sie sie einlud, einige Zeit im Land zu verbringen. Aber fast immer wurden die jüdischen Kinder davon ausgeschlossen.

Als man sich bemühte, ihre Haftbedingungen zu verbessern und ein Statut für die in den Lagern internierten Juden zu erlassen oder zu erreichen, dass das Rote Kreuz Zugang zu den Lagern erhielt, hatte man mit der negativen Haltung der Deutschen zu kämpfen.

Die Durchführung der Wirtschaftsblockade der feindlichen Länder, die jede Sendung von Geld, Lebensmitteln, Medikamenten oder anderen Waren untersagte, machte alle Bemühungen zunichte, die Ernährung der Juden, die die Nazis in den Ghettos und Lagern verhungern ließen, zu verbessern.

Ich persönlich habe mich an die Blockade nicht gehalten. Ich war der Meinung, dass man das Recht habe, von der neutralen Schweiz aus Päckchen und Pakete zu schicken. Und wir schickten mehr als 100 000 Pakete an Personen in den Lagern, unter Umständen, auf die ich später eingehen werde.

Die Pläne für einen Personenaustausch, für Sanktionen gegen die Deutschen, für Garantien gegenüber den Einwanderungsländern mussten alle auf die eine oder andere Art begraben werden. Ich könnte diese Aufzählung endlos weiterführen.

Warum sind wir gescheitert?

Es gibt eine ganze Reihe von Gründen, die erklären, warum und wie unsere Aktion ständig mit Schwierigkeiten zu kämpfen hatte, die unsere Bemühungen jahrelang immer wieder zunichte machten.

Eine beispiellose Verfolgung

Ein ganz wesentlicher, wichtiger Grund war, dass niemand auf eine derartige Situation vorbereitet war. Die Shoah war beispiellos in der Geschichte. Das beweist die Einzigartigkeit der Endlösung. Niemals zuvor hat man ein ganzes Volk verfolgt und auszurotten versucht, Männer, Frauen, Kinder, Säuglinge, Behinderte, Kranke, Alte, alle ohne Ausnahme, mit einer Kartothek in der Hand, die mit einer bürokratischen Präzision sondergleichen von der Polizei erstellt worden war. Eine Aktion, die über die modernsten technischen Vernichtungsmittel verfügte.
Die Juden waren in ihrer Geschichte vielen Verfolgungen, vielen Schicksalsschlägen ausgesetzt. Aber auf die eine oder andere Weise ist es ihnen immer gelungen zu überleben. Sie haben enorme Verluste hinnehmen müssen, aber stets wurde eine große Zahl von ihnen gerettet. Hier gab es nun einen in seiner Art einzigartigen Gegner, dessen Hass, dessen Entschlossenheit und dessen Macht ohne Beispiel in der Geschichte waren.

Die Legende der Gräueltaten des Ersten Weltkriegs

Ein zweiter, wenig bekannter, aber überaus verhängnisvoller Faktor waren die Berichte über die Gräueltaten der Deutschen im Ersten Weltkrieg, die sich nach dem Kriegsende als falsch herausgestellt hatten. Das hat uns enorm geschadet. Ständig bekamen wir zu hören: »Das ist alles erfunden, wie im Ersten Weltkrieg.« Wir mussten ungeheure Anstrengungen unternehmen, um die Leute von der Richtigkeit unserer Berichte über die Shoah zu überzeugen.

Das Staatsgeheimnis

Der dritte Faktor, der meiner Meinung nach eine sehr wichtige Rolle gespielt hat, war das Geheimnis, mit dem die Nazis bewusst alles umgaben, was sich auf die Endlösung bezog. Himmler sprach davon in seiner berühmten Rede vor den hohen Offizieren der SS im Oktober 1943: »Wir werden sie niemals erwähnen, und es wird keine Spuren geben.«

Zahlreiche Dokumente beweisen das. Beispielsweise ein Brief Himmlers an SS-Gruppenführer Müller vom 20. November 1942. Himmler bezieht sich darin auf ein Memorandum von Dr. Wise vom September 1942. Wir haben dieses Memorandum nie gefunden, vermutlich wurde es geschrieben, als Wise gerade die ersten Nachrichten über die Endlösung erhalten hatte.

Das Memorandum von Wise deckte wahrscheinlich die Ausrottung der Juden auf, denn Himmler schrieb: »Dass derartige Gerüchte in der Welt einmal in Umlauf kommen, wundert mich bei der großen Auswanderungsbewegung der Juden nicht. Wir wissen beide, dass bei den Juden, die zur Arbeit eingesetzt werden, eine erhöhte Sterblichkeit vorhanden ist. Sie haben mir dafür zu garantieren, dass an jeder Stelle die Leichname dieser verstorbenen Juden entweder verbrannt oder vergraben werden, und dass an keiner Stelle mit den Leichnamen irgend etwas anderes geschehen kann.«

All dies soll verbergen, was wirklich geschehen ist, und die Spuren, die hätten zurückbleiben können, zerstören.

Um das Geheimnis aufrechtzuerhalten, wurde auch eine spezielle Sprache erfunden. Für »Deportation« sagte man »Evakuierung«, für »Tötung« schrieb man »Sonderbehandlung«; »Endlösung« bedeutete »totale Ausrottung«. All dies sollte vor den Deutschen und der Welt verbergen, was in den Lagern im Osten wirklich geschah. Jede Anspielung auf diese Fragen war streng verboten und wurde bestraft.

Der Antisemitismus im alliierten Lager

Ein weiterer Punkt war, dass es Antisemitismus auch im alliierten Lager gab. Die deutsche Propaganda ist in den westlichen Ländern viel wirksamer gewesen, als allgemein angenommen wurde. Es gab in den Vereinigten Staaten große Organisationen wie den Deutschen Bund unter nationalsozialistischer Leitung.

Die Nazis hatten außerdem in den einzelnen Ländern so genannte »Gauleiter« für die Deutschen im Ausland, für die sie die Rolle von Führern der NSDAP spielten. Der Gauleiter der Vereinigten Staaten verfügte über bedeutende Mittel und verfolgte eine klare und eindeutige Politik, um unter den Deutschen im Ausland die Ideen des Nazismus zu verbreiten und aus all diesen Deutschen Werkzeuge der Nazipropaganda zu machen.

Andererseits gab es antisemitische Aktivisten im amerikanischen Rundfunk, der zu jenem Zeitpunkt das wirksamste Propagandainstrument war. Diese Personen, wie der katholische Pater Coughlin und der Propagandist Gerald L.K. Smith, waren regelmäßig mehrmals pro Woche auf Sendung und hetzten die Hörer gegen die Juden auf.

Die Nazipropaganda beschuldigte die Juden, für den Krieg »gegen« Deutschland verantwortlich zu sein. Die Juden wurden beschuldigt, die Vereinigten Staaten in den Krieg zu treiben und Roosevelt zu einer Kriegspolitik gegen Deutschland zu drängen. Diese Propagandisten nannten Roosevelt häufig »Rosenfeld« und behaupteten, er sei jüdischer Abstammung. Diese Nazipropaganda zielte vor allem darauf ab, den Amerikanern einzureden, sie müssten die Juden bekämpfen, wenn sie Amerika den Frieden erhalten wollten.

Zwischen 1940 und 1942 war diese Propaganda ziemlich populär. Niemand in den Vereinigten Staaten wollte in einen Krieg hineingezogen werden. Roosevelt, der auf dem Gebiet der Außenpolitik vielleicht am hellsichtigsten war, konnte sich nicht erlauben, Maßnahmen zu ergreifen, die die Neutralität verletzt hätten.

Wenn man sich diese ständige antisemitische Agitation bewusst macht, begreift man, warum die amerikanische Presse lange Zeit fast nicht über das Drama der Juden geschrieben hat.

Die jüdischen Organisationen in Amerika, erschrocken über den Erfolg dieser Propaganda, legten sich bei der Beurteilung der amerikani-

schen Politik in Bezug auf den Krieg und die Nazigräuel äußerste Zurückhaltung auf.
Der Antisemitismus äußerte sich ziemlich unverblümt, selbst in gewissen Aktionen der Regierungsbehörden der Vereinigten Staaten. Derartige Tendenzen sind beispielsweise eindeutig beim State Department festzustellen. Wir wissen heute, dass einer seiner höchsten Beamten, Breckingridge Long, gegen die Ausstellung von Visa für die Juden Europas und insbesondere Deutschlands war. Die sowieso schon ziemlich eingeschränkten Quoten wurden niemals völlig ausgeschöpft. Manche Beamte des State Department versuchten, eine jüdische Einwanderung, die sie für zu stark hielten, zu verhindern.
Diese Haltung erklärt die Reaktionen des State Department auf mein erstes Telegramm vom August 1942, das über die Endlösung informierte. Das Telegramm ist niemals an Dr. Wise weitergeleitet worden. Zu einem bestimmten Zeitpunkt 1943 erhielt die amerikanische Gesandtschaft in Bern die Anweisung, keine Botschaften oder Berichte von Privatpersonen oder Privatorganisationen auf diplomatischem Wege weiterzuleiten. Diese Botschaft, enthalten im Telegramm 354, richtete sich eindeutig gegen mich. Der Beweis ist die Bezugnahme dieser Anweisung auf das Telegramm der Gesandtschaft, das meinen letzten Bericht übermittelt hatte. Die Absicht war, die Informationsquelle auszuschalten. Und das zielte darauf ab, der Agitation in den jüdischen Kreisen und ihren Versuchen, Druck auf die Behörden auszuüben, ein Ende zu bereiten.
Die gleiche negative Haltung nahm das State Department im April 1943 ein, als ich New York eine Reihe von Vorschlägen zur Rettung von Juden aus verschiedenen europäischen Ländern unterbreitete. In diesem langen Telegramm, das über die Gesandtschaft der Vereinigten Staaten geschickt wurde, war vor allem davon die Rede, was zu jenem Zeitpunkt in Rumänien unternommen werden könnte. Es beruhte auf Berichten, die uns von den führenden Persönlichkeiten der rumänischen Juden über das Internationale Komitee vom Roten Kreuz zugeleitet worden waren. Darin machte man uns auf gewisse Änderungen in der Haltung Marschall Antonescus aufmerksam und schlug einen Plan zur Evakuierung der nach Transnistrien deportierten Juden nach Palästina gegen Geldzahlungen vor. Man wies uns auch auf neue Finanzierungsmethoden hin. Dieses Telegramm enthielt noch eine Reihe weiterer

Vorschläge, die vor allem die Rettung von jüdischen Jugendlichen und Kindern aus Belgien, Holland und Frankreich betrafen. Insbesondere schlug ich vor, Konvois nach Spanien, in die Schweiz usw. zu schicken. Der wichtigste Vorschlag galt den finanziellen Mitteln: Die Blockade der Finanzen verbot jeden Geldtransfer in die feindlichen Länder. Diese in Kriegszeiten normale Vorschrift zielte darauf ab, die finanziellen Mittel des Gegners zu verringern. Die Blockade machte uns jedoch, wie bereits gesagt, enorme Schwierigkeiten, denn sie berücksichtigte nicht die dramatische Situation, die durch den Beschluss der Nazis, alle europäischen Juden zu vernichten, entstanden war. Um die Blockade nicht zu unterlaufen, präzisierte mein Telegramm, dass es für die Operationen nicht nötig sei, Geld in die feindlichen Länder zu schicken. Die Einzahlung der vereinbarten Summen auf ein Konto auf einer Schweizer Bank, das bis zum Ende des Krieges gesperrt bliebe, sei vollkommen ausreichend. Dadurch würde die Verwendung der Gelder für die Kriegsführung gegen die Alliierten ausgeschlossen.

Die Schwierigkeiten, auf die ich stieß, als ich diese Vorschläge telegrafieren wollte, überraschten mich sehr. Denn damals wusste ich natürlich nichts von dem Verbot des State Department, meine Telegramme weiterzuleiten.

Als ich ihnen mein Telegramm übergab, verhielten sich die Amerikaner sehr merkwürdig. Im Grunde wussten sie nicht, was sie damit machen sollten. Sie waren gezwungen, das Verbot, »private« Depeschen weiterzuleiten, zu beachten. Da sie den Inhalt des Telegramms jedoch für wichtig hielten, boten sie mir an, es abzuschicken, wenn ich die Gebühren dafür bezahlen würde. Es wurde das teuerste Telegramm meines Lebens: Die Gebühren beliefen sich auf eine Summe. die einem Monatsgehalt von mir entsprach. Bedenkt man jedoch die Wirkungen, die es dann hatte, war es auch das lohnendste Telegramm meines Lebens.

Meine von Wise übermittelten Vorschläge wurden von Roosevelt und Finanzminister Morgenthau akzeptiert. Als Wise im Juli 1943 bei Morgenthau nachhakte und ihn fragte, warum noch nichts geschehen sei, antwortete dieser ihm: »Sie wissen, dass ich diesem Rettungsplan vor Monaten zugestimmt habe.« Überrascht, aber auch bekümmert, weil er wusste, dass jeder Tag, der verstrich, die Zahl der Opfer erhöhte, ließ Morgenthau zwei seiner Mitarbeiter im Finanzministerium, John

Pehle und Josiah Du Bois, nach den Gründen für diese Verzögerung forschen. Die beiden Beamten des Finanzministeriums fanden heraus, dass das State Department für die Sabotage der Hilfe für die jüdischen Opfer verantwortlich war.

Die beiden Mitarbeiter stellten die Situation in einem aufsehenerregenden Memorandum mit dem Titel »Über die Zustimmung dieser Regierung zum Mord an den Juden« dar. Morgenthau legte das Memorandum sofort Präsident Roosevelt vor. Wie wir später sehen werden, führte das zur Gründung des War Refugee Board, der Behörde für Kriegsflüchtlinge. Das war die einzige wirksame Rettungsaktion.

Die negative Haltung des State Department fand ihre Entsprechung in der Haltung der britischen Regierung und vor allem des Foreign Office (Außenministeriums) und des Colonial Office (Kolonialministeriums).

Die sehr wichtige Studie des Historikers Bernard Wasserstein über das Vorgehen der britischen Regierung hinsichtlich der Juden während des Zweiten Weltkriegs zitiert zahlreiche Quellen und Dokumente, die dadurch endlich der Öffentlichkeit zugänglich gemacht wurden. Wenn man manche Berichte liest, fragt man sich zuweilen, wer eigentlich die Feinde Großbritanniens waren, die Juden, die versuchten, ein paar Leben zu retten, oder die Deutschen, die sie zu töten versuchten. Es ist wirklich unglaublich!

Die negative Haltung der Briten wurde besonders bei den Rettungsversuchen zu See deutlich. Zwischen 1942 und 1944 wurden Schiffe gechartert, um mehrere Hundert Juden, denen es gelungen war, der Verfolgung zu entkommen, nach Palästina zu transportieren. Die Schiffe waren oft in einem miserablen Zustand und mit Hunderten von Passagieren völlig überladen.

Die *Strouma*, die am 12. Dezember 1942 von Constanza in Rumänien aus in See stach, kam am 15. mit Motorschaden in Istanbul an. Während der Reparatur erlaubten die Türken weder dem Schiff, in den Hafen einzulaufen, noch den Menschen, an Land zu gehen. Die Engländer, die den gesamten Schiffsverkehr in den dortigen Gewässern kontrollierten, verhielten sich äußerst merkwürdig. Entgegen dem Grundsatz der freien Schifffahrt, den sie stets mit Nachdruck verteidigten, intervenierten sie bei den türkischen Behörden, damit diese die *Strouma* daran hinderten, die ins Mittelmeer führenden Meerengen zu passieren. Tatsächlich hatten die Briten sich schon im Voraus geweigert, den jüdischen Passagieren der *Strouma* zu erlauben, in Palästina an Land zu gehen. Da die Türken sich ebenfalls weigerten, sie aufzunehmen, musste das Schiff ins Schwarze Meer zurückkehren, wo es zwei Monate herumirrte, während an Bord schreckliche Zustände herrschten. Wie einem Bericht zu entnehmen ist, ging die *Strouma* schließlich am 25. Februar 1942 im Schwarzen Meer mit Mann und Maus unter. Dieses Ereignis zeugt von der harten Haltung der britischen Regierung. Ein ähnliches Drama kostete 1944 die Passagiere und die Mannschaft eines anderen Schiffes, der *Mefkure*, das Leben.

Tragödien dieser Art trafen Hunderte von Menschen, die unter schrecklichen Umständen auf diesen Geisterschiffen zusammengepfercht waren, die von Hafen zu Hafen irrten, ohne ihre menschliche Ladung an Land setzen zu können.

Es wäre sinnlos, von den britischen hohen Beamten ein wenig Mitgefühl angesichts dieser Katastrophen zu erwarten. Wasserstein zitiert in seinem Buch einen gewissen Mr. Downie vom Colonial Office, der in einem Bericht behauptet: »Diese Schiffe sind eine List der Gestapo, um das Britische Empire zu verunsichern.«

Als mir die Gesandtschaft der Vereinigten Staaten in Bern im Dezember 1943 die erste Geldausfuhrgenehmigung übermittelte, versuchte die britische Gesandtschaft auf Drängen des britischen Blockadeministers bis zum letzten Augenblick diese humanitäre Geste zu verhindern. Es gelang ihnen, die Ausstellung mehrere Wochen zu verzögern. Das war eine der letzten Zuckungen der bürokratischen Sabotage meiner Initiativen.

Später, als Roosevelt den War Refugee Board gründete, notierten hohe Beamte des Foreign Office: »Roosevelt tut dies nur aus wahltaktischen Gründen. Er muss sich nächstes Jahr, 1944, den Wahlen für ein neues Mandat stellen.« Niemand von den britischen Regierungsbeamten kam anscheinend auf die Idee, dass es bei einem großen Staatsmann so etwas wie Mitgefühl für Menschen, die leiden und vom Tod bedroht sind, geben kann. Und außerdem ganz einfach das Gefühl für Verantwortung den Menschen gegenüber.

Moralische Gleichgültigkeit

Die antisemitischen Haltungen der Staatsregierungen waren nicht das einzige Hindernis auf unserem Weg. Noch wichtiger war, und das ist mein fünfter Punkt, die moralische Gleichgültigkeit der zivilen Bürokraten und der hohen Militärs, die jede Aktion ablehnten, die aus der täglichen Routine ausbrach.

Diese totale Gefühllosigkeit der Regierungsbeamten, die sie daran hinderte, die unbedingt notwendigen Notmaßnahmen, die wir ihnen vorschlugen, zu ergreifen, erschütterte mich manchmal zutiefst. Sie verstanden nicht, dass die tragische Situation der jüdischen Gemeinden, die der totalen Vernichtung preisgegeben waren, Anstrengungen zwingend notwendig machte, die sie sich in ihrer Routine einfach nicht vorstellen konnten.

Als wir insistierten und behaupteten, eines der Kriegsziele müsse es auch sein, Millionen Menschenleben zu retten, wiederholten sie uns unermüdlich, dass man den Krieg zuerst gewinnen müsse. Sie nahmen sich nicht eine Minute Zeit, um darüber nachzudenken, ob manche außerordentliche Rettungsaktionen nicht unternommen werden könnten, ohne die Fortsetzung der Kriegsoperationen in Frage zu stellen.

Diese moralische Gleichgültigkeit hatte tödliche Folgen. Denn wie war es trotz unserer insistierenden und wiederholten Bitten möglich, dass die Militärs sich weigerten, die Gaskammern in Auschwitz zu bombardieren, während nur ein paar Kilometer entfernt Bomben abgeworfen wurden?

Wie war es möglich, die großen Schiffe, die Hunderttausende amerikanischer Soldaten nach Europa gebracht hatten, leer zurückkehren zu lassen, während man uns gegenüber behauptete, es gäbe keine Transportmöglichkeiten, um die jüdischen Flüchtlinge aus Europa zu evakuieren?

Wie war es möglich, uns gegenüber ständig zu behaupten, die Einwanderungsquoten für die Vereinigten Staaten seien ausgeschöpft, während wir nach dem Krieg entdeckten, dass dies weit von der Wahrheit entfernt war?

Niemand wollte uns in dieser tragischen Zeit.

Kommen wir für einen Augenblick auf das Problem der Bombardierung von Auschwitz zurück, über das David Wyman und einige andere sehr detaillierte Studien veröffentlicht haben. Wir wiesen vor allem im Sommer 1944, während der Rettungsaktion für die ungarischen Juden, mit allem Nachdruck auf die Notwendigkeit hin, die Krematorien von Auschwitz und das Eisenbahnnetz, über das täglich Tausende von Opfern aus ganz Europa dorthin gebracht wurden, zu bombardieren. Ich habe mich selbst mehrmals für eine derartige Aktion in der Gesandtschaft der Vereinigten Staaten in Bern eingesetzt. Dazu besorgte ich mir im Archiv des Völkerbunds sogar die detailliertesten geographischen Karten dieser Region, die zum Zeitpunkt der Volksabstimmung über Oberschlesien 1922 gezeichnet worden waren, und stellte sie den amerikanischen Behörden zur Verfügung.

Selbst Chaim Weizmann, der in der Regel nur bei Fragen, die Palästina betrafen, intervenierte, wandte sich in dieser Angelegenheit an Churchill. Beeindruckt von Weizmanns Argumenten, unterstützte Churchill sein Gesuch. Eden, der seinerseits von Churchills Intervention beeindruckt war, schloss sich dieser Initiative an.

Es ist erschreckend, das Schicksal dieser Initiative zu verfolgen. Die Eingabe ging vom Außenministerium an den Luftfahrtminister, von dort an den Oberkommandeur der Streitkräfte und kam schließlich wieder zurück zum Foreign Office. Und nichts geschah.

In den Vereinigten Staaten stand Nahum Goldmann mit einem der unmittelbaren Stellvertreter Eisenhowers, dem Oberkommandierenden der amerikanischen Streitkräfte, in Verbindung. Der Amerikanische Jüdische Kongress intervenierte bei General Marshall, einem der bedeutendsten amerikanischen Militärführer. Ohne Ergebnis.

Man hatte uns erklärt, die Aktion sei zu schwierig und die Entfernung liege jenseits der Grenze, von der aus die Bomber noch zurückfliegen könnten. Heute wissen wir, dass im Jahr 1944 die alliierte Luftwaffe die absolute Herrschaft über den Luftraum von ganz Europa hatte. Wir wissen, dass diese Luftwaffe über sehr viele detaillierte Luftaufnahmen der Region und des Lagers von Auschwitz verfügte, die noch heute in einem Fachzentrum in London vorhanden sind.

Und wir wissen auch, und das ist noch überraschender, dass die damaligen Bomber verschiedene Angriffe auf das Nebenlager Monowitz flogen, in dem die chemischen Fabriken der IG Farben standen, etwa fünf Kilometer vom Hauptlager Auschwitz entfernt. Man behaupte also nicht, die Bomber, die damals im Einsatz waren, hätten nicht die nötige

Reichweite gehabt! Warum hat man uns belogen? Warum hat man nicht die Ziele Monowitz und Auschwitz gemeinsam angeflogen, wenn man keinen Einzelangriff auf das Lager von Auschwitz fliegen wollte? Warum hat man nicht einen detaillierten Plan für ein Kommando ausgearbeitet, das die Krematorien in die Luft sprengte? Gewiss, die Verluste wären nicht unerheblich gewesen, aber hätte es an Freiwilligen – vor allem jüdischen – für dieses Kommando gemangelt? Sicher wäre im Fall einer Bombardierung die Zahl der Opfer unter den Deportierten groß gewesen, aber hätte man wegen des Risikos den Plan einfrieren dürfen, während die Krematorien täglich etwa 6000 Deportierte vernichteten? All diese Fragen sind ohne Antwort geblieben.

Mangel an Phantasie

Ein sechster wichtiger Faktor hat eine große Rolle für das Scheitern der Rettungsbemühungen gespielt: Bei fast allen Versuchen muss man einen großen Mangel an Phantasie feststellen.

In Wahrheit waren weder die großen jüdischen Organisationen noch die Politiker, weder die Militärs noch die Diplomaten in hohen Positionen fähig, aus ihrer Routine auszubrechen und außergewöhnliche Lösungen zu finden, die den außergewöhnlichen Herausforderungen, die die Ausrottung stellte, angemessen – oder ebenso maßlos – gewesen wären.

Die Regierungen waren ebenso wie die philanthropischen und humanitären Organisationen nicht in der Lage, wirklich neue Ideen zu entwickeln. Alle wussten jedoch, dass man sich angesichts der Katastrophe unmöglich auf gewöhnliche humanitäre Aktionen beschränken konnte. Doch ihre Anpassungsfähigkeit ließ auf sich warten.

Mindestens einmal jedoch hat die Phantasie gesiegt. Eines Tages gegen Kriegsende tauchte ein Schiff mit tausend jugoslawischen Flüchtlingen vor der Küste der Vereinigten Staaten auf. Da die gesetzliche Regelung der Einwanderung den Flüchtlingen nicht erlaubte, von Bord zu gehen, setzte Wise durch, dass der Ort, an dem das Schiff anlegen würde, kurzerhand für die Dauer des Kriegs zum Freihafen erklärt wurde, wodurch ihm dann erlaubt werden konnte, an der Küste der Vereinigten Staaten zu landen. Auf diese Weise konnte einer großen Zahl von

Personen für die Zeit des Kriegs Asyl gewährt werden, ohne dass gegen die gesetzliche Quotenregelung verstoßen wurde. Warum hat man dies nicht auch an fünfzig anderen Orten gemacht?

Totale Ohnmacht der Juden

Ein weiterer entscheidender Grund für unseren Misserfolg war, denke ich, unsere Ohnmacht, unser absoluter Mangel an politischem Einfluss. Ich glaube, wir waren niemals in unserer Geschichte so machtlos wie in dieser Zeit, in der wir sie am notwendigsten gebraucht hätten. Wir hatten keinerlei politisches Gewicht. Unsere Initiativen hatten keinerlei Wirkung, wir konnten uns nirgendwo hinwenden. Wir konnten den Alliierten nicht sagen: »Wenn ihr euch nicht für uns einsetzt, werden wir Hitlers Partei ergreifen.« Wir hatten keinerlei Einfluss. Ein amerikanischer Schriftsteller konnte sagen: »*The Jews were expendable*« (Die Juden waren überflüssig).
Das ist eine Situation, die die junge, nach dem Krieg geborene Generation absolut nicht verstehen kann. Heute gibt es den Staat Israel, dessen Macht auf internationaler Ebene nicht ignoriert werden kann. Heute verfügen die amerikanischen Juden über beträchtlichen politischen Einfluss. All das war während des Zweiten Weltkriegs nicht der Fall.

Eine Wirklichkeit, die das menschliche Begriffsvermögen übersteigt

Unsere Ohnmacht war ein sehr wichtiger Faktor. Hinzu kam: Die berichteten Tatsachen waren von einer solchen Brutalität, dass ein gewöhnlicher Mensch sie sich nicht vorstellen konnte. Man kannte die Wahrheit und lehnte sie zugleich ab. Es schien, als wollte man sie nicht, als könnte man sie nicht glauben. In gewisser Weise wurde die Wirklichkeit beiseite geschoben. Man ertrug es nicht, mit dem absoluten Bösen konfrontiert zu werden. Obwohl jeder die Tragödie kannte, hoffte er in seinem tiefsten Innern, dass es nicht wahr wäre.
Ich gebe ein paar Beispiele: Eine der niederschmetterndsten Erfahrungen machte ich, als ich 1943 ein großes Paket erhielt, das mir der Ver-

band der polnischen Juden in den Vereinigten Staaten geschickt hatte. Das Paket enthielt 30 000 Adressen. Man bat mich, Lebensmittelpakete an all diese Adressen in den verschiedenen Städten Polens zu schikken.

Nachdem ich das Paket erhalten hatte, konnte ich mehrere Nächte nicht schlafen. Ich fragte mich, ob die amerikanischen Juden noch immer nicht begriffen hatten, was los war. Der Verband der polnischen Juden in den Vereinigten Staaten hatte seinen Sitz im selben Gebäude wie der Jüdische Weltkongress. Seine führenden Persönlichkeiten kannten all meine Berichte.

Es war offensichtlich, dass keine dieser Adressen mehr gültig war. Jeder wusste, dass all diese Juden nicht mehr in ihren früheren Wohnungen lebten. Viele waren in Konzentrationslagern, andere, vielleicht die meisten, waren bereits tot. Aber niemand konnte akzeptieren, dass die Tragödie die eigenen nächsten Angehörigen traf, dass deren Adressen nicht mehr gültig waren und dass fast alle Verwandten nicht mehr da waren. Sie dachten, sie müssten etwas tun, sie dürften nicht tatenlos zusehen. Also sammelten sie aus einer Art irrationalem Trotz heraus und um ihr Gewissen zu beruhigen diese Adressen und schickten sie mir.

Wir haben hier das Musterbeispiel einer schizophrenen Situation, in der man zwischen »wissen« und »das Wissen akzeptieren« unterscheiden muss. Im Grunde wusste nach einiger Zeit jeder Bescheid. Und fast alle weigerten sich, die Wirklichkeit zu akzeptieren. Es war dermaßen unvorstellbar!

Ein anderes Beispiel: Im November 1942 schickte die polnische Widerstandsbewegung (die Armee des Innern) einen polnischen Offizier, Jan Karski, in den Westen, um die Welt auf das Schicksal der polnischen Juden aufmerksam zu machen. Karski ist eine der leuchtendsten Gestalten des Widerstands. Man hatte ihn heimlich in das Warschauer Ghetto geschmuggelt. Zwei Tage lang konnte er in Begleitung zweier führender jüdischer Persönlichkeiten (einem Bundisten und einem Zionisten) mit eigenen Augen sehen, wie man im Ghetto lebte und starb. Er wurde auch, ebenfalls heimlich, in die Nähe eines Vernichtungslagers, nach Belzec, geführt. Dort erklärte man ihm, was dort wirklich vor sich ging. Jedenfalls hatte er eine genaue Kenntnis dessen, was im Lager geschah.

Als Karski in den Westen kam, traf er mit zahlreichen führenden Politikern zusammen. Seiner Mission entsprechend berichtete er ihnen, was in Polen geschah, und übermittelte ihnen Vorschläge für Maßnahmen, die ergriffen werden sollten, um die Aktionen der Nazis zu durchkreuzen. Unter anderem sprach Karski mit dem Außenminister der polnischen Exilregierung Edward Raczynski und dem britischen Außenminister Anthony Eden; in den Vereinigten Staaten traf er Roosevelt, Cordell Hull, Stimson und viele andere. Aber fast jedes Mal stieß er bei seinen Gesprächspartnern auf Unglauben.

Später erzählte Karski von seiner Begegnung mit dem Richter des Obersten Gerichtshofs der Vereinigten Staaten Felix Frankfurter, einer der geachtetsten jüdischen Persönlichkeiten der Vereinigten Staaten. Am Ende des Gesprächs sagte Frankfurter zu Karski: »Ich kann es nicht glauben.« Worauf Karski antwortete: »Denken Sie, ich lüge?« – »Ich habe nicht gesagt, dass Sie lügen«, antwortete Frankfurter, »ich habe gesagt, ich kann es nicht glauben.«

Im November 1943, fast ein Jahr nach der Erklärung der alliierten Regierungen, war der Premierminister der niederländischen Exilregierung noch immer nicht von der Richtigkeit der Berichte über die Shoah überzeugt, wie wir von dem deutschen Historiker Eberhard Jäckel erfahren.

Von dem jungen Louis De Jong, der damals beim niederländischen Exilrundfunk arbeitete und ein bedeutender Spezialist für die Geschichte der Shoah werden sollte, mit einigen meiner Berichte konfrontiert, die sehr präzise die Ausrottung der europäischen Juden beschrieben, wandte sich der Premierminister völlig sprachlos dem jungen Mann zu und fragte ihn: »De Jong, glauben Sie, dass das wahr ist?« De Jong, der gerade erfahren hatte, dass seine Eltern und seine Schwester deportiert worden waren, antwortete: »Ja.« Aber bis heute ist er sich nicht sicher, ob er den Premierminister überzeugt hatte.

Und noch ein bezeichnendes Beispiel für diese Einstellung. John J. McCloy, ein Mann an der Spitze der Macht, stellvertretender amerikanischer Kriegsminister, empfing im Dezember 1944 eine Delegation des Jüdischen Weltkongresses, die ihm die Entscheidungen der großen Konferenz von Atlantic City mitteilte.

Nach der Audienz war er allein mit Leon Kubowitzki, der damals der Generalsekretär des Kongresses war. McCloy fragte ihn: »Jetzt, wo wir allein sind, sagen Sie mir, glauben Sie wirklich an die schrecklichen Geschichten, die Sie da verbreiten?« Das bedeutet, dass führende Politiker der Alliierten gegen Ende 1944, fünf Monate vor Kriegsende, noch immer nicht an die Massenvernichtung glaubten.

Man weigerte sich, die Geschehnisse zu akzeptieren, weil sie das menschliche Begriffsvermögen überstiegen. Man verdrängte, was unglaublich und unerträglich war. Diese Weigerung, die Wirklichkeit zu akzeptieren, ist zum Teil für die Tragödie verantwortlich.

Und hier ist das ungeheuerliche Paradox dieses Verhaltens: Denn diese Weigerung beweist, dass der Mensch das absolute Böse nicht akzeptiert und dass er im Angesicht dieses Bösen nicht leben kann. Das bedeutet, dass *der Mensch nicht ohne Hoffnung leben kann*. Diese Ablehnung des absoluten Bösen hilft einem, nicht an der Zukunft zu verzweifeln, und stellt in gewisser Weise den Glauben an den Menschen wieder her.

Das jüdische Rettungsprogramm und das Scheitern der Bermudakonferenz

Sobald die jüdischen Organisationen die Informationen über die Endlösung zur Kenntnis genommen haben, entwickeln sie eine enorme Aktivität. Alle jüdischen Gemeinden der freien Welt werden mobilisiert. Die Organisationen versammeln sich und beraten über Rettungsvorschläge. Sie sprechen die Regierungen an, organisieren riesige Massendemonstrationen in den Vereinigten Staaten, in England und in anderen Ländern der freien Welt, um die Regierungen zum Handeln zu veranlassen. Die Kirchen werden angesprochen, die öffentliche Meinung wird mobilisiert, Hilfskomitees werden ins Leben gerufen. Worte der Sympathie sind zunächst das einzige Ergebnis.

Schließlich kündigen die englische und die amerikanische Regierung unter diesem konzertierten Druck an, dass sie zusammenkommen werden, um einen Plan zur Bewältigung dieser Notsituation zu erarbeiten. Auf der geplanten Konferenz soll diskutiert werden, mit welchen Mitteln man den Juden, die sich in der Hand der Nazis befinden, zu Hilfe kommen und so viele wie möglich aus Europa retten kann.

Dadurch wurde eine ungeheure Hoffnung geweckt. Die jüdischen Organisationen Amerikas einigen sich auf ein umfangreiches Programm, das sie der Regierung der Vereinigten Staaten vorlegen. Sie bitten darum, an der Konferenz teilnehmen zu dürfen. Die alliierten Regierungen beschließen jedoch, dass die Konferenz in einer Stadt in der Karibik unter Ausschluss der Öffentlichkeit stattfinden soll – deshalb wurde die Konferenz »Bermudakonferenz« genannt.

Die jüdische Seite machte zahlreiche und ganz unterschiedliche Vorschläge zur Bermudakonferenz. Die wichtigsten lassen erkennen, dass die jüdischen Vertreter dem Drama keineswegs untätig zusahen, sondern prüften, wie man so viele Menschen wie möglich retten könnte. Eine erste Überlegung war, über die neutralen Länder oder den Vatikan mit Deutschland zu verhandeln, um die Erlaubnis für eine vollständige Evakuierung der europäischen Juden und die Zusage der freien Welt, sie aufzunehmen, zu erhalten. Das war natürlich ein sehr gewagter Plan, der ungewöhnlich weit ging. Andere Pläne waren bescheidener. Jeder entsprach jedoch einem bestimmten Bedürfnis und bot gewisse Realisierungsmöglichkeiten.

Der zweite Vorschlag lautete, Asylplätze für die Aufnahme der Juden in einer bestimmten Anzahl von Ländern zu bekommen. Hierfür musste zunächst festgestellt werden, in welchen Ländern man Platz für eine solche – endgültige oder vorübergehende – Einwanderung finden könnte. Abgesehen von den großen alliierten Ländern dachte man daran, die Einwanderungsmöglichkeiten in bestimmten Ländern Nordafrikas, Lateinamerikas, des Britischen Empires und der Karibik zu sondieren. Und zu diesem Zweck mussten von den betroffenen Transitländern (Spanien, die Türkei) auch die Transitmöglichkeiten gewährleistet werden.

Der dritte Vorschlag, und dieser richtete sich vor allem an die Vereinigten Staaten, zielte darauf ab, die Gesetzgebung hinsichtlich der Einwanderung den außergewöhnlichen Umständen anzupassen, um eine solche Rettungsaktion zu ermöglichen. Das bedeutete insbesondere, dass das starre System der Quotenregelung für jedes Land zeitweilig außer Kraft gesetzt werden musste.

Damit manche dieser Vorschläge in die Tat umgesetzt werden konnten, lautete der vierte Vorschlag, dass die Vereinigten Staaten auf die Länder Lateinamerikas Druck ausüben sollten, damit sie ihre gesetzlichen Bestimmungen über die Einwanderung änderten und eine gewisse Anzahl von Visa bereitstellten.

Der fünfte Punkt sah vor, dass Großbritannien eine angemessene Anzahl von Flüchtlingen aus den besetzten Ländern aufnehmen sollte.

Der sechste Vorschlag war besonders wichtig. Darin wurde gefordert, die Tore Palästinas zu öffnen, die nach dem britischen Weißbuch von 1939 praktisch geschlossen worden waren. Man fand, dass die Mandatsmacht trotz des Widerstands der Araber einen Beitrag zur Rettung leisten sollte.

Eine weitere, siebte Idee war, die Möglichkeit zu sondieren, deutsche Zivilisten, die in den alliierten Ländern lebten und von denen ein Teil interniert war, gegen Juden aus den besetzten Ländern auszutauschen.

Der nächste Punkt bezog sich auf die Bereitstellung von Lebensmitteln für die in den Lagern und Ghettos hungernden Naziopfer. Das setzte

eine ausnahmsweise Lockerung der Bestimmungen zur Lebensmittel-, Finanz- und Wirtschaftsblockade voraus, die die Alliierten gegen Deutschland verhängt hatten.
Der neunte, ebenfalls sehr wichtige Vorschlag sah vor, neutralen Ländern, die bereit wären, Juden, die aus den von den Nazis besetzten Ländern flohen, aufzunehmen, Garantien bezüglich der Unterhaltkosten für diese Personen während des Kriegs sowie politische und finanzielle Garantien für ihre Ausreise nach dem Krieg zu geben.
Zehntens wurden Sonderaktionen für die Kinder ins Auge gefasst.
Der elfte Punkt schlug die Einrichtung einer internationalen Kommission für die Bestrafung der Kriegsverbrecher vor. Es sollte unmissverständlich zum Ausdruck gebracht werden, dass die Alliierten all jene verfolgen und bestrafen würden, die an der Ausrottung der Juden beteiligt waren.
Als Krönung des Ganzen schlug man die Gründung einer entsprechenden internationalen Organisation vor, die, mit den nötigen Mitteln ausgestattet, für die Durchführung all dieser Pläne zuständig und daher das verantwortliche Organ für die Rettung der Juden Europas, wo die Ausrottung erbarmungslos und systematisch fortgesetzt wurde, sein sollte.

Die Bermudakonferenz

Alle hofften, die Bermudakonferenz würde präzise Antworten auf diese umfangreichen Forderungen geben, die das Ergebnis einer Vielzahl von Studien, Vorschlägen und Diskussionen waren.
Schließlich war der ersehnte Augenblick gekommen: Die anglo-amerikanische Konferenz trat im März 1943 auf den Bermudas zusammen. Die Wahl einer kleinen Insel der Bermudas, deren Zugangsmöglichkeiten leicht zu kontrollieren waren, sollte die Geheimhaltung gewährleisten und die Öffentlichkeit sowie die Presse ausschließen. Und die Konferenz hatte auch nicht erlaubt, dass die jüdischen Organisationen oder andere humanitäre Institutionen den Delegierten ihre Vorschläge vortrugen.
All dies erhöhte noch die Erwartungen der Öffentlichkeit. Während der Konferenz teilte niemand den Führern der jüdischen Organisatio-

nen Amerikas oder Englands die Beschlüsse mit. Erst nach Ende der Konferenz erfuhr man allmählich, was wirklich geschehen war. Und zur allgemeinen Verblüffung entdeckte man, dass das große Geheimnis der Konferenz darin bestand, dass man praktisch beschlossen hatte, nichts zu unternehmen.

Für die Juden war dies vielleicht der dramatischste Augenblick des Kriegs. Bis dahin hatte man noch hoffen können. Natürlich wusste man, dass die Rettungsmöglichkeiten während des Kriegs beschränkt waren. Doch zu erfahren, dass all diese führenden Politiker, die extra auf den Bermudas zusammengekommen waren, beschlossen hatten, nichts zu tun, war mehr als nur eine ungeheure Enttäuschung. Es war ein furchtbarer Schock für uns. Wieder einmal lautete die immer gleiche Antwort der Alliierten auf alle Bitten: »Wir können unsere Aufmerksamkeit und unsere Kräfte nicht von dem vorrangigen Ziel, den Krieg zu gewinnen, abziehen.«

Lange nach Kriegsende sind unter den Juden Stimmen laut geworden, die scharfe Kritik an den jüdischen Führern der freien Welt zur Zeit der Shoah übten. Diesbezüglich möchte ich zwei Dinge besonders betonen. Manche haben den zionistischen Führern vorgeworfen, sie hätten nicht genug für die Rettung der Juden getan, weil sie sich vor allem dem Kampf für einen jüdischen Staat gewidmet hätten. Wer das behauptet, begeht einen schwerwiegenden Fehler, denn er verwechselt Ursache und Wirkung.

Das Scheitern der Bermudakonferenz veranlasste die jüdischen Führer zu der Schlussfolgerung, dass, wenn uns unsere besten Freunde nicht in einer solchen Katastrophe halfen, wenn niemand bereit war, zumindest einen Teil der in Lebensgefahr schwebenden Juden aufzunehmen, nichts anderes mehr übrigblieb, als unser Schicksal selbst in die Hand zu nehmen und unseren eigenen Staat zu gründen. Wir brauchten einen Staat, so klein er auch sein mochte. Wir brauchten ihn um jeden Preis, um selbst handeln zu können und nicht von den anderen abhängig zu sein.

Der Gedanke, dass die Gründung eines jüdischen Staates das oberste Ziel der Juden in diesem Krieg sein müsse, war von Ben Gurion bereits im Mai 1942 auf der Konferenz von Biltmore verkündet worden. Aber es sollte noch fast ein Jahr vergehen, bis die Verwirklichung dieses Ziels ins Zentrum der Bemühungen der Juden rückte. Das war eine direkte

Folge der großen Enttäuschung über die Bermudakonferenz. Der bedeutende Zionistenführer Chaim Greenberg hat dieses Gefühl sehr gut in seinem Artikel »Bankrott!« zum Ausdruck gebracht.

Bittere Enttäuschungen

Nach dem Krieg warf man den führenden jüdischen Persönlichkeiten außerdem vor, nicht energisch genug gehandelt und keinen Einfluss auf die Staatsmänner gehabt zu haben. Diese Kritiken könnte man in ihrem Kern wie folgt zusammenfassen: »Ihr habt nicht alles getan, was hätte getan werden müssen, und seid daher euren Pflichten nicht nachgekommen.«

Meiner Meinung nach sind diese Vorwürfe zum großen Teil ungerecht. Natürlich wird angesichts des Todes von 6 Millionen Juden niemand je behaupten können, er habe genug getan, er habe alles getan oder versucht, was möglich war. Natürlich hätte jeder mehr tun können. Niemand kann sich rühmen, alles getan zu haben, was er hätte tun müssen. Angesichts einer solchen Katastrophe kann das niemand behaupten. Aber es ist absolut falsch zu behaupten, dass nichts versucht worden ist.

Noch einmal, man kann unsere gegenwärtige Situation nicht, wie man es ständig tut, mit der Situation während des Kriegs vergleichen. Die Welt ist eine andere, die Methoden sind andere, die Protestaktionen sind andere. Vergessen wir beispielsweise nicht, dass während des Kriegs nicht einmal die demokratischen Länder öffentliche Protestkundgebungen erlaubten. Wenn die Leute uns heute sagen: »Ihr hättet ein Massen-Sit-in vor dem Weißen Haus machen müssen«, muss man bedenken, dass die Polizei die Demonstranten in Kriegszeiten schnell auseinander getrieben hätte.

Einzelne Kritiker warfen Stephen Wise vor, er sei politisch naiv gewesen und habe, verführt vom Charme Präsident Roosevelts, darauf verzichtet, energisch die Interessen der Juden zu vertreten. Das ist nicht richtig. Wise hat sein ganzes Leben lang in der Politik gearbeitet. Daher ist er gewiss nicht naiv gewesen. Außerdem hatte er mehrmals seine Haltung Roosevelt gegenüber geändert.

Ein Brief, den Stephen Wise am 22. April 1943, zu dem Zeitpunkt also, als unter großer Geheimhaltung die Bermuda-Konferenz stattfand, an Nahum Goldmann schrieb, zeigt sehr deutlich, dass er die amerikanische Politik mit großer Klarsicht und ohne Illusionen verfolgte: »Natürlich entwickeln sich die Dinge sehr schlecht, aber nicht so schlecht, wie wir es anfangs vorausgesehen hatten. Was ich am meisten fürchte, ist, dass eine energische Klage gegen Franklin D. Roosevelt in diesem Moment nur bedeuten würde, dass wir ihm zum ersten Mal in dieser Legislaturperiode das Geschenk der Unterstützung durch den Kongress machen würden, denn dieser Kongress wird mit Sicherheit alles begrüßen, was nicht für die Flüchtlinge getan wird. Es ist sehr leicht, Pressekonferenzen zu geben und Sitzungen einzuberufen, aber wir müssen vorher bedenken, wohin das führen wird – es wird uns alle Türen versperren und uns jede Hoffnung in Bezug auf Franklin D. Roosevelt rauben. Er ist immer noch unser Freund, selbst wenn er nicht schnell handelt, wie wir es uns wünschen. Aber er handelt so schnell, wie er kann, angesichts eines Kongresses, der sein erbitterter Gegner und in Wahrheit zum Teil antisemitisch ist.«

Gewiss, die jüdischen Gemeinden haben viele Fehler gemacht. Den größten Fehler haben die jüdischen Gemeinden jedoch nicht während des Kriegs, sondern vorher begangen, als sie nämlich nicht früh genug die Gefahr erkannten, die von Hitler ausging, sich nicht mit Wise verbündeten und nicht die Politik des Mannes unterstützten, der das Symbol des Kampfes gegen Nazideutschland war.

Ich erinnere mich, dass der »Rabbiner Wise« schon, als ich noch in Deutschland war, für Schlagzeilen in der Nazipresse, etwa im *Völkischen Beobachter* und in Goebbels' *Angriff*, gesorgt hatte. Wise war für sie das Symbol des Kampfes der Juden gegen die Nazis und ihr gefürchtetster Feind. Seit dem Siegeszug des Nazismus 1930 und vor allem ab 1932 hatte Wise die amerikanische und internationale Öffentlichkeit auf die tödliche Gefahr hingewiesen, die Hitler darstellte. Er führte ihnen vor Augen, dass Hitler zuerst die Juden und dann alle anderen Völker bedrohte.

In den jüdischen Massen, vor allem in Amerika, gab es einen echten Willen, den Nazismus zu bekämpfen, und Wise war ihr Wortführer. Wise, Deutsch und andere führende Persönlichkeiten des Amerikanischen Jüdischen Kongresses organisierten 1933 auf den Straßen New Yorks die öffentliche Massendemonstration gegen den Boykott, dem die Juden in Deutschland ausgesetzt waren. Eineinhalb Millionen Menschen nahmen an der Demonstration teil. Ich glaube, in unserer ganzen Geschichte hat es niemals eine Demonstration von dieser Größenordnung gegeben, nicht einmal in unseren Tagen. Leider weiß das heute niemand mehr.

Es gab also einen starken Willen im Volk, gegen den Nazismus zu kämpfen. Aber die jüdischen Organisationen und die führenden Persönlichkeiten des amerikanischen jüdischen Establishments zogen nicht mit. Im Gegenteil, sie denunzierten Wise. Sie schickten sogar einen amerikanischen Rabbiner nach Berlin, um die deutschen Juden und den Botschafter der Vereinigten Staaten in Berlin zu warnen, diesen »crazy rabbi« und seine Initiativen nicht ernst zu nehmen.

Das Establishment mochte vor allem Wises »populistische« Methoden nicht. Er war der Sprecher der großen Mehrheit der osteuropäischen Juden. Er scheute nicht den Konflikt mit denen, die die Nazis und ihre Freunde unterstützten. Aber die »respektablen« jüdischen Organisationen folgten ihm nicht. Man war vorsichtig in Amerika. In England und Frankreich folgten die offiziellen jüdischen Einrichtungen der Beschwichtigungspolitik ihrer Regierungen Deutschland gegenüber.

Meiner Meinung nach haben wir es also vor dem Krieg versäumt, zum großen Sammeln der Juden zu blasen, das der Ernst der Stunde verlangte und das vielleicht etwas hätte ändern können. Wenn das amerikanische Judentum und seine mächtigsten Organisationen und mit ihnen die anderen großen jüdischen Gemeinden Wise in den Jahren, in denen Hitler noch hätte aufgehalten werden können, gefolgten wären, wenn sie einmütig seine Politik unterstützt hätten, anstatt sie als unverantwortlich zu denunzieren, wäre die Geschichte anders verlaufen.

Wie auch immer, sobald Wise Kenntnis von meinem Telegramm hatte, pendelte er unablässig zwischen New York und Washington, wo er nach und nach sehr viele Mitglieder der Regierung und des Kongresses und hohe Führungskräfte traf, hin und her. Verzweifelt versuchte er jeden einzelnen von der grauenhaften Realität der Ausrottung zu überzeugen, und davon, wie dringlich es sei zu handeln. Und das bis zum Ende des Krieges.

Nahum Goldmanns Positionen

Die Haltung von Nahum Goldmann, dem anderen großen Führer des Jüdischen Weltkongresses, der Shoah gegenüber war komplexer. Er war einer der Ersten gewesen, die begriffen hatten, welche tödliche Bedrohung der Nazismus nicht nur für die Juden, sondern auch für die anderen Völker darstellte. Man braucht nur seine große Rede auf der Gründungsversammlung des Jüdischen Weltkongresses 1936 zu lesen, um sich davon zu überzeugen.

Als sich die Tragödie der Endlösung abzeichnete, war er einer der ersten, die das Ausmaß dieser Katastrophe begriffen. Das beeindruckende Referat über das Schicksal der europäischen Juden, das er im Mai 1942 auf der Konferenz von Biltmore hielt, ist ein bewegendes Zeugnis. Gleichzeitig hatte er aber auch begriffen, dass man angesichts eines Feindes wie Hitler nur sehr geringe Erfolgsaussichten hatte.

Während der Tragödie konzentrierte sich Nahum Goldmann auf ein paar einfache Grundideen. Er hatte vorgeschlagen, unter Einschaltung der neutralen Länder oder des Vatikans mit der Naziregierung über die Evakuation aller europäischen Juden zu verhandeln. Er hatte begriffen, dass angesichts einer Katastrophe solchen Ausmaßes nur eine außergewöhnliche und beispiellose Initiative etwas ausrichten konnte.

Die führenden jüdischen Persönlichkeiten in den Vereinigten Staaten akzeptieren diesen Vorschlag. Er stieß jedoch auf den erbitterten Widerstand der alliierten Mächte, insbesondere Großbritanniens, die immer dieselbe alte Leier anstimmten: »Wir verhandeln nicht mit dem Feind.«

Ein zweites Mal ergriff Goldmann 1943 die Initiative, als es darum ging, die Rettungsaktion zu organisieren. Wieder war sein Vorschlag ein ganz einfacher: die Gründung eines großen Hilfs- und Rettungsfonds. Er schlug vor, dass die Regierungen der Vereinigten Staaten und Großbritanniens je fünf Millionen Dollar in diesen Fonds einzahlen und die jüdischen Organisationen weitere zwei Millionen dazugeben sollten.

Diese Idee eines großen Rettungsfonds, die zu Recht die finanzielle Beteiligung der alliierten Regierungen forderte, scheiterte an der Engstirnigkeit der jüdischen Wohlfahrtsorganisationen. Diese hatten lange nicht begriffen, dass eine außergewöhnliche Situation eine außergewöhnliche politische Aktion erforderte und dass man die Verantwortung der Regierungen an der Vernichtung der europäischen Juden betonen musste. Sie waren der Meinung, philanthropisches Handeln sei allein ihre Sache und man dürfe keine finanziellen Mittel von den Regierungen verlangen. Nach diesem Grundsatz handelte vor allem das American Jewish Joint Distribution Committee, kurz »Joint« genannt. Erst viel später, gegen Ende des Kriegs, als die UNRRA und dann die Internationale Flüchtlingsorganisation gegründet wurden, begriffen alle, dass die Probleme der Rettung und des Beistands von Millionen Menschen in der Verantwortung der Regierungen lagen und ohne ihre Mitwirkung und ihre finanzielle Unterstützung nicht gelöst werden konnten. Er mussten mehrere Jahre vergehen, bis dieser Gedanke akzeptiert und in die Tat umgesetzt wurde.

Gegen Ende des Krieges begriffen die Alliierten auch endlich die Dringlichkeit und Außergewöhnlichkeit der Situation, und der Grundsatz, nicht mit dem Feind zu verhandeln, hinderte sie nun nicht mehr daran, mit einer Regierung in Kontakt zu treten, mit der sie sich im Krieg befanden, als 1944 die Deportation und Vernichtung der ungarischen Juden im Gange war. Präsident Roosevelt ließ dem ungarischen Reichsverweser Horthy eine Note übermitteln, um ihn zu warnen und aufzufordern, die Deportationen einstellen zu lassen.

Ein weiteres Mal gaben die Ereignisse Goldmanns vorausblickenden Ideen recht. Aber auch er konnte trotz seiner brillanten Analysen, die die Realität hellsichtig erfassten, die ständige Konfrontation mit dem Drama nicht ertragen. Sein zutiefst optimistischer und lebenslustiger Charakter erlaubte es ihm nicht. Daher unternahm er, wenn er in Einzelfällen um Hilfe gebeten wurde, alles in seiner Macht Stehende, um Leuten zu helfen oder sie zu retten. Das Scheitern seines Versuchs, Robert Stricker, eine der führenden Persönlichkeiten der Jüdischen Gemeinde von Wien, und andere führende jüdische Persönlichkeiten Europas zu retten, hat ihn schwer getroffen.

Nach dem Krieg war er der erste und praktisch der einzige jüdische Führer, der offen und öffentlich bekannte, dass seine Generation eine schwere Mitschuld an dem, was geschehen war, trage, dass es ihr nicht gelungen sei, so zu handeln, wie es nötig gewesen wäre, und dass sie sich der beispiellosen Herausforderung der Shoah nicht gewachsen gezeigt hätte.

Lange Zeit quälten ihn Zweifel an der Richtigkeit mancher seiner grund-

sätzlichen Haltungen angesichts des schrecklichen Blutopfers der Shoah. Wiederholt erzählte er mir von seiner Begegnung mit Mussolini anlässlich der Diskussionen über das Problem der Juden des Saarlands 1934.
Mussolini hatte den Oberrabbiner Italiens, Angelo Sacerdoti, gebeten, sich mit Nahum Goldmann in Verbindung zu setzen. Mussolini schlug vor, zwischen den Juden und Hitler zu vermitteln, um feindliche Haltungen des Weltjudentums Hitler gegenüber zu vermeiden. Er schlug vor, dass die Juden, um zu einer Übereinkunft zu gelangen, eine legale Einschränkung ihrer Rechte akzeptieren sollten. Dazu wollte er wissen, welche Minimalforderungen die Juden an Hitler stellen würden. Nahum Goldmann lehnte diese Idee ab und ging nicht zu der angebotenen Audienz.
In dem Gespräch, das Goldmann etwas später mit Mussolini hatte, konnte er ihm seine Position klarmachen: Man könne für die deutschen Juden nur die vollständige rechtliche Gleichstellung verlangen. Der Begriff der Gleichheit selbst mache aus ihnen eine unteilbare Einheit. Entweder man habe sie oder man habe sie nicht. Aber man könne nicht 50 Prozent oder 80 Prozent Gleichheit haben. Außerdem komme jede Ausnahme von der vollständigen Gleichheit in Deutschland einem Verzicht auf die Gleichheit der Rechte der Juden in allen anderen Ländern jetzt und in Zukunft gleich.
Und doch fragte sich Goldmann nach der Shoah, nach dem Verlust von sechs Millionen Menschen, ob er diese grundsätzliche Position wirklich hätte vertreten sollen. Wir haben uns wiederholt darüber unterhalten. Ich habe ihm immer gesagt, dass jede Spekulation darüber sinnlos sei, dass er keine andere Position habe vertreten können und dass er das Prinzip der Gleichheit der Rechte der Juden in der Welt nicht habe aufgeben können.
Schließlich konnte man Hitlers Versprechungen in keiner Weise trauen. Wenn die Juden also einen Status der Minderwertigkeit akzeptiert hätten, hätte ihnen das von Seiten der Nazis weder Rechte noch Konzessionen garantiert und sie auch nicht vor der Vernichtung bewahrt.

Das Genfer Büro des jüdischen Weltkongresses

Ein kleines jüdisches Rotes Kreuz

Bevor ich auf die großen politischen Rettungsprojekte, an denen ich beteiligt war, zu sprechen komme, möchte ich schildern, wie unsere täglichen Aktivitäten aussahen. Was machten wir in unserem Büro? Und welche Rolle spielte ich dabei?

Seit Kriegsbeginn hatten wir beim Jüdischen Weltkongress in Genf eine scheinbar unabhängige humanitäre Einrichtung, das Committee for Relief of the War-Stricken Jewish Population (auf Deutsch Hilfskomitee für die unter dem Krieg leidende jüdische Bevölkerung) geschaffen, die den jüdischen Kriegsopfern beistehen sollte. Dieses Komitee, kurz »Relico« genannt, erlaubte uns vor allem, mit den Gemeinden in den besetzten Ländern in Verbindung zu bleiben. Denn als politische Organisation konnte der Jüdische Weltkongress nicht in den von den Nazis beherrschten Ländern tätig werden. Über die »Relico« versuchten wir den jüdischen Kriegsopfern im Rahmen des Möglichen zu helfen. Wir hatten die Gründung dieses Gremiums übrigens sofort dem Internationalen Komitee vom Roten Kreuz (IKRK) mitgeteilt, mit dem wir während des ganzen Kriegs zusammenarbeiteten.

In dieser Zeit sind wir zu einem echten kleinen »jüdischen Roten Kreuz« geworden und leisteten praktisch jede Form von humanitärer Hilfe.

Eine unserer ersten Initiativen war 1940 eine Medikamentensammlung bei allen jüdischen Apothekern in der Schweiz und die Sendung dieser Medikamente an die Jüdische Gemeinde von Warschau.

In den Jahren 1939-1941 wandten sich Tausende von Menschen an uns, um den Kontakt mit Familienmitgliedern, von denen sie getrennt waren, aufrechtzuerhalten oder wiederherzustellen, und um Adressen herauszufinden, damit sie ihnen helfen und Geld oder sonstige Hilfe zukommen lassen konnten. In diesen Jahren forschten wir nach Zehntausenden von Personen und leiteten Zehntausende von Botschaften weiter. In Tausenden von Fällen leiteten wir auch kleine Geldbeträge zur Unterstützung weiter.

In meinem Brief an den Jüdischen Weltkongress in New York vom Mai 1941 wies ich darauf hin, dass wir allein zwischen Januar 1940 und Mai 1941 18 000 Briefe weitergeleitet hatten, davon 7000 zwischen Januar und April 1940. In derselben Zeit bearbeiteten wir 1500 Nachforschungsanträge.

All dies war unter dem Gesichtspunkt des internationalen Rechts vielleicht nicht ganz legal. Aber für unzählige Personen, die unter den Folgen des Krieges litten, bedeutete es eine sofortige Hilfe.

Wir hatten auch einen Dienst für die Versendung von Nahrungsmittelpaketen in die Länder, in denen die Menschen unter Unterernährung litten, und dann in die Lager eingerichtet. Zunächst schickten wir große Mengen von Paketen von Jugoslawien aus. Als dieses Land 1941 von den Deutschen besetzt wurde, richteten wir mit Hilfe der kleinen Jüdischen Gemeinde von Lissabon einen Päckchendienst in Portugal ein. Während der Kriegsjahre verschickten wir Hunderttausende von Päckchen von Lissabon aus in die besetzten Länder und vor allem in die Lager.

Wir stellten diese Dienste der Öffentlichkeit zur Verfügung. Privatpersonen bestellten diese Sendungen für Verwandte oder Freunde. Für solche Sendungen erhoben wir einen geringen Aufschlag, den wir für den Versand von Paketen an diejenigen verwendeten, die weder Verwandte noch Freunde hatten und deren Adressen uns bekannt waren. Wir achteten darauf, dass die bekannten jüdischen Persönlichkeiten, vor allem die verdienten ehemaligen Führer in den Genuss dieser Sendungen kamen. Jeden Freitag, wenn wir überlegten, wie viele Gratispakete wir verschicken konnten, gab es einen kleinen Kampf zwischen meinen ehrenamtlichen Mitarbeitern aus verschiedenen Ländern, von denen jeder so vielen Juden wie möglich aus seinem Land Pakete zukommen lassen wollte. Ich musste dann den Schiedsrichter spielen, damit die Verteilung möglichst gerecht ausfiel.

Diese Arbeit wurde von den Autoritäten des Jüdischen Weltkongresses in New York nicht gern gesehen. Wiederholt intervenierten sie, um ihr ein Ende zu bereiten, da diese Aktion im Widerspruch zur Wirtschaftsblockade der Alliierten stand. Ich habe jedoch stets die Meinung vertreten, dass wir auf neutralem Gebiet nicht verpflichtet waren, uns an diese Vorschriften zu halten, die die tragische Situation der Juden unter der Nazibesatzung außer Acht ließen.

Aus Gründen größerer Wirksamkeit gründete das Internationale Komitee vom Roten Kreuz zu Beginn des Krieges gemeinsam mit den nationalen Organisationen des Roten Kreuzes eine »Gemischte Hilfskommission«, die für den Transport der Hilfsgüter in die kriegführenden Länder verantwortlich war. Diese Kommission leistete uns wertvolle Dienste, vor allem beim Versand kollektiver Lebensmittelsendungen an Gemeinden oder Lager. Unsere Sendungen enthielten vor allem Stärkungsmittel, Kondensmilch, Zucker, Fette, Öl. Wiederholt erhielten wir Spenden der großen Chemiewerke in Basel, die uns beträchtliche Mengen von Medikamenten und Stärkungsmitteln zur Verfügung stellten. Diese Unterstützung wurde später vollkommen vergessen, und ich freue mich über die Möglichkeit, hier daran zu erinnern.
Der tschechoslowakische Regierungsvertreter in Genf unterstützte unsere Arbeit und erhielt eine finanzielle Hilfe seiner Exilregierung in London für Sendungen, die ins Ghetto Theresienstadt gingen. Finanzielle Unterstützung erhielten wir auch von der Jewish Agency. Zu gewissen Zeiten schickten wir Kollektivsendungen an die Unterstützungsstelle in Krakau, die jüdische Hilfsorganisation, die den Inhalt dieser Sendungen an die Gemeinden verteilte, die es auf dem polnischen Territorium, das von den Deutschen zum Generalgouvernement erklärt worden war, noch gab.
Natürlich waren diese Kollektivsendungen im Prinzip nicht erlaubt. Die »Gemischte Kommission« des Roten Kreuzes musste für jeden Ort eine Vereinbarung aushandeln. Daher erhielten wir lediglich eine Erlaubnis für Kollektivsendungen an die Unterstützungsstelle in Krakau und nach Theresienstadt.
Man hat uns oft gefragt, wie wir solche Sendungen wagen konnten und ob wir sicher waren, dass sie ihre wirklichen Empfänger auch erreichten. Ich muss zugeben, dass ich persönlich keineswegs sicher war, dass alles ankommen würde, obwohl ich regelmäßig offizielle Empfangsbestätigungen erhielt. Aber ich ging das Risiko ein, weil ich das schreckliche Elend kannte, in dem die Menschen lebten. Nach dem Krieg erfuhr ich jedoch zu meiner großen Überraschung von Augenzeugen, dass alles ganz korrekt weitergeleitet worden war und alle Sendungen ausgeliefert worden waren; ein Beamter der jüdischen Hilfsorganisation in Krakau, der später im Büro des Jüdischen Weltkongresses in

Schweden arbeitete, bestätigte mir das mit äußerst präzisen Einzelheiten.
Die persönlich adressierten Sendungen ermöglichten uns auch die Erstellung einer Kartei, die Zehntausende von Personen erfasste, die in den Lagern gefangen gehalten wurden. Jeder erhielt nicht nur Pakete, sondern auch eine Antwortkarte. Die Leute schickten uns die Karte zurück, um den Empfang zu bestätigen. Obwohl es verboten war, fügten sie manchmal Botschaften hinzu. Aus diesen halb illegalen Nachrichten erfuhren wir eine Menge Dinge. Diese Kartei war der Ursprung eines echten Suchdienstes für Familien. Bei Kriegsende konnten wir eine sehr umfangreiche Kartei anlegen.
Der Versand von Lebens- und Arzneimittelpaketen wurde nach der Aufhebung der Finanz-, Lebensmittel- und Wirtschaftsblockade, das heißt nach Januar 1944 und der Gründung des War Refugee Board in sehr viel größerem Umfang fortgesetzt. Von diesem Zeitpunkt an wurde die Versendung der Pakete in großem Maßstab durch das Rote Kreuz organisiert.
Natürlich beschränkten wir uns nicht auf die Sendung von Paketen an die Zivilbevölkerung. Wir waren uns die ganze Zeit des Schicksals der jüdischen Kriegsgefangenen der verschiedenen Armeen bewusst, die sich in deutscher Hand befanden. Und unser Dienst erfasste sie auf Karteikarten, die es erlaubten, ihnen Pakete oder Post zu schicken. Diese Sendungen wurden durch das Internationale Komitee vom Roten Kreuz organisiert.
Man muss bedenken, dass die Familien der jüdischen Kriegsgefangenen meist zerstreut oder sogar deportiert worden waren. Daher hatten die jüdischen Kriegsgefangenen im Gegensatz zu den anderen keinerlei Unterstützung. Ihnen beizustehen war also besonders wichtig. Während dieser Jahre stand ich mit einer Reihe von Lagern in Verbindung. Ich erinnere mich vor allem an das Lager der jugoslawischen jüdischen Offiziere, die viel später, nach dem Krieg, die Führungsgruppe der kleinen jugoslawischen Gemeinde, die überlebt hatte, bildeten.
Den Kriegsgefangenen schickten wir über die Internationale Vereinigung christlicher junger Männer (YMCA), die speziell für derartige Dienste zuständig war, religiöse Artikel, Gebetsriemen, religiöse und nichtreligiöse Bücher, Gebetsschals usw. Viele Menschen haben dies gewiss sehr geschätzt.

Wir leisteten von unserem Büro aus eine enorme Arbeit. Da wir eine sehr kleine Mannschaft waren, hatten wir einige Freiwillige angeworben, unter ihnen jüdische Flüchtlinge aus verschiedenen Ländern, die in Genf wohnten.

Man kann sich leicht vorstellen, dass es unter den Flüchtlingen in der Schweiz viele gab, die nur einen Gedanken hatten: emigrieren. Unser Rat war ihnen sicher, und ebenso unsere Hilfe, wann immer wir in der Lage waren, sie ihnen zu gewähren. Gewiss, das war nicht unsere Hauptaufgabe, aber wir waren in höchstem Maße bestrebt, ihnen ihre Ausreise zu erleichtern, vor allem indem wir sie mit den jüdischen Organisationen in Übersee in Verbindung brachten.

Unter den Flüchtlingen befanden sich bisweilen außergewöhnliche Persönlichkeiten. So etwa Pierre Mendès France, der Léon Blum 1936 in seiner Volksfrontregierung unterstützt hatte und dessen Interventionen im Parlament nicht unbemerkt geblieben waren. Sobald Pétain am 17. Juni 1940 an die Macht gekommen war, erklärte er: »Wir müssen den Kampf beenden.« Mendès France – er war Offizier der Luftwaffe – war im Gegenteil davon besessen, den Kampf fortzusetzen, was seine Anwesenheit, zusammen mit zahlreichen anderen Abgeordneten, auf dem Schiff *Massilia* erklärt, das von Marseille aus nach Nordafrika in See gestochen war. Der Minister Georges Mandel, der ebenfalls zur Mannschaft der *Massilia* gehörte, wurde viel später, bei der Landung, ermordet. Zusammengefasst nahm das Abenteuer von Pierre Mendès France, das unangenehm begann, folgenden Verlauf: kollektive Zwangsrückkehr von Casablanca nach Frankreich, dort Verhaftung und drohende Verurteilung als »Deserteur« zu langer Festungshaft. Ein paar Monate später gelingt es ihm auszubrechen und in die Schweiz zu fliehen, wo ihn sein Freund, der sozialistische Abgeordnete Rosselet, damals Präsident des Schweizer Parlaments, versteckt, aber gleichzeitig die Polizei informiert. Und plötzlich findet sich Mendès France im Büro des Jüdischen Weltkongresses wieder (zunächst weigerte er sich, seine Identität preiszugeben, aus Furcht, erkannt zu werden, aber dann gewann das Vertrauen die Oberhand)!

Er hatte gehört, dass mein Kollege Adolf Silberschein, ein ehemaliges Mitglied des polnischen Sejm, der uns in den osteuropäischen Angelegenheiten beriet, helfen konnte, nach London zu gelangen, wo er sich de Gaulle anschließen und den Kampf fortsetzen wollte. Silberschein war über die französische Politik nicht informiert. Als ich erfuhr, dass es sich um Mendès France handelte, sicherten wir ihm unsere uneingeschränkte Unterstützung zu.

Eine Reise nach London zu organisieren war nicht leicht. Man musste einen Pass herstellen, eine falsche Identität erfinden, ein Überseevisum besorgen, um nach Lissabon zu kommen, ehe man von dort aus nach England fliegen konnte; für Spanien und Portugal waren Transitvisa nötig. Die einzigen Überseevisa, die man damals gegen Hinterlegung von 500 Dollar bekommen konnte, waren Visa für Kuba. Und wir mussten erreichen, dass Mendès France in einen Flüchtlingstransport durch das nicht besetzte Frankreich, begleitet von Schweizer Beamten, aufgenommen wurde.

Um all das kümmerten wir uns. Silberschein besorgte ihm dank seiner guten Beziehungen zum polnischen Botschafter in Bern einen Pass auf den Namen Jan Lemberg. Ich besorgte das Geld für das kubanische Visum, und wir organisierten seine Reise durch Frankreich. Es war eine gefährliche Reise. Mendès France bewies großen Mut, als er sich darauf einließ. Die Angst, identifiziert zu werden, hatte ihn – bereits in Genf und erst recht für seine unbequeme Reise – veranlasst, sich einen gewaltigen Schnurrbart wachsen zu lassen, sein üppiges Haar durch einen Mittelscheitel zu teilen und eine dicke Brille zu tragen. Zum Glück ging alles gut, er erreichte Lissabon und gelangte von dort zu den »Freien Franzosen« in London.

Mendès France war uns sein Leben lang äußerst dankbar. Ich erinnere mich lebhaft an seine Besuche in Genf als Minister General de Gaulles 1945 und 1953 als Ministerpräsident, um den Konflikt in Indochina zu beenden. Als er mich nach einem wichtigen Treffen mit dem Wirtschafts- und Sozialrat der UNO in der Menge entdeckte, drängte er alle beiseite, um mir die Hand zu schütteln, und kurz danach telefonierte er mit der Witwe von Silberschein.

Ich hatte das Privileg, immer wieder lange Gespräche mit Pierre Mendès France zu führen, vor allem, und mit großen Nutzen, als er uns als Mitglied des Wirtschafts- und Sozialrats der UNO tatkräftig in unserem Kampf gegen die Verfolgung der Juden in den arabischen Ländern unterstützte. Aber das steht auf einem anderen Blatt.

All diese Aktivitäten gingen natürlich über den traditionellen Rahmen der Aktivität des Jüdischen Weltkongresses hinaus, der eine grundsätz-

lich politische Organisation war. Es wurde uns jedoch bewusst, dass es von grundlegender Bedeutung war, diese Dienste Tausenden und Abertausenden von Menschen anzubieten, die sie erwarteten. Das machte damals keine andere jüdische Organisation.
Wir hatten enorme Schwierigkeiten, unsere Kollegen in New York von der Notwendigkeit zu überzeugen, diese Dienste fortzuführen, vor allem als nach der Niederlage und dem Zusammenbruch Frankreichs New York das Genfer Büro schließen wollte. Ich habe mich dieser Absicht hartnäckig widersetzt.
Ich möchte nicht verhehlen, dass die Situation der Schweiz schwierig war. Es gab Zeiten, in denen man nicht wusste, ob die Deutschen das Land nicht besetzen würden. Ich hatte in diesen Zeiten der Unsicherheit immer einen Rucksack mit dem Allernötigsten gepackt, um mich notfalls in den Bergen zu verstecken. Außerdem hatte ich einen bolivianischen Pass, den mir Nahum Goldmann besorgt hatte, als er Genf verließ. Glücklicherweise kam ich nie in die Verlegenheit, den Rucksack oder den Pass benutzen zu müssen.
Im August 1940 gehörte ich zu den Ersten, denen Stephen Wise ein amerikanisches *emergency visa* schickte. Diese »Notfall-Visa« für die Vereinigten Staaten waren für eine beschränkte Anzahl von jüdischen Intellektuellen und führenden Persönlichkeiten geschaffen worden, die in den europäischen Ländern geblieben waren. Ich legte das Visa in meinen Pass; gleichzeitig beschloss ich jedoch, dass ich auf meinem Posten bleiben musste. Solange man auf menschenwürdige Weise eine bestimmte Arbeit tun und bestimmte Dienste leisten konnte, durfte man nicht aufgeben.
Diese Entscheidung fiel mir nicht leicht, weil meine engste Familie mittlerweile Holland hatte verlassen können und nach Amerika emigriert war.
In der großen Verwirrung, die im Sommer 1940 unter den jüdischen und nichtjüdischen Organisationen in Genf herrschte, konnte ich also das Büro des Jüdischen Weltkongresses in Kontinentaleuropa retten und ihm seine volle Handlungsfähigkeit bewahren. Das war vielleicht der größte Beitrag, den ich leisten konnte: dazubleiben, um diese ganze Arbeit der Informationsbeschaffung, des Beistands und der Rettung zu organisieren und fortzusetzen, die wir während des Krieges geleistet haben. Das schien mir wesentlich.

Die zentrale Aufgabe: die freie Welt informieren und Handlungsvorschläge machen

In Wirklichkeit bestand die wichtigste und ständige Aufgabe dieses Büros darin, den Jüdischen Weltkongress und die jüdischen Organisationen der freien Welt mit adäquater, seriöser und stichhaltiger Information zu versorgen. Ich schickte regelmäßige und häufig sehr detaillierte Berichte über die Entwicklung der Situation nach New York und London. Oft mussten auch dringende Berichte über bestimmte Ereignisse verschickt werden. Diese Informationen zu organisieren wurde mit der Zeit immer schwieriger.

Wir wussten damals bereits viel über das, was im Osten geschah. Im Grunde verfolgten wir die Entwicklung der Situation von Tag zu Tag. Wir wussten Bescheid über die Zwangsinternierung der gesamten jüdischen Bevölkerung in den Ghettos ab 1940 in Polen. Wir wussten von der Lebensmittelunterrationierung, die die Nazis der Bevölkerung aufgezwungen hatten. Isoliert vom Rest der Welt, waren die Millionen Juden in den Ghettos dazu verurteilt zu verhungern. Wir kannten auch die schrecklichen sanitären Verhältnisse, die Krankheiten und Epidemien, die die Bevölkerung in den Ghettos dezimierten. Allein im Oktober 1941 wurden im Warschauer Ghetto 2000 Fälle von Typhus registriert.

Wir erhielten auch Informationen über die schreckliche Situation in den Konzentrationslagern. Ich erinnere mich zum Beispiel, dass wir kurz nach der Besetzung Jugoslawiens, also vor der Invasion der UdSSR, schreckliche Nachrichten über die Lager von Jasenovac und Zemun erhielten. 30 000 jugoslawische Juden waren ohne alles auf die Inseln deportiert worden, um dort in den Konzentrationslagern interniert zu werden.

Unsere Quellen waren mannigfaltig. Da waren zunächst die jüdischen Gemeinden und ihre Verantwortlichen. Wir kannten sie, wir wussten, dass wir ihnen vertrauen konnten. Wenn diese Gemeinden nicht mehr funktionierten, kam es vor, dass uns die jüdischen Führer privat weiterhin Informationen schickten. Wir verfügten auch über andere Informanten, Juden oder Nazigegner aus verschiedenen Ländern. Manche konnten reisen; war das nicht möglich, schickten sie uns Besucher, denen sie Botschaften mitgaben.

Wir waren also in Genf ausgezeichnet informiert. Unser Archiv enthält Kopien unserer Briefe und unzählige Berichte, die uns aus ganz Europa erreichten. Ab Juni/Juli 1942 schickte ich dem Jüdischen Weltkongress in New York jeden Monat einen zusammenfassenden Bericht über die Hauptereignisse, die die Juden im besetzten Europa betrafen, jeweils für jedes Land. In erster Linie über die antisemitischen Maßnahmen, die die Nazis und die verschiedenen lokalen Autoritäten ergriffen.

Einmal jährlich schickte ich zusammen mit Richard Lichtheim von der Jewish Agency ein Telegramm, das einen allgemeinen Überblick über die damalige Situation aus unserer Sicht gab. Und die nicht abreißende Flut unserer Berichte, häufig über jedes einzelne Ereignis, mündete in eine düstere Gesamtbilanz.

Diese Berichte zeigen, dass wir in der Tat sehr gut informiert waren und wie wir die zunehmende Verschlimmerung der Situation erkannten. Es ist heute, da viele behaupten, man habe nichts gewusst, sogar ganz besonders erstaunlich.

Um wirksam arbeiten zu können, mussten wir weitere Informationsquellen erschließen. Hierzu gehörte natürlich die jüdische Presse. Wir versuchten, an so viele jüdische Zeitungen wie möglich aus verschiedenen besetzten Ländern heranzukommen. Da sie die lokalen Texte, die Vorschriften und Befehle, die die Nazis und ihre Untergebenen den Juden aufzwangen, veröffentlichten, lieferten sie uns detaillierte Informationen über die Diskriminierung und Verfolgung in jedem Land, die unablässig ein immer größeres Ausmaß annahmen.

Darüber hinaus abonnierten wir systematisch die offiziellen Gesetzessammlungen aller besetzten Länder. Wir lasen sie und übersetzten sie teilweise in eine der großen westlichen Sprachen. Ich erhielt diese Abonnements über eine Genfer Buchhandlung, bei der ich unter dem Kundennamen »Mondial« geführt wurde. Was ich nicht direkt über Abonnement bekommen konnte, erhielt ich über die Bibliothek des Völkerbunds. Die Bibliothek war sehr verständnisvoll. Sie erlaubte uns, bestimmte Amtsblätter einzusehen und zu fotokopieren, die von den Militärverwaltungen, beispielsweise in den baltischen Ländern, in Elsass-Lothringen usw., herausgegeben wurden und nirgendwo anders zugänglich waren.

Ich wählte systematisch aus und stellte Dossiers zusammen, die ständig auf den neuesten Stand gebracht wurden, und sammelte alle Texte, die die Juden betrafen. Auf diese Weise sind, nach Ländern geordnet, fünfzehn Bände mit Dokumenten entstanden. Wir haben sie nach und nach dem Institut für jüdische Angelegenheiten des Jüdischen Weltkongresses in New York zugeleitet, das sie für seine eigenen Arbeiten ausgewertet hat. Manche dieser Bände enthalten 250 bis 300 Einzeldokumente (Gesetze, Verordnungen, Verfügungen) für ein einzelnes Land. Diese ganze Dokumentation, die für uns absolut unerlässlich war, befindet sich heute im Archiv der Gedenkstätte Yad Vashem in Jerusalem.

Die Institutionen, Zeitungen und Dokumente waren jedoch nicht unsere einzigen Informationsquellen. Wir versuchten auch mit allen Mitteln persönliche Kontakte herzustellen und so lange wie möglich aufrechtzuerhalten. Man muss dazu sagen, dass außergewöhnliche Zeiten auch außergewöhnliche Persönlichkeiten hervorbringen. Wir hatten das Glück, einige außergewöhnliche Erfahrungen mit solchen Personen machen zu können. Es gab mutige junge Leute, die allen Beschränkungen zum Trotz illegal reisten. Sie kamen zu uns und baten um Unterstützung, finanzielle Hilfe, Rat. Gleichzeitig lieferten sie uns eine Menge Informationen über die Situation vor Ort.

Ich erinnere mich speziell an einen jungen holländischen Juden, der in Belgien wohnte. Er war für ein ganzes Netz junger Leute verantwortlich, das versuchte, so viele Juden wie möglich nach Spanien, Portugal, in die Schweiz und in die übrige freie Welt zu schleusen. Er besaß eine bemerkenswerte intellektuelle und moralische Lauterkeit und enormen Mut. Leider wurde er später von den Deutschen verhaftet und hingerichtet.

Ich erinnere mich auch an eine andere, eher rätselhafte Person. Es handelte sich um einen dänischen jüdischen Geschäftsmann, der auf geheimnisvolle Weise unter dem Schutz des deutschen Verteidigungsministeriums reiste. Er tauchte ganz plötzlich auf; wir wussten nie, woher. Und auf ebenso geheimnisvolle Weise verschwand er wieder. Bei jedem Besuch war er eine außerordentlich nützliche Informationsquelle für uns.

Eines Tages – ich werde es nie vergessen – zeigte er uns Dokumente, die bewiesen, dass die Deutsche Reichsbahn der Jüdischen Gemeinde von Berlin Rechnungen über die Kosten für die Deportation der Berliner Juden nach Osten, nach Łódź, Riga und anderen Orten präsentierte. Für mich war das wirklich der Gipfel der *Chuzpe* und des Zynismus. Aus diesem Grund habe ich die Geschichte auch nicht vergessen. Ein junger jüdischer Historiker aus Dänemark hat übrigens die Beziehungen dieses dänischen Geschäftsmannes zu Hermann Göring aufgedeckt, dem er Ende des Ersten Weltkriegs große Dienste geleistet hatte. Und ich könnte weitere außergewöhnliche Erfahrungen anführen. So haben uns manche Schweizer Konsularbeamte, vor allem aus Prag, in entscheidenden Momenten besucht, um uns Botschaften der Führer der jüdischen Gemeinde in Prag zu übermitteln. Diese Botschaften, die sie auswendig gelernt hatten, informierten uns detailliert über die wichtigsten Entwicklungen, die die Situation der Juden betrafen.

Mein Büro gab auch eine Reihe von Broschüren und Faszikeln über die Situation der Juden in Europa und die Entwicklung der Shoah heraus. Die fünf Broschüren, die ich auf Französisch, Deutsch und Englisch in mehreren Hundert Exemplaren während der Ungarnkrise über die Situation der Juden in Ungarn vervielfältigen ließ, dienten den politischen Kreisen und der Schweizer Presse als wichtigste Quelle.

Ich habe auch an der Veröffentlichung des Berichts über die ersten Prozesse gegen die Kriegsverbrecher in Russland, vor allem denjenigen über Charkow, mitgewirkt. Der Band, der die Berichte über diesen Prozess versammelt, enthielt auch Berichte über die Lager von Buchenwald, Auschwitz und Majdanek und über das Martyrium der Juden in verschiedenen Regionen Osteuropas. Ich habe selbst den Bericht zweier aus Auschwitz geflohener slowakischer Juden in französischer Übersetzung veröffentlicht, den wir im Juni 1944 erhielten und der in 5000 Exemplaren unter dem Titel eines Romans von Dostojewski, *Erinnerungen aus einem Totenhaus*, gedruckt wurde. Außerdem gab ich eine Broschüre über den Kampf der Juden gegen die Nazis heraus, die über den jüdischen Widerstand in Polen, Russland, Frankreich, Belgien berichtete.

Diese Publikationen wurden heimlich mit Hilfe einer prokommunistischen Gruppe gedruckt. Heute kann ich das sagen. Und ich bin stolz, den Mut dazu gehabt zu haben. Ich war überzeugt, dass die breite Öffentlichkeit über die Gräueltaten, die an den Juden begangen wurden und die in diesen Dokumenten dargestellt werden, informiert werden musste.

Unterstützung des Widerstands

Wir standen auch mit dem jüdischen Widerstand in Frankreich und Italien in Verbindung. Die Führer der jüdischen Widerstandskämpfer in Frankreich schickten uns regelmäßig Berichte. Myra Becker, meine langjährige Sekretärin, wurde von Zeit zu Zeit um 6 Uhr morgens von französischen Eisenbahnern geweckt, die in der Genfer Gare des Eaux-Vives ankamen und ihr Botschaften brachten, die Situationsberichte, Finanzberichte und Berichte über die Aktionen der verschiedenen Einheiten enthielten. Die Kontakte zum bewaffneten Widerstand beschränkten sich übrigens nicht auf den jüdischen Widerstand.

Wir taten unser Bestes, um die Bitten zu erfüllen, die sowohl vom jüdischen als auch vom nichtjüdischen Widerstand an uns gerichtet wurden. Natürlich fanden die Juden leichter den Weg zu uns. Mein Kollege Marc Jarblum stand in Verbindung mit den jüdischen Verantwortlichen in Frankreich. Diese leiteten Gruppen von jungen Leuten, die illegal Menschen über die Grenze brachten. Diese jungen Leute baten um Geld, um Waffen, um die Konvois zu beschützen ... Wir versuchten, ihnen zu besorgen, was sie für ihre Aktionen brauchten. Manchmal wandten sich Widerstandsbewegungen auch direkt an uns.

So kam etwa eines schönen Tages im letzten Kriegsjahr ein katholischer Priester zu mir, begleitet von einem Mann, den ich kannte. Er war der frühere Präsident der Jüdischen Gemeinde von Turin, ein Ingenieur, der vor dem Krieg bei Fiat gearbeitet hatte. Der Priester sagte mir etwa Folgendes: »Ich komme im Namen des Widerstandskomitees und der Führer der Partisanengruppe der Region Südtirol: Bozen, Meran und die umliegenden Berge. Wir haben in unserer Region ungefähr 10 000 Juden, die sich ins Gebirge geflüchtet haben. Wir sind bereit, sie zu beschützen. Aber es fehlt uns an Waffen, Schuhen und allen möglichen Dingen, die für die Verteidigung unbedingt notwendig sind. Können Sie uns helfen?«

Nachdem er fertig war, reichte er mir ein ganz zerknittertes Stück Papier. Auf der einen Seite befand sich der Stempel ihrer Einheit, auf der anderen eine Liste, eine Art »Bestellschein«.

Mit diesem »Dokument«, das ich sorgsam aufbewahre, ging ich zu einem englischen Freund, der beim britischen Militärattaché in Bern arbeitete.

Diese Angelegenheit stieß auf lebhaftes Interesse bei den britischen Militärs. Mein Freund ließ mich mindestens fünfzehn Minuten warten. Schließlich kam er zurück und sagte mir: »Es stimmt, wir kennen die Gruppe, wir wissen, wo sie ist. Zählen Sie auf uns, wir werden das Nötige veranlassen.«

Und kurz darauf erhielten diese italienischen Widerstandskämpfer Waffen und Ausrüstung, die mit Fallschirmen über ihnen abgeworfen wurden.

Später wandte sich Raffaele Cantoni an mich, der nach der Befreiung Präsident der Union der Israelitischen Gemeinden Italiens werden sollte. Ich kannte Cantoni, der als bekannter Antifaschist verhaftet und für eine lange Zeit in einer Festung auf einer der kleinen Mittelmeerinseln interniert worden war, gut. Das erste Mal war ich ihm begegnet, als er nach der öffentlichen Bekanntmachung der antijüdischen Gesetzgebung in Italien heimlich in die Schweiz gekommen war, um uns einen detaillierten Bericht über die Situation der italienischen Juden zu geben. Cantoni bat mich um finanzielle Unterstützung für den italienischen Widerstand. Ich setzte mich sofort mit der Vertretung der italienischen Juden in New York in Verbindung, die eine Sammlung organisierte. Es kam eine beträchtliche Geldsumme zusammen, die ich an den Widerstand weiterleitete.

Diese Aktivitäten gingen natürlich über das normale Maß hinaus. Im Verlauf dieses schrecklichen Krieges hatten wir jedoch gelernt, dass man sich aller möglichen Waffen bedienen musste. Wir hatten gelernt, dass in den besetzten Ländern die Gesetzgebung mit Gerechtigkeit nichts zu tun hatte und die Illegalität das Gebot der Stunde war.

Alles, was legal war, war also verboten, und vieles, was illegal war, war nicht nur erlaubt, sondern absolut notwendig. Dennoch dauerte es lange, bis die Verantwortlichen und der Mann auf der Straße dies begriffen.

Es ist wahrscheinlich eine der großen Schwächen der Opfer, dass sie allzu lange die normativen Begriffe des normalen Lebens respektiert haben. Weder die Organisationen noch die Individuen waren imstande, innerhalb kürzester Zeit aus ihrer jeweiligen Routine auszubrechen. Jahrelang verhinderte dieser Mangel an Kühnheit auf nationaler wie internationaler Ebene innovative Rettungsmaßnahmen. Dabei kam es in diesen Zeiten darauf an, mit Phantasie an die Dinge heranzugehen

und bereit zu sein, Maßnahmen zu ersinnen, die in normalen Zeiten als verrückt angesehen worden wären.
In unserer alltäglichen Arbeit mussten wir häufig improvisieren und neue Wege gehen. So erhielt ich eines Tages, vermutlich 1943, ein Telegramm von Itzhak Grünbaum, dem Chef des Vaad Hahatzala in Jerusalem. Dieser Rat, der innerhalb der Jewish Agency arbeitete, versuchte die Juden, wo immer es möglich war, zu retten, so wie wir es beim Jüdischen Weltkongress versuchten.
Beim Jüdischen Weltkongress hatte ich Grünbaum gründlich kennen gelernt. Vor dem Krieg war er einer der großen Verteidiger der Gleichheit der Rechte der Juden im polnischen Parlament gewesen und hatte sich durch seinen Mut und seinen Kampfgeist ausgezeichnet. Wir mochten ihn alle. Grünbaum telegrafierte mir, um mich zu bitten, seinen Sohn ausfindig zu machen, der sich in Polen befand. Ich sagte mir: »Wie kann er mir ein solches Telegramm schicken? Er weiß doch, was in Polen los ist.« Aber ich konnte Grünbaum nicht ignorieren. Zunächst bereitete diese Bitte mir mehrere schlaflose Nächte. Ich wiederholte mir immer wieder dieselben Fragen: »Wie kann er etwas so Verrücktes von mir verlangen? Wie soll man einen Menschen in dieser Welt von Millionen dem Untergang geweihten Menschen finden?« Dann hatte ich eine verrückte Idee. Ich schickte zehn Lebensmittelpakete an Grünbaums Sohn in zehn verschiedenen Lagern. Und ich fand ihn. Es war wie ein Wunder: Eines der Pakete kam an, es wurde ihm übergeben, und er schickte mir eine Empfangsbestätigung. Das beweist, dass man Phantasie haben und die normalen bürokratischen Wege verlassen musste. Jeder Fall war zwangsläufig ein Sonderfall und verlangte eine eigene einfallsreiche Lösung.
Ein anderes Mal fand ich mich ganz plötzlich in die Rettungsaktion einer ganzen Gruppe junger Leute verwickelt, die im Lager von Auschwitz interniert waren. Auch diesmal musste ich improvisieren und Einfallsreichtum beweisen.
Eines Tages, um den 10. Juni 1944, ließ der slowakische Widerstand dem tschechoslowakischen Minister beim Völkerbund, Dr. Kopecky, einen siebenundzwanzigseitigen Bericht über das Lager von Auschwitz zukommen. Dieser Bericht, der berühmt geworden ist, stammte von zwei slowakischen Juden, die auf wundersame Weise aus diesem Lager entkommen waren. Er war der erste dieser Art. Der Bericht gab

nicht nur einen Gesamtüberblick über die furchtbaren Lebensbedingungen im Lager von Auschwitz, sondern versuchte auch chronologisch die Reihenfolge der Ankunft und die Zusammensetzung der Transporte der Deportierten aus ganz Europa zu rekonstruieren.
Kopecky, der gute Beziehungen mit uns unterhielt, rief Fritz Ullmann, meinen Kollegen von der Jewish Agency, an, der sich um die Beziehungen zu den tschechoslowakischen Juden kümmerte. Kopecky bat Ullmann, das Dossier an mich weiterzuleiten, damit ich eine Zusammenfassung davon machte, die er kodiert seiner Regierung übermitteln wollte.
Als ich das Dossier studierte, stieß ich auf einen Abschnitt, in dem von der Ankunft einer Gruppe junger tschechoslowakischer Juden die Rede war, die Mitglieder des jüdischen Sportklubs Makkabi waren und aus Theresienstadt kamen, »um für sechs Monate unter Quarantäne gestellt zu werden«. Wir hatten niemals etwas von einer Quarantäne in Auschwitz gehört!
Kurz darauf hieß es in dem Bericht, dass die Gruppe, die unter Quarantäne stand, vernichtet worden sei. Und als ich weiterlas, stieß ich auf eine Passage, in der die Ankunft einer weiteren Gruppe aus Theresienstadt erwähnt wurde, die ebenfalls für sechs Monate »unter Quarantäne« gestellt werden sollte.
Ich sah auf den Kalender und stellte fest, dass diese sechs Monate für die zweite Gruppe in fünf Tagen zu Ende waren. Ich sprang sofort in ein Taxi und fuhr zu Kopecky. Ich zeigte ihm den Bericht und sagte zu ihm: »Versuchen wir diese Leute zu retten!« Während der Fahrt im Taxi hatte ich ein Telegramm an die tschechoslowakische Regierung in London entworfen, in dem ich darum bat, dass die BBC in den nächsten Tagen in regelmäßigen Abständen eine präzise Warnung ausstrahlte, um die Gruppe vor der Gefahr zu warnen. Kopecky wandte sich direkt an die Vertreterin der BBC in Bern – sie arbeitete in der britischen Gesandtschaft –, und sie leitete die Botschaft weiter, die die BBC mehrmals wiederholte. Während des Krieges habe ich nicht erfahren, ob dieser verzweifelte Versuch, die Deportierten zu warnen, in Auschwitz gehört worden war. Erst mehr als zwanzig Jahre später begegnete ich während eines Aufenthalts in Prag einem Überlebenden aus Auschwitz, Erich Kulka. Dieser bestätigte mir, dass es in Auschwitz illegale Radioapparate gegeben habe und dass die Botschaft gehört worden sei.

Er versicherte mir, dass man die Gruppe daraufhin aus ihrem Barackenlager habe verschwinden lassen. Er konnte mir allerdings nicht sagen, ob die Gruppe sich letzten Endes habe retten können. Ich fürchte, diese Intervention war nicht von Erfolg gekrönt. Aber sie verdeutlicht, wie sehr Phantasie und Unternehmungsgeist gefordert waren, um aus der Routine auszubrechen.

Unser Handeln führt zur Gründung des War Refugee Board

Wie ich bereits sagte, war die Gründung des War Refugee Board die Konsequenz daraus, dass die Beamten des Finanzministeriums die Sabotage der Notmaßnahmen, die ich in meinem Telegramm vom April 1943 vorgeschlagen hatte, durch das State Department aufgedeckt hatten.

Nachdem Morgenthau die Überschrift des Berichts seiner Assistenten geändert hatte, begab sich er zu Roosevelt, um ihm den Bericht persönlich zu übergeben. Doch bevor er zu Roosevelt ging, wandte sich Morgenthau an Cordell Hull, den Staatssekretär, um sich über die Verzögerung zu beschweren, mit der die Rettungsvorschläge behandelt wurden, die ich unterbreitet hatte und die vom Präsidenten gebilligt worden waren. Nach dieser Intervention reagierte das State Department endlich positiv und gab der Gesandtschaft der Vereinigten Staaten in Bern entsprechende Anweisungen.

Plötzlich werde ich am 23. Dezember 1943 dringend in die amerikanische Gesandtschaft in Bern gerufen, wo man mich verblüfft fragt: »Was haben Sie getan? Wie haben Sie das gemacht?« Ich hatte keine Ahnung, was in Washington geschehen war! Mit einem Mal hatte sich die ganze Politik der Finanz- und Lebensmittelblockade, die ganze Politik der Gleichgültigkeit den Naziopfern gegenüber geändert!

Man übergab mir unverzüglich ein Dokument, eine vier- bis fünfseitige »Lizenz«, in komplizierten juristischen Klauseln abgefasst, durch die der Präsident der Vereinigten Staaten mich ermächtigte, mit den feindlichen Ländern in Verbindung zu treten, mit dem Ziel, den jüdischen Opfern des Nazismus zu Hilfe zu kommen. Gleichzeitig ermächtigte die amerikanische Regierung den Jüdischen Weltkongress, mir zu diesem Zweck 25 000 Dollar zu schicken.

Es war das erste Mal, dass eine solche Ermächtigung gegeben wurde. Ich wurde auch aufgefordert, meine Bemerkungen zu den Klauseln der Ermächtigung zu formulieren. Aufgrund meiner Anmerkungen wurde der Text, den ich immer noch als viel zu restriktiv empfand, abgeändert. Die Amerikaner sagten mir auch, dass dies ein Versuch sei: »Wenn das Projekt klappt, werden wir Ihnen mehr Geld und Mittel verschaffen.«

Am 16. Januar 1944 übergab Morgenthau Roosevelt also den Bericht seiner Assistenten, der jetzt die Überschrift trug: »Bericht an den Präsidenten der Vereinigten Staaten«. Roosevelt begriff, dass er da Dynamit in den Händen hielt und dass schnell gehandelt werden musste.

Morgenthau hatte die Reaktionen des Präsidenten vorausgesehen. Daher beschränkte er sich nicht auf die Übergabe des Berichts. Die Konsequenz aus der Situation ziehend, kam er zu Roosevelt nicht nur mit dem Dossier, sondern auch mit einem weiteren Plan: dem Vorschlag, ein War Refugee Board (Behörde für die Kriegsflüchtlinge) zu gründen.

Die Idee, eine solche Behörde zu gründen, die sich der Rettung und Unterstützung der Naziopfer annehmen sollte, stammte von Professor Milton Handler von der Columbia University in New York. Dieser hatte zwei Jahre vergeblich für seinen Plan bei den zuständigen amerikanischen Regierungsbehörden gekämpft.

Von den Verantwortlichen im Finanzministerium aufgegriffen und von Milton Handler in eine endgültige Form gebracht, wurde der Plan von Oscar Cox, einem bedeutenden Juristen, stellvertretender Justizminister und enger Vertrauter Roosevelts, gebilligt. Henry Morgenthau musste ihn dem Präsidenten nur noch präsentieren.

Der Plan sah vor, dass sich die Leitung der Behörde aus Vertretern dreier Ministerien zusammensetzen sollte: des Außenministeriums (State Department), des Finanzministeriums und des Verteidigungsministeriums. Dank Morgenthaus Energie und allerlei Schwierigkeiten zum Trotz wurde die Behörde am 22. Januar 1944 gegründet. Und ihr wurde schließlich die Aufgabe übertragen, die Bemühungen zur Rettung der Juden bis zum Ende des Krieges fortzuführen und zu unterstützen.

Am nächsten Tag, dem 23. Januar 1944, wurde meine »Lizenz« zum dritten Mal geändert. Der neue, liberalere Text erleichterte die Rettungsarbeit erheblich. Alle jüdischen Organisationen wie der »Joint« profitierten sofort von diesen neuen Erleichterungen.

Ein Schritt von großer Bedeutung war endlich vollzogen worden, der einzige, mit dem man uns zu helfen versuchte. Aber er kam sehr spät.

Seit meinem ersten Telegramm waren achtzehn Monate vergangen, in denen das unerbittliche Massaker weitergegangen war; Millionen von Juden wurden so geopfert.
Es sei mir gestattet, eine Passage aus dem Brief zu zitieren, den Milton Handler mir lange nach dem Krieg schrieb: »Ich weiß, wie wichtig Ihre Arbeit gewesen ist, ohne die es nie irgendeine Aktion von Seiten der amerikanischen Regierung gegeben hätte.« Diese Botschaft, die von einer Persönlichkeit kam, die so gut über das Verhalten der Regierung in dieser Sache informiert war, hat mich zutiefst bewegt.
Um eine effiziente Arbeit der neuen Behörde zu gewährleisten, wurden in allen Hauptstädten der neutralen Länder, in den amerikanischen Botschaften und Gesandtschaften in Stockholm, Madrid, Lissabon, Ankara und Bern Vertreter des War Refugee Board ernannt. Sie hatten die Aufgabe, die Rettungsaktionen zu leiten und zu begleiten und den Opfern auf jede nur mögliche Weise zu helfen.
In der Schweiz ernannte die amerikanische Regierung Roswell McClelland, der bis dahin der Vertreter der Quäker in Genf gewesen war; ich kannte ihn gut und schätzte ihn sehr.
Als die Gesandtschaft der Vereinigten Staaten in Bern mir im Dezember 1943 meine erste »Lizenz« übergab, versuchte die britische Gesandtschaft auf Anweisung ihres Blockadeministers bis zum letzten Moment diese humanitäre Geste zu verhindern, und es gelang ihr, die Aushändigung dieses Dokuments um mehrere Wochen zu verzögern. Das war einer der letzten bürokratischen Sabotageversuche.
Die Einrichtung der Behörde für die Kriegsflüchtlinge war der einzige wirkliche Beitrag der Alliierten zum Kampf gegen die Nazipolitik der Ausrottung der Juden. Sie hat die Situation grundlegend verändert, indem sie endlich umfangreiche Rettungs- und Unterstützungsmaßnahmen möglich machte. In den fünfzehn oder sechzehn Monaten ihres Bestehens bis zum Ende des Kriegs flossen nicht weniger als 20 Millionen Dollar über den War Refugee Board. All diese Mittel kamen von den jüdischen Organisationen. Sie waren ausschließlich dazu bestimmt, die Juden in den von den Nazis beherrschten europäischen Ländern zu retten und zu unterstützen.
Es ist unmöglich, hier alle Aktionen aufzuzählen, an denen der War Refugee Board beteiligt war, manchmal unter schwierigen, häufig gefährlichen, bisweilen sogar unglaublichen Umständen.

Leider war es, als mein Rettungsplan endlich akzeptiert und der War Refugee Board gegründet worden war, nicht mehr möglich, die Juden Transnistriens zu evakuieren, da sich die politische Situation in Rumänien geändert hatte.
Zahlreiche andere wichtige Rettungs- und Hilfsprojekte konnten jedoch mit Hilfe des War Refugee Board durchgeführt werden. Der Jüdische Weltkongress hatte viele dieser Projekte initiiert oder mitgetragen. Zu den wichtigsten Aktionen des War Refugee Board gehörten unter anderen:

- die großangelegte Verschickung von Lebensmittelpaketen über das Internationale Komitee vom Roten Kreuz, finanziert vom »Joint«;
- die Unterstützung der Untergrundbewegungen des Widerstands in verschiedenen Ländern mit Geldbeträgen, die für die Rettungsaktion unverzichtbar waren;
- die Rettung der ungarischen Juden, die einzige politische Rettungsaktion;
- verschiedene Bestechungen hoher Nazifunktionäre mit dem Ziel, mehrere Tausend Juden zu befreien;
- die Ermutigung und Unterstützung der Weigerung der bulgarischen Regierung, 50 000 Juden des Landes an die Nazis auszuliefern;
- der Schutz der Überlebenden in den Konzentrationslagern in der letzten Phase des Kriegs.

Meine Beteiligung an den großen Rettungsaktionen

Ich habe persönlich an drei großen Rettungsaktionen teilgenommen:
- der Evakuierung und Rettung jüdischer Kinder und Jugendlicher der westlichen Länder, die in die Schweiz und nach Spanien gebracht wurden;
- der großen politischen Aktion zugunsten der ungarischen Juden;
- der Aktion, die das Ziel hatte, das Massaker der Überlebenden in den Lagern in der letzten Phase des Kriegs zu verhindern.

Die Rettung der Kinder und Jugendlichen

Dank meiner Kontakte zum jüdischen Widerstand in Frankreich konnten wir Millionen französische Francs ins Land fließen lassen, mit deren Hilfe eine ausgedehnte Aktion zur Rettung von Kindern und Jugendlichen organisiert und falsche Ausweispapiere beschafft werden konnten. Unzählige falsche Papiere wurden in den darauf spezialisierten Untergrunddruckereien hergestellt: Ausweispapiere, Arbeitserlaubnisse, Taufscheine, Lebensmittelkarten und sogar Passierscheine, die regelmäßig erneuert werden mussten. Zahlreiche Konvois machten sich damals auf den Weg in die Schweiz und nach Spanien.
Hier ein Auszug aus einem Telegramm, das ich am 28. August 1944 gemeinsam mit Marc Jarblum an das Büro des Jüdischen Weltkongresses in New York schickte:

> In Beantwortung Ihres Telegramms vom 22. 8. informieren wir Sie, dass dank Geldern, die der Kongress uns zur Verfügung gestellt hat, und dank Geldern, die Palästina und der »Joint« Jarblum zur Verfügung gestellt haben, in Frankreich Folgendes erreicht worden ist: 1350 Kinder sind in die Schweiz gebracht worden; 70 Kinder nach Spanien. 700 Kinder sind versteckt worden. Weitere 700 Jugendliche sind nach Spanien gebracht worden. 200 Eltern, die ihre Kinder begleiteten, wurden

evakuiert. Schließlich sind 4000 bis 5000 Erwachsene dank der Initiative unserer Leute versteckt worden. Die ganze Rettungsaktion war zwangsläufig eng mit allen möglichen illegalen Aktivitäten verbunden, vor allem der Beschaffung von monatlich etwa 5000 Ausweisen, Lebensmittelkarten, Arbeitserlaubnissen, Geburts- und Taufbescheinigungen usw. und von geeigneter Ausrüstung für bewaffnete Konvois zu den Grenzen. Im Augenblick ist es unmöglich anzugeben, welche Rettungsaktion mit welchen Geldern durchgeführt wurde, da die gesamte Aktion von unseren Leuten mit allen verfügbaren Mitteln organisiert wurde. Unser eigener Beitrag beläuft sich auf über achtzehn Millionen französische Francs. Unser Verdienst ist es, die ganze Aktion initiiert zu haben. Wir erwarten Einzelheiten aus Frankreich, die so bald wie möglich weitergeleitet werden.

Diese Gelder waren von der Vertretung der französischen Juden in New York, deren Vorsitzender Edouard de Rothschild war, gesammelt worden. In einem »Memorandum über die Rettung der jüdischen Kinder in Frankreich«, die ich dieser Vertretung auf diplomatischem Wege zukommen ließ, heißt es:

Die Bemühungen des Jüdischen Weltkongresses um die Rettung von Kindern in Frankreich sind von Monsieur Jarblum geleitet worden. Die Arbeit ist von einer Gruppe junger Juden in Lyon, Nizza, Toulouse usw. geleistet worden. Diese Mannschaft hat mit unermüdlicher Hingabe gearbeitet, obwohl sie von der Gestapo verfolgt wurde. Wir müssen Ernest Lambert gedenken, der in Montluc von den Deutschen erschossen wurde und der eine der treibenden Kräfte des Widerstands war, der sich dieser Aufgabe gewidmet hat.

Der Kongress hat das Privileg gehabt, die erste bedeutende Summe für diese Rettungsaktion zur Verfügung zu stellen, und hat damit, wie in vielen anderen Fällen, den anderen Organisationen den Weg frei gemacht, indem er einen Organismus auf die Beine gestellt hat, der imstande ist, diese große Aufgabe zu erfüllen.

Diese Texte bezeugen unsere wirksame Beteiligung an den Rettungsaktionen. Nach unseren Informationen sind allein durch diese Aktion zwischen 8300 und 9300 Personen vor der Vernichtung gerettet worden.

Die Rettung der ungarischen Juden

Der War Refugee Board hat auch die einzige große politische Aktion möglich gemacht, die während des Krieges unternommen worden ist: den Versuch, die sehr große jüdische Gemeinde in Ungarn zu retten.
Das Schicksal der ungarischen Juden, die in den drei ersten Kriegsjahren weitgehend verschont geblieben waren, auch wenn sie unter einer immer repressiveren antisemitischen Gesetzgebung zu leiden hatten, nahm im Frühjahr 1944 eine tragische Wendung.
Noch vor der Besetzung Ungarns durch die deutschen Truppen am 19. März 1944 hatte ich Telegramme nach London und New York geschickt, um den Kongress vor den neuen Gefahren zu warnen, die die 800 000 Juden, die damals in Ungarn lebten, bedrohten. Angesichts dessen, was in Polen und anderswo geschehen war, bat ich darum, dass alles unternommen werde, um die freie Welt gegen diese neue drohende Ausrottung zu mobilisieren.
Ich schlug insbesondere vor, dass bedeutende – jüdische oder nichtjüdische – Persönlichkeiten der angelsächsischen Welt einschließlich der Würdenträger der Kirchen und prominente Amerikaner ungarischer Herkunft einen Appell an das ungarische Volk richten sollten, gegen die deutschen Vernichtungspläne zu protestieren und den Juden zu helfen, sich zu retten. Ich bat, dass diese Erklärung darauf hinweisen sollte, dass die Haltung des ungarischen Volks den Juden gegenüber ein wichtiger Test für sein Verhalten sei, der bei den bevorstehenden Friedensvereinbarungen berücksichtigt würde. Und ich bat, dass diese Botschaft wiederholt auf Ungarisch über den Rundfunk gesendet werden sollte.
Die Telegramme schlugen vor, dass nach den öffentlichen Erklärungen der englischen und amerikanischen Regierung eine solche Erklärung auch direkt von der sowjetischen Regierung abgegeben werden sollte. Eine Erklärung, die die Ungarn vor den antijüdischen Maßnahmen warnte, konnte insofern eine besondere Wirkung haben, als die sowjetischen Truppen nicht mehr sehr weit von der ungarischen Grenze entfernt waren.
Die Sendungen solcher Erklärungen und Ermutigungen durch amerikanische, englische und russische Rundfunkanstalten sollten ständig in Ungarisch, aber auch in Deutsch und in den verschiedenen slawischen

Sprachen wiederholt werden. Ich schlug außerdem vor, dass den von den ungarischen Sendern verbreiteten Angriffen gegen die Juden entsprechende Erklärungen und Gegenargumentationen in den erwähnten Sprachen entgegengesetzt würden, um den Völkern Ungarns und all seiner Satellitenstaaten die Wahrheit zu sagen und die Ziele dieser antijüdischen Kampagnen zu erklären. Flugblätter mit den Erklärungen der alliierten Regierungen sollten von den alliierten Flugzeugen über Ungarn abgeworfen werden.
Die alliierten Regierungen sollten sich bereit erklären, so viele ungarische jüdische Kinder wie möglich zu retten, indem sie ihnen Visa bewilligten. Die alliierten Länder sollten sich an die neutralen Länder wie Schweden, die Schweiz und die Türkei wenden und sie auffordern, diesen Kindern vorübergehend Schutz zu gewähren. Es mussten, auf offiziellem oder inoffiziellem Weg, die notwendigen Mittel gefunden werden, um die Ausreise der ungarischen Kinder zu ermöglichen.
Angesichts der verzweifelten Lage der ungarischen Juden und der Überlegung, dass kein Opfer zu groß sei, um zumindest einen Teil der noch lebenden europäischen Juden zu retten, musste von den alliierten und allen zivilisierten Nationen eine außergewöhnliche Anstrengung zur Rettung der ungarischen Juden unternommen werden, indem ihnen ein ganz besonderer Schutz gewährt wurde.
Zu diesem Zweck sollte geprüft werden, ob manche Staaten den Juden nicht ihre Staatsbürgerschaft gewähren und ihnen über ihre Vertretung in Ungarn Pässe besorgen könnten. Die Hilfsorganisationen und Vereine von in den Vereinigten Staaten und England ansässigen Juden ungarischer Herkunft sollten informiert werden, dass dringend beträchtliche Geldsummen benötigt würden, um den ungarischen Juden zu helfen, die zunehmend aller lebenswichtigen Mittel beraubt würden und dieses Geld benötigten, um in anderen Ländern Zuflucht zu suchen oder sich bei Nichtjuden zu verstecken.
Am 21. März, nur zwei Tage nach der Besetzung Ungarns durch die deutschen Truppen, schickte ich Silverman in London und Wise in New York das folgende Telegramm:

> Aufgrund jüngster politischer Entwicklungen in Ungarn äußerst beunruhigt über Schicksal ungarischer Juden, der einzigen noch existierenden bedeutenden Gruppe des europäischen Judentums bestehend aus 800 000 Personen Stop Schlage weltweiten Appell jüdischer und

nichtjüdischer angelsächsischer Persönlichkeiten einschließlich Führern der protestantischen und katholischen Kirche und prominenter Amerikaner ungarischer Herkunft vor, die Anwendung der Politik der Ausrottung der Juden durch deutsche Schlächter oder ungarische Quislings nicht hinzunehmen und den Juden mit allen Mitteln zu helfen, damit sie nicht in die Hände der Deutschen fallen Stop Warnung sollte nachdrücklich darauf hinweisen, dass Haltung des ungarischen Volks den Juden gegenüber einer der wichtigsten Tests ihres Verhaltens sein wird, an den Vereinte Nationen sich bei Friedensvereinbarungen nach dem Krieg erinnern werden Stop Ähnliche Sendungen sollten in den nächsten Wochen jede Nacht in ungarischer Sprache wiederholt werden.

Am 14. April übermittelte ich die Details des deutschen Vernichtungsplans und gab an, was unternommen werden könnte, um die ungarischen Juden zu warnen, damit sie nicht in die Hände der Deutschen fielen. Man müsste ihnen öffentlich raten, den Befehlen, sich registrieren zu lassen, nicht zu gehorchen, sich zu weigern, den gelben Stern zu tragen, und den Vorladungen nicht Folge zu leisten. Man müsste ihnen empfehlen, sich zu verstecken oder Schutz bei ihren nichtjüdischen Nachbarn und den christlichen religiösen Einrichtungen zu suchen.

In Genf verfolgten wir Tag für Tag besorgt die Ereignisse. Aus bisher ungeklärten Gründen war es den Nazis gelungen, mehrere Monate lang keinerlei Informationen durchzulassen. Heute wissen wir, dass eine gewisse Anzahl alarmierender Berichte der Jüdischen Gemeinde in Budapest in die Hände des Internationalen Roten Kreuzes gelangt waren. Doch trotz der Bitte der Jüdischen Gemeinde von Budapest wurden sie vom Internationalen Komitee vom Roten Kreuz nicht an uns weitergeleitet.

Als wir um den 15. Juni die ersten direkten Nachrichten von den jüdischen Institutionen in Budapest erhalten konnten, erfuhren wir betroffen, dass in den drei Monaten, die seit dem Einmarsch der deutschen Truppen in Ungarn vergangen waren, die meisten Juden der ungarischen Provinzen massenweise deportiert und nach Auschwitz in den Tod geschickt worden waren. Man zählte bereits 335 000 Opfer.

Ungefähr zur gleichen Zeit erhielten wir in Genf den Bericht der beiden slowakischen Juden, die auf wundersame Weise aus dem Lager von Auschwitz entkommen waren. Er schilderte äußerst detailliert, wie die Nazis die massenweise Vernichtung der Juden in Auschwitz betrieben,

und enthielt sehr genaue Angaben über die Transporte, die im Lager ankamen. Jetzt ging es darum, in aller Eile alles zu versuchen, um die Juden der Hauptstadt Budapest sowie all jene zu retten, die noch in den Arbeitsbataillons und Arbeitslagern in Ungarn lebten.
Es wurde damals eine große politische Aktion unternommen, bei der der Jüdische Weltkongress eine entscheidende Rolle spielte. Das New Yorker Büro versuchte vor allem auf die amerikanische Regierung, das in London auf die britische Regierung einzuwirken. Beide standen in ständiger Verbindung mit dem Vatikan und der anglikanischen Kirche. Die schwedische Sektion kümmerte sich darum, die schwedische Regierung zu mobilisieren.
Uns in Genf fiel vor allem die Aufgabe zu, das Internationale Komitee vom Roten Kreuz zum Handeln zu bewegen und den Einfluss des Weltkirchenrats zu nutzen.
In der Zwischenzeit musste auch die öffentliche Meinung mobilisiert werden. In Genf taten wir das durch die Veröffentlichung von fünf Broschüren in Französisch, Englisch und Deutsch. Sie schilderten in allen Einzelheiten die tragische Situation der ungarischen Juden und beschrieben die Fortschritte der Verfolgung und der Deportation.
Der Vertreter des War Refugee Board in der Schweiz half uns, diese Berichte zu verteilen, die nicht nur an alle Journalisten der Schweizer Presse, sondern auch an Hunderte von Persönlichkeiten des öffentlichen Lebens und Politiker gingen, die die öffentliche Meinung beeinflussen konnten.
Der schwedische König Gustav V. war der erste Staatschef, der im Juni 1944 ein Telegramm an den Reichsverweser Horthy schickte, um ihn zu beschwören, die Deportationen unverzüglich einstellen zu lassen.
Am 25. Juni 1944 wandte sich Papst Pius XII. in einer seiner seltenen Interventionen zugunsten der Juden im gleichen Sinn an Reichsverweser Horthy.
Die spektakulärste Aktion, die gegen alle Gepflogenheiten des Kriegs verstieß, war jedoch unbestritten die Note, die die Regierung der Vereinigten Staaten am 26. Juni 1944 über die Schweiz dem Reichsverweser Horthy zuleitete. Das in sehr entschiedenem Ton abgefasste Schreiben war von der Erklärung Präsident Roosevelts begleitet, die die sofortige Einstellung der Deportationen verlangte.
Unterstützt von Paul Guggenheim, übte ich starken Druck auf das In-

ternationale Komitee vom Roten Kreuz und insbesondere auf seinen Vizepräsidenten Carl Burckhardt aus, damit er den Präsidenten des IKRK dazu bewegte, im gleichen Sinne zu handeln. Wir zögerten nicht, nachdrücklich darauf hinzuweisen, wie wenig das IKRK bisher getan habe, um die Juden zu beschützen, und ihn daran zu erinnern, dass das IKRK nach dem Krieg über seine Aktionen Rechenschaft ablegen müsse. Auf meine Bitte hin, allerdings ohne es zu erwähnen, unternahm der Weltkirchenrat ähnliche Demarchen beim Präsidenten des IKRK.
Das Ergebnis war, dass Präsident Huber Horthy am 5. Juli einen handgeschriebenen Brief schickte, in dem er ihm mitteilte, dass das IKRK aus der ganzen Welt Berichte über die harten Maßnahmen erhalten habe, die gegen die Juden ungarischer Nationalität ergriffen worden seien, und den Reichsverweser bat, Befehle zu geben, die es dem IKRK erlauben würden, den Inhalt dieser Berichte zu widerlegen.
All diese Aktionen machten einen tiefen Eindruck auf Horthy. Der Reichsverweser beantwortete alle Appelle und ließ die Deportationen einstellen. Es bedeutete einen beachtlichen Erfolg, dass der Führer eines mit Deutschland verbündeten Staates die Deportationen einstellen ließ und diese Entscheidung den ausländischen Persönlichkeiten, die sich an ihn gewandt hatten, mitteilte. Leider konnte Horthy nichts gegen die Aktionen ausrichten, die direkt von Eichmann mit Unterstützung von Veesenmayer, dem Botschafter der Nazis in Ungarn, geleitet wurden.
In letzter Instanz wurden die Entscheidungen, die die Juden betrafen, von Eichmann getroffen. Daher gingen die Deportationen trotz Horthys Anweisungen ein paar Monate später in verschiedener Gestalt wieder los. Ein Teil der Juden wurde deportiert, beginnend mit denen aus den Budapester Vorstädten. Zehntausende anderer wurden in »Arbeitsbataillons« zwangsrekrutiert.
Einer der Höhepunkte dieser Aktion war der Todesmarsch, der Ende Oktober 1944 begann und in deren Verlauf Zehntausende von Juden, Männer und Frauen (manche Quellen sprechen von 50 000 und sogar 60 000), gezwungen wurden, zu Fuß, im Regen und ohne Nahrung zu einem 200 Kilometer entfernten Lager in Österreich zu marschieren. Mehrere Tausend verhungerten und erfroren unterwegs oder starben an Erschöpfung. Viele Juden, die nicht mehr weitergehen konnten, wurden von ihren Bewachern getötet.

Die innenpolitische Situation Ungarns hatte sich verschlechtert, als Horthys Regierung im Oktober 1944 durch das terroristische und zutiefst antisemitische Regime der Pfeilkreuzler von Ferenc Szalasi abgelöst wurde. Die Machtergreifung wurde von der Ermordung von 600 Juden begleitet.
Den ganzen Sommer und Herbst über kämpften wir ununterbrochen gegen diese Maßnahmen, indem wir das IKRK, die amerikanische und die Schweizer Regierung alarmierten. Bei all unseren Aktionen erbitterte mich die Langsamkeit, die alle Stellungnahmen des IKRK auszeichnete.
Wie die Archive des Jüdischen Weltkongresses und des IKRK beweisen, habe ich in meinen Bemühungen in dieser Zeit nie nachgelassen und ständig interveniert. Arieh Ben Tov bezieht sich in seinem Buch über den Einsatz des IKRK für die ungarischen Juden, das das Verdienst hat, die Aktivitäten des Internationalen Komitees vom Roten Kreuz und des Jüdischen Weltkongresses Tag für Tag nachzuzeichnen, häufig auf meine Ansichten, auf ihre Exaktheit und die Qualität der Arbeit, die das Genfer Büro des Jüdischen Weltkongresses geleistet hat. Ich unternahm all diese Aktionen in enger Zusammenarbeit mit Roswell McClelland, dem Vertreter des War Refugee Board in Bern, der meine Initiativen häufig durch die Kanäle, über die er verfügte, unterstützte.
Mit dem neuen Regime von Szalasi konfrontiert, mussten wir unsere Anstrengungen, neue Deportationen zu verhindern, die jüdischen Häuser zu schützen und den Juden individuell ein Minimum an Garantien zu geben, verdoppeln. Zum Glück hatten die Vertreter des IKRK in Budapest mehr Mut und Phantasie als die Verantwortlichen des Hauptsitzes in Genf.
In dieser ganzen Zeit spielte das Problem der Ausstellung von individuellen Schutzbescheinigungen eine zentrale Rolle. Es ist bekannt, dass ein Teil dieser Bescheinigungen den Budapester Juden von Raoul Wallenberg von der schwedischen Gesandtschaft und vom Schweizer Konsul Carl Lutz ausgestellt wurde. Zehntausende Juden sind dank dieser Bescheinigungen gerettet worden.
Auch der Vertreter des IKRK stellte solche Dokumente aus. In diesem Zusammenhang erinnere ich mich, dass Burckhardt mich eines Tages um Rat fragte, ob man die Zahl der Schutzbescheinigungen, die die Vertreter des IKRK den Budapester Juden ausstellten, weiterhin erhö-

hen sollte. Burckhardt befürchtete, dass ihre Vermehrung den Wert dieser Bescheinigungen in Frage stellen könnte.
Ich antwortete ihm, dass er sich die Situation keinesfalls vorstellen dürfe, als geschehe das alles in der Schweiz, in einer normalen und geordneten Atmosphäre. Budapest lebte im Chaos, und es herrschte Willkür. Das Schicksal des Juden, der von einem Polizisten oder einem Mitglied der Pfeilkreuzler verhaftet wurde, hing vom guten Willen eines jeden von ihnen ab, davon, ob er gut geschlafen hatte, ob er sich mit seiner Frau gestritten hatte oder ob er gut gefrühstückt hatte. Je nach Laune konnte er die Bescheinigung zerreißen oder ihre Gültigkeit anerkennen. Konnte der Jude kein Papier vorweisen, bedeutete das stets Verhaftung und Deportation. Wenn wir also die Zahl der Bescheinigungen erhöhten, gaben wir den Juden damit eine Chance, sich zu retten. Burckhardt schloss sich meinen Argumenten an, und das Büro des IKRK in Budapest stellte den Juden weiterhin Schutzbescheinigungen aus.
Andere Kategorien von Schutzpapieren waren die Bescheinigung der Staatsangehörigkeit oder die Pässe bestimmter mittelamerikanischer Länder, die nach Budapest geschickt wurden, wie übrigens auch an andere Orte und sogar in einige wenige Internierungslager. Die Gültigkeit dieser Dokumente war wiederholt bestritten worden. Auch in diesem Fall schaltete sich der War Refugee Board zugunsten der Juden ein, indem er die Länder Mittelamerikas bat, die Gültigkeit dieser Dokumente vor Kriegsende nicht in Frage zu stellen.
Und mehrere Tausend Juden, von denen ein Teil in Häusern wohnte, die unter dem Schutz des IKRK standen, wurden verschont, weil sie Ausreisepapiere für Palästina hatten.
Durch meine Beziehungen zum IKRK konnte ich auch Kontakte zu einigen seiner Vertreter in Ungarn herstellen, mit denen wir die geeigneten Aktionen diskutieren konnten.
Die Arbeit des IKRK in Budapest wurde mir in allen Einzelheiten von Dr. Robert Schirmer, dem Vertreter des IKRK in der ungarischen Hauptstadt, geschildert. Ich traf ihn in Genf am 9. November 1944. Dr. Schirmer berichtete mir von allen Aktionen, die er und sein Kollege Friedrich Born zum Schutz der Budapester Juden unternommen hatten. Er wies vor allem darauf hin, dass die Vertreter des IKRK ihren Schutz auf Häuser, Krankenhäuser und Armenküchen ausgedehnt hatten und dadurch Zehntausenden von Menschen das Existenzminimum

sicherten. Dank einer regelmäßigen und ausreichenden Versorgung mit Lebensmitteln konnten die Armenküchen zweimal am Tag 18 000 bis 20 000 Mahlzeiten ausgeben.

Um effizient arbeiten zu können, hatte das IKRK eine Struktur aufgebaut, die mit Hilfe von bezahlten Hilfskräften funktionierte. Hundertfünfzig Personen wurden beschäftigt, meist ungarische Juden, die auf diese Weise Arbeit fanden.

In fünf oder sechs Häusern, die durch »offizielle« Schilder des Roten Kreuzes geschützt wurden, waren 2000 jüdische Kinder, manche zusammen mit ihren Müttern, untergebracht.

Ende Oktober 1944 gab es in Budapest immer noch 160 000 bis 170 000 Juden. Die jüdischen Institutionen hatten ihre Arbeit unter dem Schutz des IKRK wiederaufgenommen.

Anschließend erzählte uns Dr. Schirmer lebendig und farbig von seinen eher pittoresken Begegnungen mit dem Außenminister und dem Innenminister der Regierung Szalasi. Der »Chef der ungarischen Diplomatie«, anscheinend ein primitiver und ignoranter Mensch, nahm für bare Münze, was die Vertreter des IKRK ihm weismachten.

Da sie sahen, dass sie es mit einem Ignoranten zu tun hatten, blufften die Vertreter des IKRK auf Teufel komm raus. Sie redeten ihm insbesondere ein, dass alle Maßnahmen, die zum Schutz der Juden ergriffen worden waren, Teil der Genfer Konvention seien. Und sie machten ihm weis, dass die gleichen Maßnahmen zum Schutz der Juden auch in anderen Ländern ergriffen worden seien.

Der Minister nannte sie »Genossen«, was das Groteske der Situation noch steigerte. Und Dr. Schirmer dachte sich, dass man sich einem Gangster gegenüber der Sprache und der Methoden von Gangstern bedienen müsse. Und damit gewannen sie.

Ich war von Dr. Schirmer sehr beeindruckt. Zum ersten Mal traf ich einen Vertreter des IKRK, der aus dem Rahmen fiel, dem die diplomatischen Formen egal waren, der die übliche Vorsicht seiner Vorgesetzten in Genf beiseite ließ und dadurch, dass er geradewegs auf sein Ziel lossteuerte, bemerkenswerte Erfolge hatte. Was ich über Dr. Schirmer sage, gilt mit allergrößter Wahrscheinlichkeit auch für seinen Kollegen Friedrich Born.

Da die Deportationen aus Ungarn etwas nachgelassen hatten, wandten wir uns an verschiedene Organisationen, um sicherzustellen, dass die

Budapester Juden mit Lebensmitteln und Kleidung versorgt wurden. Dank meiner Kontakte zu Schirmer und zum War Refugee Board war es sogar möglich, einen Sonderfonds zu gründen, um 18 000 Juden in der Region Wien zu helfen, unter denen auch Zwangsarbeiter aus Ungarn, Polen und der Tschechoslowakei waren.
In der zweiten Hälfte des Jahres 1944 wurden die Deportationen aus Ungarn dann endgültig eingestellt. Die Aktionen zugunsten der ungarischen Juden waren erfolgreich gewesen. Alle sind sich einig, dass diese Aktionen, die tatkräftig vom War Refugee Board unterstützt worden waren, einen großen Teil der Budapester Juden gerettet haben.

Abschweifung: Mit den Nazis verhandeln? Die Rolle der Judenräte

Während der Rettung der ungarischen Juden hat es Verhandlungen zwischen Juden und hohen deutschen Funktionären gegeben. Was war dran an dieser »Affäre«?
Die Gründung des War Refugee Board hat eine gewisse Anzahl von direkten Verhandlungen mit den Deutschen möglich gemacht. Mit Kenntnis des War Refugee Board, seiner ausdrücklichen Ermächtigung und praktisch unter seiner Kontrolle konnte eine gewisse Anzahl von Verhandlungen eingeleitet werden. Manche dieser Verhandlungen hatten das Ziel, hohe Nazifunktionäre zu bestechen, damit sie die Ausreise von Opfern gestatteten.
Die bekanntesten Verhandlungen sind diejenigen zwischen Reszo Kasztner, Saly Mayer und Kurt Becher, dem Leiter der Einsatzzentrale der antijüdischen Aktion in Ungarn. Anfänglich ging es darum, einige Tausend ungarische Juden zu retten. Dann sollte das Ganze in eine große Verhandlung über die Gesamtheit der Juden in den besetzten Ländern einmünden.
Eine andere Verhandlung, die von Elie Sternbuch von der Agudath Israel mit Hilfe von Jean-Marie Musy, dem ehemaligen Schweizer Bundesrat, geführt wurde, hatte das Ziel, 1200 Juden des Ghettos Theresienstadt zu retten.
Und es gab auch Verhandlungen zwischen Hillel Storch von der Schwedischen Sektion des Jüdischen Weltkongresses und Felix Kersten, ei-

nem finnischen Arzt, zu dessen Patienten Heinrich Himmler und andere hohe deutsche Funktionäre zählten. In diesen Verhandlungen ging es zunächst darum, einige Tausend Deportierte nach Schweden ausreisen zu lassen und dann die Vernichtung der Überlebenden in den Lagern zu verhindern.

Dank der Entwicklung der militärischen Lage, die für die Deutschen immer aussichtsloser wurde, gelang es den jüdischen Verantwortlichen, Kontakte zu hochrangigen Nazis anzuknüpfen und diese Verhandlungen einzuleiten, durch die auch diese Nazis ihr Leben zu retten versuchten.

Ich selbst wusste von manchen dieser Gespräche. Kasztner besuchte mich wiederholt gegen den Willen von Saly Mayer, der im Auftrag des »Joint« handelte, heimlich in Genf und hielt mich auf dem Laufenden. Ich stand auch in telefonischem Kontakt mit Storch in Stockholm. Da uns bewusst war, dass die deutsche Zensur uns abhörte, sprachen wir in einer für diesen Zweck erfundenen Sprache. Ich informierte Storch über das, was ich über Kasztners Demarchen wusste.

Die großen Transaktionspläne, die das Ziel hatten, die Einstellung der Deportationen gegen die Lieferung von Transportmitteln und Kriegsmaterial zu erreichen, gingen auf den Rabbiner Weissmandel zurück, der versteckt in den slowakischen Bergen lebte. Ich habe Weissmandels Plan niemals in Genf bekommen und erst nach dem Krieg davon Kenntnis erhalten. Seine späteren Vorwürfe, ich hätte ihn nicht unterstützt, sind vollkommen ungerechtfertigt. Damals war von einem Plan die Rede, dem zufolge 10 000 Lastwagen gegen eine Million Juden ausgetauscht werden sollten. Ich muss gestehen, dass für mich diese Ideen an der Wirklichkeit, mit der wir konfrontiert waren, vorbeigingen.

Und ganz offensichtlich schien dieser Plan beiden Seiten undurchführbar. Einerseits war es ganz und gar unwahrscheinlich, dass die Deutschen bereit sein würden, die Deportation der Juden vollständig einzustellen. Andererseits war es undenkbar, dass die Alliierten die Forderungen der Deutschen erfüllen würden, die die Lieferung von Kriegsmaterial verlangten, mit dem sie den Krieg gegen Russland fortsetzen wollten. Jeder auch nur ein wenig Informierte konnte verstehen, dass für die Amerikaner und die Briten das Bündnis mit der UdSSR Vorrang hatte. Und bedenkt man den erbitterten Widerstand der Briten gegen meine erste amerikanische »Lizenz« zur Überweisung von

25 000 Dollar, erwiesen sich derart grandiose Pläne als traumtänzerische Hirngespinste.
Das einzig Positive an diesen Diskussionen war, dass sie die Deportationen verlangsamten. Zu diesem Zweck musste man sich abwartend verhalten, die Diskussionen in die Länge ziehen, kurz, Zeit gewinnen. Aber zu glauben, sie könnten tatsächlich dazu führen, alle Juden zu retten und zu befreien, das war völlig unrealistisch. Die mörderischen Pläne der Nazis waren bereits zu weit fortgeschritten, sie hatten ihre Entschlossenheit nur allzu deutlich unter Beweis gestellt, so dass ich nicht daran glauben konnte.
Ich habe die Männer gekannt, die mit den Nazis verhandelt haben, Dr. Reszo Kasztner ebenso wie Saly Mayer. Letzterer war nicht der Held, als den manche ihn nach dem Krieg darstellten. Mayer hatte die besten Absichten der Welt, aber seine intellektuellen und politischen Fähigkeiten waren der dramatischen Situation dieser apokalyptischen Zeit nicht gewachsen. Er hatte Anweisungen, die Dinge in die Länge zu ziehen. Er befolgte sie, indem er die Verhandlung so gut führte, wie es ihm irgend möglich war.
Andererseits ist Kasztner gewiss nicht das Ungeheuer, als das man ihn nach dem Krieg hinstellen wollte. Auch er war gewiss von den besten Absichten beseelt. Aber dass er selbst die Personen auswählen musste, die er retten sollte, brachte ihn in eine dramatische und unmögliche Situation. Wählen, wer leben und wer sterben soll, bedeutete, den lieben Gott spielen. Und das ist eine Rolle, die kein Mensch spielen kann. Er hat sie so gut gespielt, wie es ihm möglich war, indem er nach einem bestimmten Verteilungsschlüssel aus den verschiedenen religiösen und politischen Gruppen die Juden auswählte. Man hat ihm vorgeworfen, seine eigene Familie ausgewählt zu haben. Wenn man sein Verhalten beurteilt, muss man sich jedoch immer die Frage stellen: »Was hätte ich an seiner Stelle getan?« Unbestritten bleibt, dass durch seine Aktion mehrere Tausend ungarische Juden gerettet wurden, darunter hervorragende Persönlichkeiten. Kasztner war ein großer Charmeur, der gerne bluffte. Es kam vor, dass er sich seiner Aktion rühmte und dabei die Wirklichkeit ein wenig beschönigte. Diese Widersprüche waren letztlich sein Verderben. Nach dem Krieg sagte er im Prozess gegen Kurt Becher nicht nur zu dessen Gunsten aus, was natürlich war, er tat dies auch mit einer solchen Emphase, dass viele heftig darauf reagierten.

Hillel Storch war eine außergewöhnliche Persönlichkeit. Aus Riga, der Hauptstadt Lettlands, stammend, floh er bei Kriegsbeginn nach Stockholm. Dort begann er sofort, die Rettung der Juden der baltischen Länder zu organisieren, und dies mit einer Energie und einem Enthusiasmus, die sich schlecht mit dem sehr viel zurückhaltenderen Charakter der Juden aus dem Norden vertrugen. Storch suchte alle möglichen Kanäle, um mit hochrangigen Deutschen ins Gespräch zu kommen. Schließlich gelang es ihm, Kontakt zu Himmler herzustellen, vor allem dank des finnischen Arztes Felix Kersten.

Als Kersten Storch ein Gespräch mit Himmler verschafft hatte, verbot ihm seine Frau hinzufahren, mit den Worten: »Wir haben bereits 36 Mitglieder unserer Familie verloren, das reicht!« Storch hat es Norbert Masur nie verziehen, dass er in letzter Minute seinen Platz bei dieser Verhandlung eingenommen hat, die aktiv von Graf Bernadotte, dem Präsidenten des schwedischen Roten Kreuzes, unterstützt wurde. Diese Kontakte führten zur Befreiung mehrerer Tausend Personen vor dem Waffenstillstand und zur Rettung einer erheblich größeren Zahl sofort danach.

Die Beziehungen und Verhandlungen mit den Nazis werfen das Problem der Judenräte auf. Wie stand es mit ihnen?

Niemand kann diese Judenräte für etwas Normales halten. Manche von ihnen, besonders in Polen, verfolgten Hitlers Politik mit einer erstaunlichen Hellsicht. Sie analysierten die Situation und versuchten Zeit zu gewinnen. Sie wollten um jeden Preis Leute als Arbeitskräfte erhalten, die für die Deutschen nützlich wären. Das war die einzige Möglichkeit, wie man versuchen konnte, zumindest einen Teil der Juden zu retten. Andere sind sehr viel weniger hellsichtig gewesen. Unter ihnen gab es Leute, die mit äußerster Hingabe für die jüdische Sache eintraten. Ich kannte einige von ihnen. Wieder andere hatten sogar vor dem Krieg am Kampf gegen die Nazis teilgenommen. Aber jetzt reagierten sie nicht so auf die Nazis, wie es nötig gewesen wäre. Sie entschieden sich, mit dem Besatzer zu kooperieren, weil sie glaubten, andernfalls würde alles noch viel schlimmer kommen. Aber das war eine schlechte Entscheidung. Sie verhinderten nichts, ihre Kooperation erleichterte vielmehr die Durchführung der Nazipolitik. Ohne ihre Kooperation hätte sich vermutlich ein gewisses Chaos entwickelt. Aber dieses Chaos hätte vielen Menschen die Möglichkeit gegeben, sich zu retten.

All dies ist furchtbar schwer zu beurteilen, weil man sich nicht in die Situation der damaligen Verantwortlichen versetzen kann, von denen jeder unter dem Druck der jeweiligen besonderen Umstände stand. Und es war auch eine Frage des persönlichen Verhaltens. Es gab Leute, die bis zuletzt anständig blieben, und es gab Leute, die das nicht vermochten.

Bei Kriegsende war ich persönlich allen gegenüber sehr reserviert. Diejenigen, die überlebt hatten, sind nicht alle Engel gewesen. Die Entmenschlichung der Deportierten in den Lagern war von den Nazis systematisch fortgesetzt worden. Und dieser Prozess hatte viele Opfer gefordert. In vielen Fällen hatten nur diejenigen überlebt, die am stärksten und häufig skrupellos waren. Natürlich waren viele vollkommen integer. Ich weiß, dass ein Journalist eines Tages zu Simone Veil sagte: »Sie haben überlebt, also waren Sie *Kapo.*« Das war ein unerträglicher Affront.

Ich erinnere mich sehr gut, dass ich in den ersten Jahren nach dem Krieg die Überlebenden nie über ihre Vergangenheit befragt habe. Erstens wusste ich nicht, mit wem ich es zu tun hatte, und zweitens, wie konnte ich sicher sein, dass man mir die ganze Wahrheit sagte? Und diejenigen, die in Sicherheit gelebt hatten, hatten nicht das geringste Recht, über das zu urteilen, was in der Welt der Ghettos und Lager geschehen war, aus der die Regeln der Menschlichkeit verbannt worden waren.

Das verhindert aber nicht das Weiterwirken des Gedächtnisses und einer Emotion, die mit keiner anderen vergleichbar ist. Als ich eines Tages ein Dokument in meinem Archiv suchte, fand ich im Dossier von 1945 einen Bericht über meine erste Begegnung mit den Überlebenden eines Lagers in einem Teil des von Frankreich besetzten Deutschland in der Nähe der Schweizer Grenze. Es war drei oder vier Tage nach dem Waffenstillstand. Ein französischer Offizier hatte den Besuch eines Lagers für uns arrangiert. Wie kann ich sagen, was ich bei dieser Begegnung empfunden habe? Ich glaube, der Bericht, den ich darüber geschrieben habe, ist einer der bewegendsten meines Lebens. Ich hatte diese erste Begegnung mit den Überlebenden inzwischen vollkommen vergessen. Als ich den Bericht wiederfand, überwältigte mich wieder die Emotion, als wäre es gestern gewesen. Wenn man ihn liest, spürt man, dass ich mir dauernd die Frage stelle: »Warum haben sie so sehr gelitten und ich nicht?« Ich konnte mit dieser Frage nicht leben und habe diesen Bericht daher aus meinem Gedächtnis gestrichen. Das ist sehr aufschlussreich.

In allen komplexen Situationen spielte stets das Verantwortungsgefühl, das Gefühl für das individuelle Verhalten eine wichtige Rolle. Seit dem Krieg ist immer wieder die Frage gestellt worden, was die jüdischen Wohltätigkeitsvereine eigentlich getan haben. Denn es gab nicht nur die Judenräte, die häufig von den Deutschen ohne Zustimmung der Betroffenen ernannt wurden, sondern auch alle möglichen anderen Einrichtungen.

In Frankreich beispielsweise hat die Vichy-Regierung die Gründung der Ugif (Union générale des Israélites de France) erzwungen, einer zentralen Einrichtung, die eine Art Judenrat auf nationaler Ebene war. Die Ugif sollte alle jüdischen Organisationen in Frankreich ersetzen. Alle möglichen anderen Organisationen – diese oder jene Jugendorganisation – setzten ihre Aktivitäten jedoch fort, häufig außerhalb jeder Kontrolle. Manche, wie die Fédération des sociétés juives de France, die Éclaireurs israélites de France, die zionistischen Jugendbewegungen, versuchten bewusst, sich abseits der »offiziellen« Kreise und der Ugif zu halten. Sie hatten begriffen, dass dies das einzig Richtige war. Auf diese Weise konnten sie sehr wirksam handeln und im Untergrund Rettungs- und Widerstandsaktionen organisieren. Sie haben vermutlich die meisten Leute versteckt und die meisten falschen Papiere hergestellt und verteilt. Wir halfen ihnen und unterstützten sie finanziell.

Die Ugif war und bleibt sehr umstritten. Dank unserer gemeinsamen Arbeit habe ich Marc Jarblum sehr gut kennen gelernt, einen der großen Führer der zionistischen Bewegung in Frankreich vor dem Krieg. Er war Präsident der Fédération des sociétés juives de France, die die große Mehrheit der nach Frankreich eingewanderten Juden Osteuropas vertrat. In dieser Eigenschaft war Jarblum Mitglied der Exekutive des Jüdischen Weltkongresses. Er war also dazu ausersehen, einer der Führer der Ugif zu werden. Da er nicht einem Organismus angehören wollte, der von den Deutschen kontrolliert wurde, lehnte er ab. Er ging in den Untergrund, und später gelang es ihm, nach Genf zu fliehen, wo er die letzte Zeit des Kriegs verbrachte.

Es gab noch andere sehr hellsichtige Personen, wie Professor Oualid, den ich an der Sorbonne kennen gelernt hatte und der sich ebenfalls weigerte, Mitglied der Ugif zu werden. Außerdem wehrten sich viele

Persönlichkeiten gegen das Verschwinden aller Gemeinschaftsstrukturen, die die Ugif ersetzen wollte.
Insgesamt haben diese von den Nazis geschaffenen Strukturen mehr geschadet als genützt. Obwohl manche hellsichtige Führer versucht haben, diese Strukturen zu benutzen, um eine gewisse Anzahl von Juden am Leben zu erhalten. Aber nur sehr wenigen ist das gelungen. Dennoch muss man sich hüten zu verallgemeinern oder zu streng zu urteilen.

Die Rettung der in den Nazilagern überlebenden Juden

Die dritte große Rettungsaktion, die ich initiiert habe, war der Versuch, die Überlebenden in den Lagern zu retten. Ab Oktober 1944, als der Sieg in greifbare Nähe rückte, war ich von einer fixen Idee besessen. Ich hatte schreckliche Angst, die Nazis könnten, um die Spuren ihrer Verbrechen zu verwischen und die Zeugen zu beseitigen, direkt vor Beendigung des Kriegs all jene ermorden, die sie noch in den Lagern gefangen hielten. Es handelte sich um Hunderttausende Menschen. Wie konnte man ein solches Blutbad verhindern?
Damals ließ mir das infernalische Wagnerische Bild aus der *Götterdämmerung* keine Ruhe, wo die Götter im letzten Moment vor ihrem Untergang alle, die in ihrer Gewalt sind, der vollständigen Vernichtung überantworten. Alles, was die Nazis in diesem Augenblick taten, wie die Mobilisierung der Alten und der Kinder, um bis zum letzten Atemzug einen ausweglosen Kampf fortzusetzen, ließ das Schlimmste befürchten. Würden diese Selbstmörder nicht die Opfer, die sich in ihrer Gewalt befanden, mit in ihren Untergang reißen?
Diese Angstvorstellung trieb mich, im Einvernehmen mit allen Alliierten, zu einer verzweifelten Aktion. Angesichts dieser Gefahr saßen wir alle im selben Boot: Jeder hatte seine Gefangenen, seine politischen Häftlinge, seine Zwangsarbeiter, seine deportierten Juden. Diese Angstvorstellung war keine Einbildung. Sie gründete sich auf die Drohungen, die Himmler selbst mehrfach ausgesprochen hatte.
Um diese Aktion durchzuführen, wandte ich mich an Dr. Kopecky, den ständigen Vertreter der tschechoslowakischen Regierung in Genf, der mir am geeignetsten schien, die größte Zahl von Regierungsvertre-

tern und Vertretern der nationalen Organisationen des Roten Kreuzes zusammenzubringen. Es war paradox, dass ich, ein staatenloser Jude, die Initiative ergriff, die Aktion der Nationen und Regierungen zu organisieren. Aber die Dringlichkeit der Situation gebot es.
Kopecky teilte meine Befürchtungen und berief sofort eine erste Zusammenkunft der Vertreter der alliierten Regierungen in Genf für den 17. November 1944 ein. Zehn Länder waren vertreten, entweder durch Regierungsvertreter oder durch Vertreter ihres nationalen Roten Kreuzes. Diese Länder waren Belgien, Frankreich, Griechenland, Holland, Italien, Norwegen, Polen, Rumänien, Jugoslawien und die Tschechoslowakei.
Ich stellte dieser Versammlung den Ernst der Lage dar und schlug eine koordinierte Intervention aller Regierungen bei den neutralen Staaten, beim Vatikan oder beim Internationalen Komitee vom Roten Kreuz vor, um von Nazideutschland das Versprechen zu erhalten, die minimalen Garantien, die für die Kriegsgefangenen galten, auf alle Kategorien von Internierten, Deportierten und Gefangenen, Fremdarbeitern oder anderen ihrer Freiheit beraubten Personen auszudehnen.
Alle beeilten sich, die Initiative von Dr. Kopecky zu begrüßen. Unter den Delegierten herrschte vollständige Einmütigkeit über die Nützlichkeit dieser Initiative und den vorgeschlagenen Plan. Ich erhielt die uneingeschränkte Unterstützung der verschiedenen Länder für meine dringlichen Demarchen beim IKRK. Es wurde der Beschluss gefasst, die Amerikaner und Engländer zu verständigen.
Ich sprach vor dieser Gruppe auch das äußerst beunruhigende Problem der Trennung der jüdischen Kriegsgefangenen von den anderen Gefangenen an, auf das ich im Abschnitt über das Rote Kreuz zurückkommen werde.
Am 7. Dezember schickte Dr. Kopecky allen Teilnehmern das Protokoll des ersten Treffens sowie eine Mitteilung, in der er sie bat, meinen Vorschlag einer gemeinsamen Demarche beim IKRK in Hinblick auf eine Verbesserung der Situation der internierten oder deportierten Bevölkerungsgruppen in den von Deutschland kontrollierten Gebieten ihren Regierungen zu unterbreiten. In der Mitteilung wurden die verschiedenen Optionen dargestellt, die sich für eine solche Demarche anboten, und die konkreten Garantien aufgezählt, die verlangt werden sollten.

Die Reaktionen der Regierungen ließen auf sich warten. In der Zwischenzeit hatte ich unseren Kollegen in London vorgeschlagen, ein ähnliches Treffen aller betroffenen Regierungen, die in der britischen Hauptstadt saßen, zu organisieren. Dieses Treffen ist jedoch nie zustande gekommen.

Wir setzten unsere Bemühungen also in Genf fort, wo am 17. Februar 1945 ein zweites Treffen bei Dr. Kopecky stattfand. Wir befanden uns damals wirklich in der letzten Phase des Kriegs; eine wirksame Intervention war daher dringend geboten.

Bei dem Treffen, an dem zusätzlich Roswell McClelland, der Vertreter des War Refugee Board, teilnahm, wurde beschlossen, dass alle Vertreter der Organisationen des Roten Kreuzes der verschiedenen Länder individuell und gleichzeitig ein Memorandum an den Präsidenten des Internationalen Komitees vom Roten Kreuz richten und ihn ersuchen sollten, sich mit allem Nachdruck für die Befreiung der zivilen Gefangenen in Deutschland und in den besetzten Gebieten einzusetzen.

Diese Eingabe sollte dem Büro des Präsidenten des IKRK am 28. Februar 1945, einem Mittwoch, zwischen 9 und 10 Uhr morgens übergeben werden. Es war ebenfalls beschlossen worden, eine Kopie all dieser Demarchen McClelland zukommen zu lassen, damit er die amerikanische Regierung um Unterstützung bitten konnte. Aus diesem Grund wurde auch der britische Minister in Bern informiert. Die diplomatischen Vertreter der anwesenden Länder sollten eine analoge Demarche beim Politischen Departement der Schweiz (dem Außenministerium) unternehmen, um auch seine Unterstützung zu erhalten.

Ich habe persönlich den Text der Eingabe an das IKRK verfasst, die als Grundlage für alle Demarchen diente. Sie bezieht sich auf Informationen aus sehr seriösen Quellen, die betonen, dass »aufgrund der politischen Entwicklung die Machthaber des Reichs in diesem Augenblick den Wunsch haben, sich die zivilen Gefangenen in Deutschland und in den besetzten Gebieten vom Hals zu schaffen«. Die Note ersucht den Präsidenten des IKRK, sich »an die Machthaber des Reichs zu wenden, um von ihnen die Befreiung der zivilen Gefangenen, das heißt der Personen, die aus politischen, religiösen oder rassistischen Gründen gefangengehalten werden, zu erreichen«. Sie bittet um »die Entsendung innerhalb kürzester Frist einer Delegation, die mit den nötigen Befugnissen ausgestattet ist, um solche Verhandlungen mit den zuständigen Behörden des Reichs einzuleiten«.

Die beschlossene gemeinsame Demarche wurde wie vereinbart durchgeführt. In der Zwischenzeit war der Generalsekretär des Jüdischen Weltkongresses, Léon Kubowitzki, zu mir nach Genf gekommen. Wir führten persönliche Gespräche mit Präsident Burckhardt, um ihm mit allem Nachdruck die Dringlichkeit der Aktion vor Augen zu führen.

Diese gemeinsame Demarche hat gewiss großen Eindruck auf das IKRK gemacht. Sie hat seinen Präsidenten veranlasst, um ein persönliches Treffen mit den zuständigen hochrangigen Persönlichkeiten des Reichs zu bitten, die die Macht über die Ghettos und Lager hatten. In einem Brief vom 5. März 1945 informierte Präsident Burckhardt mich, dass er diese Intervention unternommen habe. Handschriftlich fügte er hinzu, dass er »in den nächsten Tagen, vielleicht morgen« abzureisen hoffe.

Burckhardt traf sich also persönlich mit Ernst Kaltenbrunner, Heydrichs Nachfolger an der Spitze des Reichssicherheitshauptamts, der Himmler, den allmächtigen obersten Chef aller Sicherheitsdienste und der gesamten Polizei Nazideutschlands, vertrat.

Ein weiteres Treffen fand zwischen Burckhardt und den Vertretern des deutschen Außenministers in Kreuzlingen an der deutsch-schweizerischen Grenze statt.

Auf einer Sondersitzung, die für den 26. März einberufen war, berichtete Carl Burckhardt über seine Gespräche mit den deutschen Machthabern. Alle Rot-Kreuz-Organisationen, die an den Treffen bei Dr. Kopecky teilgenommen hatten, waren anwesend, außerdem die Vertreter des britischen und des amerikanischen Roten Kreuzes.

Das wichtigste Ergebnis dieser Gespräche war die Billigung der Anwesenheit von Vertretern des IKRK in allen Lagern mit zivilen Gefangenen. Das änderte die Situation grundlegend: Die Anwesenheit von Beobachtern konnte die Gemetzel verhindern. Burckhardt sprach unter anderem von Beobachtern des Roten Kreuzes, die in den Lagern unter der Bedingung zugelassen würden, dass sie sie nicht vor Kriegsende verließen. Wie man sich denken kann, gab es nur wenige Freiwillige für diese Art von Verpflichtung. Das Rote Kreuz begann Freiwillige in der Schweizer Armee und bei der Feuerwehr anzuwerben.

Burckhardt berichtete auch von der Absicht der Deutschen, die Gefangenen der Lager nach ihrer Nationalität zusammenzufassen, und dass

Evakuierungsmaßnahmen geplant seien. Als ich fragte, ob die geplanten Zusammenlegungen nicht ein weiteres Mal die Juden ausschließen würden, antwortete Burckhardt, dass von deutscher Seite ein solcher Vorbehalt nicht geäußert worden sei und dass die Vereinbarungen ohne Unterschied alle zivilen Gefangenen beträfen. Der Präsident des IKRK sprach auch über die Möglichkeiten der Versorgung der Häftlinge und der zivilen Gefangenen mit Lebensmitteln.

Als Burckhardt sich nach der Sitzung verabschiedete, nahm er mich beiseite und sagte mir, er habe die Frage der Juden lange mit den deutschen Persönlichkeiten diskutiert und die Vertreter der deutschen politischen Polizei hätten ihm versichert, dass das Internationale Rote Kreuz sehr weitreichende Möglichkeiten habe, sich um die jüdischen Gefangenen zu kümmern.

Es steht außer Zweifel, dass Burckhardts Demarche im Namen von zwölf Nationen, ihres jeweiligen Roten Kreuzes und des IKRK den Deutschen die Bedeutung begreiflich gemacht hat, die diesem Problem und der Notwendigkeit, dass sie dieses Problem wirklich ernst nahmen, beigemessen wurde. Außerdem machte das Schicksal Hunderttausender deutscher Kriegsgefangener, die sich in den Händen der Alliierten befanden, die deutschen Verhandlungspartner flexibler und aufmerksamer.

Die Billigung der Vertreter des Roten Kreuzes in allen Lagern war ein sehr bedeutsames Zugeständnis. Alle anderen Vereinbarungen über die Evakuierung, den Austausch oder die Versorgung der Gefangenen mit Lebensmitteln, die mit den Deutschen diskutiert worden waren, wurden von der raschen Entwicklung der militärischen Situation praktisch überholt, mit Ausnahme der Evakuierung einer Anzahl von Frauen aus dem Konzentrationslager Ravensbrück nach Schweden. Schweden öffnete seine Tore ziemlich weit, um die Flüchtlinge oder die befreiten Deportierten aufzunehmen.

Was die Zusammenlegungen betraf, so fanden die Deutschen eine gute Ausrede, um sich nicht an das Versprechen halten zu müssen, das sie dem IKRK gegeben hatten: Die Deportierten würden Militärgeheimnisse kennen, weswegen sie nicht von einem Ort zum anderen verlegt werden dürften.

Hillel Storch in Stockholm wurde von den gleichen Befürchtungen getrieben. Wir standen in dieser Zeit in ständiger Verbindung und teilten

Gerhart M. Riegner in Auschwitz, 1983.

die gleichen Ängste und die gleiche Überzeugung: Das Massaker der Überlebenden musste um jeden Preis verhindert werden.
Storch suchte über verschiedene Kanäle Kontakte zu Deutschen in hohen Positionen. Es gelang ihm, mit verschiedenen wichtigen verantwortlichen Männern, hohen Beamten des deutschen Außenministeriums, in Verbindung zu treten. Diese, die auf Anweisung von Ribbentrop handelten und grünes Licht von Himmler hatten, versuchten mit den Alliierten in Kontakt zu treten und mit Hilfe der Juden die Möglichkeiten eines getrennten Friedens an der Westfront zu sondieren. Diese Initiativen wurden letztlich von Hitler gestoppt.

Storch stand in ständiger Verbindung mit Graf Folke Bernadotte, dem Vizepräsidenten des schwedischen Roten Kreuzes. Die fruchtbarsten Kontakte waren diejenigen, die er zu Dr. Felix Kersten, dem finnischen Arzt, knüpfte. Gemeinsam arbeiteten sie ein Hilfsprogramm für die Lager aus, das Garantien für den Schutz der jüdischen Internierten und die Evakuierung bestimmter Gruppen nach Schweden und in die Schweiz vorsah. Kersten sah Himmler in den ersten Märztagen 1945 und fand ihn durchaus gnädig gestimmt. Er versuchte sich ein anständiges »Alibi« zu verschaffen und versprach, alle Konzentrationslager an die Alliierten zu übergeben. Das geschah fast gleichzeitig mit dem Treffen zwischen Burckhardt und Kaltenbrunner. Auf Vorschlag von Kersten erklärte Himmler sich bereit, sich mit einem Vertreter des Jüdischen Weltkongresses zu treffen und mit ihm die Lage der Juden zu diskutieren, wobei er dem Abgesandten sicheres Geleit zusagte. Die Idee eines solchen Treffens war natürlich eine außerordentliche Entwicklung. Und Himmler empfing tatsächlich am 21. April 1945 in Harzfeld nahe Berlin den Abgesandten des Jüdischen Weltkongresses, Norbert Masur, und versprach ihm die Freilassung von 1000 jüdischen Frauen aus Ravensbrück sowie die Freilassung einer Anzahl französischer Frauen und internierter norwegischer Juden. Ein paar Stunden später traf sich auch Graf Bernadotte, der in ständigem Kontakt mit der Schwedischen Sektion des Jüdischen Weltkongresses gewesen war, mit Himmler und erhielt von ihm die Zusage einer erheblich höheren Zahl von freizulassenden internierten Juden. Bernadottes Verhandlungen mit Himmler verfolgten das gleiche Ziel: die größtmögliche Zahl von Deportierten zu befreien und die Gefangenen am Leben zu erhalten. Unsere Aktionen waren also perfekt abgestimmt.

Die Treffen bei Dr. Kopecky wurden regelmäßig bis Kriegsende fortgesetzt. Besorgt über das Schicksal der befreiten Menschen in den Lagern, unternahmen die Delegierten aufeinander abgestimmte Demarchen bei den Militärbehörden der Alliierten, um die notwendigen Mittel vor allem für die Versorgung der ehemaligen Gefangenen mit Lebensmitteln zu erhalten und dann ihre Rückführung in die Heimat zu erreichen.

Wenn ich darüber nachdenke, hat die gemeinsame Aktion der Vertreter der zwölf alliierten Länder zu wichtigen Ergebnissen geführt, die keine Einzeldemarche hätte erreichen können. Die Vertreter des War Refugee

Board, die in unsere Bemühungen einbezogen wurden, haben uns in allen Phasen dieser Aktion ihre uneingeschränkte Unterstützung gewährt. Auch wenn die Zusicherungen, die dem IKRK gegeben wurden, nicht vollständig erfüllt wurden – zum Teil wegen der rapiden Verschlechterung der militärischen Situation der Deutschen –, bin ich nach wie vor überzeugt, dass die in letzter Minute im Namen der großen Westmächte und von zehn alliierten Ländern unternommene Aktion und die Parallelaktion der Schweden dazu beigetragen haben, das Schlimmste zu verhindern. Es stimmt zwar, dass in ein oder zwei Lagern fanatisierte Nazis die Anweisungen nicht befolgt und bis zur letzten Minute Gefangene ermordet haben, aber dabei handelte es sich um Ausnahmen.

Ich bin überrascht, dass der Erfolg dieser großangelegten Rettungsaktion fast nie von den Autoren erwähnt worden ist, die Bücher über die Shoah geschrieben haben.

Ich persönlich halte den Schutz der Überlebenden in den Lagern – es handelte sich um mehrere Hunderttausend Menschen – für ein außerordentlich wichtiges Faktum.

Meine Begegnung mit Henry Morgenthau

Henry Morgenthau war der Initiator des War Refugee Board, dessen Rolle, wie wir gesehen haben, von enormer Bedeutung gewesen ist.

Von allen Persönlichkeiten des Kriegs bleibt Morgenthau mein Held. Und das nicht wegen seiner Haltung Deutschland gegenüber. Es wurde behauptet, er habe aus Deutschland einen reinen Agrarstaat machen und es vollständig seiner Industrie berauben wollen, was gewaltig übertrieben war und aus Goebbels' Gerüchteküche stammte. Ich habe große Achtung vor seiner Rolle während des Kriegs. Insbesondere beeinflusste Morgenthau zusammen mit Harry Hopkins auf entscheidende Weise den Verlauf des Kriegs, indem er mit Nachdruck die Idee unterstützte, die zum amerikanischen »Lend-and-Lease«-Gesetz führte.

Dieses Gesetz, das am 11. März 1941 verabschiedet wurde, hat die freie Welt vermutlich vor der Niederlage bewahrt. Sie hat dem kriegführenden British Empire erlaubt, seine Verkehrsverbindungen mit Übersee aufrechtzuerhalten. Damit wurde die dringende Versorgung der Bevölkerung und der Truppen mit Lebensmitteln und der Import der für die Kriegsproduktion notwendigen Rohstoffe garantiert. Dadurch, dass amerikanische Kriegsschiffe diese Konvois trotz der systematischen und zerstörerischen Angriffe der U-Boot-Flotte der Nazis begleiteten, konnten die Engländer die deutsche Marine überflügeln, durch deren U-Boote sie schreckliche Verluste erlitten hatten. Diese Konvois haben vermutlich den Ausgang des Kriegs entschieden. Ohne sie hätten die Deutschen sehr wahrscheinlich ihren Blockadekrieg gewonnen und England besetzt.

Die Verabschiedung und Anwendung des »Lend-and-Lease«-Gesetzes war von Seiten der Vereinigten Staaten ein sehr gewagter Schritt, der von großem Mut zeugte und beispiellos in der Geschichte ist und über den normalen Rahmen der Neutralität hinausging. Dieses geniale Gesetz bedeutete eine außerordentliche Öffnung. Die freie Welt verdankt ihm ihr Überleben. Wie sähe unsere Welt, wie sähe die jüdische Welt aus, wenn England gefallen wäre?

Welche Streitkräfte hätten damals Ägypten und Palästina verteidigen können? Deshalb pflege ich zu sagen, dass man, wenn man immer wieder Roosevelt – nicht ganz zu Unrecht – beschuldigt, er habe der Vernichtung von Millionen Juden zugesehen, ohne wirklich zu reagieren, bedenken muss, dass er durch seine Politik auch zumindest eine Million Juden gerettet hat, nämlich diejenigen Englands und Palästinas, die im Fall einer deutschen Invasion unmittelbar bedroht gewesen wären. Es ist sehr schwierig, sich eine Welt vorzustellen, in der Hitler der Sieger gewesen wäre und in der Israel nicht existieren würde.

Meiner Meinung nach hat Morgenthau durch seine Teilnahme an der Ausarbeitung des *Lend and Lease Act* den Verlauf des Kriegs entscheidend beeinflusst. Es ist vielleicht nicht überraschend, dass derselbe Mann wesentlich für den Beschluss verantwortlich ist, der zur Gründung des War Refugee Board führte, dem einzigen substantiellen Beitrag zur Rettung der europäischen Juden – für mich ein zusätzlicher Grund, ihn zu bewundern.

Im November 1947 war ich gerade in New York, als Morgenthaus Erinnerungen in Fortsetzungen im einflussreichen und sehr beliebten *Colliers Magazine* erschienen. In der Nummer vom 1. Dezember 1947 behandelte er das Problem der verfolgten Juden in Europa und seine Aktion. Hier enthüllte er der breiten Öffentlichkeit, dass ich der Erste gewesen war, der die freie Welt über die Endlösung informiert hatte. Detailliert beschrieb er all die Schwierigkeiten, auf die ich bei der amerikanischen Regierung gestoßen war, und meine Bemühungen, die jüdischen Führer in Amerika über das zu informieren, was in Europa geschah, und den Naziopfern zu Hilfe zu kommen. Dieser Artikel hatte eine enorme Wirkung.

Da ich damals gerade in New York war, schlug Wise mir vor, Morgenthau zu treffen, indem er mir sagte: »Er wird Sie sicher gerne kennen lernen wollen.« Und Wise kümmerte sich darum, die Begegnung zu arrangieren.

Ich war damals noch jung und schüchtern. Als der Tag da war, trat ich in sein Büro und begrüßte ihn. Er war wirklich eine imposante Erscheinung. Seine Größe war beeindruckend. Dieser große Staatsmann war außerordentlich liebenswürdig. Er sah mich mit geneigtem Kopf von oben bis unten an und sagte mit verschmitztem Lächeln: »*So, this is the fellow who changed my life!*« (»Das ist also der Bursche, der mein Leben verändert hat!«) Dann stellte er mir Fragen über die Aktionen, die ich während des Krieges unternommen hatte. Er befragte mich über die verschiedenen amerikanischen Persönlichkeiten in Bern und in Genf, mit denen ich Kontakt gehabt hatte. Damals hatte Morgenthau seine hohen Ämter bereits aufgegeben. Wir konnten also sehr offen reden.

Morgenthau gehörte einer sehr assimilierten und im Grunde sehr amerikanischen Familie an. Er selbst, der sich voll und ganz für die Demokratische Partei engagierte, war ein überzeugter Anhänger der Politik Roosevelts. Sein Vater war während des Ersten Weltkriegs Botschafter der Vereinigten Staaten in der Türkei gewesen. Damals rettete er die jüdische Kolonie in Palästina vor den Gefahren, die ihr im Osmanischen Reich drohten.

Die Morgenthaus nahmen nicht aktiv am jüdischen Leben teil. In einer Rede, die er zum siebzigsten Geburtstag von Stephen Wise hielt, erzählte Henry Morgenthau, dass er niemals den Augenblick vergessen könne, als Wise in Begleitung seines Sohnes zu ihm nach Washington gekommen sei, um ihm mein Telegramm vom August 1942 zu zeigen. Von diesem Augenblick an beteiligte er sich aktiv am jüdischen Leben. Diese Begegnung hat mich tief beeindruckt.

Die Mobilisierung der christlichen Kirchen

Welche Rolle spielten die Kirchen während der Shoah? Diese Rolle muss auf zwei Ebenen analysiert werden: der internationalen und der nationalen. Wir werden mit der katholischen Kirche beginnen. Auf nationaler Ebene wandten wir uns in den ersten Jahren des Kriegs nicht an die Kirche, um sie um Hilfe zu bitten.

Die katholische Kirche

Die Haltung der deutschen Bischöfe nach Hitlers Machtergreifung, die Beschwichtigungspolitik des Vatikans gegenüber der Naziregierung in der ersten Phase dieses Regimes, welche zum Konkordat von 1933 führte, die zunehmenden Schwierigkeiten, denen sich die katholische Kirche in Deutschland ausgesetzt sah und die 1937 zur Enzyklika *Mit brennender Sorge* führten, die Ohnmacht des Vatikans angesichts der immer brutaleren antikatholischen Maßnahmen und andererseits die traditionell antisemitische Haltung weiter Kreise der katholischen Kirche in Polen, wo sich die größte Tragödie abspielte, nichts von all dem schuf ein Klima, das für Hilfe oder Unterstützung von Seiten der katholischen Kirche günstig gewesen wäre. Hinzu kam, dass der Vatikan eine Enklave im faschistischen Italien darstellte und uns daher nicht leicht zugänglich war. Aus all diesen Gründen dachten wir nicht daran, diesen Weg als ersten zu benutzen. Erst 1942, als die Ereignisse sich überstürzten und das Schlimmste zu befürchten war, schien es uns geboten, die katholische Kirche zu mobilisieren.

Auf meine Initiative hin wurden wir zunächst in Genf und dann in London und New York aktiv. In Genf arbeiteten wir hauptsächlich mit dem apostolischen Nuntius in Bern, Monsignore Filippe Bernardini, einem der geachtetsten Diplomaten des Vatikans, zusammen. Sein großer Einfluss wird deutlich in der Dokumentation, die der Vatikan veröffentlicht hat; sie zeigt, dass zahlreiche Mitteilungen an die freie Welt und insbesondere an die Vereinigten Staaten über ihn liefen.

Der Jüdische Weltkongress in London und in erster Linie sein politischer Sekretär Alec Easterman knüpfte ausgezeichnete Beziehungen zu Kardinal Hinsley und später zum apostolischen Delegierten Monsignore William Godfrey.
Das Büro des Jüdischen Weltkongresses in New York arbeitete mit Myron Taylor, dem persönlichen Vertreter Präsident Roosevelts beim Papst, und Taylors Assistenten Harold H. Tittmann zusammen. In den letzten Kriegsjahren liefen zahlreiche Mitteilungen über Monsignore Amleto Cicognani, den apostolischen Delegierten in Washington.
Unsere erste Demarche, die ich bereits kurz erwähnte, wandte sich an den apostolischen Nuntius in Bern. Im März 1942 beschlossen Richard Lichtheim, der Vertreter der Jewish Agency, und ich im Namen des Jüdischen Weltkongresses, Monsignore Bernardini aufzusuchen. Wir informierten ihn über die Situation der Juden in den von den Nazis kontrollierten Ländern, die von Tag zu Tag besorgniserregender wurde.
Damals – sechs Wochen nach der berühmten Wannseekonferenz – wussten wir noch nicht, dass die Nazis die Endlösung beschlossen hatten. Auf der Grundlage der Menge unserer Informationen informierten wir ihn jedoch über die Deportationen und die massenhafte Vernichtung der Juden in allen Ländern Europas. Zum Schluss baten wir den Vatikan, uns zu helfen, diese Verfolgungswellen zu stoppen, zumindest in den katholischen Ländern oder in den Ländern unter katholischem Einfluss.
Am Ende unseres Vortrags bat uns Monsignore Bernardini, ihm ein Memorandum zu unterbreiten, das er an den Vatikan weiterleiten würde. Unser Memorandum stellte die katastrophale Situation der Juden in einigen katholischen Ländern oder Ländern mit starkem katholischem Bevölkerungsanteil wie Frankreich, Rumänien, Polen, dem Protektorat Böhmen-Mähren, der Slowakei, Kroatien ... dar. Die Situation wurde für jedes Land einzeln geschildert. Wir wiesen mehrfach nachdrücklich darauf hin, dass die konkreten Maßnahmen der Nazis auf die totale Vernichtung der jüdischen Bevölkerung abzielten.
Kopien dieses Memorandums existieren in verschiedenen Archiven. Merkwürdigerweise findet man es jedoch nicht in den elf Bänden diplomatischer Dokumente, die der Vatikan über seine Aktivitäten während des Krieges veröffentlichte. In ihnen finden sich lediglich Monsi-

gnore Bernardinis Begleitbrief sowie ein Brief, in dem wir für die Intervention danken, die der Vatikan in der Slowakei unternommen hat. Das Fehlen des Memorandums in der Veröffentlichung der Dokumente des Vatikans ist umso bedauerlicher, als sein Text zeigt, dass der Vatikan schon relativ früh, nur etwa sechs Wochen nach der Wannseekonferenz, die alle Ministerien und Verwaltungen Deutschlands in den Dienst der totalen Vernichtung stellte, über detaillierte Informationen hinsichtlich des Ausmaßes der antijüdischen Verfolgungen verfügte.
In dem Memorandum wiesen wir mit Nachdruck auf die Tatsache hin, dass an der Spitze mancher dieser Staaten Priester oder führende katholische Persönlichkeiten standen, die einer Initiative des Vatikans wohl aufgeschlossen gegenüberstünden.
Aufgrund unserer Bitte intervenierte der Heilige Stuhl in der Slowakei und informierte uns über seine Aktion. Für eine Weile ließ die Verfolgung der Juden nach, und die Deportationen wurden eingestellt. Der Vatikan hatte den Präsidenten des slowakischen Staates, den Priester Tiso, dazu bewegt, seine Politik zu mäßigen. Tiso und seine Minister wurden gezwungen, ihre Aktion zu erklären.
Aber es hielt nicht lange. Die Deutschen waren vermutlich wütend, und die Deportationen begannen knapp ein Jahr später erneut. Daraufhin unternahmen wir zwischen 1942 und 1943 eine Reihe neuerlicher Interventionen zugunsten der slowakischen Juden, vor allem über die Büros des Jüdischen Weltkongresses in London und New York.
Zwar intervenierte der Vatikan auf unsere Bitten hin in Bratislava, aber es gibt keinerlei Hinweise in den vom Heiligen Stuhl veröffentlichten Dokumenten auf eine Intervention in anderen Ländern. Nichts ist wahrscheinlich in Kroatien versucht worden. Und was in Rumänien unternommen wurde, scheint auf Initiativen vor Ort zurückzugehen. Die menschliche Haltung des apostolischen Nuntius in Rumänien, Monsignore Cassulo, an den sich der Oberrabbiner von Rumänien, Alexandre Safran, gewandt hatte, linderte das Leid vieler Menschen und hat vorübergehend sogar zu einer Einstellung der Deportationen geführt.

Die amerikanische Regierung wendet sich an den Vatikan

Ein zweites Mal wurde der Vatikan wegen der Verfolgung der europäischen Juden nach meinem berühmten Telegramm vom August 1942, das die Endlösung ankündigte, angegangen.
Wir erinnern uns, dass, als dieses Telegramm schließlich an den Rabbiner Stephen Wise weitergeleitet wurde, der Unterstaatssekretär Sumner Welles seine Veröffentlichung verbot. Gleichzeitig beschloss das State Department, sich über den Botschafter Myron Taylor, den persönlichen Vertreter Präsident Roosevelts beim Heiligen Stuhl, an den Vatikan zu wenden. Sumner Welles bat Taylor, seine Verbindungen zum Vatikan zu nutzen, um zu fragen, ob seine führenden Persönlichkeiten die Informationen über die Vernichtung der Juden bestätigen könnten. Am 26. September 1942 übermittelte Myron Taylor Monsignore Maglione den Inhalt eines Briefes meines Kollegen Richard Lichtheim vom Büro der Jewish Agency in Genf. Dieser Brief vom 30. August 1942, ein paar Wochen nach der Sendung meines Telegramms an Wise, enthielt detaillierte Informationen über die Liquidierung der Juden des Warschauer Ghettos und aller Provinzen Polens. Taylor bat auch darum, geeignete Maßnahmen zur Bekämpfung dieser Gräueltaten vorzuschlagen.
Da Taylor nicht in Rom war, wurde die mündliche Demarche von seinem Stellvertreter Harold H. Tittmann übernommen, der um eine Sonderaudienz beim Papst bat. Nachdem er zweimal nachgehakt hatte, um eine Antwort zu bekommen, erhielt Tittmann am 10. Oktober von den Beamten des Vatikans ein Schreiben ohne Unterschrift, dem zufolge »der Vatikan auch aus anderen Quellen Berichte über die strengen Maßnahmen, die gegen die Nichtarier ergriffen worden sind, erhalten« habe. »Bis zum gegenwärtigen Zeitpunkt war es jedoch nicht möglich, ihre Richtigkeit zu überprüfen.«
Es ist interessant, im Einzelnen zu verfolgen, wie die Sache vom Vatikan behandelt wurde. Kardinal Maglione, Staatssekretär des Vatikans, notierte: »Ich glaube nicht, dass wir eine Bestätigung dieser sehr ernsten Berichte haben.« Der Kardinal schlug vor, Signor Malvezzi vom Institut für industriellen Wiederaufbau zu konsultieren. Ich nehme an, dass Malvezzi dem Geheimdienst des Vatikans angehörte.
Kurz darauf notierte Monsignore Montini, einer von Magliones Stell-

vertretern, nach einem Gespräch mit Malvezzi, dass dieser über zwei neue Entwicklungen in Polen berichtet habe, »die Bombardierung der Städte durch die Russen und das systematische Massaker der Juden.« Malvezzi berichtete, dass »die Massaker ein gewaltiges Ausmaß annehmen und täglich stattfinden«.

Die Antwort des Vatikans vom 10. Oktober 1942 ist umso seltsamer, als die Nuntien korrekt über die Deportationen der Juden aus der Bukowina und aus Bessarabien (Rumänien) im Dezember 1941, aus Bratislava (Slowakei) im März 1942, aus Zagreb (Kroatien) im Juli 1942 und aus Paris ebenfalls im Juli 1942 berichtet hatten.

Aus den vom Vatikan veröffentlichten »Dokumenten« geht ebenfalls hervor, dass der Vatikan auch Kenntnis von den Berichten des Pater Pirro Scavizzi, des Geistlichen des vom Malteserorden organisierten Sanitätstransports, hatte. Pater Scavizzi war über die Tragödie der Juden, die sich in Polen und an der Ostfront abspielte, genau informiert. Er diente anscheinend als Mittelsmann zwischen manchen polnischen Bischöfen und dem Vatikan. Im Mai 1942 schrieb er in einem an Pius XII. gerichteten Bericht: »Der antijüdische Kampf geht unbarmherzig weiter und verschärft sich mit den Deportationen und Massenhinrichtungen. Das Massaker der Juden in der Ukraine ist gegenwärtig total. In Polen und in Deutschland schickt man sich an, es durch ein System von Massenblutbädern zu beenden.«

Am 17. Oktober 1942, nur ein paar Tage nach der ausweichenden Antwort des Vatikans, berichtet Scavizzi: »Die Vernichtung der Juden durch Massenblutbäder ist fast total ... Es heißt, dass noch einmal zwei Millionen Juden getötet worden sind.«

Monsignore Orsenigo, der apostolische Nuntius in Berlin, schrieb am 19. Oktober an Kardinal Maglione: »Wenn man auf die Nichtarier zu sprechen kommt, lautet die Antwort: ›Man kann nichts machen‹.«

Wenn man heute die Aktivitäten der katholischen Kirche während des Kriegs Revue passieren lässt, muss man feststellen, dass die Demarchen zum großen Teil von der Situation vor Ort abhingen. Die Persönlichkeit des apostolischen Nuntius und der lokalen Prälaten spielte ebenfalls eine große Rolle.

Aber auch der Impuls von oben konnte eine große Bedeutung haben. So unternahm der Nuntius in Budapest, Monsignore Angelo Rotta, 1944 nach der Intervention des Papstes bei Horthy eine gewisse Anzahl von

Demarchen bei der Regierung, indem er die Vertreter der neutralen Länder und den ungarischen Episkopat mobilisierte.

Die Haltung des Vatikans

Der Vatikan war, wie ich bereits sagte, sehr gut informiert. Meiner Meinung nach war er über die Vernichtung der Juden sogar besser unterrichtet als wir. Hunderte von Priestern, Ordensgeistlichen und aktiven Katholiken brachten ständig alle möglichen Informationen nach Rom, wohin sie auf ihrer Wallfahrt oder aus anderen Gründen kamen. In seinem bemerkenswerten Buch spricht der Journalist und ehemalige Priester Carlo Falconi detailliert über die Menge dieser Einzelberichte. Er kommentiert die enorme Quantität von Informationen, die Reisende aus ganz Europa dem Heiligen Stuhl brachten. Wie wir gesehen haben, geben die Veröffentlichungen des Vatikans selbst ein gewisses Bild davon.

Wenn ich all dies bedenke, dann verstehe ich nicht, wie die Kirchenführer behaupten konnten, sie hätten nicht gewusst, was geschah. Alles weist im Gegenteil eindeutig darauf hin, dass der Heilige Stuhl nicht behaupten kann, er sei nicht wirklich über die Tragödie informiert gewesen, die sich in den Vernichtungslagern abspielte.

Der Mangel an Information war also nicht das Problem. Der Vatikan verfügte über eine gewaltige Menge von Material und präzisen Informationen. Die Frage ist, ob man davon Gebrauch machen, und vor allem, ob man daraus die Konsequenzen ziehen wollte.

Die dritte wichtige Intervention beim Vatikan wurde unternommen, als die Nachrichten über die Endlösung zur Gewissheit wurden, die die freie Welt zum Handeln veranlasste. Parallel zu den Bemühungen, die alliierten Regierungen zu ihrer Erklärung vom 17. Dezember 1942 zu bewegen, wurden Anstrengungen unternommen, um den Vatikan zu einer öffentlichen Stellungnahme zu veranlassen.

Meine Kollegen vom Jüdischen Weltkongress in London, die in ständiger Verbindung mit der englischen Regierung und allen Regierungen, die in London Exil gesucht und gefunden hatten, standen, verstärkten ihre Bemühungen, um eine konzertierte und effiziente Aktion aller politischen, gesellschaftlichen und geistlichen Kräfte herbeizuführen.

Mehrere Regierungen versuchten daher, den Papst zu einer öffentlichen Erklärung zu bewegen. Die Initiative dazu ging von der polnischen Regierung in London aus, der sich andere Regierungen im Exil sowie diejenigen Englands, der Vereinigten Staaten von Amerika, Brasiliens und Uruguays anschlossen.
All diese Demarchen führten letztlich zu der Radioansprache von Papst Pius XII. zu Weihnachten 1942. Zum ersten Mal äußerte sich der Papst zu diesem Thema, ohne allerdings die Juden direkt zu erwähnen. Das Wort »Jude« kommt nicht ein einziges Mal vor. Dennoch sprach Pius XII. von »den Hunderttausenden von Personen [...], die ohne eigenes Verschulden und nur wegen ihrer Nationalität oder ihrer Herkunft zum Tode oder zum langsamen Dahinsiechen verurteilt sind«. In seiner Ansprache vor dem Heiligen Kollegium der Kardinäle am 2. Juni des folgenden Jahres wiederholte Papst Pius XII. Wort für Wort seine Weihnachtsbotschaft.
Die Kirche ist sehr stolz auf diese Botschaft, die in ihren Augen beweist, dass Papst Pius XII. im Gegensatz zu manchen Beschuldigungen nicht geschwiegen hat. Ich muss zugeben, dass auch mir die Erklärung des Papstes damals sehr wichtig schien. Denn es war das erste Mal, dass der Pontifex maximus persönlich auf das Massaker der Juden anspielte. Wenn man seine Rede jedoch aus dem zeitlichen Abstand liest, wirkt sie merkwürdig zaghaft.
Sehr schnell erhoben sich kritische Stimmen. Denn der Papst hatte nicht gesagt, was wirklich geschah: die Vernichtung eines ganzen Volkes. Der Papst war überrascht, als einige Diplomaten ihm vorhielten, seine Erklärung sei zu vorsichtig gewesen und als unbefriedigend angesehen worden. Unter anderem kritisierte man die Abwesenheit des Wortes »Nazi« in der Rede, die der Papst damit erklärte, dass er, wenn er von Gräueltaten spreche, die Nazis nicht nennen könne, ohne gleichzeitig auch die Bolschewiken zu nennen. Dieser Punkt wird ausdrücklich in dem Bericht erwähnt, den Harold Tittmann, der Assistent des persönlichen Vertreters Roosevelts beim Vatikan, von seinem Gespräch mit Pius XII. am 30. Dezember 1942 gab.
Unter diesen Reaktionen überraschen die bewegenden und nachdrücklichen Appelle, die der polnische Präsident im Exil Raczkiewicz, der eine eindeutige und energische Verurteilung der Naziverfolgungen wünschte, an den Papst richtete.

Bedeutsam ist auch, dass sich der Bischof von Berlin, Konrad von Preysing, einer der mutigsten Gegner des Naziregimes, am 17. Januar 1943 (also nach der im Rundfunk übertragenen Weihnachtsbotschaft) an den Papst wandte und ihn fragte, ob der Heilige Stuhl nicht etwas für die Juden in Deutschland und in den angrenzenden Ländern tun könnte, wobei er einen öffentlichen Appell zugunsten dieser Unglücklichen vorschlug. Das beweist, dass die Erklärung des Papstes damals in Berlin noch nicht bekannt war. Drei Monate später schrieb Konrad von Preysing – diesmal unter Bezugnahme auf die Weihnachtsbotschaft des Papstes – erneut an den Heiligen Vater und fragte ihn, ob es nicht möglich wäre, »dass Euere Heiligkeit noch einmal versuchten, für die vielen Unglücklichen-Unschuldigen einzutreten«. »Es sei dies«, fügte er hinzu, »die letzte Hoffnung so vieler und die innige Bitte aller Gutdenkenden«.

In einem langen Brief vom 30. April antwortete Pius XII. dem Bischof von Berlin. Der Brief enthält einige bewegende Sätze über die Leiden der Juden; er lobt die Berliner Katholiken für ihre Haltung diesen gegenüber; und er äußert sich lobend über den Einsatz von Prälat Lichtenberg und gibt seiner tiefen Sympathie für den inhaftierten Kirchenmann Ausdruck. Der Papst spricht sehr offen über das »was Uns seit Jahr und Tag an Unmenschlichkeiten zu Ohren kommt, die ganz und gar außerhalb der ernsthaften Kriegsnotwendigkeiten liegen [und] nachgerade lähmend und schaudererregend [wirken]«. Diese sehr starken Worte waren niemals veröffentlicht oder öffentlich ausgesprochen worden. »Aber sicher ist«, fährt Pius XII. fort, »der ehrliche Wille der Päpste, in weittragenden und erschütternden Auseinandersetzungen unter den Mächten dieser Erde allen mit voller Unparteilichkeit zu begegnen, gleichzeitig aber auch die Belange der hl. Kirche sorgsam zu wahren, selten einer Belastungsprobe ausgesetzt gewesen, wie der Hl. Stuhl sie gegenwärtig zu bestehen hat.« Und der Papst fügt hinzu: »Hier liegt einer der Gründe, warum Wir selber Uns in Unseren Kundgebungen Beschränkung auferlegen.« Seine Motive treten deutlich zutage: das allgemeine Interesse der Kirche und die Furcht vor Repressalien und allen möglichen Druckmitteln.

Gewiss, der Heilige Stuhl hatte sich nie zuvor auf so menschliche Weise über die Situation der vom Untergang bedrohten Juden geäußert. Er hat sogar »den an Ort und Stelle tätigen Oberhirten« – der Papst sagt dies ausdrücklich – »überlassen [...] abzuwägen, ob und bis zu welchem Grade die Gefahr von Vergeltungsmaßnahmen und Druckmitteln im Falle bischöflicher Kundgebungen sowie andere vielleicht durch die Länge und Psychologie des Krieges verursachten Umstände es ratsam erscheinen lassen, trotz der angeführten Beweggründe, ad maiora mala vitanda Zurückhaltung zu üben.« Der Vatikan wollte sich nicht der geringsten Gefahr aussetzen, indem er selbst öffentlich klare Positionen der Ermutigung und Unterstützung der Opfer bezog. Der Vatikan vertrat die Meinung, wenn er seine Stimme erheben würde, würden die Dinge nur noch schlimmer. Für mich war ein solches Verhalten falsch. Wir wissen, dass der Vatikan diese Haltung äußerster Vorsicht beibehalten hat und dass manche Sprecher Roms sie noch heute vertreten. Wir sind jedoch überzeugt, dass eine offene und eindeutige Verurteilung von Seiten des Papstes eine große Zahl von Katholiken motiviert hätte, den Opfern zu helfen und sie zu beschützen und so dazu beizutragen, viele von ihnen zu retten. Vielleicht tatsächlich um den Preis von Vergeltungsmaßnahmen, aber für ein insgesamt positives Ergebnis.

Nur ein einziges Mal bezog der Heilige Stuhl während des Zweiten Weltkriegs energisch Position für die Juden, nämlich während der Aktion zur Rettung der ungarischen Juden im Sommer 1944. Der Papst intervenierte persönlich am 25. Juni 1944 mit einem Telegramm beim Reichsverweser Horthy und erhielt am 2. Juli eine Antwort. Fünf Tage später unternahm Präsident Roosevelt eine ähnliche Demarche, wie es kurz vorher bereits der schwedische König getan hatte. Erwähnt sei auch die energische Aktion des apostolischen Nuntius in Budapest, Monsignore Angelo Rotta. Auch die ungarische Bischofskonferenz protestierte, in dieser Haltung bestärkt durch die Geste des Pontifex maximus.

Während des ganzen Sommers und Herbstes dieses Jahres richteten meine Kollegen des Jüdischen Weltkongresses in London und New York eine Reihe dramatischer Appelle an den Papst. Es gab damals sowohl in London als auch in New York ständige Kontakte zwischen dem Jüdischen Weltkongress und den apostolischen Delegierten. Diese überbrachten den Führern des Kongresses die manchmal sehr bewegenden Antworten von Kardinal Maglione und Monsignore Tardini, die ebenfalls über die vor Ort ergriffenen Initiativen und über die Berichte von

Monsignore Rotta, dem Nuntius in Budapest, informierten. Diese energische Aktion der Kirche in Ungarn hat zweifellos zahlreichen Juden das Leben gerettet. In Band X der vom Vatikan für diese Periode veröffentlichten »Dokumente« beziehen sich vierundzwanzig Mitteilungen auf den Jüdischen Weltkongress.

Generell hing die Wirksamkeit des Vatikans von den Positionen und der Energie der Vertreter vor Ort ab. Der Nuntius in Bukarest, Monsignore Andrea Cassulo, und derjenige von Bratislava, Monsignore Giuseppe Burzio, haben zahlreiche Demarchen unternommen.

Orsenigo, der Nuntius in Berlin, der eine zentrale Stellung innehatte, reagierte dagegen kaum. Er hatte mit Sicherheit Angst. Die Nazis bedrohten ihn vermutlich; und man hat ihm wohl auch gesagt, dass seine Interventionen nichts ausrichten würden.

In Vichy vertrat der Nuntius Valerio Valeri eine nuancierte Position. Als seine Regierung das »Judenstatut« bekannt gab, wurde Léon Bérard, der Botschafter Vichys beim Heiligen Stuhl, beauftragt herauszufinden, welche Haltung der Vatikan zu den antijüdischen Gesetzen habe. Bérard antwortete, der Vatikan werde mit Ausnahme der Fragen, die sich auf Mischehen und konvertierte Juden bezogen, keine Einwände erheben. Später äußerte Monsignore Valeri, der die antijüdischen Gesetze zu missbilligen schien, öffentlich Vorbehalte. Aber der Vatikan hat nie zu ihnen Stellung genommen.

Das muss uns nicht überraschen, wenn man bedenkt, dass die gesamte antijüdische Gesetzgebung Nazideutschlands seit 1933 und diejenige, die in allen besetzten Ländern folgte, nie einen offenen Protest des Vatikans ausgelöst haben.

Wie ich bereits erwähnt habe, unterschied sich die Situation von Land zu Land nach den jeweiligen Umständen und Persönlichkeiten vor Ort. Das gilt auch für die Nationalkirchen, ihre Bischöfe, ihre Priester, ihre Ordensgeistlichen und ihre Gläubigen. In Frankreich begnügte sich Kardinal Suhard, ein treuer Ergebener der Vichy-Regierung, damit, Marschall Pétain ein nicht veröffentlichtes Protestschreiben des französischen Episkopats gegen die harten Bedingungen der Massenverhaftungen von 1942 zu übergeben. In diesem Zusammenhang war die Haltung von Kardinal Gerlier, dem Primas Frankreichs, natürlich sehr wichtig. Anfangs sehr vorsichtig, verhielt sich dieser loyale Bewunderer Pétains zunächst abwartend. Mit der Zeit rückte er jedoch von die-

ser Position ab. In den letzten Phasen des Kriegs setzte er sich sogar öffentlich und mutig für die verfolgten Juden ein.
Es gab in Frankreich aber auch andere wunderbare Beispiele für Mut und Charakterstärke wie Kardinal Saliège, den Erzbischof von Toulouse, der als Zeichen seines Protests zum Bahnhof ging, als die Juden seiner Stadt in den Zug steigen mussten, mit dem sie deportiert wurden, und der in allen Kirchen seiner Diözese einen bemerkenswerten Hirtenbrief verlesen ließ. Zu nennen ist auch Monsignore Théas, der Bischof von Montauban, der eine ganz ähnliche Haltung an den Tag legte.
Man kann sich zu Recht die Frage stellen, was geschehen wäre, wenn der Bischof von Rom (oder einer seiner Stellvertreter) ebenso gehandelt hätte, als die Juden der Ewigen Stadt deportiert wurden.
Besonders erwähnen möchte ich die Aktion von Kardinal Boetto, dem Erzbischof von Genua, der – allen Hindernissen zum Trotz, die der Rettung der jüdischen Flüchtlinge in den Weg gelegt wurden – die Aktivitäten der »Delasem«, der Delegation zur Unterstützung der jüdischen Emigranten in Italien, in die Hand nahm. Kardinal Boetto beauftragte einen Priester seiner Diözese, die Verteilung der Gelder an die Bedürftigen fortzusetzen; es gelang ihm sogar, über den Vatikan Gelder aus den Vereinigten Staaten zu bekommen, um diese Hilfe fortsetzen zu können.
Man muss auch dankbar anerkennen, dass es in Italien viele Priester, Klostervorsteher und Laien gegeben hat, die den Juden halfen und so dazu beitrugen, ihnen das Leben zu retten. In den meisten Fällen handelte es sich um italienische Männer und Frauen, die in einer jahrhundertealten Tradition der Menschlichkeit groß geworden waren.
Ich möchte auch an die mutige Haltung des holländischen Episkopats während der Deportation der niederländischen Juden und vor allem an das beispielhafte Verhalten unzähliger Priester und Ordensgeistlicher in Holland, Polen, Frankreich, Belgien und Italien erinnern, die, häufig unter Lebensgefahr, jeder für sich versucht haben, den Juden zu helfen und sie zu retten. Ich muss hinzufügen, dass dies nicht auf Befehl des Vatikans geschah. Die Christen, in ihrem Glauben getroffen, der die Achtung des menschlichen Lebens gebietet, handelten ganz spontan. Diese Menschen, Laien und Geistliche, hatten eine richtige Auffassung ihres Christentums. Viele von ihnen sind übrigens in der Allee der Ge-

rechten in der Gedenkstätte Yad Vashem in Jerusalem geehrt worden. Erwähnt werden muss auch die verständnisvolle Haltung und die tätige Sympathie von Monsignore Roncalli, dem apostolischen Nuntius in Sofia und später in Ankara und zukünftigen Papst Johannes XXIII., der in ständiger Verbindung mit den Vertretern der jüdischen Organisationen in Istanbul stand und sich unablässig bemühte, den Opfern des Nazismus zu helfen.

Die Katholiken der alliierten Länder beziehen Stellung

Man darf auch nicht vergessen, dass die Katholiken in den alliierten Ländern eine sehr eindeutige Haltung vertraten. Nehmen wir etwa das Beispiel des englischen Kardinals Hinsley, der in einer ganzen Reihe bewegender Reden und Erklärungen Stellung bezogen hatte. Auf einer der Kundgebungen im Madison Square Garden in New York traf während einer der Massendemonstrationen gegen Hitlers Judenpolitik eine Botschaft von Hinsley ein, der schwer krank war. Mehr als 25 000 Menschen erhoben sich und beteten für seine Gesundheit. Das war eines der bewegendsten Ereignisse in dieser Zeit. Und wir könnten weitere ähnliche Beispiele nennen.
Aber es gibt auch die Kehrseite der Medaille. So bleibt unverständlich, dass die katholische Kirche in Deutschland niemals öffentlich weder die ersten antijüdischen Gesetze von 1933 und die Nürnberger Gesetze von 1935 noch das Pogrom von 1938 und die Deportationen sowie die Vernichtungspolitik während der tragischen Kriegsjahre verurteilt hat. Ermutigt durch den Erfolg ihrer öffentlichen Aktion gegen die Euthanasie, die an den Geisteskranken und den unheilbar Kranken durchgeführt wurde, bereiteten die deutschen Bischöfe im Herbst 1941 zwar eine ähnliche Aktion vor, um die Menschenrechte generell, die persönliche Freiheit und das Recht auf Leben in einem Hirtenbrief zu verteidigen, aber dieser Plan scheiterte am entschiedenen Widerstand von Kardinal Bertram, dem Präsidenten der Deutschen Bischofskonferenz. Muss man sich daher wundern, dass Kardinal Bertram im Mai 1945, drei Tage nach Hitlers Selbstmord und fünf Tage vor Kriegsende, allen Pfarrgemeinden seiner Erzdiözese die Anweisung gab, ein feierliches *Requiem* zum Gedenken an den Führer zu zelebrieren? Es ist nicht

bekannt, ob diese Anweisung ausgeführt wurde. Zu jenem Zeitpunkt gehorchten vermutlich die meisten seiner Kollegen Bertram schon nicht mehr. Bertrams Text, den er in einem Schloss in Schlesien, in dem er Zuflucht gesucht hatte, geschrieben hatte, ist das eindringlichste Zeugnis für den Geist, der damals in der katholischen Kirche Deutschlands, symbolisiert durch den Mann, der sie während der gesamten Nazizeit leitete, herrschte.

Fügen wir hinzu, dass es dreißig Jahre gedauert hat, bis die deutsche Bischofskonferenz in einer öffentlichen Erklärung die Verfehlungen ihrer Mitglieder unter dem Naziregime zugab.

Der Vatikan versteht nicht ...

Ich glaube, dass der Vatikan generell enorm lange gebraucht hat, um wirklich zu begreifen, was da geschah. In den ersten Jahren des Krieges kümmerten sich die Verantwortlichen, die für diese Probleme zuständig waren, ausschließlich um die konvertierten Juden. Die Aktivität des Raphaelsvereins, der speziell für die Angelegenheiten der Katholiken jüdischer Abstammung gegründet worden war, nimmt viel Raum in der vom Vatikan veröffentlichten Dokumentation ein.

Der Erste, der den außerordentlichen Ernst der Situation begriff, war vermutlich Monsignore Tardini. Nach dem Tod des Staatssekretärs Monsignore Maglione spaltete Papst Pius XII. das Amt in zwei Ämter auf. Zu seinen beiden Assistenten oder Stellvertretern bestimmte er die Kardinäle Montini und Tardini. Monsignore Montini wurde später Papst Paul VI. Manchen Zeugnissen zufolge begann Monsignore Tardini das unglaubliche Ausmaß der Katastrophe ab Frühjahr 1943 wirklich zu begreifen. Doch die hohen Würdenträger der katholischen Kirche sahen die Tragödie der Juden nicht als ein vorrangiges Problem an.

Die traditionelle Theologie der Kirche in Bezug auf die Juden und das Judentum kommt dieser Haltung sicher entgegen. Gewiss, der Nazismus ist eine heidnische Verirrung. In seinem Wesen war er ebenso antichristlich wie antijüdisch. Doch ohne den Hintergrund der jahrhundertealten kirchlichen Lehre der Judenverachtung wäre der Nazismus niemals in der Lage gewesen, sein antijüdisches Programm in die Praxis umzusetzen.

Die rassistischen Antisemiten haben trotz ihres Gegensatzes zum traditionellen Christentum viel von ihm gelernt. Sie haben viele antijüdische Vorstellungen, die die Kirche über die Jahrhunderte entwickelt hat, übernommen. Auf diese Weise vermochten sie eine systematische Ideologie mit ihrer eigenen Logik zu schaffen, indem sie die traditionellen Formen der religiösen antijüdischen Haltung verwandelten und ihren Bedürfnissen anpassten. Zwei Tatsachen zeigen ganz besonders, dass die Tragödie des Judentums für den Heiligen Stuhl kein vorrangiges Problem war.

1945, bei Kriegsende, reiste Léon Kubowitzki (Kubovy), der Generalsekretär des Jüdischen Weltkongresses, nach Rom, wo er Gespräche mit Monsignore Montini und Papst Pius XII. führte. Kubowitzki schlug dem Papst vor, eine Enzyklika zur Judenfrage zu veröffentlichen. Er war der Meinung, dass die Kirche nach der beispiellosen Tragödie, die uns getroffen hatte, eine feierliche Erklärung zu ihrer Haltung den Juden gegenüber abgeben sollte. Seine Demarche wurde von einigen hervorragenden Theologen vorbereitet und unterstützt, unter ihnen Jacques Maritain und Pater Journet, der Kardinal werden sollte, und Pater de Menasce. Trotz dieser gewichtigen Unterstützung blieb der Vorschlag ohne Antwort.

Wenn es einen Zeitpunkt gibt, zu dem das Oberhaupt der katholischen Kirche hätte beweisen müssen, dass er das ganze Ausmaß der Tragödie begriffen hatte, dann damals. Aber anscheinend war die Zeit noch nicht reif. Es mussten noch zwanzig Jahre vergehen, bis sich die Kirche eindeutig äußerte. Erst 1965, auf dem Zweiten Vatikanischen Konzil, ergriff die katholische Kirche auf Betreiben von Papst Johannes XXIII. die Gelegenheit, einen Text zu veröffentlichen, die berühmte Erklärung *Nostra aetate*, die in ihrem vierten Kapitel ihre Beziehungen zu den Juden behandelt.

Eine zweite Tatsache, die mich in der Überzeugung bestärkt hat, dass die katholische Kirche nicht begriffen hatte, was geschehen war, und diesem Problem keinerlei Priorität eingeräumt hatte, ist das Gespräch, dass ich mit Monsignore Montini im November 1945 führte. Ich war damals in Rom, wo der erste Kongress der 25 000 jüdischen Displaced Persons, die nach Italien geflohen waren, stattfand. Ich überbrachte dem Kongress die Grüße des Jüdischen Weltkongresses. Der Kongress wurde ausschließlich von Litauern geleitet.

Kubowitzki hatte mich gebeten, mich bei dieser Gelegenheit mit Monsignore Montini zu treffen und ihn zu bitten, uns zu helfen, die von Katholiken geretteten jüdischen Kinder wiederzufinden. Der Präsident der Union der Israelitischen Gemeinden Italiens, unser Freund Raffaele Cantoni, begleitete mich bei dieser diplomatischen Aufgabe.
Wir machten uns sehr große Sorgen um diese Kinder. Wir waren verzweifelt über die enormen Verluste jüdischer Kinder während der Shoah. Wie hielten es für eine heilige Pflicht, nach den Kindern zu forschen, die versteckt worden waren.
Es war eine der dramatischsten und unglücklichsten Demarchen, die ich in meinem Leben unternommen habe. Als ich dem Substitut unsere Bitte um Hilfe präsentierte, sagte ich zu ihm: »Wir, das jüdische Volk, haben eineinhalb Millionen Kinder verloren. Wir können uns nicht leisten, auch nur ein weiteres zu verlieren. Wir sind den katholischen Einrichtungen und Gläubigen sehr dankbar für das, was sie getan haben, um jüdische Kinder zu retten und ihnen das Überleben zu ermöglichen. Aber wir sind der Meinung, dass man sie uns jetzt, da die Gefahr vorüber ist, zurückgeben muss. Da wir nicht wissen, wo sie sich befinden, bitten wir Sie, dass Sie uns helfen, sie wiederzufinden.«
Zunächst hatten wir eine für mich schwer erträgliche zwanzigminütige Diskussion über meine Behauptung, wir hätten eineinhalb Millionen Kinder verloren. Montini war keineswegs von der Richtigkeit dieser Behauptung überzeugt. Er hielt sie für außerordentlich übertrieben. Ich hatte mich darauf vorbereitet, ihm diese Zahl zu erklären. In Polen wurden vor dem Krieg jährlich ungefähr 60 000 Kinder geboren. Das lässt sich durch Statistiken beweisen. Multipliziert mit 16 ergibt das 960 000 Kinder bis zum Alter von sechzehn Jahren. Allein in Polen hätten wir also bei Kriegsende ungefähr eine Million Kinder finden müssen. Und wie viele haben wir gefunden? Alles in allem 3648.
Nehmen wir einen anderen Fall, Ungarn und die Gebiete, die Hitler Ungarn eingegliedert hat. Vor der Katastrophe zählte man dort etwa 800 000 Juden. Den Statistiken zufolge gab es ungefähr 400 000 in den Provinzen. Nach der Zahl der Geburten hätte das ungefähr 100 000 Kinder ergeben müssen. Und wie viele haben wir in der gesamten ungarischen Provinz gefunden? Ganze 8. Und so weiter.
Nachdem Monsignore Montini mich angehört hatte, antwortete er mir: »Das ist nicht möglich; sie sind wahrscheinlich ausgewandert.« Ich ant-

wortete: »Wo hätten sie den hingehen sollen und wie? In ganz Europa war die Auswanderung verboten. Wo hätten sie hingehen sollen? Nach Rumänien, über die Berge, zwei- oder dreihundert vielleicht? Allerhöchstens tausend.«

Zwanzig Minuten kämpfte ich also mit Monsignore Montini, und schließlich stellte ich fest, dass er verunsichert war. Ich glaube, dass er erst in diesem Augenblick das Ausmaß unserer Katastrophe begriff: dass sechs Millionen Juden ermordet worden waren und dass dies den Verlust von eineinhalb Millionen Kindern bedeutete. Ich erinnere mich, dass er sehr beeindruckt wirkte. Das bedeutete aber nicht, dass er bereit war, uns zu helfen. Im Kern sagte er zu mir: »Sagen Sie mir, wo sich die Kinder befinden, und ich werde Ihnen helfen, sie wiederzubekommen.« Ich antwortete in etwa: »Wenn ich es wüsste, müsste ich mich nicht an Sie wenden.«

Was bedeutete das? Ich ziehe Monsignore Montinis Aufrichtigkeit nicht in Zweifel. Aber seine Reaktion zeigte, dass weder er noch die hohe Bürokratie der katholischen Kirche während des gesamten Krieges begriffen hatten, was geschehen war. Selbst nach dem Krieg hielt diese Ahnungslosigkeit bezüglich des Ausmaßes der Tragödie an. Das ist eine Feststellung.

Die evangelischen Kirchen

Was die evangelischen Kirchen betrifft, so stand ich seit 1939 in Verbindung mit dem Weltkirchenrat. Damals war er noch in seiner Gründungsphase. Sein Generalsekretariat befand sich in Genf. Der Rat hatte Mitglieder und korrespondierende Mitglieder in verschiedenen Ländern überall in der Welt. Seine Exekutive hatte ihren Sitz an drei Orten, in England, in der Schweiz und in den Vereinigten Staaten.

Sein Generalsekretär, Pastor Willem A. Visser't Hooft, lebte in Genf. Er war ein holländischer calvinistischer Pastor, den seine Aufgabe sehr motivierte. Seine Rolle im Weltkirchenrat war enorm wichtig. Und er war tatsächlich die Seele der Bewegung. Gleichzeitig war er der Verbindungsmann zwischen dem Widerstand in Holland und der niederländischen Regierung im Exil in London. Zahlreiche Botschaften aller Art liefen über ihn. Er engagierte sich sehr stark im Untergrund.

Ich stand in regelmäßiger Verbindung mit ihm und einem seiner Assistenten, Pastor Adolf Freudenberg. Dieser war Deutscher und war früher Beamter im Auswärtigen Amt gewesen. Da er mit einer Frau jüdischer Abstammung verheiratet war, hatte er seinen Posten 1935 aufgegeben, bevor er entlassen wurde. Damals hatte er beschlossen, Pastor zu werden. Er studierte Theologie und wurde ziemlich rasch ein wichtiges Mitglied der deutschen Bekennenden Kirche, die die evangelische Opposition gegen die Rolle, die die Nazis den Kirchen zudachte, sammelte. Gott und nicht dem Staat zu gehorchen lautete ihr Grundprinzip.

Am Vorabend des Kriegs, fast im letzten Augenblick, als klar wurde, dass er nicht mehr in seinem Land arbeiten konnte, schickte die deutsche Kirche Freudenberg ins Ausland. Bei Kriegsbeginn wurde er nach Genf versetzt, wo er die Abteilung für die protestantischen Flüchtlinge innerhalb des Weltkirchenrats leiten sollte.

Beide, Visser't Hooft und Freudenberg, haben in ihren Erinnerungen in bewegenden Worten unsere Beziehungen während des Kriegs geschildert. Visser't Hooft war sehr beeindruckt von der Qualität meiner Informationen über die Situation der Juden in allen europäischen Ländern. Nach dem Krieg sagte er, er selbst habe nicht viel mehr Erfolg als ich gehabt, die Welt von dem zu überzeugen, was da geschah.

Freudenberg beschreibt unsere Beziehungen ein wenig detaillierter. Unter anderem bemerkt er, dass er gern in mein Büro gekommen sei. Einerseits weil es viel angenehmer als sein eigenes gewesen sei. Ich hatte und habe immer noch ein sehr großes Büro. Andererseits spürte er, dass es in jener Zeit nicht angebracht war, von einem Juden in offizieller Position zu verlangen, dass er einen Deutschen besuchte.

Unsere recht enge Zusammenarbeit bestand vor allem in einem Austausch von Informationen. Er kam zu mir, um sich über die Situation der Juden in den verschiedenen Ländern zu informieren. Da ich über viele Informationen verfügte, benutzte er sie vor allem, um sie dort zu verbreiten, wo ich keinen Zugang hatte. Ich hielt es zuweilen für besser, wenn diese Informationen über den Weltkirchenrat weitergeleitet wurden. Er beteiligte sich auch finanziell an manchen Hilfsaktionen, die wir organisierten.

Auch der Weltkirchenrat ergriff eine Reihe wichtiger Initiativen. Eine unserer größten Sorgen war, authentische Informationen über die Si-

tuation in den besetzten Ländern zu bekommen und vertrauenswürdige Personen dorthin zu schicken, die uns objektiv berichten konnten. Ich muss mit meinen Freunden vom Weltkirchenrat darüber gesprochen haben, denn plötzlich schickte Visser't Hooft einen sehr bedeutungsvollen Brief an das Internationale Komitee vom Roten Kreuz, in dem er es bat, einen Beobachter des IKRK nach Polen zu schicken.
Ich möchte hier einige Sätze aus Visser't Hoofts Brief zitieren, den er am 29. Oktober 1941 an das IKRK schickte, Sätze, die sehr charakteristisch für seine Haltung sind:

> Die jüdischen Organisationen sind generell nicht mehr in der Lage, wirksame Schritte im Namen ihrer Glaubensbrüder zu unternehmen. Die Judenfrage berührt das Zentrum der christlichen Botschaft: Wenn die Kirche es versäumen würde, hier ihre warnende und schützende Stimme zu erheben und alles in ihrer Macht Stehende zu tun, um zu helfen, würde sie es an Gehorsam ihrem Gott gegenüber fehlen lassen. Es ist daher die Pflicht der christlichen Kirchen und insbesondere ihrer ökumenischen Vertreter, des provisorischen Weltkirchenrats, im Namen der Verfolgten zu intervenieren.

Diese Demarche wurde im Laufe des Jahres 1942 mehrmals wiederholt. In seinem letzten Schreiben (vom 3. Dezember) bat Visser't Hooft das IKRK um die Entsendung eines Beobachters nach Theresienstadt und nach Polen. Diese Bitte trug er mit einem neuen Argument vor: »Es gibt Gründe zu hoffen, dass derartige Schritte, selbst wenn sie das gewünschte Ziel nicht erreichen, gewisse Kreise in Deutschland ermutigen, energischer gegen die Massenhinrichtungen zu kämpfen.«
Visser't Hooft verriet später, dass mit den »gewissen Kreisen« die Mitglieder des Kreisauer Kreises (einer bedeutenden deutschen Oppositionsbewegung) sowie Dietrich Bonhoeffer und seine Freunde, mit denen der Weltkirchenrat in Verbindung stand, gemeint waren.
Der Weltkirchenrat war in seinen Beziehungen zur Schweizer Regierung sehr effizient. Ich benutzte seine Kontakte unter anderem, um der Bundesregierung praktisch alle Berichte zukommen zu lassen, die ich hatte. Einer der Führer des Weltkirchenrats, der an der Spitze des Schweizer Bundes der Protestantischen Kirchen stand, war Pastor Alphons Koechlin. Er war ein enger Mitarbeiter von Visser't Hooft und Mitglied des kleinen Komitees des Weltkirchenrats. Er intervenierte mehrfach beim Schweizer Justizminister von Steiger. Ganz besonders

setzte er sich für die Aufnahme der jüdischen Flüchtlinge ein, als die Grenzen im Sommer 1942 geschlossen wurden, und informierte von Steiger über die Berichte über die Endlösung, die ich ihnen zur Verfügung gestellt hatte. Ich könnte noch eine Reihe weiterer Fälle nennen, in denen die Führer des Weltkirchenrats sehr nützlich und effizient waren.

Ich unterhielt auch enge und ebenfalls fruchtbare Verbindungen zu Pastor Henri-Louis Henriod, der das Büro der Protestantischen Flüchtlingshilfe in der französischen Schweiz leitete. Henriod hatte den Grad eines Oberst in der Schweizer Armee und war eine der herausragenden Gestalten der ökumenischen Bewegung. Er kümmerte sich darum, meine Berichte an die höchsten Schweizer Militärs weiterzuleiten. Das war sehr wichtig, wenn man bedenkt, welche Rolle die Armee damals im Land spielte.

Visser't Hooft und ich haben sogar eine gemeinsame politische Demarche unternommen. Das ist vielleicht ein einzigartiger Fall in der Geschichte der jüdisch-christlichen Beziehungen. Am 18. März 1943 überreichten wir den Regierungen Großbritanniens und der Vereinigten Staaten ein Memorandum, das eine Reihe von Vorschlägen für die Rettung der europäischen Juden enthielt. Dieses Memorandum, das im Namen des Weltkirchenrats und des Jüdischen Weltkongresses verfasst worden war, wurde auch dem Vatikan und dem Zwischenstaatlichen Flüchtlingskomitee in London zugeleitet.

Später wurde Visser't Hooft wegen dieser Demarche angegriffen. Ihm wurde insbesondere vorgeworfen, er sei in die Falle gefährlicher Zionisten getappt. Andere fügten hinzu, er habe niemals nur zugunsten der Juden intervenieren dürfen. Diese Vorwürfe spiegelten die Bedeutung und die Neuartigkeit dieser Intervention wider und warfen auch ein bezeichnendes Licht auf die Tatsache, dass diese Kritiker sich nicht von alten Vorurteilen zu lösen vermochten und das Ausmaß der Katastrophe nicht im mindesten begriffen hatten. Pastor Visser't Hooft verteidigte jedoch überzeugend seine Aktion. Und ich glaube, dass der Weltkirchenrat heute sehr stolz darauf ist, sich in diesen schwierigen Zeiten für die Juden eingesetzt zu haben. Man kann bedauern, dass nicht mehr erreicht wurde. Durch sein Handeln, durch seinen Willen zu handeln war er jedoch eine sehr große Hilfe für uns.

Diese fruchtbare Zusammenarbeit hat den ganze Krieg über angedauert. Manchmal waren wir fast täglich in Kontakt. Während der Tragödie der ungarischen Juden im Sommer 1944 war unser Kontakt am engsten.

Die Ökumenische Flüchtlingskommission protestierte öffentlich gegen die Deportation von 400 000 ungarischen Juden nach Auschwitz. Ein ähnlicher Appell wurde von Visser't Hooft, Karl Barth, Emil Brunner und vielen anderen Führern der reformierten Kirche unterzeichnet. Auf meinen Vorschlag hin wandte sich der Bischof von Canterbury ein weiteres Mal an den britischen Premierminister und ermahnte – über die BBC – das ungarische Volk, alles in seiner Macht Stehende zu tun, um die bedrohten Juden zu retten, auch wenn sie dabei ihr Leben aufs Spiel setzen müssten.

Ich möchte auch erwähnen, dass es uns gelang, eine Zusammenarbeit zwischen den Kirchen Englands und dem Jüdischen Weltkongress in London zu erreichen. Wir schickten gemeinsam und jeder für sich Telegramme nach London. Die Kirchen mobilisierten vor allem Dr. Bell, den Bischof von Chichester, der sich besonders um die Flüchtlingsprobleme kümmerte. Lord Temple, der Erzbischof von Canterbury, war ebenfalls sehr aktiv. Vor allem intervenierte er mehrmals sehr energisch im House of Lords. Der Erzbischof und andere Würdenträger der anglikanischen Kirche drängten Churchill und die britische Regierung, sich für die Juden einzusetzen.

Lord Temple tat dies besonders energisch ab 1942, in der wichtigsten Periode. Hier ein Beispiel aus einer Rede, die er am 23. März 1943 vor dem House of Lords hielt:

> Wir sind mit einem Bösen konfrontiert, dessen Größe und Grauen sich mit Worten nicht beschreiben lässt. [...]
> Diese Wut hat sich auf die Juden konzentriert. Wir sollten dem, was sich da vollzieht, unser ganz besonderes Augenmerk schenken. [...] Hitler hat erklärt, dass dieser Krieg entweder zur Ausrottung des jüdischen Volks oder des deutschen Volks führen muss und dass es nicht die Deutschen sein sollten. Er setzt diese Drohung jetzt in die Tat um, und wir können ohne Zweifel sehr wenig tun, um ihn zu stoppen. [...]
> Meine ganze Bitte besteht darin, dass, was immer wir auch unternehmen, mag es viel oder wenig sein, immer alles in unserer Macht Stehende sein sollte. Wogegen ich mich vor allem anderen scharf wende, ist jede Art von Zögern und Aufschieben.

Unsere Regierung brauchte geschlagene fünf Wochen seit dem 17. Dezember 1942, um sich an die Vereinigten Staaten zu wenden, und die Vereinigten Staaten brauchten weitere sechs Wochen, um zu antworten, und sie schlugen ein Treffen für vorbereitende Sondierungen vor. Die Juden werden täglich zu Zehntausenden abgeschlachtet, aber man schlägt vorbereitende Sondierungen vor. [...]

Wir tragen in diesem Augenblick eine enorme Verantwortung. Wir sitzen auf der Anklagebank der Geschichte, der Menschheit, Gottes.

Ich habe mich niemals so verlassen, ohnmächtig und einsam gefühlt wie in dem Augenblick, da ich der freien Welt die Nachrichten über die Katastrophe und die Gräuel schickte, die mir niemand glaubte, und von den Alliierten Reaktionen und Hilfe erwartete. Wir wissen, dass verglichen mit der Ungeheuerlichkeit der Shoah letztlich nur wenig unternommen worden ist.

Während dieser schrecklichen Tage und Monate waren das menschliche Verständnis, die Freundschaft und die hilfreiche Hand einiger meiner christlichen Freunde der einzige Lichtblick in der Finsternis, in der wir versunken waren. Ich bewahre sie in meinem Gedächtnis mit unendlicher Dankbarkeit.

Unsere Beziehungen zum Internationalen Komitee vom Roten Kreuz

Den Krieg humaner machen

Das Internationale Komitee vom Roten Kreuz ist eine Einrichtung Schweizer Rechts. Man darf das Internationale Komitee nicht mit der Liga der Rot-Kreuz-Gesellschaften und des Roten Halbmonds verwechseln, in der die nationalen Gesellschaften des Roten Kreuzes und des Roten Halbmonds zusammengeschlossen sind.
Die Aufgaben und Kompetenzbereiche des Internationalen Komitees vom Roten Kreuz sind von den internationalen Abkommen definiert und anerkannt worden, die die Kriegsführung regeln. Die Bewegung begann 1859 mit der Schlacht von Solferino, in der sein Gründer Henri Dunant das Leid der Soldaten und der Verletzten auf dem Schlachtfeld sah. Damals erkannte er die Notwendigkeit, dieses Leid zu lindern und zu überlegen, wie man Menschlichkeit und Nächstenliebe inmitten der Feindseligkeiten zwischen den kriegführenden Mächten bewahren kann. Er wollte zum Beispiel, dass die Verletzten von den Sanitätern, die als Erste am Ort waren, ungeachtet ihrer Herkunft behandelt wurden.
Man sollte nicht vergessen, dass es sich selbst auf den Schlachtfeldern um Menschen handelte und dass man sich sogar in Zeiten des Krieges und bewaffneter Auseinandersetzungen an bestimmte Grundregeln der Menschlichkeit halten muss. Aus dieser ganz neuartigen Auffassung entstand die Bewegung des Roten Kreuzes, die sich seit dem letzten Viertel des 19. Jahrhunderts beträchtlich weiterentwickelt hat.
Diese Weiterentwicklung ist sowohl den großen internationalen Konferenzen über das Kriegsrecht allgemein als auch bescheideneren Konferenzen über spezifische Probleme zu verdanken. Sie haben eine gewisse Anzahl von Bestimmungen durchgesetzt, die für alle gelten. So etwa die Einschränkungen im Gebrauch oder das Verbot des Einsatzes bestimmter Waffen oder die Bestimmungen, die für die Behandlung und das Schicksal der Verletzten, der Kriegsgefangenen und aller Kriegsparteien gelten.

Für die Anwendung und Überwachung dieser Bestimmungen war es unerlässlich, ein zuständiges Organ zu schaffen, dass in der Lage ist, unbedingte Neutralität zu wahren. Und so kam es zur Gründung des Internationalen Komitees vom Roten Kreuz durch eine Gruppe Schweizer Bürger mit Sitz in Genf.

Erste Kontakte zwischen dem Jüdischen Weltkongress und dem Internationalen Komitee vom Roten Kreuz

Der Jüdische Weltkongress erkannte bereits zu Beginn des Zweiten Weltkriegs, wie wichtig die Rolle des Internationalen Komitees vom Roten Kreuz während der Feindseligkeiten sein würde. Deswegen nahmen wir sofort Kontakt mit dieser Institution auf, um eine ständige Verbindung herzustellen.

Das war übrigens keineswegs der erste Kontakt mit dem IKRK. Ich erinnere mich, dass wir im ersten Jahr meiner Tätigkeit beim Jüdischen Weltkongress mit ziemlich ernsten Problemen während des Spanischen Bürgerkriegs konfrontiert waren. Wir erhielten Berichte über die äußerst schwierige Lage etlicher Juden meist deutscher Abstammung. Einerseits betrachteten die Leute der spanischen Volksfront, die Spanien legal regierten, sie als Deutsche, also als potentielle Feinde; andererseits behandelten die Armeen Frankos, die von Deutschland unterstützt wurden, sie, meist zu Recht, als Nazigegner, das heißt als Personen, denen sie nicht vertrauen konnten.

Damals wandte ich mich zum ersten Mal an Carl Jacob Burckhardt, der bereits ein aktives Mitglied des Internationalen Komitees war. Ich bat darum, dass das IKRK sich um diese Frage kümmern und mäßigend auf die beiden kriegführenden Länder einwirken solle. Die Dokumente in unserem Archiv beweisen, dass Burckhardt in diesem Sinne bei seinen Kollegen vom IKRK intervenierte.

Wir kannten das Komitee also. Bereits zu Kriegsbeginn informierten wir es, dass wir ein Sonderkomitee gegründet hätten, das sich um die vom Krieg betroffenen jüdischen Bevölkerungsgruppen kümmern sollte. Uns war daran gelegen, den Apparat und die Strukturen des Internationalen Komitees zu benutzen, um so vielen jüdischen Bevölkerungsgruppen wie möglich helfen und sie beschützen zu können.

Zunächst ging es darum, die Soldaten zu beschützen, die in den Armeen mobilisiert waren. Wir mussten uns vor allem vergewissern, dass auf die verletzten oder gefangen genommenen Soldaten jüdischer Abstammung dieselben internationalen humanitären Bestimmungen wie auf alle anderen angewandt und dass sie strikt eingehalten wurden.
Besondere Bedeutung kam auch einer Zusammenarbeit hinsichtlich der Informationsbeschaffung zu. Eine sichere und kontrollierte Information war für uns äußerst wichtig. Denn wie sollten wir ohne Kenntnis dessen, was vor Ort geschah, Pläne für eine wirksame Unterstützung ausarbeiten?
In den ersten Kriegsmonaten konnten wir noch ein paar Schritte in diese Richtung unternehmen. So wurde unser Kollege Dr. Samuel Scheps, der Leiter des Palästinaamtes in Genf, im Oktober 1939 beauftragt, nach Deutschland zu reisen, um uns aus erster Hand über die Situation zu informieren. Ich erinnere mich noch an den hochinteressanten Bericht, den er uns bei seiner Rückkehr gab. Dieser Erkundungsreise folgten mehrere andere. Scheps war Schweizer. Damals war es noch möglich, wenn auch nicht ohne Risiko, mit einem Schweizer Pass nach Deutschland zu reisen.
Aber es wurde immer schwieriger. Ein paar Monate später wandten wir uns an zwei nichtjüdische Schweizer Persönlichkeiten, um sie zu bitten, nach Polen zu reisen, sich ein Bild von der Situation der polnischen Juden unter der Besetzung zu machen und uns zu berichten.
Unsere Wahl war auf zwei Personen gefallen, die für das Rote Kreuz gearbeitet und daher eine gewisse Erfahrung auf diesem Gebiet hatten. Der eine war Sydney Brown, der während des Äthiopienkriegs auf humanitärem Gebiet sehr aktiv gewesen war. Der andere war Kurt Höppli aus der berühmten Familie norditalienischer Verleger und Buchhändler, aber Schweizer Herkunft. Sie reisten als Journalisten nach Polen. Ihr Bericht war außerordentlich nützlich für uns.
Mit der Zeit wurden derartige Initiativen unmöglich, weshalb wir uns an das Internationale Rote Kreuz wandten, um über diesen Kanal mehr über die tatsächliche Situation in den besetzten Ländern zu erfahren.
Das Ausmaß, das der Krieg gleich zu Beginn mit der Besetzung Polens durch die Nazitruppen annahm, zeigte uns, dass das wirkliche Problem, das uns während der gesamten Dauer der Feindseligkeiten beschäftigen sollte, die Zivilbevölkerung war. Für sie gab es jedoch leider

keine Bestimmungen, keine Abkommen. Das IKRK hatte zwar 1934 ein Sonderabkommen zum Schutz der Zivilbevölkerung in Kriegszeiten vorgeschlagen, das als »Tokio-Projekt« bekannt war; es ist jedoch niemals verabschiedet oder ratifiziert worden. Die Bestimmungen dieses geplanten Abkommens sind daher niemals in Kraft getreten.
Dennoch wurde bei Kriegsausbruch eine Sondervereinbarung getroffen. Dank der vom Roten Kreuz geführten Verhandlungen wurde zwischen den kriegführenden Ländern vereinbart, dass die ausländischen Zivilisten, die sich bei Kriegsbeginn in Feindesland befanden, nach den Bestimmungen des Tokio-Projekts behandelt werden sollten, so als gäbe es dieses Abkommen tatsächlich. Das bedeutete also eine Ausdehnung der humanitären Bestimmungen auf eine beschränkte Gruppe von Ausländern, die sich bei Kriegsausbruch in Feindesland befanden. Später wurde ihre Zahl auf ungefähr 40 000 bis 50 000 Personen geschätzt.

Einige bedeutende Führungspersönlichkeiten des Internationalen Komitees vom Roten Kreuz

Ich kannte viele Leute beim IKRK. Über die Jahre wechselten die Personen immer wieder. Auf allerhöchster Ebene stand ich vor allem mit Carl J. Burckhardt, dem intellektuellen politischen Kopf des Internationalen Komitees, und mit seinem Präsidenten Max Huber, der eine äußerst geachtete Persönlichkeit war, in Verbindung. Dieser, ein bedeutender Jurist, war jahrelang Präsident des Ständigen Internationalen Gerichtshofs in Den Haag gewesen. Lange Zeit war er auch der Rechtsberater der Schweizer Regierung in internationalen Angelegenheiten gewesen. Und er hatte viele Jahre den renommierten Lehrstuhl für internationales Recht an der Universität Zürich inne. Max Huber war unbestritten der geachtetste Fachmann für internationales Recht in der Schweiz.
Bei Kriegsausbruch war er bereits ein älterer Herr. Daher nahm er nicht an allen Sitzungen teil. Aber er prägte das Rote Kreuz durch seine sehr strenge juristische Haltung, durch die sehr bewusste Beachtung der Bestimmungen des internationalen Rechts und durch eine sehr große Vorsicht, die dazu führte, dass er sich allen außergewöhnlichen oder etwas gewagten Maßnahmen verschloss und in erster Linie darauf ach-

tete, dass das Komitee keinesfalls den strengen Rahmen der Bestimmungen überschritt. Diese Haltung stellte uns immer wieder vor enorme Probleme.

Carl J. Burckhardt war eine hochkultivierte Persönlichkeit, Diplomat, Schriftsteller und Historiker, mit einer starken künstlerischen Ader. Ich hatte ihn am Institut Universitaire de Hautes Études Internationales kennen gelernt.

In seiner Jugend in Wien hatte er sich mit dem bedeutenden Dichter und Dramatiker Hugo von Hofmannsthal befreundet. Burckhardt lud mich einmal zu sich ein, damit ich Hofmannsthals Witwe kennen lernte; von der Spiritualität ihres Mannes hatte nichts auf sie abgefärbt.

Burckhardt genoss einen hervorragenden Ruf in den deutschen Kreisen, sogar noch nach Hitlers Machtergreifung. Es wurde behauptet, sein Buch über Richelieu sei eines der Lieblingsbücher des Führers gewesen. Ich weiß nicht, ob das stimmt, aber es wurde erzählt. Wie viele Intellektuelle aus der deutschen Schweiz litt Burckhardt sehr darunter, dass unter der Nazidiktatur die gewohnten Verbindungen zu den Kollegen und Freunden in Deutschland abrissen.

1938 zum Hochkommissar des Völkerbunds für die Freie Stadt Danzig ernannt, war er damit beauftragt worden, die Deutschen zu besänftigen und einen *modus vivendi* mit allen wichtigen Elementen in dieser unruhigen Stadt zu finden. Das bedeutete einen Bruch mit der unverhüllt antinazistischen Haltung seines Vorgängers, des Iren Sean Lester. Unter diesen Umständen trafen wir uns als Vertreter des Jüdischen Weltkongresses mehrfach mit ihm. Und sehr schnell prallten unsere gegensätzlichen Positionen aufeinander. Denn wir vertraten eine sehr viel kämpferischere, aggressivere Position gegenüber den Rechtsverletzungen, die die Naziführer der Freien Stadt begingen. Wir konnten die Einführung der antisemitischen und diskriminierenden Nazigesetze in einer Stadt, die unter dem Schutz des Völkerbunds stand und die daher ein Modell für die ganze Welt sein sollte, nicht akzeptieren.

Darüber hinaus gab es im Roten Kreuz eine Anzahl weiterer Persönlichkeiten, die ich gut kannte und mit denen ich sehr häufig zu tun hatte. Ich kann sie hier nicht alle aufzählen. Dennoch möchte ich von zwei besonders sympathischen Frauen sprechen, die ich außerordentlich geschätzt habe.

Die eine war Suzanne Ferrière. Sie leitete das Büro für die Gefangenen, das heißt die Abteilung, die für alle Nachforschungen in den kriegführenden Ländern, den besetzten Ländern und den Kriegsgefangenenlagern zuständig war. Suzanne Ferrière war die Tochter eines Schweizer Arztes, der seinerseits eine sehr bekannte und geachtete Persönlichkeit war. Später wurde sie an die Spitze einer Wohlfahrtsorganisation berufen. Bis zu ihrem Tod ist sie eine sehr bemerkenswerte Frau gewesen, erfüllt von humanitären Idealen und stets bereit, sich für deren Verwirklichung einzusetzen.

Die zweite Dame, die mir in Erinnerung geblieben ist, ist Lucy Odier. Sie kam von einer Krankenschwesternschule und machte sich große Sorgen um die medizinische Behandlung der Leidenden. Sie war ein sehr wichtiges Mitlied des IKRK. Wie Suzanne Ferrière stammte Lucy Odier aus einer bedeutenden Genfer Familie. Praktisch bis 1933 waren alle Mitglieder des IKRK Genfer, Protestanten und, *ipso facto*, Mitglieder der sehr konservativen Nationaldemokratischen Partei. Selbst die Mitglieder der Schweizer Radikalen Partei gelangten nicht in die Führungspositionen des IKRK.

Es handelte sich anfangs also um einen sehr geschlossenen Kreis, ein gewisses bürgerliches, konservatives und staatstreues Milieu. Später, während des Krieges, erweiterte er sich. Sogar ein Mitglied der Sozialistischen Partei trat in das Komitee ein. In Wirklichkeit hatte der Wechsel sich bereits vorher abgezeichnet, als Max Huber, ein Deutschschweizer, an die Spitze des IKRK berufen wurde. Und Carl Burckhardt war ebenfalls Deutschschweizer.

Von Zeit zu Zeit traf ich mich auch mit Mitgliedern des Internationalen Komitees. Als Beispiel nenne ich den Schriftsteller Jacques Chenevière, den ich aufgrund der Umstände nicht als Freund unserer Sache betrachten konnte. Und da war auch Oberst Chapuisat von der Schweizer Armee, der seine militärische Erfahrung beisteuerte, oder Renée-Marguerite Frick-Cramer, die wie die bereits erwähnten Damen aus einer starken humanitären Tradition kam. Sie ermunterte den IKRK stark zu einer sehr liberalen Haltung.

Auf einer anderen Ebene gab es wichtige Persönlichkeiten, die zwar verantwortliche Stellungen in den Diensten des IKRK innehatten, aber nicht Mitglieder des Komitees waren. Hier möchte ich an erster Stelle Prinz Jean-Étienne de Schwarzenberg nennen. Er wurde vom Internationalen Komitee vom Roten Kreuz zum Leiter des Judenreferats, der

Sektion, die für die jüdischen Angelegenheiten zuständig war, ernannt. Dadurch war er beim IKRK diejenige Person, die für die Verhandlungen mit den Juden verantwortlich war.
Schwarzenberg stammte aus der berühmten österreichischen Familie dieses Namens. Wie viele Aristokraten hatte er mehrere Nationalitäten. Er war auch Schweizer. Dadurch konnte er im Internationalen Komitee sein. Seine Familie hatte große Besitzungen im Kanton Neuchâtel. Später wurde er Botschafter von Österreich in England und beim Vatikan.
Da er der Verantwortliche beim IKRK war, mit dem ich in Kontakt sein musste – und es waren häufige Kontakte –, kannte ich ihn recht gut. Ich erinnere mich an den Tag seiner Ernennung Mitte Dezember 1942. Er empfing mich ziemlich häufig und gab sich recht höflich. Zahlreiche Juden versuchten mit ihm als Einzelpersonen oder im Rahmen ihrer Organisation in Kontakt zu treten. Er sagte mir, er mache einen großen Unterschied zwischen dem Jüdischen Weltkongress und dem »Joint« und den anderen jüdischen Organisationen. Er war der Ansicht, Saly Mayer und ich seien »Dauerkunden«, und informierte uns regelmäßig über seine Kontakte und Aktivitäten.
Prinz de Schwarzenberg war viel jünger als die übrigen Verantwortlichen des IKRK, um die vierzig. Er war mittelgroß und sehr österreichisch in seinem Benehmen. Ich muss sagen, dass ich ihm gegenüber große Vorbehalte hatte. Ich glaube, er hätte sehr viel mehr tun können. Und ich glaube auch, dass seine Haltung von Zurückhaltung und Vorsicht geprägt war, über die wir uns hätten hinwegsetzen können und müssen.
Ich erinnere mich an den Tag, an dem er mich zum ersten Mal in seinem Büro empfing. Er wollte mir unbedingt eine große Zahl von Telegrammen zeigen, die er von allen Rot-Kreuz-Gesellschaften Lateinamerikas über das Verhalten der Deutschen den Juden gegenüber erhalten hatte. Diese Telegramme drängten das IKRK zu intervenieren. Nachdem er mir alles gezeigt hatte, lächelte ich innerlich. Er konnte nicht wissen, dass ich selbst für all diesen Druck verantwortlich war. Ich hatte Yaacov Hellmann, den Vertreter des Jüdischen Weltkongresses in Lateinamerika, gebeten, an die lateinamerikanischen Rot-Kreuz-Gesellschaften heranzutreten, um das IKRK zu einem wirksameren Eintreten für die verfolgten Juden zu bewegen.

Eine andere Persönlichkeit des IKRK, die ich sehr mochte, war Hans Bachmann, ein Assistent Burckhardts. Er machte später Karriere als Bürgermeister von Winterthur. Bachmann war noch ziemlich jung. Ich traf ihn sehr oft, immer wenn Burckhardt mich nicht selbst empfangen konnte. Ich glaube, Bachmann hatte viel Sympathie und Verständnis für uns.

Erwähnen möchte ich auch André de Pilar. Sein wirklicher Name war Ritter Piller von Pillersdorf. Er war ein baltischer Baron, der durch seine Zugehörigkeit zum internationalen europäischen Adel auch die Schweizer Staatsangehörigkeit hatte. Er zeigte sich unseren Problemen gegenüber als offen und reagierte mit Verständnis und Zuneigung. Er schien von einer gewissen jüdischen Spiritualität angezogen. Er kam aus Riga, der Hauptstadt Lettlands, die seinerzeit eine sehr gute und sehr große jüdische Gemeinde gehabt hatte. Er stand in persönlichem Kontakt zu einer Reihe führender Persönlichkeiten dieser Gemeinde. De Pilar arbeitete in der Gemischten Hilfskommission des Internationalen Roten Kreuzes, auf die ich noch eingehen werde. Bei einem unserer ersten Gespräche fragte er mich, ob wir einen Vertreter in Stockholm hätten. Wenn ja, wolle er ihn für unsere gemeinsamen Aktivitäten mobilisieren. Und als ich ihm sagte, unser Vertreter in Schweden sei Hillel Storch, antwortete er: »Er kommt aus Riga, ich kenne seine Familie.« Ich merkte sofort, dass er große Achtung vor der Familie Storch hatte. Er sagte: »Hillel Storch ist ganz anders als Sie; er ist ein Jude aus dem Volk, und Sie sind ein Intellektueller.« Das alles war hochinteressant und zeigte mir, dass er die Situation verstand.

Ich muss sagen, dass ich ihm sehr, dass ich ihm zutiefst dankbar bin. Immer wenn das deutsche Rote Kreuz beispielsweise eine Delegation nach Genf schickte, was von Zeit zu Zeit vorkam, rief er mich an, um mir zu erzählen, was sie berichtet hatte. Und das war sehr oft wichtig. Man findet in meinen Berichten nach New York und London die Spuren dieser Informationen, natürlich ohne dass ich die Quelle preisgegeben hätte. Seine ganze Haltung bewies Freundschaft, Verständnis und einen echten Willen zu helfen. So riet er mir mehrfach, bei den Amerikanern und den Alliierten darauf zu drängen, größeren Druck auf das Internationale Komitee vom Roten Kreuz auszuüben. Er war eine der faszinierendsten Persönlichkeiten unserer ganzen Mannschaft.

Damit war er ganz das Gegenteil eines Schwarzenberg. Aber es gehörte

gewiss zu Burckhardts Strategie, zugleich einen Schwarzenberg und einen de Pilar an seiner Seite zu haben.
Es gab sogar einen Juden in der Gemischten Kommission, Dr. Feinstein, einen Apotheker aus Basel, mit dem ich im Zusammenhang mit dem Versand von Medikamenten und Pharmaprodukten zu tun hatte. Auch er tat alles, um uns zu helfen.
Dies also sind einige der Persönlichkeiten des Roten Kreuzes, mit denen ich zu tun hatte. Ich bemühte mich, auf sehr korrekte Weise mit ihnen in Verbindung zu bleiben.

Handeln, zum Handeln bewegen ...

Gleich bei Kriegsbeginn schuf die deutsche Besetzung sehr ernste Probleme in den großen jüdischen Zentren Polens. Wir ergriffen daraufhin die ersten Notmaßnahmen und schickten Medikamente nach Warschau. Aber auf dem Postweg ging das nicht, da man von den Deutschen Genehmigungen brauchte. Wir mussten uns also an das IKRK wenden und es bitten, als Vermittler zu dienen und diese Transporte durchzuführen.
Ich deutete bereits an, dass das Internationale Komitee vom Roten Kreuz in Zusammenarbeit mit der Liga der Rot-Kreuz-Gesellschaften eine Sonderkommission eingerichtet hatte, deren Aufgabe es war, sich um die Weiterleitung der Sendungen zu kümmern. Dies war die Gemischte Hilfskommission des Roten Kreuzes, die mit der Zeit zu einer ziemlich autonomen Einrichtung wurde. Diese Kommission hatte einerseits die Aufgabe, alle möglichen Dinge zu kaufen: Lebensmittel, Medikamente, Stärkungsmittel usw., um sie als Wohltätigkeitssendungen in verschiedene Länder zu schicken. Andererseits musste sie sich auch um sämtliche Formalitäten und um den Transport dieser Güter in die besetzten Länder kümmern, und dies unter sehr schwierigen und streng kontrollierten Transportbedingungen, die nichts mit heutigen Verhältnissen zu tun hatten. Für jeden Transport, für jeden Bestimmungsort brauchte man Genehmigungen von den kriegführenden Ländern. Die Kommission war für uns also eine sehr wichtige Einrichtung, mit der ich jahrelang in sehr engem Kontakt stand.
Diesen ersten Initiativen folgten zahlreiche weitere. Das große Pro-

blem war natürlich der Versand der absolut unentbehrlichen elementaren Güter vor allem in die Ghettos im Osten, wo alles äußerst strikt rationiert war. Die Juden bekamen extrem reduzierte Rationen, die deutlich unter denen lagen, die der Bevölkerung im Allgemeinen zugestanden wurden. Das führte zu Hungersnöten und zu enormen Notlagen. Die Situation in den großen jüdischen Zentren wurde immer dramatischer, die Möglichkeiten, Hilfsgüter in großen Mengen zu verschicken, wurden immer eingeschränkter. Dieses Problem stellte sich uns in immer schärferer Form: Wie konnten wir helfen und den verfolgten Juden in den riesigen von den Nazis kontrollierten Gebieten Lebensmittel, Stärkungsmittel, Medikamente sowie Baby- und Kindernahrung schicken?

Unsere grundlegenden Forderungen

Unsere Interventionen beim IKRK betrafen verschiedene Aspekte. Da war zunächst die Suche nach Personen. Dann der individuelle und kollektive Versand von Lebensmitteln und Medikamenten. Und schließlich die Kriegsgefangenen.

Unsere größte Sorge rührte von unserem Wunsch her, die jüdischen Bevölkerungsgruppen in den besetzten Ländern zu beschützen. Wir verfolgten mit Beklemmung die »Ghettoisierung« der jüdischen Gemeinden in Polen, die schrittweise Evakuierung der großen jüdischen Zentren zuerst in Mittel- und dann in West- und Osteuropa, die Deportation und die Vernichtung. Was konnten wir tun, damit die Deportationen aufhörten? Was konnten wir tun, um das Schicksal der Deportierten zu erleichtern? Was konnten wir tun, um die Massen dieser Deportierten, dieser Entrechteten gegen die Naziverfolgung zu schützen?

In dieser verzweifelten Situation wandten wir uns an das IKRK. Es war die einzige neutrale und als solche anerkannte Organisation in diesen stürmischen Zeiten. Es musste uns unter allen Umständen mit seiner unbestrittenen moralischen Autorität helfen, das Überleben dieser in Bedrängnis geratenen Gemeinden zu sichern. Zu diesem Zweck formulierten wir drei grundlegende Gesuche an das IKRK.

Das erste Gesuch betraf die Entsendung von Vertretern des Roten

Kreuzes in alle Länder und alle Regionen, in denen der Prozess der »Ghettoisierung«, der Deportation und der Vernichtung stattfand. Die Anwesenheit von außenstehenden neutralen und unabhängigen Zeugen hätte die Verfolgungen und Ausschreitungen einschränken können.

Das zweite Gesuch zielte darauf ab, die rechtliche Stellung der in den Lagern internierten Zivilpersonen derjenigen der Kriegsgefangenen gleichzustellen und ein ähnliches Statut für sie zu erreichen, das minimale Garantien enthielt.

Das dritte Gesuch schlug vor, einen umfangreichen Versand von Hilfsgütern zu organisieren, um den hungernden Massen in den Ghettos und Lagern das Überleben zu ermöglichen.

Das IKRK reagierte auf diese Vorschläge mit äußerster Vorsicht und Hinhaltetaktik. Ich glaube, dass es vor allem dem Einfluss von Professor Max Huber zu verdanken war, dass das Rote Kreuz eine Haltung annahm, die in etwa dies sagte (und wiederholte): »Wir haben ein klares Mandat hinsichtlich der Kriegsgefangenen: die Verantwortung für vier Millionen von ihnen. Auf diesem Gebiet bewegen wir uns im Rechtsbereich, denn die Bestimmungen sind durch die internationalen Abkommen verankert. Wir können diesen Rahmen nicht verlassen, denn wenn wir es täten, würden wir unseren Einsatz für diese Millionen Menschen, die uns anvertraut sind, gefährden.«

Das war ein sehr starkes Argument, aber in meinen Augen nicht stark genug, um es als solches zu akzeptieren. Außerdem denke ich, dass das IKRK zu einem bestimmten Zeitpunkt zwar durchaus die Verantwortung für vier Millionen Kriegsgefangene trug, dass diese Zahl aber nach der Befreiung eines großen Teils der französischen Gefangenen stark abnahm. Aber es blieb ein gewichtiges Argument. Die Verantwortlichen des IKRK sagten uns gleichzeitig: »Wenn wir diesen Rahmen verlassen würden, würden wir unsere ganze wohltätige Arbeit für die Kriegsgefangenen gefährden. Nicht wir, das Rote Kreuz sind dafür verantwortlich, dass das Tokio-Projekt zum Schutz der Zivilbevölkerung während des Kriegs nicht in Kraft getreten ist. Wir haben Vorschläge gemacht, aber die angesprochenen Länder sind uns nicht gefolgt. Das ist nicht unsere Schuld. Wir können nicht das Risiko eingehen, Initiativen zu ergreifen, die unsere rechtliche Position übersteigen.«

Die starren Positionen des IKRK und unsere Kritik

Fast den ganzen Krieg hindurch versuchten wir, diese starren Positionen aufzuweichen. Manchmal, glaube ich, ist es uns sogar ein bisschen gelungen. Insgesamt aber haben sie sich praktisch nicht verändert. Und dies war der Hauptgrund für die Spannungen, die während dieser ganzen Zeit zwischen dem Internationalen Komitee vom Roten Kreuz und dem Jüdischen Weltkongress herrschten.

Das bedeutet allerdings nicht, dass wir nicht aktiv waren. Wir kamen immer wieder auf diesen Punkt zurück. Denn neben dieser strengen juristischen Position gab es immerhin ein Recht auf humanitäre Initiative, das vom IKRK anerkannt wurde. Doch von diesem Recht auf humanitäre Initiative, das dem IKRL erlaubte, humanitäre Vorschläge zu machen, wurde nicht wirklich Gebrauch gemacht. Und das ist im Grunde der schwerste Vorwurf, den man dem IKRK für diese Periode machen muss.

Eine Weile habe ich mich sogar gefragt, was es für einen Sinn hatte, dauernd zu ihnen zu gehen und zu versuchen, sie anzutreiben, um Genehmigungen zu bitten, die Ghettos und Lager besuchen zu dürfen, um Genehmigungen, in die besetzten Länder reisen, sich um diejenigen kümmern zu dürfen, die Hilfe nötig hatten, usw. Es kam ein Punkt, an dem ich so enttäuscht und pessimistisch war, dass ich das Gebäude des Internationalen Komitees monatelang nicht betrat. Als die Situation dann immer dramatischer wurde, sagte ich mir, dass man es trotz allem versuchen musste. Und ich bin ihnen erneut auf die Nerven gegangen. Aber viel ist wie gesagt dabei nicht herausgekommen.

All diese Bemühungen erreichten ihren Höhepunkt im Sommer 1942, als wir von dem deutschen Informanten über die Endlösung informiert wurden. Wir wandten uns erneut an das IKRK, um es zu beeinflussen, es zu überzeugen, einen allgemeinen moralischen Protest einzulegen, der einen gewissen Widerhall in der öffentlichen Meinung haben könnte. Ich habe bereits erzählt, dass Carl Burckhardt uns bestätigt hatte, seine Informationen über die Situation in Deutschland würden mit unseren übereinstimmen. Warum hat er diese Informationen niemals seinen Kollegen vom IKRK mitgeteilt? Das wird mir ewig ein Rätsel bleiben. Wir wissen heute, dass einige Mitglieder des Internationalen Komitees vom Roten Kreuz im Oktober 1942 die Meinung geäußert haben, der

Zeitpunkt sei gekommen, öffentlich gegen die Kriegführung und die Verletzungen der elementarsten Menschenrechte, wie sie insbesondere an der Zivilbevölkerung begangen wurden, zu protestieren.
In seinem ausgezeichnet dokumentierten Buch *Das Internationale Rote Kreuz und das Dritte Reich. War der Holocaust aufzuhalten?* schildert Jean-Claude Favez, ehemaliger Rektor der Universität Genf, detailliert die Bemühungen, die in dieser Richtung unternommen wurden.
Aber kommen wir auf die Situation von 1942 zurück. Damals waren wir überzeugt, dass wir bei den Deutschen gegen eine Mauer der Ablehnung rannten und dass das IKRK von ihnen nicht das geringste direkte Zugeständnis bekommen konnte. Deswegen dachten wir, das Einzige, was wir tun könnten, sei der Protest, eine Erklärung, in der das IKRK die Verbrechen, die die Nazis an den Juden begingen, verurteilen würde. Wir hatten das Gefühl, dass ein Text der wichtigsten internationalen humanitären Organisation der damaligen Zeit absolut notwendig sei. Und da das IKRK zudem praktisch die einzige neutrale Einrichtung war, die es in der Welt noch gab, dachten wir, seine Autorität könne einen großen Einfluss haben. Mehrfach versuchte ich, dies einigen Verantwortlichen des IKRK klar zu machen.
Und tatsächlich fragte das Komitee seine Mitglieder, ob sie glaubten, dass ein Protest oder ein Appell bezüglich der Behandlung der Juden und anderer Menschenrechtsverletzungen geboten sei. Es ist sehr interessant, dass die überwiegende Mehrheit der Mitglieder des IKRK dies bejahte. Es herrschte allerdings Uneinigkeit über die Form, in der dies geschehen sollte. Als dann eine Sitzung des Komitees anberaumt wurde, wurde beschlossen, davon Abstand zu nehmen.
Tatsache ist, dass sich auf dieser entscheidenden Sitzung der für das Departement des Inneren zuständige Bundesrat Philippe Etter, der Mitglied des Komitees war, aber nicht regelmäßig an den Sitzungen teilnahm, einer solchen Demarche widersetzte. Er wurde unterstützt von Burckhardt selbst und von Oberst Chapuisat, der in Abwesenheit von Max Huber die Sitzung leitete.
Der Vertreter der Schweizer Regierung für humanitäre Angelegenheiten Edouard de Haller und Pierre Bonna, der höchste Beamte des Politischen Departements (des Schweizer Außenministeriums), hatten die Mitglieder des Komitees vor der Sitzung präpariert. Sie hatten ihnen erklärt, dass die Schweizer Regierung eine solche Erklärung nicht wün-

sche. Im Fall ihrer Verabschiedung und Veröffentlichung fürchtete die Schweizer Regierung die Konsequenzen und die Reaktionen der deutschen Regierung. Die Mitglieder des IKRK schlossen sich dieser Position an. Es ist also vollkommen klar, und das ist sehr wichtig, dass für das Scheitern dieser Initiative die Schweizer Regierung verantwortlich zu machen ist.
Einige haben diese Position verteidigt, indem sie sagten, ein solcher Appell hätte die Pläne der Nazis mit Sicherheit nicht zu ändern vermocht. Ihnen zufolge hätte sich nichts geändert, da niemand den Fanatismus und die Entschlossenheit der Nazis hätte beeinflussen können. Selbst wenn das wahr gewesen wäre, kann ich dieses Schweigen nicht billigen. Ich habe diese Position des IKRK nie akzeptiert.
Es gibt im Leben der großen internationalen humanitären Organisationen, wenn es um die Grundprinzipien ihres Handelns geht, Augenblicke, in denen sie ohne Rücksicht auf den Erfolg oder das Scheitern ihrer Initiative Stellung beziehen müssen. Ich glaube, ein solcher Augenblick war 1942 für das IKRK gekommen. Es hätte sein Gewissen erleichtern können, indem es seine humanitären Grundsätze klar und deutlich bekräftigt und eines der grausamsten Verbrechen in der Geschichte der Menschheit angeprangert hätte.
Henri Dunant und die Gründer des Roten Kreuzes hatten sehr wohl begriffen, dass der Appell an die öffentliche Meinung für ihr Handeln unverzichtbar war und dass ohne deren Unterstützung das humanitäre Recht niemals weder definiert noch angewendet worden wäre.

Ein Treffen mit Burckhardt

Ein paar Wochen später erzählte mir Burckhardt bei unserem Treffen am 17. November 1942 persönlich, was auf der Sitzung des Komitees im Oktober geschehen war. Zum Glück, sagte er, haben wir den Gedanken an einen Protest fallen gelassen. Er fügte hinzu, dass zwei Damen des Komitees mit Nachdruck meinen Standpunkt unterstützt hätten. Er fragte mich, was das IKRK meiner Meinung nach in Zukunft unternehmen solle.
Gleichzeitig informierte er mich, dass das Internationale Komitee im September 1942 seiner Vertretung in Berlin eine diplomatische Note

geschickt habe, in der Garantien für die in den Konzentrationslagern internierten Zivilpersonen verlangt würden. Diese Garantien sollten den minimalen Garantien entsprechen, die die Kriegsgefangenen erhalten hatten.
Man hatte der Vertretung des IKRK in Berlin die Entscheidung überlassen, die Note dem deutschen Außenministerium zu übergeben oder nicht. Burckhardt teilte mir mit, dass die Note übergeben worden sei und dass er auf die Antwort warte. Er war ziemlich stolz auf die Übermittlung dieser Note. Ich kann, glaube ich, behaupten, dass sie nur deswegen übermittelt worden war, weil Guggenheim und ich bei Burckhardt und anderen Mitgliedern des Internationalen Komitees immer wieder darauf gedrängt hatten, dass auf die Nachrichten betreffend die Endlösung wirksam reagiert werden müsse.
Als Burckhardt mich bei unserem Treffen am 17. November 1942 fragte, was das Rote Kreuz meiner Meinung nach in Zukunft unternehmen solle, sagte ich ihm, dass wir im Sommer, als wir die Informationen über die Endlösung erhielten, das Gefühl gehabt hätten, man könne nichts mehr machen und ein Protest sei das Gebotene. »Wenn Sie, das IKRK, heute glauben, dass manche Aktionen wieder möglich sind und dass die Aussicht besteht, man könne eine gewisse Verbesserung der Situation vor Ort erreichen, dann ermuntere ich Sie nicht zum Protest. Aber ich sage Ihnen: Nichts tun und nicht protestieren ist nicht akzeptabel. Wenn Sie nicht protestieren, müssen Sie handeln. Wenn Sie nicht handeln können, müssen Sie protestieren.« Daraufhin versicherte mir Burckhardt, dass er die am 24. September begonnene Aktion fortsetzen werde, nämlich eine Antwort auf die Note des IKRK zu fordern.
Man darf nicht vergessen, dass sich die politische Situation gegen Ende 1942 grundlegend zu verändern begann. Wir erlebten damals einen entscheidenden Wendepunkt des Kriegs. Der sowjetische Widerstand in Stalingrad sollte zur größten Niederlage der Deutschen führen. Montgomerys Operationen in Nordafrika führten zu den wichtigsten Siegen der westlichen Armeen. Ich wusste, dass Burckhardt einen ausgeprägten politischen Instinkt hatte und dass die Entwicklung, die sich da vollzog, die Position des IKRK gegenüber den Deutschen stärkte.
Sehr lange ließ man mich glauben, man würde diese Note und die in ihr geäußerten Prinzipien weiterhin unterstützen. Heute wissen wir jedoch, dass das IKRK seit dieser Note vom 24. September 1942 bis zur Tragö-

die von 1944 in Ungarn keine weitere Demarche in dieser Richtung unternommen hat.
Jean-Claude Favez teilt uns in seinem Buch mit, dass die Verantwortlichen des Komitees Ende Dezember 1942 auf einer Sitzung der Koordinationskommission, die in Abwesenheit des kranken Burckhardt stattfand, beschlossen, darauf zu verzichten, von der deutschen Regierung eine schriftliche Antwort auf die Note vom 24. September 1942 zu verlangen, und die Sache ruhen zu lassen. Natürlich hat man uns nie darüber informiert. Und man hat uns auch nicht informiert, dass das IKRK bis Oktober 1944 keine weitere Demarche mehr versucht hat; man hat uns vielmehr die ganze Zeit in dem Glauben gelassen, das Komitee würde die seine Note vom 24. September 1942 betreffende Aktion fortsetzen.
Diese Entscheidung von Ende Dezember 1942 war typisch für die Politik, die das IKRK den ganzen Krieg hindurch Nazideutschland gegenüber verfolgte; eine zaghafte und ehrfurchtsvolle Haltung, die alles zu vermeiden bestrebt war, was als Beleidigung der deutschen Regierung oder als Kritik an ihr interpretiert werden könnte. Diese Haltung beruhte jedoch auf einer falschen Einschätzung der politischen Realitäten. Die Position des IKRK war in Wirklichkeit viel stärker, als seine eigenen Verantwortlichen glaubten.
Der Schweizer Historiker und Diplomat Paul Stauffer hat in einer Studie über die berühmte Affäre von Katyn auf diesen Aspekt der Politik des IKRK aufmerksam gemacht. Nach der Entdeckung des riesigen Massengrabs von Katyn im April 1943 baten die polnische Regierung (im Exil) und die deutsche getrennt voneinander das IKRK, eine Untersuchung durchzuführen und zu diesem Zweck sofort eine Delegation nach Katyn zu entsenden. Das IKRK musste diese Bitte ablehnen, da die dritte betroffene Macht, die Sowjetunion, nicht ihre Zustimmung gegeben hatte. Den geltenden Bestimmungen zufolge durfte das IKRK nicht ohne die Zustimmung aller betroffenen Regierungen handeln. Die Deutschen waren über diese Haltung des IKRK natürlich wütend; Goebbels, der hinter dieser Aktion stand, die der Nazipropaganda dienen sollte, war besonders ungehalten. Dennoch war er der Meinung, dass man einen Streit mit dem IKRK vermeiden sollte.
Stauffer zitiert Goebbels' Reaktion, die dieser seinem Tagebuch anvertraut hatte:

> Trotzdem glaube ich nicht, dass es richtig wäre, wenn wir das Rote Kreuz angriffen. Wir sind, vor allem in der Frage der Kriegsgefangenen, so sehr auf das Rote Kreuz angewiesen, dass es mir nicht angebracht scheint, leichtfertig einen potentiellen Krach zu beginnen. [Goebbels, *Tagebücher*, Zürich, 1948, S. 312]

Diese Einstellung Goebbels' beweist zweifelsfrei, dass das IKRK ohne Schaden sehr viel mehr hätte wagen können, selbst dem allmächtigen Deutschen Reich gegenüber.

Der Jüdische Weltkongress hörte nicht auf, Druck auf das IKRK auszuüben, damit es diese Aktion fortsetzte. In diesem Zusammenhang gab es eine ganze Reihe von Interventionen und Gesuchen, die in New York vom Zentralbüro des Kongresses vorbereitet und dem IKRK zugeleitet wurden. Zu einem bestimmten Zeitpunkt führten diese Interventionen zur Formulierung eines großen Textes, in dem Präsident Huber im Sinne unserer Forderungen Stellung nahm. Aber erst in der letzten Phase des Kriegs, ab 1944, formulierte das IKRK erneut derartige Vorstellungen.

Wenn ich die Aktion des IKRK in ihrer Gesamtheit und insbesondere seine Haltung gegenüber den jüdischen Kriegsopfern und der Verfolgung einschätze, dann muss ich sagen, dass Veröffentlichungen wie diejenige von Jean-Claude Favez gewisse negative Haltungen enthüllen, die sogar noch über das hinausgehen, was ich während dieser Zeit vermutet hatte.

Die Haltung des IKRK blieb in mancher Hinsicht sogar diesseits der rechtlichen Beschränkungen der Konvention. Man unterwarf sich bereitwillig der Vorherrschaft der Nazis und nahm sogar die Rassenlehre als gegeben hin. Als das deutsche Rote Kreuz im Rahmen der Nachforschungen nach den in den besetzten Gebieten Vermissten, um die es gebeten worden war, das IKRK Ende 1943 bat, ihm in jedem Fall mitzuteilen, ob die gesuchte Person »arisch« sei oder nicht, reagierte das Zentralbüro positiv auf diese Anfragen. Und als Dr. von Salis, der Leiter der Vertretung des IKRK in Italien seine lokalen Vertreter bat, sich nach dem Schicksal der Juden zu erkundigen, die gerade aus der Gegend von Rom in die Lager in Norditalien evakuiert worden waren, und seine Delegierten sich an den verantwortlichen Kommandanten der SS-Truppen wandten, schickte das IKRK in Genf ihnen eine scharf formulierte Abmahnung. Als Antwort schrieben die Vertreter des IKRK in Italien: »Wir danken Ihnen für Ihre klare Stellungnahme zu diesem Punkt und versichern Ihnen, dass wir uns in Ermangelung eines Sonderbefehls des Komitees in Zukunft nur noch für Fragen interessieren werden, die die Kriegsgefangenen und die internierten Zivilpersonen betreffen, vorausgesetzt, letztere sind arischer Rasse.« Das ist 1944 geschrieben worden!

Aus anderen Dokumenten geht hervor, dass das Komitee sich ein wenig schämte, sich für die Juden einzusetzen. So heißt es etwa in den Anweisungen, die sein Vertreter in Bukarest, von Steiger, am 27. Januar 1943 hinsichtlich der Juden von Transnistrien erhielt: »Wir bitten Sie jedoch, vorsichtig und sehr diskret vorzugehen. Wir wollen um jeden Preis vermeiden, dass die Behörden oder die Öffentlichkeit alarmiert werden und annehmen, das IKRK beabsichtige eine große Aktion zugunsten der Juden. Eine solche Annahme hätte sehr unangenehme Konsequenzen und könnte unsere Absicht gefährden, die ganz einfach darauf hinausläuft, die Juden nicht aus der von der Gemischten Kommission organisierten Aktion auszuschließen ...«

Ich möchte auch erwähnen, dass das Internationale Komitee darauf verzichtet hat, manche unserer Initiativen zu unterstützen, die es hätte unterstützen sollen. So haben sich die Verantwortlichen des IKRK etwa geweigert, den Appell zu unterstützen, den wir an die neutralen Regierungen und an die nationalen Rot-Kreuz-Gesellschaften der neutralen Länder richteten, ihre Grenzen für jene, die noch entkommen konnten, weiter zu öffnen.

Ebenso weigerte sich das IKRK, den Appell zu unterstützen, den wir an Roosevelt, Churchill und Stalin richten wollten, nämlich einen mit beträchtlichen Geldmitteln ausgestatteten Fonds zu gründen, um den Bevölkerungsgruppen des besetzten Europas zu helfen, ein Fonds, der vom IKRK verwaltet werden sollte. Ich glaube nicht, dass eine solche Unterstützung seiner Verpflichtung zur Neutralität zuwidergelaufen wäre.

Später wurde mir wiederholt mitgeteilt, dass man in den Kreisen des IKRK der Meinung gewesen sei, der Jüdische Weltkongress sei zu politisch, um als Partner auf seinem eigenen Gebiet in Frage zu kommen. Das erklärt beispielsweise, dass es nicht, wie es sich gehört hätte, die Berichte an uns weitergeleitet hat, die es im Sommer 1944 von den Verantwortlichen der jüdischen Gemeinde Ungarns erhielt; als sie schließ-

lich zu uns gelangten, war es zum Handeln bereits viel zu spät.
Insgesamt wurde unser humanitärer Einsatz von manchen Verantwortlichen des IKRK nicht positiv aufgenommen, weil wir nicht darauf verzichten konnten, ständig politischen Druck auszuüben und die öffentliche Meinung zu mobilisieren. Ihnen war eindeutig die rein philanthropische, sehr viel moderatere, ehrfurchtsvolle und diskrete Haltung des »Joint« lieber, der ihnen hohe Geldsummen für die materielle Hilfe zur Verfügung stellen konnte und den politischen Bereich aussparte, in dem allerdings die wirklichen Lösungen für die Probleme gesucht werden mussten.
Man hat zuweilen die Frage gestellt: War das IKRK wirklich über das informiert, was in den besetzten Ländern geschah? Und vor allem: Wussten die Verantwortlichen Bescheid über die Gräuel des Verfolgungs- und Vernichtungsprozesses? Es ist offenkundig, dass die Vertretungen des IKRK das Komitee sehr gründlich auf dem Laufenden gehalten hatten. Sowohl die Vertretung in Berlin als auch diejenige in Budapest oder an anderen Orten lieferten sehr detaillierte Berichte über die jeweilige Situation. Niemand konnte das ignorieren. Andererseits möchte ich daran erinnern, dass ich selbst mehreren Mitgliedern des Komitees alle wichtigeren Berichte, die wir erhielten, zugeleitet und sie immer, wenn sie eintrafen, informiert habe. Es steht daher außer Zweifel, dass die führenden Kreise des IKRK ausgezeichnet informiert waren.
Ihre Haltung wird verständlich, wenn man feststellt, dass sie trotz der Berichte, die wir ihnen ununterbrochen und regelmäßig lieferten, niemals versuchten, mit den Augenzeugen, die ja bekannt waren, Kontakt aufzunehmen.
Es gibt auch keine wirkliche Erklärung für die Tatsache, dass das IKRK nicht versuchte, sich in all diesen Jahren an die führenden Politiker des Reichs zu wenden. Es ist offenkundig, dass seine eigenen Vertreter oder manche Mitglieder des Komitees wiederholt derartige Vorschläge gemacht haben. Aber bis zur allerletzten Phase des Kriegs sind weder Himmler noch andere hochrangige Persönlichkeiten angesprochen worden. Die einzige Ausnahme war das bereits erwähnte Treffen zwischen Burckhardt und Kaltenbrunner.

Die jüdischen Kriegsgefangenen in Gefahr

Das Problem dieser Gefangenen hat uns in der letzten Phase des Kriegs enorme Sorgen bereitet.
Im Prinzip waren die Bestimmungen auf beiden Seiten überall und für alle dieselben. Doch bereits 1940 und 1941 wies man uns auf Unregelmäßigkeiten in der Behandlung der jüdischen Gefangenen hin. Die Klagen, die zu mir drangen, betrafen vor allem die Trennung der Juden von den anderen Militärpersonen. Anfangs geschah dies nur an einigen Orten. Diese Trennung betraf in besonderer Weise die jüdischen Gefangenen der jugoslawischen Armee. Aber es schien sich um isolierte und momentane Ereignisse zu handeln, und die Situation hatte sich danach normalisiert.
In den Jahren 1943/44 erhielten wir immer mehr Berichte, die auf die Trennung der Juden in den Kriegsgefangenenlagern aufmerksam machten. Die Situation wurde zunehmend ernster, vor allem gegen Kriegsende. 1944 erreichten uns immer alarmierendere Klagen aus verschiedenen Gemeinden, von den Gefangenen selbst und aus anderen Quellen. Aus ihnen allen ging eindeutig hervor, dass man vor allem in den polnischen Lagern die jüdischen Kriegsgefangenen von den anderen getrennt hatte. In manchen Lagern wurden die jüdischen Kriegsgefangenen in Baracken untergebracht, die von den anderen durch Stacheldrahtzäune getrennt waren.
Eine besondere Demarche, die 1944 unternommen wurde, bezog sich auf die jüdischen Kriegsgefangenen in Frankreich. Sie waren nicht überall, aber teilweise eben doch von den anderen getrennt worden.
Am 13. März 1945 wiederholten wir unsere Demarche beim IKRK bezüglich der Trennung der jüdischen Kriegsgefangenen von den anderen gefangenen Soldaten ihrer Nationalität. Diese mündliche Demarche wurde von einer schriftlichen Eingabe begleitet. Ich wies auf die spezifischen Situationen hin und nannte verschiedene *Stalags* (Lager für Soldaten) und *Oflags* (Lager für Offiziere). Man versprach uns eine sofortige Intervention der Vertretung des IKRK in Deutschland.
Am 23. März bestätigte uns das IKRK, dass seine Vertretung in Deutschland es informiert habe,

> dass infolge einer neuen Maßnahme die jüdischen Kriegsgefangenen in allen Oflags von den anderen getrennt worden sind und dass eine sol-

che Maßnahme bereits seit geraumer Zeit in den Stalags ergriffen worden war. Es scheint jedoch, dass diese Trennung nicht allgemein zu einer schlechten Behandlung der jüdischen Kriegsgefangenen geführt hat.
Wir protestierten in aller Schärfe gegen diese Maßnahme. In einem Brief an Burckhardt, den Präsidenten des Internationalen Komitees vom Roten Kreuz, vom 29. März wiesen wir mit Nachdruck darauf hin, dass die Internationale Konvention von 1929 bezüglich der Behandlung der Kriegsgefangenen als Kriterien für eine unterschiedliche Behandlung nur den militärischen Grad, den körperlichen oder psychischen Gesundheitszustand oder das Geschlecht der Gefangenen akzeptiere. Jede andere Art von Diskriminierung sei verboten. Wir fuhren fort:

> Angesichts der Vernichtungspolitik, die Deutschland systematisch auf die Gesamtheit der von ihm gefangen gehaltenen jüdischen Bevölkerung anwendet, kann die Trennung der jüdischen Kriegsgefangenen von den anderen Gefangenen nicht anders denn als Vorbereitung auf Maßnahmen angesehen werden, die mit denen identisch sind, die in Bezug auf andere Kategorien von Juden ergriffen wurden.

Auf diesem Gebiet mussten wir mit aller Kraft gegen die Haltung des IKRK kämpfen, das von unseren Argumenten nicht überzeugt zu sein schien. In seinem Brief vom 5. April 1945 behauptete Präsident Burckhardt, dass, wenn die jüdischen Kriegsgefangenen genauso wie die anderen behandelt würden, ihre Trennung an sich kein Verstoß gegen die Bestimmungen der Konvention sei. Mit anderen Worten, solange die jüdischen Gefangenen die gleiche Suppenration wie die anderen erhielten, liege für sie kein Verstoß vor.
Wir akzeptierten diese Sicht der Dinge nicht und warnten das IKRK: Wenn wir auf die Durchführung der diskriminierenden Maßnahmen warten würden, würden wir riskieren, nur noch die Deportation und die Vernichtung der vorher von den anderen getrennten jüdischen Kriegsgefangenen konstatieren zu können.
Unser Brief an Präsident Burckhardt vom 27. April 1945 präzisiert:

> Wir haben unserem Erstaunen Ausdruck gegeben, dass das IKRK eine juristische Haltung vertritt, die es zu zwingen scheint, erst dann zu intervenieren, wenn die nachteilige Wirkung dieser Trennung tatsächlich eingetreten ist. In dem Augenblick jedoch, in dem die materiellen Schäden eintreten, ist die Situation in der Regel nicht mehr rückgängig zu

machen. Um zu verhindern, dass derartige Situationen eintreten, muss reagiert werden, muss jede diskriminierende Maßnahme abgelehnt werden.

Dieser Briefwechsel, der von unserer Seite von Guggenheim und mir geführt wurde, zeigt unsere sehr große Entschlossenheit. Wir akzeptierten die unverändert starre Haltung und Position des Komitees nicht. Dieser Briefwechsel wurde bis Kriegsende fortgesetzt. Er fand seinen Abschluss mit unserer Bitte, bei den Bemühungen um die Revision der humanitären Konventionen des Roten Kreuzes angesichts der Erfahrungen des Zweiten Weltkriegs konsultiert zu werden.

Die Entwicklung nach dem Krieg

Die bedeutsamsten Ereignisse in diesem Zusammenhang fanden nach dem Krieg statt. So wurden wir 1946 zusammen mit anderen Wohlfahrtsorganisationen zu einer Sitzung eingeladen, die in Hinblick auf die Revision der Genfer Konvention eine vorbereitende Funktion haben sollte. Bei Präsident Huber und den Hauptverantwortlichen des IKRK waren die Vertreter von vierzig Organisationen zusammengekommen. Da der Vertreter des »Joint« nicht gekommen war, war ich der einzige anwesende Jude.

Das IKRK schlug uns die Aufnahme eines Artikels über die Zusammenarbeit mit den anderen Wohlfahrtsorganisationen in die neue Konvention vor. Ich persönlich war vor allem gekommen, um gewisse grundlegende Fragen in den Diskussionen aufzuwerfen, insbesondere die, wie angesichts dessen, was im Zweiten Weltkrieg geschehen war, der Schutz der Zivilbevölkerung von der neuen Konvention geregelt würde.

Mein Antrag, diesen Punkt in die Tagesordnung aufzunehmen, wurde abgelehnt. Mir wurde jedoch gestattet, dieses Problem am Ende der Beratungen darzustellen.

Das Ende der Sitzung wurde von einem bezeichnenden Zwischenfall bestimmt. Ein Vertreter schlug eine Resolution vor, in der dem Internationalen Komitee vom Roten Kreuz für all das gedankt werden sollte, was es während des Zweiten Weltkriegs für die Kriegsgefangenen und für die Zivilbevölkerung getan habe. Aus verschiedenen Gründen und vor allem, um seine Position gegenüber der Sowjetunion zu stär-

ken, glaubte das IKRK damals, es brauche eine solche Erklärung aller Wohlfahrtsorganisationen.
Ich befand mich in einer äußerst heiklen Situation. Wenn ich ablehnte, würde mir das als Unhöflichkeit ausgelegt. Andererseits fand ich die Aufforderung in ihrem eigenen Haus zu einer Vertrauensabstimmung und zu einer Danksagung trotz allem übertrieben.
Nachdem ich nachgedacht hatte, bat ich ums Wort und sagte nur: »Ich schlage vor, die vier Worte: ›und die internierten Zivilpersonen‹ aus der Resolution zu streichen.« Und ich setzte mich. Allgemeine Bestürzung. Die Nichtratifizierung des Tokio-Projekts und alle möglichen anderen Argumente wurden wieder hervorgeholt. Darauf erwiderte ich:

> Auch ich habe eine öffentliche Meinung. Wenn man von den internierten Zivilpersonen spricht, denkt sie an diejenigen, die in die Konzentrations- und Vernichtungslager deportiert wurden. Sie haben sie nicht zu schützen vermocht, und wir haben sie nicht zu schützen vermocht. Hier ist nicht der Ort, an dem man sagen muss, ob man mehr hätte tun können oder nicht. Also habe ich nicht das Recht, eine wie auch immer geartete Befriedigung über das, was getan worden ist, zum Ausdruck zu bringen.

Jetzt ging die Diskussion erst richtig los. Schließlich schlug jemand die Formulierung »Kriegsgefangene und ihnen gleichgestellte Personen« vor. Ich wurde gefragt, ob ich das akzeptieren könne. Ich antwortete: »Das sagt überhaupt nichts. Niemand wird es verstehen. Aber wenn es Sie befriedigt ...«
Einige Zeit später erzählte Guggenheim mir, dass Max Huber von meinen Interventionen auf jener Sitzung sehr beeindruckt gewesen sei. Er habe ihm auch gesagt, dass er mehrere Nächte nicht habe schlafen können und sich gefragt habe, ob das Rote Kreuz während des Kriegs wirklich alles in seiner Macht Stehende getan habe.
Eine solche Haltung war allerdings eher selten. In allen Veröffentlichungen des Roten Kreuzes wurde diese Frage nie gestellt. Ich selbst habe viele Jahre lang den höchsten Beamten des IKRK immer wieder gesagt, dass es eine falsche Politik sei, kritiklos alles zu verteidigen, was während des Zweiten Weltkriegs von ihren Vorgängern getan oder versäumt worden sei. Als hätte sich die Welt in den vergangenen Jahrzehnten nicht weiterentwickelt, als hätten die Ereignisse nicht Auswirkungen auf unsere Begriffe und unsere Werteskala gehabt, als könnte das

IKRK wer weiß was für eine Unfehlbarkeit für all seine Aktionen beanspruchen. Selbst von dem Buch von Jean-Claude Favez, dem das IKRK all seine Archive geöffnet hatte, hat sich das Komitee in gewisser Weise distanziert und eine Reihe von Vorbehalten hinsichtlich seiner Schlussfolgerungen geäußert.

Es mussten schließlich fünfzig Jahre vergehen, bis Cornelio Somaruga, der Präsident des Internationalen Komitees vom Roten Kreuz, in einer aufsehenerregenden Rede erstmals das »moralische Scheitern« der Institution einräumte; es war, Ende Mai 1995, die Atmosphäre der Feier des 50. Jahrestags des Endes des Zweiten Weltkriegs nötig, damit er ganz offen zugeben konnte (ich zitiere):

> unser[en] Teil der Verantwortung an diesem allgemeinen Zusammenbruch einer Zivilisation, die nicht den systematischen Genozid, begangen an einem Volk und bestimmten Minderheiten, zu verhindern vermochte [...] Ich erinnere mich an dieses moralische Scheitern unserer Institution, die es nicht vermocht hat, den engen rechtlichen Rahmen zu überschreiten, den die Staaten ihr gesteckt hatten. Das IKRK kann heute die Versäumnisse und Fehler der Vergangenheit nur bedauern! [...] Vor fünfzig Jahren erklärten manche ihre Passivität, indem sie behaupteten, sie hätten keine Ahnung vom Ausmaß des Grauens dieser vom Naziregime begangenen Taten gehabt ... Heute kann sich niemand – weder der einfache Bürger noch vor allem die Repräsentanten der Staaten und die für die humanitäre Aktion Verantwortlichen – in die wirkliche oder behauptete Unwissenheit flüchten [...] Heute weiß die internationale Gemeinschaft alles über die massiven und äußerst schwerwiegenden Verstöße gegen die Genfer Konvention.

Nach dem Krieg hat sich der Jüdische Weltkongress sehr aktiv darum bemüht, das humanitäre Recht neu zu formulieren und weiterzuentwickeln. Aber dies wird Gegenstand des Kapitels über die Menschenrechte sein.

Unsere Position in der Schweiz während des Kriegs

Ein sehr spezieller persönlicher Status

Die Situation unseres Schweizer Büros, das das einzige Büro des Jüdischen Weltkongresses in Mitteleuropa war und dadurch mit fast allen europäischen Ländern in Kontakt stehen konnte, hatte natürlich Auswirkungen auf unsere Arbeit. Und es hatte auch Auswirkungen auf die Bedingungen, unter denen ich arbeitete.
Das Problem stellte sich nicht gleich bei Kriegsausbruch. Erst Anfang Sommer 1940, nach der Kapitulation Frankreichs, trat es klar zutage. Es kam damals zu bedeutsamen Veränderungen. Seit ich für den Jüdischen Weltkongress arbeitete, hatte ich eine Aufenthalts- und eine Arbeitserlaubnis, die die Behörden mir ausgestellt hatten und die ich jedes Jahr erneuern musste. Um den 1. August 1940 herum beantragte ich also bei den Schweizer Behörden die Verlängerung der Erlaubnis. Als einzige Antwort erhielt ich eine Mitteilung der eidgenössischen Fremdenpolizei, der zufolge ich mich als Flüchtling darauf vorbereiten solle, das Land zu verlassen. Ich wandte mich an einen renommierten Anwalt, um gegen diesen Befehl Einspruch einzulegen, wobei ich mich auf die Nützlichkeit meiner Arbeit berief. Das Departement für Justiz und Polizei konsultierte den Präsidenten der Jüdischen Gemeinde in Genf, dessen Auskünfte wohl ausreichten, die Notwendigkeit meiner Aktivitäten schlüssig nachzuweisen. Sein positives Urteil betonte sogar, dass unser Büro die Emigration der Flüchtlinge unterstützte. Daraufhin zog Bern den Befehl, mich auf meine eigene Emigration vorzubereiten, zurück.
Zu meiner großen Überraschung wurde meinem Antrag auf Verlängerung meiner Aufenthalts- und Arbeitserlaubnis dennoch nicht entsprochen. Man ließ mich in aller Ruhe weiterarbeiten, ohne mein Betätigungsfeld einzuschränken. Auf diese Weise kam es nach und nach zwischen uns zu einer Art *gentleman's agreement*, einer stillschweigenden Übereinkunft; die Schweizer Regierung ließ mich meine Aktivitäten fortführen, und ich bemühte mich, der Schweizer Regierung

keine Schwierigkeiten zu machen, und erledigte meine Arbeit diskret; ich verzichtete auf jede öffentliche Aktion – Presseerklärungen und ähnliches –, die politische Konsequenzen haben könnte. Das hinderte mich nicht daran, in verschiedenen Jüdischen Gemeinden und in Internierungs- und Arbeitslagern, die Juden aufnahmen, Vorträge zu halten. Aber es war auch nicht die Rolle des Jüdischen Weltkongresses in Genf, öffentliche Erklärungen abzugeben. Seine Hauptaufgabe bestand darin, New York und London, das heißt die freie Welt, über das zu informieren, was im besetzten Europa geschah.

Mit anderen Worten, die Schweizer Behörden waren bereit, mich arbeiten zu lassen, wollten aber keinerlei Verpflichtungen mir gegenüber haben. Meine Aufenthalts- und Arbeitserlaubnis wurde bis Ende 1943 nicht verlängert. In diesen drei Jahren musste ich jeden Monat die Karte, die bestätigte, dass ich die Verlängerung meiner Erlaubnis bei den Behörden beantragt hatte, abstempeln lassen. Damit hatte ich das unerlässliche Papier, das bewies, dass alles in Ordnung war. Und da die Lebensmittel rationiert waren, musste ich auch die Karte monatlich erneuern, die mir das Recht gab, meine Lebensmittelkarten abzuholen. All dies war nicht sehr bequem. Aber da ich in meinem Büro Mitarbeiter hatte, die mir halfen, kümmerten sie sich auch um diese Dinge. Auf diese Weise habe ich kaum darunter gelitten.

Die Schweizer Behörden hatten wahrscheinlich Angst. Auch wenn sie es mir nie sagten, war es doch offensichtlich. Sie hatten Angst, das Reich könne irgendwann die Auflösung und Schließung des Büros des Jüdischen Weltkongresses verlangen, das in dem Ruf stand, die Nazis zu bekämpfen. Und in diesem Fall wollten die Schweizer nicht durch Aufenthalts- und Arbeitserlaubnisse, die sie ausgestellt hatten und die sie für ungültig hätten erklären müssen, uns gegenüber Verpflichtungen eingegangen sein. Ich bin übrigens überzeugt, dass die Schweizer meine Aktivitäten genau überwachten.

Dieses stillschweigende Übereinkommen dauerte bis ins vorletzte Kriegsjahr an. Als die Schweizer 1943 erkannten, dass die Alliierten den Krieg praktisch gewonnnen hatten – und erst zu diesem Zeitpunkt –, wurde meinem Antrag auf Verlängerung meiner Aufenthalts- und Arbeitserlaubnis aus dem Jahr 1940 entsprochen. Und die Behörden hatten keine Scheu, von mir die Bezahlung der Gebühren und Steuern für die vergangenen Jahre zu verlangen. Das war ein typisch bürokratischer

Zug, der mich sehr amüsiert hat. Erst viel später, und ohne dass ich darum gebeten hatte, gewährte man mir eine Niederlassungserlaubnis, die mir erlaubte, auf Dauer in der Schweiz zu bleiben und zu arbeiten.

In Genf herrscht Kriegsatmosphäre

Ein paar Erinnerungen werfen ein Licht auf das Leben in Genf und auf die einzigartige Atmosphäre, die dort herrschte. Bei Kriegsausbruch war ich eng mit dem Vizekonsul einer der großen europäischen Mächte in Genf befreundet. Es waren die ersten Kriegstage. Seine Frau war noch nicht aus dem Urlaub zurück, und wir aßen jeden Abend zusammen. Er holte mich mit seinem kleinen Wagen im Büro ab, und wir fuhren irgendwo hin, meist aufs Land. Am 2. September, dem zweiten Tag des Kriegs, kam er und sagte zu mir: »Wir werden da und da zu Abend essen. Vorher muss ich noch zwei Dinge erledigen; du kannst mich begleiten.« Er fuhr mit mir zu einem Mietshaus, blieb in der Eingangshalle stehen, holte einen Schlüssel aus seiner Tasche, öffnete einen Briefkasten, holte den ganzen Inhalt heraus, nahm aus einer Umhängetasche ein anderes Paket Briefe und legte es in den Briefkasten. Das gleiche wiederholte er an einem anderen Ort.
Es handelte sich um zwei deutsche Nazijournalisten oder -beamte, die in Genf arbeiteten und die er im Verdacht hatte, dass sie für die deutsche Spionage arbeiteten. Für mich war das am zweiten Tag des Kriegs ein guter Anschauungsunterricht, wie sich die kriegführenden Länder auf neutralem Gebiet verhielten; ich habe es niemals vergessen.
Die Polizei hat mich nie persönlich behelligt, mit einer Ausnahme. Der Fall ist interessant. 1942 wurde in der Sowjetunion, in Kuibyschew, das Antifaschistische Jüdische Komitee gegründet. Nach der Gründungsversammlung schickte das Komitee ein großes Manifest an die Juden in aller Welt, in dem sie aufgefordert wurden, die sowjetischen Kriegsanstrengungen zu unterstützen. Das Komitee schickte dieses Manifest an mein Büro in Genf. Es handelte sich um ein zwanzigseitiges Telegramm. Es war also etwas Wichtiges. Zwei Tage später wurde ich von der Politischen Polizei der Schweiz vorgeladen. Man stellte mir Fragen über meine Beziehungen zur Sowjetunion. Ich muss daran erinnern, dass die Schweiz keine diplomatischen Beziehungen mehr mit der

UdSSR unterhielt, seit sie 1922 abgebrochen worden waren. Die Kommunistische Partei war in der Schweiz verboten. Die Polizisten bohrten immer wieder: »Wieso haben Sie Beziehungen zur Sowjetunion? Woher kennen sie Ihre Adresse?«
Ich glaube, ich hatte das Telegramm erhalten, weil ich mehrmals Nachforschungsanträge an das sowjetische Rote Kreuz gerichtet hatte. Ich hatte niemals eine Antwort erhalten. Anscheinend hatten die Russen aber meine Adresse aufgehoben. Und das führte zu einer recht amüsanten Diskussion mit den Polizisten, die mich fragten, ob ich Kommunist sei. Meine Antworten fielen ziemlich frostig aus.
Viel größere Sorgen machten mir die Deutschen. Ich war sicher, dass sie mich überwachten. Vor dem Krieg war ich ein- oder zweimal auf dem deutschen Konsulat gewesen, um meinen Pass verlängern zu lassen, aber ich hatte keinen ständigen Kontakt mit ihnen. Ich bin überzeugt, dass ich auf Sonderlisten stand. Später erfuhr ich, dass der deutsche Konsul kein Nazi war. Er war ein Mann, der die ganze Stresemann-Zeit miterlebt hatte und den Juden oder von deutscher Seite unerwünschten Personen gegenüber keinen Übereifer an den Tag legte. Es ist sehr gut möglich, dass mir das weiteren Ärger erspart hat.

Die Schweiz und Nazideutschland

Die Haltung der Schweiz Deutschland gegenüber war ziemlich klar: Sie war fest entschlossen, ihre Neutralität aufrechtzuerhalten. Die ständige Nazipropaganda hatte versucht, die Schweizer zu beeinflussen. In allen Ländern gab es Gauleiter, die jeweils vor Ort für die Deutschen im Ausland verantwortlich waren und über Propagandainstrumente verfügten. In der Schweiz gab es einen Gauleiter, einen gewissen Gustloff, den die Behörden in Ruhe ließen und der 1938 ermordet wurde.
Die deutsche Propaganda begünstigte das Aufkommen einer gewissen Pronazi-Bewegung in der deutschen Schweiz. Diese »Frontisten« machten sich für den Anschluss der Schweiz an das Deutsche Reich stark. In der französischen Schweiz entstand eine gewisse faschistische Bewegung, die von Georges Oltramare angeführt wurde. Sie orientierte sich jedoch eher am italienischen Faschismus. Pronazis und Profaschisten

machten allerdings zusammen nie mehr als 10 Prozent der Bevölkerung aus.
Die überwiegende Mehrheit der Schweizer war entsetzt über das, was in Deutschland geschah. Sie stand den Methoden der deutschen Regierung mit Sicherheit sehr kritisch gegenüber und blieb den demokratischen Traditionen der Schweiz, den Traditionen der Rechtsgarantien für den Menschen zutiefst verbunden.
Vereinfachend kann man sagen, dass die Schweiz während des Ersten Weltkriegs je nach ethnischer Zugehörigkeit ihrer Staatsangehörigen in ihren Sympathien gespalten war: Die Deutschschweizer blickten nach Deutschland, die Westschweizer nach Frankreich, die Tessiner nach Italien, was damals zu starken Spannungen in der Schweiz geführt hatte. Während des Zweiten Weltkriegs trat genau das Gegenteil ein. Die Deutschschweizer waren umso größere Nazigegner, je näher man der deutschen Grenze kam. Je näher man der italienischen Grenze kam, desto größere Antifaschisten waren die Menschen. Die französische Schweiz spielte ein sehr merkwürdiges Spiel. Insgesamt hatten die Westschweizer immer die Tendenz gehabt, sich am Beispiel Frankreichs zu orientieren. Und die Schweizer Radikale Partei war stark von den Ideen der Radikalen Partei im Frankreich der Dritten Republik beeinflusst. Und plötzlich war all dies in der französischen Schweiz wie weggeblasen. An die Stelle der Dritten Republik trat Marschall Pétain. Merkwürdigerweise folgte die französische Schweiz der Bewegung und hielt Pétain für einen Helden. In vielen Restaurants hing nun Pétains Foto neben dem von General Guisan, der an der Spitze der Schweizer Armee stand. Nur ganz allmählich verschwanden die Fotos von Pétain, gewann die Bewegung des freien Frankreich an Popularität und begann man die Rolle de Gaulles zu schätzen. In Bern wurde Frankreich noch immer vom Botschafter der Vichy-Regierung vertreten.
All das war weder einfach noch leicht. Zweifellos stand die öffentliche Meinung den Deutschen sehr kritisch gegenüber. Die Zeitungen waren eines der großen Probleme zwischen der Schweiz und Nazideutschland, das sich ständig über die kritische Haltung der Schweizer Journalisten beschwerte.
Offiziell wahrte die Schweizer Regierung eine Haltung strikter Neutralität. Diese Neutralität wurde von den europäischen Mächten seit dem Wiener Vertrag von 1815 anerkannt und garantiert und vom Ver-

sailler Friedensvertrag 1919 bestätigt. Das verpflichtete die Schweiz zugleich, diese Neutralität zu verteidigen. Die Entschlossenheit, neutral zu bleiben, stützte sich daher auch auf die Schweizer Armee und ihre Kampfkraft. Die Schweizer hatten bei Kriegsausbruch sofort mobil gemacht, um ihre Grenzen zu verteidigen. Und da die Schweiz eine Volksarmee auf der Grundlage der Wehrpflicht hatte, war das ganze Land vom Militärdienst betroffen.
Die traditionelle Haltung der Schweiz wurde nach der Kapitulation Frankreichs natürlich äußerst heikel und war nur unter größten Schwierigkeiten aufrechtzuerhalten. Die Schweiz, die ursprünglich von vier großen Ländern umgeben war, Deutschland, Frankreich, Österreich-Ungarn und Italien, hatte nach dem Anschluss von 1938 plötzlich ihren Ausgang nach Österreich verloren. Und die Errichtung der Achse Berlin-Rom 1938 führte dazu, dass die Schweiz zu drei Vierteln umschlossen war.
1940 veränderte die Besetzung Frankreichs die Art dieser Grenze noch einmal. Die Schweiz war von den Streitkräften des Tausendjährigen Reichs praktisch eingekreist. Es blieb nur ein kleiner direkter Ausgang ins nicht besetzte Frankreich, den Hitler nicht hatte schließen können. Und heute weiß man, dass sich die Deutschen, angetrieben von Hitler persönlich, selbst noch nach dem Waffenstillstand von 1940 um die vollständige Einschließung bemühten. Jüngste historische Forschungen zeigen, dass dies vermutlich der gefährlichste Moment für die Schweiz war.
Die Schweiz fürchtete nicht nur einen Überfall. Ihre sehr schwierige Lage rührte auch von der Tatsache her, dass sie nicht allein von ihren eigenen Produkten und Mitteln leben konnte. Praktisch ohne Rohstoffe, war sie für die Ernährung der Bevölkerung zu einem Gutteil auf Importe angewiesen. Das setzte offene Grenzen und ausgleichende Exportmöglichkeiten voraus. Die Schweiz verfügte aber weder über Häfen noch über schiffbare Flüsse.
Gleichzeitig musste die Schweiz ihre Bevölkerung arbeitsfähig halten. Sie lebte zu einem großen Teil vom Export ihrer Industrieprodukte. Aus all diesen Gründen war sie vollständig auf das Wohlwollen Deutschlands angewiesen.
Im Grunde blieb ihr nur eine Wahl: Entweder arbeitete sie für Deutschland oder sie weigerte sich. Im Fall einer Weigerung würden ihre Fabri-

ken stillstehen. Das hätte eine enorme Arbeitslosigkeit zur Folge gehabt, die die Bevölkerung vermutlich radikalisiert hätte. Eine solche Situation hätte zur Popularisierung der Bewegung der Frontisten beigetragen, die den Anschluss an Deutschland befürwortete. Dieses Dilemma führte dazu, dass die Schweiz beschloss, ihre Wirtschaft für Deutschland arbeiten zu lassen, mit allen Risiken, die das für ihre Neutralität mit sich brachte.

Wie Joseph in Ägypten

Die Situation war sehr kompliziert. Zum Glück hatte die Schweiz vor dem Krieg in Wilhelm Oprecht einen außergewöhnlich intelligenten Wirtschaftsminister gehabt. In Hinblick auf einen eventuellen Krieg hatte er jahrelang enorme Vorräte an Lebensmitteln im Land anlegen lassen, wie einst Joseph in Ägypten.

Dank dieser Reserven, aber auch dank der Rationierung, die gleich bei Kriegsbeginn eingeführt wurde, konnte die Schweiz ihre Versorgung mit Lebensmitteln ganz gut sicherstellen. Diese Vorräte, von denen sie den ganzen Krieg hindurch zehrte, wurden durch klug ausgehandelte Importe ergänzt. Diese über Marseille und Genua laufenden Importe brachten Lebensmittel und Rohstoffe in ausreichenden Mengen ins Land, um die Schweiz am Leben zu erhalten.

Es bestand jedoch dauerhaft ein großes Risiko. Denn es war niemals sicher, dass die Deutschen nicht versucht sein könnten, das Land zu besetzen. Die Situation war also sehr prekär, vor allem nach der Kapitulation Frankreichs im Juni 1940. Damals ließen sich sogar manche Bundesräte von einer gewissen Entmutigung anstecken. Der Leiter des Politischen Departements, des Schweizer Außenministeriums, hielt eine Rede, in der er eine Anpassung der Schweiz an die neuen Bedingungen in Europa anvisierte.

Das war der schwierigste und dramatischste Moment für die Schweiz. Diese Rede wurde ein paar Wochen später durch eine sehr entschieden formulierte Ansprache von General Guisan, dem Oberbefehlshaber der Armee, ein wenig ausgeglichen, der – auf der historischen Rütli-Terrasse – seine Mitbürger zur unbedingten Verteidigung des Vaterlands, seiner Unabhängigkeit und ihrer Freiheiten aufrief. Diese Haltung war nicht immer die vorherrschende. Es gab auch Momente der Schwäche. Aber die große Masse der Bevölkerung und die meisten Verantwortlichen hatten den Willen, die Unabhängigkeit des Landes zu erhalten. Heute wissen wir, dass die Schweiz nicht nur durch ihren Verteidigungswillen vor dem Krieg bewahrt blieb. Unter dem ständigen Druck des Reichs sah sie sich veranlasst, mit dem großen Nachbarn im Norden vor allem auf wirtschaftlichem Gebiet zusammenzuarbeiten. Diese Zusammenarbeit ging mit Sicherheit über den Rahmen der strikten Neutralität hinaus. Die jüngste große Diskussion über das Verhalten der Schweiz im Zweiten Weltkrieg hat Aspekte ans Tageslicht gebracht, die den breiten Massen der Bevölkerung unbekannt waren, für die die damaligen Staatsvertreter aber die ganze Verantwortung trugen. Der Bundesrat hat seinerseits zugegeben, dass »den Achsenmächten vor allem auf wirtschaftlichem und finanziellem Gebiet Zugeständnisse gemacht worden sind, Zugeständnisse, die aufgrund der tiefen Überzeugungen der Bevölkerung und angesichts der Notwendigkeiten heute schwer zu verstehen sind«.

Die Flüchtlinge strömen ins Land

Schon 1933 verfolgte die Eidgenossenschaft eine sehr strikte Politik gegenüber den jüdischen Flüchtlingen, die sich im Land niederlassen wollten. Diese Politik stand in völligem Gegensatz zu dem, was die Schweizer Historiker gern die »große Schweizer Asyltradition« nennen. Neuerdings hat man jedoch herausgefunden, dass sie nicht so konstant angewandt wurde, wie man glaubte.
Ab 1933 wurden die Einreisemöglichkeiten für Flüchtlinge immer stärker eingeschränkt. In der Vergangenheit konnte man einfach mit einem deutschen Pass einreisen. Ich hatte mich mit meinem deutschen Pass am Institut Universitaire de Hautes Études Internationales einschreiben können. Aber schon damals war es furchtbar schwierig, sich als Flüchtling niederzulassen. Bis zum Krieg hatten ungefähr 7000 jüdische Emigranten deutscher Abstammung das Asylrecht erhalten.
Zur großen Krise kam es nach dem Anschluss 1938. Es ist bekannt, dass man sich in den Verhandlungen zwischen der Schweiz und Deutschland geeinigt hatte, die Pässe der deutschen Juden mit einem großen

»J« zu stempeln, um sie von den »normalen« deutschen Pässen zu unterscheiden. Nur für die Pässe der Juden galt die Auflage, dass sie ein Einreisevisum erhalten mussten. Damit sollte natürlich die Einreise der deutschen und österreichischen Juden, die in die Schweiz zu fliehen versuchten, beschränkt werden. Wir wissen heute, dass diese Idee vom Chef der eidgenössischen Fremdenpolizei Heinrich Rothmund aufgebracht worden war und dass die Deutschen sie sehr gern akzeptiert hatten. Das ist eines der traurigsten Kapitel der Schweizer Flüchtlingspolitik.

Die Einführung des Judenstempels in den Pässen der deutschen Juden hinderte sie nicht nur daran, in die Schweiz zu kommen. Dieser Stempel war für die Juden auch in Bezug auf andere Länder, insbesondere Südamerika, verhängnisvoll, die den Inhabern eines solchen Passes mehr und mehr ihre Visa verweigerten.

Es wurde immer offenkundiger, dass die Juden in der Schweiz einfach nicht erwünscht waren. Diese Haltung wurde mit der Notwendigkeit gerechtfertigt, man müsse der Gefahr einer Überfremdung der Schweiz vorbeugen. Man verwies außerdem darauf, diese Haltung liege auch im Interesse der jüdischen Gemeinde der Schweiz, die man auf diese Weise vor dem Antisemitismus schütze, der aus einer zu starken jüdischen Einwanderung resultieren könne.

In Wirklichkeit gründeten diese Haltungen auf antisemitischen Gefühlen, die tief in breiten Schichten der Bevölkerung verwurzelt waren. All dies führte schließlich während des Kriegs zu der fatalen Unterscheidung zwischen »politischen Flüchtlingen« und »Rassenflüchtlingen«; Letzteren wurde das Asylrecht verweigert. In der Folge wurde dieser Grundsatz sogar auf die Behandlung der Militärflüchtlinge ausgedehnt. Dies geht deutlich aus einem Rundschreiben der Regierung vom Juli 1942 hervor, das den Artikel 13 der Haager Konvention von 1907 wie folgt interpretierte: »Allgemeine Aufnahmebestimmungen können nicht festgelegt werden. Jeder Einzelfall muss nach den jeweiligen Umständen entschieden werden. Als allgemeine Regel gilt jedoch, dass unerwünschte Elemente (Juden, politische Extremisten, der Spionage verdächtigte Personen) außer Landes gehalten werden müssen.«

Sobald der Krieg ausbrach, erließen die Schweizer neue Bestimmungen hinsichtlich der Flüchtlinge, die noch strenger als die vorher geltenden waren. Am 17. Oktober 1939 verabschiedete der Bundesrat eine Verordnung, deren Artikel 9 festlegte, dass die Ausländer, die illegal in die Schweiz einreisten, ohne jedes Verfahren ausgewiesen werden konnten. Diese Klausel wurde nicht allzu streng angewandt. Bis Juli 1942 wurden trotzdem weitere 1200 jüdische Flüchtlinge aufgenommen. Als sich die Lage der Juden in Deutschland jedoch mit den Deportationen vor allem aus den mitteleuropäischen Ländern 1941 und dann den Massenverhaftungen und Deportationen in Frankreich, Belgien, Holland und den osteuropäischen Ländern verschlechterte, versuchten Tausende von Juden ihr Leben in der Schweiz zu retten.

Und dann kam der dramatischste Augenblick. Am 13. August 1942 veröffentlichte der Leiter des Departements (Ministeriums) für Justiz und Polizei ein Rundschreiben, mit dem er die Grenze praktisch für alle jüdischen Flüchtlinge schloss. Es wurde eine ganz klare Unterscheidung zwischen »politischen Flüchtlingen« und »Rassenflüchtlingen«, das heißt Juden, eingeführt; Letzteren wurde das Asyl verweigert.

Diese vollkommen willkürliche Unterscheidung widersprach natürlich ganz und gar der Schweizer Tradition hinsichtlich des Asylrechts. Die aus ihren Ländern verjagten Juden waren Opfer der Nazi-»Politik«, die sie zu Feinden des deutschen Volkes erklärte. Wer konnte mit mehr Recht als sie den Status des politischen Flüchtlings für sich beanspruchen?

Die Schließung der Grenzen für die jüdischen Flüchtlinge hatte katastrophale Folgen. Zehntausende von Juden wurden von der Schweiz zurückgewiesen und zum großen Teil in die Hände der Gestapo zurückgetrieben. Heute weiß man, dass mindestens 30 000 bis 40 000 Juden abgewiesen wurden. Tausende andere, die die Absicht hatten, in die Schweiz zu fliehen, verzichteten darauf, als sie vom Schicksal der Abgewiesenen erfuhren.

Diese unmenschliche Entscheidung wurde getroffen, als die Deportationen und Massaker ihren Höhepunkt erreichten. Die verantwortlichen Behörden wussten, was die Abgewiesenen erwartete. Sie waren sehr wohl über das Schicksal der Deportierten informiert, und dennoch schickten sie sie in den sicheren Tod.

Diese sehr harten gesetzlichen Bestimmungen lösten eine enorme und sehr heftige Reaktion nicht nur in der jüdischen Gemeinde, sondern auch beim Schweizer Volk aus. Im Grunde war dies einer der schönsten Augenblicke, die ich in der Schweiz erlebt habe. Von der gemäßigten Rechten bis hin zur Linken gab es eine richtige intellektuelle Rebellion gegen diese Maßnahmen. Der Wortführer der gemäßigten Rechten war der Chefredakteur der *Basler Nachrichten*, Albert Oeri. Ich kannte ihn. Er war auch Nationalrat und ein Mann von großem politischem Format. Von der Rechten bis hin zu den Sozialisten gab es also eine sehr kritische Reaktion, die wirklich einen tiefsitzenden Widerstand gegen die Nazimethoden und die Notwendigkeit ausdrückte, das Tor der Schweiz nicht all denen zu verschließen, die anklopften, um hereinzukommen.

Ich muss hinzufügen, dass auch die Kirchen eine wichtige Rolle in diesem Widerstand spielten. Es gab einen sehr breiten politischen Fächer, der die Regierung kritisierte, insbesondere durch die Stimme von Pastor Paul Vogt.

Diese Reaktion des Volkes hatte zahlreiche Aspekte. Sie fand ihren Ausdruck vor allem in einer ganzen Reihe von Demarchen, die sowohl von der jüdischen Gemeinde als auch vom Zentralbüro für die Flüchtlinge unternommen wurden, das alle jüdischen und nichtjüdischen, politischen und religiösen Institutionen, die sich um die Flüchtlinge kümmerten, zusammenfasste. Der Vizepräsident des Gemeindebunds (des Schweizer Bundes der jüdischen Gemeinden), der Bankier Paul Dreyfus de Gunzburg, und Gertrud Kurtz, eine Protestantin, die sich während des ganzes Kriegs große Verdienste erworben hat, indem sie Flüchtlinge aufnahm, und die »Mutter der Flüchtlinge« genannt wurde, spielten in diesem Zusammenhang eine sehr wichtige Rolle. Beide intervenierten beim Minister für Justiz und Polizei, bei Bundesrat von Steiger, und unterbrachen dessen Ferien am Mont Pèlerin.

Diese Interventionen führten dazu, dass eine gewisse Lockerung der Bestimmungen angeordnet wurde. Vor allem nahm die Schweiz nun ohne Beschränkung Kinder bis zum sechzehnten Lebensjahr auf. Und sie nahm auch die Eltern auf, die sie begleiteten, was die Organisation von Flüchtlingstransporten ermöglichte.

Die neuen Anweisungen führten also gewisse Ausnahmen ein. Sie hielten jedoch an der Unterscheidung zwischen politischen Flüchtlingen und »Rassenflüchtlingen« fest. Jetzt wurde allerdings die Aufnahme gewisser besonders schwieriger Fälle zugelassen, also etwa von Kranken, Schwangeren, Flüchtlingen, die über fünfundsechzig waren ...

Da diese Bestimmungen von Zeit zu Zeit geändert wurden, ist es nicht nötig, sie detailliert von Kriegsanfang bis Kriegsende zu verfolgen. Zu einem bestimmten Zeitpunkt, als das Ende des Kriegs näherrückte, vor allem nach dem Sturz des Mussolini-Regimes, öffnete die Schweiz ihre Tore recht weit für die aus Italien kommenden italienischen und jugoslawischen Juden.

Die Schweiz rettet 28 500 Juden

Als der Krieg 1945 endete, belief sich die Zahl der jüdischen Flüchtlinge, die sich in der Schweiz befanden, auf 28 500, von denen 7000 bereits vor dem Krieg Asyl gefunden hatten. Das beweist, dass die Schweiz während des Kriegs doch immerhin eine gewisse Zahl von Juden gerettet hat. Und es gibt nicht viele Länder, die sich rühmen können, ebenso viele gerettet zu haben.
Das bedeutet nicht, dass sie nicht mehr hätte retten können. Ich bin überzeugt, dass sie die doppelte, ja dreifache Anzahl ohne schwerwiegende Konsequenzen für die Schweizer Bevölkerung, ihre Versorgung mit Lebensmitteln, ihren Arbeitsmarkt und ihre Sicherheitsprobleme hätte retten können.
Ich kann nicht vergessen, dass man, während man den Juden gegenüber diese sehr harte Politik fortsetzte, das Tor über lange Zeiträume hinweg, wenn nicht sogar für die Dauer des Krieges, anderen Menschen weit öffnete, wie den so genannten Militärflüchtlingen, die nach der Haager Konvention das Recht auf Einreise in neutrale Länder hatten. Nicht weniger als 100 000 solcher Personen (Internierte, Gefangene, entflohene Kriegsgefangene, Deserteure und in Lazarette Eingewiesene) befanden sich bei Kriegsende in der Schweiz. Es gab niemals Diskussionen darüber, ob man diese Menschen aufnehmen sollte. Und wenn die Schweiz imstande war, sie aufzunehmen, dann hätte sie auch zumindest eine entsprechende Anzahl von Juden aufnehmen können.
Viele Juden, die in den Genuss des Asylrechts in der Schweiz kamen, beklagten sich über die Unhöflichkeit, mit der sie behandelt wurden, und manchmal sogar über die Brutalitäten und den Mangel an Respekt vor dem Menschen. Das ist sicher richtig und betrifft vor allem das Wachpersonal. Die Schweizer waren auf eine solche Flüchtlingswelle nicht vorbereitet. Sie improvisierten die Aufnahme und die Dienste,

dessen Personal für diese Bedürfnisse nicht ausgebildet waren. Sehr häufig taten sie dies mit den Methoden eines Hoteliers. Wenn man Menschen in einem Lager internierte, eröffnete man ein Konto, wie in einem Hotel. Jeder Flüchtling wurde mit SFr 3.50 pro Nacht belastet, man stellte ihnen einen bestimmten Betrag für die Verpflegung in Rechnung, usw. Man zwang die Flüchtlinge, das Geld, das sie bei sich hatten, abzugeben, und zog davon die Kosten für Unterbringung und Verpflegung ab. Dann präsentierte man den Regierungen Hollands, Belgiens und anderer Länder die Rechnungen für den Unterhalt der Flüchtlinge, die nicht bezahlen konnten. Das war nicht sehr elegant.
Doch trotz der Tatsache, dass ich sehr häufig mit den in den Lagern und Hotels Internierten sympathisierte, sagte ich mir stets, dass es zuallererst darauf ankam, dass mehr Flüchtlinge aufgenommen wurden, selbst wenn man diese nicht sehr erfreuliche Behandlung hinnehmen musste. Und hierfür setzte ich alle Hebel in Bewegung.

Meine Interventionen

Wie bereits betont, habe ich stets vermieden, mich in die Schweizer Politik einzumischen. Ich unterstützte allerdings die Arbeit der jüdischen Institutionen in der Schweiz. Und ich nutzte meine Kontakte zu den evangelischen Kirchen in der Schweiz, um die Aufnahme weiterer Flüchtlinge zu erreichen. Ich leitete ihnen also all meine Informationen zu, so dem Weltkirchenrat, dessen Pastor Koechlin, Präsident des Schweizerischen Evangelischen Kirchenbunds, mit dem Justizminister in Verbindung stand, ebenso wie Oberst Henriod, dem Leiter des Büros für die protestantischen Flüchtlinge in der französischen Schweiz, der mit General Guisan und seinen Mitarbeitern in Verbindung stand. Beide intervenierten mehrmals bei den Bundesbehörden.
Ich habe diese Kanäle vor allem benutzt, um die Regierung zu größerer Liberalität und Aufnahmebereitschaft zu bewegen. Manchmal hatte ich damit Erfolg. So räumten die Behörden, als die Grenzen vollständig geschlossen waren, den Kirchen das Recht ein, ihnen Listen von besonders verdienten Persönlichkeiten vorzulegen, denen die Einreise in die Schweiz erlaubt werden sollte, falls sie sich an den Grenzen zeigten. Unter Berufung auf diesen Präzedenzfall erhielten auch wir das Recht,

solche Listen zu erstellen, was wir auch taten. Ich muss sagen, dass ich diese Vorgehensweise verabscheute. Indem wir diese Listen zusammenstellten und vorlegten, spielten wir den lieben Gott. Diejenigen, die wir vergessen hatten oder die sich nicht mit Macht in unser Gedächtnis drängten, blieben natürlich ausgeschlossen. Außerdem wurden wir dadurch vom Wohlwollen der Behörden abhängig und verloren unsere Freiheit.

Auch manche meiner anderen persönlichen Aktivitäten verdienen es, hier erwähnt zu werden.

Zunächst einmal stand ich bei meinem Einsatz für die Flüchtlinge in ständiger Verbindung mit den Vertretern der verschiedenen Regierungen. Außerdem pflegte ich meine nicht weniger engen Kontakte zu den jüdischen Flüchtlingen unterschiedlicher Nationalitäten, die in der Schweiz lebten. Unter ihnen gab es eine Anzahl ehemaliger Gemeindevorsteher, von denen viele über große Erfahrung verfügten. Ich hatte also die Möglichkeit, diese Personen sowohl hinsichtlich der Situation in ihren Gemeinden als auch hinsichtlich der Aktionen, die eventuell zugunsten ihrer Gemeinden durchgeführt werden sollten, oder hinsichtlich der Bedürfnisse der jüdischen Flüchtlinge aus ihren Ländern in der Schweiz zu konsultieren.

Unter diesen ehemaligen Gemeindevorstehern gab es bedeutende Persönlichkeiten aus Österreich, Belgien, Frankreich, Holland, Ungarn, Italien, Rumänien, der Tschechoslowakei und Jugoslawien. Gegen Ende des Kriegs bildete ich sogar einen kleinen Beratungsausschuss aus diesen Gemeinden beim Jüdischen Weltkongress.

Die Meinung dieser führenden Persönlichkeiten half mir sehr, die Situation in ihren Ländern zu verstehen und zu interpretieren. Und zugleich waren diese Kontakte für sie ein Anlass, uns durch ihre Verbindungen mit ihren Ländern Informationen zu beschaffen.

Dabei kamen meinen Verbindungen zu den führenden jüdischen Persönlichkeiten Italiens besondere Bedeutung zu. Als 1943 nach dem Sturz Mussolinis und der Gründung der Republik von Salo eine große Zahl von Juden in die Schweiz kam, erhielt ich von der Vertretung der italienischen Juden in New York eine substantielle finanzielle Unterstützung. Zusammen mit den Vertretern der italienischen Juden in der Schweiz beschlossen wir, diese Mittel für die Gründung einer jüdischen Schule zu verwenden. Sie wurde in Weggis am Vierwaldstätter See errichtet. Dank dieser Initiative konnten etwa hundert Kinder, Schüler des jüdischen Gymnasiums in Mailand, weiterhin ein ganzes Jahr lang von ihren eigenen Lehren, die ebenfalls in die Schweiz geflohen waren, unterrichtet werden. Am Ende des Jahres wurden natürlich Prüfungen unter Aufsicht der italienischen Schulbehörde durchgeführt.

Die Schweizer Juden während des Kriegs

In der Schweiz hatte die jüdische Gemeinde stets eine sehr kleine Bevölkerungsminderheit gebildet. In der ersten Hälfte des 20. Jahrhunderts zählte sie ungefähr 20 000 Seelen. Bis 1910 ist ihre Zahl ziemlich stabil geblieben, was bedeutet, dass sie weniger als 0,5 Prozent der Gesamtbevölkerung ausmachte. Heute ist dieser Prozentsatz noch geringer, weil die Gesamtbevölkerung zugenommen hat.

In der Zeitspanne, von der die Rede ist, hatte ungefähr die Hälfte der Juden nicht die Schweizer Staatsbürgerschaft. 1930 waren 45,5 Prozent der Juden Ausländer, 1941 47,1 Prozent. 1950 sank dieser Prozentsatz auf unter 40 Prozent. Daher hatten die Schweizer Juden nur einen sehr geringen Einfluss und spielten eine sehr beschränkte Rolle in der Politik, der Presse oder der Wirtschaft. Im Parlament saßen ein oder zwei jüdische Mitglieder der Sozialistischen Partei, meist auf der Oppositionsbank. Es waren Männer mit Charakter.

In der Presse gab es keine jüdischen Journalisten. In der Leitung der großen Finanzinstitute und Industriebetriebe waren die Juden fast gar nicht vertreten. Die Juden waren ein aktives Element im Handel und in den freien Berufen. Sie gründeten einige renommierte Privatbanken, Bekleidungsfirmen und eine gewisse Anzahl kleiner Uhrenfabriken. Aber dennoch waren sie nicht in der Leitung der großen Unternehmen oder Industrien vertreten, und insbesondere nicht in den Banken, Versicherungsgesellschaften oder auch der Schwerindustrie und der chemischen Industrie oder den großen Uhrenfabriken mit Weltruf, die die Stärke der Schweizer Wirtschaft ausmachen.

Es liegt auf der Hand, dass der Gemeindebund, der Bund der Jüdischen Gemeinden in der Schweiz, den zahlreichen Vorkommnissen, die zuweilen die Grundlagen der gesetzlich verankerten Rechte der Juden angriffen, nicht gleichgültig zusehen konnte.

Der Gemeindebund intervenierte beispielsweise mit allem Nachdruck im Februar 1941, als die offizielle Militärzeitschrift *Armée et Patrie* einen heftig antisemitischen Artikel veröffentlichte, der die Juden als nicht assimilierbar bezeichnete und sogar so weit ging, für sie einen Sonderstatus zu fordern. Auf diese Intervention hin drückte der Verteidigungsminister sein Bedauern aus und versprach Sanktionen gegen die Verantwortlichen.

Ein anderes Mal ging es darum, gegen die Beschlagnahme von Eigentum zu protestieren, das Schweizer Juden im besetzten Frankreich gehörte. Auf eine Anfrage an das Schweizer Parlament antwortete die Regierung unter anderem, dass es sich, da für die Juden in Frankreich Sonderbestimmungen gelten, um Probleme *öffentlicher Ordnung* (*ordre public*) handele, die also auch für die in Frankreich ansässigen Ausländer gelten. Dies drohte einen gefährlichen Präzedenzfall zu schaffen. Einerseits widersprach das den Bestimmungen der internationalen Verträge zwischen Frankreich und der Schweiz, die ihren Bürgern Gleichbehandlung garantierten; andererseits bedeutete es, dass die Schweizer Regierung zuließ, dass ausländische Mächte jeden beliebigen Schweizer Bürger ganz nach Belieben diskriminieren konnten.

Auf Drängen von Professor Paul Guggenheim intervenierte der Gemeindebund bei der Bundesregierung. Diese trat schließlich einen eleganten taktischen Rückzug an, indem sie wem auch immer das Recht absprach, Schweizer Bürger zu diskriminieren. Die Regierung stellte aber auch fest, dass in diesem Fall der Schutz der Interessen der Schweizer Juden in Wirklichkeit unmöglich sei.

Schweizer Juden wurden im besetzten Frankreich übrigens bereits allein deswegen verhaftet, weil sie Juden waren. Der Gemeindebund musste bei der Regierung im Namen von dreißig jüdischen Bürgern Schweizer Nationalität intervenieren, die auf diese Weise verhaftet worden waren. Schließlich verlangte die Schweiz ihre Freilassung, indem sie bat, keine diskriminierenden Unterschiede zwischen ihren Bürgern zu machen, und sie wurden tatsächlich freigelassen.

Ärger mit der Militärzensur

Während des Krieges gab es in der Schweiz eine allgemeine Militärzensur. Die Art und Weise, wie diese Zensur ausgeübt wurde, signalisierte wiederholt, dass sie für uns keine besondere Sympathie empfand. Durch sie sollte vor allem die Neutralität gewahrt bleiben und sollten Angriffe auf das Deutsche Reich vermieden werden. Was über das Schicksal der deutschen Juden und der Juden in den anderen Ländern berichtet wurde, wurde von der Zensur nicht gerade günstig aufgenommen. Es gab auch Vorfälle, die einen gewissen Antisemitismus durchscheinen ließen. Im Rahmen dieser Zensur wurden Schweizer Journalisten sogar daran gehindert, Berichte und Zeugnisse über die antijüdischen Gräueltaten in Ungarn und Polen zu veröffentlichen. Das ging auf die Militärbehörden zurück, die Ärger mit Deutschland vermeiden wollten. Doch ich verhehle nicht, dass wir dieser Politik äußerst kritisch gegenüberstanden.

Meine Beziehungen zur jüdischen Gemeinde in der Schweiz waren zu Beginn des Kriegs ganz normal. Der Gemeindebund war Mitglied des Jüdischen Weltkongresses. Die Schweizer Juden waren auf dem ersten Kongress des Jüdischen Weltkongresses 1936 vertreten. Und sie kamen zu allen Sitzungen. Wir hatten recht enge Beziehungen. Und ich erinnere mich, dass Saly Mayer, der Präsident des Gemeindebunds, im ersten Kriegsjahr mehr als einmal nach Genf kam, um uns im Büro zu besuchen und mit uns zu sprechen.

Nach der Kapitulation Frankreichs änderten sich die Dinge ein wenig. Es ist sehr schwierig, diese Entwicklung genau zu datieren. Aber ich hatte den Eindruck, dass sich der Präsident des Gemeindebunds in dem Augenblick, als das Zentralbüro des Jüdischen Weltkongresses von Paris nach New York und zu einem guten Teil nach London verlegt wurde, ein Stück weit von uns distanzierte, um nicht gegen das zu verstoßen, was er unter der Neutralität der Schweiz verstand. Ich dagegen glaube, dass unsere Beziehungen absolut nichts mit der Neutralität der Schweiz zu tun hatten, die eine Haltung der Regierung gegenüber anderen Regierungen war. Als aber Amerika Ende 1941 in den Krieg eintrat, bildete er sich vermutlich ein, dass er ebenfalls auf eine gewisse Distanz zu einer Organisation gehen müsse, deren Hauptzentren sich bei den Alliierten befanden. Das wurde sehr deutlich.

Ich muss gestehen, dass ich nicht sehr glücklich über seine Politik gegenüber der Schweizer Regierung, vor allem bezüglich der Frage der Flüchtlingsaufnahme, war. Ich fand, dass der Präsident des Gemeindebunds, anstatt der Vertreter der Juden gegenüber den Behörden zu sein, immer mehr zum Vertreter der Regierung gegenüber den Juden wurde. Er vertraute auf seine guten Beziehungen zu den Behörden. Er glaubte, dass dies die Sicherheit der Schweizer Juden garantiere.

Wir vom Jüdischen Weltkongress waren nicht dieser Meinung. Viele meiner Freunde, vor allem Erwin Haymann, Veit Wyler und Benjamin Sagalowitz, teilten diese Ansicht. Wir glaubten, dass man sich in dieser Zeit viel stärker auf die öffentliche Meinung verlassen und sich auf die Lebenskräfte des Landes, auf die Macht des Volkes in der Demokratie stützen müsse, die auch für die Verteidigung der Rechte der jüdischen Gemeinde mobilisiert werden mussten.

Die reservierte Haltung des Präsidenten des Gemeindebunds hinderte mich nicht daran, herzliche Beziehungen zu vielen seiner führenden Persönlichkeiten und den Präsidenten der lokalen Gemeinden zu unterhalten. Sie teilten meine Meinung und versuchten gemeinsam, die Politik des Gemeindebunds im Sinne größerer Entschlossenheit und Wirksamkeit zu beeinflussen. Da es sich um demokratische Kräfte handelte, denke ich natürlich an die politischen Parteien, aber auch an die Volksbewegungen, die Gewerkschaften und die Berufsverbände, die es im Lande gab.

Dieser Konflikt führte schließlich zu einem Wechsel in der Präsidentschaft der jüdischen Gemeinde. Der neue Präsident, Saly Braunschweig, bewies mehr Mut. Die neue Leitung näherte sich im letzten Kriegsjahr wieder dem Jüdischen Weltkongress an. Ich wurde eingeladen, an einer Sonderkommission des Gemeindebunds teilzunehmen, die sich mit den Problemen der Juden nach dem Krieg beschäftigen und Vorschläge dazu machen sollte. Ich schrieb sogar den Bericht der Kommission, den der Gemeindebund veröffentlichte.

Ergänzend möchte ich noch feststellen, dass wir uns in der letzten Phase des Kriegs alle ein paar Freiheiten herausgenommen hatten. Ich intervenierte ein paar Mal zusammen mit Paul Guggenheim beim Politischen Departement, dem Schweizer Außenministerium, um es aufzufordern, sich mit mehr Entschiedenheit für die Rettung der ungarischen Juden einzusetzen. Wir sprachen auch mit hohen Beamten des Politischen Departements über eine Reihe allgemeiner Probleme, die die Situation der Juden betrafen. Und schließlich war ich ziemlich lange in Kontakt mit jenen Beamten, die sich um die Vertretung der ausländischen Interessen kümmerten. Sie waren besonders gut über das informiert, was in anderen Ländern geschah, einschließlich der Situation der Juden. Wir arbeiteten ziemlich lange mit diesen Beamten zusammen, um zu versuchen, die Situation im Rahmen des Möglichen zu erleichtern.

Ein paar Jahre nach Kriegsende bat die Schweizer Regierung Professor Carl Ludwig, der Staatsrat in Basel war, einen Gesamtbericht über die Flüchtlingspolitik der Schweiz zwischen 1933 und 1955 vorzulegen. Ludwig unterhielt sich sehr ausführlich mit Sagalowitz und mir. Sagalowitz übergab ihm sogar eine ausführliche Dokumentation im Namen des Gemeindebunds. Ludwigs Bericht zeichnet sich durch große Aufrichtigkeit aus. Ohne irgendetwas zu verbergen, stellt er die Dinge dar, wie sie geschehen sind. Und das gereicht der Schweiz zur Ehre.

Die großen historischen Werke, die sich mit dieser dramatischen Periode der Schweizer Geschichte beschäftigen, stellen die Tatsachen und die begangenen Fehler freimütig dar. Der von der Schweizer Regierung in Auftrag gegebene Ludwig-Bericht wurde dem Parlament vorgelegt und führte zu einer Revision der gesamten gesetzlichen Bestimmungen hinsichtlich der Flüchtlinge. Gleiches gilt für die monumentale neunbändige *Geschichte der schweizerischen Neutralität* von Edgar Bonjour, der Zugang zu allen zivilen und militärischen Archiven hatte, und für die Studie von Jean-Claude Favez über die Haltung des Internationalen Komitees vom Roten Kreuz während des Kriegs, die sich auf die Konzentrationslager der Nazis bezieht.

Nach dem Krieg wurde mir auf recht merkwürdige Weise Genugtuung zuteil, was die Schweizer Flüchtlingspolitik betrifft. Eines schönen Tages im Dezember 1946 kam Saly Mayer, der keinen Kontakt mehr mit mir unterhielt, da der »Joint«, den er vertrat, die Zusammenarbeit mit dem Jüdischen Weltkongress verbot, während des Zionistenkongresses zu mir und bat mich um ein dringendes Gespräch in dem Hotel in Basel, in dem wir beide abgestiegen waren. Ich dachte, er wollte über irgendetwas Dringendes mit mir sprechen, und akzeptierte die Einladung trotz der späten Stunde.

Es war 23 Uhr 45, als wir unser Gespräch begannen. Mayer hielt mich

ungefähr zwei Stunden fest, um mir in einer etwas verworrenen Sprache und ohne mich zu Wort kommen zu lassen begreiflich zu machen, dass er im Grunde nicht so schlecht sei und dass er große Achtung vor dem habe, was ich während des Krieges getan hätte. Und dass er trotz unserer Meinungsverschiedenheiten meine Haltung verstehe.
Saly Mayer war ein recht merkwürdiger Mann. Er sprach nicht in einfachen Sätzen. Ein Teil dessen, was er sagen wollte, blieb stets im Dunkeln. Er drückte sich häufig ganz bewusst ein bisschen unklar aus. Wenn ich an ihn denke, denke ich immer an eine Gestalt aus Thomas Manns *Zauberberg*. In diesem Roman gibt es auch eine etwas rätselhafte Figur, die keinen Satz beendet und deren Rede recht verworren ist: Mynheer Peeperkorn. Aber alle hatten großen Respekt vor ihm. Er beeindruckte durch seine »Persönlichkeit«. Dies galt im Grunde auch für Saly Mayer.
Eine weitere Genugtuung verschaffte mir das Treffen, um das Heinrich Rothmund mich bat. Lange Jahre Chef der eidgenössischen Fremdenpolizei, war er gewiss einer der Hauptverantwortlichen für die Schweizer Flüchtlingspolitik. Sicher, er war nicht der Einzige. Die Positionen, die er vertrat und die er beeinflusste, wurden von seinen Vorgesetzten, den jeweiligen Vorstehern des Departements für Justiz und Polizei, zuerst dem Bundesrat Baumann und später dem Bundesrat von Steiger, geteilt und unterstützt. In diesem Zusammenhang darf man auch nicht vergessen, dass die Schweizer Regierung ein kollegiales Organ ist und als solches kollektiv die Verantwortung für ihre Politik übernimmt. Die Bundesräte vertraten ihre politische Linie vor dem Schweizer Parlament im Namen des Bundesrats. Und das Schweizer Parlament, in dem es jahrelang eine Reihe heftiger Debatten über die Frage der Flüchtlinge gegeben hat, hatte diese sehr vorsichtige, sehr restriktive Politik der Regierung regelmäßig unterstützt und gebilligt.
Die jüdische Gemeinde der Schweiz hatte wiederholt zu einer Reihe von Nationalräten Kontakt aufgenommen, um sie über die tatsächliche Situation zu informieren und sie zu überzeugen, dass sie eine liberalere Politik verfolgen müsse. Dies war vor allem die Aufgabe meines Freundes Sagalowitz, der er sich mit großer Energie widmete. Er beeinflusste die Reden einer Reihe von Parlamentariern über die tatsächliche Situation. Aber auf die Politik der Regierung hatte das so gut wie keinen Einfluss. Das Parlament billigte ihre Position jedes Mal aufs Neue.
Heinrich Rothmund war nicht die ganze Zeit Chef der eidgenössischen

Fremdenpolizei. Zeitweise hatte er seinen Posten aufgegeben und als Vertreter des Zwischenstaatlichen Flüchtlingskomitees in Genf gearbeitet. Eines schönen Tages, ich glaube, es war 1947, rief er mich an und bat mich um ein Gespräch.

Er besuchte mich in meinem Büro und blieb ein paar Stunden bei mir. In diesem Gespräch wollte er mir seine Politik und seine Beweggründe während des Kriegs erklären. Er versuchte mich zu überzeugen, dass er stets bestrebt gewesen sei, sein Bestes zu geben. Ich schloss daraus, das er versuchte, nicht mit einem allzu negativen Ruf in die Geschichte einzugehen. Ich hatte vorher niemals Kontakt mit ihm gehabt, hatte nie mit ihm gesprochen und war ihm nie begegnet, als er im Amt gewesen war. Dieser Versuch des allmächtigen Chefs der Fremdenpolizei, *ex post festum* seine früheren Aktivitäten vor einem Angestellten des Jüdischen Weltkongresses, der selbst ein staatenloser Flüchtling ohne Papiere war, zu rechtfertigen, entbehrt nicht einer gewissen Ironie.

Als der Ludwig-Bericht veröffentlicht wurde, wurde der ehemalige Bundesrat und Leiter des Departements für Justiz und Polizei, Eduard von Steiger, von den Bundesbehörden aufgefordert, den Bericht für seine Amtszeit (1941-1951) zu kommentieren. Es ist interessant, dass von Steiger in seiner Antwort Passagen aus dem Ludwig-Bericht zitierte, die sich auf die Informationen über die Situation der Juden in den verschiedenen Ländern, über die ich während des Kriegs verfügte, und diejenigen, die Sagalowitz Ludwig geliefert hatte, beziehen.

Von Steiger sagte in seiner Erklärung, dass er weder mit mir noch mit Sagalowitz Kontakt gehabt habe und dass ihm die Informationen, auf die der Bericht sich beziehe, nicht bekannt gewesen seien. Ich hatte ja nie direkte Kontakte zu den führenden Politikern der Eidgenossenschaft. Aber es ist auch bekannt, dass ich all meine Berichte an den Weltkirchenrat weitergeleitet hatte. Über diesen Kanal war der Hauptinhalt der Informationen, über die ich verfügte, dem Leiter des Departements für Justiz und Polizei bekannt. Heute bestreitet übrigens niemand mehr, dass die Schweizer Regierung tatsächlich über die dramatische Situation der Juden in ganz Europa während des Kriegs informiert war.

Zusammenfassend möchte ich mich den Feststellungen Edgar Bonjours in seiner berühmten *Geschichte der schweizerischen Neutralität* (Band VI) anschließen, die sehr gut meine eigenen Gedanken ausdrücken:

Das schweizerische Schiff war nicht »überfüllt, nicht einmal gefüllt« und vermochte auch bei hohem politischem Wellengang eine viel größere Zahl von Flüchtlingen aufzunehmen, ohne unterzugehen. Gewiss erscheint, verglichen mit früheren Epochen der schweizerischen Asylpolitik, die jüngste zwar vielgestaltiger und schwieriger; der Einsatz ordnender administrativer Kräfte musste jetzt ungleich größer sein als früher. Aber im Hinblick auf die Opferbereitschaft der Behörden und Privaten schneidet diese Kriegsperiode gegenüber vorangegangenen schlecht ab. Die strengen Maßnahmen der Behörden und der nicht genügend zum Ausdruck gekommene Helferwille privater Kreise können aus der zeitweise sehr bedrohten außenpolitischen Lage und prekären Versorgung des Landes verstanden werden. Ob man jedoch die behördliche Politik der Zurückhaltung gegenüber Asylsuchenden, denen der sichere Tod auf den Fersen saß, auch noch billigt, liegt im freien Ermessen des Einzelnen. Dass mancher Rückschauende seine Zustimmung versagt, ist sein gutes staatsbürgerliches und menschliches Recht.

Fünfzig Jahre mussten letztlich vergehen, bis die höchsten Schweizer Behörden sich verpflichtet fühlten, ihrerseits das Unrecht zuzugeben, dass ihre Vorgänger den Juden angetan hatten. Auf einer außerordentlichen Sitzung der Vereinigten Bundesversammlung am 7. Mai 1995 anlässlich des 50. Jahrestags des Endes des Zweiten Weltkriegs hielt der Bundespräsident der Schweiz Kaspar Villiger eine große Rede im Namen des Bundesrats. Unter anderem sagte er:

Ich will aber nicht verhehlen, dass es einen Bereich gab, der sich aus heutiger Sicht der Rechtfertigung durch irgendwelche »äußeren Umstände« entzieht. Es geht um jene vielen Juden, denen durch die Zurückweisung an der Schweizer Grenze der sichere Tod wartete. War das Boot wirklich voll? Hätte der Schweiz der Untergang gedroht, wenn sie sich deutlich stärker für Verfolgte geöffnet hätte, als sie dies getan hat? Haben auch bei dieser Frage antisemitische Gefühle in unserem Land mitgespielt? Haben wir den Verfolgten und Entrechteten gegenüber immer das Menschenmögliche getan?

Es steht für mich außer Zweifel, dass wir mit unserer Politik gegenüber den verfolgten Juden Schuld auf uns geladen haben. Die Angst vor Deutschland, die Furcht vor Überfremdung durch Massenimmigration und die Sorge um politischen Auftrieb für einen auch hierzulande existierenden Antisemitismus wogen manchmal stärker als unsere Asyl-

> tradition, als unsere humanitären Ideale. Schwierige Zielkonflikte wurden auch überängstlich zulasten der Humanität gelöst. Mit der Einführung des so genannten Judenstempels kam Deutschland einem Anliegen der Schweiz entgegen. Dieser Stempel wurde im Oktober 1938 von der Schweiz gebilligt. Wir haben damals im allzu eng verstandenen Landesinteresse eine falsche Wahl getroffen.
> Der Bundesrat bedauert das zutiefst, und er entschuldigt sich dafür, im Wissen darum, dass solches Versagen letztlich unentschuldbar ist.
> [...]
> Wir können uns nur still verneigen vor jenen, die unseretwegen Leid und Gefangenschaft erlitten oder gar den Tod fanden, können uns auch verneigen vor ihren Angehörigen und Nachkommen.

In diesem Zusammenhang ist auch die postume gerichtliche Rehabilitation von Paul Grüninger, dem ehemaligen – aus dem Amt entlassenen – Chef der Sankt-Gallener Polizei, im November 1995, dreiundzwanzig Jahre nach seinem Tod und fünfundfünfzig Jahre nach seiner Verurteilung wegen Verletzung seiner Amtspflicht, zu sehen. Paul Grüninger hatte nach dem Anschluss Österreichs Hunderte jüdischer Flüchtlinge aus Österreich in die Schweiz einreisen lassen, womit er gegen die Anweisungen der Bundesregierung verstieß. Die Wiederaufnahme des Gerichtsverfahrens und die Aufhebung des Urteils sowie der damit verbundene Freispruch stellen einen äußerst seltenen, wenn nicht einzigartigen Fall in der Geschichte der Schweizer Rechtsprechung dar. Die Anerkennung der rein humanitären Beweggründe war der ausschlaggebende Faktor, Motive, die im ersten Urteil vollkommen außer Acht geblieben waren, das Grüninger wegen Fälschung von Dokumenten verurteilte. Dieser Akt der Rehabilitierung bezeugt das neue Bewusstsein einer Generation, die nichts mit den Kriegsgräueln und den schweren Fehlern, die damals begangen wurden, zu tun hat. Ein Bewusstsein, das dem Gericht von Sankt-Gallen erlaubte, nicht nur die entehrende Verurteilung in einen Freispruch umzuwandeln, sondern mit diesem Freispruch auch den Retter von Juden in Dankbarkeit zu ehren.

Meine Kämpfe für die Menschenrechte

Das jüdische Volk und die Menschenrechte

Der Kampf um die Achtung der Menschenrechte ist immer eine der zentralen Aufgaben gewesen, denen sich der Jüdische Weltkongress gewidmet hat. Die beiden großen Ziele des Kongresses, die von der Gründungsversammlung 1936 definiert und angenommen wurden, lauteten: erstens der Kampf gegen Hitler und den Nazismus und zweitens der Schutz der großen jüdischen Minderheiten in Mittel- und Osteuropa. Die zweite Aufgabe wurde mir übertragen, als ich in den Jüdischen Weltkongress eintrat.

Wenn auch die Verteidigung der Menschenrechte stets im Zentrum unserer Bemühungen stand, hatte sie natürlich in erster Linie den Schutz der Juden und der jüdischen Gemeinden im Auge. Allerdings waren wir niemals der Ansicht, die Rechte, die wir für uns forderten, stünden nur uns zu. Wir dachten im Gegenteil, dass diese Rechte für alle Menschen garantiert sein müssten. Daraus ergibt sich eine allgemeine Auffassung der Achtung der Menschenrechte, die sowohl den Schutz der Rechte des Einzelnen als auch den Schutz der sprachlichen, religiösen und ethnischen Gruppen und Gemeinschaften vorsieht. Durch sein beharrliches Handeln ist der Jüdische Weltkongress einer der großen Protagonisten im Kampf für die Menschenrechte in der modernen Welt geworden. Wir haben häufig die Vorreiterrolle in diesem Kampf gespielt.

Diese Bewegung hat lange vor der Gründung des Jüdischen Weltkongresses begonnen. Man kann die Geschichte der Juden in der Neuzeit sogar als die Geschichte ihres Kampfes für die Menschenrechte beschreiben. Unser Kampf für die Emanzipation der Juden Ende des 18. Jahrhunderts war tatsächlich der Beginn der modernen Menschenrechtsbewegung. Es lässt sich beobachten, dass in allen entscheidenden Stadien der Judenemanzipation im Laufe des 19. Jahrhunderts bis heute der Kampf um die Gleichberechtigung der Juden zugleich ein Schritt auf dem Weg der Anerkennung der Menschen- und Bürgerrechte in ihrer vollen Bedeutung war.

Ich beginne also mit der Neuzeit und spreche nicht vom hebräischen

Recht. Persönlich bin ich überzeugt, dass es kein Zufall ist, dass die Juden die Vorkämpfer für die Menschenrechte in der Neuzeit sind. Sie folgen darin der großen biblischen Tradition, in der die Vorstellung der Einheit der menschlichen Familie und die Gleichheit der Rassen heilig sind. Die Tatsache, dass wir alle von Adam und nicht von mehreren Vätern verschiedener Hautfarbe abstammen, zeigt diese Gleichheit des Menschen als eine Grundlage der jüdischen Tradition. Die zehn Gebote und die biblische Gesetzgebung, die die Achtung vor dem Anderen (dem Fremden und sogar dem Sklaven) gebieten, sind die Eckpfeiler dieser biblischen Vorstellung, die meiner Ansicht nach durch die gesamte Geschichte der Juden hindurch praktiziert worden sind und auch in den Positionen der modernen jüdischen Gemeinschaft zum Ausdruck kommen. Auch wenn unsere traditionellen Quellen den Begriff der Rechte nicht kennen, sondern nur den der Pflichten (Pflichten Gott gegenüber, Pflichten dem Nächsten gegenüber) – was nur ein anderer Weg ist, die gleiche Grundidee auszudrücken –, sind die Begriffe der Menschenrechte in vieler Hinsicht tief im jüdischen Denken verwurzelt.

Die moderne Auffassung der Menschenrechte hat zwei Hauptquellen: einerseits die Verfassungen von Massachusetts, Pennsylvania und einigen anderen amerikanischen Staaten, die 1787 zu den Grundsätzen der Verfassung der Vereinigten Staaten von Amerika geführt haben; andererseits, für die Europäer, die entscheidende Tradition der Französischen Revolution, die nach vielen Hindernissen 1789 zur Verabschiedung der Erklärung der Menschen- und Bürgerrechte und zwei Jahre später zur Anerkennung der uneingeschränkten Bürgerrechte der Juden führte.

Wir kennen den bedeutenden Beitrag der großen Köpfe der Französischen Revolution zu dieser Entwicklung, die zur Gleichstellung der Juden geführt hat: Mirabeau, Robespierre, Condorcet, Du Port, Clermont-Tonnerre.

Die Schwäche dieser Auffassung war, »den Juden als Volk alles zu verweigern und ihnen als Individuen alles zu gewähren« (Clermont-Tonnerre am 23. Dezember 1789 in der Nationalversammlung). Diese Auffassung der Französischen Revolution fand ihr Korrektiv und ihre Ergänzung im 20. Jahrhundert in der Anerkennung der Minderheitenrechte und im Sieg des Zionismus.

Dieser Kampf für die Gleichheit der Rechte hat auf allen großen politischen Kongressen Europas im 19. und 20. Jahrhundert eine Rolle gespielt. Der Wiener Kongress von 1815, der das Schicksal Europas grundlegend beeinflusst hat, hat sich mit der Gleichheit der deutschen Juden befasst, ohne das Problem zu lösen. Der Berliner Kongress 1878 war eine weitere wichtige Station in diesem Prozess. Disraeli und Bismarck verpflichteten damals Rumänien zur Achtung der Religionsfreiheit und der Gleichheit der Rechte der Juden.

Die Versailler Friedenskonferenz von 1919 war für die Juden besonders wichtig; auf ihr wurde das System des Minderheitenschutzes begründet. Die Konferenz von San Francisco schließlich, die 1945 die Charta der Vereinten Nationen verabschiedete, erarbeitete die Grundlagen für das System zum Schutz der Menschenrechte, das diese Organisation entwickeln sollte.

Darüber hinaus sicherten die internationalen Konferenzen im 19. Jahrhundert die Gleichheit der Rechte der Christen in manchen islamischen Ländern.

In Versailles schlossen sich die Vertreter der jüdischen Gemeinden Mittel- und Osteuropas einschließlich derer Russlands, der Ukraine, Polens, Rumäniens, Litauens usw. den Delegierten des Amerikanischen Jüdischen Kongresses und Kanadas an, um gemeinsam ihre Forderungen zu präsentieren. Sie vereinten sich auf der Friedenskonferenz zum Komitee der Jüdischen Delegationen. Dieses Komitee war der eigentliche Vorläufer des Jüdischen Weltkongresses. Gemeinsam präsentierten sie den Großmächten ihre Forderung nach Anerkennung der individuellen und kollektiven Rechte der religiösen, ethnischen, kulturellen und sprachlichen Minderheiten.

Leon Motzkin war die zentrale Persönlichkeit des Komitees. Seine wichtigsten amerikanischen Wortführer waren Stephen Wise, Julian Mack und Louis Marshall. Dank ihrer Arbeit und ihrer Interventionen konnte ein System des Minderheitenschutzes ausgearbeitet werden, das vom Völkerbund in den Friedensverträgen bzw. in speziell zu diesem Zweck formulierten Verträgen und Erklärungen garantiert wurde.

Das in Versailles erarbeitete System sah zum ersten Mal Bestimmungen vor, nach denen der Schutz sich nicht auf die Rechte des Einzelnen beschränkte; er umfasste auch die Anerkennung der kollektiven Rechte der ethnischen, kulturellen, religiösen und sprachlichen Minderhei-

ten. Diese bedeutsame Neuerung der Versailler Friedenskonferenz war der große Erfolg der jüdischen Delegation.
Die Vertreter des Komitees der Jüdischen Delegationen unterstützten zugleich auch die Forderung nach der Errichtung einer nationalen Heimstätte für die Juden in Palästina, für die sich die Balfour-Erklärung vom November 1917 ausgesprochen hatte. Allerdings wurde die Aktion zugunsten der nationalen Heimstätte von der zionistischen Delegation unter Führung von Chaim Weizmann geleitet und bestimmt.
Diese Verträge und Erklärungen garantierten den Schutz des Lebens, der Freiheit, der Güter und die Gleichheit der Rechte aller Einwohner ohne Unterschied und unabhängig von ihrer Sprache, Rasse und Religion. Die Texte garantierten auch allen Konfessionen die uneingeschränkte Religionsfreiheit. Die Garantie der Gleichheit vor dem Gesetz wurde ergänzt durch die Garantie des freien Zugangs aller Bürger zu allen öffentlichen Ämtern.
Eine für die Juden Osteuropas sehr wichtige Klausel garantierte allen betroffenen Minderheiten den freien Gebrauch ihrer Sprache im öffentlichen wie im privaten Leben, was die Anerkennung der kulturellen Identität der Minderheiten bedeutete. Andere Klauseln der Minderheitenverträge garantierten den Bürgern, die einer Minderheit angehörten, das Recht, auf eigene Kosten karitative, religiöse und soziale Einrichtungen, Schulen und Bildungseinrichtungen zu gründen, zu leiten und zu kontrollieren und in den Genuss eines gerechten Anteils an den öffentlichen Mitteln für diese Bereiche zu kommen. Es handelte sich also um weit mehr als nur um eine einfache Gleichheit, nämlich um eine echte kulturelle und religiöse Autonomie.
Dieses System zum Schutz der Minderheiten wurde vom Völkerbund garantiert, der zu diesem Zweck ein System zur Überwachung der Klauseln der Minderheitenverträge ausarbeitete und Verfahrensregeln für die Mitteilungen und Petitionen im Fall einer Vertragsverletzung bestimmte. Diese sahen insbesondere die Einsetzung von »Dreierkomitees« vor, die aus dem amtierenden Präsidenten und zwei von diesem zu bestimmenden Mitgliedern des Völkerbundsrats bestanden und diese Klagen prüfen sollten. Dieses System funktionierte recht gut bis 1935, als Polen den Vertrag, den es unterzeichnet hatte, aufkündigte.
Die Schwäche des Systems lag in der Tatsache, dass es keine allgemeine Geltung hatte und nicht für alle zur Anwendung kam. Die Länder, de-

nen man die Verträge oder Erklärungen zum Schutz der Minderheiten aufgezwungen hatte, fühlten sich daher diskriminiert und empfanden es in gewisser Weise als Demütigung, Freiheiten garantieren zu müssen, zu deren Zusicherung andere Staaten nicht verpflichtet waren. Dies war der Hauptgrund, den Polen geltend machte, um seine Verpflichtungen aufzukündigen, was zum schrittweisen Zerfall des gesamten Schutzsystems führte.
Der andere von Versailles herrührende Fehler war, dass Deutschland von den Bestimmungen zum Schutz der Minderheiten ausgenommen war. Als die Nazis nach der Machtergreifung begannen, stark diskriminierende Maßnahmen gegen die Juden zu ergreifen, konnte der Völkerbund, da er über keinerlei rechtliche Handhabe verfügte, nicht intervenieren.

Die Schlachten beim Völkerbund

Mit einer Ausnahme allerdings. Sie betraf die Juden in Oberschlesien und wurde berühmt unter dem Namen »Petition Bernheim«. Nach der im Versailler Vertrag vorgesehenen Volksabstimmung über Oberschlesien und der anschließenden Aufteilung zwischen Deutschland und Polen unterzeichneten diese beiden Länder 1922 einen Sondervertrag, der die Bewohner dieses Gebiets betraf.
Dieser Vertrag führte für die Dauer von fünfzehn Jahren die Klauseln des Minderheitenschutzes, die Polen im Versailler Vertrag akzeptiert hatte, für die deutschen und polnischen Staatsangehörigen, die auf beiden Seiten der neuen Grenze lebten, ein. Dieser Vertrag wurde ebenfalls vom Völkerbund garantiert.
Als 1933 die antijüdischen Gesetze der Nazis in Kraft traten, klagte ein deutsch-jüdischer Bürger, der aus dieser Gegend stammte, ein gewisser Franz Bernheim, der infolge der Rassendiskriminierung seiner Ämter enthoben worden war, vor den internationalen Instanzen des Völkerbunds gegen diese Gesetze.
Eines der Mitglieder des Komitees der Jüdischen Delegationen (der Jüdische Weltkongress, der seine Nachfolge antreten sollte, existierte damals erst in sehr rudimentärer Form), der tschechoslowakische Rechtsanwalt Emil Margulies, vertrat diesen Fall vor den Instanzen des

Völkerbunds. Die Sache war klar und unstrittig. Nazideutschland gab nach, und wir gewannen den Fall.
Das war ein beachtlicher Sieg. Mehr als vier Jahre konnten die Nazigesetze in dem Teil Oberschlesiens, der unter dem Schutz des polnisch-deutschen Vertrags stand, nicht angewendet werden. Die jüdischen Beamten blieben im Amt. Die jüdischen Ärzte und Rechtsanwälte übten weiterhin ganz normal ihre Berufe aus. Während in ganz Deutschland antijüdischer Terror an der Tagesordnung war und die Juden diskriminiert wurden, blieb diese Region Deutschlands durch einen internationalen Vertrag davor bewahrt. Mehrere Tausend Juden konnten daher in aller Ruhe ihre Emigration vorbereiten und in die Tat umsetzen, ohne dass die Nazibehörden sich einmischten, was ihnen buchstäblich das Leben rettete.
Der polnisch-deutsche Vertrag, der für die Dauer von fünfzehn Jahren abgeschlossen worden war, lief 1937 aus. Der Jüdische Weltkongress hat sich sehr um eine Verlängerung dieses deutsch-polnischen Vertrags bemüht. Das war sogar eine meiner allerersten Aufgaben beim Jüdischen Weltkongress. Gestützt auf Denkschriften und Gutachten hervorragender Juristen, baten wir die demokratischen Großmächte um Hilfe und Unterstützung. Unsere Versuche scheiterten jedoch, denn weder Deutschland noch Polen waren an einer Verlängerung des Vertrags interessiert.

Das Saargebiet

Auch bei einer anderen Gelegenheit war die Intervention der Verantwortlichen des Komitees der Jüdischen Delegationen (und des künftigen Jüdischen Weltkongresses) trotz der Tatsache, dass Deutschland von den Verpflichtungen des Minderheitenvertrags ausgenommen war, von Erfolg gekrönt.
1934 kam es zu einer politischen Initiative im Zusammenhang mit dem Volksentscheid, der im Januar 1935 im Saargebiet stattfinden sollte. Da vorauszusehen war, dass der Volksentscheid zu einem Sieg der Deutschen führen und das Saargebiet daher an Nazideutschland zurückfallen würde, wurde alles versucht, die Rechte der dort lebenden Juden zu garantieren.

Diese Bemühungen, die beim Völkerbundsrat unternommen wurden, führten schließlich zu einer Erklärung der deutschen Regierung, in der diese sich – für den Fall, dass das Saargebiet an Deutschland zurückfallen würde – dem Rat gegenüber verpflichtete, gegen seine Einwohner ein Jahr lang keine durch Religion, Rasse oder Sprache motivierten Maßnahmen zu ergreifen und den dort ansässigen Menschen zu erlauben, unter Mitnahme all ihrer Güter zu emigrieren.
Diese Vereinbarung war das Ergebnis der Verhandlungen des Völkerbundsrats, in denen Italien eine wichtige Rolle spielte. Dass es zu dieser Vereinbarung kam, ist vor allem dem Einsatz von Nahum Goldmann und seinen direkten Kontakten zu Mussolini zu verdanken. Dadurch konnten die Juden des Saargebiets nach der Volksabstimmung ungehindert emigrieren.

Das faschistische Rumänien

Die Saarland-Initiative hatte vor meinem Eintritt in den Jüdischen Weltkongress stattgefunden. Meine erste große Schlacht im Kampf für die Rechte der jüdischen Minderheiten – meine Feuertaufe – fand nach der Bildung einer stark antijüdischen Regierung in Rumänien und der Einführung eines aggressiven und umfassenden Programms zur Verfolgung der jüdischen Minderheit dieses Landes statt. Ende 1937 wurde in Rumänien die erste faschistische und offen antisemitische Regierung Osteuropas gebildet. Regierungschef Octavian Goga war ein Politiker der Extremen Rechten. Sein Theoretiker und Chefideologe war Alexander Cuza, ein Universitätsprofessor, der als der Doyen der antisemitischen Extremisten bekannt war. Die neue Regierung verfolgte von Anfang an eine unverhüllt antisemitische Politik.
Die rechtsextremistische Regierung verkündete den totalen Ausschluss der Juden aus dem rumänischen Leben als ihr zentrales Ziel und orientierte sich hierzu an der antisemitischen Gesetzgebung des Dritten Reichs. Die Regierung erklärte, dass ihre Politik danach strebe, ein Regime zu etablieren, das auf der Vorherrschaft der rumänischen Rasse gründe, und dass sie Personen, die anderen Rassen angehören, als staatsfremd betrachte.
In ihren Erklärungen stellte sie fest, dass sie Hunderttausende von

Personen jüdischer Rasse oder Religion als Ausländer ansehe, die nicht die rumänische Staatsangehörigkeit besäßen oder sie durch illegale Mittel erworben hätten, und dass sie beabsichtige, zwischen 250 000 und 500 000 Juden ihre Nationalität sowie das Recht auf Niederlassung und Aufenthalt abzuerkennen. Man begann, die Juden aus allen öffentlichen Verwaltungen zu entfernen, man verkündete das Verbot für Juden, bestimmte Berufe oder Aktivitäten auszuüben, und die Enteignung der jüdischen Landwirtschaftsbetriebe, man schloss die Juden aus dem Handel in den ländlichen Gemeinden aus; man untersagte ihnen, nichtjüdische Hausmädchen zu beschäftigten, man teilte den jüdischen Rechtsanwälten, Ärzten und in freien Berufen Tätigen sowie den jüdischen Künstlern und Journalisten mit, dass man ihnen die Ausübung ihres Berufes verbieten werde. Und so weiter. Das ganze Spektrum an nazistischen Verboten und Ausschlüssen überzog das Land, das durch den Minderheitenschutzvertrag an die Bestimmung der Gleichheit all seiner Bürger und die Achtung seiner Minderheiten gebunden war.

Wir reagierten sofort. Ich wurde beauftragt, eine Petition vorzubereiten, in der wir den Völkerbund ersuchten, das Eilverfahren einzuleiten, das die Resolution des Völkerbundsrats vom 27. Juni 1921 für diese Fälle vorsah.

Unsere Petition wurde am 13. Januar 1938 vorgelegt, dem Tag, an dem der Völkerbundsrat zusammentreten sollte. Eine ganze Gruppe hatte zehn Tage lang Tag und Nacht mit mir gearbeitet. Mit ihren Anhängen einschließlich einer langen Denkschrift über die statistischen Daten der jüdischen Bevölkerung in Rumänien und den Ausschnitten aus der rumänischen und ausländischen Presse war die Petition zu einem etwa hundertseitigen Dokument angeschwollen.

In letzter Minute wurde die Sitzung des Völkerbundsrats wegen des Sturzes der französischen Regierung vertagt.

Während dieses Aufschubs setzte die rumänische Regierung ihre antijüdische Aktion fort. Der Höhepunkt dieser Aktion war der Erlass vom 22. Januar 1938, der die Änderung des Bürgerstatus aller Juden des Landes anordnete und den lokalen Autoritäten untersagte, den Juden die Papiere auszuhändigen, die sie benötigten, um ihre Rechte als Staatsbürger nachzuweisen.

Das brachte die Juden in eine äußerst heikle Lage. Ich war bereits 1936 und 1937 wiederholt mit Fällen konfrontiert gewesen, in denen einzel-

nen Juden oder Gruppen von Juden die rumänische Staatsangehörigkeit insbesondere in den neuen Provinzen aberkannt worden war.
Seit 1919 weigerten sich alle rumänischen Regierungen, den Juden in den durch den Versailler Vertrag Rumänien angegliederten Provinzen die rumänische Staatsangehörigkeit zuzuerkennen. Es handelte sich bei diesen Provinzen um Transnistrien, Dobrudja und Bessarabien, wo die Hälfte der 800 000 rumänischen Juden lebte. Mit Hilfe bürokratischer und polizeilicher Schikanen, die ganz unverblümt ihre Nationalität missachteten, versuchte man Hunderttausende von Menschen daran zu hindern, ihren Lebensunterhalt zu verdienen, und machte ihnen das Leben unmöglich. Angesichts der katastrophalen Situation dieser Menschen kämpften wir für ihre Integration.
Das Problem war mir also nicht unbekannt. Der neue Erlass der rumänischen Behörden verlieh dieser Frage jedoch eine neue und dramatische Dimension. Er zielte eindeutig auf den Ausschluss der Juden aus dem gesamten Leben Rumäniens; für alle Juden des Landes war es eine Frage von Leben und Tod.
Zwei Wochen später, am 26. Januar 1938, trat der Völkerbundsrat endlich zusammen. Wir hatten die Zwischenzeit dazu benutzt, eine zusätzliche etwa fünfzigseitige Petition vorzubereiten, die auf die diffamierenden Anklagen und Erklärungen der rumänischen Regierung einging und alle inzwischen von den Rumänen bekannt gegebenen antisemitischen Maßnahmen darstellte.
Ein paar Tage vor der Eröffnung der Sitzungsperiode des Völkerbundsrats war der rumänische Außenminister Ion Micescu nach Genf gekommen, um ein günstiges Klima für Rumänien zu schaffen und mit dem Sekretariat des Völkerbunds, den verschiedenen Delegationen und vor allem der Presse Kontakt aufzunehmen.
Angesichts dieser angestrengten Bemühungen der Rumänen hatten sich mehrere Mitglieder der Exekutive des Kongresses, insbesondere Marc Jarblum (Paris), der Rabbiner Maurice Perlzweig (London) und der Rabbiner Mordechai Nurock (Riga), Nahum Goldmann in Genf angeschlossen, um unsere Interventionen zu unterstützen.
Auf einer Pressekonferenz, die in unserem Büro etwa fünfzig Journalisten aus der ganzen Welt versammelte, stellten wir die Ziele unserer Petition vor. Daraufhin entbrannte eine lebhafte polemische Diskussion mit Ion Micescu, dem rumänischen Außenminister. Wir nahmen

angesichts der zynischen Erklärungen dieses Mannes, der vor Hinterlist und Lüge nicht zurückschreckte, kein Blatt vor den Mund. Ich war ständig auf dem Sprung, um den wichtigsten Vertretern der Weltpresse telefonisch unsere Antworten auf seine Behauptungen mitzuteilen.

Ich möchte hier ein persönliches Erlebnis einfügen. Zu dieser Zeit kamen meine Eltern, die noch in Berlin wohnten, nach Genf, um mit mir den sechzigsten Geburtstag meines Vaters zu feiern. Ich sollte am 26. Januar 1938 mit ihm feiern. Aber das war ausgerechnet der Eröffnungstag der Sitzungsperiode des Völkerbundsrats und der Tag unserer großen Pressekonferenz. Wir arbeiteten bis 6 Uhr morgens, um die Ergänzung des Dossiers fertig zu stellen. Meine Eltern trafen ein, während wir noch daran arbeiteten. Ich konnte unmöglich weg, so dass ich einen Freund schickte, um sie vom Bahnhof abzuholen. Am 26. selbst aß die ganze jüdische Delegation im Restaurant La Perle du lac zu Mittag. Meine Eltern und ich aßen an einem eigenen Tisch. Zum Abendessen verabredeten wir uns in der Bahnhofsgaststätte. Dann begab ich mich ins Büro des Jüdischen Weltkongresses. Als ich gegen 20 Uhr in die Bahnhofsgaststätte kam, hatte Micescu eine neue Erklärung abgegeben. Eine Erwiderung musste aufgesetzt und an acht Presseagenturen durchtelefoniert werden. Dieses unvorhergesehene Ereignis mobilisierte uns alle und mich als Ersten.

Von der Dringlichkeit des rumänischen Problems vollkommen in Anspruch genommen, musste ich das Abendessen mit meinen Eltern unterbrechen und telefonieren gehen. Erst gegen 22 Uhr 30 gelang es mir, wieder zu ihnen zurückzukehren. Ich konnte nur noch eine Flasche Champagner in der Bahnhofsgaststätte kaufen, um mit ihnen in der letzten Stunde des Tages den Geburtstag meines Vaters zu feiern.

Unsere Delegation stand in fast ständiger Verbindung mit dem Sekretariat des Völkerbunds und den wichtigsten Vertretern der Mitgliedsstaaten des Völkerbundsrats. Ich war persönlich in ständigem Kontakt mit dem Leiter der Sektion der Minderheiten beim Generalsekretariat des Völkerbunds, dem Norweger Skylstadt.

Wir trafen uns unter anderem mit dem französischen Außenminister Yvon Delbos, dem Unterstaatssekretär des britischen Außenministeriums Lord Cranborn, dem belgischen Außenminister Paul Henri Spaak, dem schwedischen Außenminister Richard Sandler sowie dem sow-

jetischen Botschafter Surits und erhielten ihre Unterstützung für unsere Initiative. Aufgrund unserer Demarche bei den Briten sprachen Anthony Eden, der Außenminister, und Lord Cranborn sofort mit Micescu und übten starken Druck auf ihn aus.
In der Zwischenzeit hatte sich Stephen Wise in Washington an Präsident Roosevelt gewandt und ihn zu einer öffentlichen Erklärung bewegt, in der er seinen Abscheu vor jeder Verfolgung rassischer oder religiöser Minderheiten und seine Empörung über diese neuen Repressionen sowie über die Ausschlüsse, unter denen die jüdische Bevölkerung in Mittel- und Osteuropa zu leiden hatte, zum Ausdruck brachte. Der Druck der westlichen Großmächte auf Rumänien war sehr stark. Die Sitzung des Völkerbunds schloss mit der Entscheidung, unseren Antrag auf die Einleitung des Eilverfahrens abzulehnen. Praktisch entsprach man ihm dann aber doch, indem man sofort ein »Dreierkomitee« bildete, das aus dem amtierenden Präsidenten des Völkerbundsrats, einem Iraner, und den Außenministern Frankreichs und Großbritanniens bestand. Dieses Komitee sollte sich vor der nächsten Sitzungsperiode mit den in unserer Petition angesprochenen Problemen befassen. Der Präsident des Völkerbundsrats behielt sich das Recht vor, sofort seine französischen und englischen Kollegen zu konsultieren, um zu überlegen, welche nichtoffiziellen Maßnahmen in der vorliegenden Situation ergriffen werden könnten.
Dieses Ergebnis wurde als ein echter Erfolg gewertet. Insbesondere wurde unterstrichen, dass das angewandte Verfahren eine Neuerung darstelle, die erfunden worden sei, um uns zufrieden zu stellen. Das war unser erster großer Kampf als Kongress. Wir hatten gut gekämpft. In den folgenden Wochen übten die westlichen Großmächte weiterhin Druck aus, und unsere Vertreter in Paris und London wurden mehrmals in den Quai d'Orsay und ins Foreign Office gerufen.
Am 10. Februar schließlich wurde, als wir uns gerade in einer Sitzung der Exekutive des Kongresses in Paris befanden, der Rücktritt der Regierung Goga gemeldet. Ich erinnere mich noch an die Worte, mit denen Goga seinen Rücktritt begleitete: »Judas, du hast gesiegt.«
Wir siegten bei dieser großen politischen Intervention, weil es uns gelungen war, die westlichen Großmächte davon zu überzeugen, dass sie die gleichen Interessen wie wir hatten. Die Außenpolitik ist eine Kunst. Man betreibt sie erfolgreich, wenn es einem gelingt, seine Partner da-

von zu überzeugen, dass sie die gleichen oder ähnliche Interessen wie man selbst oder zu den eigenen parallele Interessen haben.
Die damaligen westlichen Großmächte Großbritannien und Frankreich hatten sehr große finanzielle Interessen in Rumänien. Wie wir fürchteten sie ein faschistisches und extremistisches Regime in diesem Land, das eine Gefahr für ihre Investitionen und für das Gleichgewicht in Europa darstellte. Aus diesem Grund benutzten sie unsere Sache, um das Regime von Goga zu bekämpfen.
Leider waren die Ergebnisse dieses Erfolgs nicht von Dauer. Einen Monat später marschierte Hitler in Österreich ein. Das Gleichgewicht in Europa war zerstört, und die Ergebnisse unserer politischen Arbeit wurden zunichte gemacht. Dennoch hatte unser Handeln bewiesen, dass das System zum Schutz der Minderheiten unter bestimmten Bedingungen und systematisch angewandt funktionieren und den reaktionären und faschistischen Kräften Einhalt gebieten konnte.

Nach dem »Anschluss«

Die folgenden Ereignisse waren tragisch. Das Drama begann mit dem Anschluss Österreichs im März 1938 und setzte sich fort mit der brutalen Aktion der Naziregierung gegenüber der Tschechoslowakei. Diese Tragödie hatte zwei Akte: der erste spielte im September 1938 und mündete in das Münchener Abkommen und Hitlers Ultimatum an den tschechoslowakischen Präsidenten Eduard Benesch; der zweite spielte im Mai 1939, als die Armee Hitlers in die Tschechoslowakei einmarschierte und das Land in ein deutsches Protektorat umwandelte.
Natürlich befanden wir uns während dieser ganzen Krise im Alarmzustand. Doch trotz der Proteste, die wir vor dem Völkerbund und den Regierungen der Großmächte erhoben, konnten wir nicht wirksam handeln. Unser Eingreifen konzentrierte sich nach diesen tragischen Ereignissen auf die Hilfe für die zahllosen jüdischen Flüchtlinge aus Österreich und der Tschechoslowakei, denen wir mit allen uns zu Gebote stehenden Mitteln Hilfe leisten wollten.
Die auf den Anschluss folgende Zeit, in der unter großen Unruhen die Teilung der Tschechoslowakei vorbereitet wurde, war die fiebrigste, die wir in Genf erlebten. Vor allem im September und Oktober 1938, als

Deutschland Druck auf die Tschechoslowakei ausübte und die Westmächte in München Hitlers Erpressung nachgaben, spürten wir in Genf, dass sich das Schicksal des Völkerbunds, ja des Friedens endgültig entschied. Es war uns vollkommen bewusst, dass wir uns an einem Wendepunkt der Geschichte befanden, vor allem nach dem Scheitern der Sanktionen des Völkerbunds gegen das faschistische Italien nach dessen Angriff auf Äthiopien. Es war der entscheidende Augenblick, in dem sich das Schicksal der Welt entschied. Ich werde niemals die Qualen vergessen, die wir während dieser Ereignisse durchmachten.

Ich gehörte damals einer kleinen Gruppe von jungen Diplomaten, Konsulatsbeamten der verschiedenen Länder oder Mitgliedern des Sekretariats des Völkerbunds und Korrespondenten der Auslandspresse in Genf an. Ich weiß nicht mehr, wie sich diese Gruppe gebildet hatte. Vielleicht dadurch, dass ich mich nützlich machte, indem ich ihnen als Dolmetscher diente. Immer wenn im Radio eine Rede Hitlers übertragen wurde, übersetzte ich sie simultan für die Journalisten und Beamten, die nicht genügend Deutsch verstanden. Dadurch konnten sie sie sofort kommentieren. Auf diese Weise schloss ich Freundschaft mit einigen von ihnen.

Damals gab der Jüdische Weltkongress mit Hilfe von Max Beer, einem bekannten deutschen Journalisten, und einigen französischen Journalisten ein Bulletin auf Französisch heraus.

Unsere kleine Gruppe junger Leute traf sich in diesen tragischen Monaten September und Oktober jeden Abend in dem berühmten Restaurant Bavaria, in dem damals die bekanntesten Persönlichkeiten verkehrten, die an der Arbeit des Völkerbunds teilhatten. Seit langem war das Restaurant zu einer echten Nachrichtenbörse geworden. Die Wände dieses Restaurants, das uns als Hauptquartier diente, waren über und über bedeckt mit ausgezeichneten, häufig sehr humorvollen Karikaturen dieser großen Welt des Völkerbunds.

Unsere täglichen Zusammenkünfte im Bavaria hatten noch einen anderen, ganz besonderen Grund. Während dieser ganzen Zeit waren die Verbindungen zur Tschechoslowakei unterbrochen, und die Außenwelt wusste nicht, was dort vor sich ging. Der offizielle Vertreter der tschechoslowakischen Regierung in Genf genoss das Privileg, jeden Abend eine Stunde am Telefon mit seinem Minister sprechen zu können. Der Korrespondent des *Prager Tagblatts*, der großen deutschspra-

chigen Prager Zeitung, hatte den tschechoslowakischen Minister überreden können, ihm jeden Abend zehn Minuten dieses Gesprächs abzutreten, um sich mit seinem Kollegen in Prag in Verbindung zu setzen. Natürlich stürzten sich am Ende seines Telefonats alle Korrespondenten der Auslandspresse auf ihn, um die neuesten Nachrichten von ihm zu erfahren und ihre Zeitungen zu informieren. Auf diese Weise gelang es diesem Journalisten, die Situation ausnutzend, sich unserem Kreis anzuschließen, in den er sonst nie aufgenommen worden wäre. Denn dieser Mann, der auch Romancier war und uns sogar in einem seiner Romane beschrieben hat, galt als wenig seriöser Journalist. Was ihn aber nicht daran gehindert hat, später eine große Karriere zu machen.
Den Rest des Abends verbrachten wir damit, in Nachtclubs zu tanzen. Auf diese Weise versuchten wir ein wenig der Wirklichkeit zu entfliehen, um unsere Ängste, unsere Kriegsangst, unsere tiefe Sorge, was uns das Morgen bringen würde, zu verscheuchen. Wir tanzten bis 4 Uhr morgens zu kindischen Melodien, die damals Mode waren, wie dem *Lambeth Walk*, der gut zu dem Gefühl der Ungewissheit passte, das uns die Kehle zusammenschnürte.

Die Juden von Danzig

Die zweite große Intervention, die wir beim Jüdischen Weltkongress in dieser Zeit beim Völkerbund unternahmen, war unser Einsatz für die Juden von Danzig. Eine kleine jüdische Gemeinde lebte in Danzig, das nach dem Ersten Weltkrieg als freie und selbständige Stadt eingerichtet worden war, deren Existenz und Verfassung vom Völkerbundsrat garantiert wurden.
Als die Nazis nach und nach die Wahlen in der Freien Stadt gewannen und begannen, die antisemitische Gesetzgebung und Politik einzuführen, waren wir natürlich der Meinung, dass wir vor dem Völkerbund gegen diese Verletzungen der Verfassung protestieren müssten. Wir waren der Ansicht, dass es um sehr viel mehr ging als um die Verletzung der Verfassung eines kleinen Staates. Da es sich um einen Modellstaat handelte, der unter dem Schutz der internationalen Gemeinschaft stand, gefährdete die Einführung einer antisemitischen Gesetzgebung in einem solchen Staat die Gleichberechtigung der Juden in allen Län-

dern. Denn wenn der Völkerbund in Danzig einen staatlichen Antisemitismus duldete, bestand die Gefahr, dass er überall geduldet wurde. Wir sahen uns daher veranlasst, diese Frage ständig vor die Organe des Völkerbunds zu bringen. Wir prangerten die Verfolgung der Juden an und versuchten ihre Lage zu verteidigen, indem wir scharf gegen die diskriminierenden Gesetze der Nazis protestierten. Wir hatten nicht die Mittel, direkt gegen Deutschland zu kämpfen, das keine Verpflichtung zur Nichtdiskriminierung seiner Minderheiten unterzeichnet hatte. Daher benutzten wir den Fall Danzig als Modellfall der Nazipolitik, um die deutsche antisemitische Politik in ihrer Gesamtheit anzugreifen.

Bis 1936 war der Völkerbund in Danzig durch einen Hochkommissar – Sean Lester, ein Ire – vertreten, der unsere Grundprinzipien schützte. Da sich der Völkerbund jedoch an der Beschwichtigungspolitik Deutschland gegenüber orientierte, die zuerst von den Engländern und dann auch von den anderen Ländern praktiziert wurde, verfolgte der Völkerbund eine bewusste Politik des Kompromisses und des Laufenlassens.

Im Februar 1937 wurde Carl Jacob Burckhardt aus Genf, Professor am Institut Universitaire de Hautes Études Internationales und Mitglied des Internationalen Komitees vom Roten Kreuz, auf Empfehlung der englischen Diplomatie zum Hochkommissar in Danzig ernannt. Heute weiß man, dass die Idee von Ernst von Weizsäcker, damals deutscher Botschafter in Bern, stammte. Er hatte den Vorschlag gemacht, der dann von den Engländern aufgegriffen wurde. Ich habe bereits erzählt, dass ich Burckhardt am Institut Universitaire de Hautes Études Internationales kennen gelernt hatte. Ich bewunderte seine Schriften, seine Bücher, seine historischen Analysen und seine hohe Bildung sehr, und gelegentlich wurde ich in sein schönes Haus in Genf eingeladen.

Die Ernennung Burckhardts zum Hochkommissar brachte natürlich eine gewisse Spannung in unsere Beziehungen. Wir wussten sehr gut, warum er ernannt worden war, und konnten diese Politik der Beschwichtigung nicht gutheißen. Wir gehörten zu denen, die am entschiedensten den Widerstand gegen das Naziregime unterstützten, unsere ganze Politik war darauf ausgerichtet.

Wir hatten natürlich begriffen, dass Burckhardt vor allem versuchen würde, individuell einer gewissen Anzahl von Juden aus Danzig bei der Emigration behilflich zu sein, und würden uns diesen Bemühungen nicht in den Weg stellen. Aber wir waren der Meinung, dass wir unsere grundsätzliche Position nicht vergessen und auf die beharrliche Anprangerung der Verstöße gegen die Grundsätze, auf denen der Völkerbund errichtet worden war, nicht verzichten durften.

Zahlreiche Dokumente des Jüdischen Weltkongresses und des Völkerbunds beweisen, dass wir jede Gelegenheit ergriffen, um diese Frage aufzuwerfen. So leiteten wir dem Völkerbund ein großes Memorandum zu, in dem wir Artikel für Artikel die antisemitische Gesetzgebung des Dritten Reichs mit der Einführung der gleichen Maßnahmen in der Freien Stadt verglichen. Das einzige Ergebnis, das wir registrierten, war die wiederholte Zurückstellung mancher dieser Maßnahmen. So wurde beispielsweise 1937 die Einführung des »Arierparagraphen« in die Gesetzgebung der Stadt Danzig um etwa ein Jahr verschoben. Aber es war klar, dass die Nazis viel zu entschlossen waren, als dass wir unsere Prinzipien hätten durchsetzen können. Das Schicksal Danzigs ist bekannt: Am ersten Tag des Zweiten Weltkriegs marschierten die Nazis ein.

Unser Einsatz für die Freie Stadt war insofern von Bedeutung, als wir die öffentliche Meinung weltweit mit Nachdruck auf die antisemitische Politik des Dritten Reichs aufmerksam machten. Wir fanden mit Sicherheit einen nicht unerheblichen Widerhall in der Öffentlichkeit aller demokratischen Länder.

Vom Minderheitenschutz zur Verteidigung der Menschenrechte

Als 1939 der Krieg ausbrach, fiel das vom Völkerbund errichtete System der kollektiven Sicherheit in sich zusammen; damit verschwand auch das System des Minderheitenschutzes, das er entwickelt hatte. Man wandte sich nun der Frage zu, wie man ein neues Sicherheitssystem entwickeln und mit welchen Mitteln man in Zukunft für den Schutz der jüdischen Gemeinden sorgen konnte. So entstand die Idee, ein Institut für Jüdische Angelegenheiten zu gründen, das die Probleme der Juden nach dem Krieg studieren sollte. Ursprünglich sollte dieses Institut seinen Sitz in Genf haben. Nahum Goldmann hatte Dr. Jacob Robinson aus Kaunas (Litauen), einen internationalen Juristen, der über ein enzyklopädisches jüdisches Wissen verfügte, eingeladen, dieses Institut zu leiten.

Die Kapitulation Frankreichs im Sommer 1940 sollte diesen Plan über den Haufen werfen. Das Generalsekretariat des Jüdischen Weltkongresses, das seinen Sitz in Paris hatte, wurde nach New York verlegt, das Goldmann zu seinem Wohnsitz erwählte. Und das Institut für Jüdische Angelegenheiten wurde schließlich ebenfalls dort gegründet.

Die große Frage, mit welchen Problemen die Juden nach dem Krieg konfrontiert werden würden, war in der ersten Phase des Kriegs ausgehend von der Erfahrung des Ersten Weltkriegs etwas oberflächlich gestellt worden. Aber der weitere Verlauf des Krieges mit seinen katastrophalen Folgen für das jüdische Volk gab diesen Überlegungen zwangsläufig eine andere Richtung.

Zu den ersten Fragen, mit denen sich das Institut für Jüdische Angelegenheiten beschäftigte, gehörte das Problem des Minderheitenschutzes, wie es in Versailles gelöst worden war. Unter dem Titel *Were the Minorities Treaties a failure?* (Waren die Minderheitenverträge ein Misserfolg?) wurde eine große Studie veröffentlicht, an der mehrere hervorragende Spezialisten für internationales Recht mitarbeiteten.

Inzwischen hatte sich die schrecklichste Katastrophe ereignet, die das jüdische Volk jemals getroffen hatte, die Vernichtung des weitaus größten Teils der Juden Europas. Hatte der Begriff des Minderheitenvertrags für Gemeinden, die total dezimiert worden waren, die häufig nur noch verschwindende Reste der neun Millionen Juden, die vor dem Krieg in Europa gelebt hatten, repräsentierten, überhaupt noch einen Sinn? Bei der Beantwortung dieser Frage musste man bedenken, dass in den Ländern, die vor dem Krieg Hunderttausende jüdischer Bürger hatten, nur noch ein kleines Grüppchen Überlebender übriggeblieben war, für die man schwerlich Sonderverträge verlangen konnte.

In dieser Zeit setzte das Institut für Jüdische Angelegenheiten seine Beschäftigung mit den Problemen der Nachkriegszeit fort. Wir waren natürlich keineswegs die Einzigen, die über diese Fragen nachdachten. In diesem Zusammenhang muss vor allem die wichtige Erklärung genannt werden, die Roosevelt im Januar 1941 vor dem amerikanischen Kongress zu den »vier Freiheiten« abgab. Gemeinsam mit Churchill wiederholte er diese Erklärung im August desselben Jahres mit beachtlicher Resonanz unter dem Titel »Atlantik-Charta«. In dieser Erklärung wurden als Kriegsziele die folgenden »vier Freiheiten« genannt:

- *die Meinungsfreiheit*;
- *die Religionsfreiheit*;
- *die Freiheit, vor Armut geschützt zu sein*;
- *die Freiheit, vor der Angst geschützt zu sein.*

Das Institut für Jüdische Angelegenheiten entwickelte ein Programm für die Zeit nach dem Krieg, das auf der großen Sonderkonferenz des Jüdischen Weltkongresses im November 1944 in Atlantic City diskutiert werden sollte.

Diese wichtige Versammlung sprach sich für das System des allgemeinen Schutzes der Menschenrechte aus und verzichtete auf einen besonderen Schutz für die Minderheiten. Sie zog die Konsequenzen aus der Vernichtung des überwiegenden Teils der europäischen Juden. Sie zog auch die Konsequenzen aus der Erfahrung des Völkerbunds: Verschiedene Länder hatten gegen ein System rebelliert, das einer Reihe von Ländern Verpflichtungen aufzwang und anderen Ländern gleichzeitig völlige Handlungsfreiheit ließ. Man musste ein globales und allgemeines System der Gleichheit finden. Der Kongress sprach sich daher für den allgemeinen Schutz der Menschenrechte aus, wie übrigens die meisten fortschrittlichen Kräfte, die für eine Verbesserung der *conditio humana* kämpften.

Interessanterweise ist seit einiger Zeit ein Wandel in der Einstellung zum Begriff des Minderheitenschutzes selbst festzustellen. Nach dem Zusammenbruch der Sowjetunion und der kommunistischen Regime Osteuropas breitet sich in allen Ländern dieses Teils der Welt eine nationalistische Bewegung aus, die kulturelle, sprachliche und ethnische Freiheiten fordert, und zur Lösung dieser Probleme wird erneut die Idee des Minderheitenschutzes aus der Schublade geholt. Ich beobachte nicht ohne eine gewisse Ironie, wie sich nach einem vollständigen Umlauf der Kreis schließt, um zu seinem Ausgangspunkt zurückzukehren. Aber ich greife voraus.

Ich sagte, dass die moderne Geschichte der Juden anhand ihrer Kämpfe für ihre Rechte geschrieben werden kann. Man kann diese Kämpfe auf dem Wiener Kongress, dem Berliner Kongress, der Versailler Friedenskonferenz und der letzten Station, der Konferenz von San Francisco, die zur Gründung der Vereinten Nationen, der Nachfolgerorganisation des Völkerbunds, führte, verfolgen.

Gemäß den Beschlüssen, die in Atlantic City gefasst worden waren, bemühten sich die jüdischen Vertreter in San Francisco, im Rahmen der Vereinten Nationen ein möglichst umfassendes und wirksames System des Schutzes der Menschenrechte einzuführen. Die jüdischen Organisationen intervenierten gemeinsam mit den anderen humanitären Organisationen, vor allem den amerikanischen, um eine Änderung des ersten Entwurfs der Charta der Vereinten Nationen zu erreichen. Ich kann versichern, dass die jüdischen Delegierten eine entscheidende Rolle bei der Formulierung mancher Bestimmungen im Entwurf der Charta gespielt haben.

Die Ergebnisse ihrer Interventionen finden sich im Text der Charta von San Francisco wieder. Sie beschränken sich nicht auf die Präambel und den Artikel 1, die die Menschenrechte als eines der Ziele der künftigen Organisation der Vereinten Nationen nennen, und führen den Grundsatz der Achtung der Menschenrechte in vier oder fünf weiteren Artikeln ein. Außerdem gelang es durchzusetzen, dass die einzige ständige Kommission, die die Charta vorsieht, die Menschenrechtskommission ist.

Anfangs wollten die jüdischen Delegierten, dass in San Francisco eine allgemeine Charta der Menschenrechte (*Bill of Rights*) verabschiedet werde. Man hatte dort aber nicht die Zeit, sie zu formulieren.

Sobald die Vereinten Nationen gegründet waren, machte sich ihr Sekretariat daran, diese Charta zu formulieren. Es wandte sich an mehrere Juristen; unter anderem bat sie den Leiter des Instituts für Jüdische Angelegenheiten des Jüdischen Weltkongresses, Dr. Jacob Robinson, einen Entwurf zu formulieren.

Die neue Menschenrechtskommission trat zusammen und begann ihre Arbeit. Man einigte sich auf Folgendes: Die Arbeit sollte sich in drei Teile gliedern: eine allgemeine Erklärung, die die Grundrechte definiert; ein juristisch verbindliches internationales Abkommen, das die verkündeten Rechte in internationale Verpflichtungen umwandelt (am Ende gab es zwei Abkommen); schließlich Durchführungs- und Anwendungsbestimmungen, das heißt die konkrete Durchführung.

Während die Arbeit an der Erklärung und der Konvention, obwohl sie sich über mehrere Jahre hinziehen sollte, recht gut vorankam, stieß man bei den Durchführungsbestimmungen auf größere Hindernisse, da die Staaten, die um ihre Souveränität besorgt waren, hier die meisten Schwierigkeiten machten.

Manche Länder behaupteten, es handle sich um eine Einmischung in ihre inneren Angelegenheiten. Der Jüdische Weltkongress hat stets mit Nachdruck auf die entscheidende Bedeutung der Anwendungsbestimmungen hingewiesen und beharrlich für die Verbesserung ihrer Durchführung gekämpft.

Die Menschenrechtskommission leistete eine bemerkenswerte Arbeit. Sie wurde wesentlich unterstützt von einer internationalen Gruppe hervorragender Vertreter verschiedener Regierungen, unter ihnen vor allem Eleanor Roosevelt, die die Kommission jahrelang leitete, René Cassin, französischer Staatsmann und Professor für Internationales Recht, Professor Fernand Dehousse, ein bemerkenswerter belgischer Jurist, Charles Malik, ein bedeutender libanesischer Philosoph und Theologe, der später Präsident der Generalversammlung der Vereinten Nationen werden sollte, und Mahmud Azmi, ein hervorragender ägyptischer Journalist und Schriftsteller, der die Kommission ein paar Jahre später leitete. Agda Rossel aus Schweden, Hope E. Whitlam aus Australien, Hernán Santa Cruz aus Chile und Hansu Metha aus Indien trugen zur Universalität der Überlegungen bei.

Ich selbst nahm bereits 1946 an der Arbeit der Menschenrechtskommission der Vereinten Nationen teil, in der ich vierzig Jahre kraft des Beraterstatus des Jüdischen Weltkongresses einen Sitz als Beobachter hatte. Dieser Beraterstatus gab uns das Recht, an den Sitzungen teilzunehmen, schriftliche Mitteilungen zu unterbreiten und uns mündlich an die Kommission zu wenden. In der Regel saßen zwei, manchmal auch drei Vertreter des Jüdischen Weltkongresses in der Menschenrechtskommission.

Ich möchte hier insbesondere meinen Kollegen Dr. Franz-Rudolf Bienenfeld nennen, einen hervorragenden österreichischen Juristen und damals Leiter der Rechtsabteilung des Jüdischen Weltkongresses in London. Ich arbeitete eng mit ihm zusammen und unterstützte ihn vorbehaltlos bei seinen Versuchen, neue Ideen zu entwickeln, worin er sich von seinen sehr viel konservativeren New Yorker Kollegen unterschied. Bienenfeld verfügte über eine sehr reiche juristische Phantasie und große Originalität. Es gibt bei den Juristen eine allgemeine Tendenz, die Ordnung und den Status quo aufrechtzuerhalten. Ich persönlich stand immer auf der Seite derer, die begriffen haben, dass sich das Recht weiterentwickelt und dass man es verändern kann. Ich hatte bei Kelsen gelernt, dass jeder juristische Akt ein Rechtsschöpfungsakt ist und dass man die Technik des Rechts benutzen muss, um Neues zu schaffen.

Einer meiner Freunde, Professor Alexander Pekelis aus Odessa, der später in Florenz und New York Rechtswissenschaft lehrte, sagte mir eines Tages: »Die konservativen Juristen sind die größten Feinde des jüdischen Volks und verhindern jeden Fortschritt.« Er beschwor mich, Nahum Goldmann von dieser Wahrheit zu überzeugen. Pekelis war ein revolutionärer Jurist, der die Entwicklung der Rechtsprechung in den Vereinigten Staaten auf dem Gebiet der Überprüfung der Verfassungsmäßigkeit der Gesetze und Regierungsakte durch die Gerichte maßgeblich beeinflusste.

Bienenfeld war aus ähnlichem Holz geschnitzt. Er hatte begriffen, dass man, wenn man die Welt verändern wollte, mit neuen Ideen kommen und versuchen musste, sie in die neu zu schaffende Rechtsordnung einzufügen.

Das war nicht immer leicht. Vor jeder Sitzung der Menschenrechtskommission, die in der Regel in Genf stattfand, erhielten wir ein Memorandum des Hauptsitzes in New York, das wir der Kommission vorlegen und vor ihr vertreten sollten. Bienenfeld kam aus London mit seinem eigenen Memorandum, das sehr viel konstruktivere und innovativere Ideen enthielt. Das führte in der Regel zu einem intensiven Austausch von Telegrammen und zahlreichen Telefongesprächen, in denen jede Seite an ihrer Position festhielt. An mir war es dann immer zu schlichten. Ich machte mich in Genf daran, einen dritten Text zu formulieren, der versuchte, die unterschiedlichen Standpunkte zu versöhnen. Aber ich muss gestehen, dass ich den innovativen Ideen Bienenfelds entschieden den Vorzug gab, da ich sie für vielversprechend und produktiv hielt, wobei ich gleichzeitig versuchte, unsere New Yorker Kollegen nicht allzu sehr vor den Kopf zu stoßen. Auf diese Weise beeinflusste ich maßgeblich die politische Linie des Kongresses auf diesem Gebiet. Bienenfeld und ich arbeiteten also sehr harmonisch zusammen. Wir begnügten uns nicht damit, der Kommission schriftliche Mitteilungen vorzulegen, sondern meldeten uns auch zu Wort, um sie zu verteidigen.

Unsere Aktion bei der UNO

Die Allgemeine Erklärung der Menschenrechte

Da der Beraterstatus uns dazu ermächtigte, suchten wir auch den ständigen Kontakt zu einigen Mitgliedern der Kommission, denen wir unsere Standpunkte auseinander setzten, damit sie unseren Vorschlägen zustimmten und sie unterstützten.

Und wir hatten durchaus Erfolg mit dieser Taktik. Denn während die Positionen der Vertreter der Großmächte in der Regel aufgrund der Anweisungen ihrer Regierungen ziemlich starr waren, waren diejenigen der Vertreter der mittleren und kleinen Länder sehr viel flexibler. Ihnen ist es zu verdanken, dass wir wiederholt eine positive Abstimmung der Kommission gegen den Widerstand der Großmächte erreichten.

Insgesamt erzielten wir recht erstaunliche Ergebnisse. Mindestens fünf Artikel der Allgemeinen Erklärung der Menschenrechte tragen den Stempel des Jüdischen Weltkongresses. Mit anderen Worten, ohne uns hätte es sie nicht gegeben oder sie hätten einen ganz anderen Inhalt gehabt.

Ich gebe zu, dass es damals leichter war, bei der UNO zu arbeiten und ihre Entscheidungen zu beeinflussen, als das heute der Fall ist. Die UNO hatte damals nur etwa fünfzig Mitgliedsstaaten, eine Zahl, die sich heute mehr als verdreifacht hat. Schon die rein technische Arbeit war damals viel einfacher. Das erklärt vielleicht zum Teil unseren Erfolg.

Zwei oder drei Beispiele mögen ihn belegen. In Artikel 26 der Allgemeinen Erklärung der Menschenrechte heißt es: »Jeder Mensch hat das Recht auf Bildung.« Dann wird spezifiziert nach Grundschulen, fachlichem und beruflichem Unterricht und höheren Studien. Aber niemand stellte damals die Frage, in welchem Geist die Bildung vermittelt werden sollte. Bienenfeld drückte es sehr überzeugend aus: »Die Deutschen hatten das beste Ausbildungssystem der Welt. Eingeführt von Bismarck, wurde es von den Nazis übernommen. Und schauen Sie, zu welchen Resultaten das unter den Nazis geführt hat!«

Wir bemühten uns daraufhin, in diesen Text einen Paragraphen über den Geist einzuführen, in dem die Bildung vermittelt werden soll. Zu unserer großen Überraschung stießen wir auf enorme Schwierigkeiten. Am Anfang wollte uns niemand folgen. Weder die Franzosen noch die Engländer, nicht die Amerikaner und die Russen schon gar nicht. Um diese Schwierigkeiten zu überwinden, verbündeten wir uns mit einer Reihe von Vertretern anderer Staaten, darunter Ägypten und der Libanon. Was bei einer jüdischen Institution eher überrascht. Mit ihrer Unterstützung setzten wir gegen den Willen der Großmächte den folgenden Paragraphen des Artikels 26 durch:

> Die Ausbildung soll die volle Entfaltung der menschlichen Persönlichkeit und die Stärkung der Achtung der Menschenrechte und Grundfreiheiten zum Ziele haben. Sie soll Verständnis, Duldsamkeit und Freundschaft zwischen allen Nationen und allen rassischen oder religiösen Gruppen fördern und die Tätigkeit der Vereinten Nationen zur Aufrechterhaltung des Friedens unterstützen.

Ohne uns hätte es diesen Paragraphen nicht gegeben. Ich glaube, dass er ein äußerst wertvoller Parameter für die künftige Arbeit der Erzieher ist. Heute bestreitet niemand mehr die Bedeutung dieses Paragraphen, der außerdem zum Teil die Ziele der Unesco zum Ausdruck bringt.
Nehmen wir ein zweites Beispiel: In Artikel 30 der Erklärung heißt es:

> Keine Bestimmung der vorliegenden Erklärung darf so ausgelegt werden, dass sich daraus für einen Staat, eine Gruppe oder eine Person irgendein Recht ergibt, eine Tätigkeit auszuüben oder eine Handlung zu setzen, welche auf die Vernichtung der in dieser Erklärung angeführten Rechte und Freiheiten abzielen.

Dieser Artikel wurde ebenfalls auf unsere Initiative hin eingeführt. Wir hatten die Lektion der Nazis gelernt, die in der Weimarer Republik die Freiheiten und Grundrechte missbraucht hatten, um die Demokratie mit angeblich legalen Mitteln abzuschaffen.
Ein drittes vielsagendes Beispiel ist der Artikel 29. Der Entwurf der Erklärung sah vor, dass die Ausübung der Menschenrechte gesetzlich eingeschränkt werden kann. Wir wiesen darauf hin, dass Hitler genau dies getan habe. Das Naziregime hatte jedes Menschrecht und insbesondere die Rechte der Opfer der Verfolgungen durch Gesetz eingeschränkt (in Wirklichkeit aufgehoben). Anstatt Schutz zu bieten, wurde das Gesetz missbräuchlich dazu benutzt, die Menschen ihrer grund-

legenden Freiheiten zu berauben, was letztlich zur Ermordung von sechs Millionen Juden und zahlloser anderer Opfer in Deutschland und Europa führte.

Wir schlugen daher vor, dass jedes nationale Gesetz, das die Menschenrechte einschränkt, aus der Sicht des internationalen Rechts nur dann als gültig angesehen werden könne, wenn es in Übereinstimmung mit den Grundsätzen und Zielen der Vereinten Nationen stehe. Unsere Intervention war ein voller Erfolg, und der Artikel 29 lautete schließlich wie folgt:

> (1) Jeder Mensch hat Pflichten gegenüber der Gemeinschaft, in der allein die freie und volle Entwicklung seiner Persönlichkeit möglich ist.
>
> (2) Jeder Mensch ist in Ausübung seiner Rechte und Freiheiten nur den Beschränkungen unterworfen, die das Gesetz ausschließlich zu dem Zwecke vorsieht, um die Anerkennung und Achtung der Rechte und Freiheiten der anderen zu gewährleisten und den gerechten Anforderungen der Moral, der öffentlichen Ordnung und der allgemeinen Wohlfahrt in einer demokratischen Gesellschaft zu genügen.
>
> (3) Rechte und Freiheiten dürfen in keinem Fall im Widerspruch zu den Zielen und Grundsätzen der Vereinten Nationen ausgeübt werden.

Noch ein weiterer Artikel (Artikel 14) bereitete uns Sorgen. Er betrifft das Asylrecht. Auf diesem Gebiet haben wir nicht alles erreicht, was wir wollten; aber der Text wurde immerhin verbessert:

> Jeder Mensch hat das Recht, in anderen Ländern vor Verfolgungen Asyl zu suchen und zu genießen.

Die Worte »und zu genießen« wurden auf unsere Bitte hinzugefügt. Denn in der vorhergehenden Fassung hatte der Verfolgte zwar das Recht, Asyl zu suchen, er genoss jedoch nicht automatisch das Asylrecht in dem Land, in das er geflohen war. Der Versuch, ein wirkliches Asylrecht einzuführen, wurde von den meisten Mächten energisch bekämpft. Die Formulierung »Asyl genießen« schloss zumindest die Auslieferung des Flüchtlings an das Land aus, das ihn verfolgte und aus dem er geflohen war.

Weitere von Erfolg gekrönte Interventionen des Jüdischen Weltkongresses führten zu einer Verbesserung des Artikels 7, der die Aufreizung zur Diskriminierung verbietet, und des Artikels 11, der die rückwirkende Kraft der Gesetze verbietet.

Als der Text der Allgemeinen Erklärung von der Menschenrechts-

kommission verabschiedet worden war, wurde er zur endgültigen Verabschiedung der Generalversammlung der Vereinten Nationen zugeleitet. Die Beratung hierüber fand 1948 auf der Vollversammlung in Paris statt. Bienenfeld und ich nahmen ebenfalls an dieser Sitzung teil. Obwohl wir in der Generalversammlung nicht die Rechte und Möglichkeiten hatten, die uns der Beraterstatus bei der Menschenrechtskommission bot, hielten wir Kontakt zu einer beträchtlichen Zahl von Delegierten. Da viele von ihnen mit den Problemen, die die Artikel der Erklärung aufwarfen, nicht sehr vertraut waren, beschlossen wir, für jeden der zehn Artikel, die uns besonders am Herzen lagen, einen eigenen Kommentar zu verfassen. Diese Kommentare schickten wir in einem persönlichen Brief an alle Mitglieder der III. Kommission, die beauftragt war, den endgültigen Text auszuarbeiten. Wir erfuhren später, dass diese Kommentare von den Empfängern sehr geschätzt worden waren und eine Reihe von Abstimmungen beeinflussten.
Schließlich wurde die Allgemeine Erklärung der Menschenrechte von der Generalversammlung der Vereinten Nationen verabschiedet und am 10. Dezember 1948 im Palais de Chaillot in Paris verkündet.
Die Verabschiedung der Allgemeinen Erklärung der Menschenrechte ist heute ein historisches Datum für den Schutz der Menschenrechte. In vielen Ländern der Welt wird sie als Internationaler Tag der Menschenrechte gefeiert.
Die Erklärung, die formell eine »Empfehlung der Generalversammlung der Vereinten Nationen als das von allen Völkern und Nationen zu erreichende gemeinsame Ideal« war, hat mit der Zeit eine immer größere Bedeutung erlangt, und ihr Einfluss hat seit ihrer Verabschiedung ständig zugenommen.
Sie wird heute von allen 185 Mitgliedsstaaten der Vereinten Nationen anerkannt. Selbst die Länder, die sich damals enthielten, haben sie auf der europäischen Sicherheitskonferenz in Helsinki angenommen.
Die Verfassungen zahlreicher Länder und die Gesetzgebung vieler Staaten orientieren sich an ihr. Von den Gerichtshöfen und anderen Gerichten wird sie ständig zitiert. Heute vertreten viele Autoren die Meinung, dass die Allgemeine Erklärung der Menschenrechte fester Bestandteil des internationalen Gewohnheitsrechts geworden ist oder auf dem besten Wege sei, es zu werden.
Die Erklärung wurde immer wieder kritisiert. Man warf ihr vor, sie sei

das Produkt der westlichen Zivilisation und nicht wirklich repräsentativ für alle kulturellen und gesellschaftlichen Traditionen der modernen Welt. Ich bin nicht dieser Meinung. Und dies nicht nur, weil Persönlichkeiten aus verschiedenen Kulturen an ihr mitgearbeitet haben, Ägypter, Inder, Pakistani, Menschen aus sehr unterschiedlichen Kulturen, sondern auch, weil wir alle eine wirkliche Übereinstimmung gesucht haben, um Formulierungen zu finden, die weltweit auf Zustimmung stoßen. Ich glaube, dass alle mit diesen Prinzipien einverstanden sind und dass die Allgemeine Erklärung daher einen maximalen Konsens über die wichtigsten Rechte darstellt.

Die propagandistische Kritik, die die spezifische Besonderheit der verschiedenen Kulturen gegen die Allgemeine Erklärung ins Feld führt, ist bis heute nicht verstummt. Man kann jedoch feststellen, dass die Länder, die dieses Argument benutzen, in der Regel nur versuchen, sich den Verpflichtungen, die die Erklärung ihnen aufzwingt, zu entziehen. Man muss daher den Beschluss der großen Konferenz über die Menschenrechte, die die Vereinten Nationen 1993 in Wien einberufen haben, nur umso mehr begrüßen. Dieser bestätigte ausdrücklich den allgemeinen Charakter der Menschenrechte, indem er erklärte: »Der allgemeine Charakter dieser Rechte und Freiheiten ist unbestritten.« Das war einer der wichtigsten Beschlüsse dieser Konferenz.

Häufig wird auch behauptet, dass für die Verfasser der Allgemeinen Erklärung die bürgerlichen und politischen Rechte Vorrang vor allen anderen Rechten gehabt hätten und dass die Erklärung den sozialen und wirtschaftlichen Rechten nicht die gleiche Bedeutung beigemessen hätte. Eine neue Generation von Verteidigern der Menschenrechte proklamiert unter Berufung auf so umfassende Ziele wie die Umwelt, die Entwicklungspolitik und den Frieden auch das Recht auf Solidarität und behauptet, dass die Aufzählung und die Definition dieser Rechte in der Erklärung fehlten.

Hierzu muss man bemerken, dass die wirtschaftlichen und sozialen Rechte keine neue Erfindung sind. Ich bin immer der Ansicht gewesen, dass alle Menschenrechte auf einer gewissen Ebene unteilbar und voneinander abhängig sind. Die bürgerlichen und politischen Rechte ergänzen die wirtschaftlichen und sozialen Rechte. Der Genuss der bürgerlichen und politischen Rechte ist stark eingeschränkt, wenn man nicht über die materiellen Mittel verfügt, um seinen Lebensunterhalt zu si-

chern. Und man kann den materiellen Wohlstand nicht wirklich genießen, wenn nicht gleichzeitig die grundlegenden Bürgerrechte und Freiheiten garantiert sind.
Ich glaube, die erwähnten Behauptungen entbehren jeder Grundlage. Ich denke, die Verfasser der Allgemeinen Erklärung, unter ihnen Vertreter der Kulturen der Dritten Welt und vor allem des Nahen und Fernen Ostens, hatten die Bedeutung der sozialen, wirtschaftlichen und kulturellen Rechte sehr genau begriffen. In Wirklichkeit verkündet die Erklärung, dass die wirtschaftlichen, sozialen und kulturellen Rechte unverzichtbar sind für die Würde und die freie Entwicklung der Persönlichkeit des Menschen. Das Recht auf Arbeit, auf eine gerechte Bezahlung der Arbeit, auf soziale Sicherheit, auf Erholung und Freizeit, auf einen gewissen Lebensstandard sowie das Recht auf Bildung sind in der Erklärung enthalten.
Es ist ganz natürlich, dass der Akzent heute gerade dank des Einflusses der Staaten der Dritten Welt stärker auf diese Rechte gelegt wird. Es liegt auf der Hand, dass die Anwendung und Umsetzung dieser Rechte ein sehr langsamer Prozess ist, da sie von den Regierungen die Bereitstellung enormer wirtschaftlicher und sozialer Ressourcen verlangen. Doch jeder vernünftige Mensch blickt mit Sympathie auf die Ungeduld, mit der viele Länder und viele Bevölkerungsgruppen diese Rechte einfordern.
Erheblich mehr Zeit und Mühe waren nötig, um die internationale Gemeinschaft von der Bedeutung der kulturellen Rechte zu überzeugen, und dies trotz der verdienstvollen Arbeit, die die Unesco auf diesem Gebiet geleistet hatte. Dieser Bereich betrifft in ganz besonderer Weise die Minderheitengruppen. Der Schutz der Identität und Kultur der Minderheiten und die Notwendigkeit, diesen Minderheiten die Mittel zu geben, die sie unbedingt brauchen, um ihr kulturelles Erbe zu erhalten und weiterzuentwickeln, sind Aufgaben, denen die Organe der Vereinten Nationen bis jetzt nicht genügend Aufmerksamkeit geschenkt haben. Das ist noch heute eine der größten Sorgen des Jüdischen Weltkongresses.
Was die Menschenrechte betrifft, die unter der Bezeichnung »dritte Generation« gefordert werden, das Recht auf Solidarität, so stimme ich zu, dass unser größeres Verständnis für die Forderungen und auch die Bedürfnisse der Entwicklungs- und Umweltpolitik uns ermutigen soll-

ten, rasch Maßnahmen zu ergreifen, die den früheren Generationen unbekannt waren und die daher in den in der Vergangenheit formulierten Texten keinen Ausdruck gefunden hatten.
Und schließlich habe ich meine Zweifel, ob wir in unserem Willen zum Frieden und zur Entwicklung wirklich Fortschritte machen können, wenn wir uns damit begnügen, diese Postulate zu proklamieren und sie in den heiligen Mantel der Menschenrechte zu kleiden. Damit die Rechte der Völker der Entwicklungsländer einen Sinn bekommen, müssen wir unsere Bemühungen deutlich verstärken, einen Teil des wirtschaftlichen und technologischen Reichtums der reichen Länder in die Länder zu transferieren, die Mühe haben, in Schwung zu kommen, um sie in die Lage zu versetzen, mit den Ländern, die eine glücklichere Vergangenheit haben, in Wettbewerb zu treten, und ihnen zu erlauben, nach und nach den Anteil an der Weltwirtschaft zu bekommen, der ihnen zusteht. Ich bin nicht sicher, dass wir, wenn wir uns darauf beschränken, das Recht auf Entwicklung zu verkünden, auf diesem äußerst wichtigen Gebiet wirklich Fortschritte machen.

Die Menschenrechtsabkommen

Die Allgemeine Erklärung war die erste Phase der Definition der Menschenrechte. Die zweite bestand darin, die Grundsätze dieser Erklärung in rechtsverbindliche Verpflichtungen für die Staaten umzuwandeln. In dieser Phase kam es zur Ausarbeitung zweier internationaler Abkommen. Das eine betraf die bürgerlichen und politischen Rechte, das andere die wirtschaftlichen, sozialen und kulturellen Rechte. Es erwies sich als notwendig, die Umsetzung der Menschenrechte in dieser Weise aufzuteilen, da die Umsetzung der bürgerlichen und politischen Rechte praktisch auf der Stelle von den staatlichen Instanzen bewerkstelligt werden konnte, während selbst die schrittweise Umsetzung der kulturellen, sozialen und wirtschaftlichen Rechte eine beträchtliche finanzielle Anstrengung von ihnen verlangte.
Die beiden Abkommen sehen also unterschiedliche Durchführungsbestimmungen vor. Beide enthalten klare und eindeutige Verpflichtungen für die Staaten, die sie ratifizieren.
Die Ausarbeitung der internationalen Abkommen über die Menschen-

rechte war ein langer und schwieriger Prozess. Wir stießen auf diesem Weg auf viel mehr Hindernisse als bei der Vorbereitung der Allgemeinen Erklärung. Es war eben doch schwieriger, sich über die Formulierung der spezifischen Rechte zu einigen, die für die Staaten konkrete Verpflichtungen mit sich bringen, als allgemeine Grundsätze zu äußern und zu verkünden.

Dadurch, dass diese Debatte sich so lange hinzog, gerieten wir in die Zeit des Kalten Krieges, in der jede Diskussion über die Menschenrechte zu einer heftigen Konfrontation zwischen Ost und West führte, die häufig von hitzigen und parteiischen Propagandareden geprägt waren.

Man vergisst heute, dass all dies in einer Zeit ständiger Spannungen stattfand, in der viele fürchteten, der dritte Weltkrieg könnte jeden Augenblick ausbrechen, und in der sich die Positionen beider Seiten immer mehr verhärteten. Bereits zu Beginn der fünfziger Jahre vertraten die Vereinigten Staaten immer häufiger Positionen, die eine gewisse Distanz zu den Bemühungen um eine Kodifizierung der Menschenrechte erkennen ließen. Und die anderen Länder nahmen diese Arbeiten nicht sehr ernst.

Es kam sogar der Augenblick, da man die Hoffnung aufgab, die Arbeit jemals zu einem Abschluss bringen zu können, und fürchtete, die internationalen Abkommen würden niemals das Licht der Welt erblicken. Es war die Zeit der Hexenjagden, die in den Vereinigten Staaten durch die Aktivitäten von Senator Joseph McCarthy geprägt waren. All dies hinterließ tiefe Spuren auch in der Außenpolitik der betroffenen Staaten.

Ich erinnere mich, dass wir beim Jüdischen Weltkongress einmal so pessimistisch waren, dass wir daran dachten, das ganze Projekt aufzugeben. In einer Intervention vor der Kommission für Menschenrechte im Juli 1954 schlug ich vor, dass man, anstatt zwei Abkommen vorzubereiten, die sich auf alle Menschenrechte beziehen, vielleicht schneller vorankommen könnte, wenn man systematisch eine Reihe internationaler juristischer Instrumente erarbeiten würde, die sich jeweils auf die Kodifizierung eines spezifischen Rechts oder zweier verwandter Rechte beschränken würden. Diese Arbeiten könnten auf eine gewisse Anzahl von Jahren verteilt werden.

Die Diskussion über die laufenden Projekte wurde dennoch fortgesetzt. All das erklärt, warum die Kodifizierung dieser beiden Abkommen durch die Menschenrechtskommission und dann durch die III. Kommission der Generalversammlung der UNO so lange gedauert hat. Man versteht auch, warum die Texte schließlich erst im Dezember 1966 verabschiedet wurden und dass man bis 1976 warten musste, bis sie endlich in Kraft traten, was insgesamt achtzehn Jahre Arbeit für ihre Ausarbeitung und zehn für ihre Umsetzung bedeutete.

Wir haben uns auch daran beteiligt und eine Reihe wichtiger Beiträge geleistet. Der originellste, der anfangs auf heftigen Widerstand der Großmächte stieß, ist heute geltendes Recht und wird nicht mehr in Frage gestellt. Mitzuerleben, wie man die Entwicklung des Rechts beeinflussen kann, war eine der großen Erfahrungen meines Lebens.

Warum ist das so wichtig? In dem Bewusstsein, dass unter dem Deckmantel des letzten Kriegs die furchtbarsten Verfolgungen stattgefunden haben, war der Jüdische Weltkongress der Ansicht, dass keine Konvention erlauben dürfe, dass Krieg oder irgendein anderer Notstand dazu missbraucht werden kann, die Menschenrechte außer Kraft zu setzen oder über die unter solchen Umständen absolut notwendigen Einschränkungen hinaus einzuschränken. Daher versuchte der Jüdische Weltkongress den Wortlaut von Artikel 4 des Entwurfs der diesbezüglichen Konvention abzuändern. Der Jüdische Weltkongress hatte bereits in seinem Memorandum vom 28. April 1948 erklärt, dass die Menschenrechte und die Grundfreiheiten in Kriegszeiten nicht aufgehoben werden dürften, dass sie sogar eines besonderen Schutzes bedürften. Eine Konvention, die nicht eine präzise Definition der Grenzen enthalte, die bei der Aufhebung oder Einschränkung der Menschenrechte in einer solchen Situation zu beachten seien, würde daher einen gewaltigen Rückschritt gegenüber der gegenwärtigen Situation darstellen.

Der Jüdische Weltkongress schlug daher das uneingeschränkte Verbot der Aufhebung der wichtigsten Menschenrechte wie des Rechts auf Leben, auf die Sicherheit der Person, des Verbots der Sklaverei, des Rechts eines jeden auf Anerkennung als Rechtsperson, der Religions- und Gewissensfreiheit vor.

Er bestand vor allem auf dem Grundprinzip der Nichtdiskriminierung, das unter allen Umständen zu respektieren ist. Es gibt keine Situation in der Welt, auch nicht in Kriegs- oder Notzeiten, die einem Staat oder jeder anderen staatlichen Behörde das Recht gibt, Menschen aufgrund ihrer Rasse, ihrer Hautfarbe, ihres Geschlechts, ihrer Religion, ihrer Sprache oder ihrer sozialen Herkunft zu diskriminieren.

Der Jüdische Weltkongress schlug ebenfalls vor, dass ein Staat, wenn er sich auf sein Vorrecht berufe, manche der anderen Rechte aufzuheben, darüber einen Bericht an eine speziell zu diesem Zweck geschaffene internationale Behörde machen müsse und dass die aufgehobenen Rechte wieder in Kraft gesetzt werden müssten, wenn diese Behörde diese Maßnahmen nicht billige.

Der endgültige Text griff die meisten dieser Vorschläge des Jüdischen Weltkongresses auf und schränkte insbesondere die Bestimmungen des Artikels 4 »auf die Fälle, in denen eine außergewöhnliche öffentliche Gefahr die Existenz der Nation bedroht«, ein. Ein Notstand muss offiziell von der Regierung ausgerufen werden; diese Ausrufung und ihre Gründe müssen den anderen Unterzeichnern der Konvention gemeldet werden. Der ursprüngliche Entwurf bezog sich lediglich auf »Krieg oder einen anderen öffentlichen Notstand«.

Darüber hinaus verbietet der Text ausnahmslos die Abschaffung und die zeitweilige Aufhebung einer Reihe von Rechten, etwa der Artikel, die das Recht auf Leben garantieren, Folter, Sklaverei und Leibeigenschaft verbieten, eine Verurteilung *ex post facto* (von Verbrechen oder Straftaten, die als solche definiert worden sind, nachdem sie begangen wurden) ausschließen, jedem die Anerkennung als Rechtsperson garantieren, die Inhaftierung wegen Nichterfüllung vertraglicher Verpflichtungen verbieten und schließlich das Recht auf Gedanken-, Gewissens- und Religionsfreiheit garantieren.

Artikel 4 verbietet außerdem jeden Verstoß gegen eine durch das Abkommen definierte Verpflichtung, der eine Diskriminierung aufgrund der Rasse, der Hautfarbe, des Geschlechts, der Sprache, der Religion oder der sozialen Herkunft zur Folge hat.

Als wir unsere Vorschläge unterbreiteten, orientierten wir uns teilweise an den existierenden humanitären Konventionen, insbesondere an der IX. Haager Konvention und den humanitären Konventionen von 1949, die vor allem den Grundsatz der Nichtdiskriminierung auch in Kriegszeiten proklamierten. Wenn die Diskriminierung im Krieg verboten war, wie konnte man sie dann in Friedenszeiten unter dem Vorwand eines »Notstands« dulden?

Diese Änderungen, die wir in die Texte einführten, sind außerordentlich wichtig. Wir haben das, was man traditionell Naturrecht nannte, in positives Recht verwandelt. Das war eine außergewöhnliche Erfahrung. Wir haben klare und eindeutige Einschränkungen der »Notsituationen« erreicht.

Das Verbot, bestimmte Menschenrechte auch in Zeiten des Notstands zeitweise aufzuheben oder abzuschaffen, bedeutet die Durchsetzung der Achtung dieser Grundrechte ausnahmslos in allen Situationen.

Damals bedeutete eine derartige Auffassung eine kleine Revolution. Ihre Einführung stieß auf starken Widerstand nicht nur von Seiten der kleinen Diktaturen, sondern auch von Seiten der demokratischen Großmächte. Und wenn ich heute die Kommentare lese, die sich darauf beziehen, wundere ich mich, dass niemand mehr diese Grundsätze in Frage stellt.

Das war gewiss nicht unser einziger Beitrag zur Formulierung der Texte der beiden Abkommen. Wir verfolgten diese Beratungen sehr aufmerksam und versuchten überall, wo es uns möglich war, die Texte zu verbessern. Wir wachten natürlich auch darüber, dass die Ideen, für die wir bei der Ausarbeitung der Allgemeinen Erklärung eingetreten waren, auch in die Texte der Abkommen einflossen, die ihr folgten.

Und so sind die Bestimmungen über den Geist der Ausbildung jetzt fester Bestandteil des Abkommens über die wirtschaftlichen, sozialen und kulturellen Rechte (Artikel 13) und haben den Status der Rechtsverbindlichkeit bekommen.

Das System der Durchführung ist natürlich für jedes der beiden Abkommen ein anderes. Der Grund dafür ist, dass – wie wir bereits bemerkt haben – die Umsetzung des Abkommens über die wirtschaftlichen, sozialen und kulturellen Rechte nur schrittweise durchgeführt werden kann, da sie von jedem Staat einen erheblichen finanziellen Aufwand verlangt. Es sollte also alles getan werden, um diesen Prozess zu beschleunigen.

Wir konzentrierten uns auf das Ziel, ein wirksames System für die Durchführung des Abkommens über die bürgerlichen und politischen Rechte zu entwickeln. Wir sollten sicherstellen, dass jede Person oder jede Organisation oder Gruppe, die die Interessen des Einzelnen schützt, im Falle einer Verletzung ihrer Rechte vor einem unabhängigen Gericht Klage erheben und die Maßnahmen ins Auge fassen kann, die

notwendig sind, um die Verletzung zu beenden und ihre Auswirkungen rückgängig zu machen.
Trotz der gewaltigen Anstrengungen, die wir gemeinsam mit zahlreichen anderen nichtstaatlichen Organisationen unternahmen, haben wir dieses Ziel niemals erreicht, und es bleibt auch heute noch unser wichtigstes Ziel. Das Ideal wäre, wenn sich bei den Vereinten Nationen das Verfahren durchsetzen würde, das im Rahmen des Europarats durch die europäische Konvention der Menschenrechte und ihre Zusatzprotokolle eingeführt wurde.
Der Entwurf des Abkommens über die bürgerlichen und politischen Rechte sah regelmäßige Berichte über die Maßnahmen, die die unterzeichnenden Regierungen beschließen würden, um die in diesem Abkommen anerkannten Rechte in Kraft zu setzen, sowie über die hinsichtlich des Genusses dieser Rechte erzielten Fortschritte vor. Er sah außerdem ein System vor, in dem jedes der vertragschließenden Länder Klage erheben kann, falls ein anderer Staat seinen Verpflichtungen nicht nachkommen würde.
Dieses Recht war jedoch gemäß bestimmter Verfahren wie denen des Internationalen Gerichtshofs in Den Haag in der endgültigen Formulierung des Textes durch eine ausdrückliche Erklärung des anderen Staates, dass er dieses Verfahren akzeptiere, bedingt. Die Klage eines Staates gegen einen anderen vor einer internationalen Instanz war jedoch ein sehr seltener Fall. Denn sie stellt an sich schon einen feindlichen Akt dar und führt zu einem ernsten Konflikt. Deswegen bestanden wir darauf, dass dieser Weg Einzelpersonen, Gruppierungen und nichtstaatlichen Organisationen offensteht.
Da es uns, den nichtstaatlichen Organisationen, gelang, diesbezüglich erheblichen Druck auszuüben, akzeptierten die Vertreter der Staaten schließlich unsere Idee. Aber sie haben diese Bestimmungen nicht in das Abkommen selbst aufgenommen; sie haben sie in einem getrennten fakultativen Protokoll formuliert, das die Staaten zusätzlich zum Abkommen unterzeichnen und ratifizieren mussten. Wir waren über diese Lösung natürlich nicht glücklich, weil sie den Staaten die Möglichkeit ließ, sich diesen Verpflichtungen zu entziehen, und die Anwendung dieser Bestimmungen durch die unterzeichnenden Länder um viele Jahre verzögerte. Man kann aber feststellen, dass unsere Befürchtungen diesbezüglich vielleicht doch übertrieben waren. Denn nach und

nach ratifizierten zahlreiche Länder das Protokoll, wenn auch einige wichtige Staaten immer noch fehlen. Eine wirkliche Rechtssprechung entwickelte sich nach dem Inkrafttreten des Protokolls. Und selbst wenn die Feststellungen des Komitees, das die Mitteilungen der betroffenen Privatperson oder des betroffenen Staates prüft, nicht als Urteile gelten, werden sie von dem betreffenden Staat in der Regel doch akzeptiert und ausgeführt. Das ist ein beachtlicher Erfolg.

Das vom Abkommen vorgesehene Verfahren der Überwachung der periodischen Berichte der Staaten durch ein Komitee ist nicht sehr befriedigend, auch wenn es mit der Zeit verbessert worden ist. Die nichtstaatlichen Organisationen haben in diesem Verfahren immer noch keinen offiziellen Platz, auch wenn die von ihnen vorgelegten Berichte über die von den Staaten begangenen Menschenrechtsverletzungen in der Praxis ein wichtiger Bestandteil der Prüfung dieser Situationen geworden sind. Ihre Berichte werden gegenwärtig sogar an die Delegationen verteilt. Aber die enormen Verspätungen, mit der die Berichte von den Staaten vorgelegt werden, wirken sich negativ aus und nehmen dem System der periodischen Berichte einen Teil seiner Effizienz.

Wir sind immer noch weit entfernt von wirklichen gerichtlichen Verfahren, die allen zugänglich sind. Die Tatsache, dass die Generalversammlung der UNO jüngst den Posten eines Hochkommissars für Menschenrechte geschaffen hat, eine Idee, für die wir uns jahrzehntelang stark gemacht haben, könnte die Sache der Menschenrechte entscheidend voranbringen.

Gegen Antisemitismus und Rassismus

Der Jüdische Weltkongress bemühte sich unermüdlich mit immer neuen Initiativen, die Sache der Menschenrechte im Rahmen der UNO voranzubringen. Die Schändung der Kölner Synagoge im Dezember 1959, die Welle der auf Wände geschmierten Hakenkreuze und andere Nazikundgebungen in ganz Europa, in Amerika und Australien erregten die Öffentlichkeit, die sich lange in der Vorstellung gewiegt hatte, der Antisemitismus nazistischer Prägung habe seine Virulenz verloren. Diese Ereignisse waren für uns der Anlass, einen Vorstoß zu unternehmen, der erhebliche Folgen hatte.

Im Januar 1960 wies ich als Erster vor der Unterkommission für die Verhütung von Diskriminierung und den Minderheitenschutz auf den Ernst der Situation hin. Ich forderte die Intervention der internationalen Gemeinschaft und die Einleitung einer gründlichen Untersuchung der jüngsten Ereignisse und verlangte, dass das Problem der Hetze, das zu Vorurteilen und Hass führt, vorrangig untersucht werden müsse.
Die folgenden Beratungen in der Unterkommission und der Menschenrechtskommission, im Wirtschafts- und Sozialrat und in der Generalversammlung der Vereinten Nationen sahen als Antwort auf diese dramatischen Ereignisse eine Erklärung und eine Konvention über die Elimination aller Formen der Rassendiskriminierung sowie eine Erklärung und eine Konvention über die Elimination aller Formen von Intoleranz und Diskriminierung aufgrund von Religion oder Überzeugung vor. Der Jüdische Weltkongress hat aktiv an der Ausarbeitung all dieser Instrumente mitgearbeitet, indem er der Menschenrechtskommission und dem Wirtschafts- und Sozialrat schriftliche Memoranden zuleitete und mündliche Erklärungen abgab.
Die Erklärung über die Elimination aller Formen von Rassendiskriminierung wurde am 20. November 1963 von der Generalversammlung der Vereinten Nationen verabschiedet. In ihr heißt es unter anderem:

> [Artikel 1] Jede Diskriminierung von Menschen aufgrund ihrer Rasse, Hautfarbe oder ethnischen Herkunft ist ein Angriff auf die Menschenwürde und muss verurteilt werden als Leugnung der Grundsätze der Charta der Vereinten Nationen, als Verletzung der in der Allgemeinen Erklärung der Menschenrechte verkündeten Menschenrechte und Grundfreiheiten, als Hindernis für die freundlichen und friedlichen Beziehungen zwischen den Nationen und als Tatsache, die geeignet ist, den Frieden und die Sicherheit zwischen den Völkern zu stören.
>
> [Artikel 2] Kein Staat darf Diskriminierung aufgrund von Rasse, Hautfarbe oder ethnischer Herkunft ermutigen, befürworten oder durch Polizeiaktionen oder sonstwie unterstützen.
>
> [Artikel 4] Alle Staaten müssen wirksame Maßnahmen ergreifen, um die Politik der Regierung und anderer staatlicher Behörden zu revidieren, und Gesetze und Verordnungen außer Kraft setzen, die zu Rassendiskriminierung führen und sie aufrechterhalten, wo immer sie bereits existiert.

Außerdem müssen unverzüglich wirksame Maßnahmen auf dem Gebiet der Erziehung in Hinblick auf die Beseitigung der Rassendiskriminierung ergriffen werden.
Die Propaganda und die Organisationen, die sich von den Theorien der rassischen Überlegenheit inspirieren lassen, werden scharf verurteilt; die Organisationen, die zur Rassendiskriminierung aufrufen oder sie befürworten, werden verfolgt und geächtet.
Die internationale Konvention über die »Elimination aller Formen von Rassendiskriminierung«, die am 21. Dezember 1965 von der Generalversammlung der Vereinten Nationen einstimmig verabschiedet wurde, behandelt das gleiche Thema wie die Erklärung und wandelt ihre Bestimmungen in rechtsverbindliche Verpflichtungen um. Darüber hinaus enthält sie Durchführungsklauseln, die zum Teil denen des internationalen Abkommens über die bürgerlichen und politischen Rechte folgen. Sie sieht sogar Petitionen von Einzelpersonen oder Gruppen von Einzelpersonen im Fall eines Verstoßes gegen die Bestimmungen des Abkommens vor, indem dieses Verfahren einer einfachen Erklärung des beschuldigten Staates unterworfen wird, der dieses Verfahren akzeptiert. Die internationale Konvention über die Elimination aller Formen von Rassendiskriminierung gehört zu den populärsten unter den Konventionen, die unter der Schirmherrschaft der UNO abgeschlossen worden sind. Sie ist eine der am häufigsten ratifizierten.
Während die Erklärung und die Konvention gegen den Rassismus innerhalb eines relativ vernünftigen Zeitraums von den Gremien der Vereinten Nationen ausgearbeitet worden und ziemlich rasch in Kraft getreten sind, stieß der Beschluss, eine Erklärung und eine Konvention über die Intoleranz und die Diskriminierung aufgrund der Religion oder Überzeugung auszuarbeiten, auf enorme Schwierigkeiten. Und während der Konvention über die Elimination der Rassendiskriminierung eine Welle der Unterstützung vor allem durch die Länder der Dritten Welt zugute kam, wurden die beiden anderen Instrumente gegen die religiöse Intoleranz erbittert vom Sowjetblock und den arabischen und islamischen Staaten bekämpft.
Das Klima des Kalten Kriegs und die fortgesetzten Versuche dieser Staaten, den Staat Israel aus der Gemeinschaft der Nationen auszuschließen, erklären zu einem großen Teil ihre Verzögerungs- und Verschleppungstaktik. Dieser Kampf hat fast fünfzehn Jahre gedauert.

Damals ergriff ich eine neue Initiative: Ich wandte mich an den Heiligen Stuhl und schlug eine enge Zusammenarbeit vor, um gemeinsam das Ziel zu erreichen. Der Vatikan hatte seit Johannes XXIII., vor allem aber unter dem Einfluss Johannes Pauls II. die Sache der Menschenrechte zu einem der Hauptziele seiner Politik gemacht. Da wir also die gleichen Interessen hatten und auf die gleichen Schwierigkeiten bei der Durchsetzung der freien Religionsausübung in den Ländern Osteuropas und manchen islamischen Ländern stießen, schlug ich dem Heiligen Stuhl eine Koordinierung unserer Bemühungen vor, zunächst die Ausarbeitung der Erklärung über die »Elimination jeder Form von Intoleranz und Diskriminierung« aufgrund der Religion und Überzeugung zum Abschluss zu bringen.

Ich fuhr also nach Rom, wo ich durch die Vermittlung unserer Freunde der Kommission des Heiligen Stuhls für die religiösen Beziehungen zu den Juden ein langes Gespräch mit Monsignore Andrys J. Backis, dem Untersekretär des Rats für öffentliche Angelegenheiten der Kirche im Staatssekretariat des Vatikans (was dem Posten des Unterstaatssekretärs für auswärtige Angelegenheiten des Heiligen Stuhls entsprach), führen konnte. Monsignore Backis empfing mich außerordentlich herzlich. Er war Litauer und verstand unsere Sorgen sehr genau. Ich hatte das Gefühl, dass er sie so gut verstand, weil bei den Litauern wie bei den Juden die Nationalgefühle und die religiösen Gefühle aufs engste miteinander verbunden sind.

Wir einigten uns auf eine enge Zusammenarbeit. Von diesem Zeitpunkt an unterhielt mein Kollege Daniel Lack, der den Jüdischen Weltkongress damals in der Menschenrechtskommission der Vereinten Nationen vertrat, enge und fruchtbare Kontakte zum Beobachter des Heiligen Stuhls bei der UNO in Genf. Er wurde sehr unterstützt vom neuen Leiter der Arbeitsgruppe, einem Kanadier, der in der Menschenrechtskommission damit beauftragt war, den endgültigen Text der Erklärung vorzubereiten.

Die Dinge gingen zügig voran und konnten schon bald zum Abschluss gebracht werden, so dass die Generalversammlung der Vereinten Nationen diesen Text endgültig am 25. November 1981 mit breiter Zustimmung verabschieden konnte.

Die Verabschiedung dieser Erklärung nach so vielen Jahren unerfreulicher Auseinandersetzungen war ein großer Erfolg. Heute ist sie das grundlegende Dokument, das den Kampf gegen Intoleranz und religiöse Diskriminierung leiten soll. Die entsprechende Konvention, die folgen sollte, ist noch immer nicht fertiggestellt. Wir müssen unsere Bemühungen, dieses Projekt endlich zum Abschluss zu bringen, fortsetzen.

Wir machten also die Erfahrung, dass die Zusammenarbeit mit dem Heiligen Stuhl auf diesem Gebiet effizient und fruchtbar war. Aber wir beschränkten uns nicht auf den allgemeinen Kampf gegen die Diskriminierung. Wir setzten unsere Bemühungen auch in jenen speziellen Bereichen fort, in denen die Diskriminierung für die jüdische Bevölkerung besonders verhängnisvolle Auswirkungen hatte. So beteiligten wir uns aktiv an der Ausarbeitung der Konvention gegen die Diskriminierung im Bereich der Beschäftigung und der Berufsausübung, die am 25. Juni 1958 von der Internationalen Arbeitskonferenz verabschiedet wurde, und an der Formulierung der Konvention gegen Diskriminierung im Bereich der Erziehung, die am 14. Dezember 1960 von der Generalkonferenz der Vereinten Nationen für Erziehung, Wissenschaft und Kultur (Unesco) verabschiedet wurde.

In beiden Fällen gehörte der Jüdische Weltkongress zu denen, die die Initiative ergriffen, indem sie auf den Abschluss der Konventionen drängten. In beiden Fällen nahmen Vertreter des Jüdischen Weltkongresses, sein kultureller Leiter, Dr. Aaron Steinberg, der britische Abgeordnete Maurice Orbach, ein bedeutender Experte für die Probleme der Diskriminierung im Arbeitsbereich, und ich aktiv an den Arbeiten der Sonderkommissionen teil, die diese Texte vorbereiteten, und brachten schriftlich und mündlich die besonderen Sorgen und Vorschläge des Jüdischen Weltkongresses auf diesem Gebiet ein.

Der Kampf gegen den Völkermord

Ein anderer Weg, den wir im Rahmen der Vereinten Nationen unmittelbar nach Kriegsende verfolgten, um die Konsequenzen aus der Katastrophe zu ziehen, muss ebenfalls erwähnt werden. Es ging um die Idee einer Konvention gegen den Völkermord. Sie wurde von Raphael Lemkin, einem polnischen Juristen, vorgeschlagen, der sich jahrelang mit außergewöhnlicher Energie für ihre Verwirklichung einsetzte. Der

Jüdische Weltkongress und ich unterstützten ihn mit all unserer Kraft. Ich traf ihn mehrmals in Genf und Lake Success, dem ersten Sitz der Vereinten Nationen. Wir unterhielten uns lange über seinen Text, über die geeignete Taktik und die politischen Aktionen, die wir unternehmen sollten, um dieses Projekt zu realisieren. Diese Bemühungen wurden parallel zur Ausarbeitung der Allgemeinen Erklärung und der Abkommen zu den Menschenrechten unternommen und zielten darauf ab, das Verbrechen des Völkermords zu verhüten und zu ahnden.
Der Jüdische Weltkongress hatte schon 1946 den verschiedenen Organen der Vereinten Nationen eine Reihe schriftlicher Memoranden unterbreitet, in denen wir nicht nur die Grundgedanken dieser Initiative unterstützten, sondern auch Vorschläge zur Definition des Verbrechens des Völkermords, zum Anwendungsbereich und zu den Mitteln zur Durchführung dieser Initiative machten. Gleichzeitig mobilisierte der Jüdische Weltkongress wiederholt alle angeschlossenen Gemeinschaften und Organisationen, damit sie ihre Regierungen überzeugten, diese Initiative bei den Vereinten Nationen zu unterstützen.
All diese Bemühungen führten schließlich zur Verabschiedung der Konvention über die Verhütung und Bestrafung des Verbrechens des Völkermords durch die Generalversammlung der Vereinten Nationen am 9. Dezember 1948.
Nachfolgend die wichtigsten Bestimmungen der Konvention:

> **Unter Berücksichtigung der Tatsache**, dass die Generalversammlung der Vereinten Nationen in ihrer Resolution 96 (I) vom 11. Dezember 1946 erklärt hat, dass der Völkermord nach internationalem Recht ein Verbrechen ist, das im Widerspruch zum Geist und zu den Zielen der Vereinten Nationen steht und von der zivilisierten Welt verurteilt wird,
> **In Anerkennung der Tatsache**, dass in allen Epochen der Geschichte der Völkermord der Menschheit große Verluste zugefügt hat,

setzt die Konvention fest, dass der Völkermord, gleichgültig, ob er in Friedens- oder in Kriegszeiten begangen wird, nach internationalem Recht ein Verbrechen ist.
Die vertragschließenden Staaten verpflichten sich, ihn zu verhüten und zu bestrafen.
Die Konvention definiert den Völkermord als einen der folgenden Akte, begangen in der Absicht, ganz oder teilweise eine nationale, ethnische, rassische oder religiöse Gruppe als solche zu zerstören:

(a) Mitglieder der Gruppe zu ermorden;
(b) Mitgliedern der Gruppe schweren körperlichen oder geistigen Schaden zuzufügen;
(c) der Gruppe absichtlich Lebensbedingungen aufzuzwingen, die zwangsläufig zu ihrer vollständigen oder teilweisen physischen Zerstörung führen;
(d) Maßnahmen, die das Ziel verfolgen, Geburten innerhalb der Gruppe zu verhindern;
(e) Kinder der Gruppe in eine andere Gruppe zwangszuverschicken.

Die Konvention erklärt, dass die folgenden Akte bestraft werden:

(a) Völkermord;
(b) Verabredung zum Völkermord;
(c) direkte und öffentliche Anstiftung zum Völkermord;
(d) Versuchter Völkermord;
(e) Beihilfe zum Völkermord.

Die große Schwäche der Konvention bestand jedoch darin, dass sie keinen internationalen Gerichtshof für die Bestrafung des Völkermords einsetzte. Sie überließ die Verfolgung den zuständigen Gerichten des Staates, auf dessen Gebiet die Tat begangen wurde. Die Generalversammlung forderte die Kommission für Internationales Recht jedoch auf, diese Frage sowie die Möglichkeit zu prüfen, ein Gericht einzusetzen, das für die Verurteilung der Personen zuständig ist, die sich dieses Verbrechens schuldig gemacht haben.

Diese juristische Schwäche der Konvention gegen den Völkermord hat dazu geführt, dass viele Staaten zögerten, die Konvention zu ratifizieren. Ich bin stets der Meinung gewesen, dass wir trotz all unserer Bemühungen unser Ziel nicht erreicht haben.

Dennoch spielte die Verabschiedung der Konvention gegen den Völkermord in der jüdischen Öffentlichkeit eine sehr starke symbolische Rolle. Daher bemühten sich auch alle jüdischen Gemeinden nach Kräften, ihre Regierungen dazu zu bringen, die Konvention trotz ihrer Schwächen zu ratifizieren. Und viele Länder, darunter die Vereinigten Staaten, ratifizierten sie tatsächlich. Zunächst immer wieder verschoben, erfolgte die Ratifizierung der Konvention schließlich 1991 in der Amtszeit von Präsident Bush, fast fünfzig Jahre nach ihrer Verabschiedung.

Die Konferenz über Sicherheit und Zusammenarbeit in Europa

Abschließend muss ich noch über eine andere Initiative berichten, die ich auf internationaler Ebene zur Bekämpfung des Antisemitismus angestoßen habe. Sie geschah zwar nicht im Rahmen der Vereinten Nationen, spielte sich aber dennoch auf internationaler Ebene ab.

Wie bereits mehrfach gesagt, verschwand der Antisemitismus nach dem Zweiten Weltkrieg nicht. Von Zeit zu Zeit flammt er wieder auf. So etwa Ende 1959 und 1960, oder nach dem Verschwinden der Sowjetunion als zweiter Weltmacht. Der Zusammenbruch des kommunistischen Regimes und der teilweise Zerfall des alten sowjetischen Reichs führten zum Aufkommen extremistischer und nationalistischer Bewegungen in fast allen Staaten der ehemaligen Sowjetunion. Dieser Zusammenbruch hat es ermöglicht, jedem Bürger der ehemaligen UdSSR und der Länder Mitteleuropas neue Freiheiten zu gewähren, und wurde in ganz Westeuropa freudig begrüßt.

Diese Freiheiten sind aber auch den Gegnern der Demokratie gewährt worden, denen, die extremistische Lehren vertreten und einen Chauvinismus sowie extrem nationalistische, rassistische und antisemitische Theorien propagieren. Mit einem Mal schossen Dutzende von extremistischen Gruppen in der ehemaligen Sowjetunion aus dem Boden. Angesichts dieser Tatsachen machte sich in breiten Schichten der jüdischen Gemeinde Russlands Angst breit, die zu einer gewaltigen Auswanderungsbewegung der Juden aus der ehemaligen Sowjetunion führte. Während die Spannungen in den anderen Ländern Osteuropas nicht so stark waren, stellten wir fest, dass antisemitische Parolen bei manchen Wahlen in Ungarn eine wichtige Rolle spielten. In Rumänien erwachten erneut die alten antisemitischen Dämonen. In Polen gelang es den extrem nationalistischen Kreisen, eine nicht zu unterschätzende Rolle im Konflikt um das Karmeliterinnenkloster in Auschwitz zu spielen, was im Widerspruch zu den Wünschen der Regierung und der Obrigkeit der Römischen Kirche stand.

Auch wenn die Bemühungen der chauvinistischen, fremdenfeindlichen, rassistischen und einen aggressiven Antisemitismus predigenden rechtsextremistischen Gruppen, viele ihrer Vertreter in wichtige politische Positionen wählen zu lassen, scheiterten, verfügten sie über erschreckende Propagandanetze. Man begann sich zu fragen, ob die Welt vergessen hatte, was in den dreißiger Jahren geschehen war, und ob alles von vorn beginnen würde.

Man darf in diesem Zusammenhang nicht die Wirkung vergessen, die die Wiedervereinigung Deutschlands auf die jüdischen Bevölkerungsgruppen hatte. Einerseits wurde der Fall der Berliner Mauer überall freudig begrüßt, weil er symbolisch das Ende der Teilung Europas und das Ende des Kalten Krieges bedeutete. Andererseits weckte diese Entwicklung aber auch in vielen Kreisen Gefühle des Zweifels und der Sorge.

Diese Gefühle machten sich in fast allen Nachbarländern Deutschlands, bei ihren Partnern in der Europäischen Gemeinschaft und, *last but not least*, bei den Großmächten Luft. Überall fragte man sich, wie wohl die tatsächlichen Auswirkungen dieser Wiedervereinigung aussehen würden.

Zu den gleichen Reaktionen kam es in der jüdischen Gemeinschaft. Sie hatte erwartet, dass der Wiedervereinigungsvertrag, der im November 1990 zwischen den beiden deutschen Staaten unterzeichnet wurde, eine Sonderklausel über die besonderen Verpflichtungen enthalte, die die Geschichte dem neuen deutschen Staat in Bezug auf die Opfer Nazideutschlands aufbürdet. Der Vorsitzende der jüdischen Gemeinde Deutschlands, der im Namen der jüdischen Gemeinden der ganzen Welt handelte, hatte auf diesem Grundsatz bestanden und von Bundeskanzler Kohl diesbezügliche Zusicherungen erhalten. Kohl wiederholte diese Erklärung auf der Sitzung der Exekutive des Jüdischen Weltkongresses 1990 in Berlin. Dass diese Versprechen nicht eingehalten wurden, löste bei den Juden trotz mancher beruhigender mündlicher Erklärungen tiefe Enttäuschung aus. Die fremdenfeindlichen und extremistischen Kundgebungen, zu denen es anschließend in Ostdeutschland kam, haben dieses Gefühl des Unbehagens noch verstärkt.

Ich sprach dieses Problem im Oktober 1990 bei meinem Besuch in Belgrad an, wo ich den Jüdischen Weltkongress bei der Einweihung eines Denkmals für die jüdischen Toten, das der Stadtrat auf einem großen Platz der Stadt hatte errichten lassen, vertrat. Das war natürlich vor dem tragischen Auseinanderbrechen Jugoslawiens, das wir gegenwärtig miterleben. Meine Rede hatte die Aufmerksamkeit der jugoslawischen und serbischen Regierungskreise erregt, und ich wurde am nächsten Tag vom stellvertretenden jugoslawischen Außenminister und anschließend vom serbischen Außenminister empfangen. Mein alter Freund, Dr. Lavoslav Kadelburg, Präsident des Verbands der jüdischen Gemeinden Jugoslawiens, begleitete mich.

Ich nutzte diese Begegnungen, um meinen Gesprächspartnern unsere Ängste hinsichtlich des Wiederauftauchens der aggressiven antisemitischen Bewegungen in den osteuropäischen Ländern darzustellen, und ich fragte den stellvertretenden Außenminister Jugoslawiens, ob sein Land, das sich stets aus den Blöcken herausgehalten und uns gegenüber immer eine freundschaftliche Haltung bewiesen hatte, nicht die Initiative ergreifen könnte, den Antisemitismus zu verurteilen. Ich hatte damals das Gefühl, die Konferenz der Staatschefs über Sicherheit und Zusammenarbeit in Europa, die ein paar Wochen später in Paris zusammentreten sollte, könnte eine gute Plattform für eine solche Erklärung sein.

Der jugoslawische Minister, ein Mann, der sehr genau über die Ereignisse, die uns Sorgen machten, informiert war, reagierte sehr positiv auf meinen Vorschlag. Ich wusste nicht, dass er einer der politischen Berater von Präsident Tito gewesen war und über unsere alte Beziehung zum Marschall und unsere langjährige Zusammenarbeit mit den jugoslawischen Behörden Bescheid wusste. Er versprach mir, eine solche Initiative zu ergreifen, er müsse aber vorher seine Regierungskollegen konsultieren. Am Nachmittag desselben Tages schickte er mir durch den Vorsitzenden der Jüdischen Gemeinde von Belgrad eine Botschaft, in der er mir mitteilte, dass er die Zustimmung seiner Kollegen erhalten habe und wie verabredet handeln werde.

Zehn Tage später erfuhr ich durch Schweizer Freunde, dass die jugoslawische Regierung der Vorbereitungskommission der Pariser Konferenz tatsächlich Vorschläge unterbreitet habe.

Ich informierte daraufhin das Generalsekretatiat des Jüdischen Weltkongresses in New York, nahm Kontakt zu einer Reihe von jüdischen Gemeinden in Europa auf und bat sie, bei ihren Regierungen zu intervenieren, um ihre Unterstützung für die Initiative der jugoslawischen Regierung zu erhalten.

Ich wandte mich vor allem an die Gemeinden Großbritanniens, Belgiens, Frankreichs, Spaniens und der Schweiz. Einige Zeit später wurde ich benachrichtigt, dass die jugoslawische Initiative einstimmig angenommen worden sei. Sie ging in die Charta von Paris für ein neues Europa ein, die am 21. November 1990 in Paris von fünfunddreißig Staats- und Regierungschefs unterzeichnet wurde.

Die Klausel, die ich angeregt hatte, findet sich in dem Abschnitt »Orientierungen für die Zukunft« unter der Überschrift: »Menschliche Dimension« (Paragraph 4):

> Wir geben unserer Entschlossenheit Ausdruck, gegen alle Formen von Rassenhass oder ethnischem Hass, Antisemitismus, Fremdenfeindlichkeit und Diskriminierung gegenüber jeder Person sowie der Verfolgung aus religiösen oder ideologischen Gründen zu kämpfen.

Das war das erste Mal in der Geschichte, dass so viele Staats- und Regierungschefs eine so klare und eindeutige Verurteilung des Antisemitismus unterzeichnet haben. Ich bin recht stolz darauf, dazu den Anstoß gegeben zu haben.

Für ein neues humanitäres Recht

Bis jetzt habe ich über unsere Bemühungen um die Kodifizierung der Menschenrechte im Rahmen der Vereinten Nationen und anderer internationaler Institutionen berichtet. Ergänzend dazu sind meine Bemühungen auf dem Gebiet des humanitären Rechts zu sehen.
Auch auf diesem Gebiet verlangten der Zweite Weltkrieg und seine katastrophalen Folgen für die Zivilbevölkerung einen Neuanfang und eine neue Kodifizierung, die die Lehre aus der jüngsten Vergangenheit zog. Wir beteiligten uns mit großer Entschlossenheit an diesen Bemühungen, da wir der Ansicht waren, dass wir dies allen, die wir während der Shoah nicht hatten retten können, schuldig waren.
Wie bereits erwähnt, hatte ich gegen Ende des Zweiten Weltkriegs das Internationale Komitee vom Roten Kreuz ersucht, uns bei der Revision der humanitären Konventionen entsprechend der während der Feindseligkeiten gewonnenen Erfahrungen zu konsultieren. Ich hatte schon damals auf die Notwendigkeit hingewiesen, die Zivilbevölkerung zu schützen, und argumentiert, dass das Fehlen solcher Bestimmungen während des Kriegs die Katastrophe, deren Opfer wir geworden waren, ausgelöst habe. Wir hatten darum ersucht, weil wir an der Neuformulierung des humanitären Rechts beteiligt werden wollten. Zu diesem Zweck hielt ich meine Kontakte zum Internationalen Komitee aufrecht. Das führte zu der Einladung an den Jüdischen Weltkongress, einen Vertreter zur XVII. Internationalen Konferenz des Roten Kreuzes, die im August 1948 in Stockholm stattfand, zu entsenden.
Seitdem wurden wir immer zu den Internationalen Konferenzen des Roten Kreuzes eingeladen, die in Neu Delhi, Montreal und an anderen Orten stattfanden. Auf der Konferenz von Stockholm unterbreitete das Internationale Komitee die Projekte von vier Konventionen. Die wichtigsten Projekte für uns waren diejenigen, die die Behandlung der Kriegsgefangenen und den Schutz der Zivilbevölkerung in Kriegszeiten betrafen.
Letzteres Projekt bedeutete eine große Genugtuung für uns, da es genau das Problem betraf, das wir für besonders dringlich hielten. Wir

legten der Konferenz ein detailliertes Memorandum über den Schutz der Zivilbevölkerung in Kriegszeiten vor, das ich insbesondere der Rechtskommission, die die verschiedenen Projekte prüfte, persönlich präsentieren konnte. Ich gab mehrere Erklärungen ab. Über einen meiner Vorschläge stimmte die Kommission sogar ab.
Dieser Vorschlag drückte einen interessanten Gedanken aus. Er betraf Fälle, die der Situation in der Pogromnacht im November 1938 ähnelten, und zielte darauf ab, die Zuständigkeit des Roten Kreuzes auf innere Konflikte auszudehnen, in denen eine Partei – da sie nicht über die entsprechenden Mittel verfügt – nicht in der Lage ist, der Allmacht des Staates Widerstand zu leisten.
Die Diskussion darüber lief unter sehr günstigen Bedingungen ab. Die Konferenz wurde von Richter Sandström geleitet, den wir kannten, da er Mitglied in der berühmten Palästina-Kommission der Vereinten Nationen (UNSCOP) war, die die Teilung Palästinas vorgeschlagen hatte.
Die Prüfung durch die Internationale Konferenz des Roten Kreuzes war eine Art Generalprobe für die diplomatische Konferenz, die die Schweizer Regierung im Jahr darauf in Genf einberufen und die endgültig über den Inhalt dieser Konventionen entscheiden sollte.
Die Konferenz von Stockholm ist mir umso stärker im Gedächtnis geblieben, als sie die erste internationale Konferenz war, an der eine Delegation der israelischen Regierung und auch des Magen David Adom unter Leitung von Abracha Katzenelson teilnahm. Der Delegierte der Regierung war Dr. M. Steinberg, ein Diplomat und Arzt. Wir arbeiteten gut zusammen. Vor allem aber waren wir stolz auf ihre Anwesenheit.
Die entscheidende Aktion fand 1949 in Genf statt, als die diplomatische Konferenz von der Schweizer Regierung einberufen wurde, um den endgültigen Text der humanitären Konventionen zu formulieren und zu verabschieden. Ich wandte mich damals an die Schweizer Regierung mit der Bitte, den Jüdischen Weltkongress zur Teilnahme an dieser Konferenz einzuladen und mit dem Status des Beobachters sowie mit allen nötigen Befugnissen für eine aktive Teilnahme auszustatten. Hierfür gab es keinen Präzedenzfall, und ich verhandelte selbst mit dem Generalsekretär der Konferenz, einem hohen Beamten des Schweizer Außenministeriums. Diese Befugnisse beinhalteten das Recht

auf Anwesenheit bei den Sitzungen, das Recht, vor der Kommission das Wort zu ergreifen, und das Recht, schriftliche Mitteilungen vorzulegen, die an alle Delegationen verteilt werden sollten.

Wir präsentierten im Namen des Jüdischen Weltkongresses ein detailliertes Memorandum, durch das wir die Texte zu verbessern und zu präzisieren versuchten. Einer unserer Punkte griff unseren Streit mit dem Internationalen Komitee vom Roten Kreuz während der letzten Phase des Kriegs über die unterschiedliche Behandlung der jüdischen und nichtjüdischen Kriegsgefangenen wieder auf.

Ein anderer Punkt forderte das auf religiösen Gründen basierende Verbot, die Körper der verstorbenen Internierten zu verbrennen (außer, wenn es aus Gründen der Hygiene unbedingt geboten war). Dieser Punkt wurde durch den Artikel 130 der Konvention über den Schutz der Zivilpersonen geregelt. Ich ergriff mehrfach das Wort in den Kommissionen, um unsere Ansichten durchzusetzen. Insgesamt waren wir mit dem Regelwerk, das die von uns verfolgten Ziele berücksichtigte, recht zufrieden.

Abgesehen von einem Punkt, der eine große Rolle in der Zukunft unserer Beziehungen zum Roten Kreuz spielen sollte, lief alles gut. Das Erkennungszeichen des Roten Kreuzes, das von den internationalen Konventionen geschützt wurde, ist das rote Kreuz auf weißem Grund. Im Laufe der Geschichte, insbesondere auf Drängen der Türkei und Persiens, akzeptierten die Konventionen aber auch das Erkennungszeichen des Roten Halbmonds und des Roten Löwen oder der Roten Sonne auf weißem Grund. Während der Genfer Konferenz hatte die israelische Delegation versucht, den Roten Davidstern (*Magen David Adom*) als offiziell anerkanntes Emblem einzuführen. Leider wurde dieser Vorschlag nicht akzeptiert. Er wurde in einer Abstimmung mit einer Stimme Mehrheit abgelehnt. Seitdem sind zahllose Versuche unternommen worden, die Situation zu retten. Aber da die Definition des Erkennungszeichens Teil der Konvention ist, kann sie nur durch eine Abstimmung der Unterzeichner der Konvention geändert werden.

Das hat die jüdischen Gemeinden, den Jüdischen Weltkongress und einige nationale Rot-Kreuz-Organisationen, insbesondere das Rote Kreuz der Vereinigten Staaten von Amerika, nicht daran gehindert, beharrlich immer wieder die Ungerechtigkeit dieser Ungleichheit zu verurteilen und nach Lösungen zu suchen, die für alle akzeptabel wären.

Die Nichtanerkennung des Magen David Adom als Erkennungszeichen hinderte uns allerdings nicht daran, dem IKRK unsere Ideen über spezifische Situationen vor allem im Rahmen des Konflikts im Nahen Osten vorzutragen. Angesichts der Friedensverhandlungen zwischen Israelis, Palästinensern und arabischen Ländern kann man vernünftigerweise erwarten, dass das Problem des Emblems endlich gelöst werden wird.
Die vier internationalen Konventionen, die aus der Konferenz von 1949 hervorgingen, bedeuten einen enormen Fortschritt im Vergleich zu vorher. Wir waren glücklich, an diesen Bemühungen beteiligt und in der Lage gewesen zu sein, unseren Beitrag zu dieser bedeutenden Angelegenheit zu leisten.
In den siebziger Jahren wurden erneut Bemühungen unternommen, das humanitäre Recht entsprechend der seit Ende des Zweiten Weltkriegs gemachten Erfahrungen zu überprüfen und der neuen Lage anzupassen.
Die Erfahrung des Zweiten Weltkriegs und die Analysen und Kritiken, die von den Militärhistorikern vor allem hinsichtlich des totalitären Kriegs gemacht wurden, die neuen Konflikte, die sich durch die Entkolonialisierung ergaben, und das Auftauchen nationaler Befreiungsbewegungen, hatten neue Probleme aufgeworfen, auf die das Internationale Komitee mit der Ausarbeitung von Zusatzprotokollen zu den Genfer Konventionen von 1949 zu antworten versuchte.
Die Internationale Konferenz des Roten Kreuzes und die Konferenz der Vereinten Nationen über die Menschenrechte in Wien 1965 und in Teheran 1968 hatten sich dieser Aufgabe angenommen.
Eine Konferenz von Regierungsexperten über die Bekräftigung und Weiterentwicklung des internationalen humanitären Rechts in bewaffneten Konflikten wurde 1971 einberufen; vierzig Regierungen wurden eingeladen, ihre Vertreter zu entsenden. Eine zweite Sitzungsperiode fand im Juni 1972 in Genf unter Beteiligung von mehr als 400 Experten statt, die von 77 Regierungen entsandt worden waren. An diesen Konsultationen nahmen auch Vertreter der nichtstaatlichen Organisationen teil. All dies führte schließlich zur Ausarbeitung von zwei Zusatzprotokollen zu den Genfer Konventionen. Sie wurden der diplomatischen Konferenz vorgelegt, die zwischen 1974 und 1977 stattfand.
Der Jüdische Weltkongress und die anderen nichtstaatlichen Organisa-

tionen verfolgten diese Arbeiten sehr aufmerksam. Sie beschlossen, eine Arbeitsgruppe aus vierzehn internationalen Organisationen zu bilden, die an diesen Problemen besonders interessiert waren. Vertreter unterschiedlichster Herkunft, unterschiedlichster Meinungen und unterschiedlichster Interessen diskutierten miteinander, um gemeinsame Positionen zu entwickeln.

Da ich zu denen gehörte, die die längste Erfahrung mit diesen Problemen hatten, wurde ich zum Leiter dieser Arbeitsgruppe gewählt. Dass man einen Juden mit der Leitung dieser Kommission betraute – obwohl seit langem kein Vertreter des Staates Israel auf einen solchen Posten innerhalb der Vereinten Nationen oder irgendeiner anderen internationalen Organisation oder Konferenz gewählt worden war –, beweist, dass im Sektor der nichtstaatlichen Organisationen doch ein recht liberales Klima und ein Geist der Unabhängigkeit herrschten. Zugleich war es eine Anerkennung meiner Kompetenzen und der Offenheit und Fähigkeit zur Zusammenarbeit, die ich stets in meinen Beziehungen zu den nichtstaatlichen Kreisen bewiesen hatte.

Wir beschäftigten uns mehrere Monate mit diesen Problemen, um ein Memorandum auszuarbeiten, das sich sowohl mit den allgemeinen Grundsätzen, an denen sich das künftige internationale Recht orientieren sollte, als auch mit den einzelnen Artikeln der beiden Projekte befasste.

Als wir uns über den Inhalt des Memorandums, das unsere Vorschläge in fünfzig Punkten zusammenfasste, geeinigt hatten, wurde es ausgelegt, damit alle interessierten nichtstaatlichen Organisationen es unterschreiben konnten. Ich bin sehr stolz, dass dieses Memorandum, das unter meiner Leitung ausgearbeitet wurde, schließlich von etwa fünfzig nichtstaatlichen Organisationen aller politischen, religiösen, ethnischen, beruflichen und gesellschaftlichen Richtungen unterzeichnet wurde. Die Gewerkschaftsverbände aller Richtungen, die Verbände der Veteranen und Widerstandskämpfer, die Frauenorganisationen, die Friedensbewegungen, die Organisationen von Juristen verschiedener Richtungen, einschließlich der arabischen, die repräsentativen Organisationen der katholischen und evangelischen Kirche und des Islams, die Kinderschutzvereinigungen, alle waren vertreten. Dass es uns gelungen ist, alle in einer so gespaltenen Welt wie der unseren unter einen Hut zu bringen, grenzte damals an ein Wunder.

Dieses Unternehmen konnte ich vor allem dank einiger Veteranen aus der Welt der nichtstaatlichen Organisationen wie Niall McDermot, Sean McBride, Alice Arnold, Tadeusz Szmitkowski und Serge Wourgaft erfolgreich zum Abschluss bringen.

Das Memorandum enthielt eine Reihe von Grundprinzipien, die wir zu Beginn des Textes formulierten. Es scheint mir nützlich, sie hier in Erinnerung zu rufen, da sie den Geist verkörpern, in dem wir handelten:

(1) Es sollen Garantien für eine wirksame Anwendung der Bestimmungen der humanitären Konventionen und ein System für ihre Durchführung geschaffen werden.

(2) Die humanitären Grundprinzipien sollen bei allen bewaffneten Konflikten, internationalen wie inneren, zur Anwendung kommen.

(3) Die Konfliktparteien und die Mitglieder ihrer Streitkräfte haben kein unbegrenztes Recht, die Kampfmittel und Kampfmethoden und die Angriffsziele zu wählen.

(4) Die Zivilbevölkerung soll einen speziellen Schutz genießen, der ihren Status als Nichtkämpfende achtet und die Bedingungen sicherstellt, die für ihr Überleben in allen bewaffneten Konflikten unbedingt notwendig sind.

(5) Der Gebrauch von Waffen, Kampfmitteln und Kampfmethoden, die ohne Unterschied Zivilbevölkerung und Kämpfende treffen oder besonders grausam sind oder besonders schwere Leiden verursachen, sollen verboten werden. Diese Waffen, Kampfmittel und Kampfmethoden sollen in den Protokollen namentlich aufgeführt werden.

Eine detaillierte Analyse des Memorandums würde hier zu weit führen. Dennoch möchte ich unsere wichtigsten Vorschläge (die insgesamt elf Seiten in Anspruch nahmen) zusammenfassen.

Wir wandten uns beispielsweise an die diplomatische Konferenz, um bestimmte extrem grausame Waffen verbieten zu lassen und zu erreichen, dass die vertragschließenden Mächte die Liste der verbotenen Waffen in regelmäßigen Abständen überarbeiteten.

Unserer Ansicht nach sollte das Protokoll ein besonderes Verbot für Napalm und andere Brandbomben, bestimmte Splitterbomben, bestimmte Minen und kleine Waffen, die sehr hohe Geschwindigkeiten erreichen, enthalten. Wir waren der Meinung, dass die Mitglieder der

Befreiungsbewegungen in den Genuss der gleichen Bedingungen und Rechte wie die offiziellen Armeen kommen sollten.
Wir begrüßten den Vorschlag, den Paragraph 3a des Protokolls macht, der verbietet,

> ohne Unterschied als ein einheitliches Ziel durch Bombardierung oder jede andere Methode eine Zone anzugreifen, die mehrere militärische Ziele innerhalb bewohnter Gebiete und in gewissem Abstand voneinander enthält.

Damit wird eindeutig die Bombardierung von ganzen Gebieten – Flächenbombardierung oder *area bombing* – verboten. Wir unterstützten ebenfalls die Verbote hinsichtlich der zum Überleben der Zivilbevölkerung unbedingt notwendigen Güter. Der Geist, in dem wir unsere Vorschläge, die mit Sicherheit Eindruck machten, ausarbeiteten, und einige unserer Gedanken sind, denke ich, im endgültigen Text der Protokolle erkennbar.
Natürlich waren wir nicht mit allen Formulierungen der Protokolle über die Befreiungsbewegungen zufrieden. Aber aus der Sicht des Friedens im Nahen Osten kann man hoffen, dass diese Probleme eine Lösung finden werden.
Im Zusammenhang mit diesen Verhandlungen erinnere ich mich auch an den manchmal faszinierenden Gedankenaustausch am Rande der offiziellen Sitzungen, vor allem an die äußerst interessanten Diskussionen, die ich mit den Rechtsberatern der Luftwaffe, der Marine und des Heeres der Vereinigten Staaten und Kanadas über bestimmte Klauseln des Protokollentwurfs hatte. Ihnen war natürlich an einer uneingeschränkten Aktionsfreiheit der Streitkräfte gelegen, während ich an ihr Gewissen appellierte. Es wurden bestimmte Militäraktionen im Zweiten Weltkrieg ins Gespräch gebracht, die katastrophale Folgen gehabt hatten, aber ohne Wirkung auf den Ausgang der Schlachten geblieben waren.
Ich setzte die Gespräche auf mehreren Kolloquien über die Entwicklung des humanitären Rechts in San Remo fort. Wir sprachen sehr offen und mit großem gegenseitigem Respekt über diese Probleme. Ich war häufig sehr beeindruckt von der Kompetenz dieser Experten und glaube, dass diese Arbeit nicht nutzlos war.
Liest man die Klauseln des Protokolls aus einem gewissen zeitlichen Abstand heraus, etwa diejenigen der Artikel 48 ff. des ersten Proto-

kolls, die vorschreiben, dass zu jeder Zeit zwischen Zivilbevölkerung und Kämpfenden sowie zwischen zivilen Gütern und militärischen Zielen unterschieden werden muss, prüft man die Klauseln, die verkünden, dass »Angriffe ohne Unterschied« verboten sind, und detailliert definieren, was darunter zu verstehen ist, und nimmt man das Verbot zur Kenntnis, »die Güter, die für das Überleben der Zivilbevölkerung unbedingt notwendig sind, zu zerstören, wegzunehmen oder unbrauchbar zu machen«, dann kommt man zu dem Schluss, dass diese neuen Bestimmungen einen entscheidenden Fortschritt im humanitären Recht darstellen.

Vor allem während des Golfkriegs gegen den Irak dachte ich daran. Ich sah, wie amerikanische Flieger mit außergewöhnlicher Präzision eine große Brücke in Bagdad bombardierten und zerstörten. Und ich erinnerte mich, in welch bejammernswertem Zustand ich Ende 1945 den wundervollen Ponte Vecchio in Florenz nach der Bombardierung im Zweiten Weltkrieg vorfand. Die Brücke und das ganze historische Viertel um sie herum waren zerstört. Und ich habe mich gefragt, ob die Herstellung so präziser Instrumente für die Steuerung der Bomben nicht wenigstens teilweise ein Ergebnis unserer Formulierungen in den Genfer Protokollen ist.

Schutz der gefährdeten jüdischen Gemeinden

Bisher habe bis ich das systematische Eintreten des Jüdischen Weltkongresses für die Einführung von internationalen Bestimmungen geschildert, die die Sicherheit und die Durchführung der Menschenrechte im Alltagsleben für alle Menschen überall auf der Welt garantieren. Dieses Handeln, das das Ziel verfolgte, die uneingeschränkte Ausübung der Grundrechte zu garantieren, jede Verletzung dieser Rechte zu verhüten und Sanktionen vorzusehen für den Fall, dass diese Rechte nicht respektiert werden, war von großer Bedeutung.
Doch wir konnten uns natürlich nicht auf diese globale Aktion beschränken. Überall, wo Juden einem Akt der Diskriminierung, Einschüchterung, Verfolgung, Enteignung oder Verletzung der Grundrechte ausgesetzt waren, rief man uns zu Hilfe. Man bat uns, durch direkte Interventionen oder indirekt mit Hilfe wohl gesinnter Regierungen zu handeln und Abhilfe zu schaffen. Es ist unmöglich, hier alle Gelegenheiten aufzuzählen, in denen wir zugunsten kleiner Gemeinden, die häufig der Willkür der Behörden ausgesetzt waren, intervenieren mussten. Sehr häufig konnten wir die Situation durch direkte Interventionen wieder ins Lot bringen.
Es gibt jedoch zwei außerordentlich ernste Situationen, die unsererseits eine fortgesetzte politische Aktion nötig machten und uns zwangen, über Jahre hinweg zu handeln.
Die eine war die Situation der jüdischen Gemeinden in den arabischen Ländern des Nahen Ostens, die sich aus dem Beschluss der Teilung Palästinas vom 29. November 1947 und der Gründung des Staates Israel am 15. Mai 1948 ergab.
Die zweite war die Situation der Juden der Sowjetunion, die schon bei der Einführung des kommunistischen Regimes negative Aspekte für die jüdische Gemeinde enthielt und sich seit Ende des Zweiten Weltkriegs ständig verschlechterte. Ich habe an diesen beiden großen Kämpfen teilgenommen und möchte hier an einige besonders bedeutsame Momente erinnern.

Die Rettung der jüdischen Gemeinden in den arabischen Ländern

Auf den Beschluss der Teilung Palästinas, über den Ende November 1947 abgestimmt wurde, und die Weigerung der arabischen Staaten des Nahen Ostens, diesen Beschluss zu akzeptieren, folgten sofort antijüdische Maßnahmen und Pogrome in verschiedenen Ländern der arabischen Welt. Der Jüdische Weltkongress fühlte sich verpflichtet, sich bereits am 19. Januar 1948 an den Vorsitzenden des Wirtschafts- und Sozialrats der Vereinten Nationen zu wenden und ihm ein Memorandum zu überreichen, das feststellte, dass sich die in den Ländern des Nahen Ostens ansässigen Juden in unmittelbarer und äußerst ernster Gefahr befanden.

Das Memorandum prangerte das vorbedachte Handeln der arabischen Behörden an: »Aufgrund der Herausforderung durch die arabischen Staaten als Folge des Teilungsbeschlusses hat das politische Komitee der arabischen Liga ein Gesetz ausgearbeitet, das die Juden dieser Länder zu Geiseln ihrer Staaten macht.«

Das Memorandum wies außerdem auf antijüdische Zwischenfälle und alarmierende Diskriminierungen und Gewalttaten hin, zu denen es in Aleppo, in manchen Städten des Iran, in Aden, in Bahrain gekommen war und die zum Tod zahlreicher Juden und Schäden an Synagogen, jüdischen Häusern und jüdischem Eigentum führten.

Das Memorandum des Jüdischen Weltkongresses wurde an das Komitee der nichtstaatlichen Organisationen des Wirtschafts- und Sozialrats der UNO weitergeleitet. Dieses prüfte es am 13. Januar 1948 und beschloss, einen Vertreter des Jüdischen Weltkongresses anzuhören. Schon am 16. Februar präsentierte ein Vertreter des Jüdischen Weltkongresses mündlich die Klage des Kongresses und forderte die Einsetzung eines Untersuchungsausschusses durch den Rat, der einen Bericht über die Situation für die nächste Sitzung des Rats erstellen sollte. Auf Ersuchen des Komitees der nichtstaatlichen Organisationen wurde dieser Vorschlag dem Wirtschafts- und Sozialrat unterbreitet. Noch am selben Tag wurde dieser Vorschlag in einem zweiten Memorandum schriftlich zugeleitet, um den Angriffen gegen die Juden zuvorzukommen.

In einem anderen Brief vom 26. Februar an den Vorsitzenden des Wirtschafts- und Sozialrats legte der Kongress zusätzliche Informationen über die Gewaltakte, die Maßnahmen wirtschaftlicher Diskriminierung und viele weitere antijüdische Ausschreitungen vor, die in Syrien, im Libanon, im Irak und in Ägypten stattgefunden hatten und die Existenz der jüdischen Gemeinden gefährdeten. Das Komitee der nichtstaatlichen Organisationen legte all diese Dokumente dem Wirtschafts- und Sozialrat ohne Empfehlung vor, und der Rat beendete durch ein geschicktes Manöver die Debatte, ohne die geringste Reaktion zu beschließen.

Die Vertreter des Jüdischen Weltkongresses reagierten ziemlich scharf auf dieses Manövrieren. Dadurch brachten sie die Ratsmitglieder in Verlegenheit, und es entstand eine gespannte Atmosphäre. In einer Reihe persönlicher Gespräche mit den Ratsmitgliedern, an denen ich mich ebenfalls beteiligte, versuchten wir, das Ruder herumzureißen. Wir wandten uns insbesondere an Juliusz Katz-Suchy, den Vertreter Polens, und unseren alten Freund Pierre Mendès France, den Vertreter Frankreichs. Katz-Suchy, unterstützt von Mendès France und den Vertretern der UdSSR und Weißrusslands, forderten, die Situation noch einmal zu überdenken. Auf Vorschlag von Mendès France fasste der Rat mit fünfzehn Stimmen dafür und einer Gegenstimme den Beschluss, den Bericht an das Komitee der nichtstaatlichen Organisationen weiterzuleiten, und lud es ein, ihm auf seiner nächsten Sitzung sinnvolle Vorschläge zu unterbreiten.

Die Fortsetzung der Beratungen im Komitee der nichtstaatlichen Organisationen war erstaunlich. Während sich die Situation in der Region ständig verschlechterte, setzten wir unsere Aktion beharrlich fort. Unser Dokument behauptete insbesondere:

> Seit Mitte Mai sind 800 bis 1000 Juden von den ägyptischen Behörden verhaftet und in Konzentrationslager gesperrt worden, vor allem in das von Hucksterb, 12 km von Heliopolis entfernt. Es ist keine Anklage gegen sie erhoben worden, außer dass sie verdächtigt wurden, mit den Zionisten zu sympathisieren. Dabei haben die meisten dieser Juden niemals einer jüdischen oder zionistischen Organisation angehört, sie wurden vielmehr infolge von Denunzierung verhaftet. Sie werden unter sehr schlechten Bedingungen gefangen gehalten, und die ägyptischen Behörden haben niemandem von ihnen die Möglichkeit gegeben, sich Gehör zu verschaffen oder sich zu verteidigen. Ihr Besitz ist beschlagnahmt worden, was ihre Familien in größte Schwierigkeiten bringt.

Grundbesitz und Güter von großem Wert, die den Juden gehören, sind ohne Erklärung und Gerichtsverfahren von der ägyptischen Regierung willkürlich »beschlagnahmt« worden. Den Juden – den ägyptischen oder denen anderer Nationalitäten – wurde das Recht verweigert, Ägypten zu verlassen, wodurch sie Opfer legaler Schikanen und körperlicher Verfolgungen wurden. Und der Diskriminierung.

Am 19. Juni legten die arabischen Ägypter Bomben in den Häusern der Juden im jüdischen Viertel von Kairo und sprengten sie, wodurch, zuverlässigen Berichten zufolge, 55 Juden getötet und weitere 50 verletzt und erhebliche Schäden verursacht wurden. Die ägyptischen Behörden ergriffen keinerlei Maßnahmen, um die Verantwortlichen vor Gericht zu bringen; sie beschuldigten im Gegenteil die Juden, für diese Akte verantwortlich zu sein!

Im Laufe des Juni und Juli fanden in Kairo zwei Pogrome gegen die Juden statt. 150 Juden wurden ermordet oder »verschwanden«. Von den Hunderten verletzter Juden wurden 120 ins jüdische Krankenhaus oder in Privathäuser gebracht. Die in der Nachbarschaft des Königspalastes lebenden Juden wurden gezwungen, ihre Häuser binnen 48 Stunden zu verlassen, und zahlreiche Juden wurden in Konzentrationslager evakuiert. Die Häuser der Juden wurden durchsucht.

Am 28. Juni 1948 gestattete das Komitee der nichtstaatlichen Organisation dem Vertreter des Jüdischen Weltkongresses auf einer Sitzung, an der die Vertreter der arabischen Staaten teilnahmen, ein weiteres Mal, die Einschätzung der Situation durch den Kongress vorzutragen. Anschließend wurden die Vertreter der arabischen Regierungen vom Komitee angehört, die ihre Verteidigung vortrugen. Das ist der einzige Fall in der Geschichte der Vereinten Nationen, in dem Regierungsvertreter vor einem Organ der Vereinten Nationen, konfrontiert mit den Beschuldigungen durch eine nichtstaatliche Organisation mit beratender Funktion, über die Behandlung ihrer eigenen Bürger, das heißt der Juden ihrer Länder, Auskunft geben mussten.

Der ägyptische Delegierte erklärte, Ägypten habe niemals Mitglieder irgendeiner Rasse oder Religion in irgendeiner Weise diskriminiert und den Gemeinden gegenüber, mit denen es zu tun hatte, stets seinen guten Willen und großzügige Gastfreundschaft bewiesen und würde das auch weiterhin tun. Die anderen arabischen Delegierten gaben ähnliche Erklärungen ab.

Das Komitee der nichtstaatlichen Organisationen verabschiedete schließlich eine Resolution, in der es erklärte, der Wirtschafts- und Sozialrat sei nicht kompetent, über die Erklärung des Jüdischen Weltkongresses zu urteilen und entsprechende Empfehlungen zu geben. Das Komitee räumte ein, die alarmierenden Verhältnisse in Palästina könnten die Durchführung der Menschenrechte in Palästina und in anderen Ländern der Region beeinträchtigen, und gab der Hoffnung Ausdruck, dass die betroffenen Regierungen alles Nötige unternehmen würden, um die Rechte der Menschen und der religiösen Gruppen zu wahren.

Da diese Resolution alles andere als befriedigend war, setzte der Jüdische Weltkongress seine Aktion auf verschiedenen Wegen fort. Einerseits wandte er sich an die Generalversammlung der UNO. Andererseits veröffentlichte er ein Weißbuch über die Situation der Juden in den arabischen Ländern und sorgte für dessen weite Verbreitung.

Der Jüdische Weltkongress setzte seine Aktion beim Wirtschafts- und Sozialrat durch eine Reihe von persönlichen Interventionen meiner Kollegen Alec Easterman, Franz-Rudolf Bienenfeld und von mir beim Vorsitzenden und den Mitgliedern des Rats fort. Wir drängten auf eine energische Reaktion des Rats, um die Verfolgungen zu beenden.

Im Februar 1949 wurde der Entwurf der Resolution des Komitees der nichtstaatlichen Organisationen in zwei Plenarsitzungen diskutiert. Die Position des Jüdischen Weltkongresses wurde von den Vertretern Neuseelands, Dänemarks, Australiens, Frankreichs und der UdSSR unterstützt, die erklärten, dass der Rat keine Menschenrechtsverletzungen zulassen dürfe, da sie mit der Charta der Vereinten Nationen unvereinbar seien.

In der Resolution, die schließlich mit 10 zu 0 Stimmen und 7 Enthaltungen verabschiedet wurde, ersuchte der Rat den Generalsekretär der UNO, den Bericht über seine Beratungen an den Sicherheitsrat weiterzuleiten. Allerdings hatte der Rat in seinem Text den Satz gestrichen, den das Komitee der nichtstaatlichen Organisationen vorgeschlagen hatte und der besagte, dass der Wirtschafts- und Sozialrat hierfür nicht kompetent sei.

Die Weiterleitung des Dossiers an den Sicherheitsrat der Vereinten Nationen war ein Akt von großer Bedeutung. Dadurch wurde der Ernst der Situation der jüdischen Gemeinden in den arabischen Ländern anerkannt. Der Wirtschafts- und Sozialrat wandte sich damit an das ein-

zige Organ der Vereinten Nationen, das rechtsverbindliche Maßnahmen ergreifen konnte. Diese Entscheidung war von großer Bedeutung. Ich sagte bereits, dass dieses Verfahren einzigartig in den Annalen der UNO war. Diese Resolution ist bis auf den heutigen Tag die einzige Aktion dieser Art geblieben, die einzige, die der Wirtschafts- und Sozialrat über einen Fall von Menschenrechtsverletzung auf Initiative einer nichtstaatlichen Organisation verabschiedet hat.
Der Präzedenzfall, den der Jüdische Weltkongress geschaffen hatte, indem er seinen Beraterstatus dazu benutzte, dem Wirtschafts- und Sozialrat eine Klage über Menschenrechtsverletzungen durch bestimmte Länder vorzutragen, blieb nicht folgenlos. Zahlreiche Länder erkannten die Gefahr, die dieses Verfahren für sie selbst darstellte. Diese Situation war unhaltbar. Mit vereinten Kräften gelang es den Staaten, diese Tür schleunigst zu verriegeln. Durch eine Resolution vom 20. Juli 1952 wurden die Memoranden der nichtstaatlichen Organisationen mit Beraterstatus, die Klagen gegen Regierungen enthielten, aus dem normalen Verfahren ausgeschlossen und dem Sonderverfahren der Resolution 75/V unterworfen. Diese Resolution kommt einem Staatsbegräbnis erster Klasse für die Klagen gegen Staaten gleich. Das ändert nichts an der Tatsache, dass die Klage des Jüdischen Weltkongresses gegen die Länder des Nahen Ostens ein berühmter Fall in den Annalen der UNO bleibt.
Die Situation der Juden in den arabischen Ländern blieb in all den Jahren nach der Gründung des Staates Israel äußerst heikel. Sie verschärfte sich immer dann, wenn die allgemeine politische Situation im Nahen Osten von Spannungen und Krisen geprägt wurde. So verschlechterte sich die Situation der Juden in Ägypten etwa nach dem Sinaifeldzug zwischen dem 29. Oktober und dem 2. November 1956 dramatisch.
Der Jüdische Weltkongress sah sich daher veranlasst, energisch beim Generalsekretär der Vereinten Nationen Dag Hammarskjöld sowie beim Hochkommissariat für die Flüchtlinge, dem Internationalen Komitee vom Roten Kreuz und den Regierungen Frankreichs, Italiens, Großbritanniens, Kanadas, der Vereinigten Staaten, der Länder Lateinamerikas, Indiens, Schwedens, der Schweiz, Jugoslawiens, Neuseelands und Australiens zu intervenieren.
Meine persönlichen Beziehungen ließ ich vor allem beim Hochkommissariat für die Flüchtlinge und beim Internationalen Komitee vom

Roten Kreuz spielen. Ich mobilisierte im Dienst der Sache auch einige jüdische Gemeinden, mit denen ich in besonders engem Kontakt stand. Die Bemühungen konzentrierten sich auf die Befreiung der verhafteten Personen und die Möglichkeiten der Emigration.
Mit besonderem Nachdruck wandten wir uns an die Regierungen Jugoslawiens und Indiens, deren führende Politiker auf politischer Ebene in engem Kontakt mit Präsident Nasser in der Bewegung der blockfreien Länder standen. Nahum Goldmann nutzte seine persönlichen Kontakte zu Dag Hammarskjöld, dem Generalsekretär der UNO, sowie zu Präsident Tito und Präsident Nehru, um Ägypten zu größerer Mäßigung zu bewegen.
Die brutalen Maßnahmen, die die ägyptische Regierung in der Zwischenzeit gegen die jüdische Gemeinde ergriffen hatte, schlossen insbesondere die Verhaftung zahlreicher Personen, darunter der Verantwortlichen der Gemeinde, wohlhabender Personen und Personen, die wichtige Unternehmen leiteten, ein. Eine große Zahl jüdischer Unternehmen wurde von den Ägyptern unter verschiedenen Vorwänden beschlagnahmt, beispielsweise dass man ihren Eigentümern aus Gründen der nationalen Sicherheit nicht trauen könne. Andere Unternehmen wurden beschlagnahmt, weil sie für die nationale Verteidigung arbeiteten. Die Islamisierung der Unternehmen war ebenfalls ein Vorwand für Beschlagnahmungen. Die Konten dieser Unternehmen wurden gesperrt und viele ihrer Eigentümer und leitenden Angestellten suspendiert, was zur Entlassung der Angestellten führte. Die Behörden veröffentlichten einen Generalbefehl für die Ausweisung aller Juden, deren Staatsangehörigkeit von den ägyptischen Behörden nicht anerkannt worden war, was etwa 15 000 Personen betraf. Die Ausweisungen wurden in großem Maßstab durch Einzelbefehle organisiert.
Schließlich wurde am 22. November 1956 ein neues Gesetz über die ägyptische Staatsangehörigkeit erlassen, das den Behörden die Möglichkeit gab, fast allen Juden Ägyptens die ägyptische Staatsangehörigkeit abzuerkennen, unter dem Vorwand, sie seien Zionisten oder könnten an zionistischen Aktivitäten beteiligt sein, was mehr als 35 000 Personen betraf, die von nun an als Juden ohne Staatsangehörigkeit behandelt werden konnten, obwohl ihre Familien manchmal seit Jahrhunderten in Ägypten lebten.
Die freundschaftlichen diplomatischen Interventionen Präsident Titos

und Präsident Nehrus trugen schließlich dazu bei, die Unruhen und die antijüdischen Ausschreitungen in Ägypten einzudämmen, und veranlassten die führenden Politiker dieses Landes zu größerer Mäßigung. Eine ständige Sorge, die uns lange Jahre beschäftigte, war die Frage, ob man das Vermögen der ägyptischen Juden retten konnte. Dieses Problem ist bis heute nicht gelöst.

Nach dem Sechs-Tage-Krieg im Juni 1967 wurden die jüdischen Gemeinden in den arabischen Ländern von einer neuen Welle von Verfolgungen heimgesucht. In Ägypten wurden 500 Juden inhaftiert und gefoltert. In Libyen fiel die tobende Menge über die Juden auf der Straße und in ihren Häusern her. Etwa zwanzig wurden getötet. In Syrien und im Libanon kam es zu Unruhen, die teilweise zu Todesfällen führten. Im Irak wurden etwa fünfzig Juden verhaftet und inhaftiert. Die jüdische Bevölkerung wurde unter Polizeiaufsicht gestellt, und ihr wurde jede Bewegungsfreiheit genommen. Die Juden verloren ihre Stellungen, und jede wirtschaftliche Tätigkeit wurde ihnen unmöglich gemacht. In allen arabischen Ländern wurde die Situation der noch verbliebenen Juden immer prekärer. Die Nachrichten, die wir erhielten, erfüllten uns regelmäßig mit großer Besorgnis.

Dennoch führten im Fall Ägyptens die wiederholten Demarchen des Jüdischen Weltkongresses und anderer Organisationen im Juli 1970 schließlich zur Freilassung aller Gefangenen und zur Erlaubnis, das Land mit ihren Familien zu verlassen. Dieser Erfolg war möglich dank der Unterstützung durch zahlreiche Regierungen, mit denen die führenden Persönlichkeiten des Kongresses in ständigem Kontakt standen. So spielte beispielsweise das französische Außenministerium in diesem Zusammenhang eine entscheidende Rolle.

Libyen, seit 1912 eine italienische Kolonie, wurde 1951 durch eine Resolution der Vereinten Nationen unabhängig. Während des Zweiten Weltkriegs wandte die italienische Verwaltung die Rassengesetze an, indem sie die Juden zwang, sich durch eine Volkszählung erfassen zu lassen, und eine komplette Bestandsaufnahme ihres Eigentums und ihrer Aktivitäten durchführte. 1943 übten die britischen Streitkräfte, nachdem sie das deutsche Afrikakorps und die italienische Armee besiegt hatten, die tatsächliche Macht bis zur Unabhängigkeit aus. Erwähnt werden muss auch, dass jüdische Freiwillige als Angehörige der britischen Truppen aus Palästina an den Kämpfen teilnahmen.

Dennoch stachelte die offizielle Propaganda die Bevölkerung gegen die Juden und gegen Israel auf. Unsere wiederholten Interventionen trugen in hohem Maße dazu bei, dass die libyschen Juden das Land verlassen konnten. Es muss auch daran erinnert werden, dass der Jüdische Weltkongress bereits 1949 den Vereinten Nationen ein detailliertes Memorandum über die Situation der Juden in Tripolitanien und der Cyrenaika zugeleitet und den Generalsekretär ersucht hatte, geeignete Maßnahmen zum Schutz dieser Gemeinden zu ergreifen.

Als die Generalversammlung der Vereinten Nationen im November 1949 endlich die Resolutionen über die Verwaltung der ehemaligen italienischen Kolonien verabschiedete, wurde der Beschluss gefasst, in Libyen einen Kommissar der Vereinten Nationen zu berufen, der unterstützt werden sollte von einem Rat aus zehn Mitgliedern, darunter sechs Regierungsvertretern und einem Vertreter der Minderheiten. Der Kommissar hatte die Aufgabe, die italienische Kolonie in einen unabhängigen Staat umzuwandeln.

Der Leiter der Abteilung für internationale Angelegenheiten des Jüdischen Weltkongresses in New York, Rabbiner Maurice Perlzweig, wurde von der jüdischen Gemeinde Libyens dazu bestimmt, sie vor dem politischen Ausschuss der Generalversammlung der Vereinten Nationen zu vertreten. Er wurde viermal von den sechzig Mitgliedsstaaten des politischen Ausschusses angehört. Das war nicht nur das erste Mal, dass der Vertreter einer Minderheit von der Versammlung angehört wurde, es war auch das erste Mal, dass er vom politischen Ausschuss angehört wurde, der damals vom kanadischen Außenminister, umgeben von zahlreichen Kollegen und Delegationschefs anderer Länder, geleitet wurde. Der Kommissar der Vereinten Nationen ließ sich von da an ständig vom Jüdischen Weltkongress in Genf wie in New York hinsichtlich des Status der Minderheiten und der Klauseln der künftigen Verfassung Libyens beraten. Das führte zu engen Kontakten des Kommissars zur jüdischen Gemeinde Tripolitaniens, die zweimal den Besuch von Mitgliedern der Exekutive des Jüdischen Weltkongresses erhielt. Ich beteiligte mich selbst aktiv an den Diskussionen zwischen dem Jüdischen Weltkongress und den Vereinten Nationen durch zahlreiche Gespräche, die ich mit dem Kommissar der Vereinten Nationen Adrien Pelt führte, den ich bereits aus der Zeit des Völkerbunds gut kannte.

In diesem Zusammenhang muss ich auch an die Diskussionen erinnern, die Vertreter des Jüdischen Weltkongresses mit den Delegierten verschiedener Länder auf der Generalversammlung der Vereinten Nationen 1952 in Paris führten, in deren Verlauf der Premierminister Libyens feierlich erklärte (ich zitiere hier eine besonders aussagekräftige Passage seiner Rede):

> Wir möchten diese Gelegenheit nutzen, um zu erklären, dass das libysche Volk – das sich so lange nach Freiheit und Unabhängigkeit gesehnt hat – die Grundsätze der Charta der Vereinten Nationen unterstützt und teilt [...] Unsere Verfassung übernimmt dem Geist und dem Buchstaben nach die Grundprinzipien der Allgemeinen Erklärung, die 1948 von der Generalversammlung der Vereinten Nationen verkündet wurde.

Gegen Ende 1958 erfuhr die Abteilung für internationale Angelegenheiten des Jüdischen Weltkongresses, dass die Verwaltung von Tripolis die führenden Mitglieder der Jüdischen Gemeinde von Tripolis ihres Amtes enthoben und die Organisation in die Hände eines islamischen Hochkommissars gelegt hatte. Diese Situation war neu in der langen Geschichte dieser Gemeinde, die im 3. Jahrhundert v. Chr. in Libyen gegründet worden war.

Die in der arabischen und italienischen Presse Libyens veröffentlichte Erklärung dieser Maßnahme lautete, dass das Statut aus den dreißiger Jahren, das die Grundlage für die Arbeit der Jüdischen Gemeinde von Tripolis bildete, von der italienischen Kolonialregierung eingeführt worden sei und nicht mehr den Lebensbedingungen eines unabhängigen Landes entspreche.

Unsere eigenen Untersuchungen, die wir mit Hilfe einer Reihe befreundeter Regierungen und von Vertretern, die wir nach Libyen schicken konnten, durchführten, zeigten uns, dass der Beschluss der Regierung nicht nur durch den Wunsch motiviert war, dem Beispiel anderer islamischer Regierungen in dieser Region zu folgen, sondern auch durch den Wunsch, sich der Archive der Jüdischen Gemeinde zu bemächtigen, in der Hoffnung, Beweise für die heimliche und illegale Beteiligung an der Organisation der Auswanderung nach Israel zu finden. Eine solche Untersuchung ist in der Tat ohne die geringste Vorwarnung durchgeführt worden. Da sie nicht die erhofften Ergebnisse brachte, stellte sich die Integrität der führenden Persönlichkeiten der Gemeinde als über jeden Zweifel erhaben heraus.

Es ist jedoch nur gerecht, darauf hinzuweisen, dass die formelle Auflösung der Leitung der Gemeinde von keinerlei Einmischung in den Alltag der jüdischen Bürger und der im Lande ansässigen jüdischen Ausländer begleitet wurde. Außerdem ging nicht nur das organisierte religiöse Leben der Gemeinde ohne Unterbrechung weiter, der islamische Hochkommissar wachte auch sorgfältig darüber, dass die Gottesdienste in den Synagogen pünktlich und regelmäßig abgehalten wurden.

Es war aber trotzdem der erste Akt einer Diskriminierung, die zum Verschwinden der jüdischen Gemeinde in Libyen führen sollte. Die Verkettung dieser verhängnisvollen Ereignisse (Pogrome, Enteignungen, Angriffe eines tobenden Pöbels, Zerstörung von Häusern und Geschäften) zwang die überwiegende Mehrheit der libyschen Juden auszuwandern, meist nach Israel. Die Reise erfolgte über Marseille oder von italienischen Häfen aus.

Diese oft tödlichen Ausschreitungen kamen besonders gehäuft während der verschiedenen Kriege und Schlachten zwischen Israel und den arabischen Ländern, vor allem 1948, 1956 und 1967, vor.

1969 wurde König Idris I. von Libyen von Kadhafi gestürzt und gleichzeitig die Verfassung des Landes außer Kraft gesetzt. Der Diktator beeilte sich, die noch im Land lebende jüdische Bevölkerung auszuweisen; brutal verjagt, fand sie dank des beherzten und wirksamen Handelns von Raffaele Cantoni, dem Präsidenten der Union der Israelitischen Gemeinden Italiens und ein unermüdliches Mitglied der Exekutive des Jüdischen Weltkongresses, Aufnahme in Italien.

Das war das Ende einer dreiundzwanzig Jahrhunderte alten jüdischen Gemeinde.

Abschließend möchte ich noch kurz auf die Situation der paar Tausend syrischen Juden eingehen, die es nach 1948 vorzogen, in ihrem Land zu bleiben. Ihr Vertrauen in die Behörden ihres Landes wurde grausam enttäuscht. Sie wurden brutal diskriminiert, ihrer Rechte beraubt und feindseligen Übergriffen aller Art ausgesetzt. In den jüdischen Vierteln in Damaskus, Aleppo oder Kamichlie wurden die Häuser der ins Ausland geflohenen Juden beschlagnahmt und von den Syrern den palästinensischen Flüchtlingen gegeben, die an den wenigen unter ihnen verbliebenen Juden Rache übten.

Wir mussten jahrelang darum kämpfen, dass die syrischen Juden die elementarsten Rechte zurückbekamen, wie über ein Telefon zu verfü-

gen oder – noch wichtiger – zeichnungsberechtigt zu sein, denn ohne Zeichnungsberechtigung konnten sie nicht einmal verkaufen, was ihnen gehörte. Wir mussten nach neuen Wegen suchen, um diesen Juden eine materielle Hilfe zukommen zu lassen und zumindest ihren täglichen Lebensunterhalt zu sichern.
Nach dem durch griechische Grenzposten verursachten Tod einiger junger Leute, die versucht hatten, das Land zu verlassen, und den anschließenden Protesten besserte sich die Situation langsam; allerdings wurden die Menschenrechte weiterhin mit Füßen getreten (den nichtjüdischen Syrern ging es in dieser Hinsicht übrigens nicht besser).
Ich habe an all diesen Kämpfen ebenso wie an den Interventionen bei den Regierungen der Länder, die uns helfen konnten, sowie bei den internationalen Organisationen teilgenommen. Zehn Jahre lang mussten wir immer wieder intervenieren, um zu erreichen, dass die elementarsten Rechte der Juden in allen arabischen Ländern geachtet wurden, von Aden bis Afghanistan und von Saudi-Arabien bis zum Sudan.

Der Kampf für die Juden der UdSSR

Die zweite große Schlacht des Jüdischen Weltkongresses für die Menschenrechte einer großen jüdischen Gemeinde betraf die Wahrung der Rechte der Juden der Sowjetunion. Diese alle Kräfte mobilisierende Aktion war die Antwort auf eine besorgniserregende Situation, die uns über mehr als vier Jahrzehnte hinweg zum Handeln gezwungen hat.
In dieser Zeit tauchte das Problem in immer wieder anderer Gestalt auf. Manchmal berechtigte die Situation zu großen Hoffnungen, dann wieder war sie Anlass für furchtbare Enttäuschungen und schlimmste Befürchtungen. Diese ganzen Jahre waren geprägt von ständigen Widersprüchen, die die Kreise der Sowjetmacht kennzeichneten.
Es ist bemerkenswert, dass wir an jedem Wendepunkt der Geschichte mit neuen Situationen konfrontiert wurden. Und selbst heute, nach dem Zusammenbruch des Sowjetsystems, müssen wir uns noch immer den Herausforderungen stellen, die insbesondere die neuen Aspekte des Antisemitismus und die Bedrohungen, die über den Juden der ehemaligen UdSSR schweben, darstellen.
Es ist eine Tatsache, dass die Revolution im Februar 1917 die Juden

Russlands emanzipiert und ihnen zum ersten Mal die volle juristische Gleichberechtigung gebracht hat. Die bolschewistische Oktoberrevolution 1917 hat diese wichtige Entscheidung voll und ganz bestätigt. Die Juden wurden von nun an als eine Nationalität angesehen, und sie genossen die gleichen Rechte wie alle anderen Nationalitäten, die die UdSSR bildeten. Damit begannen Jahre großer Freiheit für die sowjetischen Juden auf den Gebieten der Kunst, der Literatur, des Theaters, der Presse und des Verlagswesens. Es entstand ein Erziehungssystem mit Hunderten von Schulen. Diese erste Phase des Bolschewismus führte nach der brutalen Unterdrückung unter den Zaren und trotz des durch den Bürgerkrieg verursachten Leids zu einer Ära der Freiheit für Millionen sowjetischer Juden.

Diese erste Periode relativer Freiheit der Juden war jedoch von zwei negativen Faktoren begleitet. Zum einen lehnte der Staat beharrlich ihre Religion ab, gegen die er – wie gegen alle Religionen – einen offenen Krieg führte, der die Religionsfreiheit in Frage stellte und die Gründung einer zentralen repräsentativen religiösen Institution verhinderte. Zum anderen wurden die Freiheiten, die die Juden der UdSSR damals genossen, durch den Kampf eingeschränkt, den das Sowjetregime aus ideologischen Gründen dem Zionismus erklärt hatte. Hunderte von Zionisten oder als Zionisten Verdächtigte wurden inhaftiert oder in die sowjetischen Konzentrationslager geschickt. Die hebräische Sprache und Literatur waren praktisch verboten, und die Auswanderung nach Palästina war ausgeschlossen. Das Regime schickte sich sogar an, den Zionismus zu vereinnahmen, indem es 1928 eine »autonome jüdische Region« in Birobidschan an der chinesischen Grenze einrichtete. In dem Glauben, man könnte künstlich Heimstätten für Nationalitäten schaffen, bemühte sich die Sowjetmacht, diese »Kolonisation« zu fördern. Aber da sie keine Wurzeln in der jüdischen Geschichte und Tradition hatte, war dieser Versuch von Anfang an zum Scheitern verurteilt.

Diese Periode relativer Freiheit hielt an, solange Lenin die Zügel der Macht fest in der Hand hielt. Die darauf folgenden Jahre waren von Stalins Kampf um die Macht und seine Bemühungen, Trotzki aus der Regierung zu entfernen, geprägt. Stalin führte seinen Kampf gegen den Trotzkismus mit dem fanatischen Willen, auch die ehemaligen Kampfgenossen Lenins, von denen viele Juden waren, aus dem Weg zu räu-

men. Dieser Kampf nahm rasch deutlich antisemitische Formen an, wie der große Anteil von Juden unter den in den großen stalinistischen Prozessen der dreißiger Jahre Verurteilten zeigt.
Trotzdem erschien angesichts des Heraufziehens des Nazismus in Deutschland Sowjetrussland vielen als das einzige feste Bollwerk, das imstande wäre, sich der Nazibarbarei zu widersetzen. Daher weckte es zahlreiche Sympathien sowohl in den bürgerlichen politischen Kreisen als auch bei den jüngeren Generationen von Juden.
Als der Jüdische Weltkongress 1936 zu seiner Gründungsversammlung zusammentrat, wurde er bereits mit dieser Situation konfrontiert. Damals wagte niemand wirklich, das Problem der inhaftierten Zionisten öffentlich anzusprechen. Wir wussten, dass wir es mit einem totalitären und brutalen Regime zu tun hatten, das nicht zögern würde, seine Macht zu benutzen, wann immer es wollte. Die Verantwortlichen des Jüdischen Weltkongresses beschlossen dennoch mutig, dieses Problem ganz offen anzusprechen, und verabschiedeten diesbezüglich die folgende ganz nüchterne Resolution:

I

Der Jüdische Weltkongress beauftragt die Exekutive, mit den sowjetrussischen Instanzen über Folgendes zu verhandeln:

1. Die Ermöglichung des Erlernens der hebräischen Sprache und der Entwicklung der hebräischen Literatur.
2. Die Einstellung der Unterdrückung des Zionismus und der Chaluz-Arbeit, die Freilassung der wegen ihrer zionistischen Arbeit verhafteten und verbannten Juden und die Ermöglichung ihrer Auswanderung nach Palästina.
3. Die Erleichterung jüdischer Auswanderung, insbesondere der Auswanderung nach Palästina.
4. Die Freigabe des jüdisch-religiösen Kultus.

II

Der Jüdische Weltkongress drückt sein Bedauern aus, dass das russische Judentum, das immer in vorderster Front der jüdischen Volksarbeit gestanden hat, nicht die Möglichkeit hatte, auf dem I. Jüdischen Weltkongress vertreten zu sein. Er gibt der Hoffnung Ausdruck, dass die Verbindung zwischen dem russischen und dem Weltjudentum bald wieder ermöglicht werden wird und dass auf den künftigen Weltkongressen das russische Judentum vertreten sein wird.

In den folgenden Jahren nahm Nahum Goldmann jede Gelegenheit wahr, um mit den sowjetischen Diplomaten sowohl über das Problem der inhaftierten Zionisten als auch, allgemeiner, über die weltweite Situation und die Gefahren, die sie barg, zu sprechen. Mit besonderem Nachdruck wies er auf die Gefahren hin, die der Nazismus für alle bedeutete.

Damals mangelte es Sowjetrussland an Berufsdiplomaten. Es rekrutierte seine Vertreter unter den gebildeten Juden, die Fremdsprachen beherrschten. Fast das ganze sowjetische diplomatische Korps bestand aus Juden, mit Außenminister Maxim Litwinow an der Spitze und Botschaftern wie Boris Stein, Yakov Surits, Wladimir Sokolin, Iwan Maiski und Rosenberg. Der einzige bedeutende nichtjüdische Diplomat war Botschafter Potemkin. Nahum Goldmann führte zahlreiche Gespräche mit ihm, die aber niemals zu konkreten Ergebnissen führten.

Der Zweite Weltkrieg brach nach dem deutsch-sowjetischen Abkommen vom August 1939 aus, durch das Deutschland sich während seines Angriffs gegen Polen und dann während des Kriegs gegen die westlichen Länder vor den Sowjetarmeen schützen wollte.

Sowjetrussland wollte sich seinerseits gegen die deutschen Armeen schützen, seine Verwicklung in den Krieg hinauszögern und sich eines guten Teils von Polen bemächtigen. Das deutsch-sowjetische Abkommen machte den Juden der UdSSR wie übrigens den Juden der ganzen Welt enorme Sorgen.

Der deutsche Angriff auf die UdSSR am 22. Juni 1941 veränderte die Situation vollständig. An allen Fronten im Osten wurden die Juden massenhaft Opfer der Einsatzgruppen, Nazieinheiten, die speziell gebildet und gedrillt wurden, um gleich beim Einzug der deutschen Truppen alle Juden zu ermorden. Die sowjetischen Behörden waren nicht in der Lage, ihren Vormarsch aufzuhalten. Hunderttausende von Juden fielen ihnen zum Opfer.

In Hunderten von Ortschaften fanden Massenermordungen statt; die spektakulärste war diejenige in der Schlucht von Babi Yar, in der Nähe von Kiew, wo fast 100 000 Personen, Männer, Frauen und Kinder, getötet wurden.

Zwischen 1941 und 1943 besetzte Nazideutschland die Hälfte der Gebiete des europäischen Russland. Während des massenhaften Rückstroms der Bevölkerungsgruppen nach Osten floh eine große Zahl von

Juden, zwei- bis dreihunderttausend, in die fernen Republiken der Sowjetunion: Kasachstan, Usbekistan ... Weder die Sowjetmacht noch die Bevölkerung diskriminierten sie. Aber ihr Schicksal als Flüchtlinge war oft dramatisch. Der Mangel an Arbeit und Unterkünften, die mangelnde Anpassungsfähigkeit an die Lebensbedingungen und das Klima führten zu Epidemien und sogar tödlichen Hungersnöten. Ein Teil dieser Flüchtlinge wurde von den Behörden zu harten Arbeiten gezwungen: Straßenbau, Torfstechen ... In den von den Nazis besetzten Gebieten beteiligten sich die meisten Bevölkerungsgruppen nicht an der Jagd auf die Juden.

In seiner verzweifelten Lage setzte Stalin auf die nationale Einheit. Er mobilisierte alle Völker der Sowjetunion in einer heiligen Union zur Rettung des Vaterlands. Die ideologischen Kämpfe mussten zurücktreten. Für eine Weile wurde eine gemäßigte Politik verfolgt, die die Bevölkerungsgruppen beruhigen und für diesen gnadenlosen Kampf motivieren sollte. Vor allem der orthodoxen Kirche, die zuvor erbittert bekämpft worden war, wurden große Zugeständnisse gemacht.

Auch die Juden sollten vorübergehend von dieser neuen Politik profitieren. Die sowjetische Regierung gründete 1942 das Antifaschistische Jüdische Komitee, um die Unterstützung der sowjetischen Juden zu gewinnen und die Sympathien der Juden in der ganzen Welt für den Kampf der Sowjetunion gegen Nazideutschland zu wecken. Dieses Komitee bestand aus einer großen Zahl jüdischer Intellektueller, von denen die bekanntesten der Schriftsteller Ilja Ehrenburg, der Schauspieler und Regisseur Salomon Michoels, der Schriftsteller und Dichter Itzik Fefer und der Dichter Peretz Markisch waren. Das Antifaschistische Jüdische Komitee richtete dringliche Appelle an die Juden in der ganzen Welt, den Kampf der sowjetischen Juden und ihres Landes für die Freiheit zu unterstützen.

Ich erhielt selbst einen solchen Appell in Form eines Telegramms aus Kuibyschew, der Stadt, in die sich die sowjetische Regierung zurückgezogen hatte. Das mehr als zwanzig Seiten lange Telegramm war an unser Hilfskomitee für die vom Krieg betroffenen jüdischen Bevölkerungsgruppen gerichtet, unter dessen Namen wir unsere philanthropischen Aktivitäten durchführten. Ich habe bereits erwähnt, wie die kleine Schweiz damals reagierte, als ich diese Botschaft erhielt.

Aufgrund der Kontakte, die sich zwischen dem Antifaschistischen Jü-

dischen Komitee und dem Jüdischen Weltkongress in den Vereinigten Staaten gebildet hatten, lud der Jüdische Weltkongress eine Delegation ein, die Vereinigten Staaten und Großbritannien zu besuchen, um die Kriegsanstrengungen der UdSSR gegen Nazideutschland zu unterstützen. Die Reise der Delegierten des Komitees, des Theatermannes Salomon Michoels und des Dichters und Literaten Itzik Fefer, fand in der zweiten Hälfte des Jahres 1943 statt und war ein wahrer Triumph. Sie war von großen Massendemonstrationen geprägt. Wir vereinbarten sogar, gemeinsam ein Schwarzbuch über die Nazigräuel herauszugeben. Auf diese Weise hofften wir die Grundlagen für eine echte Zusammenarbeit mit den Juden der UdSSR zu schaffen. Auch dies erwies sich als herbe Illusion. Sobald das Buch erschienen war, wurde es von den sowjetischen Behörden zurückgezogen.
In den Nachkriegsjahren wollten weder die Regierungssprecher noch die Presse das Ausmaß der Massaker an den Juden, die auf das Konto der Nazis gingen, zugeben. In allen Berichten wurde nicht zwischen den Juden und den anderen Nationalitäten, die unter dem Krieg gelitten hatten, unterschieden.
Nach dem Krieg wurde die besondere Situation des russischen Judentums von der Sowjetmacht nicht anerkannt. Man hüllte sich in Schweigen über die Verfolgungen und verdrängte jede Erinnerung daran. Während Tausende von Ortschaften ihren Märtyrern Denkmäler errichteten, wurde jede kollektive Stele zum Gedenken an die ermordeten Juden regelmäßig abgelehnt. Selbst in der Sowjetunion wurden Stimmen des Protests laut; die bekannteste war die des sowjetischen Dichters Jewtuschenko, der ein unvergessliches Gedicht über Babi Yar schrieb.
Babi Yar wurde bald zu einem Symbol für die sowjetischen Juden, die jedes Jahr versuchten, sich am Ort des Massakers zu versammeln. Mehrfach wurden die Teilnehmer, die verschiedene Hindernisse überwunden hatten, um dorthin zu gelangen, verhaftet und sogar verfolgt. Die Schlucht von Babi Yar wurde zusammen mit allen umliegenden Gebieten dem Wohnungsamt von Kiew übergeben, das dort Wohnhäuser errichtete. Eine offizielle Stele, die dort errichtet wurde, erwähnt nicht einmal, dass die Opfer Juden waren.
Alle Mitglieder des Antifaschistischen Jüdischen Komitees waren überzeugte Kommunisten, meist Veteranen der Oktoberrevolution. Unmit-

telbar nach dem Krieg, zwischen 1948 und 1952, wurden alle Mitglieder des Komitees, Markisch, Fefer, Bergelson, Hofstein und viele andere mit Ausnahme von Ilja Ehrenburg, verhaftet. Im August 1952 wurden sie auf Befehl Stalins ermordet. Erst in den achtziger Jahren wurden sie von den niederträchtigen Beschuldigungen reingewaschen und endlich rehabilitiert.

Aber als nach dem Sieg der Alliierten über Nazideutschland das Schicksal der jüdischen »Displaced Persons« und die Zukunft Palästinas in den internationalen Gremien diskutiert wurden, vertrat die Sowjetunion durch ihre Sprecher Tsarapkin und Gromyko eine vorsichtige und konstruktive Haltung den Ansprüchen der Juden gegenüber. Als Verantwortlicher des Jüdischen Weltkongresses, der die Kontakte mit den sowjetischen Diplomaten über die Jahre hinweg stets gepflegt hatte, und als Mitglied der Delegation der Jewish Agency for Palestine bei der Generalversammlung der Vereinten Nationen trug Nahum Goldmann viel zur Formulierung ihrer Positionen bei. Die Sowjets hielten den Wunsch der Juden Palästinas nach Unabhängigkeit vermutlich für einen Akt der Befreiung von der britischen Kolonialregierung und standen den jüdischen Positionen eher wohlwollend gegenüber.

Sie hatten vermutlich auch erkannt, dass es unmöglich war, von Hunderttausenden Juden, die die Nazilager überlebt hatten und zu »Displaced Persons« geworden waren, zu verlangen, in ihre Länder zurückzukehren, und dass der neue Staat der natürliche Hafen war, um sie aufzunehmen. Dennoch unterstrichen sie nachdrücklich, dass derartige Überlegungen nicht für die sowjetischen Juden gelten würden. Sie stimmten für die Resolution über die Teilung Palästinas und gehörten zu den Ersten, die den neuen Staat gleich bei seiner Gründung im Mai 1948 anerkannten. Sie gingen in ihrer zustimmenden Haltung sogar soweit, die Bemühungen des neuen Staates zu unterstützen, sich Waffen zu besorgen, um sich gegen die Angriffe der arabischen Länder zu verteidigen, die von den Briten Waffen bekommen hatten.

Als die Sowjetunion jedoch diplomatische Beziehungen zum Staat Israel aufnahm, nahm sie mit Sorge den triumphalen Empfang zur Kenntnis, den die Massen der sowjetischen Juden Golda Meir bereiteten, als sie zur ersten Botschafterin Israels in Moskau ernannt worden war. Die Hoffnungen, die diese Ereignisse geweckt hatten, wurden jedoch enttäuscht.

Fast gleichzeitig mit der offiziellen Unterstützung des Staates Israel durch die Sowjetunion begann Jdanow, der designierte »Kronprinz« Stalins, seine große Kampagne gegen den »Kosmopolitismus«, die darauf abzielte, die Reste der »bourgeoisen dekadenten Kultur des Westens« zu beseitigen und durch die gesunde proletarische Sowjetkultur zu ersetzen. In Wirklichkeit richtete sich diese Kampagne gegen die Juden, die man als Elemente ohne tiefe Wurzeln in der Gesellschaft hinstellte, und versuchte unter diesem Vorwand, alle Reste einer spezifisch jüdischen Kultur in der Sowjetunion zu eliminieren.

Diese Politik führte nach und nach zur Verhaftung und Hinrichtung aller jiddischsprachigen Dichter und Schriftsteller. Es wurde zu Recht behauptet, Stalin habe die Ermordung der Juden durch die Nazis durch einen kulturellen Völkermord vollendet.

Darüber hinaus wurden die Juden durch eine neue Gesetzgebung mit Beschuldigungen aller Art überhäuft; sie wurden wegen angeblicher Veruntreuung von Geldern und angeblicher Sabotageakte verhaftet und verurteilt. Man begann zuerst die hohen und später die weniger wichtigen jüdischen Regierungsbeamten zu entfernen.

Der Höhepunkt dieser Liquidierung des russischen Judentums war die Anklage, die Stalin im Januar 1953 gegen eine Gruppe jüdischer Ärzte des Kremls erhob. Ihnen wurde vorgeworfen, sie hätten Verbindung mit der »bourgeoisen und nationalistischen« Organisation »Joint« und hätten von ihr den Befehl erhalten, die sowjetischen Führer zu vernichten. Die Sowjets bereiteten daraufhin den berühmten »Prozess der weißen Kittel« vor, in dem sechs der zehn angeklagten Ärzte Juden waren.

Neben diesen alarmierenden Nachrichten erreichten uns Berichte, denen zufolge Stalin gleichzeitig insgeheim die Massendeportation der Juden der großen Städte nach Sibirien vorbereite. Einigen Quellen zufolge soll Stalin diesen Vorschlag auf einer Sondersitzung des Politbüros der bolschewistischen Partei gemacht haben. Diese Berichte wurden von den führenden Politikern Israels und den Verantwortlichen des Jüdischen Weltkongresses mit allergrößter Sorge aufgenommen. Es wurde beschlossen, dass man angesichts einer solchen Gefahr alle Hebel in Bewegung setzen müsse. Es wurde einstimmig beschlossen, eine große internationale Protestversammlung gegen Stalins Pläne einzuberufen.

Ich wurde zusammen mit Eran Laor vom Genfer Büro der Jewish

Agency beauftragt, diese Konferenz in Zürich im März 1953 zu organisieren. Wir waren bereits an Ort und Stelle, und die erste Delegation war gerade eingetroffen, als aus heiterem Himmel die Nachricht von Stalins Tod eintraf. Wir sagten die Konferenz unverzüglich ab. Fast sofort beendete die neue Sowjetmacht den Prozess gegen die Ärzte im Kreml und ließ sie unverzüglich frei.

Nach Stalins Tod ließen die Verfolgungen der Juden allgemein nach. Mehrere Opfer der antisemitischen Kampagne wurden freigelassen, andere rehabilitiert. Von den Plänen einer Deportation der Juden nach Sibirien war nicht mehr die Rede. Die Beziehungen zwischen der UdSSR und Israel verbesserten sich. Man kehrte wieder auf den Boden des Gesetzes zurück.

Die dramatische Situation von 1953 entspannte sich etwas in den folgenden Jahren; aber sie war weiterhin alles andere als befriedigend. Auch wenn man nicht mehr so stark um das Leben der sowjetischen Juden fürchten musste, galten für sie weiterhin Sonderregelungen und Ausschlussmaßnahmen. Vor allem die jungen Juden hatten jedes Vertrauen in die sowjetische Emanzipation und die Aussichten auf Gleichheit verloren.

Die folgende Chruschtschow-Ära bekannte sich zu einem so genannten Liberalismus. Davon bekamen die Juden allerdings kaum etwas zu spüren. Der »Chruschtschow-Bericht«, der die Verbrechen der Stalin-Ära aufdeckte, erwähnte nicht einmal die an den Juden und ihrer Kultur begangenen Gewalttaten.

Die sowjetischen Behörden unternahmen große Anstrengungen, damit die Juden ihre Geschichte und ihre Kultur vergaßen und die jüdischen Gemeinden vom Ausland isoliert wurden. Die offizielle Erklärung für dieses Vorgehen lautete, dass die Juden, die gegenwärtig vollkommen assimiliert seien, in keiner Weise eine eigene Kultur wünschten. Dabei bewiesen die Fakten das Gegenteil. Zahlreiche Besucher der UdSSR berichteten von der Vitalität der sowjetischen Juden, von ihrer Sehnsucht, in ihrer Kultur zu leben, und ihrem Wunsch, Kontakte zu den Gemeinden in der Welt zu knüpfen.

Chruschtschows Behauptung, die Juden könnten nicht in den Genuss der kulturellen Einrichtungen kommen, über die die anderen Minderheiten in ihren Gebieten verfügten, weil sie über die gesamte UdSSR verstreut seien, war nur ein bürokratischer Vorwand. Andere, häufig

kleinere, Minderheiten verfügten über solche Einrichtungen in Gebieten der UdSSR, die nicht ihre eigenen waren.
Diese Situation und die Besorgnis, die sie auslöste, führten zu einer andauernden konzertierten Aktion zwischen den führenden Persönlichkeiten des Jüdischen Weltkongresses, der Jewish Agency und der israelischen Regierung. Man spürte immer stärker, dass man die tatsächliche Situation der Millionen sowjetischer Juden nicht akzeptieren konnte. Man einigte sich darauf, dieses Problem vor die Weltöffentlichkeit zu bringen. Die Sitzung der Exekutive des Jüdischen Weltkongresses Ende April 1957 bot die Gelegenheit, die Situation in aller Öffentlichkeit anzusprechen. Nahum Goldmann übernahm diese Aufgabe persönlich und hielt eine vielbeachtete Rede, in der er die Situation ungeschminkt darstellte.
Hier die wichtigsten Punkte: Goldmann behauptete, das kommunistische Regime der Sowjetunion habe keine Lösung für das jüdische Problem gefunden. Auch wenn die Verantwortlichen es nicht zugaben, waren sie sich dieser Ungerechtigkeit zutiefst bewusst ...

> Der Einsatz für die sowjetischen Juden ist nicht ein Kampf gegen dieses Land. Wir verlangen von der UdSSR das, was wir für die Juden in allen Ländern der Welt verlangen, unabhängig von ihrem Regime oder ihrem Gesellschaftssystem, nämlich dass sie uneingeschränkt die gleichen Rechte genießen und dass die jüdische Gemeinde ihre Identität bewahren kann. Solange diese Forderungen nicht erfüllt werden, vertreten wir den Standpunkt, dass die Sowjetunion schlecht am jüdischen Volk handelt.
>
> Wir werden trotz aller Schwierigkeiten eines Tages Erfolg haben. Das Schicksal der Juden der UdSSR und Osteuropas wird in den nächsten Jahren eines der Hauptprobleme der Juden sein ... Der Jüdische Weltkongress interessiert sich nur für das Überleben, die Sicherheit und die Gleichheit der Rechte des jüdischen Volks. Wir sind überzeugt, dass die Juden innerhalb jedes Gesellschaftssystems leben können.
>
> Wir haben die Kommunisten niemals beschuldigt, aus Prinzip ein System eingeführt zu haben, das den Juden das Leben unmöglich macht. Der Kommunismus hat stets das Recht der nationalen Minderheiten auf Bewahrung ihrer Identität verkündet. Die sowjetische Verfassung räumt den nationalen Minderheiten dieses Recht ein. Offiziell werden die Juden ebenfalls als nationale Minderheit anerkannt. Verschiedene

kommunistische Regierungen haben den jüdischen Minderheiten ihrer Länder gestattet, ihr eigenes Leben zu leben. In Polen, Ungarn, Rumänien, Bulgarien, ganz zu schweigen von Jugoslawien, gibt es jüdische Gemeinden und Gemeinschaftseinrichtungen sowie Rabbinatsschulen, jüdische Theater und jüdische Zeitungen.

Bis jetzt hatte der Jüdische Weltkongress das Problem der dreieinhalb Millionen Juden der Sowjetunion und Osteuropas nicht öffentlich behandelt. Wir hatten gehofft, die Kontakte zu den sowjetischen Führern könnten zu einer Lösung führen. In den letzten Jahren ist der »Eiserne Vorhang« etwas durchlässiger geworden; einige Delegationen von Rabbinern haben die Erlaubnis erhalten, die Sowjetunion zu besuchen ... Viele junge Juden sagen, dass sie dem Judentum stärker verbunden sind als ihre Eltern. Die junge Generation gibt sich nicht mehr wie ihre Eltern der Illusion hin, der Kommunismus mache Schluss mit der Diskriminierung der Juden. Diese Generation kennt die Diskriminierung an den Universitäten und in manchen Berufszweigen.

Eines der Hauptprobleme der jüdischen Minderheit in der Sowjetunion ist das Recht ihrer Mitglieder, nach Israel auszuwandern. Zahlreiche kommunistische Länder haben in der Vergangenheit und in der Gegenwart bewiesen, dass sie Verständnis für den Wunsch der Juden haben, mit ihren Familien vereint zu sein und ein uneingeschränktes jüdisches Leben in Israel zu führen ... Die Sowjetunion hätte mehr Verständnis aufbringen sollen für den Wunsch der Juden, in Israel zu leben.

Die Berücksichtigung dieses Wunsches würde viel dazu beitragen, das Problem der Juden in der UdSSR zu lösen. Nahum Goldmann glaubte fest daran, dass unsere Generation den Tag erleben würde, an dem eine große Zahl sowjetischer Juden nach Israel auswandern könnte. Er sagte sogar: »Eines Tages werden die Tore sich öffnen.«

Nahum Goldmann gab der tiefen Enttäuschung des Weltjudentums angesichts der spektakulären Verschlechterung der Haltung der Sowjetunion Israel gegenüber Ausdruck und erinnerte daran, dass die Sowjetunion für die Gründung des Staates Israel mitverantwortlich gewesen sei. Ihr Vertreter Andrej Gromyko, damals Außenminister der UdSSR, habe mit mehr Überzeugung als jeder andere die moralische Bedeutung im Fall des jüdischen Volkes dargestellt, die die Forderung nach einem eigenen Staat rechtfertige. Sollten seine Argumente, die vor zehn Jahren richtig waren, heute falsch sein? Selbst wenn die Sowjetunion mit manchen Aspekten der Politik Israels nicht einverstanden sei, könne man das Problem nicht dadurch lösen, dass man die Existenz Israels bedrohe und zuweilen sein Recht zu überleben leugne. Wenn der Friede wirklich ein zentrales Element der sowjetischen Politik sei, wie die Führer der Sowjetunion ständig verkündeten, dann müssten sie dieses Prinzip auch im Nahen Osten anwenden ...

Von diesem Augenblick an wurde das Problem der sowjetischen Juden zu einem vorrangigen Punkt auf der Tagesordnung des Jüdischen Weltkongresses und aller jüdischen Organisationen, die ihm – in zahlreichen Ländern – folgten.

Um die künftigen Aktionen zu planen, wurde ein Koordinationskomitee unter Leitung von Nahum Goldmann und unter Beteiligung der zuständigen Dienste des Staates Israel und der Zionistischen Weltorganisation gegründet. Die Juden der ganzen Welt sollten für die Freiheit der Juden der UdSSR mobilisiert werden. Das war der Beginn einer ausgedehnten Kampagne, die mehrere Jahrzehnte dauerte und erst unter Gorbatschow zum Abschluss kam. Sie erkämpfte für die Juden die Freiheit auszuwandern und stellte in der UdSSR die notwendigen Bedingungen für die Wiederbelebung des kulturellen und religiösen jüdischen Lebens wieder her. Aber ich greife vor.

Goldmanns Rede definierte die Politik des Jüdischen Weltkongresses für die nächsten Jahre. Es war klar, dass man eine Großmacht wie die Sowjetunion nicht zwingen konnte, ihre Politik zu ändern. Deswegen versuchten wir, ihre Führer mit rationalen Argumenten zu überzeugen und ihnen die tieferen Gründe unserer Aktion begreiflich zu machen, indem wir insbesondere versuchten, sie zu überzeugen, dass unser Einsatz für die sowjetischen Juden kein feindlicher Akt gegenüber der UdSSR und ihrem Regime sei und ebenso wenig ein Akt des Kalten Krieges, sondern die Konsequenz aus der Notwendigkeit, die Existenz und die Identität dieser großen Gemeinde zu bewahren.

Die Intervention des Jüdischen Weltkongresses und seine politische Linie wurden nicht in allen jüdischen Kreisen verstanden. Manche warfen uns vor, wir seien zu zaghaft und würden den Kampf nicht mit der nötigen Energie und Aggressivität führen. Ihre Aggressivität verbarg nur schlecht ihren geringen Glauben an die Erfolgsaussichten eines Kampfes gegen ein Reich, das ganz andere Gegner besiegt hatte, und ihre Angst, die Sowjetmacht könnte Sanktionen gegen ihre jüdischen

Staatsbürger verhängen. Denn trotz unserer Vorsichtsmaßnahmen zeigten die ersten Reaktionen der Sowjets und ihrer Verbündeten, dass sie uns als Werkzeuge des Kalten Kriegs betrachteten. Glücklicherweise änderte sich die Haltung nach langem Hin und Her zum Positiven. Aber damals erschien die Lage allen sehr schwierig und manchen verzweifelt.

Da die sowjetischen Behörden auf unsere Forderungen nicht reagierten, kam man in Israel mehr und mehr zu dem Schluss, dass es für das Problem der Juden in der UdSSR keine andere Lösung gebe als die massenweise Auswanderung nach Israel.

Wir dagegen vertraten die Position, dass man sowohl für das Recht auszuwandern als auch für die Möglichkeiten kämpfen müsse, die den sowjetischen Juden erlauben würden, ein wirkliches jüdisches Leben in ihrem Land zu führen.

Da es sich um eine Gemeinde von mehreren Millionen Menschen handelte, war klar, dass die Auswanderung, wenn sie denn erlaubt würde, Jahre dauern würde und dass man in der Zwischenzeit über Schulen und kulturelle Einrichtungen verfügen müsse, um den jüdischen Geist im Land selbst zu bewahren. Ohne diese Voraussetzungen war eine künftige Emigration nicht denkbar. All diese unterschiedlichen Ansichten spitzten sich bisweilen so zu, dass es zu Spaltungen innerhalb der jüdischen Gemeinde kam.

Erst als die sowjetischen Juden selbst aufwachten und auf die Unterdrückung durch die Behörden zu reagieren begannen, zuerst in kleinen Gruppen, dann durch Massenbewegungen, änderte sich die Situation allmählich. Zuerst durch harte Repressionen, schließlich durch Zugeständnisse.

Auf seiner Vierten Plenarversammlung, die vom 2. bis 12. August 1959 in Stockholm stattfand, bedauerte der Jüdische Weltkongress die Abwesenheit seiner Brüder aus der Sowjetunion. Die Versammlung erinnerte nachdrücklich an das unveräußerliche Recht, unabhängig vom politischen System oder von der Gesellschaftsordnung über repräsentative Organisationen und religiöse, kulturelle und soziale Einrichtungen zu verfügen; das Recht, die Identität des jüdischen Lebens, seiner Traditionen und seiner geistigen Werte zu bewahren; dementsprechend das Recht der jüdischen Bürger, ihren eigenen Beitrag zum Leben des Landes zu leisten, dessen Staatsangehörige sie sind. Die Juden der Sowjetunion müssen die gleichen Möglichkeiten haben wie die anderen Nationalitäten und ethnischen Gruppen und dadurch in die Lage versetzt werden, ihr geistiges Erbe auf Hebräisch oder Jiddisch zu entwickeln, insbesondere in den Bereichen der Veröffentlichungen, des Theaters, der kulturellen Einrichtungen und der Erziehung.

Der Jüdische Weltkongress beklagte, dass diese legitimen Rechte so häufig durch alle möglichen Hindernisse verhöhnt würden. Er gab außerdem der tiefen Besorgnis aller Gemeinden Ausdruck, zu denen die Schließung von Synagogen und Betplätzen Anlass gab. Und schließlich appellierte er an die sowjetische Regierung, denen, die es wünschten, zu erlauben, zu ihren Familien in Israel auszureisen. »Mögen alle Länder der Sowjetunion« – schloss die Resolution des Jüdischen Weltkongresses – »die Ideale der Menschenrechte in eine lebendige Wirklichkeit für die ganze Menschheit übersetzen.«

Wir begnügten uns nicht damit, eine Resolution zu verabschieden. In den Monaten, die auf die Vierte Plenarversammlung folgten, intervenierte der Kongress unermüdlich bei den sowjetischen Behörden und den internationalen politischen und kulturellen Kreisen, um die Weltöffentlichkeit auf das Problem aufmerksam zu machen. Es ging darum, ständigen Druck auszuüben, ohne dabei die Kontakte und die Verhandlungen abzubrechen.

Zu diesem Zweck berief der Präsident des Jüdischen Weltkongresses gemeinsam mit dem großen jüdischen Philosophen Martin Buber 1960 in Paris die erste internationale Konferenz über die Situation der Juden in der UdSSR ein, an der auch bedeutende nichtjüdische Persönlichkeiten teilnahmen.

In der Zeit nach der Plenarversammlung in Stockholm hatte sich der Horizont verdüstert; nur gelegentlich brach ein Lichtstrahl durch. Immer mehr Synagogen wurden geschlossen. Sowjetischen Quellen zufolge gab es 1956 450 Synagogen, 1963 waren davon nur 96 für den Gottesdienst geöffnet, und diese Zahl hat seitdem noch erheblich abgenommen.

Andere Religionsgemeinschaften mussten ebenfalls eine Schließung ihrer Gotteshäuser hinnehmen, aber nicht in dem Ausmaß wie die jüdische Gemeinde. 1962 wurde das Backen der *Matzot* (Matzen, ungesäuertes Brot für das Pessachfest) in den öffentlichen Bäckereien verboten, ein Verbot, das später durch die Ankündigung abgemildert wurde, eine Spezialbäckerei werde in Moskau eröffnet und gewisse Mengen von *Matzot* könnten aus dem Ausland importiert werden. Leider wurde die Bäckerei schon sehr bald aus »hygienischen Gründen« wieder geschlossen; außerdem wurden große Mengen von *Matzot*, die aus Amerika, Großbritannien, Israel und anderen Ländern geschickt worden waren, den Juden oder jüdischen Gemeinden in der Sowjetunion, für die sie bestimmt waren, nicht übergeben. Später wurden diese Restriktionen etwas gelockert, so dass *Matzot* in Moskau, Leningrad und anderen Großstädten hergestellt werden durften. Aber es wurden nur geringe Mengen hergestellt, die lediglich den Bedarf eines kleinen Teils der jüdischen Gemeinde decken konnten.

Die *Jeschiwa*, das Rabbinerseminar, das 1957 in Moskau für die Ausbildung der Rabbiner gegründet wurde, erfüllte nicht die Hoffnungen, die in es gesetzt worden waren. 1958 waren dreizehn Studenten eingeschrieben. 1962 wurde den meisten Studenten nach den Ferien nicht erlaubt, ihr Studium fortzusetzen, unter dem Vorwand, in Moskau herrsche Wohnungsknappheit und man könne sie nicht unterbringen. Die Zahl der Studenten reduzierte sich daraufhin auf vier.

Nachdem 1961 die Vorsteher von sechs Synagogen in großen Provinzstädten ihres Amtes enthoben worden waren, wurden auch mehrere weltliche jüdische Führer in Moskau und Leningrad verhaftet. Manche von ihnen wurden in Geheimprozessen zu langjährigen Haftstrafen verurteilt.

Ein weiterer unerfreulicher Faktor war die Veröffentlichung einer Reihe von antijüdischen Propagandawerken. 1962 veröffentlichte der Staatliche Verlag für politische Veröffentlichungen in einer für das breite Publikum bestimmten Ausgabe eine russische Übersetzung des Buchs von Baron von Holbach mit dem Titel *Eine Galerie von Heiligen*, das im 18. Jahrhundert geschrieben worden war und nur so wimmelt von hasserfüllten Angriffen nicht nur gegen die jüdische Religion, sondern auch gegen das jüdische Volk.

Das erstaunlichste Beispiel antisemitischer Propaganda bleibt jedoch das Buch von Kitschko, das unter dem Titel *Das Judentum ungeschminkt* vom Staatlichen Verlag in Kiew veröffentlicht wurde. Dieses aggressiv antisemitische Buch mit seinen Comics à la Streicher löste eine Welle der Empörung in der jüdischen Welt und auch in den fortschrittlichen nichtjüdischen Kreisen bis hinein in die kommunistischen Kreise au-

ßerhalb der UdSSR aus. Das ideologische Komitee der Kommunistischen Partei der UdSSR sah sich daraufhin gezwungen, das Buch zu verurteilen; es wurde aus dem Verkehr gezogen und eingestampft.
Nachdem Kitschkos Buch zurückgezogen worden war, erschienen jedoch weitere Veröffentlichungen wie *Judentum und Zionismus heute* von Majatskij, das 1964 in Moldawien erschien, und *Der Niedergang der jüdischen Religion* von Schachnowitsch.

Trotz dieser beunruhigenden Tatsachen gab es aber auch Anzeichen für Lockerungen der restriktiven Maßnahmen gegen die Juden und für eine gewisse Verbesserung der Situation. Das Erscheinen der jiddischen Zeitschrift *Sowetisch Hejmland*, die zuerst alle zwei Monate, dann monatlich herausgegeben wurde, war schon allein durch die jahrelange Existenz der Zeitschrift trotz ihrer abscheulichen ideologischen Haltung ein denkwürdiges Ereignis.

Es erschienen zahlreiche Veröffentlichungen, darunter ein ausgezeichnetes russisch-hebräisches Wörterbuch, eine Anthologie der modernen israelischen Lyrik, aus dem Hebräischen, Jiddischen und Arabischen ins Russische übersetzt, sowie ein oder zwei jiddische Bücher, die den Gerüchten zufolge nur der Auftakt zu einer umfangreicheren Produktion sein sollten. In mehreren Städten wurden unter der Schirmherrschaft der Zeitschrift *Sowetisch Hejmland* kulturelle Konferenzen organisiert, an denen jüdische Schriftsteller und Leser der Zeitschrift teilnahmen. Der kulturelle Austausch zwischen der Sowjetunion und Israel wurde intensiviert, unter anderem durch Konzerte bekannter Musiker und Orchester; ähnliche Veranstaltungen waren für die Zukunft angekündigt worden.

Aleksej Kossygin, der sowjetische Premierminister, und die *Prawda*, das offizielle Organ der Kommunistischen Partei der Sowjetunion, äußerten sich zum Antisemitismus. In einer Rede in Riga verurteilte Kossygin den Antisemitismus als eine Haltung die »den kommunistischen Grundsätzen und der kommunistischen Lehre fremd ist«.

Aber auf diese Vorboten folgte kein Frühling, der die jüdische Kultur in der UdSSR erneuert hätte. Wie Bertrand Russell in einer damals veröffentlichten Botschaft sagte:

> Obwohl 1956 und 1957 häufig eine Reparation versprochen wurde, wurde nur eine symbolische kulturelle Aktivität erlaubt – eine Handvoll jiddischsprachiger Bücher, veröffentlicht von kleinen Verlagen und

im Ausland zu Propagandazwecken benutzt, eine jiddischsprachige Monatszeitschrift, ein oder zwei Amateurtheatertruppen und ein paar Tourneen jüdischer Sänger.

Die Bemühungen um eine Erleichterung des Schicksals der russischen jüdischen Gemeinde wurden auch dadurch begünstigt, dass die Schwierigkeiten, mit denen die jüdische Gemeinde in der Sowjetunion zu kämpfen hatte, über die Grenzen der jüdischen Öffentlichkeit hinaus bekannt geworden waren. Die jüdischen Protestkundgebungen und die verabschiedeten Resolutionen waren in der Presse der ganzen Welt veröffentlicht worden. Der Jüdische Weltkongress initiierte über die Komitees und die angegliederten Organisationen eine weltweite Kampagne, um die Intellektuellen und Politiker zu mobilisieren, die nicht in den Kalten Krieg verwickelt waren und begriffen, dass der Kampf für die Juden in der UdSSR außerhalb dieses Gebiets fortgesetzt werden musste. Schon 1960 gaben bedeutende Persönlichkeiten aus zahlreichen Ländern wie Bertrand Russell, Willy Brandt, Vincent Auriol, Olof Palme, Pierre Mendès France, Martin Luther King, Eleanor Roosevelt, Wladimir Rabi, Vercors und viele andere vielbeachtete Erklärungen ab und unternahmen entsprechende Schritte bei ihren Regierungen, um sie zu veranlassen, bei der sowjetischen Regierung zu intervenieren. Damals gab es nur wenige Treffen zwischen sowjetischen und westlichen Regierungsvertretern, bei denen die Probleme der sowjetischen Juden nicht angesprochen wurden.

Die Kampagne wurde sogar auf die führenden Persönlichkeiten der Gemeinden des Westens und auf diejenigen der nationalen Vereine der Freundschaft mit der UdSSR ausgedehnt. Ich nahm selbst an Treffen mit Waldeck-Rochet, dem Führer der Kommunistischen Partei Frankreichs, und dem Generalsekretär des Kommunistischen Gewerkschaftsbundes (CGT), mit André Blumel, dem Leiter von France-URSS, sowie mit den bekannten Persönlichkeiten der Kommunistischen Partei Italiens, Umberto Terracini und Enzo Sereni, teil.

All diese Begegnungen und Erklärungen blieben nicht ohne Wirkung. Intellektuelle, Philosophen, Wissenschaftler und bedeutende Vertreter des internationalen Denkens, meist Nichtjuden, hielten Vorträge in Paris, London, Washington, Rom, Rio de Janeiro, Buenos Aires, Mexico. Freunde der Sowjetunion und Politiker zahlreicher Länder erhoben ihre Stimme, um direkt an die sowjetischen Führer zu appellieren.

Die Situation der sowjetischen Juden wurde bei den Vereinten Nationen und im Europarat diskutiert. Dieser stimmte wiederholt über Texte ab, die sich eingehend mit den Diskriminierungen beschäftigten. Die Frage war Gegenstand von Berichten, die die Internationale Gruppe sozialistischer Studien veröffentlichte, die sich aus Vertretern Großbritanniens, Dänemarks, der Niederlande, Norwegens, Schwedens und der Internationalen Juristenkommission zusammensetzte. 1962 schickte der Weltkirchenrat eine Delegation in die UdSSR, die das Problem der sowjetischen Juden studieren sollte. Der Bericht dieser Delegation sprach von einer »unerbittlichen Verfolgung« der jüdischen Minderheit.

Ein besonders wichtiger Faktor war die Haltung der Kommunisten und des linken Flügels einer Reihe von Ländern wie Italien, Frankreich, England, Amerika, Kanada, den skandinavischen Ländern und Australien, die ihrer Sorge angesichts der Diskriminierung der jüdischen Gemeinde in der Sowjetunion Ausdruck gaben. Es ist bekannt, dass sich die beiden nach denen des Sowjetblocks einflussreichsten kommunistischen Parteien, die französische und die italienische, lebhaft für dieses Problem interessierten.

Die erste positive und bedeutsame Maßnahme von Seiten der sowjetischen Regierung war die Erklärung, die Ministerpräsident Kossygin im Dezember 1966 abgab und in der er behauptete, die sowjetischen Behörden hätten keine Einwände gegen die Zusammenführung der Familien, die der Krieg auseinandergerissen habe. Das Leitungsgremium des Jüdischen Weltkongresses, das kurz darauf in Paris zusammentrat, nahm diese Erklärung mit Befriedigung auf und gab der Hoffnung Ausdruck, dass innerhalb kürzester Zeit Mittel bereitgestellt würden, die die Zusammenführung der seit Jahren getrennten Familien erlauben würden.

Diese zaghafte positive Änderung der sowjetischen Haltung bezüglich der Auswanderungsfrage war jedoch nur von kurzer Dauer. Nach dem Sechs-Tage-Krieg 1967 begnügte sich die UdSSR nicht mit einer feindseligen Haltung Israel gegenüber, sondern denunzierte den »Zionismus« mit immer größerer Heftigkeit, so dass die Möglichkeit einer Auswanderung der Juden immer unwahrscheinlicher wurde.

Bereits 1968 gründete das Institut für Jüdische Angelegenheiten des Jüdischen Weltkongresses in London eine Fachzeitschrift, *Soviet Jewry*,

die eine bemerkenswerte Arbeit leistete und sehr wertvolle Studien veröffentlichte.
Wieder diskutierte der Jüdische Weltkongress als Erster auf der Sitzung seiner Exekutive die verschiedenen Aspekte des Problems und die möglichen Maßnahmen. Er empfahl die Einberufung einer internationalen jüdischen Konferenz über das Problem der sowjetischen Juden – ein Plan, der auf den Widerstand bestimmter Kreise stieß und später von einem *ad hoc* gebildeten Rat internationaler jüdischer Organisationen wieder aufgegriffen wurde.
Im Januar 1969 schloss sich das in Rom zusammengetretene Leitungsgremium einem Vorschlag von Armand Kaplan, dem Leiter der Abteilung für internationale Angelegenheiten des Jüdischen Weltkongresses, an, eine Expertenkonferenz einzuberufen, die mit größter Sorgfalt die jüngsten Entwicklungen in der Sowjetunion untersuchen sollte, insbesondere das Wiedererstarken eines jüdischen Nationalgefühls unter den sowjetischen Juden sowie die verstärkte kämpferische Haltung zahlreicher Juden, die hofften, auf diese Weise die Auswanderung nach Israel erzwingen zu können. Im Sinne dieses Vorschlags sollte sich die künftige Politik des Kongresses an den Schlussfolgerungen dieser Expertenkommission orientieren.
Im Dezember 1969 trat diese Expertenkommission im Institut für Jüdische Angelegenheiten – dem Forschungsinstitut des Jüdischen Weltkongresses – unter Beteiligung einer Reihe bedeutender Fachleute und mehrerer führender Persönlichkeiten des Kongresses zusammen, um mit größter Sorgfalt die jüngsten Entwicklungen in der Sowjetunion zu untersuchen.
Im Laufe der zweiten Hälfte des Jahres 1970 fand die Bewegung, die sich für die Freiheit, nach Israel auszuwandern, einsetzte, erheblichen Zulauf unter den sowjetischen Juden. In der ganzen Welt schlossen sich die dem Kongress verbundenen Gemeinden den Aktivitäten an, die diese Forderung unterstützen sollten.
Die Proteste wurden immer lauter, als zehn sowjetische Juden in Leningrad unter der Beschuldigung, sie hätten ein Flugzeug über Helsinki entführen wollen, verhaftet wurden. Der Leningrader Prozess und das Echo, das er in der ganzen Welt auslöste, führten zur Gründung einer neuen Einrichtung, der »Conference on Soviet Jewry«, zu deren Gründungsmitgliedern der Jüdische Weltkongress gehörte.

Angesichts der Entwicklung der Situation begriffen wir alle, dass wir die jüdische und die nichtjüdische Welt für die Sache der sowjetischen Juden mobilisieren mussten. Zu diesem Zweck beriefen wir in Brüssel eine große Weltkonferenz über die sowjetischen Juden ein. Ich nahm aktiv an all diesen Interventionen, Treffen und Gesprächen sowie an den Vorbereitungen für die Mobilisierung aller Gemeinden und Organisationen in der Welt teil.

Die Konferenz fand im Februar 1970 statt. Der Kongress, der eine der treibenden Organisationen dieser Konferenz war, entsandte eine starke Delegation, der ich natürlich angehörte.

Ich hatte vorher als Generalsekretär ein Kommuniqué an die Gemeinden und Mitgliedsorganisationen des Jüdischen Weltkongresses geschickt, in dem ich sie bat, die Konferenz vorbehaltlos zu unterstützen. 760 Delegierte, die 38 Länder vertraten, waren anwesend. Die Konferenz erhielt Unterstützungsbotschaften der bedeutendsten geistigen, politischen und wissenschaftlichen Persönlichkeiten der ganzen Welt. Die Konferenz war ein beeindruckendes Zeugnis für die Solidarität aller Juden überall in der Welt mit den Juden der Sowjetunion. Sie gipfelte in dem feierlichen Appell von Brüssel, der weltweit große Beachtung fand.

Diese Kampagne und der weiterhin ausgeübte ständige Druck blieben nicht ohne Folgen. Die Folgezeit war einerseits geprägt von ständigen Schikanen, denen die ausreisewilligen sowjetischen Juden ausgesetzt waren, andererseits wurden die ersten Ausreisevisa bewilligt.

Diejenigen, die das Land verlassen wollten und sich für ein Visum eintrugen, verloren ihre Stellen und jede Möglichkeit, ihren Lebensunterhalt zu verdienen. Die Repressalien gegen die Freiwilligen, die Hebräisch unterrichteten oder lernten, um sich auf die Auswanderung vorzubereiten, gingen weiter. Plötzlich wurden alle Juden mit Universitätsabschluss, die das Land verlassen wollten, mit einer hohen Steuer belegt. Eine weitere internationale Intervention war nötig, die zum großen Teil von renommierten Universitätsprofessoren unternommen wurde, damit die Zahlung dieser Steuer ausgesetzt wurde.

Zahlreiche »Aktivisten«, die die Idee der Auswanderung propagierten und denen das Ausreisevisum verweigert worden war, wurden ins Gefängnis geworfen. Sie wurden – viele erinnern sich gewiss noch – *refuzniks* genannt.

Der Jüdische Weltkongress und die jüdischen Organisationen protestierten unermüdlich gegen diese unmenschlichen Willkürpraktiken. Diesem ständigen Druck war es vermutlich zu verdanken, dass allmählich – vor allem ab 1972 – immer mehr sowjetische Juden Ausreisevisa erhielten. Diese Kampagne nahm ein solches Ausmaß an, dass 1974 fast 100 000 Juden ein Ausreisevisum erhalten hatten. Danach versiegte der Strom langsam.

Die Behörden verweigerten den sowjetischen Juden jedoch auch weiterhin das Recht, ihre Identität als Gemeinde sowie ihre religiöse und kulturelle Identität zu bewahren.

Eine neue Phase des Kampfs für die sowjetischen Juden begann, als es den führenden Persönlichkeiten der amerikanischen jüdischen Gemeinde gelang, ihre Regierung und die Führer der beiden Kongressparteien zu überzeugen, dass es notwendig sei, von der Sowjetregierung die Zusicherung zu erhalten, dass sie eine liberalere Auswanderungspolitik betreiben werde. Dieser Beschluss wurde mit Nachdruck vertreten. Es erwies sich, dass die Zustimmung des Kongresses, in das sehr wichtige Handelsabkommen, das damals zwischen den Vereinigten Staaten und der Sowjetunion ausgehandelt wurde, die »Klausel der meistbegünstigten Nation« aufzunehmen, von der Lockerung der sowjetischen Auswanderungsrestriktionen und der Einstellung der Schikanen gegen die sowjetischen Juden abhängen würde.

Der energische Vorstoß der amerikanischen Regierung und des amerikanischen Kongresses orientierten sich an einem Präzedenzfall, der großes Aufsehen erregt hatte: Zwischen 1907 und 1909 hatten die Vereinigten Staaten während der Verhandlungen über ein umfassendes Handelsabkommen schon einmal Druck auf die zaristischen Behörden ausgeübt und Russland die »Klausel der meistbegünstigten Nation« in den Handelsverträgen nur unter der Bedingung zugestanden, dass die grausamen Verfolgungen, denen die russischen Juden damals ausgesetzt waren, eingestellt wurden.

Diese politischen Entscheidungen und die diplomatische Intervention der amerikanischen Regierung erreichten einen Höhepunkt mit dem Briefwechsel zwischen dem Staatssekretär Henry Kissinger und Senator Jackson im Oktober 1974. Das Abkommen, bekannt unter dem Namen Vanik-Jackson-Amendement, trug dazu bei, die Auswanderung der Juden aus der UdSSR erheblich zu verstärken. Dieser Erfolg motivierte zahlreiche andere Regierungen, sich ebenfalls für die Sache der sowjetischen Juden einzusetzen.

Zur gleichen Zeit verfolgte der Jüdische Weltkongress aufmerksam die vorbereitenden Konsultationen für die Konferenz über Sicherheit und Zusammenarbeit in Europa (KSZE) in Helsinki, die für 1973 auf Initiative der UdSSR einberufen wurde und die sich das Ziel gesetzt hatte, die Sicherheit und die Zusammenarbeit in Europa zu fördern und die Spannungen zwischen Ost und West abzubauen.

Unser Interesse an der KSZE wurde erheblich dadurch verstärkt, dass auch humanitäre Fragen auf die Tagesordnung der geplanten Konferenz gesetzt wurden. Der Kongress sah darin die Möglichkeit, einige der Probleme, die den jüdischen Gemeinden der Sowjetunion und Mitteleuropas am meisten unter den Nägeln brannten, etwas zu entschärfen.

Der Kongress ließ sich auf den verschiedenen Sitzungen der KSZE vertreten und leitete den Delegierten der teilnehmenden Länder im Februar 1974 ein Memorandum zu.

Die Appelle und die Bemühungen des Jüdischen Weltkongresses und der Konferenz über die Juden der UdSSR führten zu einer gewissen Zunahme der Ausreisen. Leider hielt diese Situation nicht an. Die wachsende Spannung zwischen Ost und West, die ihren Höhepunkt in der sowjetischen Intervention in Afghanistan und der darauffolgenden Krise fand, fiel mit einem erheblichen Rückgang der Auswanderung zusammen. Allerdings wurden den Juden von den Sowjets auf kulturellem Gebiet einige Zugeständnisse gemacht.

Die Schlussakte der Helsinki-Konferenz, die zwischen dem 30. Juli und dem 1. August 1975 unterzeichnet wurde, beschloss auf Wunsch der teilnehmenden Länder, die regelmäßigen Treffen zu erleichtern, die die Familienzusammenführung fördern sollten, das freie Reisen aus persönlichen oder beruflichen Gründen zu fördern und die Kontakte, auch diejenigen zwischen nichtstaatlichen Organisationen, zu erweitern.

Die Schlussakte sah außerdem eine Fortsetzung der Konferenz sowie Verfahren vor, die den Austausch und die Treffen vereinfachen und stimulieren sollten. Das erste dieser Treffen sollte 1977 in Belgrad stattfinden und Bilanz über die Umsetzung der in Helsinki gefassten Beschlüsse ziehen.

Diese Beschlüsse bedeuteten den Beginn einer Bewegung hin zu einer flexibleren Haltung der sowjetischen Behörden, die wir nun für unsere Sache nutzen mussten. Die Ereignisse der folgenden Zeit machten diese Hoffnungen jedoch zunichte.

Eine Parallele zwischen der Verabschiedung der Schlussakte der Helsinki-Konferenz und der gleichzeitigen Verschlechterung der Situation der sowjetischen Juden ziehend, riefen die Präsidenten des Jüdischen Weltkongresses und der Zionistischen Weltorganisation führende Persönlichkeiten zu einer Sondersitzung in Paris im September 1975 zusammen. Sie stellten eine Verschlechterung der Situation und einen erheblichen Rückgang der Auswanderung fest; sie kamen zu dem Schluss, dass es notwendig sei, eine zweite Weltkonferenz über die sowjetischen Juden für Februar 1976 in Brüssel einzuberufen. Wieder gehörte der Kongress zu den einladenden Organisationen dieser wichtigen Konferenz. Selbstverständlich war ich in all diese Aktivitäten involviert und Teilnehmer der Konferenz.

Die Zweite Weltkonferenz über die Juden der Sowjetunion, genannt »Brüssel 2«, fand am 17., 18. und 19. Februar 1976 in Brüssel statt. Sie war ein machtvoller und eindrucksvoller Ausdruck der Sorgen des Weltjudentums und vieler nichtjüdischer hoher Persönlichkeiten und sollte die sowjetischen Juden in ihrem Kampf ermutigen und unterstützen.

Philip Klutznick, der Vorsitzende des Leitungsgremiums des Jüdischen Weltkongresses, gehörte zu den bedeutenden Persönlichkeiten, die diese Konferenz mit Leben erfüllten. Sie gipfelte in der Verabschiedung einer feierlichen Erklärung, die an alle anständigen Männer und Frauen und alle Regierungen, die sich für die humanitären Ideale einsetzen, appellierte, sich für die Juden der Sowjetunion auszusprechen. Die Erklärung bestätigte das Engagement der jüdischen Gemeinden und Organisationen, die berechtigten Forderungen des sowjetischen Judentums weiterhin zu unterstützen.

Ich nahm an allen Stadien der Vorbereitung dieses Kongresses und am Kongress selbst teil. Ich hatte die Leitung einer Sonderkommission, in der alle Vertreter der christlichen Kirchen und andere religiöse Würdenträger saßen und die prüfen sollte, welche Rolle die nichtjüdischen religiösen Institutionen und Persönlichkeiten in diesem Kampf spielen könnten.

Im November 1976 trat das Leitungsgremium des Jüdischen Welt-

kongresses in Genf zusammen und gab erneut seiner Sorge Ausdruck angesichts der Schikanen, denen die ausreisewilligen sowjetischen Juden durch die Behörden ausgesetzt waren, und angesichts der Nichtanwendung der Klauseln durch die sowjetischen Behörden, die die Menschenrechte in der Schlussakte von Helsinki und in anderen internationalen Abkommen betreffen.
Das Leitungsgremium äußerte tiefe Besorgnis über die antizionistischen und antisemitischen Töne der sowjetischen Medien. Es stellte mit Bedauern fest, dass die jüdische Gemeinde der Sowjetunion noch immer keine zentrale Organisation haben durfte. Er plädierte für Milde gegenüber denen, die »Gefangene Zions« genannt wurden, und jenen, die aus der Sowjetunion nach Israel ausreisen wollten.
Diese Themen wurden auf der Sitzung der Exekutive des Jüdischen Weltkongresses, die im März 1977 in Genf stattfand, wieder aufgegriffen und erweitert; es wurde die Besorgnis unterstrichen, die die schweren öffentlichen Anschuldigungen der sowjetischen Behörden auslösten, die Juden würden »im Dienste des CIA stehen«.
Der Jüdische Weltkongress und das auf der Zweiten Brüsseler Konferenz geschaffene Aktionskomitee verfolgten die Situation mit großer Aufmerksamkeit. Diese galt insbesondere der Entwicklung der Auswanderung, die sich zeitweise stark verminderte, dann wieder anstieg. Ihre Arbeit konzentrierte sich jedoch auf die Beeinflussung von verschiedenen Treffen, die der Durchführung der Bestimmungen der Schlussakte von Helsinki gewidmet waren, vor allem den Treffen in Belgrad 1977 und in Madrid 1980. Sie traten vor allem für die Lockerung der Bestimmungen über die Familienzusammenführung ein, die in der Schlussakte im Teil über die Menschenrechte vorgesehen war.
In engem Kontakt mit den nichtstaatlichen Delegationen übte mein Kollege Dr. Stephen Roth vom Institute of Jewish Affairs in London großen Einfluss auf die Formulierungen aus, die von der Konferenz schließlich verabschiedet wurden. Sie garantierte die Freiheit der zwischenmenschlichen Kontakte, die Freiheit der Briefsendungen, das Recht auf Telefon, den freien Versand von Paketen und Geschenken, die Freiheit des Tourismus und die Freiheit der Information durch Schrift und Rundfunk. Die anderen Punkte präzisierten, dass die vertragschließenden Länder die Freiheit der Religion, die kulturelle Frei-

Gerhart M. Riegner mit Nahum Goldmann auf der Vollversammlung des Jüdischen Weltkongresses. Stockholm, 1959.

heit der Minderheiten und den Austausch von Büchern und Lehrmaterial achten und einräumen sollten.
Die von Nahum Goldmann eingeleitete Politik wurde vom Jüdischen Weltkongress mit großer Beharrlichkeit fortgeführt. Die Frage der Juden in der UdSSR hatte höchste Priorität, gleich nach der Sicherheit des Staates Israel. Edgar Bronfman, der neue Präsident des Jüdischen Weltkongresses, setzte die Bemühungen Nahum Goldmanns fort, direkte Kontakte zu den Verantwortlichen der Sowjetunion herzustellen und aufrechtzuerhalten, vor allem zum Botschafter in Washington Anatolij Dobrynin, der lange Jahre in ständigem Kontakt zu Goldmann gestanden hatte. In seinen Bemühungen wurde er von Israel Singer, dem neuen Generalsekretär des Jüdischen Weltkongresses, unterstützt.
Begünstigt durch das neue Klima von Glasnost und Perestrojka festigte der Jüdische Weltkongress die Kontakte durch wiederholte Besuche in der UdSSR. Zunächst wurde ein Kontakt zu dem ehemaligen Botschafter der UdSSR in Kanada, Jakowlew, hergestellt, der Beziehungen zu den Verantwortlichen des Kanadischen Jüdischen Kongresses unterhalten hatte.

Diese Bemühungen führten schließlich zu Treffen mit Eduard Schewardnadse, dem Außenminister der UdSSR, und 1991 mit Michail Gorbatschow, der damals Präsident der UdSSR war, sowie später mit Boris Jelzin. Alle diese Treffen, Gespräche und Vorstellungen führten schließlich zu einem vollständigen Umschwenken der russischen Politik gegenüber den Juden und dem Staat Israel.

Wir konnten stolz sein auf die Ergebnisse unseres unablässigen Kampfes für die große jüdische Gemeinde der Länder der ehemaligen Sowjetunion. Heute können die Juden der ehemaligen UdSSR nach Israel oder in ein anderes Land auswandern, wenn sie dies wünschen. In den Bereichen der Religion, Kultur und Erziehung können sie sich frei organisieren. Etwa 200 Institutionen sind in einem Kulturverband zusammengeschlossen. Dieser Verband hat eine regionale Sektion des Jüdischen Weltkongresses gegründet, die seitdem in unseren Gremien vertreten ist.

Da ich nicht mehr Generalsekretär des Jüdischen Weltkongresses war, war ich an diesen Abkommen nicht mehr beteiligt. Von meinem Genfer Büro aus nahm ich leidenschaftlich Anteil daran und freute mich über die Erfolge von Edgar Bronfman, der von meinem Nachfolger Israel Singer unterstützt wurde – Erfolge, die eine mehr als fünfzigjährige Arbeit krönten.

Angesichts dieser positiven und erfreulichen Entwicklung bleibt jedoch eine Sorge: Organisationen mit nationalistischer, fremdenfeindlicher und rassistischer Tendenz, von denen sich manche ganz offen zum Antisemitismus bekennen, haben jetzt volle Handlungsfreiheit. Noch spielen sie jedoch, trotz des Staubs, den sie aufwirbeln, auf politischer Ebene in Russland nur eine marginale Rolle.

Auf der Neunten Plenarversammlung des Jüdischen Weltkongresses 1991 in Jerusalem hielt das russische Judentum, vertreten durch eine vielköpfige Delegation, feierlich Einzug in die Gremien des Jüdischen Weltkongresses und wurde als eine seiner Mitgliedsorganisationen anerkannt. Die Aufnahme der Delegation in den Jüdischen Weltkongress war ein außerordentlich bewegender Moment. In den Worten des Willkommens, die ich damals an die russische Delegation richtete, erinnerte ich an die entscheidenden Episoden des Kampfes für ihre Rechte: die Gründungsversammlung des Jüdischen Weltkongresses 1936; die Vorbereitung der großen Konferenz von 1953 angesichts der drohenden

Deportation der Juden nach Sibirien; die Wiederaufnahme unserer Initiative 1957, um das Problem der sowjetischen Juden vor die Öffentlichkeit zu bringen und im öffentlichen Bewusstsein wachzuhalten. Ich erinnerte auch daran, dass Nahum Goldmann und wir niemals daran gezweifelt hatten, dass das große russische Judentum eines Tages zu uns stoßen würde. Der Traum war Wirklichkeit geworden.

Unsere Beziehungen zu den christlichen Kirchen

Juden und Christen nach der Shoah. Eine komplizierte Beziehung

Während der Massaker in den furchtbaren Jahren, in denen uns praktisch die ganze Welt im Stich ließ, spürte ich, dass wir uns in Zukunft niemals mehr in einer solchen Situation der Isolation befinden dürften. Ich dachte, dass wir nach dem Krieg Beziehungen zu den großen Bewegungen der Außenwelt einschließlich der Kirchen herstellen müssten. Und von da an versuchte ich in meiner Arbeit Brücken zu diesen anderen Welten zu schlagen, insbesondere zur christlichen Welt und zur Dritten Welt. Das spielte eine gewisse Rolle in meinen Beziehungen zu den Universitätsorganisationen, von denen später die Rede sein wird. Da ich nacheinander Mitglied der Exekutive, Schatzmeister und Präsident der Entraide universitaire internationale (International Student Service/Internationaler Studentendienst) gewesen bin, hatte ich Kontakte zu den großen Weltbewegungen der evangelischen und katholischen Studenten und Intellektuellen. Ich knüpfte freundschaftliche Beziehungen zu diesen jungen Intellektuellen, von denen sich manche während des Krieges wunderbar verhalten haben. Und ich hielt diese Kontakte aufrecht, die mir später, vor allem beim Zweiten Vatikanischen Konzil, sehr nützlich waren.

Das gleiche Ziel verfolgte ich in meiner Arbeit bei den verschiedenen Organen der Vereinten Nationen, der Internationalen Flüchtlingsorganisation und der Unesco, wo ich lange Jahre den Jüdischen Weltkongress vertreten habe.

Im Rahmen dieser Aktivitäten habe ich mich stets bemüht, Verbindungen zu anderen internationalen Gruppierungen aufzubauen. Hierher gehört meine Arbeit im Vorsitz der Konferenz der nichtstaatlichen Organisationen mit beratender Funktion bei der UNO. Dieser gehörten damals eine Reihe evangelischer und fünfzehn katholische Organisationen an. Wir trafen uns sehr regelmäßig und arbeiteten zusammen. Natürlich wurde diese Aktivität später während des Vatikanischen Konzils sehr viel konkreter und regelmäßiger.

Als wir Juden von der Einberufung des Zweiten Vatikanischen Konzils erfuhren, waren manche von uns der Meinung, das sei eine einmalige Gelegenheit, um die Judenfrage vor diese große Versammlung zu bringen. Wir mussten die Kirche dazu bringen, über ihre Beziehungen zu den Juden im Lichte der jüngsten Vergangenheit nachzudenken, und versuchen, unseren künftigen Beziehungen eine neue Grundlage zu geben. Diese neuen Beziehungen sollten frei sein von der »Erziehung zur Verachtung« und den antijüdischen Positionen, die die Haltung der Kirche durch die Jahrhunderte gekennzeichnet haben.

Die Pioniere einer neuen christlichen Sicht des Judentums

All dies fiel nicht plötzlich vom Himmel. Es war ein Entwicklungsprozess mit seinen Verzögerungen und seinen Beschleunigungen, mit seinen Hindernissen und seinen Öffnungen. Diese Entwicklung war natürlich zu einem großen Teil von der Shoah, der Katastrophe des Zweiten Weltkriegs, beeinflusst. Der Prozess hatte, wenn auch zaghaft, während der Verfolgung der Juden in Deutschland und später in ganz Europa begonnen.

Auf diesem Gebiet gab es auch eine Reihe von Pionieren. Die wichtigsten möchte ich nennen und beginne mit James Parkes, einem britischen Pfarrer der Anglikanischen Kirche. Seit 1930 schrieb Parkes einige wichtige Bücher über die Ursprünge des Antisemitismus und über den Konflikt zwischen Kirche und Synagoge. Dieses Werk hat er während seiner ganzen Laufbahn fortgeführt. Er begann in Genf als Sekretär der Fédération des étudiants chrétiens (Bund der christlichen Studenten); später wurde er der Sekretär der Entraide universitaire internationale, bei der auch ich einige verantwortliche Posten innehatte.

Als Hitler 1933 an die Macht kam, erlebte Parkes die Tragödie der jüdischen Studenten in Deutschland mit. Er war derjenige, der die ersten internationalen Studentenkonferenzen über das Problem des Antisemitismus einberufen hat. Nahum Goldmann war einer der Redner auf einer dieser Konferenzen. Nach dieser Genfer Erfahrung widmete James Parkes praktisch sein ganzes Leben der Verbesserung der Beziehungen zwischen Juden und Christen.

Man erzählt, dass er, als er in England ein Institut für das Studium der Ursprünge des Antisemitismus und für seine Bekämpfung gründen wollte, den britischen jüdischen Großindustriellen Israel Sieff um Hilfe und finanzielle Unterstützung gebeten habe. Als Sieff Parkes gefragt habe, innerhalb welchen Zeitraums er die Situation hoffe ändern zu können, habe dieser geantwortet: »Das wird mindestens fünfzig Jahre erfordern!« Darauf habe Sieff geantwortet: »Wenn Sie mir etwas anderes gesagt hätten, hätte ich Sie nicht unterstützt.«

Ein anderer Pionier war Karl Thieme, ein deutscher Denker, den ich als Professor an der Hochschule für Politik in Berlin kennen gelernt hatte. Gegen Ende seines Lebens lebte Thieme in Basel. Als christlicher Theologe war er einer der Ersten, die gründlich über dieses Problem nachgedacht haben.

An dritter Stelle möchte ich Pater Paul Démann aus Frankreich nennen. Ungarischer Herkunft, ist er der Autor eines außerordentlich wichtigen Buches über die Katechese und das Judentum. In den von ihm herausgegebenen *Cahiers sioniens* behandelte Pater Démann diese Probleme auf methodische Weise. Aufgrund seines Buches, seiner Artikel und seiner Reflexionen muss Pater Démann als einer der Männer angesehen werden, die die katholischen Kreise zum Nachdenken über die damals tabuisierten Probleme der christlichen Katechese über die Juden und ihre Wirkungen auf das Bewusstsein angeregt hat.

Genannt werden muss auch der Theologe Malcolm Hay. Dieser schottische Katholik schrieb 1950 ein bahnbrechendes Buch über die Annäherung zwischen Juden und Christen mit dem Titel *Europe and the Jews. The Pressure of Christendom on the People of Israel for 1900 Years.* 1960 erschien das Buch in Amerika. Es ist ein sehr gutes Buch über das Problem der Verantwortung der Kirche und ihre Lehre hinsichtlich der Juden und des Judentums. Das Buch erregte weltweit erhebliches Aufsehen.

Unter dem Einfluss dieser Generation von Pionieren und angesichts dessen, was im Zweiten Weltkrieg geschehen ist, bildete sich eine Bewegung. Diese entstand zunächst in den jüdisch-christlichen Freundschaftsvereinen vor allem in England und Frankreich und dann in anderen Ländern, insbesondere in der Bundesrepublik Deutschland. Nach und nach trafen sich diese Menschen. Zum ersten Mal 1946 in Oxford, dann 1947 in Seelisberg. Diese Bewegung schloss nicht die offiziellen Kirchen ein. Es waren Kirchenmänner, die begriffen hatten, was während des Krieges geschehen war, und die beschlossen hatten, dass man

daraus die Konsequenzen für die christliche Lehre in Hinblick auf die Juden und das Judentum ziehen musste. Sie trafen sich daher mit jüdischen Persönlichkeiten, um darüber zu diskutieren.
Die katholische Kirche selbst war noch nicht bereit, sich dem Problem zu stellen. Wie ich bereits erwähnte, schlug der Jüdische Weltkongress 1945, gleich nach dem Krieg, Papst Pius XII. vor, eine Enzyklika über die jüdische Frage zu veröffentlichen. Dieser Vorschlag blieb jedoch unbeantwortet. Professor Jacques Maritain, der später Botschafter Frankreichs beim Heiligen Stuhl wurde, hat diese Idee jahrelang immer wieder vorgetragen. Aber seine Bemühungen waren auch nicht erfolgreicher.

Die Erklärung von Seelisberg

Die Sitzungen der Persönlichkeiten der verschiedenen jüdisch-christlichen Freundschaftsbewegungen führten zu der berühmten Erklärung von Seelisberg. In diesem kleinen Schweizer Ort am Vierwaldstätter See kamen etwa sechzig namhafte Persönlichkeiten, Christen und Juden, zusammen, unter ihnen der Pariser Oberrabbiner Kaplan, der französische Historiker Jules Isaac, Abbé Journet, Tadeusz Mazowiecki, die Pater de Menasce und Lopinot, Pastor Freudenberg, Neville Laski, Dr. Everet Clinchy, Dr. Visseur, Pastor Simpson, Professor Selig Brodetsky, Frau Davy, Oberrabbiner Alexandre Safran und die Rabbiner Vadnai und Taubes.
Zum ersten Mal seit dem Krieg legten diese Persönlichkeiten in einer sehr gut formulierten Erklärung die Grundlagen für eine neue Annäherung der christlichen Theologie an die Juden. Es handelt sich um die berühmten zehn *Seelisberger Thesen*, ein echtes Aktionsprogramm, das anschließend eine erhebliche Rolle in der Entwicklung der Beziehungen zwischen Christen und Juden spielte. Diese Thesen lauten:

1. Es ist hervorzuheben, dass ein und derselbe Gott durch das Alte und das Neue Testament zu uns allen spricht.
2. Es ist hervorzuheben, dass Jesus von einer jüdischen Mutter aus dem Geschlechte Davids und dem Volke Israel geboren wurde und dass seine ewige Liebe und Vergebung sein eigenes Volk und die ganze Welt umfasst.

3. Es ist hervorzuheben, dass die ersten Jünger, die Apostel und die ersten Märtyrer Juden waren.
4. Es ist hervorzuheben, dass das höchste Gebot für die Christenheit, die Liebe zu Gott und zum Nächsten, schon im Alten Testament verkündigt, von Jesus bestätigt, für beide, Christen und Juden, gleich bindend ist, und zwar in allen menschlichen Beziehungen und ohne jede Ausnahme.
5. Es ist zu vermeiden, dass das biblische und nachbiblische Judentum herabgesetzt wird, um dadurch das Christentum zu erhöhen.
6. Es ist zu vermeiden, das Wort »Juden« in der ausschließlichen Bedeutung »Feinde Jesu« zu gebrauchen, oder auch die Worte »die Feinde Jesu«, um damit das *ganze* jüdische Volk zu bezeichnen.
7. Es ist zu vermeiden, die Passionsgeschichte so darzustellen, als ob alle Juden oder die Juden allein mit dem Odium der Tötung Jesu belastet seien. Tatsächlich waren es nicht alle Juden, welche den Tod Jesu gefordert haben. Nicht die Juden allein sind dafür verantwortlich, denn das Kreuz, das uns alle rettet, offenbart uns, dass Christus für unser aller Sünden gestorben ist.
   Es ist allen christlichen Eltern und Lehrern die schwere Verantwortung vor Augen zu stellen, die sie übernehmen, wenn sie die Passionsgeschichte in einer oberflächlichen Art darstellen. Dadurch laufen sie Gefahr, eine Abneigung in das Bewusstsein ihrer Kinder oder Zuhörer zu pflanzen, sei es gewollt oder ungewollt. Aus psychologischen Gründen kann in einem einfachen Gemüt, das durch leidenschaftliche Liebe und Mitgefühl zum gekreuzigten Erlöser bewegt wird, der natürliche Abscheu gegen die Verfolger Jesu sich leicht in einen unterschiedslosen Hass gegen alle Juden aller Zeiten, auch gegen diejenigen unserer Zeit, verwandeln.
8. Es ist zu vermeiden, dass die Verfluchung in der Heiligen Schrift oder das Geschrei einer rasenden Volksmenge: »Sein Blut komme über uns und unsere Kinder« behandelt wird, ohne daran zu erinnern, dass dieser Schrei die Worte unseres Herrn nicht aufzuwiegen vermag: »Vater, vergib ihnen, denn sie wissen nicht, was sie tun«, Worte, die unendlich mehr Gewicht haben.
9. Es ist zu vermeiden, dass der gottlosen Menge Vorschub geleistet wird, wonach das jüdische Volk verworfen, verflucht und für ein ständiges Leiden bestimmt sei.

10. Es ist zu vermeiden, die Tatsache unerwähnt zu lassen, dass die ersten Mitglieder der Kirche Juden waren.

In Seelisberg waren mehrere meiner Kollegen vom Jüdischen Weltkongress: Dr. Aaron Steinberg, der später die Kulturabteilung des Jüdischen Weltkongresses leitete, Dr. Georg Guggenheim, Präsident der Jüdischen Gemeinde von Zürich, und andere. Ich selbst wurde während der Vorbereitung des Zweiten Vatikanischen Konzils gründlich mit diesen Problemen befasst. Jules Isaac sollte dabei eine entscheidende Rolle spielen.

Unsere Beziehungen zur katholischen Kirche

Papst Johannes XXIII. empfängt Jules Isaac

Der sehr bekannte französische Historiker Jules Isaac war ein assimilierter Jude. Dreißig Jahre lang, bis zum Krieg, war sein Geschichtslehrbuch, das unter dem Namen *Mallet et Isaac* bekannt war, das populärste Schulbuch in Frankreich. Isaac stand dem Judentum ziemlich fern und kümmerte sich nicht besonders um seine jüdischen Ursprünge. Und dann traf ihn die Shoah, die »Katastrophe«. Seine Frau und seine Tochter wurden deportiert. Sein persönliches Unglück veranlasste Jules Isaac, ein Buch zu schreiben, *Jésus et Israël*, in dem er die Quellen des modernen Antisemitismus untersuchte. Das Buch wurde in der Zeit geschrieben, in der er gezwungen war, im Untergrund zu leben, um der Deportation zu entgehen. Isaac kam zu dem Schluss, dass die christliche Lehre die Grundlage des modernen Antisemitismus ist.
Vincent Auriol, der ehemalige Präsident der französischen Republik, war maßgeblich daran beteiligt, das Treffen zwischen Jules Isaac und Papst Johannes XXIII. im Juni 1960 zu ermöglichen. Als Nachfolger der Könige werden die französischen Präsidenten *ex officio* als Chorherren der Kirche San Giovanni in Laterano in Rom betrachtet, wo ein Chorstuhl für sie reserviert ist.
Daher verfügen die französischen Präsidenten über besondere Beziehungen zum Papst, der auch »Bischof von Rom« ist. Es scheint, dass Auriol nach seiner siebenjährigen Amtszeit die Verbindung mit Rom aufrechterhalten hat. Umso mehr, als er Monsignore Roncalli seinen Kardinalshut übergeben hatte, während dieser apostolischer Nuntius in Paris war. Dieser Nuntius sollte später Papst Johannes XXIII. werden. Der sehr weltliche Vincent Auriol also arrangierte Jules Isaacs Besuch im Vatikan, einen Besuch, der ungeheure Konsequenzen haben sollte. Nebenbei sei bemerkt, dass Auriol, den ich recht gut kannte, ein sehr herzlicher Mann war, ein Humanist voll guten Willens.
Während dieser Audienz übergab Jules Isaac dem Papst ein Memoran-

dum, in dem die Gründung einer Kommission vorgeschlagen wurde, die die Situation prüfen und Vorschläge machen sollte, insbesondere im Bereich der christlichen Lehre über die Juden.

Papst Johannes XXIII. war eine charismatische Persönlichkeit, einzigartig wahrscheinlich in der Geschichte der modernen Kirche. Er empfing Jules Isaac sehr freundlich. Er war darauf vorbereitet, sich mit diesem Problem zu befassen. Wie ich bereits erwähnte, war er während des Kriegs apostolischer Nuntius in Sofia und Ankara gewesen. Dort hatte er die Tragödie des europäischen Judentums aus der Nähe miterleben können. Mehr als einmal intervenierte er, um Juden zu schützen oder zu retten. Man weiß, dass er, als er einmal eine Delegation amerikanischer Juden in Rom empfing, zu ihnen sagte: »Ich bin Joseph, euer Bruder«, womit er den berühmten Satz aus der Bibel zitierte, in dem Joseph sich seinen Brüdern zu erkennen gibt, die nach Ägypten gekommen waren.

Kardinal Bea tritt in Aktion

Jules Isaacs Demarche veranlasste Johannes XXIII., Kardinal Bea zu beauftragen, die Frage zu prüfen. Kardinal Bea war selbst eine außergewöhnliche Persönlichkeit der katholischen Kirche. Als Jesuit deutscher Herkunft genoss er ein ungeheures Ansehen. Hochgewachsen, vermittelte Kardinal Bea einen Eindruck von Stärke und Bestimmtheit. Zugleich war er von sehr ruhiger, ich würde sogar sagen sanfter Art. Diese Art und seine Güte, die sprichwörtlich war, konnten auf einen schwachen Charakter schließen lassen. Die Ereignisse sollten das Gegenteil beweisen. Augustin Bea hatte einen eisernen Willen und überwand alle Hindernisse, die sich der Verwirklichung seiner Pläne in den Weg stellten. Wenn Johannes XXIII. der Inspirator der neuen Haltung der Kirche den Juden gegenüber war, so war Kardinal Bea ihr Baumeister.

Damals war Bea bereits ein Mann in sehr vorgerücktem Alter, der für seine große Klugheit berühmt war. Vorher war er jahrzehntelang der Leiter des Bibelinstituts des Vatikans, eines der großen päpstlichen Universitätsinstitute, gewesen, wodurch er zu einem großen Bibelexperten geworden war. Er sprach nicht nur recht gut Hebräisch, er

stand auch sozusagen auf vertrautem Fuß mit den Personen der hebräischen Bibel, dem Alten Testament der Christen.
Kardinal Bea war der Beichtvater von Pius XII. gewesen. Diese Rolle hatte ihn vermutlich sehr geprägt, und er wusste daher, sozusagen aus erster Hand, sehr genau, was die Kirche in der Nazizeit unternahm bzw. nicht unternahm. Manche haben sogar behauptet, daß genau dies ihn veranlasst habe, die Neuformulierung der katholischen Theologie in Hinblick auf die Juden anzuregen. Das war seine Art, sich um die Wiedergutmachung des furchtbaren Unrechts zu bemühen, das den Juden angetan worden war. Ein Übriges taten sein ausgeprägtes Moralempfinden und seine deutsche Herkunft.
Geboren in Riedböhringen, nahe der Quelle der Donau, hatte Augustin Bea einen großen Teil seines Lebens in Rom verbracht. Er war ein Mann der Kurie. Er galt als typischer Traditionalist. Er hatte Pius XII. beim Entwurf einer Reihe sehr wichtiger Dokumente geholfen. Eines dieser Dokumente definierte die katholische Haltung gegenüber der neuen Bewegung der Bibelkritik: *Divino afflante spiritu*.
Diese Bewegung, die in hohem Maße von protestantischen Theologen ausging, hatte sich Ende des 19. und während des 20. Jahrhunderts entwickelt. Bea war stark davon beeindruckt worden. Seine Überlegungen beeinflussten die Position der katholischen Theologie gegenüber der Bibelkritik.
Als Papst Johannes XXIII. ihn mit dem Dossier über die Juden beauftragte, machte Bea sich mit großer Überzeugung an die Arbeit. Seine lange Erfahrung hatte ihn gelehrt, wie man die Dinge im Vatikan anzupacken hatte.
Im Herbst 1960, zu Beginn seiner Aufgabe, hatte Kardinal Bea keine Beziehungen zu den Juden. Er fragte daher seinen Orden, mit wem er sich treffen sollte, um einen ersten Kontakt herzustellen. Die Frage, die er den Jesuiten stellte, lautete: Welche jüdische Persönlichkeit ist am ehesten einem jüdischen Papst vergleichbar? Seine jesuitischen Brüder rieten ihm, sich mit Nahum Goldmann zu treffen, da der Jüdische Weltkongress über mehrere Jahre hinweg relativ regelmäßige Beziehungen zu den Jesuiten unterhalten hatte. Diese hatten sehr großes Interesse an bestimmten jüdischen Problemen, insbesondere an der Zukunft Israels. Sie wollten Kontakte zwischen Papst Pius XII. und den Juden herstellen.

In seiner Autobiographie erzählt Nahum Goldmann, wie die von den Jesuiten geplante Begegnung mit Pius XII. wegen des Widerstands des Staatssekretariats letztlich doch nicht zustande kam.
Bea folgte dennoch dem Rat der Jesuiten und traf sich mit Nahum Goldmann. Das war im Herbst 1960. Nahum Goldmann war damals der unbestrittene Chef der Diaspora, er war wirklich der *Rosch Galuta*. Als Bea ihm erzählte, dass seine jesuitischen Mitbrüder ihm gesagt hätten, er ähnele am meisten einem jüdischen Papst, antwortete Goldmann mit seinem üblichen Humor: »Ich weiß nicht, ob ich einem jüdischen Quasi-Papst ähnele, aber Sie sollten wissen, dass ich nicht ans Zölibat glaube.«
Damit begannen sie sozusagen die erste wirkliche Diskussion zwischen Katholiken und Juden über das Konzil, das vorzubereiten war. Kardinal Bea machte Nahum Goldmann zwei Vorschläge.
Zunächst fragte er ihn, ob die Juden zum Konzil als Beobachter eingeladen werden wollten. Das Neue war, dass die katholische Kirche die Vertreter der anderen christlichen Kirchen, der protestantischen, der anglikanischen und der orthodoxen, als Beobachter zum Konzil eingeladen hatte. Diese Geste sollte eine neue Ära der ökumenischen Bewegung innerhalb der katholischen Kirche einleiten.
Zu diesem Zweck war auch das Sekretariat für die Förderung der Einheit der Christen gegründet worden, deren Leiter Monsignore Bea war. Und die Tatsache, dass Bea auch für die Beziehungen mit den Juden zuständig war, erklärt, warum die Juden sich merkwürdigerweise ebenfalls im Zug der »Einheit der Christen« wiederfanden. Das hat uns große Probleme bereitet. Die erste Frage lautete also, ob die Juden als Beobachter zum Konzil eingeladen werden wollten.
Die zweite Frage, die Kardinal Bea bei seinem Treffen mit Goldmann stellte, war, ob die jüdischen Organisationen bereit seien, dem Konzil oder der katholischen Kirche ein Memorandum vorzulegen, in dem sie ihren Standpunkt hinsichtlich der Probleme, die beide Gemeinschaften betrafen, formulierten.
Konfrontiert mit diesen beiden Fragen wandte sich Nahum Goldmann um Rat an den Rabbiner Dov Soloveitchik in Boston. Dieser genoss ein sehr großes Ansehen und lehrte an der New Yorker Yeshivah University. Er galt als die größte Autorität der modernen jüdischen Orthodoxie.

Rabbi Soloveitchiks Antwort lautete, dass die Juden nicht an dem Konzil teilnehmen sollten, auch nicht als Beobachter, da es eine Angelegenheit der Kirche sei. Dennoch schlug er vor, dem Konzil ein jüdisches Memorandum zu unterbreiten. Ihm zufolge sollte dieses Memorandum von den »weltlichen« jüdischen Organisationen formuliert werden, um deutlich zu machen, dass wir nicht einen religiösen Dialog führten.
Ich persönlich glaube nicht an diese Unterscheidung zwischen religiösen und weltlichen jüdischen Organisationen. Der Jüdische Weltkongress setzt sich in der Hauptsache aus jüdischen Gemeinden zusammen, die ihren Statuten zufolge orthodoxe religiöse Gemeinden sind. Kann man ihn daher als eine weltliche Organisation ansehen?
Goldmann nahm Rabbi Soloveitchiks Meinung ernst. Das war der Beginn einer langen Zusammenarbeit zwischen den beiden Männern, insbesondere in Hinblick auf die jüdische Politik gegenüber den Kirchen. Nur wenige begriffen damals die Bedeutung der Verbindung zwischen diesen beiden Persönlichkeiten, von denen der eine der Protagonist der modernen jüdischen Orthodoxie und der andere derjenige der modernen jüdischen nationalen Bewegung war.
Kurz darauf beauftragte Nahum Goldmann mich, Kardinal Bea die Haltung der Juden zum Problem einer eventuellen Einladung zum Konzil mitzuteilen und ihm die baldige Übergabe des Memorandums anzukündigen. In der Zwischenzeit hatte eine Reihe von Konsultationen zwischen den jüdischen Organisationen über den Inhalt des Memorandums, seine Unterzeichner und die Art seiner Präsentation stattgefunden. Diese vorbereitenden Diskussionen nahmen ziemlich viel Zeit in Anspruch.
Erst im Januar 1962 traf ich Kardinal Bea zum ersten Mal, um ihm die Antwort auf seine Fragen zu überbringen. Das war der Beginn meiner Beziehung zu ihm. Während unseres langen und herzlichen Gesprächs erfüllte ich meinen Auftrag. Anschließend erklärte ich ihm meine Sicht der Dinge.
Eine Einladung zum Konzil würde die jüdische Gemeinschaft spalten. Der orthodoxe Flügel würde sich dem widersetzen, während die Liberalen oder Konservativen eine positivere, nuanciertere Haltung einnehmen würden. Das würde eine ausgedehnte Polemik im jüdischen Lager auslösen, die den Beziehungen mit der Kirche schaden könnte, da die Diskussion sich vor allem auf unsere unglückliche Geschichte mit dem

Christentum beziehen würde. Das Ergebnis wäre eine Verschlechterung der Beziehungen und eine große Verbitterung, die ganz das Gegenteil des angestrebten Zieles wäre.
Bea nahm unsere Entscheidungen zur Kenntnis und akzeptierte sie ohne Vorbehalte. Dann unterrichtete er mich über eine Mitteilung, die er von Oberrabbiner Jacob Kaplan im Namen des Verbandes der Europäischen Rabbiner erhalten hatte. In dieser Mitteilung hieß es, da das Ziel des Konzils die Einheit der Christen sei, könnten sie an dem Konzil nicht teilnehmen. Bea wunderte sich nicht ohne Ironie, dass die Rabbiner so genau wussten, was das Ziel des Konzils sei, während die meisten Christen es noch nicht wussten. Auch wenn die Ökumene tatsächlich einer der Aspekte des Konzils war, war er doch gewiss nicht der einzige.

Die Übergabe eines Memorandums

Der Kardinal sagte mir auch, er sei einverstanden mit der Idee, dass die Juden der Kirche ein Memorandum übergeben, in dem sie ihre Meinung zum Konzil darlegen würden. Er bat mich, es ihm so bald wie möglich zukommen zu lassen.
Die Vorbereitung des Memorandums hatte viel Zeit erfordert, mehr als vorgesehen. Um ihm die größtmögliche Autorität zu verleihen, wählten wir die World Conference of Jewish Organizations, kurz »Cojo« genannt, als Rahmen. Diese Einrichtung war vom Jüdischen Weltkongress geschaffen worden, um dauerhaft mit den Organisationen zusammenzuarbeiten, die damals nicht dem Jüdischen Weltkongress angeschlossen waren. In ihr waren der Internationale B'nai B'rith, der Board of Deputies of British Jews und der Conseil représentatif des institutions juives de France (Crif) vertreten.
Es muss darauf hingewiesen werden, dass die meisten Organisationen, die der »Cojo« angehörten, einschließlich der drei oben genannten, heute Mitglieder des Jüdischen Weltkongresses sind oder aufgrund einer Sondervereinbarung über die Zusammenarbeit einen Sitz in seinen Gremien haben. Damals aber, 1962, waren sie noch nicht bereit, ihm beizutreten.
Wir gingen also daran, das Memorandum vorzubereiten. Erst Ende

Februar 1962 waren wir soweit, es zu übergeben. In der Zwischenzeit hatte Bea uns auch einen Rat gegeben, den wir befolgten. Insbesondere sagte er: »Gehen Sie nicht in Details, das macht keinen guten Eindruck. Wir wissen besser als Sie, wo unsere wirklichen Probleme liegen.« Unser Memorandum wurde in der Hauptsache von Maurice Perlzweig verfasst, unterstützt von einem kleinen Komitee, dem auch Joseph Lichten von der Anti-Defamation League des B'nai B'rith angehörte. Perlzweig, der Leiter der Abteilung für internationale Angelegenheiten des Jüdischen Weltkongresses in New York war, hatte eine außergewöhnliche Begabung, derartige Texte in einer klaren und sehr schönen Sprache zu formulieren. Hier einige wichtige Passagen in deutscher Übersetzung:

> In allen Teilen der Welt erheben sich Menschen unterschiedlichster Religionen und Nationalitäten, gleichsam einem gemeinsamen Impuls gehorchend, um die Freiheiten zu erweitern und erneut die Menschenrechte zu bekräftigen. In diesem Memorandum möchten wir den uralten Glauben unserer Tradition erneuern, dass die geistigen Ressourcen, die Teil des gemeinsamen Erbes der Menschheit sind, uns die Möglichkeit geben und uns zugleich die Verpflichtung abverlangen, die Übel des Vorurteils und der Intoleranz zu meistern.
>
> [...]
>
> Der Glaube an den gemeinsamen Ursprung, das gemeinsame Recht und das gemeinsame Schicksal aller Menschen ist wesentlicher Bestandteil unseres Glaubens. Wir streben danach, die Rechte und die Würde der Juden zu schützen, nicht weil sie Juden sind, sondern weil sie Menschen sind. Wir verlangen für sie weder Privilegien noch eine besondere Behandlung. Wir schließen uns ohne Vorbehalt der Lehre an, die in der Allgemeinen Erklärung der Menschenrechte der Vereinten Nationen enthalten ist, dass der uneingeschränkte Genuss der Menschenrechte das Vorrecht aller Menschenkinder ist, ungeachtet der Rasse, des Glaubens, des Geschlechts oder der Sprache. Der Kampf gegen den Antisemitismus ist für uns Teil des Kampfes für die Emanzipation der gesamten Menschheit.
>
> Wenn wir uns insbesondere im Zusammenhang mit der jüdischen Frage an die katholische Kirche wenden, so geschieht das, weil es in ihren liturgischen Texten, in den Katechismen [...], in manchen Praktiken des Gedenkens sowie in weit verbreiteten religiösen Lehrbüchern Anspie-

lungen auf die Juden und ihren Platz in der Geschichte gibt. Es lässt sich leider nicht leugnen, dass die Unwissenden und die Böswilligen solche Anspielungen missverstehen oder verdrehen und dazu benutzen könnten, Hass auf andere zu schüren und Motive zu fördern, die in offenkundigem Widerspruch zur Lehre der Kirche hinsichtlich der Brüderlichkeit unter den Menschen stehen.

Wir möchten besondere Aufmerksamkeit auf die Vorwürfe ritueller Verbrechen in Kirchen in verschiedenen Teilen der Welt lenken, die in Form von Inschriften, bildlichen Darstellungen und sogar Gedenkfeiern fortbestehen. Man kann bezweifeln, ob die vielen Tausende von Besuchern, die diese Heiligtümer und diese Kirchen besuchen oder in ihnen beten, sich bewusst sind, dass derartige Anschuldigungen wiederholt von den Päpsten verurteilt worden sind. [...]

»Haben wir nicht alle denselben Vater? Sind wir nicht alle von Einem Gott geschaffen worden?« Die Herausforderung des Propheten lastet auf uns allen als die feierlichste Verpflichtung. Die Unterschiede, die uns trennen, sind real und bedeutend; es wäre unvernünftig, sie nicht sehen zu wollen und sie zu unterschätzen. Aber sie können das Gebot nicht aus der Welt schaffen, seinen Nächsten zu lieben.

Die Tatsache, dass sich die Initiatoren des Konzils für die Beziehungen zu den Juden interessierten, war natürlich von großer Bedeutung. Sie war Teil der außerordentlich interessanten Entwicklung, die während der vier Jahre, die das Konzil dauerte, stattfand. Denn im Gegensatz zu dem, was die Rabbiner sagten, war das große Problem nicht nur die Einheit der Christen, sondern das *aggiornamento*, das heißt eine Erneuerung der Kirche. Frische Luft drang in die Kirche. Dies aus nächster Nähe mitzuerleben faszinierte mich. Ich hatte niemals zuvor eine Einrichtung erlebt, die sich bis dahin als eine Festung, ein ewiges und unveränderliches Ganzes begriffen hatte, vollkommen abgekapselt von der Außenwelt – die traditionelle Kirche, wie sie aus dem Konzil von Trient hervorgegangen war –, und die nun plötzlich zum Leben erwachte und sich für die Welt öffnete. Mit einem Mal begann die Kirche, ihre Strukturen, ihre Grundlagen und ihr Handeln in allen Bereichen des Lebens zu überdenken.

Ich reiste ziemlich regelmäßig nach Rom, um mich über den Fortgang der Diskussionen, die uns betrafen, zu informieren. Während meiner Abwesenheit sorgte mein Kollege Fritz Becker für die Kontinuität un-

serer Anwesenheit. Er war lange Jahre für die internationalen Beziehungen innerhalb der Union der Israelitischen Gemeinden Italiens zuständig gewesen und war der Leiter des Büros des Kongresses in Rom geworden. Aufgrund seiner Bescheidenheit, seines Takts, seiner Diskretion und seiner Fähigkeiten wurde er sehr geschätzt, was ihm seine heikle Arbeit mit den komplexen kirchlichen Kreisen erleichterte.
Im Vatikan ging ich oft in den Presseraum. Während des Konzils fanden dort jeden Nachmittag Pressekonferenzen in verschiedenen Sprachen statt. Dort bekam man nicht nur die neuesten Berichte über die Beratungen der Versammlung des Konzils, manchmal konnte man dort auch leidenschaftlichen Diskussionen folgen, die von nationalen Gruppen oder Fachvereinen veranstaltet wurden. Dort begegnete man zahlreichen Prälaten aus aller Herren Länder und jeder Richtung, die uns manchmal in den Genuss persönlicher Informationen und Kommentare kommen ließen.
Natürlich begab ich mich stets ins Sekretariat für die Förderung der Einheit der Christen oder ins Kloster in der Via Aurelia, in dem Kardinal Bea wohnte. Wenn ich ihn nicht persönlich treffen konnte, sah ich seinen Sekretär, Pater Stefan Schmidt, oder einen der Beamten des Sekretariats, wie Pater Stransky.
In Rom traf ich auch alte Freunde wieder, die entweder Vertreter der Laienorganisationen waren wie Professor Ramon Sugranyes de Franch aus Freiburg, den ich seit meiner Studienzeit kannte, oder Berater oder *periti*, die den Vätern des Konzils beigeordnet waren, wie Monsignore Höfer, Monsignore Oesterreicher, Gregory Baum, Hans Küng und andere.
Im Laufe der Jahre hatte ich die Freude mitzuerleben, wie manche dieser offenen und intelligenten jungen Priester verantwortungsvolle Ämter innerhalb der Kirche erhielten: Bischöfe, Kardinäle, Theologieprofessoren. Damals bildeten sie ein lebendiges Band zwischen der Kirche im Umbruch und der Außenwelt. Viele von ihnen standen unseren Problemen nicht gleichgültig gegenüber.
Die bedeutenden Stimmen des Konzils, die uns unterstützten, waren diejenigen angesehener Bibelforscher wie Kardinal Bea und Kardinal Liénart oder von Prälaten, die aus Städten kamen, die bedeutende jüdische Gemeinden hatten, deren Geist und Regsamkeit sie bewunderten. Zu dieser Kategorie gehörten Männer wie Kardinal Cushing aus

Boston, Bischof Elchinger aus Straßburg, Kardinal Seper aus Zagreb und viele andere. Sie waren mit der jüdischen Geschichte wohlvertraut und standen in ständigem Kontakt mit den großen jüdischen Zentren. Schon im November 1961 hatte Kardinal Bea noch vor der Übergabe unseres Memorandums seine eigene Kommission für die Ausarbeitung des Textes über die Juden zusammengestellt. Diese kleine Gruppe, die aus besonders qualifizierten Personen bestand, bereitete den Entwurf über die Beziehungen zu den Juden vor, der anschließend im Sekretariat für die Förderung der Einheit der Christen diskutiert werden sollte. Als ich eines Tages Kardinal Tisserand, der kein Blatt vor den Mund nahm und einen ausgeprägten Sinn für Humor hatte, von diesem Komitee erzählte, sagte er zu mir: »Ach, Sie meinen diese Kommission von Kardinal Bea, die aus zwei konvertierten Juden, einem Zionisten und einem Antisemiten besteht!«

Das waren die Mitglieder: Monsignore John M. Oesterreicher vom Institute for Judeo-Christian Studies an der Seton Hall University in den Vereinigten Staaten. Er war ein katholischer Priester jüdischer Herkunft, geboren in der Tschechoslowakei. Es wurde behauptet, in seiner Heimat habe er der jüdischen Jugendorganisation Haschomer Hatzair angehört, die der Extremen Linken nahe steht. Ich weiß nicht, was ihn veranlasst hat, die Religion zu wechseln. Jahrelang gab er eine Publikation heraus, *The Bridge* (Die Brücke), der wir mit Vorbehalten gegenüberstanden. Wir hatten den Eindruck, dass man ihr eine Tendenz zur Konversion nicht absprechen konnte. Während des Konzils war Monsignore Oesterreicher der Berater des Wiener Kardinals König.

Das zweite Mitglied der Kommission war ebenfalls jüdischer Herkunft: Gregory Baum, ein Augustiner, den ich stets sehr geschätzt habe. Er hatte in Fribourg in der Schweiz studiert. Anschließend hatte er in Kanada, in Toronto, gelebt. Er war Autor eines sehr wichtigen Buches über *Die Juden und das Evangelium*. Später korrigierte er einige seiner in diesem Buch entwickelten Thesen.

Das dritte Mitglied war Abt Leo Rudloff, der als Priester in Jerusalem arbeitete, wo er der Kirche der Dormitio Beatae Mariae Virginis zugeteilt war. Er war vermutlich der »Zionist«, von dem Tisserand gesprochen hatte. Ich habe ihn erst später in Jerusalem kennen gelernt. Er saß vermutlich in der Kommission, um die Wirklichkeit des Staates Israel in die Diskussion einzubringen.

Das vierte Mitglied, ein Theologe, dessen Namen ich vergessen habe, musste der »Antisemit« sein, von dem Tisserand gesprochen hatte; ich habe ihn niemals kennen gelernt.
Als ich meine Zusammenarbeit mit dem Sekretariat begann, hatte ich natürlich große Bedenken, mit den konvertierten Juden in Kontakt zu treten, die in ihm eine Rolle spielten. Das ist eine unter Juden ganz natürliche Reaktion. Aber es kam der Moment, da mir bewusst wurde, dass es unmöglich war, sie zu ignorieren, da sie eine sehr wichtige Arbeit leisteten und wir wissen mussten, was geschah. Von diesem Augenblick an warf ich meine Bedenken über Bord und beschloss, mit ihnen in Kontakt zu treten. Ich habe äußerst interessante Erinnerungen an meine ersten Begegnungen mit Oesterreicher und mit Baum.
Baum war mir sehr sympathisch. Wir hatten uns eines Abends in einem römischen Restaurant kennen gelernt. Mein Kollege Becker, der ständige Vertreter des Kongresses in Rom, hatte unsere erste Begegnung organisiert. Zu meiner großen Überraschung stellten wir fest, dass wir beide aus Berlin stammen; wir waren dort auf dieselbe Schule gegangen und hatten dieselben Lehrer gehabt.
Baum war zwölf Jahre jünger als ich. Er kam in die Schule, als ich sie verließ. Er stammte aus einer vollständig assimilierten jüdischen Familie. Seine Eltern waren geschieden, und die Religion spielte in seiner Familie keine Rolle mehr. Als wir uns gegenüber saßen, fragten wir uns gegenseitig über unsere Vergangenheit aus. Wir sahen uns an und fragten uns, wie es kam, dass trotz einer so ähnlichen Herkunft der eine sich für ein religiöses Leben als Augustiner entschieden hatte und der andere Generalsekretär des Jüdischen Weltkongresses geworden war! Baum war durch einen der jüdischen Kindertransporte nach England dem Völkermord entkommen. Anschließend war er noch während des Krieges zusammen mit anderen jüdischen Kindern auf einem jener Schiffe, von denen einige untergegangen sind, nach Kanada geschickt worden. Ich weiß nicht, warum und wann er zum Katholizismus konvertierte, und auch nicht, wann er in den Orden eintrat. Er war ein sehr gutaussehender Mann. Sein Benehmen zeichnete sich durch eine sehr große Offenheit in Verbindung mit ausgesuchter Höflichkeit aus. Baum hing immer noch sehr an seiner Mutter, die während des Krieges in Berlin im Jüdischen Altersheim gestorben war. Seiner Mutter hatte er auch die Doktorarbeit gewidmet, die er in Fribourg geschrieben hatte.

Am Abend unserer ersten Begegnung unterhielten wir uns bis ein Uhr morgens. Danach nahm er mich mit in das Kloster, in dem er in Rom wohnte, und zeigte mir den letzten Entwurf des Textes des Dokuments über die Juden, der natürlich streng vertraulich war (*sub secreto*). Er übersetzte mir den Text sogar aus dem Lateinischen. Von dem Augenblick an verband uns eine wirklich außergewöhnliche Freundschaft.
Was Monsignore Oesterreicher betrifft, so lernte ich ihn an dem Tag kennen, an dem Kardinal Bea die Vorbereitung des Textes über die Beziehungen zu den Juden ankündigte und den Entwurf veröffentlichte, der dem Konzil vorgelegt werden sollte. Ich war zufällig in Rom. Am Nachmittag gab Oesterreicher im Pressezentrum des Vatikans eine Pressekonferenz auf Deutsch, auf der er den Textentwurf vorstellte. Er sagte (ich fasse zusammen): »Jetzt, da die Kirche diesen wichtigen Schritt auf die Juden zu getan hat, ist es an den Juden, einen Schritt zu tun und den Talmud von allen unfreundlichen und feindseligen Anspielungen auf das Christentum zu reinigen.«
Ich fand das unglaublich; ich habe es niemals vergessen. Als der Text gerade eben die Phase der Vorbereitung hinter sich hatte, zu einem Zeitpunkt, da die Diskussion noch nicht einmal begonnen hatte und noch nichts entschieden war – und es ist bekannt, welches Schicksal dem Text während des Konzils beschieden war, auf welchen Widerstand er stieß und dass er mehrmals beinahe abgelehnt worden wäre –, zu diesem Zeitpunkt also, da noch nichts entschieden war, verlangte er bereits eine Gegenleistung.
Ich begegnete Oesterreicher erst später. Ich sehe noch heute mein erstes Mittagessen mit Becker und ihm. Oesterreicher hatte Kontakte mit den Vertretern des American Jewish Committee gehabt, hatte aber nicht die geringste Ahnung, was wir machten und was wir wussten. Er behandelte uns mit einer gewissen Geringschätzung, zumindest bis zu dem Moment, in dem mein Kollege Becker in einer sehr allgemeinen Unterhaltung ein paar sehr auffällige Worte einfließen ließ, die ein exaktes Zitat aus dem Text des Dokuments über die Juden waren. Das war ein eindeutiger Hinweis darauf, dass wir sehr genau informiert waren über das, was da vor sich ging. Von dem Augenblick an änderte sich Oesterreichers Haltung uns gegenüber grundlegend.
Ich sagte, dass Kardinal Bea dieser Kommission die Aufgabe gegeben hatte, einen Text vorzubereiten. Tatsächlich war der Entwurf fertig,

bevor wir unser Memorandum übergeben konnten. Kardinal Bea bedauerte, dass wir nicht früher fertig waren. Als das Memorandum eintraf, konnten wir feststellen, dass die Kommission des Sekretariats unsere wesentlichen Sorgen berücksichtigt hatte. Aber unser Memorandum war nicht sinnlos. Der Entwurf der Kommission traf dann auf sehr heftigen Widerstand; drei- oder viermal wäre der Text beinahe abgelehnt worden. Unser Memorandum diente als Grundlage für alle Demarchen beim Vatikan und später bei vielen Bischöfen in zahlreichen Ländern.

Die Tatsache, dass sich das organisierte Judentum zum ersten Mal an die katholische Kirche wandte, war an sich schon sehr bedeutsam. In Wirklichkeit wandte sich unser Memorandum nicht an das Konzil. Es war ein Dokument, das sich an die Kirche richtete, da auch wir der Ansicht waren, dass das Konzil eine innere Angelegenheit der Kirche sei. Als ich Kardinal Bea gesagt hatte, dass wir nicht zum Konzil eingeladen werden wollten, hatte ich andere Möglichkeiten der Begegnung vorgeschlagen, über die wir eine Weile diskutiert hatten. Mit diesen Vorschlägen wollte ich einfach nur deutlich machen, dass wir nicht gegen derartige Begegnungen waren, dass uns der Rahmen des Konzils jedoch nicht geeignet schien.

Dem Konzil geht eine Krise mit den Juden voraus

Damals kam es zur ersten großen Krise des Konzils in seinen Beziehungen zu den Juden. Sie erregte großes Aufsehen. Hier die Fakten. Wir waren beim Jüdischen Weltkongress der Meinung, dass es in unserem unmittelbaren Kreis keinen wirklichen jüdischen Spezialisten für die Probleme der Kirche und die jüdisch-christlichen Beziehungen gab. Wir dachten, dass es, da wir alle Außenseiter waren, vielleicht nicht schlecht wäre, einen wirklichen Experten zu haben. Gerade da bot sich ein Doktor Chaim Vardi, ein hoher Beamter des israelischen Religionsministeriums, an. Durch seine Funktionen war Dr. Vardi in ständigem Kontakt mit den christlichen Religionen in Israel. Erinnern wir uns, dass in Israel praktisch alle christlichen Religionen vertreten sind. Das ist tägliche, lebendige und gelebte Ökumene.

Dr. Vardi fühlte sich in seinem Ministerium, dessen stark jüdisch-or-

thodoxe Orientierung ihm etwas zuviel war, anscheinend nicht sehr wohl. Da er eine neue Beschäftigung suchte, stellte er sich beim Jüdischen Weltkongress vor. Und da wir einen Fachmann benötigten, sagten wir uns, das sei eine sehr gute Idee.
Nahum Goldmann und ich gingen also zu Bea, der uns zu einem langen Gespräch empfing. Goldmann kam aus Israel, ich aus Genf. Wir informierten Bea, dass wir in unserem Büro in Rom einen wirklichen Spezialisten für die jüdisch-christlichen Beziehungen haben würden, der die Entwicklungen des Konzils aus der Nähe verfolgen würde.
Als wir Beas Büro verließen, begleitete sein Sekretär uns zum Aufzug und sagte uns beiläufig, dass ein Telegramm der italienischen Telegrafen-Agentur melde, der Jüdische Weltkongress habe Dr. Vardi zum Vertreter mit Beobachterstatus beim Vatikanischen Konzil ernannt. Wir veröffentlichten natürlich sofort ein Dementi. Aber diese Geschichte löste einen gewaltigen Skandal aus.
Vardi jedenfalls hatte keine Indiskretion begangen; wir kannten die undichte Stelle nicht. Es war unabsichtlich nach außen gedrungen. Noch war nichts endgültig entschieden, wir hatten den Kardinal nur aufgesucht, um seine Reaktion zu testen. Und Bea hatte sogar vorgeschlagen: »Ihr Experte kann der Gast des Sekretariats sein.« Und das Telegramm präsentierte das als eine Ernennung beim Konzil und sogar beim Vatikan, was absurd war.
Gleich zu Beginn unserer Kontakte hatte ich Bea persönlich gesagt, dass wir nicht zum Konzil eingeladen werden wollten und dass wir keine offiziellen Vertreter oder Beobachter wollten. Was uns vorschwebte, war, in unserem römischen Büro über jemanden zu verfügen, der kompetent verfolgen konnte, was auf dem Konzil geschah, und der als Verbindungsmann dienen könnte.

Unsere Feinde werden aktiv

Dieser Fauxpas wurde zunächst von den arabischen Botschaftern ausgenutzt. Aber er lieferte auch den konservativen Kreisen der Kurie neue Vorwände, uns zu bekämpfen. Die Affäre wurde hingestellt als ein Versuch der israelischen Regierung, Einfluss auf das Konzil auszuüben. Und Vardi wurde als Beamter des israelischen Außenministeriums präsentiert, was überhaupt nicht stimmte. In Wirklichkeit hatte die israelische Regierung absolut nichts mit der ganzen Geschichte zu tun. Dennoch protestierten alle arabischen Botschafter sofort öffentlich beim Staatssekretariat des Vatikans. Die Folge war, dass, als die große Vorbereitungskommission zusammentrat, um das Programm des Konzils festzulegen, das jüdische Problem von der Tagesordnung gestrichen wurde.

Man hat uns für diese Geschichte immer getadelt. Aber es war ein Ausrutscher, und wir wissen bis heute nicht, wer dafür verantwortlich war. Außerdem war das, was da veröffentlicht wurde, vollkommen absurd. Alle, die gegen die Verständigung mit den Juden waren, stürzten sich auf den Zwischenfall, um ihn auszuschlachten.

Während der ganzen Dauer des Konzils führten die Araber, die Bischöfe dieser Länder und ihre offiziellen Vertreter beim Heiligen Stuhl, den Widerstand gegen das Dokument über die Juden an. Immer wenn ein Fortschritt diesbezüglich erreicht worden war, machten sie sofort Front dagegen. Sie vertraten durchgängig die Meinung, ein Text über die Juden sei ein Akt zugunsten des Staates Israel.

Darüber hinaus waren auch manche hohe Würdenträger der Kirche, diejenigen der konservativen Kreise der Kurie, dagegen und bedienten sich bisweilen der arabischen Botschafter für ihre Zwecke. Und dieser Widerstand machte sich durch das Staatssekretariat, das wirkliche Machtzentrum der Kirche, bemerkbar.

Hier ein Beispiel für die Haltung des Staatssekretariats, das zugleich ein Beispiel für den Kampfgeist Kardinal Beas ist, der niemals bereit war, sein Projekt aufzugeben. Als der Text über die Juden im Juni 1962 nach der Vardi-Affäre von der provisorischen Tagesordnung des Konzils gestrichen wurde, war Kardinal Bea im Begriff, in der sehr angesehenen Zeitschrift der italienischen Jesuiten, *La Civiltà cattolica*, einen Artikel mit dem Titel »Ist das jüdische Volk ein gottesmörderisches und von Gott verfluchtes Volk?« zu veröffentlichen. Das war ein äußerst wichtiger Beitrag zur Diskussion über die Beziehungen zwischen Kirche und Judentum. Der Artikel war bereits gesetzt, und Bea hatte bereits die zweiten Fahnen korrigiert, als das Staatssekretariat den Kardinal bat, den Artikel zurückzuziehen, »um die arabischen Länder nicht noch mehr zu verärgern«.

Der Kardinal gab zunächst nach. Aber seinen Kampf gab er nicht auf.

Der Artikel wurde ins Deutsche übersetzt und in *Stimmen der Zeit*, der deutschen Zeitschrift der Jesuiten, veröffentlicht. Und da er nicht unter dem Namen des Kardinals veröffentlicht werden konnte, erschien er im Oktober 1962 unter dem Namen des deutschen Professors Ludwig von Hertling von der Gesellschaft Jesu von unbedeutenden Änderungen abgesehen praktisch unverändert. Das zeigt, wie politische Aspekte mit theologischen vermengt wurden. Denn es ist schwer zu verstehen, inwiefern das Problem der Verantwortung der Juden für den Tod Christi die arabischen Staaten betreffen oder Einfluss auf die politischen Beziehungen des Vatikans zum Staat Israel haben könnte.

Ich denke nicht, dass der Widerstand von Kardinal Ottaviani ausging, der damals die Glaubenskongregation (Sacra Congregazione del S. Officio) leitete. Ottaviani geriet mit Bea wegen anderer Punkte aneinander, beispielsweise wegen des Textes über die göttliche Offenbarung. Ich glaube nicht, dass er sich in der Oppositionsbewegung gegen das Dokument über die Juden engagierte. Ottaviani war Römer und sogar ein Kind aus Trastevere, dem alten jüdischen Viertel um das antike Teatro Marcello. Dort hatte er seine Jugend verbracht. Er hatte immer Kontakt zu Juden gehabt.

Die Affäre Vardi hatte natürlich einen Schock ausgelöst. Die Juden hatten den Eindruck, dass das Projekt aufgegeben worden sei. Wir, der Jüdische Weltkongress, wollten es jedoch keineswegs aufgeben. Zwischen dem Jüdischen Weltkongress und Kardinal Bea gingen mehr als ein Jahr lang Briefe über die Affäre Vardi und eine grundsätzliche Erklärung über die Juden hin und her. Anfangs waren Goldmanns Briefe an Bea höflich. Schließlich schrieb er ihm jedoch: »Sie wissen sehr gut, dass die Anschuldigungen gegen uns wegen der Affäre Vardi unbegründet sind.«

Danach war es ausgeschlossen, dass Vardi noch nach Rom kam. Das hätte eine sowieso schon schwierige Situation noch zusätzlich kompliziert. Unsere Gegner versuchten Verwirrung zu stiften. Wir waren keine Agenten des Staates Israel und wollten auch nicht als solche erscheinen. Unsere Ersuchen betrafen die christliche Theologie und nicht die Außenpolitik des Vatikans. Gewiss, wir hatten Kontakte zu Israel und seinen Vertretern in verschiedenen Ländern. Aber unsere Rolle war eine andere. In Rom standen wir in Kontakt zu Maurice Fischer, dem israelischen Botschafter in Italien. Er war ein Jude belgischer Herkunft, der

während des Krieges in der französischen Résistance gekämpft hatte. Er war ein ausgezeichneter Mann, einer der besten Botschafter Israels, ein außergewöhnlicher Mann, der den Vatikan wirklich verstand. Die Zusammenarbeit mit ihm war wunderbar. Fischer, der der erste israelische Botschafter in Frankreich gewesen war, war seit einem Jahr in Rom. Er kannte das Terrain bereits.
Eine andere sehr lebhafte Erinnerung habe ich an ein Ereignis, das ein Jahr vorher geschehen war. Damals war Golda Meir Außenministerin Israels. Der Jüdische Weltkongress war stets unabhängig; von Zeit zu Zeit beriet er sich jedoch mit der israelischen Regierung und informierte sie über das, was er auf internationaler Ebene zu unternehmen beabsichtigte. Ein- oder zweimal pro Jahr traf man sich im israelischen Außenministerium. Für die israelische Seite waren dieses Mal Golda Meir und einige ihrer Berater da, während der Jüdische Weltkongress durch Goldmann, Easterman, Perlzweig und mich vertreten wurde.
Zu Beginn der Gespräche sagte Nahum Goldmann: »Der erste Punkt, den ich mit Ihnen besprechen möchte, ist das Ökumenische Konzil.« Daraufhin sieht Golda ihn an und sagt auf Jiddisch: »*Wos ist dos?*« (Was ist das?) Sie hatte anscheinend nie etwas von einem Konzil gehört. Golda, die aus einem jüdischen Arbeitermilieu aus Milwaukee in den Vereinigten Staaten stammte, kannte die katholische Kirche nicht.
Daraufhin erklärten wir ihr, was das Konzil war. Sofort ließ sie Fischer rufen, der damals im Ministerium arbeitete. Ich erinnere an diese Geschichte, weil sie zeigt, dass wir Golda Meir damals mit einer ganzen Welt bekannt machten, die ihr bis dahin völlig fremd war. Diese Episode beweist eindeutig die Absurdität der Anschuldigung, Israel versuche den Verlauf des Konzils zu beeinflussen.
Fischer, mit dem mich eine große Freundschaft verband, sah ich in Rom wieder. Es kam sogar vor, dass ich ihn in schwierigen Augenblicken des Konzils konsultierte.

Die Juden müssen mit einer Stimme sprechen

In dieser Zeit kam mir die Idee einer kontinuierlichen und organisierten Beziehung zur Kirche, die allerdings erst später nach und nach entwickelt werden konnte. Unter anderem empfand ich die Konkurrenz der verschiedenen jüdischen Organisationen während des Konzils als furchtbar demütigend. Manche suchten Kontakte zu den Bischöfen oder sogar zum Papst, ohne ihre Aktionen mit den anderen zu koordinieren. Wir bemühten uns, eine möglichst breite Front zu bilden, was uns in gewisser Hinsicht auch gelang. Aber damals gab es in der Gruppe, die ich vertrat, weder das American Jewish Committee noch die Anti-Defamation League, und dies trotz der Tatsache, dass der B'nai B'rith mit uns kooperierte.

Die Anti-Defamation League gehörte zwar der B'nai B'rith an, hatte aber eine große Unabhängigkeit erlangt. Bisweilen arbeiteten diese Bewegungen getrennt voneinander.

Die jüdischen Gruppen der Vereinigten Staaten folgten der amerikanischen Methode des *lobbying*, die in Europa vollkommen unbekannt und im Vatikan gewiss nicht bekannt war oder geschätzt wurde. Wir waren unbedingt der Ansicht, dass es Sache der Kirche sei, das Unrecht wiedergutzumachen, das am jüdischen Volk begangen worden war, und nicht an uns, darum zu betteln. In unserem Memorandum hatten wir gesagt, was zu sagen war; jetzt war es an ihr zu handeln. Manche dieser unkoordinierten Interventionen schadeten unserer Sache erheblich, da die Bischöfe derartige Methoden nicht kannten.

Unterstützt von Botschafter Fischer brachten wir ein wenig Ordnung in die Sache. Wir sagten den amerikanischen Juden: Sprecht mit den amerikanischen Bischöfen, sie sind eure Methoden gewohnt; sie werden euch anhören und eure Bitten berücksichtigen. Die anderen aber lasst in Ruhe. Und wir setzten uns durch.

Die erste Sitzungsperiode des Zweiten Vatikanischen Konzils

Der Zeitpunkt der ersten Sitzung des Konzils rückte näher. Ich erinnere mich an meinen Besuch bei Kardinal Liénart, der damals die französische Bischofskonferenz leitete, eine Woche vor der Eröffnung des Konzils. Kardinal Liénart war ein sehr guter Freund. Er hatte sich während des Kriegs in Frankreich mutig und aufrecht für die Juden eingesetzt. Er war ein äußerst scharfsinniger Mann, der sich ausgezeichnet in der hebräischen Bibel auskannte. Wir konsultierten ihn mehrmals vor dem Konzil, und es war mir wichtig, ihn vor Beginn der Sitzung ein weiteres Mal aufzusuchen. Er war ein sehr warmherziger Mensch. Bescheiden, wie er war, sagte er zu mir: »Wissen Sie, in Rom werden 2300 Bischöfe zusammenkommen, die sich nie zuvor gesehen haben. Was wird geschehen? Sie sprechen alle Sprachen der Welt! Wissen Sie, in einer solchen Situation kann uns nur der Heilige Geist helfen!«

Ich werde nie vergessen, wie der Heilige Geist sich manifestiert hat. Auf der ersten Sitzung des Konzils wurden nach der feierlichen Eröffnung durch den Papst Listen für die Kommissionen des Konzils vorgelegt. Diese Listen waren ganz offiziell von der Kurie vorbereitet worden. Und da erhob sich der Heilige Geist in Gestalt von Kardinal Liénart. Als ältester französischer Bischof war er der erste Redner des Konzils. Liénart bat, die Diskussion zu vertagen, damit die Bischofskonferenzen der verschiedenen Länder diese Listen studieren und sich beraten könnten.

Das war etwas Unerhörtes. Und hinten im Saal (ich war nicht dabei, aber mehrere Zeugen erzählten es mir) gab es Beifall. Nachdem er sich gesetzt hatte, erhob sich Kardinal Frings aus Köln, der Älteste unter den deutschen Bischöfen, und unterstützte Kardinal Liénarts Vorschlag. Diesmal gab es heftigen Beifall. Das war der entscheidende Augenblick des Konzils. Die Bischöfe akzeptierten nicht, was die Büros der Kurie vorbereitet hatten. Sie forderten Mitspracherecht. Das war neu, beinahe ein Wunder.

In allen folgenden Diskussionen – die erste betraf »Die Heilige Schrift und die Tradition« – konnten sich die unterschiedlichen Richtungen in einem Geist großer Freiheit ausdrücken. Und das blieb so. Sehr wichtig war, dass Kardinal Liénart von den ersten Diskussionen an als einer der großen Wegbereiter des neuen Geistes des Konzils erschien. Das war für uns eine sehr wichtige Tatsache. Einer unser Freunde wurde einer der herausragenden Sprecher des Zweiten Vatikanischen Konzils. Wir erfuhren auch, dass Kardinal Liénart auf die Unterstützung von Papst Johannes XXIII. zählen konnte.

Was Kardinal Bea betrifft, so wurde seine Position in der ersten Sitzung des Konzils erheblich gestärkt. Er hatte mehrere bemerkenswerte Texte eingebracht und bei den Vätern des Konzils sehr große Unterstützung gefunden. Er wurde immer mehr zu einer der zentralen Persönlichkeiten des Zweiten Vatikanischen Konzils.

Das erlaubte ihm, auf unsere Frage zurückzukommen. Im Dezember

1962 traf Bea den Papst und schlug ihm vor, den Text über die Juden wieder in das Programm des Konzils aufzunehmen. Johannes XXIII. war sofort dazu bereit. Seit Juni hatte man die Frage ruhen lassen, um die Gemüter zu beruhigen. Nach der ersten Sitzungsperiode ging der Kardinal wieder in die Offensive.
Dieser Text existierte also offiziell nicht während der ersten Sitzungsperiode des Konzils. Man muss aber dazusagen, dass nur sehr wenige Texte während dieser ersten Sitzungsperiode diskutiert wurden. Aus Zeitmangel und aufgrund der großen Zahl von Projekten waren nicht einmal alle Texte präsentiert worden. Viele führende jüdische Persönlichkeiten gaben öffentlich ihrer Enttäuschung Ausdruck.

Die Vorbereitung der zweiten Sitzungsperiode des Konzils

Ich sah Bea im Januar 1963 wieder. Er war sehr vertrauensvoll und sagte auf Deutsch zu mir: »Unsere Dinge stehen gut. Mehrere Kardinäle haben sich positiv geäußert, und der Papst auch.« Dann sagte er zu mir. »Ich brauche Ihre Hilfe.« Und er gab mir eine Liste von Kardinälen und Bischöfen, die ich aufsuchen sollte. Ich sagte ihm, dass wir nicht sehr glücklich seien über das *lobbying* mancher jüdischer Organisationen. Doch als der Kardinal mich bat: »Helfen Sie mir«, war das eine ganz andere Sache. Er fügte hinzu: »Gehen Sie nicht auf Einzelheiten ein. Sagen Sie all diesen Personen, was Sie vom Konzil erwarten. Das muss entweder jetzt geschehen oder nie.«
Wir diskutierten eine halbe Stunde über die Liste der Persönlichkeiten, die angesprochen werden sollten. Auf der Liste stand ein Dutzend Kardinale der Römischen Kurie. Mein Haupteinwand war: »Wissen Sie, die Mitglieder der Kurie sind ein sehr heikler Fall, denn es ist unmöglich, sich unbemerkt an sie zu wenden. In Rom bleibt nichts verborgen.« Wir reduzierten die Liste der Mitglieder der Kurie daher erheblich. Anschließend diskutierten wir ausführlich die Liste der Bischöfe, die in den verschiedenen Teilen der Welt aufgesucht werden sollten.
Ich wandte mich unverzüglich an die Verantwortlichen der jüdischen Gemeinden in verschiedenen Ländern und organisierte in den folgenden Wochen erläuternde Besuche bei Kirchenvätern und Mitgliedern

des Konzils in der ganzen Welt: in Frankreich, in England, in Deutschland, in Südamerika und in zahlreichen anderen Ländern.
Bea empfahl mir auch, diejenigen Kardinäle aufzusuchen, die die Sitzungen des Konzils leiteten. Mit meinem Freund Ernst Ludwig Ehrlich vom B'nai B'rith reiste ich zu Kardinal Suenens in Brüssel. Anschließend trafen wir uns mit dem deutschen Kardinal Döpfner in München. Ein italienischer Freund, Astorre Mayer, der Präsident der Jüdischen Gemeinde Mailands, suchte Kardinal Lercaro in Bologna auf. Wir teilten uns die Arbeit, um sie zu beschleunigen und nicht allzu sichtbar werden zu lassen.
Inzwischen hatte auf dem Konzil eine Diskussion darüber begonnen, wo der wieder aufgenommene Text über die Juden seinen Platz finden sollte. Es gab mehrere Alternativen. Die einen sprachen sich dafür aus, ihn in den Text über den Ökumenismus aufzunehmen. Andere meinten, man müsse einen anderen Ort für ihn finden. Wieder andere schlugen vor, ein eigenes Dokument vorzubereiten.
Im Frühjahr 1963 wurde beschlossen, den Entwurf des Textes über die Juden als viertes Kapitel in den Text über den Ökumenismus zu integrieren. Die Erklärung über die Religionsfreiheit bildete das fünfte Kapitel. Im Juli 1963 billigte die Koordinationskommission des Konzils den Text. Und im November, vor der zweiten Sitzungsperiode des Konzils, wurde der Text schließlich veröffentlicht. Er wurde sogar an die anwesenden Bischöfe verteilt. Man hoffte zu diesem Zeitpunkt, dass es eine Diskussion und eine erste Abstimmung geben werde. Aber dazu kam es nicht. Offiziell präsentiert von Kardinal Bea am 19. November, wurde der Text über die Juden weder diskutiert noch über ihn abgestimmt, und er wurde auch nicht gebilligt.
Über die ersten drei Kapitel des Textes über den Ökumenismus gab es eine Grundsatzabstimmung. Aber die beiden folgenden Kapitel wurden zurückgestellt, was eine gewisse Enttäuschung auf jüdischer Seite auslöste.
Ich möchte hier einige wichtige Passagen aus der Präsentation des Textes durch Kardinal Bea auf der Vollversammlung des Konzils zitieren: »Dieser Text geht nicht auf meine Initiative zurück, sondern auf die Initiative seiner Heiligkeit Papst Johannes XXIII., der ihn fünf Monate vor seinem Tod gesehen und gebilligt hatte.« Und er fuhr fort: »Diese Erklärung hat keinen nationalen oder politischen Charakter. Insbeson-

dere geht es nicht darum, den Staat Israel durch den Heiligen Stuhl anerkennen zu lassen.«

Anschließend ging Kardinal Bea detailliert auf die gegen die Juden vorgebrachte Beschuldigung des Gottesmords ein:

> Die Juden unserer Zeit können schwerlich der gegen Christus begangenen Verbrechen angeklagt werden, da diese Akte lange vor ihrer Zeit begangen wurden. Selbst zur Zeit Jesu hat die Mehrheit des jüdischen Volks nicht mit den Obrigkeiten bei der Verurteilung Christi kooperiert. Und wenn die Juden Jerusalems und Palästinas nicht angeklagt werden können, so gilt dies erst recht für die über das Römische Reich verstreuten Juden und noch viel mehr für diejenigen, die heute, neunzehn Jahrhunderte später, über die ganze Welt verstreut leben.

Schließlich erklärt er, warum eine Erklärung über die Juden heute sinnvoll ist:

> Vor ein paar Jahrzehnten herrschte der Antisemitismus in verschiedenen Gegenden vor und in besonders gewalttätiger und krimineller Form in Deutschland unter der Herrschaft des Nationalsozialismus, der aus Hass auf die Juden furchtbare Verbrechen beging und Millionen von Juden ausrottete. [...]

Bea fuhr fort:

> Manche Behauptungen dieser Propaganda hatten eine unglückselige Wirkung selbst auf gläubige Katholiken, und dies um so mehr, als die von dieser Propaganda vorgebrachten Argumente oft genug den Anschein der Wahrheit hatten, insbesondere wenn sie aus dem Neuen Testament und aus der Kirchengeschichte genommen wurden.

Bea verneinte, dass sich der Antisemitismus aus der christlichen Lehre gespeist habe, das sei »vollkommen falsch«. Im Gegenteil, sagte er:

> Es geht vielmehr darum, aus dem Geist der Katholiken alle Ideen mit der Wurzel herauszureißen, die durch den Einfluss der Nazipropaganda weiterleben könnten.

Beas Präsentation in der großen Aula des Konzils wurde mit großer Begeisterung aufgenommen, die sich in herzlichem und langanhaltendem Beifall ausdrückte.

Kardinal Bea hatte in seiner Rede Papst Johannes XXIII. erwähnt. Dieser bedeutende Papst war im Juni 1963 gestorben. Seine charismatische Persönlichkeit ist im Gedächtnis aller Juden lebendig geblieben. Es ist ein Zeichen für die Verehrung und die Achtung, die diese starke Persönlichkeit genoss, dass die jüdischen Organisationen – ein in der Geschichte einmaliges Ereignis – eine Sonderdelegation entsandten, die die jüdische Gemeinschaft bei den Begräbnisfeierlichkeiten vertreten sollte. Ich selbst gehörte übrigens, mit großer emotionaler Beteiligung, dieser Delegation an.

Ein anderes äußeres Ereignis wirkte sich zu unseren Gunsten aus. Der Weltkirchenrat, in dem Hunderte von protestantischen, anglikanischen und orthodoxen Kirchen der ganzen Welt zusammengeschlossen sind, war 1961, unmittelbar vor dem Konzil, zu seiner dritten Versammlung in Indien, in Neu-Delhi, zusammengetreten. Ich werde später meine Gespräche mit Visser't Hooft, seinem Generalsekretär, über diese Zusammenkunft schildern. Sie haben gewiss dazu beigetragen, dass diese Versammlung eine sehr bedeutsame Resolution über die Haltung der Christen den Juden und dem Judentum gegenüber verabschiedete.

Hier die wesentlichen Punkte: Da die Christen allzu häufig die Pflichten der christlichen Liebe und sogar der Gerechtigkeit den Juden gegenüber vernachlässigt haben, ersuchte der Weltkirchenrat alle Kirchen, den Antisemitismus als eine mit dem christlichen Glauben unvereinbare Haltung anzuprangern. Er erklärte, dass der Antisemitismus eine Sünde gegen Gott und die Menschen sei. Eine wichtige Passage wies auch die Anklage wegen Gottesmords zurück.

Das war ein wichtiger Text, der vom größten Zusammenschluss christlicher Kirchen außerhalb der katholischen Kirche kam. Diese öffentliche Stellungnahme des Weltkirchenrats blieb gewiss nicht ohne Einfluss auf die führenden Persönlichkeiten der katholischen Kirche.

Nebenbei sei bemerkt, dass die Beziehungen zwischen der katholischen Kirche und dem Weltkirchenrat sehr kompliziert sind. Man hat bisweilen den Eindruck, es handle sich um mehr oder weniger kommunizierende Röhren; zuweilen stehen sie unter dem Zeichen der Konkurrenz. Übrigens kam es durchaus vor, dass ich das unter außergewöhnlichen Umständen auszunutzen versuchte.

Auf dem Weg zur dritten Sitzungsperiode des Konzils. Der Kampf geht weiter

Die Rückkehr des Textes über die Juden auf die Tagesordnung des Konzils brachte die Gegner dieses Projekts buchstäblich zur Raserei. Im Winter 1963/64 gab es eine wahre Lawine von Artikeln und Pamphleten, darunter auch sehr verleumderische, in der Presse der arabischen Länder und vor allem in Ägypten. Gleichzeitig erschien auf Spanisch ein Buch mit dem Titel *Komplott gegen die Kirche*, eine wütende antisemitische Attacke. Auf mehreren hundert Seiten erheben sich die Autoren gegen die Juden und setzen alle Hebel in Bewegung, um die Annahme des Textes zu verhindern.

Man schreckte nicht davor zurück, Kardinal Bea persönlich anzugreifen und zu diffamieren. Mehrere Bücher und Pamphlete wurden gegen ihn geschrieben, die alle möglichen Verleumdungen enthielten. Man behauptete, sein Name sei nicht Bea, sondern Behar, er sei jüdischer Herkunft, und was nicht sonst noch alles. All diese Angriffe bestärkten ihn nur in seinem Willen zu gewinnen.

Meiner Meinung nach hat er den Widerstand und die Schwierigkeiten, mit denen er zu kämpfen haben würde, sehr oft unterschätzt. Trotz seines hohen Alters war er gesund und in guter körperlicher Verfassung, wodurch er in der Lage war, mit allen möglichen Schwierigkeiten fertig zu werden.

Abgesehen von den aufsehenerregenden Erklärungen mancher arabischer Prälaten, die gegen jeden Text des Konzils, der die Beziehungen zu den Juden behandelte, opponierten, wurden in mehreren arabischen Ländern öffentliche Demonstrationen organisiert. Diese beeindruckten das Staatssekretariat und die Kongregation, die sich mit den orientalischen Riten befasste.

All das erklärt, warum man am Ende der zweiten Sitzungsperiode des Konzils nicht nur nicht zur Abstimmung schritt, sondern die Erarbeitung eines neuen Textes befahl, zu der die Koordinationskommission des Konzils – eine Gruppe, die sehr viel konservativer als das Sekretariat für die Förderung der Einheit der Christen war – hinzugezogen werden sollte.

Trotz all dieser Aufregung blieb Kardinal Bea ruhig und optimistisch. Er war felsenfest überzeugt, dass der Text in der folgenden Sitzungspe-

riode diskutiert und über ihn abgestimmt werden würde und dass die zentralen Punkte beibehalten werden würden.
Aufgrund dieser Entwicklung akzeptierte Beas Kommission den Text einer verstärkten Erklärung über das Judentum als Teil des Textes über den Ökumenismus. Kurz darauf passierte der Text die Koordinationskommission des Konzils. Erneut wüteten gewisse Kreise der Presse gegen den Text und gegen diejenigen, die ihn verteidigten. Die Gegner der Juden hielten die Verabschiedung eines Textes, der die christliche Mitverantwortung an der Shoah betonte und das Judentum auf eine Stufe mit dem Christentum stellte, durch die Kirche für überflüssig und sogar schädlich.
Es wurde immer deutlicher, wer hinter dieser Kampagne stand. Der Widerstand kam aus den ultrakonservativen Kreisen der Kirche. In meinen persönlichen Notizen fand ich die Namen dieser »Oppositionsgruppe«. Ihr Anführer war Monsignore Luigi Carli, der Bischof von Segni. Ein anderer Name aus dieser Gruppe, der damals unbekannt war, ist seitdem berühmt geworden: derjenige des verstorbenen Monsignore Lefebvre, des abtrünnig gewordenen Erzbischofs von Écône.
Diese Opposition war nicht ohne Wirkung. Im Juni 1964 erfuhren wir, dass aus den Beratungen der Kommission ein neuer Text hervorgegangen war. Diese neue Fassung enthielt erhebliche Änderungen, die uns in eine dritte große Krise führen sollten.
Kardinal Bea erweckte das Projekt jedes Mal wieder zum Leben. Er wurde unterstützt vom Papst und einer Reihe sehr einflussreicher Kardinäle. Damals unternahmen wir eine Reihe neuerlicher Demarchen bei Mitgliedern der höchsten Instanz, den Moderatoren, denen, die das Konzil leiteten. Also ein zweiter Besuch bei Kardinal Suenens, dann ein zweiter bei Kardinal Döpfner und schließlich beim dritten Vermittler, Kardinal Lercaro in Bologna; wir verzichteten darauf, den vierten, Kardinal Agagiagnian, aufzusuchen.

Es kommt zu einer neuerlichen Krise

Nach und nach erfuhren wir, dass der neue Text sich stark von der vorherigen Fassung unterschied. In der neuen Version war die Passage, die die Juden von der Anklage des Gottesmordes freisprach, deutlich ab-

geschwächt worden. Sie enthielt außerdem eine Klausel, in der behauptet wurde, dass »der Bund des jüdischen Volkes mit der Kirche Teil der Hoffnung der Christen« sei und dass »die Kirche das Eintreten dieses Volkes in die von Christus gestiftete Gesamtheit des Volkes Gottes erwartet«, mit anderen Worten die Konversion. Als wir das erfuhren, waren wir furchtbar schockiert und brachten das auch zum Ausdruck. Man fragte sich, wie dieser Text in unsere Hände gelangt sei. Es gibt Mechanismen, durch die derartige Texte zwangsläufig weitergeleitet werden. Ich bin trotz des *sub secreto* nicht überzeugt, ob es nicht absichtlich geschah. Mit Sicherheit haben manche Personen, die mit diesem Text nicht einverstanden waren, dafür gesorgt, dass er in unsere Hände gelangte. Das hat die Juden ziemlich vor den Kopf gestoßen. Als wir den Text in Händen hatten, sorgten wir dafür, dass er eines schönen Tages, am 3. September 1963, in der *New York Herald Tribune* erschien. Das hat ihm vermutlich den Todesstoß versetzt. Muss ich zugeben, dass ich der Urheber dieser ganzen Operation war, an der ich von Anfang bis Ende beteiligt war, und dass ich für dieses Leck und seine Folgen verantwortlich war?
Man kann sich vorstellen, was für eine Wirkung diese Veröffentlichung hatte. Die jüdischen Organisationen waren schockiert und reagierten heftig, indem sie im Oktober 1964 eine Erklärung veröffentlichten, die »die Treue der Juden zu ihrem Glauben, zu ihrer Geschichte und zu den fundamentalen Elementen ihres Erbes« bekräftigte. Unter Hinweis auf das Konzil erinnerte die Erklärung auch daran, dass, »wie groß der Druck auch immer sei, kein Opfer groß genug für uns ist, um den einzigartigen Charakter unserer Religion zu bewahren«. Das war eine sehr würdige Art der Antwort. Ich muss betonen, dass alle jüdischen Organisationen der Vereinigten Staaten, der Jüdische Weltkongress und der B'nai B'rith endlich einmal einer Meinung waren über einen Text.
Diese ganze Geschichte ist unglaublich! Sie beweist, dass nicht nur die Personen, sondern auch die großen Versammlungen nach der Art und Weise beurteilt werden, wie sie sich den Juden gegenüber verhalten. Der Text des jüdischen Protests wurde an das Sekretariat von Kardinal Bea geschickt, der ihn auf der Vollversammlung verlesen ließ; er machte großen Eindruck. Kardinal Beas Sekretariat erarbeitete daraufhin eine neue Fassung des Dokuments über den Ökumenismus.
Der Kampf um den Text über die Beziehungen zu den Juden, der seit

drei Jahren andauert, ist damit aber noch nicht beendet. Man versucht seine Tragweite abzuschwächen und ihn durch die theologische Kommission überarbeiten zu lassen. Schließlich wird der neue Text, erheblich verändert und verstärkt, den Vätern des Konzils am 18. September 1964 vorgelegt. Er verurteilt und beklagt die Diskriminierung der Juden und warnt vor der Beschuldigung, die Juden seien ein gottesmörderisches Volk. Jede Anspielung auf die Konversion der Juden ist getilgt worden.

Am Freitag, dem 25. September 1964, präsentiert Kardinal Bea diesen Text während der dritten Sitzungsperiode des Konzils dem Plenum, das ihn anschließend endgültig verabschieden muss. Das löst einen erneuten heftigen Gegenangriff der konservativen Kräfte der Kirche aus. In seiner Präsentation lässt Kardinal Bea nicht locker: »Es ist absolut undenkbar zu tun, was manche Väter des Konzils gefordert haben, nämlich diese Frage von der Tagesordnung zu nehmen.« Bei der Vorstellung des Textes distanziert sich Bea auch von neuen Formulierungen, die von der Koordinationskommission eingeführt wurden. Im Grunde plädiert er für die Wiederherstellung des alten Textes.

Und dann kommt die große Debatte in Anwesenheit aller führenden Köpfe der Weltkirche am 28. und 29. September 1964. Berühmte Kirchenmänner nehmen daran teil wie die Kardinäle Liénart, Frings, Léger, Cushing, Ritter, Heenan und andere, die sich bemühen, Beas ursprünglichen Text zu unterstützen. Auf der anderen Seite die Gegner mit Kardinal Tapouni, Erzbischof Tawil, Kardinal Ruffini und Prälaten aus den arabischen Ländern, die sich dagegen aussprechen. Es handelte sich eben um eine äußerst wichtige Debatte.

Diese Debatte führte zur Ausarbeitung eines neuen Textes, der die in der Aula geäußerten Meinungen berücksichtigte und die Thesen zugunsten der Juden, die abgeschwächt worden waren, wieder stärkte. Zum Schluss wurde der Text über die Juden vom Dekret über den Ökumenismus abgetrennt.

Am Ende der dritten Sitzungsperiode des Konzils, am 20. November 1964, gab es eine Grundsatzabstimmung über diesen neuen Text, den Beas Kommission erarbeitet hatte. Der Text wurde mit 1651 Ja-Stimmen angenommen; 242 Ja-Stimmen *placet juxta modum* (mit Änderungsantrag); 99 Neinstimmen. Das ist ein großer Erfolg für Bea und seine Kommission. Aber der Kampf ist noch nicht zu Ende.

Die vierte und letzte Sitzungsperiode des Konzils

Zwischen November 1964 und der Vorlage des Textes zur endgültigen Abstimmung während der vierten Sitzungsperiode des Konzils im Oktober 1965 gehen die Kämpfe weiter. Der Text zirkuliert unter der Hand, mal in abgeschwächter, mal in verstärkter Version. Die Prälaten der arabischen Länder geben weiterhin keine Ruhe. Kardinal Bea entsendet zwei seiner engsten Mitarbeiter, Monsignore Willebrands und Pater Duprey, in die arabischen Länder, um zu versuchen, die Gemüter zu beruhigen.

Es kommt zu einem erneuten Angriff in Form eines Artikels, gezeichnet von Monsignore Carli, dem Bischof von Segni, der das gesamte jüdische Volk als für den Tod Jesu verantwortlich stigmatisiert. Aber Kardinal Bea gibt nicht auf: Er antwortet ihm Punkt für Punkt in der Zeitschrift *La Civiltà cattolica*. Unterstützt wird er von den meisten europäischen und amerikanischen Bischöfen.

Drei Sitzungen seines Sekretariats sind notwendig, um einen Text zu erarbeiten, der den aufeinanderprallenden Meinungen Rechnung trägt und auf diese Weise vor allem dem Wunsch des Papstes nach einem möglichst breiten Konsens nachkommt. Die Gegner des Textes strecken keineswegs die Waffen. Bis zur letzten Minute üben sie Druck aus, was zu einer Abschwächung des Textes in verschiedenen Punkten führt. Unter anderem argumentieren die Gegner des Textes, dass man den Juden keine Sonderstellung einräumen dürfe, da die Kirche ja auch zu anderen Religionen und insbesondere zum Islam Beziehungen unterhalte. Diese Überlegungen führten zu einer Erweiterung, die sich nicht mehr damit begnügt, die Beziehungen der Kirche zum Judentum zu behandeln, sondern eine Reihe von Absätzen vor allem über den Buddhismus, den Hinduismus und den Islam hinzufügt. Abgetrennt vom Dokument über den Ökumenismus, erhält der endgültige Text den Titel »Erklärung über das Verhältnis der Kirche zu den nichtchristlichen Religionen«.

Diese wichtige Veränderung in letzter Minute weist große Schwächen auf. Die Abschnitte über die anderen Religionen sind dem Text über die Juden aufgepfropft worden und lassen nicht den gleichen Grad an Reflexion und Ausarbeitung erkennen.

Über die Erklärung, die unter dem Namen *Nostra aetate* bekannt geworden ist, wird am 14. und 15. Oktober 1965 abgestimmt. Der Text über die Juden bildet das vierte Kapitel.

Zunächst wird Punkt für Punkt über den Text abgestimmt:

- Die Zurückweisung der kollektiven Verantwortung der Juden am Tod Christi: Ja: 1875; Nein: 188; Ungültig: 9.
- Die Juden dürfen nicht als von Gott verworfen oder verflucht dargestellt werden: Ja: 1821; Nein: 245: Ungültig: 14.
- Ablehnung des Antisemitismus und der Verfolgung der Juden: Ja: 1905; Nein: 199; Ungültig: 14.

Und hier das Ergebnis der Abstimmung über die Erklärung insgesamt: Ja: 1763; Nein: 250: Ungültig: 10.

Vor der Verkündung durch Papst Paul VI. am 28. Oktober 1965 wird ein letztes Mal über die Erklärung abgestimmt mit 2221 Stimmen dafür, 88 dagegen und 3 ungültigen Stimmen.

Hier nun der Teil des Textes, der die Beziehungen zu den Juden behandelt:

NOSTRA AETATE KAPITEL 4

Bei ihrer Besinnung auf das Geheimnis der Kirche gedenkt die Heilige Synode des Bandes, wodurch das Volk des Neuen Bundes mit dem Stamme Abrahams geistlich verbunden ist.

So anerkennt die Kirche Christi, dass nach dem Heilsgeheimnis Gottes die Anfänge ihres Glaubens und ihrer Erwählung sich schon bei den Patriarchen, bei Moses und den Propheten finden. Sie bekennt, dass alle Christengläubigen als Söhne Abrahams dem Glauben nach in der Berufung dieses Patriarchen eingeschlossen sind und dass in dem Auszug des erwählten Volkes aus dem Lande der Knechtschaft das Heil der Kirche geheimnisvoll vorgebildet ist. Deshalb kann die Kirche auch nicht vergessen, dass sie durch jenes Volk, mit dem Gott aus unsagbarem Erbarmen den Alten Bund geschlossen hat, die Offenbarung des Alten Testamentes empfing und genährt wird von der Wurzel des guten Ölbaums, in den die Heiden als wilde Schößlinge eingepfropft sind. Denn die Kirche glaubt, dass Christus, unser Friede, Juden und Heiden durch das Kreuz versöhnt und beide in sich vereinigt hat.

Die Kirche hat auch stets die Worte des Apostels Paulus vor Augen, der von seinen Stammverwandten sagt, dass »ihnen die Annahme an

Sohnes Statt und die Herrlichkeit, der Bund und das Gesetz, der Gottesdienst und die Verheißungen gehören wie auch die Väter und dass aus ihnen Christus dem Fleische nach stammt« (Röm 9, 4-5), der Sohn der Jungfrau Maria. Auch hält sie sich gegenwärtig, dass aus dem jüdischen Volk die Apostel stammen, die Grundfesten und Säulen der Kirche, sowie die meisten jener ersten Jünger, die das Evangelium Christi der Welt verkündet haben.

Wie die Schrift bezeugt, hat Jerusalem die Zeit seiner Heimsuchung nicht erkannt, und ein großer Teil der Juden hat das Evangelium nicht angenommen, ja nicht wenige haben sich seiner Ausbreitung widersetzt. Nichtsdestoweniger sind die Juden nach dem Zeugnis der Apostel immer noch von Gott geliebt um der Väter willen; sind doch seine Gnadengaben und seine Berufung unwiderruflich. Mit den Propheten und mit demselben Apostel erwartet die Kirche den Tag, der nur Gott bekannt ist, an dem alle Völker mit einer Stimme den Herrn anrufen und ihm »Schulter an Schulter dienen« (Soph 3, 9).

Da also das Christen und Juden gemeinsame geistliche Erbe so reich ist, will die Heilige Synode die gegenseitige Kenntnis und Achtung fördern, die vor allem die Frucht biblischer und theologischer Studien sowie des brüderlichen Gespräches ist.

Obgleich die jüdischen Obrigkeiten mit ihren Anhängern auf den Tod Christi gedrungen haben, kann man dennoch die Ereignisse seines Leidens weder allen damals lebenden Juden ohne Unterschied noch den heutigen Juden zur Last legen. Gewiss ist die Kirche das neue Volk Gottes, trotzdem darf man die Juden nicht als von Gott verworfen oder verflucht darstellen, als wäre dies aus der Heiligen Schrift zu folgern. Darum sollen alle dafür Sorge tragen, dass niemand in der Katechese oder bei der Predigt des Gotteswortes etwas lehre, dass mit der evangelischen Wahrheit und dem Geiste Christi nicht im Einklang steht.

Im Bewusstsein des Erbes, das sie mit den Juden gemeinsam hat, beklagt die Kirche, die alle Verfolgungen gegen irgendwelche Menschen verwirft, nicht aus politischen Gründen, sondern auf Antrieb der religiösen Liebe des Evangeliums alle Hassausbrüche, Verfolgungen und Manifestationen des Antisemitismus, die sich zu irgendeiner Zeit und von irgend jemandem gegen die Juden gerichtet haben.

Auch hat ja Christus, wie die Kirche immer wieder gelehrt hat und lehrt, in Freiheit, um der Sünden aller Menschen willen, sein Leiden und seinen Tod aus unendlicher Liebe auf sich genommen, damit alle das Heil erlangen. So ist es die Aufgabe der Predigt der Kirche, das Kreuz Christi als Zeichen der universalen Liebe Gottes und als Quelle aller Gnaden zu verkünden.

Ich werde diesen Text später ausführlicher analysieren. Gleich bei seiner Veröffentlichung begrüßten der Jüdische Weltkongress und die jüdischen Organisationen, die sich über die »Cojo« (World Conference of Jewish Organizations) äußern, die Annahme des Textes. Nahum Goldmann telegrafierte Kardinal Bea, um ihm zu seinem Erfolg zu gratulieren. Und ich spürte, dass sich neue Wege öffneten, die man unverzüglich einschlagen musste.

Die letzten Änderungen des verabschiedeten Textes hatten allerdings in den jüdischen Kreisen große Enttäuschung ausgelöst. Aber obwohl ich diese Enttäuschung in gewisser Weise teilte, war ich nie der Ansicht, dass diese Änderungen die Bedeutung des Textes grundlegend veränderten. Ich war überzeugt, dass die Erklärung des Konzils einen Neuanfang in den jüdisch-christlichen Beziehungen bedeutete.

Es stellte sich jetzt die Frage, ob die Kirche auch entschlossen war, diese Neuorientierung in die Praxis umzusetzen. Wenn sie dazu bereit war, und ich persönlich war davon überzeugt, dann hatten die Änderungen des Textes keine große Bedeutung. Der Text an sich würde eine neue Dynamik schaffen, die schon bald die Reibungspunkte hinter sich lassen und zu neuen Positionen führen würde. Im gegenteiligen Fall würden die Details jedenfalls bedeutungslos sein. Andererseits konnte auch ich nicht umhin, manche Zugeständnisse zu bedauern, denen Kardinal Bea zugestimmt hatte, um die Widerstände zu überwinden und die Gemüter zu beruhigen. Die Ergebnisse der Schlussabstimmung beweisen, dass viele, die von Anfang an dagegen waren, ihre Position kaum geändert hatten, was bedeutet, dass die Zugeständnisse möglicherweise umsonst gewesen sind. Es besteht kein Zweifel, dass die bedeutende Persönlichkeit, die diesen Text erarbeitet und durchgesetzt und die für diese neue Theologie in Hinblick auf die Juden und das Judentum gekämpft hatte, Kardinal Bea gewesen ist. Er wurde bei seiner Aktion von Papst Johannes XXIII. und seinem Nachfolger Papst Paul VI. unterstützt, der das Boot sicher in den Hafen zu steuern verstand.

Er ist sehr bemerkenswert, dass die zwei innovativsten Texte des Zweiten Vatikanischen Konzils, der über die Juden und der über die Religionsfreiheit, beide das Werk Kardinal Beas waren. Sie gehören zu seinen bedeutenden Beiträgen zum Konzil. Er unternahm große Anstrengungen, damit das Konzil die Erklärung über die Religionsfreiheit verabschiedete. Bea hatte begriffen, dass ohne einen Text über die Religionsfreiheit kein Fortschritt in Richtung auf eine Vereinigung mit den anderen christlichen Kirchen und Gemeinschaften möglich wäre. Diesem Problem widmete er alle seine Kräfte. Bei dieser Aufgabe wurde er unterstützt von mehreren bedeutenden Persönlichkeiten des Konzils wie dem Bischof von Brügge, Xavier Joseph de Smedt, Pater John Courtney Murray und Kardinal Cushing aus Boston, der äußerte: »Ohne die Erklärung über die Religionsfreiheit wäre die ökumenische Bewegung zusammengebrochen.« Man kann also ermessen, wie sehr diese Texte sich gegenseitig ergänzen.

Kardinal Bea war also der große Protagonist auf dem Gebiet des Ökumenismus. Durch seine Arbeit und die seines Sekretariats kam der Text des Dekrets über den Ökumenismus zustande und wurde sicher durch die Klippen des Konzils gesteuert. Seinem Ansehen ist es zu verdanken, dass die katholische Kirche die Sache des Ökumenismus zu der ihren gemacht und die entscheidenden Schritte unternommen hat.

Außerdem betonte Kardinal Bea zu Recht, dass von allen vom Zweiten Vatikanischen Konzil verabschiedeten Texten derjenige über die Juden der einzige sei, der keine Bezugnahme auf die traditionellen Lehrmeinungen der Kirche enthalte, seien sie nun patristisch, konziliar oder päpstlich. Das zeigt ganz klar, wie revolutionär dieser Akt war.

Dieser Ausdruck der neuen Annäherung der katholischen Kirche an das jüdische Volk beschränkte sich nicht auf den Text der Erklärung des Konzils über die Juden. *Nostra aetate* muss im Gesamtkontext gelesen werden, im Zusammenhang mit den anderen Dokumenten des Konzils, in denen manche Abschnitte das Judentum betreffen.

Genannt sei insbesondere die Dogmatische Konstitution über die Kirche. In Artikel 9 und 16 wird bekräftigt, dass Gott »sich das Volk Israel zum Eigenvolk gewählt und [...] mit ihm einen Bund geschlossen« hat und dass es folglich nicht aus dem Heilsplan ausgeschlossen ist.

In ihrem Kapitel IV spricht die Dogmatische Konstitution über die göttliche Offenbarung vom »Alten Testament, durch das Gott sich dem jüdischen Volk geoffenbart hat«, und erklärt, dass »die Heiligen Bücher des Alten Testaments das wahre Wort Gottes sind«.

In die gleiche Richtung geht die bereits mehrfach erwähnte Erklärung über die Religionsfreiheit, wenn sie den anderen Religionen einschließlich des Judentums das Recht, ungehindert die Wege des Heils und die Wahrheit Gottes zu suchen, und die freie Religionsausübung zugesteht. In diesem Kontext war es also nur natürlich, dass die nichtkatholischen Beobachter des Konzils an den Abenteuern des Textes über die Religionsfreiheit ebenso leidenschaftlich Anteil nahmen wie die Juden an den Missgeschicken des Dokuments über die nichtchristlichen Religionen. Niemanden wird es daher überraschen, dass ich in dieser Phase der Ungewissheit und sogar der Sorge in engem Kontakt zu Dr. Willem A. Visser't Hooft, dem Generalsekretär des Weltkirchenrats, stand und dass wir kontinuierlich unsere Informationen und unsere Befürchtungen austauschten. Wir sorgten uns beide zutiefst, entdecken zu müssen, dass die Art des Umgangs mit einem der uns betreffenden Texte Konsequenzen für den anderen haben könnte.
Kardinal Bea hatte auch auf anderen Gebieten eine enorme Arbeit geleistet. Insbesondere hatte er, was ganz natürlich war, den äußerst wichtigen Text über das Verhältnis zwischen den Heiligen Schriften und der Tradition vorbereitet. Das ist ein gewaltiges Problem von allgemeiner Tragweite, das wir Juden mit anderen Religionen teilen, kein spezifisches Problem der katholischen Kirche.
Bei all diesen Innovationen spielte Kardinal Bea eine herausragende Rolle. Was uns betrifft, so können wir nur die Worte von Papst Johannes XXIII. unterschreiben, der sagte, »die Entdeckung Kardinal Beas war ein Geschenk Gottes«.
Wir Juden schulden Kardinal Bea, der unsere Beziehungen zur christlichen Welt so nachhaltig beeinflusst hat, enorme Dankbarkeit.
Anlässlich seines hundertsten Geburtstags wurde ich vom Sekretariat für die Förderung der Einheit der Christen eingeladen, an einem zu seinen Ehren organisierten Kolloquium teilzunehmen und einen Vortrag über den Beitrag des Kardinals zu den Texten des Konzils über die Religionsfreiheit zu halten.
Einen Juden einzuladen, im Vatikan über den Begriff der Religionsfreiheit der Kirche zu sprechen, war eine noch nie dagewesene Geste. Ich wies darauf hin, dass dies umso bemerkenswerter sei, als uns nur ein Jahrhundert von der berühmten Affäre Mortara trenne, der Entführung, heimlichen Taufe und dem anschließenden Verschwinden eines

kleinen jüdischen Jungen im Kirchenstaat, einem der heftigsten öffentlichen Konflikte, die es jemals zwischen der katholischen Kirche und der jüdischen Gemeinschaft hinsichtlich eines krassen Verstoßes gegen die Religionsfreiheit gegeben hat.

Nachdem ich den Weg, den wir zurückgelegt hatten, dargestellt hatte, kam ich am Ende meines Vortrags auf die alte jüdische Tradition des *Lamed Waw Tsadikim* zu sprechen: »Die sechsunddreißig Gerechten, die in jeder Generation leben, deren Namen geheim bleiben, die den Zusammenhalt der ganzen Welt durch ihre Großherzigkeit und ihre guten Handlungen gewährleisten und ohne die die Welt zusammenbrechen würde.«

Ich erinnerte auch an eine andere jüdische Tradition, die der *Chassidei umoth haolam*, »der Gerechten der Völker der Welt«, die einen Platz in der künftigen Welt verdienen. Und ich schloss: »Die Art und Weise, wie diese beiden Traditionen sich überschneiden, ist nicht sehr klar. Aber wie diese Überschneidung auch immer aussehen mag, ich bin zutiefst überzeugt, dass wir heute in der Person von Kardinal Bea einen der Gerechten ehren, die den Zusammenhalt der Welt gewährleisten.«

Die Juden und die Ökumene

In unseren Beziehungen zur katholischen Kirche waren wir Juden immer vom Sekretariat für die Förderung der Einheit der Christen abhängig. Diese Situation behagte uns gar nicht. Der Grund war, dass der Papst Kardinal Bea gebeten hatte, sich um die Beziehungen zu den Juden zu kümmern. Und da Bea der Leiter des Sekretariats für die Förderung der Einheit der Christen war, waren wir sozusagen in diese Struktur integriert. Ich dachte damals viel darüber nach, ob ich diese Frage ansprechen sollte oder nicht. Wir wussten, dass wir in Kardinal Bea einen echten Freund hatten.

Im Vatikan gab es auch ein Sekretariat für die nichtchristlichen Religionen, das logischerweise für uns hätte zuständig sein müssen. Andererseits konnte man aber auch nicht ignorieren, dass die Verbindungen zwischen Christen und Juden doch etwas ganz anderes sind als beispielsweise diejenigen zwischen Christen und Buddhisten. Wir haben ein gemeinsames geistiges Erbe: die hebräische Bibel. Und mit den Buddhisten, Hinduisten, Schintoisten usw. in einen Topf geworfen zu werden, behagte uns auch nicht. Außerdem wusste ich, dass der Kardinal, der damals dieses Sekretariat leitete, alles andere als ein Freund der Juden war und sogar in dem Ruf stand, eine antisemitische Ader zu haben. Ich gab die Idee also wieder auf, was mich zwang, dieses Problem eine gewisse Zeit lang nicht anzusprechen, möglicherweise bis zum Ende des Konzils.

Eines Tages jedoch, ich weiß nicht, wie es kam, sprach mich Nahum Goldmann, der mir in diesen Fragen große Freiheit ließ und der in seinen Erinnerungen mein Verhalten in diesen Dingen würdigt, auf dieses Problem an, das ihn ebenfalls beschäftigte. Daraufhin erklärte ich ihm die Situation und den Grund, warum ich bisher nichts unternommen hatte. Goldmanns Vorstoß beeindruckte mich, denn gewöhnlich mischte er sich kaum in derartige Dinge ein.

Ich beschloss daher, mit einem sehr engen Mitarbeiter Kardinal Beas, der manchmal als Verbindungsmann zwischen uns fungierte, darüber zu sprechen. Es handelte sich um Monsignore Joseph Höfer, einen deutschen Prälaten, der damals geistlicher Botschaftsrat an der Gesandtschaft der Bundesrepublik Deutschland beim Heiligen Stuhl war. Da er Beas Kommission angehörte, sah ich ihn ziemlich regelmäßig. Höfer war während der Nazizeit rühmlich hervorgetreten, als er ein enger Mitarbeiter des berühmten Kardinals von Galen gewesen war, der den Mut gehabt hatte, öffentlich gegen die Euthanasie zu protestieren.

Höfer war ein Mann mit Charakter und von großer Offenheit. Er hatte alle Ereignisse von 1933 bis 1939 aus nächster Nähe miterlebt. Er war mit den Einzelheiten der Entwicklung des deutschen Katholizismus, seinen Beziehungen zu Hitler und seinen Zugeständnissen an ihn vertraut. Er stand dem Konkordat und der Rolle von Monsignore Kaas, dem ehemaligen Vorsitzenden des deutschen Zentrums, der einen großen Anteil an diesen Entscheidungen hatte, sehr kritisch gegenüber. Eines Tages sprachen wir lange über all diese Dinge. Ich erinnere mich, dass seine Erinnerungen und die Schilderung der meist geheimen Absprachen mich sehr beeindruckt hatten.

Eines Tages sagte ich zu Höfer: »Sie sollten Kardinal Bea wissen lassen, dass die Abhängigkeit vom Sekretariat für die Förderung der Einheit der Christen ein Problem für die Juden ist. Ich werde nach dem Konzil mit ihm darüber sprechen. Sie sollten ihm sagen, dass wir ihn außerordentlich schätzen. Aber da wir keine Christen sind, gehören wir nicht der Ökumene an und können nicht dem Sekretariat für die Förderung der Einheit der Christen unterstellt sein. Nach dem Konzil werden wir eine Lösung finden müssen. Man könnte eine besondere Institution schaffen, die ebenfalls von Kardinal Bea geleitet werden könnte. Sie sollten mit ihm darüber sprechen, denn er muss wissen, warum wir diese Frage zum jetzigen Zeitpunkt nicht ansprechen.«

Gründung des Vatikanischen Büros für katholisch-jüdische Beziehungen

Einige Zeit nach dem Ende des Konzils kam ich darauf zurück und nahm mein Gespräch mit Monsignore Höfer wieder auf. Ich sagte ihm, die Zeit sei jetzt gekommen, das Problem zu lösen. Meiner Meinung nach müsse man eine unabhängige Institution schaffen, die vom Sekretariat getrennt sei, aber in »Personalunion« von Kardinal Bea geleitet

werden könne. Höfer bat mich, meine Ideen als Vorschläge zu Papier zu bringen – auf neutralem Papier ohne Briefkopf –, ein Verfahren, das im Vatikan sehr in Mode war.
Bei dieser Gelegenheit sprach ich auch das Problem der Anwesenheit von Personen jüdischer Abstammung in der katholischen Delegation, die mit uns in Verbindung stand, an. Das war natürlich sehr heikel und ein bißchen gewagt. Ich räumte ein, dass die Kirche ihre Vertreter selbstverständlich nach eigenem Belieben bestimmen könne und dass ich das Problem nur ganz allgemein anspräche, ohne bestimmte Personen im Auge zu haben. Ich betonte jedoch, dass diese Mitgliedschaft problematisch für uns sei. Die Fragen, die wir zu besprechen hätten, seien auch ohne diese zusätzliche Belastung schon schwierig genug.
Nachdem Kardinal Bea von Monsignore Höfer informiert worden war, begab er sich zum Papst, um sich mit ihm zu beraten. Einige Zeit später rief er mich zu sich, um mir direkt mitzuteilen, dass meine beiden Vorschläge angenommen worden seien. Er sagte mir, dass er ein »Büro für katholisch-jüdische Beziehungen« gründen werde und dass dieses in Zukunft für unsere Angelegenheiten zuständig sein werde. Er sagte mir auch, dass er mich in naher Zukunft hinsichtlich der Person, die er mit dieser Aufgabe betrauen würde, um Rat fragen werde.
Kurze Zeit später teilte der Kardinal mir vertraulich den Namen der gewählten Person mit. Als ich mich über sie informierte, entdeckte ich, dass sie einige deutlich antisemitische Artikel geschrieben hatte. Ich machte den Kardinal auf diese Tatsache aufmerksam, und er wählte unverzüglich jemand anderen. Das war eine Geste des Respekts und des tiefen Verständnisses, die für unsere künftigen Beziehungen nur Gutes verhieß.
Zum Leiter des neuen Vatikanischen Büros für katholisch-jüdische Beziehungen wurde also Pater Cornelius A. Rijk, ein holländischer Theologe, ernannt. Aber es dauerte noch mehrere Jahre, bis eine endgültige Lösung für dieses Problem gefunden war. Das Unglück war, dass Kardinal Bea, der für sein Projekt die Zustimmung von Papst Paul VI. erhalten hatte, sich nicht an die Regeln der Kirche gehalten hatte. Es gab nichts Schriftliches.
Einige Zeit später veröffentlichte Paul VI. die neue Konstitution der Kurie, die in allen Einzelheiten die Kompetenzen der verschiedenen Dikasterien der Kirche regelte. Ich entdeckte, dass man darin die von

mir angesprochene Frage vergessen hatte und dass der zweite Absatz des Artikels über das Sekretariat für die Förderung der Einheit der Christen bestimmte, dass dieses Sekretariat auch für die Beziehungen zu den Juden zuständig war.
Ich war ziemlich betroffen. Denn in der Zwischenzeit hatte ich die von Kardinal Bea angekündigten Arrangements den verschiedenen jüdischen Gemeinden und unseren jüdischen Partnern in unseren Kontakten mit der Kirche mitgeteilt. Bea, der damals fünfundneunzig oder sechsundneunzig war, befand sich im letzten Abschnitt seines Lebens. Er verfügte immer noch über eine außergewöhnliche Klarheit des Verstandes. Nach dem Konzil hatte er ein Buch über *Die Kirche und das jüdische Volk* veröffentlicht, in dem er die Bedeutung der Beschlüsse des Zweiten Vatikanischen Konzils erläuterte und entwickelte. In den letzten Monaten seines Lebens war er jedoch bettlägerig, und man konnte ihn nicht mehr besuchen. Ich bin überzeugt, dass ihm das Problem damals nicht bewusst war und er nicht mehr die Möglichkeit hatte, sich darum zu kümmern.
Daraufhin führte ich lange Gespräche mit Pater Rijk, der das neue Büro leitete. Ich sagte ihm, die getroffenen Vereinbarungen widersprächen den Bestimmungen der im August 1967 verkündeten Konstitution der Kurie, und informierte ihn über meine Gespräche mit Kardinal Bea und darüber, dass ich den Wortlaut unserer Vereinbarung den anderen jüdischen Organisationen mitgeteilt hätte. Daher sei es jetzt schwierig für mich, ihnen zu sagen, die Vereinbarung sei nicht eingehalten worden.
Es entspann sich ein Briefwechsel. In einem Brief vom 14. November 1967 nannte ich alle Gründe, die uns gestört hatten. In einem Brief vom 17. Juli 1968, der alle Begriffe, die ich ihm vorgeschlagen hatte, wieder aufgriff, entsprach Pater Rijk schließlich allen meinen Wünschen. Insbesondere wies er darauf hin, dass die Anbindung seines Büros an das Sekretariat für die Förderung der Einheit der Christen keine dogmatische Bedeutung habe, sondern eine rein administrative Maßnahme sei. Er bestätigte, dass das Sekretariat anerkenne, »dass die Juden nicht der Ökumene der Christen angehören und dass es die Juden so respektiere und anerkenne, wie sie sind und wie sie sich selbst in ihrer eigenen Identität verstehen«. Er benutzte hier eine Formulierung, die ich selbst schon zu Beginn meiner Beziehungen zu den Vertretern der Kirche

eingeführt hatte und auf die ich oft zurückgekommen war. Pater Rijks Brief betonte ausdrücklich, dass das Sekretariat keinerlei Konvertierungsabsichten verfolge. Rijk betonte auch das vollkommen Neue dieser Aktivität. Daher sei ihre Struktur auch nur provisorisch. Wir müssten anfangen zusammenzuarbeiten. Die endgültige Struktur müsse sich mit der Zeit entwickeln.

Rijk hatte acht Monate gebraucht, um meinen Brief zu beantworten. Das bedeutet, dass er ohne jeden Zweifel die Zustimmung der obersten Behörden zu jedem der benutzten Begriffe erhalten hatte, was die Bedeutung seiner Antwort noch erhöhte.

Für den Augenblick gaben wir uns mit diesen Zusicherungen zufrieden. Aber das war nicht das Ende der Geschichte. Das Problem kam ganz plötzlich auf der ersten Sitzung des Internationalen Verbindungskomitees zwischen der katholischen Kirche und dem Judentum (zu dessen Gründung noch einiges zu sagen ist) 1971 in Paris wieder hoch. Auf dieser Sitzung erklärte der Chef der Delegation des Vatikans, Monsignore Jérôme Hamer, als er, während man die gemeinsamen Konklusionen und die Anwesenheitsliste diskutierte, sah, dass man Pater Rijk den Titel des Leiters des Vatikanischen Büros für katholisch-jüdische Beziehungen gab, plötzlich, dass es ein solches Büro und einen solchen Titel im Vatikan nicht gebe. Das war natürlich sehr peinlich, sowohl für uns als auch für Pater Rijk, der kurz darauf seinen Posten aufgeben musste.

Auf dem Weg zur Gründung der Kommission des Heiligen Stuhls für die religiösen Beziehungen zum Judentum

Da mir die Sache am Herzen lag, griff ich das Problem in seiner Gesamtheit in einem langen Gespräch mit Monsignore Hamer in Genf wieder auf. Erst nach einer fünfstündigen Diskussion, in der ich einen detaillierten chronologischen Überblick über die Frage und über alle Verhandlungen gab, konnte ich die Angelegenheit endlich regeln. Es gelang mir, Monsignore Hamer zu überzeugen, dass die Frage für uns wichtig war. Daraufhin bat er mich, dem Vatikan ein formelles Memorandum hierüber im Namen des Internationalen Jüdischen Komitees für interreligiöse Konsultationen vorzulegen, das zum jüdischen Partner im jüdisch-katholischen Dialog geworden war. Das Internationale Jüdische Komitee schloss sich trotz des Zögerns einer der großen Institutionen diesem Projekt an und arbeitete das verlangte Memorandum aus, das dem Vatikan zugeleitet wurde.

Das führte im Oktober 1974 zur Gründung der Kommission des Heiligen Stuhls für die religiösen Beziehungen zum Judentum. Obwohl sie in gewisser Weise dem Sekretariat für die Förderung der Einheit der Christen angegliedert blieb, war sie dennoch eine eigene Einrichtung. Es besteht eine Art von »Personalunion« zwischen dem Leiter des Sekretariats für die Förderung der Einheit der Christen und dem der Kommission. Kardinal Johannes Willebrands, der mittlerweile der Nachfolger von Kardinal Bea geworden war, war zugleich Leiter des Sekretariats für die Förderung der Einheit der Christen und der Kommission für die religiösen Beziehungen zum Judentum. Das war genau die Lösung, die ich mit Monsignore Höfer während und nach dem Konzil angestrebt hatte.

Auf Symmetrie bedacht, gründete der Vatikan gleichzeitig eine Kommission für die Beziehungen zum Islam, die dem Sekretariat für die Beziehungen zu den nichtchristlichen Religionen angegliedert wurde.

Die Gründung einer repräsentativen jüdischen Einheitsinstitution

Das zweite Problem, das mich beschäftigte, war das der Vertretung der Juden mit ihren verschiedenen Organisationen beim Vatikan. Ich erinnere daran, dass ich mich während des Konzils gedemütigt fühlte, weil die Juden nicht mit einer Stimme sprachen. Da dieses Gefühl immer stärker wurde, nahm ich mir vor, nach dem Konzil zu versuchen, diese Situation zu ändern.

Die Kirche war natürlich nicht so geschlossen, wie es schien. Wir wissen, dass es in der heutigen Welt keinen Monolithismus gibt. Die Kirche ist nicht monolithisch, und das Judentum ebenfalls nicht. Aber die katholische Kirche hat zumindest eine zentrale Regierung und eine Hierarchie, die sie leitet und vertritt.

Ich habe stets die Idee verfolgt, dass dafür gesorgt werden müsse, dass die Juden strukturierte und organisierte Beziehungen zur katholischen

Kirche hätten: organisierte, keine je nach den Umständen zufällige. Ich dachte an strukturierte Beziehungen in dem Sinne, dass es eine Vertretung gebe, die tatsächlich ermächtigt sei, nutzbringend mit den zentralen christlichen Institutionen zu sprechen. Aus diesen Gründen dachte ich an eine repräsentative jüdische Institution in diesem Bereich. Wir wussten sehr gut, dass keine Organisation kompetent genug war, um glaubwürdig im Namen der religiösen Interessen der Juden sprechen zu können. Wir hatten das vorher nie gemacht.

Als der Jüdische Weltkongress 1936 gegründet wurde, wurde beschlossen, sich nicht um religiöse Probleme zu kümmern. Das war eine weise Entscheidung. Denn nur unter dieser Bedingung traten manche Bewegungen, zum Beispiel die orthodoxen Juden, dem Kongress bei. Damals konnte man sich nicht einmal mit kulturellen Fragen befassen, denn auf diesem Gebiet ist es natürlich schwierig, von den religiösen Problemen abzusehen.

Erst nach der furchtbaren Katastrophe des Zweiten Weltkriegs und der Vernichtung eines großen Teils des jüdischen Volks, angesichts der Dringlichkeit des Wiederaufbaus, schuf der Kongress 1948 eine kulturelle Abteilung. Das zeigt, wie schwierig es war. Es versteht sich von selbst, dass die Vertretung der jüdischen Interessen einschließlich des religiösen Bereichs bei einer so angesehenen Institution wie dem Vatikan doppelt schwierig war. Dennoch hielt ich es für unerlässlich.

Berücksichtigt werden musste die Asymmetrie der Partner: Die Juden sind ein Volk, auch wenn es sich um ein Volk mit religiöser Berufung handelt; die Christen sehen sich als Anhänger einer Religion.

Die jüdische Vertretung musste der Repräsentativität der jüdischen Gemeinden und ihrer Organisationen Rechnung tragen sowie ihrer geographischen Verteilung über die Welt. Sie musste auch Persönlichkeiten einschließen, deren Sachverstand auf religiösem Gebiet unbestritten und unerlässlich war. Sie musste die Vertreter der verschiedenen religiösen Richtungen, Orthodoxe, Liberale, Konservative, ohne deren Beteiligung keine Repräsentativität erreicht werden könnte, unter einen Hut bringen. Diese Vertretung musste sowohl die geringe Bereitschaft der orthodoxen Juden berücksichtigen, mit den Christen über theologische Probleme zu diskutieren, als auch diejenige der christlichen Vertretung, mit den Juden über politische Probleme zu sprechen.

Es ging darum, mit Konferenzen in regelmäßigen Abständen, die aber je nach Bedarf einberufen werden können, einen ständigen Rahmen zu schaffen. Das Ziel war, durch die Schaffung einer Institution, in der man über alle Themen diskutieren und versuchen kann, Krisen und Konfrontationen vorzubeugen, den »Feuerwehr-Effekt« zu vermeiden, der darin besteht, dass man eingreift, wenn das Feuer bereits ausgebrochen ist.

Dabei sollten nicht die divergierenden Meinungen der jüdischen Partner unterdrückt werden, die ihre jeweiligen Positionen darzustellen Gelegenheit bekommen sollten, es sollten vielmehr im Rahmen des Möglichen gemeinsame Positionen gefunden werden, die man den christlichen Partnern präsentieren könnte.

Natürlich brauchte es Zeit, diese Idee zu verwirklichen und einen ständigen Rahmen für die offiziellen und kontinuierlichen Beziehungen mit den zentralen Institutionen der christlichen Kirchen zu schaffen und zu diesem Zweck eine repräsentative jüdische Institution zu gründen. Ich musste diese Idee mehr als einmal meinen katholischen Freunden präsentieren. Und als ich feststellte, dass ich Schwierigkeiten hatte, die Katholiken dafür zu gewinnen, versuchte ich sie mit den Protestanten zu verwirklichen.

Ich suchte also Visser't Hooft auf. Es war sein letztes Jahr als Generalsekretär des Weltkirchenrats. Ich erzählte ihm von meiner Idee eines Rahmens für offizielle und ständige jüdisch-christliche Begegnungen. 1965 hatte Visser't Hooft einen ähnlichen Versuch unternommen. Allerdings nicht auf internationaler Ebene, denn er vereinte nur die amerikanischen jüdischen Organisationen und war nicht sehr erfolgreich. Damals fragte er mich: »Können Sie mir zusichern, dass die Konferenz, die Sie vorschlagen, wirklich repräsentativ für das Judentum ist?« Ich versprach es ihm.

Die Vorbereitung dieses komplizierten Gebildes schleppte sich ein wenig dahin. Ich setzte die Gespräche mit Pastor Eugene Carson Blake, Visser't Hoofts Nachfolger, fort. Er war Amerikaner und uns sehr freundschaftlich gesinnt. Unser erstes Gespräch fand im Juni 1968 in Genf statt. An ihm nahmen dreizehn Vertreter des Weltkirchenrats und zehn Vertreter des Weltjudentums teil. Auf christlicher Seite waren Vertreter des Sekretariats des Weltkirchenrats und einiger Mitgliedskirchen dabei. Auf jüdischer Seite hatten wir Persönlichkeiten

aus Europa, Amerika und Israel, darunter Vertreter der drei großen religiösen Richtungen des Judentums. Kurz, eine sehr repräsentative Gruppe sowohl, was die politischen Fragen, als auch, was die religiösen Fragen betraf.
Die Konferenz war auf jüdischer Seite von mir als Generalsekretär des Jüdischen Weltkongresses und auf christlicher Seite von Pastor Eugene Blake, dem Generalsekretär des Weltkirchenrats, einberufen worden. Ich hielt es für meine Pflicht, die Vertreter des Synagogue Council of America, in dem die drei großen jüdischen religiösen Richtungen der Vereinigten Staaten zusammengeschlossen sind, sowohl die synagogalen Vereinigungen (Congregations) als auch die rabbinischen Organisationen, einzuladen. Henry Siegman, der damals der Sekretär des Synagogue Council of America war, kam nicht zu dieser Konferenz. Mein Freund Joachim Prinz, damals Vorsitzender des Leitungsgremiums des Jüdischen Weltkongresses, erreichte es, dass die verschiedenen religiösen Richtungen des amerikanischen Judentums teilnahmen. Es war vereinbart worden, dass diese erste Konferenz unter Ausschluss der Öffentlichkeit stattfinden sollte, was vermutlich zu ihrem Erfolg beitrug.
Die Konferenz ließ die Beziehungen zwischen Juden und Christen seit der Vollversammlung des Weltkirchenrats 1961 in Neu-Delhi Revue passieren und versuchte die gemeinsamen Interessensgebiete zu definieren, wie wirtschaftliche und soziale Gerechtigkeit, Frieden und internationale Sicherheit und Menschenrechte.
Es wurde vereinbart, dass derartige Konferenzen regelmäßig einberufen werden sollten und dass ein ständiger Meinungsaustausch stattfinden sollte. Es wurde eine kleine Gruppe gebildet, die die künftigen Konsultationen planen sollte.
Als Henry Siegman feststellte, dass die Konferenz, die ich mit dem Weltkirchenrat organisiert hatte, ein Erfolg gewesen war, und dass die verschiedenen religiösen Richtungen des Judentums dort gut vertreten waren, machte er einen großen Schritt auf mich zu. Der Vorsitzende des Synagogue Council of America überbrachte mir ein persönliches Schreiben von Siegman, in dem dieser mir eine Vereinbarung über eine Zusammenarbeit vorschlug. Er wünschte, dass ich mich nicht direkt an die amerikanischen synagogalen und rabbinischen Organisationen wandte, sondern über ihn als Vermittler. Unter dieser Bedingung war er zu einer uneingeschränkten Zusammenarbeit bereit. Auf diese Weise

machten wir auf diesem Gebiet einen ersten Schritt in Richtung einer ständigen repräsentativen jüdischen Institution. Anfangs bezog sich die Vereinbarung nur auf den Jüdischen Weltkongress und den Synagogue Council of America.

Die Lösung befriedigte mich voll und ganz. Häufig hatte man uns im Vatikan gesagt: »Sie, der Jüdische Weltkongress, sind in erster Linie eine politische Organisation.« Jetzt hatten wir einen Partner, dessen religiöser Charakter nicht zu leugnen war.

Auf diese Weise legten wir die ersten Grundlagen für das Internationale Jüdische Komitee für interreligiöse Konsultationen, abgekürzt IJCIC. Nach einiger Zeit schlossen sich uns das American Jewish Committee und der internationale B'nai B'rith an. Diese beiden Organisationen hatten seit vielen Jahren auf interreligiösem Gebiet gearbeitet. Der B'nai B'rith war mit der Anti-Defamation League verbunden, die sich ebenfalls in diesem Bereich spezialisiert hatte. Ich war der Ansicht, dass wir sie in unsere Gruppe aufnehmen sollten, um ein einheitliches Handeln sicherzustellen und unkontrollierte Initiativen zu vermeiden.

Es war nicht immer leicht, diese ganze Gesellschaft zusammenzuhalten und von eigenmächtigen Aktionen abzuhalten. Manchmal war es sogar leichter, mit den christlichen Partnern zu verhandeln, als unter den Juden für Disziplin zu sorgen.

So hat beispielsweise im Synagogue Council of America jede der drei religiösen Richtungen ein Vetorecht, das es im Jüdischen Weltkongress nicht gibt. Dieses Vetorecht hat unsere Aktion manchmal recht schwierig gemacht. Von Zeit zu Zeit widersetzten sich die Orthodoxen diesem oder jenem Projekt. Mehrmals half uns Rabbiner Soloveitchik, derartige Probleme zu überwinden.

Später hat es sich auch als notwendig erwiesen, einen israelischen Partner zu haben. Denn die Probleme, die den Staat Israel und die jüdisch-arabischen Beziehungen betrafen, tauchten immer häufiger in unseren Diskussionen auf.

Wir wussten, dass sich das israelische Oberrabbinat aufgrund seiner Position unserer Arbeit nicht anschließen konnte. Nach langen Diskussionen einigten wir uns schließlich auf folgende Lösung: Die jüdischen Mitglieder des Israelischen Interkonfessionellen Komitees (Interfaith Committee) organisierten sich in einem Jüdischen Rat für die interreligiösen Beziehungen. Auf diese Weise kamen wir in den Genuss der Mitarbeit so hervorragender Persönlichkeiten wie Professor R.J. Zwi Werblowsky, Professor Shemaryahu Talmon und Dr. Geoffrey Wigoder. So konnten wir die vier großen Organisationen mit der israelischen Gruppe vereinigen.

Ich habe mit dem Weltkirchenrat Erfolg gehabt, weil wir gemeinsam vereinbart hatten, nicht an die Öffentlichkeit zu gehen. Dass das gehalten hat, ist ein wahres Wunder; es ist nichts durchgesickert. Es erschien etwas in einer kleinen jiddischen Zeitung, aber das hatte keine Konsequenzen. Das Vertrauen blieb erhalten.

Eine zweite Konsultation mit dem Weltkirchenrat fand im Mai 1969 in Genf statt, ebenfalls ohne dass etwas an die Öffentlichkeit drang. Diese Konsultation befasste sich mit zwei Themen: die religiöse Erziehung und das Problem der Vorurteile; Jerusalem in der jüdischen und christlichen Tradition. Ich muss darauf hinweisen, dass auf jeder Konferenz allgemein ein großes zentrales Problem behandelt wurde und dass die Teilnehmer außerdem ihre Meinungen über aktuelle Fragen austauschten.

Auf der dritten Konferenz, wiederum in Genf, im Februar 1970, erklärten unsere christlichen Partner: »Unsere Treffen dürfen nicht geheim bleiben, wir müssen ein Kommuniqué veröffentlichen.« Wir waren einverstanden. Ab diesem Zeitpunkt institutionalisierten sich unsere Beziehungen zum Weltkirchenrat.

Die Kontakte und Konsultationen im Mai 1969 und im Februar 1970 führten zur Einrichtung einer ständigen Koordinations- und Leitungsgruppe.

Dass diese Konferenz in der Presse angekündigt wurde, hatte sicher Einfluss auf das Denken unserer katholischen Partner. Aber ich greife vor. In der Zwischenzeit hatte sich etwas vollkommen Unerwartetes ereignet, das die Bewegung beschleunigte und die Haltung der katholischen Kirche uns gegenüber veränderte.

Eine sehr spezielle Audienz beim Papst

Anfang Januar 1969 sollte das Leitungsgremium des Jüdischen Weltkongresses in Rom zusammentreten. Während der Vorbereitung der Tagesordnung und der zu treffenden Vereinbarungen fragte mich Nahum

Goldmann, ob es möglich sei, um eine Audienz beim Papst zu bitten. Es war der letzte Abschnitt im Leben vom Kardinal Bea, und ich zögerte, was ich ihm antworten sollte. Ich beschloss, das Terrain vom Vertreter des Jüdischen Weltkongresses in Rom, Fritz Becker, sondieren zu lassen. Aber während der zwei Monate, die unserer Sitzung vorausgingen, erhielten wir keine Antwort.
Auf einer anderen Ebene planten wir, im Vatikan einige Persönlichkeiten zu treffen, die vor allem mit den Menschenrechten befasst waren. Der Jüdische Weltkongress war auf diesem Gebiet sehr aktiv, vor allem bei den Vereinten Nationen, und mein Kollege Maurice Perlzweig, der politische Leiter des Jüdischen Weltkongresses in New York, hielt das für wichtig.
Eine der Persönlichkeiten, die in unseren Beziehungen zum Vatikan eine herausragende Rolle spielte und die wir oft konsultierten, war der Bankier Vittorio Veronese, der ehemalige Vorsitzende des Exekutivkomitees und ehemalige Generaldirektor der Unesco. Zwischen uns herrschte damals großes Vertrauen, und er zögerte nicht, uns zu helfen. Veronese hatte eine besondere Stellung im Vatikan, weil er auch einer der Hauptfinanzberater der Kurie war.
Als Becker mich drei Tage vor der Sitzung unseres Leitungsgremiums in Rom empfing, informierte er mich sofort, dass er einen Anruf von Veronese erhalten habe, in dem er eine Audienz mit Papst Paul VI. für Nahum Goldmann und eine kleine Delegation für Samstag anbot. Diese plötzliche Einladung überraschte uns umso mehr, als Veronese behauptete, auf Bitten von Monsignore Benelli, dem zweiten Mann im Vatikan, zu handeln.
Als wir über den Grund für diese Einladung nachdachten, fanden wir eine Antwort. Ein paar Tage zuvor hatte der Heilige Stuhl etwas überstürzt die Bombardierung des Flughafens von Beirut durch die Israelis verurteilt. Bei diesem Bombenangriff, der einige Militär- und Zivilflugzeuge zerstört hatte, hatte es weder Tote noch Verletzte gegeben. Nach der Veröffentlichung eines scharfen Kommuniqués hatte der Vatikan den Angriff verurteilt.
Ich beschloss daher, Dr. Nahum Goldmann zu konsultieren, der damals gerade in Jerusalem weilte. Meiner Meinung nach betraf diese Angelegenheit eigentlich den Staat Israel und nicht den Jüdischen Weltkongress. Aus diesem Grund mussten wir die Meinung des Regie-

rungschefs oder des Außenministers einholen, um zu erfahren, ob wir helfen sollten, diese Krise zu meistern.
Am nächsten Morgen erwischte ich Goldmann gerade noch am Telefon, bevor er seine Wohnung in Jerusalem verließ. Ich schilderte ihm die Situation und fügte hinzu, dass wir, da die Einladung auf den Samstag fiel, die Möglichkeit hätten, sie abzulehnen, unter dem Vorwand, wir könnten am Schabbat nicht in den Vatikan kommen. Ich wies auch darauf hin, dass wir noch am selben Tag antworten müssten. Goldmann versprach eine rasche Antwort.
Tatsächlich erhielt ich schon zwei Stunden später einen Anruf vom stellvertretenden Generalsekretär des israelischen Außenministeriums, Arthur Lourié. Dieser hohe Beamte, den ich sehr gut kannte, fragte mich, ob ich wirklich überzeugt sei, dass die Einladung des Vatikans von dem Wunsch geleitet sei, die Wirkung des Kommuniqués über die Bombardierung des Flughafens von Beirut abzuschwächen. Ich antwortete, dass ich keinen anderen Grund sähe und dass alle Personen, die ich konsultiert hätte, meine Ansicht teilten. »Unter diesen Umständen«, sagte er mir, »sehe ich keinen Grund, warum Sie die Einladung nicht annehmen sollten.« Ich teilte Veronese sofort unsere Zusage mit.
Zwei Stunden später übermittelte mir ein zweiter Anruf aus Jerusalem eine Botschaft von Dr. Goldmann, der mich bat abzusagen. Das brachte mich in große Verlegenheit. So konnte man mit dem Vatikan nicht umgehen! Da ich nachmittags mit Perlzweig und Becker zu der Sitzung über die Menschenrechte ging, traf ich dort Veronese. Ich bat ihn um ein vertrauliches Gespräch und sagte ihm, dass ich die Anweisung erhalten hätte, unsere Zusage, zur Audienz zu erscheinen, rückgängig zu machen. Ich versuchte, das Schlimmste zu verhindern, indem ich triftige Gründe für diesen Gegenbefehl erfand. In Wirklichkeit war ich vollkommen ahnungslos. Ich zog mich recht gut aus der Affäre; Veronese machte sich zu unserem Fürsprecher bei Monsignore Benelli. Anscheinend gab es keine Komplikationen.
Am nächsten Morgen begab ich mich zusammen mit Rabbiner Joachim Prinz, dem Vorsitzenden des Leitungsgremiums des Jüdischen Weltkongresses, in Goldmanns Hotel, um die Konferenz vorzubereiten, die am selben Abend eröffnet werden sollte. Ich sagte ihm, in welcher Verlegenheit ich sei, und bat ihn um eine Erklärung.
Goldmann erzählte mir daraufhin, dass er nach meinem Anruf vergeb-

lich versucht habe, Premierminister Levi Eschkol, Außenminister Abba Eban und den Generalsekretär des Außenministeriums in Jerusalem zu erreichen. Schließlich gab er sich mit der Meinung von Arthur Lourié, dem stellvertretenden Generalsekretär des Außenministeriums, zufrieden. Etwas später jedoch rief Abba Eban Goldmann an, um ihm zu sagen: »Ich habe Ihnen keine Ratschläge zu geben, es ist Ihre Sache, diese Audienz beim Papst zuzusagen oder abzusagen.« Angesichts dieser ausweichenden Haltung beschloss Goldmann, sich nicht in diese Angelegenheit, die die israelische Regierung betraf, einzumischen. Die Sache war damit erledigt.

Aber die Sache ging weiter. Am Samstagabend wurde die Konferenz des Leitungsgremiums des Jüdischen Weltkongresses in einem großen Hotel in Rom in Anwesenheit zahlreicher Delegierter eröffnet. Da ich für die Organisation verantwortlich war, musste ich zu einem bestimmten Zeitpunkt den Konferenzsaal verlassen, um ins Sekretariat zu gehen. Als ich durch die Halle ging, bemerkte ich in einem Sessel Pater Rijk. Wie man weiß, war Rijk im Vatikan für die Beziehungen mit der jüdischen Welt zuständig. Auf meine Frage: »Was machen Sie hier?«, antwortete er: »Ich warte auf Dr. Goldmann.« – »Weiß Dr. Goldmann Bescheid?« – »Nein, er weiß es nicht, aber ich warte auf ihn.«

Ich ging daraufhin in den Saal zurück und sagte Goldmann, dass Rijk in der Halle auf ihn warte. Ich war sehr erstaunt darüber, weil die Angelegenheit der Audienz beim Papst bis jetzt in den Händen von Veronese gelegen hatte. Da Veronese Rom jedoch verlassen hatte, um zu einer Sitzung nach Genf zu reisen, hatte man Rijk gefunden, offenbar der Einzige, der uns kannte.

Goldmann verließ den Saal und erfuhr von Rijk, dass Monsignore Benelli ihm ausrichten lasse, der Papst wünsche eine Delegation des Jüdischen Weltkongresses zu empfangen. Er forderte uns auf, selbst eine Presseerklärung über die Audienz zu entwerfen. Rijk fügte hinzu, dass der Pontifex maximus großen Wert auf diese Audienz lege und dass man sich hinsichtlich des Termins nach unseren Wünschen richten würde.

Nach dem Ende der Sitzung rief Goldmann Prinz, Perlzweig und mich zu sich und erzählte uns, was geschehen war. Wir beschlossen daraufhin, um des Prinzips willen erneut den israelischen Ministerpräsidenten zu konsultieren.

Sollte er kein Veto einlegen, so waren wir entschlossen, die Einladung anzunehmen. Wir verfassten daher gemeinsam die Presseerklärung, um die man uns gebeten hatte. Rijk ließ das Kommuniqué am nächsten Morgen abholen und schickte es uns mit einer kleinen unbedeutenden Korrektur zurück.

In der Zwischenzeit setzten wir uns mit dem israelischen Premierminister in Verbindung, der unsere Positionen schließlich akzeptierte. Im Laufe des Sonntags trafen wir auch den Botschafter Israels in Rom, um ihn zu informieren und ihm mitzuteilen, was wir dem Papst zu sagen beabsichtigten.

Da Goldmann nur für zwei oder drei Tage in Rom war, musste das Treffen also am Montag, dem 6. Januar, dem Dreikönigstag, stattfinden. Das bereitete gewisse Probleme, da dies ein Feiertag war und alle Büros des Vatikans geschlossen waren. Aber der Papst willigte ein, uns ausnahmsweise in seiner Privatbibliothek zu empfangen.

Das Treffen war in mehrfacher Hinsicht äußerst interessant. Der Papst empfing uns sehr herzlich. Die Delegation, die von Dr. Goldmann in seiner Eigenschaft als Präsident des Jüdischen Weltkongresses geleitet wurde, bestand aus Joachim Prinz in seiner Eigenschaft als Vorsitzender des Leitungsgremiums und mir in meiner Eigenschaft als Generalsekretär. Der einzige anwesende Zeuge war Monsignore Rijk. Die Audienz fand außerhalb aller protokollarischen Regeln des Vatikans statt. Ohne dem Papst auch nur die Zeit zu lassen, eine Willkommensbotschaft an uns zu richten, fasste Dr. Goldmann in drei oder vier sehr präzise formulierten Sätzen die Hauptthemen unserer Begegnung zusammen, die den wesentlichen Inhalt des Kommuniqués bildeten.

Auf diese Einleitung von Goldmann folgte ein etwa zwanzigminütiges Gespräch mit dem Papst. Als wir uns erheben wollten, um uns zu verabschieden, sagte der Papst zu uns: »Nein, nein, ich muss Ihnen noch einen Text vorlesen.« Er hatte eine Ansprache vorbereitet; da Goldmann ihn jedoch fast sofort unterbrochen hatte, hatte er sie nicht verlesen können. Er las uns den Text, der Teile des Kommuniqués enthielt, also erst am Ende der Audienz vor. In dieser Ansprache bedauerte der Papst, dass man aus der Erklärung, die er über den Nahen Osten abgegeben hatte, ein Gefühl der Feindseligkeit gegenüber dem jüdischen Volk habe herauslesen können, und erklärte, dass er jede Anwendung von Gewalt verurteile, von wem sie auch immer ausgehe.

Noch wichtiger aber war, dass Paul VI. in seiner Rede vom jüdischen Volk oder vielmehr vom hebräischen Volk sprach. Das hebräische Volk, *popolo ebraico*, ist der italienische Ausdruck für das »jüdische Volk«. Der Begriff jüdisches Volk war von mir im Schlusskommuniqué gebraucht worden. Ich hatte ihn mit Absicht gebraucht, um deutlich zu machen, dass die Juden nicht nur eine Religion waren. Ich hatte nicht vergessen, dass im Text *Nostra aetate* die Worte »*de judaeis*« in letzter Minute durch »*de religione judaica*« ersetzt worden waren. Das war also eine Gelegenheit, unsere Position im Dialog zu präzisieren und zu unterstreichen. Die Annahme dieses Textes durch den Vatikan erfüllte mich mit großer Genugtuung.
Als der Papst die Worte »jüdisches Volk« aussprach, unterbrach er sich plötzlich und fügte zu unserer großen Überraschung auf bewegende Weise und als habe er eine Erleuchtung hinzu: »Wissen Sie, wir kennen uns schon so lange, aber wir stehen erst am Anfang eines wirklichen Nachdenkens über unsere Beziehungen.« Dieser Ausdruck hatte ihn sichtlich bewegt. Ihm wurde plötzlich bewusst, dass er niemals vom »hebräischen Volk« gesprochen hatte, dass er die Juden nur als Anhänger einer Religion betrachtet hatte. Das war sehr bewegend. Die Aufrichtigkeit seiner Reaktion war in diesem Augenblick deutlich zu erkennen.
Als Paul VI. Goldmann am Ende der Audienz seinen Text in einer sehr schönen äußeren Gestaltung überreichte, frage dieser: »Haben Sie mir einen Brief geschrieben?« – »Nein«, antwortete der Pontifex maximus, »das ist der Text meiner Rede.«
In dem Kommuniqué brachte Paul VI. seine Achtung vor dem jüdischen Volk zum Ausdruck und sprach »die Hoffnung aus, dass Gelegenheiten (zur Zusammenarbeit) zwischen der Kirche und dem jüdischen Volk, wie mit anderen Völkern, im Dienst der gemeinsamen Sache der Menschheit entwickelt werden können.«
Diese Audienz beim Papst ermöglichte so die Eröffnung des Dialogs zwischen der katholischen Kirche und dem Weltjudentum.

Die Gründung des Internationalen Verbindungskomitees

Auf diese bedeutsame Begegnung mit Papst Paul VI. folgte ein paar Monate später eine Zusammenkunft in London mit Monsignore Rijk. Henry Siegman im Namen des Synagogue Council of America und ich im Namen des Jüdischen Weltkongresses, den beiden Gründungsorganisationen des Internationalen Jüdischen Komitees für interreligiöse Konsultationen (IJCIC), wir erläuterten ihm unsere Vorstellungen hinsichtlich einer kontinuierlichen Zusammenarbeit zwischen Weltjudentum und katholischer Kirche und der Strukturen, die zu diesem Zweck geschaffen werden müssten. Monsignore Rijk schlug uns vor, unsere Ideen schriftlich zu formulieren. Dies taten wir im November 1969.

Ein Treffen in Rom im März 1970 gab uns die Gelegenheit, das von Henry Siegman und mir unterzeichnete Memorandum offiziell zu übergeben und es mit unseren römischen Partnern zu diskutieren.

Auch hier war das Ziel des Memorandums »die Schaffung eines Rahmens für eine kontinuierliche und dauerhafte Beziehung zwischen den autorisierten Vertretern der katholischen und jüdischen Gemeinschaften, der ihnen ein jederzeit zur Verfügung stehendes Forum für die Gegenüberstellung gegenseitiger Standpunkte und für Beratungen über die Sorgen und langfristigen Aktionen sowie über besondere Situationen, die sich von Zeit zu Zeit ergeben könnten, bietet«. Zugleich führte es auch eine Reihe von Prinzipien auf, die bei der Schaffung dieses Rahmens und der künftigen Zusammenarbeit berücksichtig werden sollten.

In der Zwischenzeit war im Vatikan von einer Kommission des Sekretariats für die Förderung der Einheit der Christen ein Dokument über die Durchführung der in Kapitel IV von *Nostra aetate* enthaltenen Prinzipien vorbereitet worden. Die vorzeitige Veröffentlichung dieses für die jüdische Sache und den Staat Israel günstigen Arbeitsdokuments durch Kardinal Sheehan war ein ernster Vorfall, der die endgültige Verabschiedung dieses Textes, in stark veränderter Form, um Jahre verzögerte.

Unsere Kontakte mit Rom rissen jedoch nicht ab und führten schließlich zur Einberufung einer Konsultation zwischen den Vertretern der katholischen Kirche und den Vertretern der im Internationalen Jüdischen Komitee für interreligiöse Konsultationen zusammengeschlossenen jüdischen Organisationen.

Die Konferenz fand vom 20. bis 22. Dezember 1970 in Rom statt. Sie war insofern von großer Bedeutung, als man gemäß unseren Vorschlägen dafür gesorgt hatte, dass alle Kongregationen und alle Abteilungen des Heiligen Stuhls, die mit den verschiedenen Aspekten der Beziehungen zu den Juden zu tun hatten, daran teilnahmen.

Daher waren auf der Konferenz nicht nur die Delegierten des Sekretariats für die Förderung der Einheit der Christen oder des Vatikanischen Büros für die katholisch-jüdischen Beziehungen vertreten, sondern auch diejenigen der Kongregation für die Lehre des Glaubens, der Kongregation für die katholische Erziehung, der Kongregation für die orientalischen Kirchen und der Päpstlichen Kommission Gerechtigkeit und Frieden.

Die Zusammensetzung der katholischen Delegation war von großer Bedeutung. Kardinal Willebrands leitete die Konferenz. Auf jüdischer Seite bestand die Delegation des Internationalen Jüdischen Komitees für interreligiöse Konsultationen aus den Vertretern des Jüdischen Weltkongresses, des Synagogue Council of America, des American Jewish Committee, des Internationalen B'nai B'rith und des Jüdischen Rats für die interreligiösen Konsultationen in Israel.

Rabbiner Arthur Hertzberg, der Joachim Prinz in der Leitung des Internationalen Jüdischen Komitees für interreligiöse Konsultationen abgelöst hatte, hatte ein Memorandum vorbereitet, in dem die jüdische Delegation definierte, wie sie ihre künftigen Beziehungen zur katholischen Kirche sah und weiterzuentwickeln gedachte.

Am Ende dieser Konferenz verabschiedeten wir ein Memorandum von sehr großer Tragweite, das wir *Memorandum of understanding* oder »Memorandum des Verständnisses« nannten.

Dieses Memorandum erklärt insbesondere, dass die Beziehungen zwischen Katholiken und Juden zwar religiöse Grundlagen haben, sich aber auf alle Bereiche des Lebens erstrecken. Es unterscheidet zwischen Fragen, die das gegenseitige Verhältnis betreffen, und Fragen von gemeinsamem Interesse.

In seiner Einleitung erklärt das Memorandum, »dass die Beziehungen so organisiert sein müssen, dass sie die Integrität unserer beiden Glauben absolut wahren; sie finden ihre Rechtfertigung in gemeinsamer, auf biblischen Glauben gegründeter Verantwortung einander und der Welt gegenüber«.

Der wichtigste Beschluss des Treffens vom Dezember 1970 war die Gründung eines Internationalen Verbindungskomitees zwischen der katholischen Kirche und den Vertretern des Weltjudentums, das sich regelmäßig trifft, und die Definition der gemeinsamen Interessensgebiete, die unsere künftige Zusammenarbeit leiten sollten. Hier die wichtigsten Punkte:

1. Fragen, die unser gegenseitiges Verhältnis betreffen:

a) Erscheinungen des Antisemitismus in verschiedenen Teilen der Welt. Hindernisse in jüdisch-christlichen Beziehungen. Ursprung und Ursachen des Fehlens eines gegenseitigen Vertrauens.

b) Überwindung des Antisemitismus in allen seinen Formen, wie sie durch die Vatikanische Erklärung *Nostra aetate* gefordert wird, besonders in Textbüchern für die religiöse Unterweisung und Geschichte, um das Judentum gemäß seinem eigenen Verständnis respektvoll auf allen Ebenen der Lehre und Erziehung darzustellen. Liturgische und liturgieähnliche Texte und Ausdrücke sollten unter der Rücksicht geprüft werden, ob sie anstößige Anspielungen auf das Judentum oder eine entsprechende Darstellung des Judentums vermeiden, und dies, ohne die legitimen Unterschiede zwischen der Kirche und dem Judentum zu verwischen.

c) Die Förderung des gegenseitigen Verständnisses durch eine gerechte und angemessene Darstellung unserer jeweiligen Glaubensweisen in ihrer besonderen Identität durch alle Mittel der Erziehung. Zu einem späteren Stadium mögen Studien über das gemeinsame Erbe von Juden und Christen unternommen werden, um das Verständnis füreinander und für ihre gemeinsame Verantwortung gegenüber der Menschheit und der Welt zu fördern.

d) Unter den Problemen, welche das gegenseitige Verständnis betreffen, sollte besondere Aufmerksamkeit dem Problem gewidmet werden, auf welche Weise die Beziehungen zwischen religiöser Gemeinschaft, Volk und Land in den jüdischen und christlichen Traditionen jeweils aufgefasst werden.

2. Fragen von gemeinsamem Interesse:

a) Die Förderung von Gerechtigkeit und Frieden in der Welt wie auch von menschlicher Freiheit und Würde; der Kampf gegen Armut und

Rassismus und alle Formen der Diskriminierung und der Schutz der Menschenrechte, sowohl des Einzelnen wie der von Gruppen, sollten das Feld besonderer Zusammenarbeit zwischen Christen und Juden sein. Die Religionsfreiheit sollte ein gemeinsames Anliegen in allen Fällen sein, wo sie bedroht oder verneint wird.

b) Es sollte erforscht werden, auf welche Weise Judentum und Christentum als Gemeinschaften, die sich vom biblischen Glauben an den einen Gott als Schöpfer herleiten und vom Schicksal dieser Welt betroffen sind, zusammen den Problemen die Stirn bieten können, welche die Religion in der modernen Welt bedrängen.
c) Die jeweiligen Beziehungen des Judentums und Christentums zu anderen Weltreligionen sollten als ein wichtiges Feld des Studiums beachtet werden. Besondere Aufmerksamkeit sollte in dieser Hinsicht dem Islam als der anderen großen monotheistischen Religion gewidmet werden.

Auf katholischer Seite war man der Ansicht, dass ein besseres Verständnis der jüdischen Tradition wichtig für den Fortbestand der Einheit der Christen sein könnte, vor allem was die Wurzeln des Christentums im biblischen und nachbiblischen Judentum betrifft.

Zum ersten Mal hatten sich die Vertreter der katholischen Kirche und der jüdischen Weltgemeinde als gleichberechtigte Partner getroffen, um auf hohem offiziellem Niveau miteinander zu diskutieren. Dadurch konnten alle Fragen angesprochen werden, die uns beschäftigten.

Während unserer Sitzungen wurde auch vereinbart, ein ständiges Verbindungskomitee zu gründen, das aus fünf Vertretern der Kirche und fünf jüdischen Vertretern bestehen sollte, die für einen Zeitraum von drei Jahren bestimmt werden sollten.

Die katholischen Mitglieder des Verbindungskomitees wurden von Kardinal Johannes Willebrands mit Zustimmung von Papst Paul VI. bestimmt. Die jüdischen Mitglieder wurden von den Mitgliedsorganisationen des Internationalen Jüdischen Komitees für interreligiöse Konsultationen bestimmt.

Das Internationale Jüdische Komitee für interreligiöse Konsultationen richtete zwei Sekretariate ein: eines in New York, in den Büros des Synagogue Council of America, und eines in Genf, im Büro des Jüdischen Weltkongresses, das ich leitete.

Ich stand in enger Verbindung mit Rom, um die Sitzungen des Verbin-

Erste Konferenz des Internationalen Verbindungskomitees zwischen der katholischen Kirche und dem Judentum. Paris, 1971. Von links nach rechts: Oberrabbiner Jacob Kaplan, Fritz Becker, Professor Arthur Hertzberg, Monsignore Roger Etchegaray, Rabbiner Marc Tannenbaum, Gerhart M. Riegner, Joseph Lichten.

dungskomitees vorzubereiten, und wegen anderer direkter oder von unserem Vertreter in Rom, Fritz Becker, vermittelter Kontakte.

Die Sitzungen des Steering Committee, das die Sitzungsperioden vorbereitete, fanden gewöhnlich in Genf in meinem Büro statt. Da ich als Einziger an allen Sitzungen des Verbindungskomitees und des Steering Comittees teilgenommen hatte, gewährleistete ich die Kontinuität der gesamten Arbeit.

1971, weniger als ein Jahr nach seiner Gründung, fand das erste Treffen des Verbindungskomitees in Paris in den Räumen des französischen Consistoire Central Israélite statt, unter Beteiligung des Oberrabbiners von Frankreich, Jacob Kaplan, des Erzbischofs von Marseille, Monsignore Roger Etchegaray, und anderer hoher Persönlichkeiten. Es war der Beginn einer neuen Ära gegenseitiger Zusammenarbeit. Wir hatten einen Rahmen für eine dauerhafte Beziehung geschaffen, in dem man über alle Probleme diskutieren konnte, darunter beispielsweise das Verhältnis zwischen Theologie und Politik, ein Thema, das uns noch weiter beschäftigen wird.

Seit seiner Gründung hat das Internationale Verbindungskomitee zwischen der katholischen Kirche und dem Judentum sechzehn Treffen abgehalten: in Paris, Marseille, Antwerpen, Rom, Jerusalem, Venedig, Toledo und Madrid, Regensburg, London, Mailand, Amsterdam, Rom, Prag, Baltimore, Jerusalem und im Vatikan.
Diskutiert wurde unter anderem über folgende Themen: »Volk, Nation und Land in den religiösen Traditionen der Juden und Christen«; »Der Begriff der Menschenrechte in den religiösen Tradition der Juden und Christen«; »Mission und Zeugnis der Kirche«; »Das Bild des Judentums in der christlichen Erziehung und das Bild des Christentums in der jüdischen Erziehung«; »Die Religionsfreiheit«; »Die Herausforderungen des Säkularismus für unser religiöses Engagement«; »Die Heiligkeit des Lebens in Beziehung zur gegenwärtigen Situation der Gewalt«; »Jugend und Glaube«; »Die historischen und religiösen Dimensionen des Antisemitismus und ihre Beziehungen zur Shoah«.
Das verdeutlicht sehr schön die Bandbreite der behandelten Probleme, unabhängig von den aktuellen Fragen, die auf jedem Treffen behandelt wurden.

Eine neue katholische Theologie

Das also waren die Strukturen, die den Dialog zwischen der katholischen Kirche und dem Weltjudentum in Gang setzen sollten.
In dieser Zeit ist der grundlegende Text der Entwicklung des theologischen Denkens der Kirche natürlich der Text des Konzils, das vierte Kapitel von *Nostra aetate*, der zentrale Text, auf dem die neue christliche Theologie bezüglich der Juden und des Judentums aufbaut.
Wie Kardinal Willebrands in einer seiner Reden sagte: »Es ist wichtig zu betonen, dass die Kirche durch seine Bischöfe in der Frage, welche Position sie bezüglich der Juden und des Judentums einnehmen soll, nicht gespalten war. Das war und bleibt die sichere Garantie der neuen Haltung gegenüber den Juden und dem Judentum in der katholischen Kirche. ›Es ist wie ein Haus, erbaut auf einem Felsen.‹ (Mt 7, 24f.) Nichts kann sie jemals zerstören.«

Analyse von »Nostra aetate«

Wenn wir die Fortschritte analysieren wollen, die in unseren Beziehungen zur katholischen Kirche in den letzten dreißig Jahren erzielt worden sind, müssen wir mit der Analyse der wichtigsten Dokumente der Kirche beginnen, die ihr Verhalten den Juden gegenüber geleitet haben.
Die Erklärung *Nostra aetate* war ein wirklicher Anfang, eine beispiellose Erneuerung. Es lassen sich acht wichtige Grundsätze aus *Nostra aetate* ableiten, die die Haltung der Kirche gegenüber dem jüdischen Volk definieren:

1. Die Erklärung stellt die geistlichen Verbindungen zwischen der Kirche und dem jüdischen Volk dar.
2. Die Kirche erkennt an, dass sie die hebräische Bibel, das heißt das Alte Testament, durch das Volk empfangen hat, mit dem Gott den Alten Bund geschlossen hatte.
3. Der Text erkennt die jüdischen Wurzeln des Christentums an, be-

ginnend mit der jüdischen Abstammung Jesu, seiner Mutter Maria und all seiner Apostel.

4. Die Erklärung stellt fest, dass die Gnadengaben und die Berufung Gottes unwiderruflich sind und dass die Juden nach wie vor »von Gott geliebt« werden.
5. *Nostra aetate* erklärt, dass man die Ereignisse des Leidens Christi weder allen damals lebenden Juden ohne Unterschied noch den heutigen Juden zur Last legen kann.
6. Der Text fordert, dass die Juden nicht als von Gott verworfen oder verflucht dargestellt werden dürfen.
7. Die Erklärung verkündet, dass die Kirche alle Verfolgungen, jede Äußerung von Hass und jede Manifestation von Antisemitismus zu jedem Zeitpunkt und durch wen auch immer verwirft.
8. Schließlich will *Nostra aetate* »die gegenseitige Kenntnis und Achtung« durch biblische und theologische Studien sowie das brüderliche Gespräch fördern.

Jeder Punkt dieser Erklärung ist von großer Bedeutung und muss im Licht der klassischen Thesen der christlichen Theologie bezüglich der Juden gelesen werden. Sie bilden tatsächlich die Parameter einer neuen Theologie in Hinblick auf die Juden und das Judentum.

Der letzte Punkt, der von gegenseitiger Kenntnis und Achtung spricht, scheint mir der wichtigste zu sein. Er beendet die Ära der Reibungen und Feindseligkeiten. Indem er die gegenseitige Achtung als Grundprinzip unserer künftigen Beziehungen einführt, bildet er einen echten Markstein und eröffnet eine neue Sicht für die Zukunft.

Warum ist die Betonung der »gegenseitigen Achtung« so wichtig? Sie beseitigt die Diskriminierungen der Vergangenheit und geht sogar über den vom 18. Jahrhundert ererbten Geist der Toleranz hinaus. Bei genauem Hinsehen ist die Toleranz eine Beziehung vom Mächtigen zum Unterworfenen. Wer Toleranz übt hat die Macht. Im Jahrhundert der Aufklärung, in dem man von den Menschen verlangte, den Anderen trotz seiner Unterschiede zu akzeptieren, war die Toleranz ein Fortschritt. Unser Jahrhundert erlebte einen tiefen Wandel in den Einstellungen, gegründet auf den Begriff der Menschenrechte. Heute gehen wir davon aus, dass der Mensch zugleich das Recht auf Gleichheit und das Recht auf Unterschiedlichkeit hat.

Der Text *Nostra aetate* war etwas Neues und sogar nie Dagewesenes in der Praxis der Kirche. Wie ich bereits betonte, ist er das einzige Dokument des Zweiten Vatikanischen Konzils, das keine Bezugnahme auf die patristische, konziliare oder päpstliche Lehre enthält. Alle anderen Dokumente beziehen sich auf diese Quellen. Schon allein dies zeigt die Neuheit dieser Lehre.

Wenn die Kirche anerkennt, dass sie die hebräische Bibel vom jüdischen Volk empfangen hat, wenn sie die jüdischen Wurzeln des Christentums und die jüdische Abstammung von Jesus und den Begründern des Christentums anerkennt, betritt sie neue Wege, von denen viele Christen nichts wissen. Während wir denken, dass Jesus uns von den Christen trennt, glauben viele von ihnen, das Jesus uns mit ihnen verbindet.

Die Bestätigung der Erklärung, dass Gott seine Gnadengaben und Versprechen, die er den Menschen gegeben hat, nicht zurücknimmt, ist außerordentlich wichtig in der theologischen Sprache. Wenn man die christliche und paulinische Theologie kennt, dann bedeutet dies, dass das, was die Christen den Alten Bund mit den Juden nennen, nicht abgeschafft ist, sondern in Kraft bleibt. Wenn man sich auf Paulus und seinen Brief an die Römer beruft, stellt man fest, dass der Alte Bund gültig bleibt und dass die Juden »immer noch von Gott geliebt« werden.

Wenn man diese Erklärung ernst nimmt, bedeutet das, dass die ganze gängige Theologie, die mit den Kirchenvätern begonnen hat, abgeschafft wird und dass die Kirche, im Gegensatz zu ihrer traditionellen Lehre, nicht mehr beanspruchen darf, das jüdische Volk zu ersetzen. Wenn der Alte Bund immer noch gilt, dann existiert für uns Juden etwas Besonderes. Die klassische Theorie der Substitution des Alten Israel (der Juden) durch das Neue Israel (die Christen) wird korrigiert und modifiziert. Diese These ist daher von entscheidender Bedeutung. Ich glaube nicht, dass man alle Konsequenzen daraus gezogen hat. Daraus resultieren viele unserer Schwierigkeiten mit den Christen.

Der Punkt, der die Juden von der Anklage des Gottesmords freispricht, ist nicht weniger wesentlich. Diese Anklage hat im Laufe der Geschichte eine äußerst verhängnisvolle Rolle gespielt.

Die Ablehnung jeder Art von Hass und Verfolgung und jeder Manifestation von Antisemitismus kommt in vorsichtigen, relativ schwachen Worten zum Ausdruck. In Bezug auf den Antisemitismus wollten die

Redakteure des Textes zuerst das Verb »verurteilen« benutzen. Das wurde in »beklagen« umgewandelt, weil man sagte, in der heutigen Zeit verurteile die Kirche nicht, vor allem nicht während eines Konzils. Das sind bedeutsame Nuancen. Es handelt sich hier um eines der Zugeständnisse, die Bea manchen Gegnern machen zu müssen glaubte. In Wirklichkeit ist es jedoch eine Verwerfung des Antisemitismus. Es ist das erste Mal, dass so etwas auf einem Konzil gesagt wird. Die *Richtlinien und Hinweise*, die ein paar Jahre später folgten, ersetzten »beklagen« durch »verurteilen«, um klarzumachen, was wirklich gemeint ist. Diese Stellungnahme ist von größter Wichtigkeit. Sie betriff alle Verfolgungen und alle Diskriminierungen, denen die Juden ausgesetzt waren, also auch jene, die dem Einfluss christlicher Theologen oder der kirchlichen Obrigkeiten zu verdanken sind. Sie ist ein endgültiger Widerruf der Theorien, die das bedauernswerte Schicksal der Juden durch die Jahrhunderte hindurch als eine Strafe Gottes betrachteten.

Das verändert zutiefst die christliche Lehre, aber auch die antisemitischen Volksbräuche, die in einer Reihe von Ländern praktiziert wurden mit verhängnisvollen und teilweise tödlichen Folgen für die jüdische Bevölkerung. Wir wiesen darauf in dem Memorandum hin, das wir dem Vatikan unterbreiteten. Denn die diesbezüglichen Volksbräuche überschreiten sehr oft die strenge Lehre der Kirche.

Als Ausgangspunkt einer neuen Ära in den Beziehungen zwischen Juden und Katholiken ist die Erklärung *Nostra aetate* kein statisches Dokument geblieben. Sie ist ein Dokument, das seine eigene Dynamik entwickelt und eine ganze Reihe von Entwicklungen eingeleitet hat, von denen einige nicht einmal vorhersehbar waren.

Die Wirkung wurde nach und nach spürbar. Sie verstärkte sich, weil die Juden den Text sehr ernst nahmen. Manche Konflikte, zu denen es kam, sind hierauf zurückzuführen, aber auch darauf, dass manche in Bezug auf seine Durchführung sehr ungeduldig waren.

Als Papst Paul VI. ein paar Monate nach der Verabschiedung des Dokuments, das er auf dem Konzil gebilligt und unterzeichnet hatte, in der Basilika Sankt Peter die Ostermesse zelebrierte, hielt er eine Ansprache, die die Jüdische Gemeinde Roms in Aufruhr versetzte. Im Grunde handelte es sich um eine Routinerede, wie er sie jedes Jahr hielt. Aber anscheinend war niemandem im Vatikan bewusst geworden, dass man nach der Verabschiedung des Textes des Konzils nicht einfach

weiterhin das wiederholen konnte, was man immer über die Juden gesagt hatte. Und dass man die Konsequenzen aus der neuen Lehre ziehen musste.
Ich erinnere mich nicht mehr genau an die Worte, aber die Ansprache vermittelte eindeutig den Eindruck, dass man die Juden für den Tod Christi verantwortlich machte. Die Kirche zog aus diesem Zwischenfall die notwendigen Konsequenzen.
Anfangs aber schrie die Jüdische Gemeinde Roms laut auf. Ich möchte in diesem Zusammenhang bemerken, dass die Juden Roms unseren Demarchen beim Vatikan immer äußerst skeptisch gegenüberstanden. Während einer der ersten Sitzungsperioden des Konzils wurde ich von der Union der Israelitischen Gemeinden Italiens eingeladen, über die Bedeutung dieser Zusammenkünfte für die Juden zu diskutieren. Die Diskussion fand auf dem Kongress der Union statt.
Eine Sondersitzung wurde organisiert, um mit Oberrabbiner Toaff und mir als Rednern darüber zu diskutieren. Grob gesagt lautete die These des Oberrabbiners, dass die Juden des Auslands überhaupt nichts von der katholischen Kirche verstünden: »Die Kirche ist in Rom, und nur wir, die italienischen Juden, kennen die Kirche wirklich.«
Das war die erste Runde. Ich erwiderte: »Sie kennen die Kirche von Rom sehr gut. Sie hätten Recht, wenn die Revolution, die gegenwärtig in der Kirche stattfindet, aus Rom käme. Aber die Revolution der Kirche kommt von außen. Die französischen, deutschen und amerikanischen Theologen drängen auf eine andere Auffassung der Kirche. Also sagen Sie mir nicht, dass Sie sie besser kennen als ich.« Ich glaube, mein Argument hat alle überzeugt.
Die zweite These des Oberrabbiners lautete wie folgt: Die neue katholische Theologie ist eine andere Methode, unsere Kinder zu gewinnen. Man versucht nicht mehr, sie mit Gewalt zu konvertieren, man versucht es mit Freundlichkeit. Ich antwortete darauf, wenn es der Kirche gelänge, unsere Jugendlichen für sich zu gewinnen, so deswegen, weil die Rabbiner versagt hätten. Wenn die jüdische Jugend das Judentum aufgibt, so liegt das an uns. Das heißt, dass die Erzieher und die Rabbiner das Judentum nicht anziehend genug für unsere Jugendlichen gemacht haben. Wenn wir eine entsprechende jüdische Erziehung haben, werden unsere Jugendlichen nicht mehr vom Christentum angezogen werden. Es liegt an uns, an den Rabbinern und den Lehrern,

daran zu arbeiten. Nicht weil die Kirche sanfte Methoden benutzt, verlieren wir unsere Kinder. Unsere Aufgabe ist es daher, ihnen eine bessere jüdische Erziehung zu geben. Wenn wir diese Rolle nicht erfüllen können, scheitern wir.

Neue Fortschritte der katholischen Theologie

Nach der Verabschiedung von *Nostra aetate* diskutierten die Katholiken, die Kirchenmänner, das Sekretariat für die Förderung der Einheit der Christen und seine Sonderkommission über die Durchführung ihrer Bestimmungen. Es gab Krisen, unter anderem wegen interner Unstimmigkeiten über das, was man über den Staat Israel sagen oder nicht sagen sollte.

Wie ich bereits erwähnte, wurde die Lehre von *Nostra aetate* definiert, erläutert und erweitert durch die Dokumente, die von den zentralen Obrigkeiten der Kirche erarbeitet wurden, durch die Erklärungen des Papstes sowie durch die Texte, die von den Bischofskonferenzen und den Diözesanbehörden auf nationaler wie auf lokaler Ebene verabschiedet wurden.

Die *Richtlinien und Hinweise für die Durchführung der Konzilserklärung »Nostra aetate«, Artikel 4* sind das wichtigste Dokument, in gewisser Weise der Höhepunkt dieser Periode. Verabschiedet am 1. Dezember 1974, wurde der endgültige Text am 3. Januar 1975 veröffentlicht. Diese *Richtlinien* sind das zweite große vom Vatikan zu diesem Thema veröffentlichte Dokument. Es wurde erarbeitet von der Kommission des Heiligen Stuhls für die religiösen Beziehungen zum Judentum, die gerade eingerichtet worden war; sie sind ihr erster wichtiger Text.

Die *Richtlinien* bestätigen und erweitern die Lehren von *Nostra aetate*. Zugleich enthalten sie ein ganzes Aktionsprogramm für den Dialog, die Liturgie, die Lehre und die Erziehung sowie die gemeinsamen sozialen Aktivitäten. Dennoch muss darauf hingewiesen werden, dass dieser Text, selbst wenn es sich um ein Dokument der zentralen Organe der Kirche handelt, nicht die gleiche Autorität hat wie eine Erklärung des Konzils.

Ich persönlich bin der Ansicht, dass diese *Richtlinien* vier grundlegende Punkte enthalten, die über *Nostra aetate* hinausgehen.

Der Erste ist, dass die Christen lernen müssen, durch welche wesentlichen Merkmale sich die Juden selbst im Licht ihrer religiösen Erfahrung definieren. Das ist die vielleicht bedeutsamste Neuerung.
In meinen Gesprächen mit den Prälaten der katholischen Kirche wiederholte ich unermüdlich, dass man die Juden nur verstehen könne, wenn man zur Kenntnis nehme, wie sie selber sich begreifen, anstatt sie so zu sehen, wie man sie sehen wolle. Ich war sehr glücklich, als ich feststellte, dass diese Idee in den Text des Vatikans Eingang gefunden hatte.
Der wesentliche Punkt dieser Auffassung ist, dass man die Juden von nun an als eine lebendige Realität begreift und nicht mehr als ein Fossil, das man vor zweitausend Jahren in den jahrtausendealten biblischen Texten gefunden hat. Man muss die Juden so nehmen, wie sie sind, so wie sie sich begreifen, wenn man sich ihnen wirklich nähern will.
Das zweite Prinzip ist, dass der Dialog die Achtung vor dem Anderen und vor allem vor seinem Glauben und seinen religiösen Überzeugungen gebietet. Infolgedessen bedeutet Dialog nicht, dass man den Anderen von seiner Überlegenheit oder der seiner Religion überzeugt. Das ist der grundlegende Unterschied zwischen dem so genannten Dialog des Mittelalters und dem zeitgenössischen Dialog.
Wir Juden denken, dass wir die ultimative Wahrheit besitzen; die Christen ihrerseits denken nicht anders. Jeder ist von seiner Wahrheit überzeugt. Der Dialog gebietet gegenseitige Achtung. Diese Achtung drückt sich dadurch aus, dass man den Anderen akzeptiert, wie er ist. Ziel des Dialogs ist es also nicht, den Anderen von seiner eigenen Überlegenheit zu überzeugen, sondern dafür zu sorgen, dass der Andere einen anerkennt und akzeptiert, und gemeinsam zu sehen, wie man versuchen kann, die Situation des Menschen auf Erden zu verbessern.
Der dritte wichtige Punkt der *Richtlinien*, der so niemals zuvor ausgedrückt wurde, ist, dass man das Alte und das Neue Testament nicht in dem früher gelehrten Sinn in Gegensatz zueinander stellen darf, dass das Neue Testament auf der Liebe gründet und das Alte auf einer streng legalistischen Auffassung von Gerechtigkeit. Mit einem Wort, Gesetz gegen Liebe. Das ist falsch. Das Gebot der Nächstenliebe findet sich in der hebräischen Bibel in den zehn Geboten und folgt unmittelbar auf das Gebot, den einen Gott zu achten.
Der vierte neue Punkt in den *Richtlinien* verkündet, dass die Geschich-

te des Judentums mit der Zerstörung Jerusalems kein Ende gefunden hat, sondern weitergeht und sogar eine an Werten sehr reiche Tradition entwickelt hat. Verglichen mit der traditionellen Theologie ist dieses Prinzip wirklich revolutionär.

In der traditionellen christlichen Lehre wurden die Juden als das »verfluchte Volk« dargestellt und ihre Zerstreuung als die Strafe für die Verstoßung Christi. Und jetzt heißt es plötzlich: »Die Juden sind geistig reich. Die Geschichte ist weitergegangen, und ihr entwickelt eure Tradition weiter.« Das ist die Anerkennung der nicht abreißenden Tradition des jüdischen Volkes als derjenigen einer Gemeinschaft, die durch die Jahrhunderte lebendig geblieben ist und ihre eigene Mission hat. Das ist ein sehr wichtiger Schritt vorwärts innerhalb der christlichen Auffassung des Judentums.

Als dieses Dokument erschien, hatten die Juden zunächst sehr große Bedenken. Man vergleicht nicht immer das, was ein Text an Neuem enthält, mit der vorhergehenden Situation. Außerdem enthielt ein früherer Entwurf dieses Textes eine von den Juden begeistert begrüßte Passage über das Land Israel. Da dieser Absatz gestrichen wurde, waren die Juden sehr enttäuscht. Aber abgesehen von diesem großen Problem bin ich der Ansicht, dass die *Richtlinien* ein Dokument von großer theologischer Tragweite sind, das in mehrfacher Hinsicht einen eindeutigen Fortschritt darstellt. Wenn der Text der *Richtlinien* jeden Hinweis auf den Staat Israel getilgt hat, so gilt das nicht für alle andere Texte der Bischofskonferenzen. Einer der wichtigsten ist unbestritten der Text der französischen Bischofskonferenz, die in ihrer Erklärung vom 16. April 1973 unter dem Titel *Die Haltung der Christen gegenüber dem Judentum* auch vom Staat Israel spricht.

Die französische Bischofskonferenz äußert sich sehr positiv über die Gründung und Existenz des Staates Israel sowie über einige seiner geistigen Bedeutungen für Juden und Nichtjuden. Ich möchte nur den folgenden Satz zitieren: »Über die legitime Vielfalt der politischen Stellungnahmen hinweg kann das Weltgewissen dem jüdischen Volk, das im Laufe seiner Geschichte so viele Wechselfälle mitgemacht hat, nicht das Recht und die Mittel auf eine politische Existenz unter den Völkern versagen.« Man erkennt hier die Feder von Bernard Dupuy, dem hervorragenden Sekretär des Komitees der französischen Bischofskonferenz für die Beziehungen zum Judentum.

Es ist richtig, dass das Konzil nur von Religion sprach. Heute jedoch erkennen, vor allem dank des Beitrags der Juden in den gemeinsamen Diskussionen, die Reden von Kardinal Willebrands und anderer bedeutender Persönlichkeiten der Kirche an, was ich die »Asymmetrie unserer Gemeinschaften« genannt habe. Die katholische Kirche ist eine Religion, die Juden sind ein Volk. Auch wenn wir ein Volk mit einer religiösen Berufung sind, sind wir im Grunde doch zwei grundlegend verschiedene Entitäten.

Ich habe immer gesagt, dass man die außerordentlich große Bedeutung dieser Asymmetrie anerkennen muss, um die Konsequenzen daraus zu ziehen, beginnend mit der Vertretung des jüdischen Volks im Dialog mit den Christen. Für uns sind die Vertreter des jüdischen Volks im religiösen Dialog nicht automatisch die Rabbiner. Zudem ist die Rolle eines Rabbiners eine vollkommen andere als die eines Pfarrers oder eines Bischofs.

Eine bezeichnende Anekdote bezeugt diese Unterschiede.

Ich war einmal zu einem großen Kongress des Laienapostolats in Rom eingeladen, der von der Gesamtheit der katholischen Laienorganisationen verschiedener Länder organisiert wurde. Es handelte sich um eine riesige Volksversammlung von zwei- bis dreitausend Menschen. Die Katholische Aktion, die katholischen Frauenorganisationen und die Jugendorganisationen nahmen daran teil. Da ich mit vielen dieser Organisationen in Verbindung stand und diese den neuen Grundsätzen des Vatikans in Bezug auf die Juden folgten, hatten die Organisationen mich als Beobachter zu ihrem Kongress einladen wollen.

Bevor sie mich einluden, wandten sie sich an mich, um mich zu fragen, ob ich bereit sei, ihre Einladung anzunehmen. Man wollte eine Ablehnung vermeiden. Gleichzeitig ließ man mich wissen, dass die Organisatoren den Oberrabbiner von Rom konsultiert hatten, der einverstanden war. Ich nahm die Einladung an und fand mich als einziger Jude unter 3000 Katholiken wieder.

Ich fragte die Organisatoren: »Warum haben Sie den Oberrabbiner von Rom gefragt, ob er einverstanden sei?« Sie antworteten: »Für uns ist das normal. Wenn wir eine Konferenz haben und wenn wir Probleme haben, bitten wir den örtlichen Bischof um seine Meinung.« Für sie ist der Oberrabbiner also die höchste Autorität am Konferenzort. Für sie war der »jüdische Bischof« vor Ort also der Oberrabbiner von Rom.

Ich sagte ihnen: »Bei uns ist die Position des Rabbiners eine ganz andere. Die Priesterwürde ist bei den Juden kein Sakrament. *Rabbi* bedeutet ›Lehrer‹. Er ist ein geistiger Führer, jemand, der studiert hat, der Ihnen bei Ihren eigenen Studien zur Seite steht, usw. Wenn Sie jemanden um Rat fragen wollten, hätten Sie mit dem Vorsitzenden der Jüdischen Gemeinde von Rom oder demjenigen der Union der Israelitischen Gemeinden Italiens sprechen sollen.« Dieses Beispiel half ihnen, den Unterschied unserer Strukturen zu verstehen.

Um diesen Unterschied deutlich zu machen, legte ich stets Wert darauf, dass in den jüdischen Delegationen bei den Konferenzen mit dem Vatikan oder mit anderen Kirchen nicht nur Rabbiner vertreten waren, sondern auch führende weltliche Persönlichkeiten der Gemeinden. Denn wenn man das nicht versteht, kann man auch nicht verstehen, wie die jüdische Gemeinde funktioniert.

Nostra aetate und die *Richtlinien* hatten einen sehr großen Einfluss. Eine ganze Reihe von Erklärungen wurden von einer beträchtlichen Zahl nationaler oder lokaler Obrigkeiten der Kirche veröffentlicht. Manche dieser Texte greifen die allgemeinen Grundsätze auf und formulieren sie neu; andere behandeln sehr ausführlich ihre praktische Umsetzung. Derartige Texte wurden vor allem in Australien, Brasilien, Deutschland, Frankreich, Kanada, den Niederlanden, Österreich, Polen und den Vereinigten Staaten veröffentlicht.

Auch die Reden von Papst Paul VI. und des derzeitigen Papstes Johannes Paul II. enthalten sehr wichtige Beiträge. Letzterer, der, vergessen wir das nicht, die Shoah unweit von Auschwitz erlebt hat, hat sehr wichtige Anregungen zur neuen christlichen Theologie geliefert, insbesondere in zwei seiner Reden: der Ansprache an den Zentralrat der Juden in Deutschland am 17. November 1980 in Mainz und der Ansprache an die Delegierten nationaler Bischofskonferenzen, die in ihrem Land besondere Kommissionen für die Beziehungen mit dem Judentum besitzen, am 6. März 1982 in Rom. Die Einberufung eines solchen Treffens war das Ergebnis unserer Diskussionen mit den Vertretern der Kirche. In Mainz sprach der Papst von der Notwendigkeit der »Berichtigung einer falschen religiösen Sicht des jüdischen Volkes, welche die Verkennungen und Verfolgungen im Lauf der Geschichte zum Teil mitverursachte«, und von der »Begegnung zwischen dem Gottesvolk des von Gott nie gekündigten Alten Bundes und dem des Neuen Bundes,

[die] zugleich ein Dialog innerhalb unserer Kirche, gleichsam zwischen dem ersten und zweiten Teil der Bibel, [ist]«.
In Rom rief Johannes Paul II., indem er die Beleidigungen und die schrecklichen Verfolgungen der Juden in den verschiedenen Geschichtsepochen ansprach, zu neuen Beziehungen auf, gegründet auf die volle Identität jeder Gemeinde und geprägt von Verständnis, Friede und gegenseitiger Achtung, die zu einer engen Zusammenarbeit im Dienste unseres gemeinsamen Erbes führen.
In einer Passage seiner römischen Rede insistiert der Papst auf der Notwendigkeit, in die christliche Erziehung auf allen Ebenen ein objektives Bild der Juden und des Judentums einzuführen, das frei ist von jedem Vorurteil und jeder Beleidigung.
In dieser Rede macht Johannes Paul II. noch einen weiteren wichtigen Schritt vorwärts. Er spricht von der Geschichte, vor allem aber von der Notwendigkeit einer katholischen Erziehung ohne Hass, ohne Diskriminierung und ohne die Vorurteile der Vergangenheit. Und er schließt: »Auf verschiedenen, aber letzten Endes dem gleichen Ziel zustrebenden Wegen werden wir – mit Hilfe des Herrn, der niemals aufgehört hat, sein Volk zu lieben – zu dieser wahren Brüderlichkeit in der Versöhnung, der Achtung und vollen Verwirklichung des Planes Gottes in der Geschichte gelangen.«
Das ist eine Formulierung, die uns sehr bewegt hat und die in gewisser Weise an die Vorstellung von Franz Rosenzweig von den parallelen Wegen erinnert. Das ist später im dritten Dokument des Vatikans – dem von 1985 über die Katechese und die Predigt – korrigiert worden, in dem es heißt, dass es keine parallelen Wege gibt.

Ein Papst in der Synagoge

Die neuen Auffassungen vom Bild des Judentums tauchen auch in der großen Rede auf, die Johannes Paul II. 1986 bei seinem historischen Besuch in der Synagoge von Rom hielt. Bei dieser Gelegenheit erinnerte der Pontifex maximus an Papst Johannes XXIII. und die Entscheidungen des Konzils, die »die entscheidende Wende im Verhältnis der katholischen Kirche zum Judentum« einleiteten. Er ermahnte die Katholiken, sich an diesen Texten, insbesondere an den *Richtlinien*, zu

orientieren, um zu einer korrekten Haltung den Juden und dem Judentum gegenüber zu finden. »Die jüdische Religion ist für uns nicht etwas ›Äußerliches‹, sondern gehört in gewisser Weise zum ›Inneren‹ unserer Religion. Zu ihr haben wir somit Beziehungen wie zu keiner anderen Religion. Ihr seid unsere bevorzugten Brüder und, so könnte man gewissermaßen sagen, unsere älteren Brüder.«
Andererseits erinnerte der Papst an seinen Abscheu vor der Shoah und an die Worte, die er vor der Gedenktafel in Auschwitz gesprochen hat. Der Papst erinnerte auch an »die Zusammenarbeit zum Wohl des Menschen, [...] zugunsten seiner Würde, seiner Freiheit, seiner Rechte, seiner Entfaltung in einer Gesellschaft, die nicht feindselig, sondern freundlich und wohlwollend ist, wo die Gerechtigkeit regiert und wo [...] der Friede herrscht, der *schalom*, der von den Gesetzgebern, von den Propheten und von den Weisen Israels herbeigesehnt worden ist.«

Hinweise für eine richtige Darstellung von Juden und Judentum in der Predigt und der Katechese der katholischen Kirche

In seiner Ansprache in Rom vor den Delegierten der Bischofskonferenzen hatte der Papst sich ganz besonders zur Katechese und zu der Notwendigkeit geäußert, den katholischen Unterricht den neuen Forderungen dieser Theologie anzupassen. Das führte im Juni 1985 zur Veröffentlichung eines Dokuments mit dem Titel *Hinweise für eine richtige Darstellung von Juden und Judentum in der Predigt und in der Katechese der katholischen Kirche*.
Dies ist das zweite wichtige nachkonziliare Dokument der von Kardinal Willebrands geleiteten Kommission des Heiligen Stuhls für die religiösen Beziehungen zum Judentum. Es wurde vom Heiligen Stuhl am Tag vor der Feier des zwanzigsten Jahrestags des Konzils veröffentlicht. In mancher Hinsicht stellt dieses Dokument einen großen Fortschritt dar. Einige seiner Thesen stießen dennoch auf heftige Kritik von Seiten der jüdischen Partner.
Das Dokument ist hervorragend, wenn es auf sehr positive Weise von den jüdischen Ursprüngen des Christentums spricht und wenn es die christliche Haltung gegenüber den Pharisäern gründlich überdenkt. In der christlichen Tradition werden diese gewöhnlich als negative Ele-

mente, als schlechte Gläubige dargestellt. Aber diese volkstümliche Sicht ist alles andere als richtig. Dieser These wurde selbst von ernsthaften christlichen Theologen widersprochen. Das Dokument von 1985 erklärt, dass Jesus und manche der Apostel den Pharisäern näher standen als jede andere jüdische Gruppe ihrer Zeit.

Ein weiterer äußerst wichtiger Punkt erklärt, wie man den Text der Evangelien verstehen muss. Wie man weiß, gibt es in den Evangelien zahlreiche Passagen, die die Juden sehr negativ darstellen und zuweilen Feindseligkeit ihnen gegenüber erkennen lassen. Diese Passagen sind der Ausgangspunkt zahlreicher antisemitischer Bücher. Mehrere aktuelle Bücher behandeln dieses Problem.

Das Dokument des Vatikans von 1985 äußert sich diesbezüglich entschieden und mutig. Es erklärt, dass diese Texte nicht zur Zeit von Jesus, sondern erst viel später geschrieben worden seien. Daher müssten sie im Zusammenhang der damaligen Konflikte zwischen den Anhängern der neuen Religion und den jüdischen Gemeinden gelesen werden. Diese Polemiken spiegelten die konfliktgeladenen Beziehungen zwischen Juden und Christen wider, die lange nach Jesus bestanden hätten. Diese Feststellung ist von entscheidender Bedeutung, wenn man den Sinn gewisser Evangelientexte für die Christen von heute herausarbeiten will. Die Tatsache, dass diese historischen Erklärungen in die Katechese, die die Lehrer leiten soll, integriert worden sind, hat sehr großes Gewicht.

Dennoch muss man feststellen, dass dieses Dokument auch manche negativen Punkte enthält. Mehr als einmal hat man den Eindruck, dass wir erneut in die alte Theologie der Substitution verfallen.

Ich nenne nur den Satz, den der Papst in Rom über die verschiedenen, aber zusammenlaufenden Wege gesagt hatte. Und in diesem Dokument wird klar und deutlich erklärt, dass es keine parallelen Wege zum Heil gibt.

Das Dokument von 1985 enthält unter anderem umfangreiche Ausführungen zur Typologie. Die Typologie ist ein Begriff der traditionellen christlichen Theologie, dem zufolge das Alte Testament auf bestimmte Ereignisse des Neuen Testaments vorausweist. Nach dieser Auffassung darf das Alte Testament nicht für sich allein gelesen werden, sondern muss als eine Vorausnahme des Neuen Testaments gelesen werden, das ihm den *sensus plenus* gibt. Auch wenn in dem Dokument gewisse Vorbehalte dieser Theorie gegenüber angemeldet werden, akzeptiert der Text sie doch in ihrem Kern.

Die ausführliche Darstellung dieses Konzepts, das die hebräische Bibel als Vorbereitung des Neuen Testaments sieht, hat uns unangenehm überrascht. Meiner Meinung nach steht sie in absolutem Widerspruch zu der These von *Nostra aetate*, der zufolge der Alte Bund nicht aufgehoben ist und immer noch seine volle Gültigkeit bewahrt.

Ich stelle den Christen in diesem Zusammenhang immer die Frage: »Wie kann man diese Behauptungen mit der Erklärung *Nostra aetate* in Einklang bringen? Insofern der Alte Bund mit Israel nicht außer Kraft gesetzt worden ist, hat das Judentum auch für das Christentum seine Existenzberechtigung.«

Ich glaube, das ist noch heute die größte Schwäche der christlichen Theologie hinsichtlich der Juden. Was bedeutet »Der Alte Bund ist gültig und besteht weiter«? In welcher Hinsicht sollen die Christen ihn respektieren? Wenn man diese Beziehung nicht definiert, bleibt alles in der Schwebe. Das ist eines der wichtigsten Merkmale der neuen christlichen Theologie. Ich glaube, sie muss darüber nachdenken, um angemessene Antworten zu finden.

Unsere ziemlich vehemente Kritik an den Passagen des Texts über die Katechese, die sich auf die Typologie beziehen, ist nicht ohne Folgen geblieben. In einer Note, die der Sekretär der Kommission des Heiligen Stuhls Monsignore Jorge Mejia anlässlich der Präsentation des Dokuments im Vatikan vor der Presse verfasste, versucht eine lange Passage diesen die Typologie betreffenden Teil des Dokuments zu rechtfertigen und behauptet, der typologische Ansatz bedeute keine Entwertung des eigenständigen Werts des Alten Testaments.

Das war ganz offensichtlich ein Versuch, die negative Wirkung, die diese Passage auf meine Kollegen und mich gehabt hatte, zu korrigieren. Monsignore Mejia beendete seine Darstellung mit der Behauptung, dass »die Grenzen des ›typologischen‹ Ansatzes bekannt sind und dass andere Arten der Lektüre des Alten Testaments im Verhältnis zum Neuen Testaments nicht ausgeschlossen sind«. Monsignore Mejias Argumentation hat mich nicht überzeugt.

In jüngster Zeit versuchte Kardinal Cassidy in dem Text, den er während der Zeremonie der Überreichung der päpstlichen Auszeichnung an mich vortrug, dieses Problem zu klären:

Die Wiederentdeckung der geistlichen Verbindungen zum »Mysterium« Israels drückt sich über wirkliche Personen aus, und dadurch kann das gegenseitige Bezeugen der spezifischen Werte der beiden großen religiösen Traditionen, Juden und Christen, im Kontext gegenseitiger Achtung und Würde stattfinden. Eine solche Atmosphäre trägt zu wirklicher Gegenseitigkeit, frei von jeder falschen Irenik oder billigem Synkretismus, bei und erlaubt der Kirche, Zeugnis abzulegen von der zentralen Stellung Christi im allgemeinen Heilsplan, ohne jedoch den Wert des Alten Testaments, das niemals widerrufen wurde, und die außerordentliche Mission, die Israel von Gott gegeben wurde, zu leugnen.

Papst Johannes Paul II. ist seinerseits jüngst auf dieses Problem zurückgekommen und hat vor allem versucht, das Verhältnis zwischen Neuem und Altem Testament zu klären. Vor der päpstlichen Bibelkommission hielt der Papst am 11. April 1997 eine Ansprache, der eine entscheidende Bedeutung im jüdisch-christlichen Dialog zukommt: Hier einige der bemerkenswertesten Passagen:

> Jahrhundertelange Vorurteile und Gegensätze haben einen tiefen Graben aufgerissen, den die Kirche, angeregt durch die Stellungnahme des Zweiten Vatikanischen Konzils, nun aufzufüllen bemüht ist. [...]
>
> In der Tat kann man das Mysterium Christi gar nicht voll zum Ausdruck bringen, wenn man nicht auf das Alte Testament zurückgreift.
>
> [...]
>
> So wurde er ein echter Sohn Israels, tief verwurzelt in der langen Geschichte seines Volkes. Als er zu predigen und zu lehren begann, schöpfte er reichlich aus dem Schatz der Schriften, und er bereicherte denselben durch neue Inspirationen und unerwartete Initiativen. Diese – und das sei wohl bemerkt – zielten nicht auf eine Abschaffung der alten Ordnung, sondern im Gegenteil darauf, sie gänzlich zur Erfüllung zu bringen.
>
> [...]
>
> Von ihren Anfängen an hat die Kirche diese Verwurzelung der Fleischwerdung in der Geschichte und folglich auch die Eingliederung Christi in die Geschichte des Volkes Israel gut verstanden. Sie hat die hebräischen Schriften immer als stets gültiges Wort aufgefasst, das, außer an die Söhne Israels, an sie selbst gerichtet war. Es ist von erstrangiger Wichtigkeit, ein solches kirchliches Bewusstsein der wesentlichen Verbindungen zum Alten Testament zu bewahren und zu erneuern. [...]

Gerhart M. Riegner mit Papst Johannes Paul II. Neben ihm Kardinal Edward Cassidy und Monsignore Pierre Duprey. Rom, 6. Dezember 1990.

> Der Christ muss wissen, dass er durch seine Zugehörigkeit zu Christus ein »Nachkomme Adams« geworden ist und dass er in den edlen Ölbaum eingepropft wurde, das heißt, er wurde in das Volk Israel eingegliedert [...]. Wenn der Christ diese feste Überzeugung besitzt, dann wird er nicht mehr akzeptieren, dass die Juden, insofern sie Juden sind, gering geschätzt oder, noch schlimmer, schlecht behandelt werden.

Diese Rede beweist ein weiteres Mal, wie sehr die Beziehungen zum Judentum dem derzeitigen Papst am Herzen liegen und dass er nicht müde wird, das christliche Zeugnis Israel gegenüber zu klären und zurechtzurücken.

Der Text über die Katechese enthielt auch Äußerungen zum Staat Israel. Es muss betont werden, dass dies das erste Mal war, dass ein solcher Text dieses Problem ansprach. Das hatte natürlich eine erhebliche Bedeutung, die besondere Aufmerksamkeit verdient. Ich werde darauf zurückkommen, wenn ich die Haltung der Kirche gegenüber dem Staat Israel analysiere.

Drei Reibungspunkte

Als wir 1976 die Arbeit des Verbindungskomitees und die seit der Verkündung von *Nostra aetate* erzielten Fortschritte bewerteten, lenkte die Jüdische Delegation die Aufmerksamkeit auf drei Bereiche, in denen es größere Schwierigkeiten gegeben hatte.
Diese Bereiche sind die Mission unter den Juden, unsere gemeinsame schmerzliche Geschichte und die Beziehungen zwischen dem Heiligen Stuhl und dem Staat Israel.

Die Mission der Kirche

Es ist bekannt, dass der missionarische Eifer der Kirche, der sich speziell auf die Juden richtet, zu allen Zeiten in starkem Maße alle Juden betroffen hat. Diese Gefühle der Ablehnung haben sich nach der Shoah noch wesentlich verstärkt. Nur wenige Juden verstehen, wie die Kirche nach dieser Katastrophe, die sich in einem weitgehend christlichen Europa abgespielt hat, noch immer ihre Bemühungen fortsetzen kann, die Juden zu bekehren. Im Einvernehmen mit unseren katholischen Partnern beschlossen wir, auf dem nächsten Treffen des Verbindungskomitees, das für 1977 in Venedig vorgesehen war, darüber zu diskutieren. Ein Bericht wurde von Professor Tommaso Federici von der Päpstlichen Universität der Urbaniana über *Die Mission und das Zeugnis der Kirche* vorbereitet. Mehrere andere Personen waren an der Vorbereitung dieses Berichts beteiligt, insbesondere der Rektor der Lateran-Universität, Monsignore Pietro Rossano. Der inzwischen veröffentliche Text erklärt, dass die Aufgabe der Kirche und die Aufgabe Israels identisch seien: der Welt das Wort Gottes zu predigen. Auf diese Weise war das noch nie gesagt worden.
Zweite Feststellung: Der Proselytismus ist verboten. Man muss allerdings wissen, dass der Proselytismus im Geist der katholischen Kirche nur die Bekehrung mit illegalen Mitteln, das heißt durch Gewalt, Drohung oder Druck, bezeichnet.

Drittens erklärt Federicis Bericht: »Die Versuche, Organisationen aller Art [...], zu schaffen, die sich der Bekehrung der Juden widmen, [sind] zu verwerfen.«
Das ist ein bemerkenswertes Umdenken. Doch lassen wir uns nicht täuschen. Was ich gerade dargestellt habe, ist noch nicht Lehre der Kirche; es ist die Meinung von Professor Federici und seinen Kollegen, den Mitgliedern des Verbindungskomitees. Dennoch ist diese Position insofern bedeutsam, als diese Persönlichkeiten die von der Kirche offiziell ernannten Vertreter auf einer Konferenz zwischen Katholiken und Juden waren. Ich stellte wiederholt die Frage: »Wie können wir weiterkommen?« Man antwortete mir: »Der erste Schritt ist, den Text von Professor Federici in den verschiedenen großen katholischen Zeitschriften zu veröffentlichen und abzuwarten, was passiert. Im Falle heftiger und zahlreicher Proteste hören wir auf. Andernfalls machen wir weiter.« Das taten wir, und der Versuchsballon war ein Erfolg.
Ich füge ein bezeichnendes Detail hinzu. Am Ende jeder dieser Sitzungsperioden verfassten wir ein gemeinsames Kommuniqué, das die wichtigsten Ergebnisse des Treffens zusammenfasste. Das taten wir auch nach dem Treffen in Venedig, auf dem Federici seinen Text vorgelegt hatte. Wir stellten in unserem Kommuniqué ziemlich detailliert Federicis Thesen dar. Der Leiter der katholischen Delegation sagte uns: »Sie können den Text sofort veröffentlichen; aber wir Katholiken müssen ihn unseren Obrigkeiten vorlegen.« Das Warten dauerte fast eine Woche. Das beweist, dass der Text in der Hierarchie der Kirche ziemlich weit nach oben gewandert war. Schließlich kam die Erlaubnis. Was den vorgetragenen Thesen eine zusätzliche Autorität verleiht.
Die Veröffentlichung dieses Textes in dem Band *Fifteen Years of Christian-Jewish Dialogue*, der 1988 vom höchst offiziellen Verlag des Vatikans und der Lateran-Universität herausgegeben wurde, ist ebenfalls ein bemerkenswerter Schritt vorwärts.

Unsere gemeinsame Geschichte annehmen

Der zweite Reibungspunkt betraf unsere gemeinsame Geschichte und die langen Jahrhunderte der Verfolgung, zu denen sich die zentralen Obrigkeiten der Kirche bisher nur sehr diskret geäußert hatten.

Wir hatten lange auf ein offizielles Wort der Kirche zu diesem Thema gewartet. Es war klar, dass dieses Problem, wenn zwischen der katholischen Kirche und den jüdischen Gemeinden eine neue Beziehung hergestellt werden sollte, nicht stillschweigend übergangen werden durfte. Übrigens wurden auch katholische Stimmen laut, die sich in diesem Sinne äußerten.

Hierzu gehört vor allem die denkwürdige Intervention von Kardinal Roger Etchegaray auf der Bischofssynode von 1983, auf der er von der »Mission der Versöhnung zwischen der Kirche und dem jüdischen Volk« und von der »Mission der Buße und Reue der Kirche für ihre Haltung gegenüber dem jüdischen Volk« spricht.

Diese mutige Initiative blieb ohne Folgen. Man muss allerdings anerkennen, dass die Kirche unter dem Pontifikat von Johannes Paul II. begonnen hat, dieses Problem nicht länger zu ignorieren.

In der Zwischenzeit hatten wir gelernt, diese Frage pragmatisch zu behandeln. So machte ich im Zuge der Vorbereitung des Jahrestreffens des Verbindungskomitees 1978 Monsignore Ramon Torrella eine Reihe von Vorschlägen. Dieser war Vizepräsident der Kommission des Heiligen Stuhls für die religiösen Beziehungen zum Judentum und ersetzte Kardinal Willebrands während seiner Abwesenheiten von Rom, da dieser noch immer Erzbischof von Utrecht war.

Ich schlug insbesondere vor, das nächste Treffen des Verbindungskomitees in Spanien zu organisieren. Dieses Land war soeben demokratisch geworden. Die erste Sitzung sollte in Toledo, in einer der beiden historischen Synagogen, die in Kirchen umgewandelt und nationale Kulturdenkmäler geworden waren, abgehalten werden.

Mein Wunsch war, dass die Sitzung vom Kardinal und Erzbischof von Toledo, dem Primas von Spanien, eröffnet werden sollte. Es ging darum, gemeinsam der Präsenz der Juden in diesem Land, aus dem sie 1492 vertrieben worden waren, zu gedenken.

Nach meinem Dafürhalten sollten die folgenden Sitzungen des Treffens in Madrid stattfinden und mit einem Gottesdienst in der Synagoge, im Haus der jüdischen Gemeinde in Anwesenheit des Kardinals und Erzbischofs und Präsidenten der spanischen Bischofskonferenz zu Ende gehen. Alle meine Bitten und Vorschläge wurden – worüber ich sehr glücklich war – sehr gut aufgenommen und schließlich in die Tat umgesetzt. Das war vermutlich das erste Mal in der Geschichte vor oder nach 1492, dass ein spanischer Kardinal an einem Gottesdienst in einer Synagoge teilnahm.

Diese Veranstaltungen hatten eine stark symbolische Bedeutung. Alle Teilnehmer und die jüdische Gemeinde Spaniens waren außerordentlich zufrieden.

Das Treffen des Steering Committee 1979 in Trient hatte ebenfalls eine große symbolische Bedeutung. Eines Tages schlug uns das Sekretariat der Kommission des Heiligen Stuhls für die religiösen Beziehungen zum Judentum vor, eine Sitzung des Steering Committee in Trient abzuhalten. Das Sekretariat handelte auf Bitten des Erzbischofs von Trient. Dieser hatte am Tag nach der Verabschiedung von *Nostra aetate* per Dekret den seit 1475 bestehenden Kult um Simon von Trient abgeschafft, der sich um ein christliches Kind rankte, das tot aufgefunden worden war und das der Grund für eine falsche Anklage wegen Ritualmordes gegen die Juden der Stadt mit katastrophalen Folgen gewesen war.

Der Erzbischof legte großen Wert darauf, diesen Akt der Wiedergutmachung sowohl der jüdischen Gemeinde als auch den Vertretern des Weltjudentums offiziell mitzuteilen.

Weitere bedeutsame und bewegende Veranstaltungen fanden statt, die Zeichen setzten, so die Gedenkfeier während des Jahrestreffens des Internationalen Verbindungskomitees 1979 in Regensburg und der Besuch des Hauses von Anne Frank während eines anderen Treffens in Amsterdam 1984. Und anlässlich unseres Treffens 1990 in Prag machten wir gemeinsam eine Wallfahrt nach Theresienstadt.

Ich erwähnte bereits die Ansprachen von Papst Johannes Paul II. in Mainz und in Rom, in denen diese Probleme angesprochen worden waren. Die Ansprache in der Synagoge von Rom enthielt ebenfalls wichtige Passagen zu diesem Thema. Noch deutlicher drückte Johannes Paul II. seine Gedanken allerdings im Juli 1987 in seiner Ansprache an die Juden von Warschau aus.

> Heute steht das Volk Israel wohl im Mittelpunkt des Interesses aller Nationen der Welt – vielleicht mehr als jemals vorher – vor allem wegen seiner schrecklichen Erfahrung; dadurch wurden Sie zu einer lauten, warnenden Stimme für die ganze Menschheit, für alle Nationen, alle Mächte dieser Welt, alle Systeme und jeden Menschen. Mehr als irgendjemand sonst sind Sie es, die zu dieser rettenden Warnung wur-

den. In diesem Sinne setzen Sie eine besondere Berufung fort und erweisen sich immer noch als die Erben jener Auserwählung, der Gott treu ist. Dies ist Ihre Sendung in der Kirche von heute, vor den Völkern, den Nationen, der ganzen Menschheit, der Kirche. Und in dieser Kirche fühlen alle Völker und Nationen sich mit Ihnen in dieser Sendung verbunden. Mit Sicherheit empfinden Sie die große Bedeutung Ihres Volkes und seiner Leiden, seines Holocausts, wenn Sie eine Warnung für den Einzelnen und die Nationen aussprechen wollen; in eurem Namen erhebt der Papst seine Stimme zu dieser Warnung. Der polnische Papst hat eine besondere Beziehung zu all dem, weil er gemeinsam mit euch in gewisser Weise all dies hier in seinem Land erlebt hat.

Erinnern wir auch an die Erklärung des Papstes bei seinem Besuch in Auschwitz vor der hebräischen Inschrift: »Gerade dieses Volk, das von Gott das Gebot empfing: ›Du sollst nicht töten!‹, hat an sich selbst in besonderem Ausmaß erfahren müssen, was Töten bedeutet. An diesem Gedenkstein darf niemand gleichgültig vorübergehen.«

Diese aufrichtigen, bewegenden und überzeugenden Worte haben mich stark bewegt, als sie in meiner Gegenwart während der Begegnung führender jüdischer Persönlichkeiten mit Papst Johannes Paul II. im Oktober 1987 in Rom wiederholt wurden.

Das Karmeliterinnenkloster von Auschwitz

Im Kontext unserer gemeinsamen Geschichte müssen wir auch die Probleme sehen, die sich durch die Errichtung eines Karmeliterinnenklosters in Auschwitz und die Audienz, die der Papst Kurt Waldheim gewährte, ergaben. Diese beiden Ereignisse wurden von der jüdischen Gemeinschaft mit großem Befremden aufgenommen, und sie drückte ihre tiefe Betroffenheit aus, erklärte, wie schockiert sie sei, und protestierte auf vielerlei Weise.

Was das Kloster in Auschwitz betrifft, so scheint mir, dass für die Entscheidung, dieses Karmeliterinnenkloster in Auschwitz zu errichten, zu gleichen Teilen die Kirche Polens – Rom war anfänglich nicht involviert – und die kommunistische polnische Regierung verantwortlich gemacht werden müssen. Die polnische Kirche hätte niemals, ohne uns zu konsultieren, die Erlaubnis einholen dürfen, die Räumlichkeiten zu benutzen, die als »Lagertheater« bezeichnet wurden und in denen das Gas Zyklon B gelagert wurde. Und die kommunistische polnische Regierung hätte niemals ohne vorherige Konsultation der jüdischen Kreise die Erlaubnis erteilen dürfen, eine ständige religiöse Einrichtung auf dem Gelände des Lagers Auschwitz zu errichten.

Die Errichtung eines katholischen Klosters auf dem Gelände des Lagers, in dem die überwiegende Mehrheit der Opfer Juden war, war ein Akt unglaublicher Gefühllosigkeit, den die Juden zwangsläufig als einen Akt der Vereinnahmung der Toten verstehen mussten. Das musste die tiefsten Gefühle der Juden in der ganzen Welt verletzen. Ich bin sicher, dass dies nicht beabsichtigt war, aber die Wege zur Hölle sind mit guten Absichten gepflastert.

Was geschehen ist, lässt sich vielleicht teilweise dadurch erklären, dass es praktisch vierzig Jahre lang keine Beziehungen zwischen den Juden und der katholischen Kirche in Polen gab. Erst 1983, unter dem Pontifikat Johannes Pauls II., nahm die polnische Kirche erstmals offiziell an den Feiern zum Gedenken an den Aufstand im Warschauer Ghetto teil, die regelmäßig seit 1948 stattfanden.

Was geschehen ist, illustriert zudem die Politik der Entjudaisierung der ehemaligen Lager, die sehr lange die offizielle Linie der kommunistischen Regierungen Polens war.

Man kann die Situation auch nicht verstehen, wenn man nicht die erbitterte Opposition der polnischen Kirche gegen die kommunistische polnische Regierung und ihre Politik der Verweltlichung kennt.

Alle begriffen erst sehr spät, dass Auschwitz für die Juden der ganzen Welt mehr als jeder andere Ort das Symbol der Shoah und ihres einzigartigen Charakters ist. Das berührt natürlich nicht die tiefe Achtung der Juden vor den Opfern der anderen Nationen und insbesondere der polnischen, die in Auschwitz gestorben sind.

Genau hierin bestand das große Missverständnis. Für die Juden bleibt Auschwitz das Symbol der Shoah. Für die Polen ist Oświęcim ein heiliger Ort, der die Leiden des polnischen Volks in seinem Widerstand gegen die Nazibesatzung symbolisiert.

Eine Lösung des Klosterproblems wurde im Verlauf zweier Treffen einer jüdischen Delegation mit einer katholischen Delegation in Genf gefunden. Zu den Teilnehmern gehörten insbesondere die Kardinäle

Decourtray (Lyon), Daneels (Brüssel), Lustiger (Paris) und Macharski (Krakau) sowie führende jüdische Persönlichkeiten Europas unter Leitung von Theo Klein, dem Präsidenten des Europäischen Jüdischen Kongresses. Ich gehörte der jüdischen Delegation beim zweiten Treffen im Februar 1987 als Vertreter des Jüdischen Weltkongresses und des Internationalen Jüdischen Komitees für interreligiöse Konsultationen an. Ich war also persönlich an manchen Vermittlungsbemühungen beteiligt.

Während dieses zweiten Treffens wurde ein Abkommen geschlossen, das im Wesentlichen darauf hinauslief, dass es keinen ständigen Ort des Gebets auf dem Gelände des Lagers Auschwitz-Birkenau geben und dass das Karmeliterinnenkloster seinen Platz innerhalb eines neuen Zentrums für Information, Erziehung, Begegnung und Gebet finden werde. Dieses Zentrum sollte außerhalb des Lagergeländes mit Hilfe der europäischen Kirchen innerhalb von vierundzwanzig Monaten errichtet werden. Diese Lösung wurde von Rom gebilligt. Leider wurde das Versprechen, dieses Zentrum innerhalb des vorgesehenen Zeitraums zu errichten, nicht eingehalten.

In Polen kam es zu einer sehr starken Opposition vor allem in den nationalistischen und fundamentalistischen Kreisen gegen die Verlegung des Karmeliterinnenklosters an einen Ort außerhalb des Lagers. Mehrere unglückselige Vorfälle und unangebrachte Erklärungen verschärften die Situation und trugen dazu bei, dass die Treffen des Internationalen Verbindungskomitees während einiger Jahre nicht stattfanden.

Kein anderes Problem in den jüdisch-katholischen Beziehungen hat mir so viel Arbeit bereitet und mich zu so vielen nachdrücklichen Demarchen gezwungen.

Ich muss unseren Freunden von der Kommission des Heiligen Stuhls für die religiösen Beziehungen zum Judentum dafür danken, dass sie uns die ganze Zeit unterstützten. Kardinal Decourtray und seine Kollegen und Mitarbeiter bewiesen in diesen langen und schwierigen Jahren eine unerschütterliche Entschlossenheit und Loyalität.

Erzbischof Muszynski, der die polnische Bischofskommission für die Beziehungen zum Judentum leitete, und die Schwestern von Notre-Dame-de-Sion waren uns eine große Hilfe.

Nach mehreren Jahren der Beobachtung und des Nachdenkens war ich überzeugt, dass dieses Problem ohne eine klare Stellungnahme des

Papstes nicht gelöst werden könnte. Doch der Papst ging jeder persönlichen Intervention aus dem Weg, eine Haltung, die darauf abzielte, jede Einmischung in die Meinungsverschiedenheiten und die Spannungen, die im polnischen Episkopat spürbar waren, zu vermeiden. Es ist verständlich, dass es unter diesen Umständen für den polnischen Papst heikel war, offiziell in einen solchen Streit einzugreifen.

Man hatte gehofft, dass Kardinal Willebrands' vollkommen unmissverständliche Erklärung vom September 1989 die Situation entspannen würde. Eine Hoffnung, die sich auf die Tatsache gründete, dass der Kardinal die Gelegenheit genutzt hatte, um anzukündigen, dass der Vatikan eine erhebliche Summe für den Bau des neuen »Zentrums«, in dem das Kloster seinen Platz finden sollte, spenden werde, eine Spende, die natürlich von den höchsten Autoritäten des Vatikans genehmigt worden war. Aber das sollte sich als nicht ausreichend erweisen. Die Hoffnung schwand erneut; der Streit ging weiter.

Angesichts dieser Sackgasse reiste Monsignore Pier Francesco Fumagalli, der Sekretär der Kommission des Heiligen Stuhls für die religiösen Beziehungen zum Judentum, zusammen mit mir nach Polen, um das nationale Episkopat um eine klare Stellungnahme in dieser Angelegenheit zu bitten. Und die polnische Bischofskonferenz beschloss tatsächlich, das Projekt der Verlegung des Klosters an einen Ort außerhalb des Lagers zu unterstützen. Die Angelegenheit schien also endlich geregelt. Erneute Illusion, nichts dergleichen! Zusätzlich zu den Treffen in Genf, Paris und Brüssel musste ich innerhalb von sechs Monaten dreimal nach Rom und ebenso oft nach Polen reisen, um die Dinge in Bewegung zu bringen. Dabei waren alle betroffenen Parteien, Rom, das polnische Episkopat und der Karmeliterorden, einverstanden. Aber es bewegte sich noch immer nichts.

Am Vorabend der Gedenkfeier zum fünfzigsten Jahrestag des Ghettoaufstands verschwieg die polnische Regierung nicht ihre Besorgnis. Die Lösung kam schließlich in Form eines Briefes des Papstes an die Oberin des Klosters, die sich dem Befehl, die Verlegung des Klosters durchzuführen, beugte.

Dem Ort des umstrittenen Klosters wurde also offiziell die Weihe entzogen; das neue Kloster konnte alle Karmeliterinnen aufnehmen, die in es einzutreten wünschten, den anderen stand es frei, in ihr Mutterhaus zurückzukehren.

So unzulässig diese Handlungsweisen vom religiösen wie juristischen Standpunkt auch waren, die Angelegenheit war zum Abschluss gekommen und die Entscheidung, die den Streit beilegte, getroffen. Die Verlegung des Klosters ging einher mit der Ernennung einer neuen Oberin. Dennoch gab es immer noch Versuche, die allerhöchste Weisung zu hintertreiben, indem man die Verfügung über das alte Gebäude behinderte.
Und wir, wie sollten wir nicht zufrieden sein über den Ausgang eines mehr als siebenjährigen Kampfes. Der Verlauf dieser Affäre lehrt uns, dass es jetzt in den höchsten Kreisen der Kirche den Willen gibt, unsere Empfindlichkeiten zu respektieren.

Ein umstrittener Präsident

Aus der Sicht unserer gemeinsamen Geschichte muss ich ein paar Worte über die Audienz verlieren, die Papst Johannes Paul II. Kurt Waldheim gewährte, der damals österreichischer Bundespräsident war. Diese Audienz schockierte die jüdische Welt zutiefst, da Waldheim in der deutschen Armee an schwerwiegenden Aktionen gegen die Zivilbevölkerung, die Juden und die Kriegsgefangenen teilgenommen hatte.
Man verstand die Haltung des Vatikans umso weniger, als die meisten Staaten mitgeteilt hatten, dass sie sich weigerten, Waldheim, der als *persona non grata* galt, zu empfangen. Anfangs war die Gewährung der Audienz auf mangelnde Information über die Gründe des jüdischen Widerstands von Seiten der Kirche zurückzuführen, wozu möglicherweise gewisse innere Probleme Österreichs beitrugen. Der Vatikan versuchte dem Empfang Kurt Waldheims einen offiziellen Anstrich zu geben, um deutlich zu machen, dass diese Audienz nicht das geringste Urteil über die Persönlichkeit des Besuchers impliziere.
Die Heftigkeit der jüdischen Reaktion überraschte die Verantwortlichen des Vatikans ganz offensichtlich, ebenso wie die Behauptung der Juden, diese Audienz käme einem Widerruf der vom Papst vorher vertretenen Haltung gegenüber der Shoah gleich.
Die jüdischen Vertreter vertraten ihre Sache mit Nachdruck und insistierten auf dem Ernst der moralischen Probleme, die diese Audienz dem jüdischen Volk bereite. Die Katholiken schlossen sich schließlich den

Gründen der Juden an und räumten die Ernsthaftigkeit ihrer Empfindlichkeit ein.
Erst Kardinal Willebrands reagierte wirklich auf unsere Besorgnis mit seiner Mitteilung, dass seine Kommission ein Dokument über die Shoah, die historischen Grundlagen des Antisemitismus und seine modernen Formen vorbereiten werde. Dieses Dokument, dessen genauer Charakter noch nicht definiert war, sollte eine enorme Bedeutung für die Zukunft haben. Denn es sollte nicht nur die dreizehn Jahre der wahnsinnigen Naziverfolgung behandeln, sondern auch alle historischen Grundlagen einschließlich der Jahrhunderte der alten Lehre der Kirche über die Juden, eine Lehre, die die Nazigräuel auf so entscheidende Weise mit ermöglicht hat.
Dieses Versprechen, das auf dem Treffen des Internationalen Verbindungskomitees in Castelgandolfo 1987 gegeben wurde, wurde dort vom Papst bestätigt.

Eine umstrittene Seligsprechung

Ein weiterer Reibungspunkt, der in jüngster Zeit im Rahmen der jüdisch-christlichen Beziehungen für Turbulenzen sorgte und mit der Shoah zu tun hat, war der Fall der Seligsprechung von Edith Stein, einer katholischen Nonne jüdischer Abstammung, die von den Nazis deportiert worden war.
Es ist klar, dass es nicht Sache der Juden ist, sich in die Seligsprechung der Heiligen der katholischen Kirche einzumischen. Aber zahlreiche Mitglieder der jüdischen Gemeinschaft fühlten sich durch diesen Akt brüskiert, den sie so verstanden, dass nur derjenige, der getauft sei, zu den Personen gehöre, die ein Leben in Heiligkeit führen könnten. Es wurde daher gefragt, inwiefern sich das Martyrium der Edith Stein von dem der übrigen sechs Millionen von den Nazis vernichteten Juden unterscheide.
Es wurde eindeutig bewiesen, dass Edith Steins Deportation keine Strafe gegen die Kirche Hollands für ihren mutigen Protest gegen die Deportation der Juden gewesen sei. Wir wissen auch, dass diese Nonne nicht deportiert wurde, weil sie Nonne war, sondern weil die Nazis sie, da sie als Jüdin geboren worden war, trotz ihrer Konversion und trotz

ihres Standes als Nonne als Jüdin betrachteten. War das nicht ein weiterer Akt der Vereinnahmung? Natürlich verfolgte niemand in der jüdischen Gemeinschaft die Verfahren der Heiligenkongregation des Vatikans, und niemand kannte den Prozess der Seligsprechung, der bereits fünfundzwanzig Jahre zuvor eingeleitet worden war. Man hatte erst davon gehört, als praktisch alles entschieden war.
Erst nach langen Diskussionen wurden sich die Verantwortlichen des Vatikans bewusst, dass sie die jüdischen Empfindlichkeiten verletzten, und sie erkannten die Konsequenzen dieser Seligsprechung für die Fortsetzung der jüdisch-christlichen Beziehungen.
Dieser Vorfall zeigte ein weiteres Mal, dass es heute in den höchsten Kreisen der katholischen Kirche eine Gruppe von Personen gibt, die entschlossen sind, die jüdischen Empfindlichkeiten wirklich ernst zu nehmen. Das führte sogar zu einer vollständigen Neuformulierung der Homilie, die der Papst aus diesem Anlass in Köln hielt. Darin wird der Wille deutlich, den jüdischen Einwänden soweit wie möglich entgegenzukommen.
In seiner Homilie sprach der Papst mehrfach von Edith Stein als einer Tochter Israels. Er sagte, dass sie als Tochter ihres gemarterten Volkes gestorben sei: »Sie starb«, sagte der Papst, »in einem Vernichtungslager, als Tochter Israels, *al Kidduch haSchem* [für die Verherrlichung des heiligen Namens].« Der Papst sprach zum ersten Mal von der Shoah und nicht vom Holocaust und fand bewegende Worte für die Opfer. Am Ende zitierte Johannes Paul II. das Johannesevangelium: »Das Heil kommt von den Juden.« Das war ein Satz, den wir niemals zuvor aus dem Mund eines Papstes gehört hatten.
Gewiss, Johannes Paul II. sprach auch über verschiedene andere Dinge, in denen wir ihm nicht folgen konnten. Trotz des guten Willens aller blieb das Problem also in eine Atmosphäre der Ambiguität getaucht. Wir müssen anerkennen, dass es Situationen gibt, für die es keine befriedigenden Lösungen gibt, vor allem wenn die religiöse Identität eines Menschen involviert ist.

Der Dialog geht weiter

Nach mehrjähriger Unterbrechung wurden die Jahrestreffen des Verbindungskomitees im September 1990 in Prag wieder aufgenommen. Um die Vorbereitung des von der Kirche 1987 in Castelgandolfo angekündigten Dokuments zu unterstützen, wurde beschlossen, über die religiösen und weltlichen Grundlagen des Antisemitismus während der vergangenen neunzehn Jahrhunderte sowie über ihr Verhältnis zur Shoah zu diskutieren.

In seiner Eröffnungserklärung erklärte Kardinal Edward Idris Cassidy, der Leiter der Kommission des Heiligen Stuhls für die religiösen Beziehungen zum Judentum, der Kardinal Willebrands abgelöst hatte: »Dass der Antisemitismus im Denken und Tun des Christentums einen Platz gefunden hat, ruft auf unserer Seite nach einem Akt der *Teschuwa* (Umkehr) und der Versöhnung, insbesondere da wir in dieser Stadt zusammentreffen, die ein Zeugnis für unser Versagen ist, in bestimmten Perioden der Vergangenheit authentische Glaubenszeugen zu sein.«

Diese Erklärung machte großen Eindruck auf die jüdische Delegation. Es war das erste Mal, dass ein Akt von *Teschuwa* offiziell von einem hohen Würdenträger der Kirche in den Beziehungen zwischen Katholiken und Juden zum Ausdruck gebracht wurde.

In den Schlusserklärungen dieses Treffens verdammte die katholische Delegation den Antisemitismus ebenso wie alle anderen Formen von Rassismus als Sünde gegen Gott und Menschen. Sie erklärte, man könne »nicht im authentischen Sinne Christ sein und zugleich im Antisemitismus aktiv werden«.

Die Diskussion führte zu der Erkenntnis, dass gewisse Traditionen katholischen Denkens, Lehrens, Predigens und praktischen Tuns während der patristischen Periode und im Mittelalter zum Entstehen eines Antisemitismus innerhalb der westlichen Gesellschaft beigetragen hatten und dass in der Neuzeit viele Katholiken nicht hinreichend wachsam gewesen waren, um auf Erscheinungsformen des Antisemitismus zu reagieren.

Im Verlauf der Konferenz erhielten jüdische und katholische Zeugen der Shoah Gelegenheit, über ihre Erfahrungen zu sprechen. Sie bezeugten, dass viele Christen, aber auch Juden und andere Opfer in die Irre

gegangen waren, indem sie zu zögernd gegen die Nazi- und andere faschistische Ideologien Stellung bezogen hatten.
Die katholische Delegation bestätigte erneut die Vorbereitung des Dokuments der Kirche über die Shoah, die historischen Grundlagen des Antisemitismus und seine modernen Formen.
Das Verbindungskomitee widmete den jüngsten antisemitischen Äußerungen besondere Aufmerksamkeit, vor allem in Mittel- und Osteuropa. Es arbeitete ein praktisches Programm für die Bekämpfung der neuen Formen des Antisemitismus aus, indem es die konkreten Aufgaben der Kirche und der Staaten diesbezüglich definierte.
Besonders bedeutsam ist die Tatsache, dass Papst Johannes Paul II. anlässlich der Feier des zwanzigsten Jahrestags von *Nostra aetate* die Entscheidungen des Treffens in Prag voll und ganz billigte.
Die konkrete Folge der Prager Entscheidungen war die Reise einer Delegation des Verbindungskomitees nach Polen, Ungarn, Tschechien und der Slowakei, wo Kontakte in Hinblick auf die Umsetzung dieses Programms auf nationaler Ebene aufgenommen wurden.
Es war das erste Mal, dass eine gemeinsame Delegation eine solche Aufgabe übernahm. Die Delegation diskutierte konkrete Maßnahmen für die Durchführung des Programms sowohl mit den Bischofskonferenzen und den apostolischen Nuntien als auch mit den jüdischen Gemeinden und den Regierungsbehörden dieser Länder.
Die Prager Diskussionen wurden auf dem Treffen in Baltimore (USA) im Mai 1992 fortgesetzt. Die Konferenz stellte fest, dass sie sehr positive Berichte der Delegation des Verbindungskomitees in Polen, Ungarn sowie in Tschechien und der Slowakei erhalten habe und dass die Delegation mit dem Eindruck zurückgekommen sei, dass die Prager Anfänge begonnen hätten, Früchte zu tragen. Die Diskussionen brachten jedoch neue Herausforderungen zum Vorschein, etwa dass sich in ganz Europa neue Formen von Antisemitismus entwickelten, die die dringende Notwendigkeit einer Intensivierung unserer Zusammenarbeit deutlich machten. Um ein Klima der Zusammenarbeit zu schaffen, beschloss das Verbin-dungskomitee, dass die Rolle des Leitungskomitees verstärkt werden sollte und dass effektivere Verpflichtungen zur Zusammenarbeit in Hinblick auf unsere Bemühungen im Rahmen der bestehenden internationalen Organisationen weltweit wie auf regionaler Ebene eingegangen werden sollten.

Auf dem Treffen in Baltimore wurden auch Probleme der Erziehung diskutiert. Man versicherte sich der uneingeschränkten Zusammenarbeit der Kongregation für katholische Erziehung. Eine Zusammenarbeit zwischen den katholischen und jüdischen Hochschulen wurde ebenfalls ins Auge gefasst.

Eine Initiative des Europäischen Jüdischen Kongresses

Mit der Mission und unserer gemeinsamen Geschichte haben wir die beiden Hauptreibungspunkte zwischen der katholischen Kirche und den Juden behandelt. Bevor wir zum dritten Reibungspunkt, den Beziehungen des Heiligen Stuhls zum Staat Israel kommen, möchte ich unterstreichen, dass diese lange Geschichte (und die Art und Weise, sie anzunehmen) nicht nur unter dem Blickwinkel der Vergangenheit betrachtet wurde, sondern auch in Hinblick auf eine Zukunftsperspektive, was einen vollkommen neuen Ansatz darstellt.
Nach dem Zusammenbruch des Eisernen Vorhangs und der Wiedervereinigung des alten Kontinents berief der Papst Ende 1991 die Sonderversammlung für Europa der Bischofssynode ein. Diese Synode wurde unter das Zeichen der »neuen Evangelisation des Kontinents« gestellt. Ich spürte, dass das europäische Judentum auf diese Initiative reagieren und seine Präsenz in Europa deutlich machen musste. Ich beschloss daher, dem Europäischen Jüdischen Kongress – in dem alle jüdischen Gemeinden Europas zusammengeschlossen sind – vorzuschlagen, Kardinal Carlo Maria Martini, dem Erzbischof von Mailand, in seiner Eigenschaft als Präsident des Rats der europäischen Bischofskonferenzen ein Memorandum vorzulegen.

> Wir verstehen – hieß es in unserem Brief – die Gründe, die die Einberufung dieser Sonderversammlung motiviert haben, bedenkt man die Änderungen, die im Laufe der letzten Jahre eingetreten sind und eine tiefe Veränderung der politischen, sozialen und geistigen Situation insbesondere in Mittel- und Osteuropa bezeugen. Wenn wir uns erlauben, Ihnen dieses Memorandum zuzuleiten, so geschieht dies, weil gewisse Überlegungen, die das Generalsekretariat der Synode vorgelegt hat, einige Bemerkungen, ja gewisse Vorbehalte unsererseits notwendig machen.

Wenn man, wie es im Text des Generalsekretariats vorgeschlagen wird, »eine allgemeine Untersuchung der historischen Ereignisse, die das Leben der europäischen Völker in diesen großräumigen Gebieten geprägt haben«, unternimmt, dann scheint es uns von wesentlicher Bedeutung, dass man den bedeutenden Beitrag der Juden zur europäischen Zivilisation weder ignoriert noch unterschätzt. Außerdem ist es unerlässlich, darüber zu wachen, dass die Erinnerung an das Schicksal der europäischen Juden im Verlauf der Jahrhunderte lebendig erhalten wird, damit man besser gegen jede Form von Intoleranz kämpfen kann. Das gilt insbesondere für jenen Teil Europas, der jahrhundertelang das kulturelle, religiöse und gesellschaftliche Zentrum des Judentums gewesen ist und in dem alle modernen Bewegungen der jüdischen Kultur entstanden sind.

Eine solche Untersuchung müsste unserer Meinung nach auch die Tatsache anerkennen, dass es in Europa eine große Vielfalt religiöser, kultureller und weltlicher Traditionen gibt, die den Reichtum und die Besonderheit der europäischen Kultur ausmacht. Diese Gesamtheit von Traditionen schließt insbesondere auch diejenigen der nationalen, kulturellen und religiösen Minderheiten ein. All diese Traditionen müssten ausdrücklich als legitime Ausdrucksformen der europäischen Identität anerkannt werden.

Die Bemühungen der katholischen Kirche sind, insofern sie darauf abzielen, die Position der Religionen zu festigen und die Freiheit der Religionsausübung vor allem in Mittel- und Osteuropa wiederherzustellen, wo sie unter den kommunistischen Regimen abgeschafft war, eine willkommene Initiative, und wir unterstützen jede Aktion, die danach strebt, der Religion und den religiösen Traditionen den Platz zurückzugeben, der ihnen auf der europäischen Bühne zukommt.

Eine derartige Bemühung muss allerdings den Grundsatz der religiösen und kulturellen Pluralität achten und betonen, der ohne jeden Zweifel ein Grundprinzip des modernen Europas ist. Das schließt das eindeutige Akzeptieren und die vorbehaltlose Achtung der Grenzen ein, die dieses gesetzliche System uns allen setzt. Es scheint uns, dass die katholische Kirche in ihrem Programm der »Evangelisation Europas«, das als Hauptziel der Synode verkündet wird, diesem Pluralismus in höchstem Maße Rechnung tragen und ihn ausdrücklich anerkennen muss.

> Andererseits freuen wir uns über die Entschlossenheit der Kirche, sich unter allen Umständen und unermüdlich für den Schutz der Menschenrechte und der Grundfreiheiten einschließlich der Religionsfreiheit einzusetzen, und dies umso mehr, als die Geschichte der letzten Jahrzehnte die dramatischen Konsequenzen der Verletzung dieser Rechte und Freiheiten veranschaulicht hat.

Frau Tullia Zevi, die Präsidentin der Union der Israelitischen Gemeinden Italiens, und ich übergaben Kardinal Martini gemeinsam dieses Memorandum. Der Kardinal nahm unsere Botschaft mit großer Herzlichkeit auf; er ließ es sich auch angelegen sein, uns zu informieren, dass er selbst auf einer vorbereitenden Sitzung der Vollversammlung der Synode der Bischöfe betont habe, dass »Jerusalem, Athen und Rom die drei Inspirationspole der europäischen Kultur« seien. Der Kardinal trug Sorge, dass unser Memorandum an jeden Teilnehmer der Vollversammlung verteilt wurde. Im Verlauf der Synode unterstützten mehrere Bischöfe, insbesondere Kardinal Edward Idris Cassidy, durch ihre Interventionen unsere Stellungnahme.

Die Vollversammlung schloss mit der Verabschiedung eines Schlusstextes, in dem es unter anderem heißt:

> Die europäische Kultur ist aus vielen Wurzeln zusammengewachsen. Der Geist Griechenlands und die Romanitas, die Errungenschaften der lateinischen, keltischen, germanischen, slawischen und ugro-finnischen Völker, die hebräische Kultur und die islamischen Einflüsse gehören zu diesem komplexen Ganzen.
>
> Die neue Evangelisation ist kein Programm mit dem Ziel einer »Restauration« des einstigen Europas, sondern soll helfen, die eigenen christlichen Wurzeln zu entdecken und eine tiefere Zivilisation zu begründen [...]
>
> Beim Aufbau einer neuen Ordnung in Europa und in der Welt ist das Gespräch zwischen den Religionen von größter Bedeutung, besonders mit den »älteren Brüdern«, den Juden, deren Glaube und Kultur ein konstitutiver Teil der Entwicklung der europäischen Humanität ist.
>
> Nach dem schrecklichen Holocaust in unserem Jahrhundert, den die Kirche aus tiefstem Herzen bedauert, sind neue Anstrengungen zu einem tieferen Kennenlernen des Judentums zu unternehmen und alle Formen des Antisemitismus, die sämtlich entweder im Gegensatz zum Evangelium oder zum Naturrecht stehen, zurückzuweisen. [...]

> [...] Eingedenk des geistigen Vermächtnisses, besonders der Heiligen Schrift, die sie mit dem Judentum verbindet, möchte die Kirche in der gegenwärtigen Lage in Europa dazu beitragen, dass in den gegenseitigen Beziehungen ein neuer Frühling anbricht.

Wie man sieht, wurde die Botschaft des Europäischen Jüdischen Kongresses von den Teilnehmern der Sondervollversammlung sehr ernst genommen; sie hat ihre Ziele voll und ganz erreicht.

Es ist bemerkenswert, dass am Ende der Synode der europäischen Bischöfe einer von ihnen – und nicht einer der geringsten, nämlich Monsignore Karl Lehmann, der Präsident der Deutschen Bischofskonferenz – sie als »das wichtigste Ereignis seit dem Zweiten Vatikanischen Konzil« bezeichnet hat.

Die Beziehungen des Heiligen Stuhls zum Staat Israel

Nun zum dritten großen Problem, mit dem wir es in unseren Diskussionen mit den Katholiken zu tun hatten: den Beziehungen des Heiligen Stuhls zum Staat Israel.

Auf fast allen unserer Treffen betonten wir, dass, wenn die Kenntnis des Selbstverständnisses der Juden ein Schlüssel für eine ernsthafte gegenseitige Beziehung ist, die katholische Kirche die engen Bande nicht ignorieren darf, die das jüdische Volk mit der Erde Israels verbinden. In der Tat konnte die jüdische öffentliche Meinung nicht die wirklichen Gründe verstehen, die den Vatikan nach mehr als vierzig Jahren noch immer daran hinderten, normale diplomatische Beziehungen zum Staat Israel aufzunehmen. Sie sah in dieser Situation einen Akt der Diskriminierung, der dadurch verschärft wurde, dass der Heilige Stuhl mit einer ganzen Reihe in jüngerer Zeit gegründeter Staaten diplomatische Beziehungen aufgenommen hatte, die eindeutig nicht die gleiche Bedeutung wie das Heilige Land hatten! Für viele Juden war diese Frage tatsächlich der Prüfstein unserer Beziehungen zur katholischen Kirche. Ich persönlich glaubte nie, dass wir eine Anerkennung des Staates Israel durch die katholische Kirche brauchten, ebenso wenig wie wir ihre Anerkennung des jüdischen Volkes brauchen. Wir existieren seit Tausenden von Jahren, und unsere Legitimierung sind unsere Existenz, unsere Geschichte und die Heiligen Schriften.

Bekanntlich übergeht die Erklärung *Nostra aetate* Israel mit Stillschweigen. Und auch die *Richtlinien und Hinweise* von 1977 äußerten sich nicht zu Israel. Für die Juden war das eine große Enttäuschung. Die erste Erwähnung Israels in einem religiösen Dokument des Heiligen Stuhls findet sich im Text über die Predigt und die Katechese von 1985. Wir sprachen dieses Problem wiederholt in unseren Diskussionen mit den Vertretern des Vatikans an. Für viele blieb das ein ärgerlicher Punkt, der unsere Beziehungen stark belastete.

Da die Vertreter der katholischen Kirche im Verbindungskomitee nicht die Kompetenz hatten, dieses Problem mit uns zu behandeln, wurden auf unsere Bitten spezielle Sonderkonferenzen organisiert, an denen ausgewählte Mitglieder des Staatssekretariats des Vatikans teilnahmen und auf denen die Probleme der Beziehungen zum Staat Israel detailliert diskutiert und eine Reihe praktischer Vorschläge gemacht wurden.

Erst 1993 kam es schließlich zur Aufnahme diplomatischer Beziehungen, nachdem sich die Position des Heiligen Stuhls seit der Haltung von Papst Pius X., die er bei seiner Audienz für Theodor Herzl, den Vater des politischen Zionismus, 1904 einnahm, und selbst seit dem berühmten Telegramm, das Papst Paul VI. an »Präsident Shazar, Tel Aviv«, sandte, ganz wesentlich verändert hatte.

Hier einige Hinweise auf die verschiedenen Etappen, die zurückgelegt werden mussten, um das Problem endgültig zu lösen:

Der Apostolische Brief von Papst Johannes Paul II. über die Stadt Jerusalem vom April 1984 spricht mit großer Ehrerbietung davon, dass

> [f]ür die Juden [...] Jerusalem Gegenstand lebendiger Liebe und ewiger Mahnung [ist], reich an zahllosen Spuren und Erinnerungen seit der Zeit Davids, der sie zur Hauptstadt gewählt, und der Zeit Salomos, der dort den Tempel errichtet hat. Seit damals blicken sie, kann man sagen, jeden Tag auf Jerusalem und bezeichnen es als Symbol der Nation, ihrer Existenz und Freiheit.

Und der Text fährt fort:

> Für das jüdische Volk, das im Staat Israel lebt und in jenem Land so kostbare Zeugnisse seiner Geschichte und seines Glaubens bewahrt, müssen wir um die gewünschte Sicherheit und die gerechte Ruhe bitten, die das Vorrecht jedes Volkes und die Voraussetzung für Leben und Fortschritt jeder Gesellschaft sind.

Ebenso sprachen die *Hinweise für eine richtige Darstellung von Juden*

Bei der Unterzeichnung des Grundsatzabkommens zwischen dem Heiligen Stuhl und dem Staat Israel. Jerusalem, 30. Dezember 1993. Links: Monsignore Claudio Maria Celli, Untersekretär für Auswärtige Angelegenheiten des Vatikans; rechts: Yossi Beilin, stellvertretender Außenminister Israels; hinten: Professor Geoffrey Wigoder und Professor Zwi Werblowsky.

und Judentum in der Predigt und in der Katechese der katholischen Kirche, die 1985 von der Kommission des Heiligen Stuhls für die religiösen Beziehungen zum Judentum veröffentlicht wurden, in mehreren Absätzen vom Staat Israel. Dieser Text, der »die religiöse Treue der Juden an diese Erde, die das Gedächtnis des Landes ihrer Väter im Herzen ihrer Hoffnungen bewahrt«, anerkennt, betont:

> Die Geschichte Israels ist mit dem Jahr 70 nicht zu Ende. Sie wird sich fortsetzen, besonders in einer zahlreichen Diaspora, die es Israel erlaubt, das oft heldenhafte Zeugnis seiner Treue zum einzigen Gott in die ganze Welt zu tragen und »ihn im Angesicht aller Lebenden zu verherrlichen« (Tob 13, 4) und dabei doch die Erinnerung an das Land der Väter im Herzen seiner Hoffnungen zu bewahren (Pessachseder).
>
> Die Christen sind dazu aufgefordert, diese religiöse Bindung zu verstehen, die in der biblischen Tradition tief verwurzelt ist. Sie sollten sich

Gerhart M. Riegner mit Zalman Shazar, dem Präsidenten des Staates Israel; links: Nahum Goldmann. Tel Aviv, 1970.

> jedoch deswegen nicht eine besondere religiöse Interpretation dieser Beziehung zu eigen machen.
>
> Was die Existenz und die politischen Entscheidungen des Staates Israel betrifft, so müssen sie in einer Sichtweise betrachtet werden, die nicht in sich selbst religiös ist, sondern sich auf die allgemeinen Grundsätze internationalen Rechts beruft.
>
> Der Fortbestand Israels (wo doch so viele Völker des Altertums spurlos verschwunden sind) ist eine historische Tatsache und ein Zeichen im Plan Gottes, das Deutung erheischt. Auf jeden Fall muss man sich von der traditionellen Auffassung freimachen, wonach Israel ein bestraftes Volk ist, aufgespart als *lebendes Argument* für die christliche Apologetik. Es bleibt das auserwählte Volk [...].

Ich habe den Eindruck, dass die Juden diesen Text nicht sehr gut verstanden haben. Sie waren zufrieden mit der Anerkennung ihrer religiösen Bindung an das Land Israel und kritisierten eher den Satz, der behauptete, dass die Beziehungen zum Staat Israel nach dem internationalen Recht geregelt würden. Meiner Meinung nach handelte es sich hier um ein Missverständnis. Dieser Satz bedeutete, dass die Anerkennung des Staates Israel und die Beziehungen zu diesem Staat nicht von theologischen Konzepten bestimmt werden, sondern von den Regeln des internationales Rechts. Das bedeutet einerseits, dass die Anerkennung kein theologischer, sondern ein juristischer Akt ist und dass andererseits keine theologischen Gründe gegen eine solche Anerkennung sprechen. Doch es dauerte lang, bis sich der Vatikan auch zu diesem juristischen Schritt entschließen konnte.

Erst in dem Kommuniqué, das zum Abschluss des Treffens von Papst Johannes Paul II. mit dem Verbindungskomitee in Castelgandolfo Anfang September 1987 veröffentlicht wurde, findet sich eine wertvolle Präzisierung, die auf meinen Vorschlag hin aufgenommen worden war. Zum ersten Mal wurde darin offiziell gesagt, dass es in der katholischen Lehre keine theologischen Gründe gibt, die der Aufnahme diplomatischer Beziehungen zum Staat Israel entgegenstehen.

Auf seinem Treffen in Baltimore im März 1992 erkannte das Internationale Verbindungskomitee einerseits an, dass die Frage der diplomatischen Beziehungen zwischen dem Staat Israel und dem Heiligen Stuhl zuallererst und vor allem Sache der Regierung des Staates Israel und des Staatssekretariats des Vatikans sei, und war sich auch der Bedeutung dieser Frage für die jüdisch-katholischen Beziehungen bewusst, und gab andererseits der Hoffnung Ausdruck, dass in dieser Hinsicht schon bald bedeutsame Fortschritte erzielt werden könnten.

Der Besuch von Shimon Peres, dem israelischen Außenminister, bei Papst Johannes Paul II. im Dezember 1992, die Einladung an den Heiligen Vater, den Staat Israel zu besuchen, und der Austausch »persönlicher« Vertreter waren einige Stationen – neben vielen anderen – eines bemerkenswerten Fortschritts auf dem Weg zur Aufnahme offizieller Beziehungen.

Ein weiterer Schritt war die Einrichtung einer gemischten Kommission zwischen Israel und dem Heiligen Stuhl, die gemeinsam die Bedingungen für die Aufnahme normaler diplomatischer Beziehungen studieren sollte.

Diese Kommission – die in der Perspektive der Friedensverhandlungen im Nahen Osten arbeitete – führte den Abschluss eines Grundsatzabkommens zwischen dem Heiligen Stuhl und dem Staat Israel herbei, das am 30. Dezember 1993 unterzeichnet wurde. Die israelische Regierung lud mich freundlicherweise zur Unterzeichnung dieses

Abkommens ein, als Dank für meine Rolle beim Zustandekommen dieses ersten juristischen Aktes, der den Heiligen Stuhl und den Staat Israel miteinander verband.

Unterzeichnet von Monsignore Claudio Maria Celli, dem Unterstaatssekretär des Heiligen Stuhls, und Yossi Beilin, dem stellvertretenden Außenminister Israels, besiegelte das »Grundsatzabkommen« uneingeschränkte diplomatische Beziehungen mit der Einrichtung einer apostolischen Nuntiatur für den Heiligen Stuhl und einer Botschaft für den Staat Israel.

In diesem Zusammenhang scheint es mir interessant, auf einige besonders bedeutsame Punkte des Grundsatzabkommens hinzuweisen, das in mehrfacher Hinsicht keinem anderen Konkordat ähnelt. Hierzu gehört im ersten Artikel die gegenseitige Verpflichtung, »das Recht eines jeden auf Religions- und Gewissensfreiheit« zu wahren und zu achten, und, für den Heiligen Stuhl, der Wunsch, die »Achtung der katholischen Kirche vor den anderen Religionen und ihren Gläubigen zu betonen«. Weiterhin im zweiten Artikel die »gegenseitige Verpflichtung, in geeigneter Weise zusammenzuarbeiten, um alle Formen von Antisemitismus und alle Formen von Rassismus und religiöser Intoleranz zu bekämpfen«. Im selben Artikel bekräftigt der Heilige Stuhl »seine Verurteilung des Hasses, der Verfolgung und jeder anderen Äußerung von Antisemitismus gegen das jüdische Volk und gegen jeden Juden, wo auch immer und unter welchen Umständen und durch wen auch immer«.

Das Dokument über die Shoah

Der Abschluss des Grundsatzabkommens ist unbestritten ein wichtiger Schritt in den jüdisch-katholischen Beziehungen. Dieses Abkommen wurde in Israel wie in allen jüdischen Gemeinden der Welt mit großer Genugtuung aufgenommen.

Das einzige Problem, das mit der Aktualität verbunden und bis dahin ungelöst geblieben war, war das 1987 in Castelgandolfo gegebene und 1990 in Prag wiederholte Versprechen der Obrigkeiten des Heiligen Stuhls, ein Dokument über die Shoah, die historischen Grundlagen des Antisemitismus und seine modernen Formen vorzubereiten und zu veröffentlichen. Dieses Dokument wurde in der jüdischen Welt, die über die langen ungenutzt verstreichenden Zeiträume beunruhigt war, mit berechtigter Ungeduld erwartet.

Der Text wurde schließlich erst am 16. März 1998 in Form eines Dokuments der Kommission des Heiligen Stuhls für die religiösen Beziehungen zum Judentum verbreitet, das auf ausdrückliches Ersuchen von Papst Johannes Paul II. veröffentlicht wurde. In einem Begleitbrief gab der Papst der Hoffnung Ausdruck, das dieses Dokument »wirklich helfen wird, die Wunden der Missverständnisse und Ungerechtigkeiten in der Vergangenheit zu heilen«.

Der Text ist von beträchtlicher Tragweite. Er wird mit Sicherheit als einer der wichtigsten Schritte im Prozess der Neuorientierung der Beziehungen zwischen Juden und Katholiken anerkannt werden, der mit der Erklärung des Zweiten Vatikanischen Konzils *Nostra aetate* begonnen hatte.

Wir nahmen diesen Akt der Reue mit großer innerer Bewegtheit zur Kenntnis, und ich möchte hier die stärksten Passagen daraus zitieren:

> Unser Jahrhundert wurde Zeuge einer unaussprechlichen Tragödie, die niemals vergessen werden kann: Der Versuch des Naziregimes, das jüdische Volk zu vernichten, und die daraus folgende Ermordung von Millionen Juden. Frauen und Männer, Alte und Junge, Kinder und Säuglinge wurden einzig und allein aufgrund ihrer jüdischen Abstammung verfolgt und deportiert. Einige wurden sofort ermordet, während andere gedemütigt, misshandelt, gefoltert und ihrer Menschenwürde gänzlich beraubt und schließlich ebenfalls ermordet wurden. Nur wenige von denen, die in die Konzentrationslager kamen, überlebten; sie blieben für ihr Leben gezeichnet. Dies war die Shoah. Es ist eines der größten Dramen unseres Jahrhunderts, ein Ereignis, das uns noch heute betrifft.
>
> [...]
>
> Wir wenden uns mit dieser Reflexion an unsere Brüder und Schwestern der katholischen Kirche in aller Welt und rufen alle Christen auf, gemeinsam mit uns über die Katastrophe nachzudenken, die das jüdische Volk getroffen hat, und sich der moralischen Verpflichtung bewusst zu werden, dass Egoismus und Hass niemals mehr so anwachsen können, dass sie solches Leid und solchen Tod bringen. Besonders bitten wir unsere jüdischen Freunde, »deren schreckliches Schicksal zum Symbol

für jene Verirrungen wurde, zu denen der Mensch kommen kann, wenn er sich gegen Gott wendet«, uns mit offenem Herz anzuhören.

[...]

Trotz der christlichen Botschaft der Liebe zu allen Menschen, sogar zu den eigenen Feinden, herrschte durch die Jahrhunderte eine Einstellung vor, welche Minderheiten und alle, die irgendwie »anders« waren, benachteiligte. Die antijüdische Gesinnung in einigen christlichen Kreisen und die Kluft zwischen der Kirche und dem jüdischen Volk führten zu einer allgemeinen Diskriminierung, die manchmal in Vertreibungen oder Versuchen von Zwangsbekehrungen mündete. In einem weiten Teil der »christlichen« Welt war bis zum Ende des 18. Jahrhunderts die rechtliche Stellung derer, die nicht Christen waren, nicht immer voll gewährleistet. Dennoch hielten die in der christlichen Welt lebenden Juden an ihren religiösen Traditionen und ihrem Brauchtum fest. Daher begegnete man ihnen mit einem gewissen Argwohn und Misstrauen. In Krisenzeiten wie Hungersnöten, Krieg, Seuchen sowie sozialen Spannungen wurde die jüdische Minderheit manchmal zum Sündenbock und zum Opfer von Gewalt, Plünderungen und sogar Massakern.

[...]

Am Ende dieses Jahrtausends möchte die katholische Kirche ihr tiefes Bedauern über das Versagen ihrer Söhne und Töchter aller Generationen zum Ausdruck bringen. Dies ist ein Akt der Reue (*Teschuwa*), da wir als Glieder der Kirche sowohl an den Sünden als auch an den Verdiensten all ihrer Kinder teilhaben. Die Kirche nähert sich mit tiefem Respekt und großem Mitgefühl der Erfahrung der Vernichtung, der *Shoah*, die das jüdische Volk im Zweiten Weltkrieg durchlitten hat. Dies ist ein Ausdruck nicht bloßer Worte, sondern tatsächlich einer bindenden Verpflichtung. »Wir würden Gefahr laufen, aufs Neue Opfer grausamster Tode sterben zu lassen, wenn wir nicht leidenschaftlich nach der Gerechtigkeit verlangen und wenn wir uns nicht dafür einsetzen würden, jeder nach seinen eigenen Fähigkeiten, dass nicht das Böse die Vorherrschaft gewinne über das Gute, wie es Millionen von Söhnen und Töchtern des jüdischen Volkes gegenüber geschehen ist. [...] Die Menschheit darf nicht zulassen, dass das alles wieder geschieht.«

Wir beten, dass unsere Trauer um die Tragödie, die das jüdische Volk in unserem Jahrhundert erlitten hat, zu einer neuen Beziehung zum jüdischen Volk führen wird. Wir wünschen, dass sich das Wissen um vergangene Sünden in einen festen Entschluss umwandelt, eine neue Zukunft zu bauen, in der es keinen Antijudaismus unter Christen oder kein antichristliches Ressentiment unter Juden mehr geben wird, sondern vielmehr eine gegenseitige Achtung, wie sie jenen zukommt, die den einen Schöpfer und Herrn anbeten und einen gemeinsamen Vater und Glauben haben, Abraham.

Schließlich laden wir alle Männer und Frauen guten Willens dazu ein, intensiv über die Tragweite der *Shoah* nachzudenken. Die Opfer aus ihren Gräbern und die Überlebenden durch ihr lebendiges Zeugnis dessen, was sie erlitten haben, wurden zu einem lauten Schrei, der die Aufmerksamkeit der ganzen Menschheit weckt. Sich an diese schreckliche Erfahrung zu erinnern heißt, sich der ihr innewohnenden heilsamen Mahnung voll bewusst zu werden: Wir dürfen nicht zulassen, dass der schlechte Samen des Antijudaismus und Antisemitismus jemals wieder in eines Menschen Herzen Wurzeln schlägt.

Wir nahmen ebenfalls mit Genugtuung zur Kenntnis, dass das Dokument entscheidende Fragen anspricht, wenn es beispielsweise unterstreicht, dass die Shoah »in Europa stattfand, das heißt in Ländern mit einer langen christlichen Kultur«, und fragt, welchen Einfluss »die Haltung der Christen gegenüber den Juden in allen Jahrhunderten« auf die Verfolgung durch die Nationalsozialisten gehabt hat; oder »ob die Verfolgung der Juden durch die Nazis aufgrund der antijüdischen Vorurteile in den Köpfen und Herzen einiger Christen nicht leichter gemacht wurde«. »Machten ihre Ressentiments gegen die Juden die Christen weniger sensibel oder sogar gleichgültig gegenüber den Judenverfolgungen durch die Nationalsozialisten nach ihrer Machtergreifung?«

Das sind äußerst relevante Fragen, aber das Dokument liefert nicht einmal die Andeutung einer Antwort und vermeidet es insbesondere, zum direkten Verhältnis zwischen der »Erziehung zur Verachtung« (um die Formulierung Jules Isaacs zu gebrauchen) und dem politischen und kulturellen Klima, das die Shoah möglich machte, Stellung zu beziehen. Man kann daher sagen, dass das Dokument zwar sicherlich wichtig ist durch das, was es sagt, aber auch bezeichnend durch das, was es nicht sagt.

Das erklärt die Enttäuschung der jüdischen Welt und übrigens auch zahlreicher katholischer Persönlichkeiten, die sich diesbezüglich entschiedene und klare Stellungnahmen erwarteten. Diese Enttäuschung wird noch verstärkt durch die Behauptung gewisser historischer Tatsachen in dem Dokument, hinsichtlich welcher wir ausdrücklich unsere starken Vorbehalte zum Ausdruck brachten.

Angesichts dieser Umstände war ich der Meinung, dass die Diskussion über dieses schmerzliche und wesentliche Thema fortgesetzt werden müsse und dass der Text nicht als das letzte Wort gelten dürfe. Deswegen erlaubte ich mir auf dem Treffen des Internationalen Verbindungskomitees zwischen der katholischen Kirche und dem Judentum vom 23. bis 26. März 1998 die Einrichtung einer bilateralen Arbeitsgruppe vorzuschlagen, an der einige Fachleute teilnehmen sollten und in der wir ganz offen die Fragen, die uns trennen, diskutieren und versuchen sollten, uns auf für beide Seiten akzeptable Schlussfolgerungen zu einigen. Ich freute mich, dass dieser Vorschlag von unseren katholischen Partnern akzeptiert wurde.

Dreißigjährige Beziehungen

Das Erreichte und die Ziele

Wie ich zu Beginn dieses Kapitels sagte, wurde ich mir während der düstersten Jahre unserer Geschichte, als das jüdische Volk vollkommen isoliert und verlassen war, der Notwendigkeit bewusst, Brücken zu anderen Völkern und anderen Religionsgemeinschaften und insbesondere zu den großen christlichen Kirchen zu schlagen. Nie mehr sollte das jüdische Volk derartigen Katastrophen ausgesetzt sein, nie mehr sollte es derart isoliert und einsam sein. Wir mussten gemeinsam am Aufbau einer neuen Welt arbeiten, einer Welt, in der alle Völker einschließlich des jüdischen das Recht auf Leben und eine Existenz frei von alten Vorurteilen und alten Dämonologien haben sollten.
Im Laufe der letzten drei, vier Jahrzehnte hat sich ein neues Verhältnis zwischen unseren beiden Gemeinschaften in vielen Bereichen entwickelt, das, auch wenn es noch nicht gefestigt ist, unsere Beziehungen radikal verändert hat. Wir haben beträchtliche Fortschritte erzielt, über die ich mich freue, Fortschritte, die dem Glauben und der Beharrlichkeit all jener, die an diesen Bemühungen beteiligt waren, aber auch den benutzten Methoden zu verdanken sind.
Diese seit dem Zweiten Vatikanischen Konzil eingetretenen Veränderungen aus nächster Nähe zu verfolgen und zu beobachten, war für mich eine außerordentliche Erfahrung: Wie war es möglich, dass sich die katholische Kirche, die so sehr in festen und unantastbaren Regeln erstarrt war, mit einem Mal von diesem Panzer befreite und zu einem lebendigen Organismus wurde, der seinen Platz in der heutigen Welt hat? Das war ein einzigartiges Ereignis in der modernen Geschichte.
Ich weiß, dass konservative Elemente versucht haben, diese Entwicklung zu bremsen und in manchen Bereichen hinter das Erreichte zurückzugehen. Dennoch bin ich überzeugt, dass das *aggiornamento* und die neuen Orientierungen der Kirche das Wesentliche des Geistes des Konzils bewahren werden. Jede Generation wird natürlich ihre eigenen Interpretationen beisteuern. Aber der Kern des Erreichten wird

bleiben. Das Konzil war eine Antwort auf eine allgemeine Krise unserer Gesellschaft, eine Krise, mit der sich vor allem die Kirche konfrontiert sah. Um sich an die neuen Lebensbedingungen und die vielfältigen Entwicklungen der modernen Gesellschaft anzupassen, hatte Johannes XXIII. den Boden für das *aggiornamento* bereitet.

Die Krise des Christentums verlangte Antworten vor allem auf drei Fragen:

- das allgemeine Problem der Säkularisierung der modernen Gesellschaft;
- das Problem des zunehmenden Agnostizismus in der westlichen Welt;
- die Herausforderung des Atheismus im vom Kommunismus beherrschten Osteuropa und darüber hinaus.

Hinzu kam, dass sich die Kirche der Tatsache bewusst wurde, dass das Christentum in der modernen Welt eine Minderheit ist. Eine Minderheit war sie schon immer. Aber die Kolonisierung weiträumiger Regionen unseres Globus durch die europäischen und christlichen Großmächte verbarg diese Tatsache und schuf die Illusion, die Kirche sei einer der Faktoren der führenden Mächte.

Diese Minderheitensituation der katholischen Kirche wurde angesichts der Bevölkerungsexplosion in der Dritten und Vierten Welt immer virulenter. Ich hatte den Eindruck, dass in dieser Situation, in der die Kirche eine Gewissensprüfung hinsichtlich der Grundlagen ihrer Lehre und ihrer Positionen in Hinblick auf die moderne Gesellschaft vornahm, alles, was erstarrt war und als unveränderlich angesehen wurde, in Frage gestellt und neue Wege eröffnet werden konnten. Ich war überzeugt, dass dies auch für die starren traditionellen Positionen der Kirche in Hinblick auf die Juden und das Judentum galt.

Als ich die Arbeit der Annäherung an die katholische Kirche begann, hatte ich drei Hauptziele im Blick:

- Das erste war der Versuch, die Rolle der Kirche als ständiger Quelle von Antisemitismus zu beseitigen. Die Katastrophe der Shoah hatte uns die schrecklichen Folgen vor Augen geführt, die die jahrhundertelange Erziehung zur Verachtung haben konnte. Es ging um nichts weniger als darum, die christliche Lehre über die Juden und das Judentum grundlegend zu verändern.
- Mein zweites Motiv war Jerusalem. Mir wurde bewusst, dass keine dauerhafte Lösung dieses entscheidenden Problems ohne einen brei-

ten Konsens gefunden werden konnte und dass die katholische Kirche dabei eine wichtige Rolle spielen würde.

– Das dritte Problem, das mich beschäftigte, war die Situation der jüdischen Gemeinden in Lateinamerika, die ständig von der politischen Instabilität bedroht waren, die auf diesem Kontinent vorherrschte, auf dem die katholische Kirche ein dominierender Faktor ist. Ich wusste, dass nur sie in der Lage war, die dortigen Diktaturen zu Maßnahmen der Mäßigung zu bewegen.

Aus all diesen Gründen musste man versuchen, vertrauensvolle Beziehungen herzustellen und den Dialog mit der katholischen Kirche zu beginnen.

Während ich mich für diese Ziele einsetzte, war mir bewusst, dass es innerhalb der Kirche zwei Entwicklungen gab, die die Annahme einer neuen Haltung gegenüber den Juden begünstigen würden.

Das erste Phänomen war die Ökumenische Bewegung, die in den Jahren unmittelbar nach dem Zweiten Weltkrieg immer stärker wurde, und die Tatsache, dass sich die katholische Kirche mit dem Zweiten Vatikanischen Konzil dieser Bewegung anschloss. Immer stärker spürte man in allen christlichen Kreisen, dass die Absonderung ein Skandal war, und suchte nach neuen Wegen, um sie zu überwinden.

In diesem Bemühen ging man in der Geschichte zurück und suchte, was es vor den verschiedenen Spaltungen an Gemeinsamem gegeben hatte. Dabei gelangte man schließlich zu den Quellen des Christentums und entdeckte das Judentum und die jüdischen Ursprünge des christlichen Glaubens. Diese Entdeckung führte zu einer Annäherung der Christen an das moderne Judentum.

Das zweite Phänomen war die neue Haltung der Kirche zur modernen Welt. Angesichts des gewaltigen Ausmaßes der Probleme, mit denen wir alle konfrontiert sind, kann die Kirche nicht passiv bleiben. Sie öffnet sich daher der Welt und fühlt sich zunehmend für ihr Schicksal verantwortlich. Sie tröstet die leidende Menschheit nicht mehr, wie sie es im Laufe der Geschichte so häufig getan hat, mit den Segnungen der künftigen Welt, *haOlam haba*, sie beteiligt sich vielmehr aktiv an den Bemühungen, die Welt hier unten, *haOlam hazeh*, zu verändern.

Wenn die Kirche glaubwürdig bleiben und ein aktiver Faktor im modernen Leben sein will, dann muss sie auf das politisch Böse, auf den

Krieg, auf die Armut und auf das soziale Elend reagieren. Das war eine neue und überaus wichtige Entwicklung.

Indem die Kirche ihre Haltungen ändert und ihre Orientierungen verstärkt, nähert sie sich der traditionellen jüdischen Lehre an. Sie versteht unsere Auffassung des Universums besser, dass nämlich die Schöpfung von Gott nicht vollendet wurde, sondern der Mensch aufgerufen ist, sie Tag für Tag durch die Beachtung der Gebote – *Mizwot* – zu vervollständigen und zu vervollkommnen, indem er sich in seinem Handeln und in seinen Verhaltensweisen an die Grundregeln hält.

Diese Konzepte der Verbesserungsfähigkeit der Welt und der Bedeutung des sozialen Handelns auf der Grundlage ethischer Regeln werden von den führenden Persönlichkeiten der Kirche immer mehr akzeptiert. Da diese Auffassung jedoch zutiefst im jüdischen Denken und in der jüdischen Lehre verwurzelt ist, führte die Akzeptanz durch führende Persönlichkeiten der Kirche zu einem sehr viel besseren Verständnis der Grundelemente des Judentums.

Diese neuen Überlegungen brachten die Kirche dazu, ihre Botschaft anzupassen und zu aktualisieren. Und sie leiteten auch einen Prozess der Selbstreinigung ein. Man begann in der Kirche auf den »Juridismus«, den »Triumphalismus« und den »Romanismus« zu verzichten, eine Erneuerung, die sie menschlicher machte. Es wurden neue Strukturen geschaffen wie die Bischofssynode. Die neue Parole lautete Kollegialität.

Wir Juden sind auf existentielle Weise in die christlichen Konzepte involviert, wobei wir wissen, dass das Judentum für sein Überleben keine Berufung auf das Christentum nötig hat. Haben die Juden nicht jahrhundertelang in Babylon und Persien gelebt, ohne von der Existenz des Christentums zu wissen?

Dennoch können die Juden das Christentum nicht ignorieren. Einerseits einmal weil wir in derselben Welt leben und sehr nahe Nachbarn sind. Und andererseits müssen die Juden auch anerkennen, dass das Christentum den jüdischen Monotheismus in der Welt verbreitet hat und Hunderte Millionen Menschen den jüdischen Monotheismus durch die Botschaft der Kirche kennen gelernt haben. Kein Jude, gläubig oder nicht, kann das ignorieren.

Als ich mit meiner Arbeit begann, glaubte ich, man müsse mindestens drei oder vier Generationen arbeiten, bis die Ergebnisse sichtbar würden. Die Dinge haben sich sehr viel schneller entwickelt.

Gerhart M. Riegner erhält zusammen mit Kardinal Willebrands den »Patriarch Abraham Award« der brasilianischen Bischofskonferenz in Gegenwart von Frau Jehan Sadat. São Paulo, 1989.
Von links nach rechts: der brasilianische Außenminister, Kardinal Willebrands, Rabbiner Sobel, Frau Jehan Sadat, Gerhart M. Riegner.

Auf den Gebieten der Lehre, der Liturgie und der theologischen Reflexion sind sehr große Fortschritte erzielt worden. Das ging nicht immer ohne Reibereien und Turbulenzen ab. Und wir haben das Ziel noch lange nicht erreicht.

Unsere Aufgaben für die Zukunft

Unser erstes Ziel für die Zukunft ist es, die Kenntnis über die Juden und das Judentum in der neuen katholischen Theologie zu vertiefen. Wir müssen uns bemühen, die breite Bevölkerung zu erreichen, denn bis jetzt sind dieses Wissen und unsere neuen Beziehungen nur den Eliten bekannt.

Unsere zweite Pflicht betrifft die Probleme der Erziehung. Wir müssen sicherstellen, dass die Lehre der neuen Theologie an die künftigen Generationen von Gläubigen weitergegeben wird. Das ist meiner Meinung nach die wichtigste Aufgabe. Das Verbindungskomitee hat anerkannt, dass wir diese Frage vorrangig behandeln müssen, und die Kongregation für die katholische Erziehung hat uns ihre volle Unterstützung zugesagt.

Ich habe mit unseren katholischen Partnern häufig über die Notwendigkeit gesprochen, an den Päpstlichen Universitäten und allgemein an den katholischen Fakultäten und Seminaren die Grundlagen des Judentums und der jüdischen Geschichte von der biblischen Zeit bis heute zu lehren. Meine diesbezüglichen Ideen wurden sehr positiv aufgenommen.

Derartige Bemühungen bringen natürlich auch Pflichten für die Juden mit sich. Die Zusammenarbeit mit der katholischen Kirche kann nicht einseitig sein.

Unsere dritte Aufgabe ist die Fortsetzung und Vertiefung unserer gemeinsamen theologischen Reflexion. Denn wenn wir seit *Nostra aetate* auch bemerkenswerte Fortschritte erzielt haben, befinden wir uns doch noch immer im ersten Stadium unseres Nachdenkens. Es bleibt noch viel zu tun.

Der neue weltweite Katechismus der katholischen Kirche, der 1993 veröffentlicht wurde, enthält die Lehre von *Nostra aetate* und spricht mit großer Achtung vom Alten Testament. Doch obwohl der rigide Ton der Katechismen der Vergangenheit aufgegeben wurde, zeigen uns die neuen Thesen, dass noch ein langer Weg zurückzulegen ist.

Die vierte Aufgabe ist der gemeinsame verstärkte Kampf gegen den

Antisemitismus und für den Schutz der Menschenrechte. In einer Zeit, in der uns jeder Morgen neue Beweise für das Wiederaufleben und die beängstigende Ausbreitung einer neuen Welle von Fremdenfeindlichkeit, Rassismus, Antisemitismus und extremem Nationalismus enthüllt, drängt sich die Dringlichkeit dieser Aufgabe von selbst auf.
Ein weiterer grundlegender Punkt ist, dass die *Richtlinien und Hinweise* von 1974 einen Abschnitt »Soziale und gemeinschaftliche Aktion« enthielten. Er erinnerte daran, dass »die bewusste Überzeugung vom Wert der menschlichen Person, des Ebenbilds Gottes [...] Bestandteil der jüdischen und christlichen Tradition [ist], die sich auf das Wort Gottes gründet«. Und der Text fuhr fort: »Juden und Christen sollen im Geist der Propheten bereitwillig zusammenarbeiten zur Förderung von Gerechtigkeit und Frieden im örtlichen, nationalen und internationalen Bereich. Dieses gemeinsame Tun kann in gleicher Weise dazu dienlich sein, die gegenseitige Kenntnis und Wertschätzung zu steigern.«Es ist merkwürdig, dass dieser Abschnitt der *Richtlinien* im Laufe der Jahre eher vernachlässigt wurde. Auf unserem Treffen in Prag nahmen wir diese Gedanken wieder auf, und ich glaube, dass »die Arbeit, die die beiden Gemeinschaften gemeinsam leisten könnten, um auf die Bedürfnisse der heutigen Welt zu antworten«, in Zukunft stärker im Mittelpunkt unserer Bemühungen stehen wird.
Eine weitere Aufgabe wartet auf uns. Der religiöse Fundamentalismus dringt immer stärker in weite Bereiche unserer Gesellschaft ein. Ein in seinen Ausdrucksformen häufig fanatischer religiöser Extremismus hat stark aggressive Formen angenommen, insbesondere im Islam. Leider zeigen sich diese Tendenzen auch in anderen großen Religionen. Diese Fanatismen verstärken sich gegenseitig.
Wir müssen den Gefahren, die diese Entwicklung für uns birgt, Rechnung tragen. Auf diesem Gebiet ist eine aktive und konzertierte Zusammenarbeit zwischen den verschiedenen Religionen einschließlich der katholischen Kirche unerlässlich. Der Weltfriede hängt mehr und mehr von der harmonischen Koexistenz der großen Weltreligionen ab.

Die anderen christlichen Religionen. Beziehungen zum Weltkirchenrat

Erste Kontakte mit dem Weltkirchenrat

Meine Beziehungen zum Weltkirchenrat reichen bis zum Zweiten Weltkrieg zurück. Bereits während der Jahre seiner Bildung waren sie eng. Offiziell wurde der Weltkirchenrat erst 1948 auf der Vollversammlung in Amsterdam gegründet. Mehrere Jahre lang gab es jedoch, was man den »Rat in Gründung« nannte, mit einer provisorischen Exekutive, die an drei Orten aktiv war: in Genf als Sitz, in England, wo mehrere wichtige Mitglieder der Exekutive wohnten, und in den Vereinigten Staaten. Sein Generalsekretär war Pastor Willem A. Visser't Hooft, den ich stets sehr bewundert habe.

Willem A. Visser't Hooft begann seine Karriere in der protestantischen Studentenbewegung. Daher nahm er an verschiedenen Konferenzen der Entraide universitaire internationale teil. Er war Sekretär des Vereins christlicher junger Männer (YMCA) in Genf und dann des Weltverbands der christlichen Studenten, bevor er Generalsekretär des Weltkirchenrats wurde. Unsere Karrieren verliefen in gewisser Weise parallel.

Visser't Hooft erlebte in Genf die schreckliche Periode des Aufkommens des Nazismus in Deutschland. Er nahm an der internationalen Studentenkonferenz 1933 in München teil, wo die Nazis zum ersten Mal auftraten, und machte dort die Bekanntschaft Himmlers. Bei dieser Gelegenheit erlebte er den Fanatismus der Nazis und begriff sofort die Bedeutung des jüdischen Problems und die Brutalität des Antisemitismus der Nazis. Mit der Zeit wurde Visser't Hooft zur treibenden Kraft und zentralen Persönlichkeit des Weltkirchenrats, zunächst um seine Gründung voranzutreiben, später um ihn zu leiten. Hunderte protestantischer, anglikanischer und später orthodoxer Kirchen zu vereinigen war keine kleine Aufgabe.

Meine Beziehung zu ihm war von absolutem Vertrauen geprägt, was uns erlaubte, uns gegenseitig zu unterstützen, und was unseren gemeinsamen Initiativen förderlich war.

Er war ein ziemlich hochgewachsener Mann mit dem Kopf eines Intellektuellen. Er war ein Denker und zugleich ein Mann der Tat. Er war zutiefst geprägt von der Lehre Karl Barths, eines der großen christlichen Theologen dieses Jahrhunderts. Visser't Hooft war auch ein Calvinist in seiner ganzen Strenge. Was ihn nicht daran hinderte, ein warmherziges und mitteilsames Wesen zu haben; er hatte ein tiefes Verständnis für die Tragödie, die das europäische Judentum getroffen hatte. Als führende christliche Persönlichkeit besaß er ein sehr entwickeltes Verantwortungsbewusstsein gegenüber dem jüdischen Volk.

In seinen Erinnerungen spricht er mit großer Liebenswürdigkeit über unsere Beziehungen, unsere Zusammenarbeit und meine persönliche Rolle und betont die Qualität und den Umfang der Informationen, über die ich verfügte. Ich teilte mit ihm vieles von dem, was ich erfuhr. Ich erwähnte bereits seine mutige Stellungnahme zugunsten der Juden während der Verfolgung.

In einer Rede, die er nach der Befreiung hielt, formulierte er mit allem Nachdruck seine Position: »Das Hitlersche Heidentum wollte Gott zerstören. Zu diesem Zweck wollte es das jüdische Volk, das Volk Gottes, zerstören, weil dieses Volk Zeugnis ablegt.« Man kann sich fragen, ob Visser't Hooft die jüdische Katastrophe so klar verstanden hatte, da er selbst Calvinist war und eine pessimistische Weltsicht hatte, die sich eben gerade aus seinen calvinistischen Überzeugungen herleitete.

Ich stellte mir diese Frage während unseres letzten Gesprächs ein paar Monate vor seinem Tod. Er war in keiner sehr guten gesundheitlichen Verfassung, als ich ihn in seinem großen Haus besuchte. Wir kamen ganz zwanglos auf unsere Zusammenarbeit während des Weltkriegs zu sprechen. Wir waren beide nicht sehr stolz auf unsere Arbeit, der es nicht gelungen war, die Alliierten zu der in unserem gemeinsamen Kampf erhofften energischen Reaktion gegen die Durchführung der Endlösung zu bewegen. Wir analysierten die Gründe, die dafür verantwortlich waren, dass niemand die Ungeheuerlichkeiten der Shoah geglaubt oder die sich aufdrängenden Konsequenzen gezogen hatte, um zu versuchen, Millionen von Opfern zu retten. Ich für meinen Teil kam zu dem Schluss, dass niemand im Angesicht des absoluten Bösen leben konnte. Trotz der schrecklichen Konsequenzen, die das für so viele Menschen hatte, war dies – wenn ich so sagen darf – der positive Aspekt der Tragödie, nämlich dass man es nicht für möglich halten konnte, dass man, über eine Kartothek der Opfer und die modernsten Technologien verfügend, Behinderte, Babys, Frauen und Männer töten konnte. Das beweist in gewisser Weise – ich bin mir des schrecklichen Paradoxes bewusst –, dass der Mensch, der es nicht zu glauben vermag, der sich weigert, es zu glauben, gut ist. Daher sagte ich zu Visser't Hooft: »Das gibt uns erneut eine Hoffnung in den Menschen.« – »Nein, nein«, war seine Antwort, »der Mensch ist nicht gut.« Erst in diesem Augenblick wurde mir bewusst, dass ich mit einem glühenden Calvinisten sprach. Ich bedauerte meine Worte, aber es öffnete mir die Augen über den grundlegenden Unterschied zwischen unseren jeweiligen philosophischen und theologischen Anschauungen.

Nach dem Krieg war Visser't Hooft der Erste, der zu den deutschen Kirchen über ihre Verantwortung für die Naziverbrechen in den besetzten Ländern und für die Ausrottung der Juden sowie über die Notwendigkeit, diese Verantwortung öffentlich vor den anderen Kirchen zu bekennen, sprach.

Die Vollversammlung in Amsterdam

Der Weltkirchenrat wurde offiziell im August 1948, ein paar Monate nach der Gründung des Staates Israel, in Amsterdam gegründet.

In der langen Erklärung, die die erste Vollversammlung des Weltkirchenrats über »Das christliche Verhalten gegenüber den Juden« verabschiedete, fand der Weltkirchenrat bewegende Worte, um die ganz besondere Solidarität zu bekräftigen, die die Kirche mit dem jüdischen Volk verbindet; um die einzigartige Stellung Israels im Heilsplan Gottes zu verkünden; um den Antisemitismus als Sünde gegen Gott und Menschen anzuprangern, die absolut unvereinbar mit dem christlichen Glauben ist; um an die Ausrottung von sechs Millionen Juden zu erinnern und das Versagen der führenden christlichen Persönlichkeiten in den Ereignissen der Vergangenheit zu bekennen.

Hier einige bedeutsame Passagen aus der Erklärung:

> Wenn wir zusammenkommen, um offenen Auges und bußfertig die Unordnung der Menschenwelt zu betrachten und miteinander Gottes ewigen Vorsatz für Seine Kirche aufs Neue zu entdecken, dann wird uns unausweichlich die Frage nach dem christlichen Verhalten gegen-

über den Juden zu einem großen Anliegen. [...] Kein Volk in dieser Seiner Welt hat bitterer an der Unordnung der Menschenwelt gelitten als das jüdische. Wir können nicht vergessen, dass wir hier in einem Lande zusammentreten, aus dem 110 000 Juden ermordet wurden. Auch können wir nicht vergessen, dass wir nur fünf Jahre nach der Ausrottung von 6 Millionen Juden zusammenkommen. Gott hat uns mit den Juden in einer Solidarität besonderer Art verbunden, indem er in Seinem Heilsplan unser beider Bestimmung miteinander verknüpfte. Wir rufen all unsere Kirchen dazu auf, diese Sache zu der ihrigen zu machen [...].

[...]

Im Heilsplan Gottes hat Israel eine einzigartige Stellung. Es war Israel, mit dem Gott durch die Berufung Abrahams Seinen Bund schloss. Es war Israel, dem Gott Seinen Namen kundtat und Sein Gesetz gab. [...]

[...]

Wir müssen in aller Demut erkennen, dass wir es allzu oft unterlassen haben, unseren jüdischen Nächsten christliche Liebe zu beweisen oder auch nur den entschlossenen Willen zur gewöhnlichen sozialen Gerechtigkeit. Wir haben es unterlassen, mit ganzer Kraft gegen die uralte Unordnung in der Menschenwelt zu kämpfen, die sich im Antisemitismus darstellt. Die Kirchen haben in vergangenen Zeiten dazu geholfen, ein Bild des Juden als des alleinigen Feindes Christi entstehen zu lassen, das den Antisemitismus in der säkularen Welt gefördert hat. In vielen Ländern hat virulenter Antisemitismus noch immer eine bedrohliche Kraft, und in anderen Ländern sind die Juden mancher Entwürdigung ausgesetzt.

Wir rufen alle von uns vertretenen Kirchen dazu auf, den Antisemitismus, gleichviel welchen Ursprungs, als schlechterdings mit christlichem Bekenntnis und Leben unvereinbar zu verwerfen. Der Antisemitismus ist eine Sünde gegen Gott und Menschen.

Auf der Versammlung in Amsterdam wurden die Kirchen mit der Gründung des Staates Israel und seiner Bedeutung auf theologischer Ebene konfrontiert. Manche sahen darin die Erfüllung der Verheißungen der Heiligen Schriften, während sich andere heftig gegen diesen Standpunkt wandten.

Hier ein entscheidender Auszug aus diesem Teil der Erklärung:

Wir sehen, dass die Schaffung des Staates »Israel« dem christlichen Ringen mit dem jüdischen Problem eine neue, politische Dimension ver-

> leiht und den Antisemitismus durch politische Befürchtungen und Feindseligkeiten zu komplizieren droht.
> Wir maßen uns nicht an, ein Urteil über die politischen Seiten des Palästinaproblems und den verwickelten Gegensatz hier berührter »Rechte« abzugeben. [...]Welche Stellung man auch zu der Schaffung eines jüdischen Staates und zu dem hier in Frage stehenden »Recht« und »Unrecht« von Juden und Arabern, Judenchristen und arabischen Christen einnehmen mag, – die Kirchen haben die strenge Pflicht, für eine Ordnung in Palästina zu beten und zu arbeiten, die so gerecht ist, wie das inmitten unserer menschlichen Unordnung nur sein kann; sie müssen nach Kräften unterschiedslos Hilfe für die Opfer dieses Krieges bereitstellen; sie müssen darum bemüht sein, die Nationen dahin zu beeinflussen, dass sie weit großherziger als bisher eine Zuflucht für »Displaced Persons« bereitstellen.

Die Erklärung von Amsterdam enthielt noch einen dritten Teil. In diesem verkündete die Versammlung die Bestätigung der traditionellen Mission der Evangelisation des jüdischen Volkes durch die Kirche.

Dieser Aufruf zur Konversion schockierte die jüdischen Gemeinden zutiefst. Wie konnte man nach der Katastrophe, die einem Drittel des jüdischen Volkes das Leben gekostet, die in Ländern und in einer Gesellschaft, die so sehr vom Christentum geprägt waren, stattgefunden und die den Bankrott der diese Gesellschaft dominierenden geistigen Kräfte bewiesen hatte, wie konnte man unter diesen Umständen wagen, uns den Übertritt zum Christentum vorzuschlagen? Die jüdische Reaktion war einstimmig: Die Erklärung von Amsterdam wurde einfach in ihrer Gesamtheit ignoriert.

In den folgenden Jahren beschränkten sich meine Beziehungen zum Weltkirchenrat auf unsere Begegnungen auf den internationalen Konferenzen der UNO, der Unesco und anderswo. Gelegentlich arbeiteten wir in gewissen Bereichen zusammen, etwa auf dem Gebiet der Flüchtlinge, der Menschenrechte ...

Die Vertreter des Weltkirchenrats waren hervorragende Männer. Einer war Pastor Frederic Nolde, der Leiter der Abteilung für auswärtige Angelegenheiten in New York.

Im internationalen Bereich in Genf kreuzte der walisische Pastor Elfan Rees, erkennbar an seinem großen Schnurrbart, sehr häufig meinen Weg. Das erste Mal begegneten wir uns 1946 in der Tschechoslowakei, nach

dem Pogrom von Kielce in Polen, einem der traumatischsten Ereignisse der Nachkriegszeit, in dem Polen 42 Juden der 200 Überlebenden der Shoah töteten, die in der Hoffnung auf ein neues Leben zurückgekehrt waren.
Rees war in Prag, um mitzuhelfen, die große Zahl von jüdischen Flüchtlingen, die nach diesem Blutbad aus Polen flohen, in die Tschechoslowakei zu schleusen.
Rees hatte auch aktiv an den Konferenzen über die Probleme der palästinensischen Flüchtlinge teilgenommen, die der Weltkirchenrat im Nahen Osten einberufen hatte. Er hatte dort sehr gemäßigte Positionen vertreten und versucht, alle Parteien miteinander zu versöhnen.

Auf dem Weg zur Vollversammlung in Neu-Delhi

Ende 1959 und Anfang 1960 ging plötzlich eine Welle von Hakenkreuzen durch ganz Europa und darüber hinaus. Man fand antisemitische Zeichen an den Synagogen, an den jüdischen Häusern, auf den Friedhöfen. Es kam zu mehr als 2500 antisemitischen Zwischenfällen innerhalb weniger Wochen in zahlreichen Ländern. Es ist wichtig festzuhalten, dass die meisten in angeblich christlichen Ländern geschahen. Diese wahre Epidemie antijüdischer Äußerungen überraschte uns und war ein furchtbarer Schock für uns.
Ich rief Visser't Hooft an und sagte ihm: »Die Kirchen haben während des Krieges zur Judenfrage geschwiegen. Und jetzt fängt alles von vorn an. Wollen Sie angesichts der drohenden Gefahren erneut schweigen?« Visser't Hooft erwiderte: »Nein, denn das macht uns große Sorgen.« In den folgenden Stunden veröffentlichte er im Namen des Weltkirchenrats eine scharfe Erklärung gegen diese Welle antisemitischer Vorfälle. Ich ergriff die Gelegenheit, um ihn zu treffen und ihm vorzuschlagen, noch weiter zu gehen. Nachdem ich ihm für die Erklärung, die er veröffentlicht hatte, gedankt hatte, sagte ich: »Sie bereiten gerade die dritte Vollversammlung des Weltkirchenrats vor, die in Neu-Delhi stattfinden wird. Wäre das nicht eine gute Gelegenheit, eine feierliche Erklärung zum Problem des Antisemitismus und zur christlichen Position hierzu abzugeben? Ich kenne die Resolution Ihrer Gründungsversammlung in Amsterdam. Sie enthielt einen sehr positiven und bewegenden

Teil. Sie ist dennoch ins Wasser gefallen, weil Sie die Juden darin aufgefordert haben, Christen zu werden. Der Augenblick ist vielleicht gekommen, diesen Fehler zu korrigieren. Sprechen Sie von nichts anderem. Sprechen Sie über den Antisemitismus. Das ist im Augenblick das Wichtigste.« Wir diskutierten mehr als eine Stunde miteinander. Visser't Hooft erzählte mir, dass die Judenfrage auf der vorangegangenen Vollversammlung des Weltkirchenrats 1955 in Evanston behandelt worden sei und dass die Kirchen sich damals buchstäblich zerfleischt hätten wegen der Art und Weise, wie dieses Thema aus politischer, nicht theologischer Sicht zu behandeln sei. Die Vollversammlung von Evanston habe sich schließlich über die Juden ausgeschwiegen.

Visser't Hooft suchte dann den Text von Amsterdam heraus, und wir dachten gemeinsam darüber nach, was er vorschlagen könnte. Was er beabsichtigte, war mit dem Text identisch, der auf der Konferenz von Neu-Delhi verabschiedet wurde. Er kannte seine Organisation genau.

Die Erklärung der Vollversammlung in Neu-Delhi

Der Generalsekretär des Weltkirchenrats informierte mich auch darüber, dass eine Gruppe französischer Protestanten vorgeschlagen hatte, das Problem des Antisemitismus auf der Vollversammlung in Neu-Delhi erneut zu behandeln. Er sagte mir, er würde sich freuen, wenn er vom Präsidenten des Jüdischen Weltkongresses einen Brief erhalte mit dem Vorschlag, die Vollversammlung in Neu-Delhi solle sich zu dieser neuen Welle von Antisemitismus äußern. Ein paar Wochen später erhielt er diesen Brief.

Die Erklärung von Neu-Delhi war ein beträchtlicher Fortschritt. Zum ersten Mal findet man darin einen Abschnitt über die Nicht-Verantwortlichkeit der Juden am Tod Jesu. Hier der Text:

> Die dritte Vollversammlung erinnert sich der folgenden Worte, die von der ersten Vollversammlung des Ökumenischen Rates der Kirchen 1948 an die Kirchen gerichtet wurden:»Wir rufen alle von uns vertretenen Kirchen dazu auf, den Antisemitismus, gleichviel welchen Ursprungs, als schlechterdings mit christlichem Bekenntnis und Leben unvereinbar zu verwerfen. Der Antisemitismus ist eine Sünde gegen Gott und Menschen.

Nur in dem Maße, in dem wir unseren jüdischen Nächsten den Beweis dafür geben, dass wir für sie das gleiche Recht und die gleiche Würde erstreben, die Gottes Wille für Seine Kinder sind, können wir ihnen in einer Weise begegnen, die es uns ermöglicht, mit ihnen das Beste zu teilen, das uns Gott in Christus gegeben hat.«

Die Vollversammlung erneuert diesen Aufruf in Anbetracht der Tatsache, dass noch weiterhin Verhältnisse bestehen, in denen Juden benachteiligt und sogar verfolgt werden. Die Vollversammlung bittet ihre Mitgliedskirchen dringend, alles ihnen Mögliche zu tun, um jeder Form von Antisemitismus entgegenzutreten. In der christlichen Unterweisung sollten die geschichtlichen Tatsachen, die zur Kreuzigung Christi führten, nicht so dargestellt werden, dass sie dem jüdischen Volk von heute eine Verantwortung auferlegen, die uns, der Menschheit als ganzer, zur Last fällt und nicht einer einzigen Rasse oder Gemeinschaft. Juden waren die Ersten, die Christus annahmen, und Juden sind nicht die Einzigen, die ihn noch nicht anerkennen.

Wir fanden diesen Text sehr positiv.

Einige Zeit nach der Vollversammlung in Neu-Delhi erhielt ich den Besuch von Pastor Anker Gjerding, einem Dänen, der im Sekretariat des Weltkirchenrats arbeitete. Dieser bat mich um gewisse Informationen, Dokumente und Bücher. Ich gab sie ihm. Er schickte mir einen sehr liebenswürdigen Dankesbrief. Doch bei der Lektüre dieses Briefes bekam ich einen Schock. Der Briefkopf lautete: »Ökumenischer Rat der Kirchen – Abteilung für Weltmission und Evangelisation. Ausschuss für die Kirche und das jüdische Volk«. Diese Abteilung war der Nachfolger des ehemaligen Internationalen Missionsrats.

In den folgenden Wochen traf ich zufällig Visser't Hooft auf dem Genfer Flughafen. Die Begegnung war herzlich. Er gab seiner Befriedigung über die Artikel, die wir über die Erklärung von Neu-Delhi veröffentlicht hatten, Ausdruck.

Im Verlauf des Gesprächs fragte ich ihn, ob der Weltkirchenrat die Beziehungen zu den Juden nicht einer anderen Abteilung als ausgerechnet der für die Missionen anvertrauen könnte. Visser't Hooft zeigte sich zuerst überrascht. Dann, als ich ihm von Pastor Gjerding erzählte, antwortete er mit sehr freundlich, aber überaus bestimmt: »Herr Riegner, für Sie bleibt die Kontaktadresse das Generalsekretariat des Weltkirchenrats. Haben Sie jemals Anlass zur Klage über diesen Kontakt gehabt? Pastor Gjerding hätte sich nicht an Sie wenden dürfen. Der Rest ist eine interne Angelegenheit des Weltkirchenrats und geht Sie nichts an. Aber bei aller Sympathie, die ich für Sie habe, kann ich die christliche Theologie nicht ändern. Und die Mission ist nun einmal Teil dieser Theologie. Seien Sie beruhigt: Der Mann, den ich für diese Beziehungen gewählt habe, ist äußerst gemäßigt. Sie können Ihre direkten Beziehungen zum Generalsekretariat also ruhig fortsetzen. Befriedigt Sie das?« Ich erwiderte: »Ja.« Das vereinfachte die Dinge.

Wir haben unsere Beziehungen zum Weltkirchenrat fortgesetzt. In den folgenden Jahren entwickelten wir unsere Konsultationen und unsere Zusammenarbeit vor allem auf den Gebieten der Politik, der Menschenrechte, der Flüchtlinge, der Abrüstung und generell der Aktivitäten bei der UNO weiter.

Einen ständigen Rahmen für den Dialog schaffen

In der Zwischenzeit hatte der Weltkirchenrat seine Studien und Reflexionen über die Kirche und das jüdische Volk fortgesetzt. Seine Kommission Glaube und Kirchenverfassung, die im Juli/August 1967 in Bristol zusammengetreten war, hatte zu diesem Thema einen sehr umfangreichen, ausgezeichneten und hochmoralischen Text veröffentlicht, in dem sie die historischen, theologischen, die Lehre betreffenden und ökumenischen Aspekte behandelte und versuchte, die Konsequenzen aus der jüngsten Vergangenheit zu ziehen, einen neuen Blick auf das Judentum zu werfen und einen neuen Ansatz für die jüdisch-christlichen Beziehungen zu definieren.

Die Kommission wies ganz offen auf die Verfehlungen und Vergehen hin, die im Laufe der Geschichte begangen worden waren, und beschrieb mit großer Ehrlichkeit die grundlegenden Meinungsverschiedenheiten, die noch immer zwischen den Kirchen bezüglich der Wahrnehmung des jüdischen Volks und des Judentums bestanden.

Der Text enthielt auch einige praktische Empfehlungen hinsichtlich dieses neuen Ansatzes und sprach sich am Ende für jede Möglichkeit der Begegnung sowohl auf dem Gebiet der gesellschaftlichen Zusammenarbeit als auch auf der tiefergehenden Ebene der theologischen Diskussion aus.

Einen Rahmen für ständige Konsultationen zwischen Juden und Protestanten zu schaffen, schien mir von fundamentaler Bedeutung. Diese Aufgabe zwang mich, unsere Beziehungen zum Vatikanischen Sekretariat für die Förderung der Einheit der Christen wiederzubeleben. Die Beziehungen zu den Katholiken und den Protestanten nahmen häufig parallele Wege. Mal waren diese, mal jene einen Schritt voraus.

Als unsere Verhandlungen mit dem Heiligen Stuhl nicht vorankamen, vor allem in der Zeit, da Kardinal Bea nicht mehr in der Lage war, sie zu unterstützen, wandte ich mich an den Weltkirchenrat, um zu versuchen, gemeinsam mit ihm die Herstellung einer kontinuierlichen und organisierten Beziehung voranzutreiben.

Ich habe im Abschnitt über die katholische Kirche erzählt, wie wir unsere ersten drei Konsultationen mit dem Weltkirchenrat im Juni 1968, im Mai 1969 und im Februar 1970 organisierten und wie sich unsere Beziehungen zum Weltkirchenrat allmählich institutionalisierten. Die Vollversammlung des Weltkirchenrats 1968 in Uppsala in Schweden gab der Fortsetzung unserer Beziehungen übrigens grünes Licht, auch wenn kein Text dieses Treffens ausdrücklich davon spricht.

Gleichzeitig führten diese ersten Konsultationen auch zur Bildung einer repräsentativen jüdischen Instanz, des Internationalen Jüdischen Komitees für interreligiöse Konsultationen, das mit der nötigen Autorität die Beziehungen zu den Zentralorganen der christlichen Kirchen entwickeln sollte. Sein erster Präsident war Rabbiner Joachim Prinz, der zweite Professor Arthur Hertzberg. Ich führte eine Rotation zwischen den Vertretern der verschiedenen Organisationen des Internationalen Jüdischen Komitees für interreligiöse Konsultationen ein.

Um die Dinge zu vereinfachen, gründeten wir zusammen mit dem Weltkirchenrat ein Planungs- und Verbindungskomitee. Dieses Komitee, das im Prinzip aus zehn Personen bestand, kam ein- oder zweimal pro Jahr zusammen.

Wir gingen nicht so weit, in ihm über Theologie zu diskutieren, aber wir sprachen mehr als einmal über politische und existentielle Fragen wie die Probleme, die den Staat Israel berührten, die Situation der sowjetischen Juden, die Rassenpolitik in Südafrika ... Wir trafen uns hier mit den Interessen des Weltkirchenrats für die Probleme der modernen Welt jenseits der eigentlich religiösen Probleme.

In der Zeit, in der Pastor Eugene Carson Blake Generalsekretär des

Weltkirchenrats war, fand eine wichtige Umstrukturierung der Verwaltung und Organisation statt. Pastor Blake hatte unseren Einwand gegen die Abhängigkeit von der Abteilung für Weltmission und Evangelisation sehr ernst genommen.
Wir hingen weiterhin vom Generalsekretär ab. Im Zuge der Reorganisation schuf Pastor Blake eine neue Verwaltungsabteilung des Weltkirchenrats, die für den »Dialog mit den Menschen anderer Religionen und Ideologien« zuständig war. Im Rahmen dieser neuen Abteilung richtete der Weltkirchenrat schließlich eine »Konsultation Kirche und Jüdisches Volk« ein. Diese Konsultation wurde mehrere Jahre von Professor Mulder aus Amsterdam und dann von Professor Krister Stendahl geleitet. Letzterer, ein sehr geachteter Theologe, war dreißig Jahre lang der Dekan der renommierten Divinity School in Harvard in den Vereinigten Staaten gewesen. Autor eines bemerkenswerten Buchs über Paulus und die Juden, krönte Krister Stendahl seine Karriere, indem er protestantischer Bischof in Stockholm wurde.
Wir setzten also unsere Konsultationen mit dem Weltkirchenrat fort. Unsere Begegnungen fanden nacheinander in Lugano, Genf, London, Jerusalem, Toronto und Cambridge (Massachusetts) statt.
Die Themen, die wir mit unseren christlichen Partnern behandelten, waren sehr unterschiedlich: »Die Bekämpfung des Rassismus«, »Die Suche nach Weltgemeinschaft«, »Partikularität und Universalität«, »Die Vorstellung von Macht in der jüdischen und christlichen Tradition und ihre Anwendung auf die heutige Gesellschaftsordnung«, »Die Religion und die Krise der Moderne«, »Religiöser Pluralismus – seine Bedeutung und seine Grenzen in der heutigen Welt« ...
Wir arbeiteten auch mit dem Gremium »Konsultation Kirche und Jüdisches Volk« zusammen. Wir wurden ziemlich regelmäßig zu gemeinsamen Treffen eingeladen. Übrigens wurde das Internationale Jüdische Komitee für interreligiöse Konsultationen auch zur großen Vollversammlung des Weltkirchenrats in Vancouver eingeladen. Ihrerseits luden das Internationale Jüdische Komitee für interreligiöse Konsultationen und der Jüdische Weltkongress Vertreter des Weltkirchenrats zu einigen unserer Konferenzen ein.
Nach einer sehr einseitigen und fast feindseligen Erklärung des Zentralausschusses des Weltkirchenrats im August 1980 zur Wiedervereinigung Jerusalems durch die israelischen Behörden erhoben wir scharfen

Protest auf der Tagung in Toronto im September 1980. Wir legten unseren christlichen Partnern den Text einer vom Internationalen Jüdischen Komitee für interreligiöse Konsultationen einstimmig verabschiedeten Erklärung vor. Dieser Text wurde auch offiziell dem Generalsekretär des Weltkirchenrats zugeleitet. Mehrere christliche Teilnehmer der Konsultation erklärten sich solidarisch mit der Position der Juden. Die christliche Delegation beschloss, ihre Dienste anzubieten, um die jüdische Erklärung so weit wie möglich bekannt zu machen und weitere Wege zu suchen, durch die die Stimmen der jüdischen Gemeinschaft ungehindert im Weltkirchenrat gehört werden können zu Themen, bei denen sie unmittelbar betroffen sind.
Die Erklärung des Internationalen Jüdischen Komitees für interreligiöse Konsultationen kritisierte die rein politische Sichtweise des Weltkirchenrats und insistierte auf der zutiefst religiösen Bedeutung, die Jerusalem für jeden Juden hat.
Diese lange Diskussion machte die Notwendigkeit deutlich, nach Wegen zu suchen, durch die die jüdische Position zu den Hauptproblemen der Gemeinschaft vor die Leitungsorgane des Weltkirchenrats gebracht werden könnten.

Der Weltkirchenrat und der Staat Israel

Die Gründung des Staates Israel bereitete den Protestanten keine großen Probleme. Gewiss, 1948 war ihre Erklärung in Amsterdam sehr zaghaft. Sie wollten sich nicht äußern, da es sich um einen politischen Akt handelte. Zugleich stellte die Rückführung der Juden in ihre ursprüngliche Heimat die theologische Frage der Erfüllung der biblischen Verheißungen der Rückkehr der Juden in ihr Land.
Der Weltkirchenrat bestritt niemals die Existenz des Staates Israel. Das Problem stellte sich den Kirchen des Weltkirchenrats einfacher dar als den Katholiken. Der Rat ist kein Staat, musste also den Staat nicht auf diplomatischer Ebene anerkennen.
Für die Protestanten stellte sich das Problem auf theologischer Ebene. Sie mussten wissen, ob die Gründung des Staates Israel eine theologische Bedeutung hatte. Die Meinungen hierüber gingen stark auseinander. Der Weltkirchenrat sah in der Rückkehr des jüdischen Volks nach

Palästina und in der Gründung des Staates Israel niemals die Erfüllung der biblischen Verheißung.
Für den Weltkirchenrat hatte der Kampf gegen die Apartheid in Südafrika stets Vorrang gehabt. Auf diesem Gebiet stand er den Gruppen zur Unterstützung der Dritten Welt und allen nationalen Befreiungsbewegungen nahe, die sich gegenseitig unterstützten und eng zusammenarbeiteten. Die PLO spielte ebenfalls eine wichtige Rolle in dieser politischen Allianz. All diese Bewegungen stellten sich mehr oder weniger auf die Seite Palästinas gegen Israel.
Andererseits spielte Afrika eine große Rolle in der Hoffnung vieler Christen, die aktiv die Evangelisation der Afrikaner unterstützten. Dieses Interesse hatte sicher Einfluss auf die Politik des Weltkirchenrats, die Sympathie der breiten Massen Afrikas zu gewinnen; der Weltkirchenrat setzte erfolgreich auf die Karte der Apartheid, was ihn dazu führte, auch die PLO zu unterstützen.
Unsere Kritik an der Politik des Weltkirchenrats betraf nicht im geringsten seinen Kampf gegen die Apartheid. Wir hatten diese Politik wie überhaupt jede rassistische Politik selbst häufig überaus scharf kritisiert. Aber wir waren der Ansicht, dass die Politik des Weltkirchenrats hinsichtlich der Palästinenser und des Staates Israel zutiefst unausgeglichen und von der arabischen Propaganda beeinflusst war.
Diese propalästinensische Politik wurde durch die Tatsache begünstigt, dass die Kirchen der arabischen Länder, die Israel allgemein feindselig gegenüberstanden, an den Diskussionen des Zentralausschusses des Weltkirchenrats teilnahmen, während aufgrund der Natur dieser Gremien nicht eine jüdische Stimme vertreten war, um die Sache Israels zu unterstützen.
Außerdem setzte sich im Weltkirchenrat häufig die Kommission für internationale Beziehungen gegen die anderen durch. Und diese vertrat sehr propalästinensische Positionen. Ihre offizielle These lautete: »Wir suchen den Frieden zwischen den beiden Antagonisten.« In Wirklichkeit aber vertrat sie eine sehr einseitige antiisraelische Position. Ein nicht zu unterschätzender Grund für diesen Mangel an Objektivität war der Einfluss der Kirchen des Nahen Ostens.
Ohne jemals die Legitimität des Staates Israel in Frage zu stellen, stellten sich die Protestanten nach und nach immer mehr auf die Seite Palästinas.

Es muss jedoch daran erinnert werden, dass der Generalsekretär des Weltkirchenrats, als die Vereinten Nationen die Resolution »Zionismus ist gleich Rassismus« verabschiedeten, scharf gegen diese Resolution der UNO-Vollversammlung protestierte. Bereits bei ihrer Verabschiedung hatte ich Kontakt mit ihm aufgenommen und ihm eine Stellungnahme des Weltkirchenrats zu diesem üblen Text vorgeschlagen. In einem Text über diese Resolution verteidigte Philippe Potter, der Generalsekretär, den Zionismus als eine nationale Befreiungsbewegung.

Die »Konsultation Kirche und Jüdisches Volk« in Aktion. Theologische Fortschritte

Gewisse gegen uns arbeitende Faktoren waren sehr stark. Um unsere Beziehungen zum Weltkirchenrat nicht vollständig abzubrechen, dachte ich, dass wir, wenn wir schon auf politischer Ebene nicht weiterkommen konnten, vielleicht auf theologischem Gebiet Fortschritte erzielen könnten.

Ich schlug unseren Partnern vom Weltkirchenrat also vor, gemeinsam mit uns eine Reihe allgemeiner Richtlinien für die jüdisch-christlichen Beziehungen auszuarbeiten, wie es der Heilige Stuhl 1975 getan hatte. Das bestätigte mich auch in meiner Überzeugung, dass es für uns sehr wichtig war, einen direkten Kontakt zu den Kirchen der Dritten Welt und insbesondere den afrikanischen zu haben.

Die Idee, eine Reihe allgemeiner Richtlinien auszuarbeiten, wurde akzeptiert und aktiv von der »Konsultation Kirche und Jüdisches Volk« aufgegriffen. Mehrere Entwürfe wurden ausgearbeitet und den jüdischen Partnern vorgelegt.

Der Weltkirchenrat und seine Vertreter hatten genügend Zeit, mündlich und schriftlich ihre Bemerkungen zu machen. Das Internationale Jüdische Komitee für interreligiöse Konsultationen legte ein detailliertes Memorandum über eine Reihe wichtiger Punkte vor, die auf einem unserer regelmäßigen Treffen diskutiert wurden. Seine Vertreter nahmen während der Ausarbeitung des Entwurfs regelmäßig an den Sitzungen der »Konsultation Kirche und Jüdisches Volk« teil.

Der Entwurf des langen Textes zirkulierte zur Prüfung zwischen den

Kirchen. Eine Reihe von Kirchen machte Vorschläge, Bemerkungen und Änderungsvorschläge. Nach langen Gesprächen wurde der endgültige Text der Exekutive des Weltkirchenrats vorgelegt. Unter dem Titel »Ökumenische Erwägungen zum jüdisch-christlichen Dialog« wurde er auf der Sitzung des Exekutivausschusses in Genf am 16. Juli 1982 verabschiedet. Er wurde an alle Mitgliedskirchen des Rates zusammen mit »Empfehlungen« verteilt, damit sie ihn studierten und entsprechend handelten.

Dieser Text, der aus neun sehr dicht beschriebenen Seiten besteht, ist von großer Bedeutung. Wir begrüßten ihn bei seiner Verabschiedung mit großer Zustimmung. Er kann mit denen der katholischen Kirche verglichen werden und ist in mancher Hinsicht noch viel expliziter.

Nach einer ausführlichen Einleitung legt der Text in vier Abschnitten dar, wie man zu einem christlichen Verständnis von Juden und Judentum gelangen kann. Anschließend bezeichnet er den Judenhass und die Judenverfolgung als eine ständige Hauptsorge und endet mit einem Abschnitt über das authentische christliche Zeugnis.

Zitieren wir aus dem Teil, der einem besseren Verständnis der Juden und des Judentums gewidmet ist, die folgenden Absätze:

> 1.4 [...] Während ein Verständnis des Judentums der neutestamentlichen Zeit integraler und unabdingbarer Bestandteil jener christlichen Theologie ist, ist für Juden ein »theologisches« Verständnis des Christentums von weniger grundsätzlicher oder integraler Bedeutung. [...]
>
> 1.5 Die Beziehungen zwischen Juden und Christen sind deswegen einzigartig, weil das Christentum geschichtlich aus dem Judentum hervorgegangen ist. Die christliche Sicht dieses Vorgangs ist ein unverzichtbarer Teil des Dialogs und macht ihn notwendig. Als das Christentum seine Identität im Gegenüber zum Judentum definierte, entwickelte die Kirche auch ihre Sicht, ihre eigenen Definitionen und Begriffe für das, was sie aus der jüdischen Überlieferung übernahm, und auch für das, was sie in der Juden und Christen gemeinsamen Schrift las. Im Verlauf dieses Prozesses der Selbstfindung bildete sich in der Kirche ein bestimmtes Bild vom Judentum heraus; den Juden wurden feste Rollen im Verständnis der Kirche vom Heilshandeln Gottes zugeschrieben. Es ist deshalb nicht verwunderlich, dass Juden solchen christlichen Theologien, die ihnen als Volk eine negative Rolle zuschreiben, ablehnend gegenüberstehen. Tragischerweise haben solche Vorstellungen im Chris-

tentum oft zu unverhüllter Verachtung, zu direkter Verfolgung und Schlimmerem geführt.

[...]

1.7 Aus diesen Gründen ist es besonders wichtig, dass die Christen im Dialog aufmerksam darauf hören, wie Juden ihre Geschichte und ihre Überlieferungen, ihren Glauben und ihren Gottesdienst »mit eigenen Worten« beschreiben.

[...]

2.1 Durch den Dialog mit Juden haben viele Christen den Reichtum und die Lebendigkeit jüdischen Glaubens und Lebens im Gottesbund schätzen gelernt und sind in ihrer eigenen Gotteserfahrung sowie in ihrer Erkenntnis des Willens Gottes für seine Schöpfung bereichert worden.

2.2 Im Dialog mit Juden haben Christen gelernt, dass die reale Geschichte des jüdischen Glaubens und des jüdischen Lebens nicht mit den Vorstellungen übereinstimmt, die eine lange Tradition christlichen Lehrens und Lernens geprägt haben, Vorstellungen, die durch die abendländische Kultur und Literatur auch in andere Teile der Welt gebracht worden sind.

2.3 Einer klassischen christlichen Tradition zufolge ist die Kirche als Volk Gottes an die Stelle Israels getreten, und die Zerstörung des Zweiten Tempels in Jerusalem legitimiert diesen Anspruch. Der Bund Gottes mit dem Volk Israel sei demnach lediglich eine Vorbereitung auf das Kommen Christi gewesen, danach sei er aufgehoben worden.

2.4 Diese theologische Sicht sollte verhängnisvolle Folgen haben. Je mehr die Kirche sich an die Stelle der Juden als Volk Gottes setzte, umso mehr wurde das weiter existierende Judentum als erstarrte Gesetzesreligion angesehen. Diese Sicht wird auch heute noch von manchen Wissenschaftlern vertreten, die behaupten, keinerlei »theologische« Interessen zu verfolgen. Das Judentum der ersten Jahrhunderte vor und nach der Geburt Jesu wurde so als »Spätjudentum« bezeichnet; die Pharisäer galten als Ausbund von Gesetzesformalismus; Juden und jüdische Gruppen waren negative Beispiele; die Wahrheit und Schönheit des christlichen Glaubens wollte man dadurch hervorheben, dass man das Judentum als falsch und hässlich darstellte.

2.5 Durch eine neue Beschäftigung mit dem Judentum und im Dialog mit Juden lernen Christen, dass das Judentum zur Zeit Christi am Anfang einer langen Entwicklung stand. Unter der Führung der Pharisäer begann im jüdischen Volk eine geistige und geistliche Erneuerung von gewaltiger Kraft, die es dem jüdischen Volk ermöglichte, die Katastrophe zu überleben, die die Zerstörung des Zweiten Tempels bedeutete. Diese Erneuerung führte zum rabbinischen Judentum, das Mischna und Talmud schuf und das die Grundlage für ein kraftvolles, schöpferisches Leben durch die Jahrhunderte hindurch legte.

[...]

2.8 Das Judentum entwickelte aus einer reichen geistigen und geistlichen Überlieferung im Talmud den maßgebenden Leitfaden für jüdisches Leben als dankbare Antwort auf die Gnade des Bundes Gottes mit Israel. Im Laufe der Jahrhunderte sind wichtige Kommentare, gründliche philosophische Arbeiten und tief religiöse Dichtungen dazugekommen. Der Talmud steht im Zentrum des Judentums, er gilt dort als höchste Autorität. Das Judentum ist deshalb mehr als die Religion nur der Heiligen Schrift Israels. Das, was Christen als Altes Testament bezeichnen, hat im Talmud und in späteren Schriften eine Auslegung gefunden, die für die jüdische Tradition die gleiche Autorität besitzt wie Moses.

[...]

2.10 Christen wie Juden lesen in der Hebräischen Bibel die Geschichte, die Israels heilige Erinnerung an Gottes Erwählung und Bund mit seinem Volk überliefert. Für Juden ist dies ihre eigene Geschichte, die sich bis in die Gegenwart hinein fortsetzt. Die Christen, seit den Anfängen der Kirche meist nichtjüdischer Herkunft, sehen sich als Erben eben dieser Geschichte durch die Gnade in Jesus Christus. Die Beziehung zwischen den beiden Glaubensgemeinschaften, die beide den Gott Abrahams, Isaaks und Jakobs anbeten, ist eine geschichtliche Tatsache. Wie diese jedoch theologisch zu deuten sei, ist Gegenstand einer innerchristlichen Diskussion, die durch den Dialog mit Juden allerdings bereichert werden kann.

2.11 Gemeinsamkeit und Unterschiede zwischen beiden Religionen müssen sorgfältig untersucht werden. [...]

2.15 Es gab jedoch keine Epoche, in der die Erinnerung an das Land Israel und an Zion, die Stadt Jerusalem, nicht im Zentrum des Gottesdienstes und der Hoffnung des jüdischen Volkes gestanden hätte. »Nächstes Jahr in Jerusalem« ist von jeher Bestandteil des jüdischen Gottesdienstes der Diaspora gewesen. Und die ständige Präsenz von Juden im Land und in Jerusalem hat immer mehr bedeutet, als dass sie hier lediglich einen Wohnort unter all den anderen gehabt hätten.

2.16 Die Juden sind sich in ihrem Verständnis des Staates Israel sowie seiner religiösen und/oder säkularen Bedeutung nicht einig. Dieser Staat ist für sie ein Teil des Ringens um das Überleben des Volkes, das zu allen Zeiten im Mittelpunkt des Judentums stand. Heute sollte ebenfalls das Streben der – christlichen und muslimischen – Palästinenser nach einem eigenen Staat, Teil ihres Ringens um ein Überleben als Volk in jenem Land, volle Beachtung finden.

Der Teil, der dem Judenhass und der Judenverfolgung gewidmet ist, nimmt die 1948 in Amsterdam gemachten Erklärungen wieder auf und erklärt insbesondere:

3.1 Christen können keinen Dialog mit Juden beginnen, ohne zu wissen und sich dieser Tatsache bewusst zu sein, dass Judenfeindschaft und Judenverfolgungen eine lange und andauernde Geschichte haben, besonders in den Ländern, wo Juden als Minorität unter Christen lebten. Zur tragischen Geschichte der Judenverfolgungen gehören Massaker in Europa und im Nahen Osten, wie die Kreuzzüge, die Inquisition, Pogrome und der Holocaust.

[...]

3.2 Die Verachtung von Juden und Judentum, die in bestimmten christlichen Traditionen gelehrt worden ist, hat den Boden für den nationalsozialistischen Holocaust bereitet. Die Kirche muss lernen, das Evangelium so zu predigen und zu lehren, dass es nicht zur Verachtung von Judentum und jüdischem Volk missbraucht werden kann.

[...]

3.3 Diskriminierung und Verfolgung von Juden hatten tief sitzende sozioökonomische und politische Gründe. Religiöse Unterschiede werden übermäßig betont, um ethnischen Hass zu rechtfertigen, der nur den eigenen Interessen dient. Mit ähnlichen Phänomenen haben wir es auch bei vielen rassischen Konflikten zu tun. Christen sollten alle religiösen Vorurteile bekämpfen, durch die Menschen zu Sündenböcken gemacht werden, d.h. für die Fehler und Probleme von gesellschaftlichen und politischen Systemen verantwortlich gemacht werden.

Ein Teil des vierten Abschnitts ist dem authentischen christlichen Zeugnis gewidmet. Der Text lehnt den Proselytismus, das heißt die Bekeh-

rung durch Zwang welcher Art auch immer, ab. Er erklärt auch mit großer Offenheit, dass die Kirchen hinsichtlich der Mission unter Juden zutiefst gespalten sind. Der Text beschreibt die verschiedenen Positionen hierzu.
Auch wenn dieser Text das Problem der Mission offen lässt, ist er doch ein bedeutender Beitrag zur Versöhnung. Er kann zu einer echten Weiterentwicklung der Einstellungen der Gläubigen beitragen.

Die Protestanten der Dritten Welt erreichen

Bei einer der Konsultationen zwischen dem Internationalen Jüdischen Komitee für interreligiöse Konsultationen und dem Weltkirchenrat erlebten wir, wie die arabische Propaganda die Verantwortlichen der afrikanischen Kirchen in antiisraelischer, ja sogar antijüdischer Weise beeinflussen kann.
Ein afrikanisches Mitglied der Delegation des Weltkirchenrats stellte Fragen wie: »Wir kommt es, dass die Juden alle Banken kontrollieren? Wie kommt es, dass die Diamantminen und der Diamanthandel in Südafrika in den Händen der Juden sind? Wie kommt es, dass die israelische Gesellschaft El-Al regelmäßig Südafrika anfliegt? Warum scheint Südafrika privilegierte Beziehungen zu Israel zu unterhalten?«
Mittlerweile hat sich die Person, die diese Fragen gestellt hat, sehr geändert und eine sehr viel realistischere Sicht der Dinge angenommen. Aber es zeigte das Ausmaß der von alten Vorurteilen bestimmten arabischen Propaganda, die in Afrika durch die christlichen Kirchen verbreitet wurde.
Ich erinnere mich, dass solche Fragen meinen christlichen Kollegen vom Weltkirchenrat schrecklich peinlich waren. Ich meinerseits hielt das für eine sehr nützliche Herausforderung, weil es uns erlaubte, die Dinge zu klären. Es war besser, wenn diese Dinge in unserer Gegenwart diskutiert wurden. So konnte ich beispielsweise klarstellen, dass Oppenheimer, der Chef der De Beers, aus einer seit mehreren Generationen protestantischen Familie kam und dass die Kontrolle der Banken durch die Juden ein Mythos war. Andererseits, warum warf man nur Israel seine Geschäfts- und Flugverbindungen mit Südafrika vor, wo doch alle großen Länder solche Beziehungen zu diesem Land unterhielten?

Nach dem Treffen ließ ich übrigens ein detailliertes Memorandum ausarbeiten, das auf all diese Anschuldigungen antwortete und das allen Teilnehmern des Treffens und insbesondere dem afrikanischen Sprecher zugeleitet wurde. Ich versuchte aus dieser Situation die entsprechenden Lehren zu ziehen. Es war klar, dass wir nicht innerhalb kurzer Zeit einen grundlegenden Wandel der Position des Weltkirchenrats gegenüber Israel erwarten konnten.
Ich verfolgte meine Idee, direkte Kontakte zu den Kirchen der Dritten Welt und insbesondere Afrikas herzustellen, weiter. Mehrere Jahre lang versuchte ich solche Kontakte zur Panafrikanischen Kirchenkonferenz aufzubauen. Aber meine Bemühungen blieben erfolglos.

Die Konferenz von Nairobi

Die Konsultation mit dem Weltkirchenrat 1984 in Harvard ermöglichte mir endlich einen persönlichen und herzlichen Kontakt zu Professor Kofi Opoku aus Ghana. Ich teilte ihm unseren Wunsch mit, eine Konsultation mit Theologen der Kirchen Afrikas zu organisieren, und unterstrich, dass wir diesbezüglich eine ganze Reihe von Schritten unternommen hätten, die alle erfolglos geblieben seien. Die führenden afrikanischen Persönlichkeiten hätten sich bisher sehr reserviert gezeigt und vermieden, sich zu engagieren.
Kontakte zwischen Juden und Afrikanern herzustellen schien uns besonders wichtig, weil es in den meisten afrikanischen Ländern keine jüdische Gemeinde gab. Die Folge war, dass die afrikanischen Kreise häufig ein falsches Bild von den Juden hatten, wofür vor allem die arabische Propaganda verantwortlich war – ein Bild, das wir durch direkte und kontinuierliche Kontakte korrigieren mussten.
Professor Opoku zeigte sich an unserem Plan einer Konsultation äußerst interessiert. Er erhielt die Schirmherrschaft für ein solches Treffen mit der Panafrikanischen Kirchenkonferenz, die bis dahin stets ausweichend auf unsere Vorschläge reagiert hatte. Professor Opoku bereitete die Konferenz in Afrika mit dem Ziel vor, eine für beide Seiten fruchtbare Beziehung zwischen Christen und Juden über einen einfachen Austausch von Worten hinaus in Gang zu bringen. Diese Konferenz fand schließlich vom 10. bis 14. November 1986 in Nairobi statt.

Gerhart M. Riegner während der Konsultation zwischen Juden und afrikanischen Christen, organisiert vom Weltkirchenrat, der Afrikanischen Kirchenkonferenz und dem Internationalen Jüdischen Komitee für interreligiöse Konsultationen. Nairobi, November 1986.

Auf christlicher Seite vertraten dreizehn afrikanische Theologen aus sechs Ländern – Ghana, Kenia, Äthiopien, Tansania, Nigeria und Sierra Leone – verschiedene protestantische, katholische und orthodoxe Kirchen Afrikas. Auf jüdischer Seite vertraten zwölf Delegierte aus sechs Ländern und vier Kontinenten die fünf großen jüdischen Organisationen im Internationalen Jüdischen Komitee für interreligiöse Konsultationen. Trotz großer Bemühungen erhielten Vertreter der Kirchen und der jüdischen Gemeinden Südafrikas nicht die Erlaubnis, an dieser Konferenz teilzunehmen. Die Begegnung fand unter der Schirmherrschaft des Weltkirchenrats, des Internationalen Jüdischen Komitees für interreligiöse Konsultationen und der Panafrikanischen Kirchenkonferenz statt.

Wie Professor Opoku so treffend sagte:

> Dies war natürlich nicht die erste Begegnung zwischen Juden und afrikanischen Christen [...]. Aber es war das erste Mal, dass eine Begegnung auf so hoher Ebene auf afrikanischem Boden stattfand. Andererseits war die Tagesordnung nicht diejenige der europäischen Treffen;

sie war eine afrikanische. Sie wurde nicht von der Erinnerung an die Shoah und die Verfolgung beherrscht, sondern vom Interesse an der Tradition und ihrem Verhältnis zur Heiligen Schrift, das die Juden und die afrikanischen Christen teilen. Endlich einmal konnte die europäische Erfahrung mit ihren historischen und kulturellen Interpretationen der Schrift beiseite gelassen werden. Schließlich ist die Schrift keine europäische Schöpfung, auch wenn die meisten von uns sie durch eine europäische Brille lesen. Endlich einmal ging man nicht von den Problemen aus, die mit dem Antisemitismus oder der Existenz des Staates Israel verbunden sind, sondern von einer Reflexion über ein Thema beiderseitigen Interesses, nämlich die Tradition, die die Christen Afrikas mit dem jüdischen Erbe verbindet. Auf diesem Gebiet haben die Teilnehmer viel gemeinsam.

Zu den typischen Themen, die in diesem Geist behandelt wurden, gehörten: »Die alte Weisheit in der afrikanischen und jüdischen Tradition und ihre Bedeutung im modernen Leben«; »Das Verständnis der Heiligen Schriften«; »Die Erschaffung der Welt in beiden Kulturerben«. Die Konferenz behandelte auch das Thema der äthiopischen Juden, der einzigen jüdischen Gemeinde afrikanischer Herkunft.

Die Jüdische Gemeinde von Nairobi, geleitet von Rabbi Zeev Amit, lud alle Teilnehmer zu einem geselligen Beisammensein in der Synagoge von Nairobi ein.

Am Ende der Konsultation wurde eine gemeinsame Erklärung veröffentlicht, welche die Einsetzung einer gemischten Arbeitsgruppe fordert, die sich unter anderem um folgende Dinge kümmern sollte:

1. Die Planung und Durchführung zukünftiger Konsultationen zwischen Juden und afrikanischen Christen einschließlich einer Konsultation, an der auch frankophone afrikanische Christen teilnehmen.
2. Die regelmäßige Organisation von Seminaren über besondere Themen.
3. Die Sorge, dass die Frauen uneingeschränkt an den künftigen Seminaren und Konsultationen teilnehmen können, wobei die Themen, die die Frauen in beiden Traditionen betreffen, besonders berücksichtigt werden sollen.
4. Die Sondierung und, wo immer möglich, die Entwicklung der Möglichkeit:

a) Professoren zwischen afrikanischen und jüdischen Hochschulen auszutauschen:

b) ein Programm zu entwickeln, um die hebräische Heilige Schrift, die Kommentare und die nachbiblischen Quellen in den Bibliotheken der afrikanischen Hochschulen zugänglich zu machen;

c) bilaterale Abkommen zwischen den Universitäten in Israel und den verschiedenen afrikanischen Ländern zu schließen;

d) eine Zusammenarbeit zwischen afrikanischen und jüdischen Wissenschaftlern im Rahmen einer Forschung über gemeinsame Projekte zu begründen und den Austausch zwischen Fakultäten und von Studenten zu fördern.

Die Konferenz von Nairobi wurde von allen als großer Erfolg gewertet. Leider blieb sie aus finanziellen Gründen ohne Fortsetzung. Bei meinen jüngsten Begegnungen mit dem Weltkirchenrat und der katholischen Kirche schlug ich eine Wiederholung vor. Alle stimmten prinzipiell Konferenzen sowohl in Ost- als auch in Westafrika zu.

Schließlich einigten wir uns auf eine zweite afrikanische jüdisch-christliche Konsultation, die im Juni 1995 in Johannesburg stattfand. Sie brachte christliche Theologen aus Benin, Botswana, Kamerun, Eritrea, Ghana, Kenia, Moçambique, Nigeria, Südafrika und jüdische Vertreter aus Israel, Südafrika, der Schweiz, Frankreich, Großbritannien, den Vereinigten Staaten und Simbabwe zusammen. Das Thema der Konsultation lautete: »Familie, Gemeinschaft, Tradition«. Für die führenden Persönlichkeiten aus Südafrika war das die erste Teilnahme an einer solchen Konferenz. Es wäre zu wünschen, dass sie nach dieser Erfahrung in Zukunft selbst die Initiative zu weiteren derartigen Konferenzen ergreifen.

Die Fortschritte von Sigtuna

Die »Konsultation Kirche und Jüdisches Volk« hat ihrerseits ihre Arbeiten fortgeführt. Sie kam im November 1988 in Sigtuna in Schweden zusammen und ließ die Entwicklung der jüdisch-christlichen Beziehungen in den letzten Jahrzehnten in ihrer Gesamtheit Revue passieren. Die Vertreter des Internationalen Jüdischen Komitees für interreligiöse Konsultationen waren anwesend.

Ein weiteres wichtiges Dokument, das die vorhergehenden Erklärungen über die Beziehungen zwischen Christen und Juden vertieft, wurde von dieser Konferenz des Weltkirchenrats verabschiedet. In den Diskussionen wurden alle, auch kontroverse, Themen angesprochen. Die Gespräche wurden in der Absicht geführt, sich besser kennen zu lernen und sich besser zu verstehen. Martin Stöhr, Rolf Rendtorff und Allan Brockway prägten diese Konferenz stark durch ihre Beiträge.

Das Dokument, das aus diesen Beratungen hervorging, fasst die wichtigsten Lehren der jüdisch-christlichen Beziehungen, wie sie in den Haupttexten des Weltkirchenrats sowie der katholischen Kirche formuliert worden waren, zusammen.

Der Text weist auf die Bedeutung dieser Entwicklung hin und ermutigt die Bestätigung und Vertiefung dieser Beziehungen. Und er fährt fort, dass »das heutige jüdische Volk in Kontinuität zum biblischen Israel steht und wir dankbar [sind] für die Lebendigkeit jüdischen Glaubens und Denkens«.Der Text enthält unter anderem die folgenden Passagen:

> Wir erfreuen uns an der anhaltenden Existenz und Berufung des jüdischen Volkes als Zeichen der Liebe und Treue Gottes zu ihnen, trotz der Versuche, sie auszurotten. Diese Tatsache stellt nicht die Einmaligkeit Christi und die Wahrheit des christlichen Glaubens in Frage. Wir sehen nicht, dass ein Bund den anderen ersetzt, sondern sehen zwei Glaubensgemeinschaften, von denen jede von Gott begründet wurde, jede an den jeweiligen Gaben Gottes festhält und jede Gott Rechenschaft schuldet.
>
> Wir bekräftigen, dass das heutige jüdische Volk in Kontinuität zum biblischen Israel steht, und wir sind dankbar für die Lebendigkeit jüdischen Glaubens und Denkens. Wir sehen Juden und Christen zusammen mit allen anderen Menschen, die gegenwärtig existierenden Glaubensgemeinschaften angehören, als Partner Gottes, die in gegenseitigem Respekt für Gerechtigkeit, Frieden und Versöhnung zusammenarbeiten.

Die Beziehungen zu den Juden standen in den letzten Jahren jedoch nicht im Zentrum des Interesses des Weltkirchenrats.

Die »Konsultation Kirche und Jüdisches Volk« spielte in dieser Zeit nur eine marginale Rolle. Der Bericht von Sigtuna wurde auf der letzten Vollversammlung des Weltkirchenrats in Canberra nicht einmal vorgelegt geschweige denn diskutiert.

Die Sorge um das Schicksal der Palästinenser nahm in den letzten Jahren den zentralen Platz in den Beziehungen des Weltkirchenrats zum Judentum ein. Tatsächlich beschränkten sich diese Beziehungen darauf, dass die israelische Regierung immer wieder wegen ihrer Behandlung der Palästinenser kritisiert und verurteilt wurde, als gäbe es keine anderen theologischen, sozialen, humanitären und politischen Fragen. Diese Haltung fand ihren schärfsten Ausdruck in der Erklärung, die die Vollversammlung des Weltkirchenrats in Canberra im Februar 1991 unter dem Titel »Golfkrieg, Naher Osten und die Bedrohung des Weltfriedens« veröffentlichte. Wir waren nicht die einzigen, die diese Stellungnahme für sehr einseitig und proarabisch hielten.
Das führte zu einer sehr ernsten Krise zwischen dem Weltkirchenrat und dem Internationalen Jüdischen Komitee für interreligiöse Konsultationen und veranlasste uns, den Weltkirchenrat zu bitten, die Grundlagen unserer Zusammenarbeit zu überdenken.
Inzwischen hatte ein neuer Generalsekretär, Dr. Konrad Raiser, die Verwaltung übernommen. Raiser, ein hervorragender deutscher Theologe, war unter Philippe Potter lange Zeit stellvertretender Generalsekretär gewesen, und wir kannten sein Interesse am jüdisch-christlichen Dialog und seine diesbezügliche Offenheit. In die Beziehungen zum Weltkirchenrat kehrte also unter seinem Einfluss Ruhe ein, was uns mehrere recht konstruktive Konsultationen mit unseren Kollegen vom Weltkirchenrat ermöglichte. Man muss jedoch feststellen, dass die Beziehungen zur jüdischen Gemeinschaft für dic überwiegende Mehrheit der Mitglieder des Sekretariats des Weltkirchenrats kein vorrangiges Thema mehr sind. Und von Zeit zu Zeit bricht sich die kritische Haltung gegenüber Israel in den Rängen seiner Kommission für auswärtige Angelegenheiten erneut Bahn.
Jedenfalls sind wir ziemlich weit entfernt von der Position des Weltkirchenrats, der 1941 sagte, die Frage der Beziehungen zu den Juden »berührt das Zentrum der christlichen Botschaft«.
Der Grund für diese Distanzierung ist folgender: Man erklärt uns immer häufiger, das Problem des Antisemitismus sei ein europäisches Problem und die Kirchen Asiens und Afrikas seien daran nicht interessiert und trügen keinerlei Verantwortung für das, was während des Zweiten Weltkriegs geschehen sei; die Zukunft des Weltkirchenrats liege aber gerade in diesen Regionen.

Ich halte diese These für falsch. Der Antisemitismus ist leider kein europäisches Problem, sondern macht sich in vielen Regionen bemerkbar. Andererseits ist die Beziehung zum jüdischen Volk entweder ein zentrales theologisches Problem für das Christentum oder sie ist es nicht. Wenn ja, dann ist diese Frage nicht an geographische Grenzen gebunden. Und wenn dieses Problem den Kirchen der Dritten Welt nicht dringlich oder aktuell scheint – weil in ihren Regionen sehr wenige Juden leben –, dann ist es die Pflicht der christlichen Kirchen der westlichen Welt, ihre Brüder in den anderen Teilen der Welt für diese grundlegende Wahrheit zu sensibilisieren. Es ist umso wichtiger, den Christen der Länder, in denen nur sehr wenige jüdische Gemeinden (oder gar keine) leben, dieses Problem bewusst zu machen, als diese Länder anfälliger sind für die antisemitische Propaganda. Ich halte dies für eine wichtige Aufgabe des Weltkirchenrats und hoffe, dass dies in Zukunft stärker berücksichtigt wird. Sonst fallen wir in die alten Positionen des Marcionismus zurück.

Beziehungen zu den verschiedenen konfessionellen Familien

Auf dem Treffen des Leitungs- und Planungskomitees 1976 in Jerusalem mit dem Weltkirchenrat begriffen wir, dass der Rat, in dem mehr als 300 protestantische, anglikanische und orthodoxe Kirchen zusammengeschlossen sind, ein äußerst komplizierter Organismus ist, dass viel Zeit nötig ist, um zu gemeinsamen Positionen zu gelangen, und dass seine Empfehlungen die Kirchen und die Gläubigen an der Basis nur sehr langsam erreichen.
Ich machte auf dieses Problem aufmerksam. Ich teilte unsere Meinung mit, dass wir uns nicht nur mit dem Weltkirchenrat treffen sollten, sondern auch direkt mit den repräsentativen Institutionen der verschiedenen konfessionellen Familien, die den Weltkirchenrat bilden, das heißt den Lutheranern, den Anglikanern, den Orthodoxen, der Pfingstbewegung ...
Die Delegation des Weltkirchenrats nahm diesen Vorschlag sehr positiv auf und half uns sogar aktiv, Beziehungen zum Lutherischen Weltbund, zur anglikanischen Kirchengemeinschaft und zu den orthodoxen Kirchen aufzunehmen.

Die Lutheraner

Auf diese Weise begannen Ende 1979 unsere Beziehungen zu den Lutheranern. Es ist bekannt, dass Luthers Lehren hinsichtlich der Juden und insbesondere sein Pamphlet *Von den Juden und ihren Lügen* sehr scharfe Texte enthielten, die von den Nazis ausgiebig für ihre eigene antijüdische Propaganda benutzt wurden. Für mich war es daher klar, dass man versuchen musste, die höchsten lutherischen Autoritäten dazu zu bewegen, diese Lehren zu verwerfen, damit sie niemals wieder zu solchen Zwecken dienen können.
Ich glaubte auch, dass der 500. Geburtstag Luthers, der 1983 begangen würde, eine besonders günstige Gelegenheit für einen feierlichen Akt

der Verwerfung sei. Ich begann daher ein paar Jahre vor diesem Datum mit den lutherischen Autoritäten Verbindung aufzunehmen. Wir vereinbarten, in Berlin zu einem vorbereitenden Treffen zusammenzukommen.

Diese erste Kontaktaufnahme fand am 22. und 23. Februar 1979 statt. Dreißig Vertreter aus mehr als fünfzehn Ländern, die vom Internationalen Jüdischen Komitee für interreligiöse Konsultationen und der Lutherischen Europäischen Kommission Kirche und Judentum bestimmt worden waren, trafen sich, um Informationen über die gemeinsamen Interessensgebiete auszutauschen und den Boden für eine künftige Zusammenarbeit vorzubereiten. Die Zeit war gekommen, eine Reihe von jüdisch-lutherischen Begegnungen nach dem Vorbild jener zu organisieren, die in den vorangegangenen Jahren mit dem Heiligen Stuhl und dem Weltkirchenrat organisiert worden waren.

Es war für mich nicht leicht, nach Berlin zu gehen, der Stadt, in der ich geboren worden war und die ich 1933 verlassen hatte. Ich war seitdem nicht mehr in Berlin gewesen; ich hatte dort keine Verwandten, Freunde oder Bekannten mehr. Sechsundvierzig Jahre später war Berlin für mich eine vollkommen fremde Stadt.

Die Reise kostete mich ziemliche Überwindung. Die Aussicht, mein Geburtshaus wiederzusehen, die Schule, in der ich erzogen worden war, die Universität, an der ich einen großen Teil meines Studiums absolviert hatte, und schließlich den Friedhof von Weißensee in Ostberlin, auf dem meine Großeltern und andere Mitglieder meiner Familie begraben waren, erfüllte mich mit gemischten Gefühlen. Aber ich war überzeugt, dass das Treffen mit den Lutheranern diese Prüfung rechtfertigte.

Auf diesem Treffen stellten wir fest, dass die Lutherische Europäische Kommission Kirche und Judentum nicht nur aus den Vertretern der verschiedenen europäischen Lutherischen Kirchen bestand; es gehörten auch Missionarsgesellschaften verschiedener Länder dazu. Das war für uns ein großes Problem. Wir erklärten, dass wir grundsätzlich zu einer Zusammenarbeit mit den Lutherischen Kirchen bereit seien, machten aber zugleich deutlich, dass die Lutherische Europäische Kommission Kirche und Judentum, die Missionarsgesellschaften als Mitglieder habe, in unseren künftigen Beziehungen nicht unser Partner sein könne.

Es ist übrigens interessant, dass sich die Mitglieder der lutherischen Delegation auf diesem Treffen hinsichtlich der Haltung, die sie den Juden gegenüber einnehmen sollten, uneinig waren. Auf der einen Seite gab es die Traditionalisten, die der alten Lehre folgten und die Bekehrung der Juden als natürliche Pflicht betrachteten. Ihnen stand eine andere Gruppe gegenüber, die die Konsequenzen aus der Shoah gezogen hatte und der Ansicht war, dass die Missionierung unter den Juden unmöglich sei. Eine dritte Gruppe aus Zweiflern schließlich stand zwischen diesen beiden Gruppen und schwankte, welche Haltung sie einnehmen sollte.
Die Mitglieder der zweiten Gruppe beschworen uns, uns nicht von ihnen abzuwenden, denn unsere Präsenz sei wichtig, um die dritte Gruppe zu überzeugen, sich ihrer Sache anzuschließen.
Nach langen Beratungen wurde der Wille, die Zusammenarbeit fortzusetzen, von allen Teilnehmern bekräftigt. Um die organisatorischen Probleme zu lösen, wurde vereinbart, dass drei *ad personam* gewählte Verantwortliche – zu denen ich gehörte – die Kontinuität der Beziehungen gewährleisten und einen für alle akzeptablen institutionellen Rahmen finden sollten.
Zu diesem Zweck wurde eine Zusammenarbeit zwischen dem Internationalen Jüdischen Komitee für interreligiöse Konsultationen und dem Lutherischen Weltbund vereinbart. Da dieser aber hierüber noch beraten musste, konnte über diesen Rahmen offiziell nicht entschieden werden.
So kam es zu einer ständigen und konstruktiven Zusammenarbeit zwischen Dr. Arne Sovik und mir. Sovik war ein hoher Beamter des Lutherischen Weltbundes und kümmerte sich darum, den geeigneten Rahmen für die Beziehungen zwischen dem Internationalen Jüdischen Komitee für interreligiöse Konsultationen und seiner Organisation zu finden. Mit der Zeit wurde er einer unserer besten Partner in den jüdisch-christlichen Beziehungen und ein echter Freund.
Dr. Sovik und ich bereiteten also die erste offizielle internationale Konsultation zwischen unseren beiden Organisationen vor. Sie fand vom 6. bis 8. Juli 1981 in Kopenhagen mit 24 Teilnehmern aus 10 Ländern statt. Das Thema lautete: »Der Begriff des Menschen in der lutherischen und jüdischen Tradition«.
Ich akzeptierte das Thema frohen Herzens. Ich wollte unsere Konsul-

tationen nicht mit der Diskussion über Luthers antijüdische Lehren beginnen. Es musste erst einmal eine Atmosphäre des Vertrauens und der Zusammenarbeit geschaffen werden.

Alle Teilnehmer erkannten die Nützlichkeit dieses Treffens an und sagten, eines der positivsten Merkmale des Treffens sei die Offenheit und Aufrichtigkeit, die die Diskussionen auszeichne, die fortgesetzt werden sollten.

Das zweite Treffen fand in Stockholm vom 11. bis 13. Juli 1983 anlässlich des 500. Geburtstags von Luther statt. Auf unseren Vorschlag hin lautete das Thema dieser Konsultation »Luther, das Luthertum und die Juden«.

Auf jeder Seite nahmen zwanzig Personen teil, darunter die Crème de la crème der lutherischen Theologie. Ich leitete das Treffen gemeinsam mit Professor Saebo (Oslo). Das Thema wurde von vier Wissenschaftlern präsentiert, auf christlicher Seite von Professor Mark U. Edwards jr. aus den Vereinigten Staaten und Professor Ingold Montgomery aus Uppsala (Schweden), auf jüdischer Seite von dem bedeutenden, allzu früh verstorbenen Historiker Uriel Tal von der Universität Tel Aviv und Professor Ernst Ludwig Ehrlich aus Basel.

Das Treffen von Stockholm ging mit der Verabschiedung von drei Texten zu Ende. Der eine war von den lutherischen Theologen vorbereitet worden, der zweite von der jüdischen Delegation und der dritte gemeinsam von allen Teilnehmern, Juden und Lutheranern.

Welche Bedeutung die Wahl des Themas im Kontext des Lutherjahres hatte, muss nicht betont werden. Dass es möglich war, ein so schwieriges und für unsere künftigen Beziehungen so existentielles Thema zu behandeln, war ein gutes Vorzeichen für die künftige Zusammenarbeit. Es war ein weiteres Zeichen für den Geist der Öffnung und der Offenheit, der unseren Dialog von Anfang an auszeichnete.

Wie es in der Vorbemerkung zu diesen Texten der Konsultation heißt: »Es gab eine Verpflichtung Gott gegenüber, gemeinsam einen Weg zu suchen, um eine Brücke über den historischen Abgrund von Ungerechtigkeit und Verbrechen zu schlagen.« In der Erklärung der lutherischen Theologen werden die Lehren Luthers hinsichtlich der Juden nachdrücklich und einstimmig abgelehnt:

> Die Sünden von Luthers antijüdischen Äußerungen und die Heftigkeit seiner Angriffe auf die Juden müssen mit großem Bedauern zugegeben

> werden. Wir müssen dafür sorgen, dass eine solche Sünde heute und in Zukunft in unseren Kirchen nicht mehr begangen werden kann.
> […]
> Die Lutheraner unserer Zeit lehnen es ab, an alle Äußerungen Luthers über die Juden gebunden zu sein. Wir hoffen, dass wir aus den tragischen Geschehnissen der jüngeren Vergangenheit gelernt haben. Wir müssen alle dafür sorgen, dass heute und in Zukunft keinerlei Zweifel über unsere Haltung gegenüber rassischen und religiösen Vorurteilen bestehen und dass wir der gesamten Menschheit die Würde, Freiheit und Freundschaft zugestehen, die das Recht aller Kinder Gottes sind.

Den Teil der Lehren Luthers klar identifiziert und definitiv abgelehnt zu haben, der seinem mittelalterlichen Erbe zuzuschreiben ist, und offen den schrecklichen Gebrauch anerkannt und angeprangert zu haben, der in unserer Zeit von dieser Lehre mit den bekannten Konsequenzen gemacht wurde, ist von höchster Bedeutung für unsere künftigen Beziehungen.

Sich offen unserer unglückseligen gemeinsamen Geschichte zu stellen ist eine der dringlichsten Aufgaben, wenn wir die Vergangenheit überwinden und die Grundlagen für eine glücklichere Zukunft schaffen wollen.

Am Ende des Treffens sagte ich zu den Lutheranern: »Das ist sehr gut, aber es ist eine Erklärung von zwanzig Personen. Wie wollen Sie sie flächendeckend verbreiten?« Sie antworteten mir: »Wir werden diese Erklärung vor die nächste Vollversammlung des Lutherischen Weltbundes bringen.«

Ein Jahr später wurde diese Frage tatsächlich auf die Tagesordnung der Vollversammlung in Budapest gesetzt. Ich wurde sogar eingeladen, dort zu sprechen und das Thema einzuführen. Das war ein beispielloser Vorgang, denn noch nie hatte ein Nichtchrist auf einer solchen Versammlung das Wort ergriffen. Am Ende der Diskussionen billigte die Vollversammlung diese Erklärung und empfahl sie allen Kirchen zum Studium und zur Beachtung. Es waren 1500 Delegierte aus der ganzen Welt anwesend. Das war ein sehr bedeutendes Ereignis, ein historischer Moment, in dem ein wichtiger Zweig des Christentums feierlich seinen Willen bekräftigte, die Sünden gegen das jüdische Volk zu sühnen.

In den folgenden Jahren hielten wir den Kontakt zum Lutherischen Weltbund aufrecht. Die Frage der Mission unter den Juden spielte weiterhin eine wichtige Rolle in ihren eigenen Beratungen. Diese führten schließlich zu einer wichtigen Erklärung, die von der Lutherischen Europäischen Kommission Kirche und Judentum offiziell auf ihrem Jahrestreffen in den Niederlanden am 8. Mai 1990 verabschiedet wurde.

Diese Erklärung bedeutet eine neue Sichtweise der Mission unter den Juden durch die Gesamtheit der Lutherischen Kirchen und ist ein bemerkenswerter Schritt auf uns zu. Unter anderem heißt es in diesem Text:

> I. 4. Wir glauben, dass Gott in seiner Treue sein Volk Israel durch die Geschichte geführt und es durch die jüdische Glaubenstradition als Volk bewahrt hat. Wir sehen in der Heimkehr in das Land der Väter ein Zeichen der Bundestreue Gottes.
>
> II. 4. Juden und Christen fragen nach Heil und Erlösung und finden unterschiedliche Antworten. Nach dem Neuen Testament ist das Heil in Jesus Christus eröffnet, der als der Heilsweg für Juden und Heiden verkündet wird. Umso mehr sollen wir Christen unseren jüdischen Gesprächspartnern mit Demut, Liebe und Respekt begegnen und ihre Glaubensaussage über Versöhnung und Erlösung hören und ernst nehmen. Das letzte Urteil über die Menschen steht bei Gott und bleibt sein Geheimnis.
>
> III. 2. Unerlässliche Voraussetzung für unsere Begegnung ist die Bereitschaft der Christen, auf das Zeugnis der Juden zu hören, von ihrer Glaubens- und Lebenserfahrung zu lernen und dadurch neue Seiten der biblischen Überlieferung wahrzunehmen. Juden und Christen haben sich in der Begegnung viel zu sagen und können miteinander Gottes Wirklichkeit neu entdecken.
>
> III. 4. Jede Begegnung zwischen Christen und Juden erfordert die Einsicht, dass Gott selbst der Sendende/Missionierende ist. Diese Einsicht in die *missio dei* hilft zum Verständnis der eigenen Möglichkeiten und Aufgaben: Gott ermächtigt zum gegenseitigen Bezeugen des Glaubens im Vertrauen auf das freie Wirken des Heiligen Geistes; denn er entscheidet über die Wirkung des Glaubenszeugnisses und über das ewige Heil aller Menschen. Er befreit von dem Zwang, alles selbst bewirken zu müssen. Aus dieser Einsicht heraus sind Christen verpflichtet, ihr Zeugnis und ihren Dienst in Achtung vor der Überzeugung und dem Glauben der jüdischen Gesprächspartner wahrzunehmen.

> IV. 3. Wir fordern dazu auf, Christen Kenntnisse vom Judentum zu vermitteln, um ihnen zu einer positiven, unverzerrten Einstellung zum heutigen Judentum zu verhelfen und dadurch den säkular begründeten Antisemitismus ebenso wie den in den Kirchen überkommenen Antijudaismus zu überwinden.
>
> IV. 4. Wir bitten darum, das jüdische Volk, sein Heil und seinen Frieden in die Fürbitte einzuschließen und wissen uns verbunden mit allen, die in dem Staat Israel ihre Heimat, Zuflucht und Hoffnung sehen.

Diese Stellungnahme ist natürlich von großer Bedeutung. Wenn die Bekehrung das Werk Gottes ist, dann verlieren die Anstrengungen der Menschen – die Aktion der Missionsgesellschaften – tatsächlich viel von ihrer Bedeutung.

In ähnlicher Weise formulierte die Synode der Evangelischen Kirche im Rheinland 1980 die berühmte Erklärung, in der es heißt:

> Wir glauben, dass Juden und Christen je in ihrer Berufung Zeugen Gottes vor der Welt und voreinander sind; darum sind wir überzeugt, dass die Kirche ihr Zeugnis dem jüdischen Volk gegenüber nicht wie ihre Mission an die Völkerwelt wahrnehmen kann. [...] Es gibt einen Unterschied zwischen unserer Mission in der Welt und dem Zeugnis Israels. Wir haben nicht das Recht, das auf der gleichen Ebene zu behandeln. Man muss daher von der Konversion der Juden Abstand nehmen.

Diese Erklärung diente übrigens als Vorbild für mehrere andere deutsche Synoden. Man sieht, dass man sogar in Hinblick auf das sehr heikle Problem der Mission eine deutliche Entwicklung beobachten kann. Ebenfalls von großer Bedeutung ist die Tatsache, dass die Synode der Evangelischen Kirche im Rheinland nach einer langen Konsultation im Januar 1996 beschloss, ihre Verfassung zu ändern und eine Klausel hinzuzufügen, in der die Kirche »die Treue Gottes, der an der Erwählung seines Volkes Israel festhält«, bezeugt. Damit verwirft sie offiziell die Theorie der Substitution, der zufolge Israel von Gott verstoßen und von der Kirche ersetzt wird.

Die Anglikaner

Inzwischen hatten wir auch begonnen, Kontakte zur anglikanischen Kirche und zur gesamten Anglikanischen Kirchengemeinschaft aufzunehmen.
Die Initiative für die Vorbereitung dieser Beziehungen war Reverend Peter Schneider zu danken, der lange Jahre in Israel gearbeitet hatte, bevor er Berater der Erzbischöfe von Canterbury und York für die interkonfessionellen Beziehungen wurde. Wir versicherten uns von Anfang an der Mitarbeit des Erzbischofs von York und des Oberrabbiners der United Hebrew Congregations of Great Britain and the Commonwealth, Lord Immanuel Jakobovits.
Diese Kontakte führten zur Organisation einer ersten jüdisch-anglikanischen Konsultation in Andover im November 1980 unter der gemeinsamen Schirmherrschaft des Beraters des Erzbischofs von Canterbury und des Internationalen Jüdischen Komitees für interreligiöse Konsultationen. Elf christliche Persönlichkeiten und neun jüdische Vertreter nahmen an diesem Treffen teil, dessen Thema lautete: »Recht und Religion in der modernen Gesellschaft«. Reverend Schneider und ich präsentierten unsere Überlegungen über die künftigen Beziehungen zwischen Anglikanern und Juden im erweiterten Rahmen der modernen jüdisch-christlichen Beziehungen.
Oberrabbiner Jakobovits und der Erzbischof von York, der für die Beziehungen zu den Juden zuständig war, waren die Delegationschefs und leiteten das Treffen.
Es wurde eine sehr gelungene Begegnung. Die Teilnehmer beschlossen, regelmäßig weitere Konsultationen einzuberufen. Ein Komitee, bestehend aus den beiden Kopräsidenten und den beiden Kosekretären – einer davon war ich –, wurde beauftragt, für die Fortsetzung der Konsultationen zu sorgen.
Eine zweite Konsultation fand im April 1987 in Stafford statt. Die Fortsetzung dieser Kontakte wurde durch die lange Krankheit und den Tod von Reverend Schneider im November 1982 gefährdet, aber sie wurden nicht abgebrochen.
Auf jüdischer Seite sorgte Rabbiner Norman Solomon vom Centre for the Study of Judaism and Jewish-Christian Relations am Selly Oak College in Birmingham für die Kontinuität der Kontakte mit den füh-

renden anglikanischen Persönlichkeiten. Eines des Ziele war die Verabschiedung eines Textes über die Beziehungen zwischen Anglikanern und Juden durch die Anglikanische Kirchengemeinschaft, wie die anderen Kirchen und christlichen Gemeinschaften es getan hatten.
Die Bischöfe der Anglikanischen Weltkirchengemeinschaft traten alle zehn Jahre zu einer Konferenz zusammen, der so genannten Lambeth-Konferenz. Die Konferenz fand 1988 unter dem Vorsitz des Erzbischofs von Canterbury statt. Die in Lambeth verabschiedeten Resolutionen verpflichten die Mitgliedskirchen nicht, üben aber dennoch einen sehr großen Einfluss auf sie aus.
Auf dem Treffen des Anglikanischen Beratungsausschusses 1987 in Singapur, das die Lambeth-Konferenz vorbereiten sollte, wurde die Empfehlung ausgesprochen, dass »der neue Generalsekretär des Anglikanischen Beratungsausschusses den Entwurf für eine Reihe von Empfehlungen für die jüdisch-christlichen Beziehungen auf der Grundlage der bestehenden Texte vorbereitet, damit dieser Entwurf auf der Lambeth-Konferenz von 1988 zur Diskussion und Empfehlung vorgelegt werden kann«. Rabbiner Norman Solomon wurde als jüdischer Berater eingeladen.
In einem späteren Stadium stellte man fest, dass ein anderer Ausschuss bereits dabei war, einen allgemeineren Text über die interkonfessionellen Beziehungen vorzubereiten. Das führte zu neuen Überlegungen, die schließlich in das Dokument »Juden, Christen und Muslime: Der Weg des Dialogs« mündeten.
Dieser – sehr eindrucksvolle – Text ist die erste Stellungnahme der Lambeth-Konferenz zu den jüdisch-christlichen Beziehungen. Das Dokument sollte in den folgenden Jahren als Grundlage für den Unterricht und die Predigt dienen. Hier die bedeutendsten Passagen, die das Ausmaß und die Tiefe der neuen Annäherung der Anglikaner an die Juden zeigen:

1. Während der Dialog mit allen Glaubensweisen höchst wünschenswert ist, erkennen wir eine besondere Beziehung zwischen Christenheit, Judentum und Islam. Diese drei Religionen verstehen sich in einem engen Verhältnis zu Abraham, dem Vater der Glaubenden, dem Freund Gottes. Dazu haben diese Glaubensweisen, die zeitweise in Gegensatz zueinander lebten, eine besondere Verantwortung für neue, konstruktive Beziehungen zum Besten der ganzen

menschlichen Familie und des Weltfriedens, insbesondere im Mittleren Osten. [...]

2. Wesentliche Vorbedingung für jeden wahren Dialog ist die Bereitschaft, auf den Partner zu hören, zu versuchen, mit seinen Augen zu sehen und zu fühlen mit seinem Herzen. [...]
3. Im Blick auf das Judentum bedeutet dies, dass wir zunächst das Judentum als eine lebendige Religion anzuerkennen haben, die in ihrem eigenen Recht auf Selbstverständnis zu respektieren ist. [...] Das Judentum ist eine lebende, sich weiter entwickelnde Religion, die eine bemerkenswerte geistliche und intellektuelle Vitalität durch das Mittelalter und die jüngsten Zeiten hindurch bewiesen hat, obwohl sie immer wieder als bösartig und falsch verschrien und entsprechend verfolgt worden ist.
   Das Mittelalter erlebte große jüdische Philosophen wie Maimonides, Bibelausleger wie Raschi und die Ibn Esra's, Dichter und Mystiker, wie auch Wissenschaftler und Gesetzgeber. Unsere moderne Welt ist ohne den Beitrag jüdischer Denker von Spinoza bis Buber, Wissenschaftlern wie Freud und Einstein wie auch Musikern, Künstlern und anderer, die unsere Kultur zu schaffen geholfen haben, undenkbar. Zu unserem Schaden sind wir viel zu wenig informiert über die kreative Vitalität solcher geistlichen Bewegungen in jüngster Zeit wie Chassidismus und Musar.
4. Andererseits ist das Judentum nicht nur eine Religion im üblichen christlichen Verständnis, sondern gleichzeitig auch Volk und Kultur. [...]
5. Außerdem ist es für Juden und Christen notwendig zu verstehen, was für grundlegende Veränderungen und Fortschritte im modernen wissenschaftlichen Verständnis der Bibel geschehen sind. Die derzeitige Bibelwissenschaft wird zunehmend zu einer engen Verbindung zwischen Juden und Christen. Jüngste jüdische Forschungen haben mehr Licht in die sehr komplexe, unterschiedliche religiöse und soziale Situation in Palästina während des ersten Jahrhunderts der gemeinsamen Zeitrechnung gebracht. [...]
6. Heute verstehen wir das Judentum des ersten Jahrhunderts weitaus besser als je zuvor, vor allem die politischen Faktoren, welche jene Zeit bestimmten. Prozess und Hinrichtung Jesu geschahen, wie wir heute erkennen, um den Interessen der römischen Besatzung und

derjenigen Juden zu dienen, die mit den Römern kollaborierten. [...]

13. Für Christen kann das Judentum niemals eine Religion unter anderen sein. Es lebt in einer besonderen Verbindung und Verwandtschaft mit dem Christentum. Jesus, unser Herr und der Christus, war ein Jude, und die Schriften, die ihn lehrten und sein Leben leiteten, waren die Bücher der Hebräischen Bibel. Diese bilden einen Teil der christlichen Schriften. Der Gott, an den Jesus glaubte, dem er sich vollkommen hingab und an den auch wir glauben, ist der »Gott Abrahams, Isaaks und Jakobs«. Das rechte Verständnis dieser Beziehung mit dem Judentum ist deshalb grundlegend für das eigene Selbstverständnis der Christenheit.
14. Christen und Juden teilen die eine Hoffnung auf die Errichtung des Gottesreiches auf Erden. [...]
16. Christen und Juden teilen den leidenschaftlichen Glauben an einen Gott liebender Freundlichkeit, der uns gemeinsam in Gemeinschaft mit IHM berufen hat. Gott ist treu, und er lässt diejenigen nicht im Stich, die nach ihm rufen. Daher lehnen wir jegliche Sicht über das Judentum strikt ab, die es als ein lebendes Fossil wertet, das durch das Christentum überwunden sei. [...] Gott hat das Volk nicht verworfen, das er seit je als sein eigenes Volk angenommen hat (Röm 11, 2); Gottes Berufung bleibt, sie (die Juden) sind um der Väter willen Gottes Freunde; Gottes Gnadengaben und seine Berufung sind unwiderruflich (Röm 11, 28f.).
17. [...] Antijüdisches Vorurteilsdenken, verbreitet durch die führenden Leute des Staates und eben auch der Kirche, führte zu Verfolgungen, Pogromen und schließlich – vorbereitet durch den Boden, in dem die böse Saat des Nazismus Wurzeln fassen konnte und ihr Gift verbreitete – zur Endlösung. Nazis wurden durch eine Weltanschauung getrieben, die letztlich die Zerstörung des Christentums zum Ziele hatte.

    [...] Die systematische Ausrottung von sechs Millionen Juden und die Vernichtung einer ganzen Kultur musste die Christenheit zu einer schmerzhaften und grundlegenden Überprüfung ihres Verhältnisses zum Judentum führen.
18. Diskriminierung und Verfolgung der Juden führen zu einer »Lehre der Missachtung«, der systematischen Verbreitung von antijüdischem Denken durch Kirchenführer, -lehrer und -prediger. In Ka-

techese, Unterweisung von Schulkindern und christlicher Predigt wurde das Judentum falsch dargestellt und karikiert. Auch die Evangelien wurden benutzt, um die Juden zu beschimpfen und zu verleumden.

[...]

Um gegen Jahrhunderte von antijüdischem Lehren und Handeln anzukämpfen, müssen die Christen über Lehre, Predigt und gemeinsames Handeln Programme entwickeln, welche Vorurteile ausrotten, den Dialog fördern und zum innerbiblischen Austausch der Glaubenserfahrung beider Partner kommen.

[...]

28. [All diese Wege] haben ein gemeinsames Ziel für die Christen: dass die Christenheit gegenüber dem Judentum sensibel wird, offen, feinfühlig, aufmerksam. Abzulehnen ist jede Art von Proselytismus, von aggressiver oder manipulativer Weise von Bekehrungsversuchen und selbstverständlich jegliche Art von Antisemitismus.

    Juden, Muslime und Christen haben einen gemeinsamen Auftrag. Sie haben den Auftrag, dass Gottes heiliger Name in der Welt geehrt werde: »Geheiligt werde Dein Name.« [...]

29. Aufrichtiges, ehrliches und konsequentes Teilnehmen im Dialog verlangt von den Christen, dass sie alle unzutreffenden Darstellungen des Judentums und des Islam korrigieren, wie auch Juden und Muslime ihre falschen Darstellungen des Christentums zu korrigieren haben.

    Für die Christen bedeutet dies eine sorgfältige Bearbeitung jener biblischen Passagen, die sich vor allem mit den Ereignissen der Passionszeit beschäftigen.

    [...]

31. Viele Möglichkeiten gemeinsamen Handelns gibt es für Juden, Christen und Muslime: Kampf gegen den Rassismus, gegen Apartheid, Antisemitismus und für die Menschenrechte, vor allem das Recht auf Religionsfreiheit.

Die Anglikanische Kirchengemeinschaft empfiehlt das Studium des Dokuments »Juden, Christen und Muslime: Der Weg des Dialogs« und ermuntert ihre Kirchen, »den Dialog mit den Juden und den Muslimen im Geiste der geäußerten Grundsätze zu beginnen«.

Die dritte jüdisch-anglikanische Konsultation fand im April 1992 auf

Schloss Windsor statt. Siebzehn anglikanische Delegierte und ebenso viele jüdische nahmen daran teil. Das Thema lautete: »Israel aus der Sicht der christlichen Mission«. An dem Treffen nahmen der Erzbischof von Canterbury, George Currie, und der neue Oberrabbiner Dr. Jonathan Sachs teil. Das Treffen diskutierte den Entwurf eines Richtlinien-Textes für die jüdisch-anglikanischen Beziehungen, den der Anglikanische Kirchenrat Großbritanniens und Irlands seinen Mitgliedskirchen vorlegen wollte.

Hauptziel dieses Textes ist nicht, offizielle Positionen zu präsentieren, was bereits geschehen war, sondern die neue christliche Theologie über die Juden und das Judentum einer breiteren Öffentlichkeit bekannt zu machen. Die Konsultation über diesen Text dauert an und müsste bald beendet sein.

Die Beziehungen zu den christlichen Orthodoxen

Von den Kontakten mit den verschiedenen konfessionellen Verbänden waren diejenigen mit dem Orthodoxen die schwierigsten. Die orthodoxen Kirchen waren der einzige Zweig des Christentums, der nicht am Prozess der theologischen Erneuerung teilnahm. Der Grund war ein sehr einfacher. In Osteuropa organisierten sich die Kirchen unter den kommunistischen Regimen, die ihnen jegliche Freiheit nahmen, wie belagerte Festungen. Ihre Hauptsorge galt der Bewahrung ihrer Identität und ihrer Traditionen. In einem solchen Klima der Verteidigung war kein Platz für frischen Wind oder eine Ausrichtung nach der modernen theologischen Bewegung, die die Haltungen der westlichen Kirchen beherrschte und zum *aggiornamento* der katholischen Kirche führte. Der Nahe Osten ist das zweite Hauptzentrum der Orthodoxie. Dort dominierte der arabisch-israelische Konflikt die Szene und verhinderte jede Geste, die als juden- oder Israel-freundlich ausgelegt werden könnte. Auch hier war die Position der orthodoxen Kirchen starr und ablehnend gegenüber jedem westlichen Einfluss.

Dennoch versuchte ich, Kontakte zur orthodoxen Kirche herzustellen, insbesondere zu Monsignore Damaskinos Papandreou, dem Leiter des Orthodoxen Zentrums des Ökumenischen Patriarchats in Genf. Monsignore Papandreou war gleichzeitig Generalsekretär der Interorthodoxen Vorbereitungskommission der Panorthodoxen Synode. Seine Funktionen brachten ihn in Verbindung mit den orthodoxen Kirchen der ganzen Welt.

Unsere erste Begegnung fand 1972 statt. Ein paar Jahre später, 1976, stellte der damalige Verantwortliche für die Beziehungen zu den Juden beim Weltkirchenrat, Dr. Franz von Hammerstein, einen offiziellen Kontakt zu Monsignore Damaskinos her. Dr. Ernst Ludwig Ehrlich von der B'nai B'rith und ich führten die ersten Gespräche mit ihm.

Im Anschluss an ein wichtiges Referat von Monsignore Damaskinos, das er in Zürich im Rahmen der christlich-jüdischen Arbeitsgemeinschaft über das Thema »Der Absolutheitsanspruch der beiden Religionen, Christentum und Judentum, und die Notwendigkeit ihres Dialogs« gehalten hatte, begannen wir im November 1976 in einer kleinen Gruppe über die Vorbereitung einer ersten Konsultation mit den orthodoxen Kirchen zu diskutieren.

Diese Konsultation fand im März 1977 unter der Schirmherrschaft der Theologischen Fakultät von Luzern statt, deren Mitglied Monsignore Damaskinos war. Der orthodoxe Prälat legte großen Wert darauf, dieser ersten Begegnung einen akademischen Anstrich zu geben. Organisiert wurde sie vom Orthodoxen Zentrum des Ökumenischen Patriarchats und dem Internationalen Jüdischen Komitee für interreligiöse Konsultationen. Zehn jüdische Persönlichkeiten und sieben orthodoxe sowie drei katholische Beobachter und ein Beobachter des Weltkirchenrats nahmen an dem Treffen teil.

Das Hauptthema des Treffens lautete: »Das Recht in der christlich-orthodoxen und jüdischen Auffassung«.

Die Konsultation endete mit dem Beschluss, eine Reihe von Treffen zu initiieren. Die Texte dieser Konferenz wurden in der Zeitschrift *The Greek Orthodox Theological Review* veröffentlicht, die in den Vereinigten Staaten erscheint.

Die Erste Panorthodoxe Vorkonziliare Konferenz, die im November 1976 im Orthodoxen Zentrum in Genf stattfand, hatte den Willen der Orthodoxen Kirche zum Ausdruck gebracht, in einem Geist gegenseitigen Einvernehmens mit den verschiedenen Religionen zusammenzuarbeiten, eine unerlässliche Bedingung, um jedem Fanatismus ein Ende zu setzen und so zur Versöhnung zwischen den Nationen und zur Sicherung des Friedens und der Freiheit in der Welt beizutragen.

Unsere Zweite Konsultation mit den Orthodoxen fand im Oktober 1979 in Bukarest unter der Schirmherrschaft des Orthodoxen Patriarchats und des Oberrabbiners von Rumänien statt. Die orthodoxen Teilnehmer kamen aus Rumänien, Bulgarien, Griechenland, Zypern, aus der Schweiz und aus Frankreich, die jüdischen Teilnehmer aus Rumänien, Israel, Griechenland, der Schweiz, Frankreich und den Vereinigten Staaten. Das Thema dieser Konsultation lautete: »Tradition und Gemeinschaft im Judentum und in der Orthodoxen Kirche«.

Wir setzten diese Bemühungen fort und hielten den Kontakt mit dem Orthodoxen Zentrum des Ökumenischen Patriarchats in Genf aufrecht. Die Fortsetzung dieses Dialogs erwies sich aus den bereits genannten politischen Gründen als äußerst schwierig.

Nach dem Zusammenbruch der kommunistischen Regime und den vielversprechenden neuen politischen Entwicklungen im Nahen Osten ergriff ich erneut die Initiative, um auf verschiedenen Wegen die russische orthodoxe Kirche zu überzeugen, dass es Zeit sei, am Dialog zwischen der christlichen Orthodoxie und dem Judentum teilzunehmen.

Diese Initiativen führten schließlich zur Einberufung der Dritten Konsultation zwischen orthodoxen Christen und Juden in Athen im März 1993. Dieses Treffen wurde erneut vom Orthodoxen Zentrum des Ökumenischen Patriarchats und dem Internationalen Jüdischen Komitee für interreligiöse Konsultationen organisiert. Es erhielt die aktive Unterstützung der griechischen Regierung, die auf sehr großzügige Weise alle Kosten vor Ort übernahm. Das Treffen fand in dem wunderschönen Rahmen von Vouliagmenis, einem berühmten Seebad in der Nähe Athens, statt, wo die griechische Regierung ihre internationalen Konferenzen organisiert.

Monsignore Damaskinos und ich leiteten die Konsultation. Ungefähr fünfzig Vertreter, orthodoxe Christen und Juden aus zahlreichen Ländern einschließlich Russlands und anderer osteuropäischer Staaten sowie des Nahen Ostens, nahmen an ihr teil. Frau Virginia Tsouderos, die stellvertretende Außenministerin Griechenlands, begrüßte die Konferenz im Namen der griechischen Regierung.

Eine sehr herzliche Botschaft schickte der Ökumenische Patriarch von Konstantinopel, in der er erklärte: »Die östliche Orthodoxie hat niemals rassistische Ideen oder Theorien gefördert und niemals diese negativen Phänomene erfahren [...] wie Diskriminierung, Marginalisierung,

Gerhart M. Riegner mit Seiner Heiligkeit, dem Ökumenischen Patriarchen Bartholomäus I. anlässlich der Veröffentlichung der Akten des Dritten Akademischen Treffens zwischen der Orthodoxie und dem Judentum. Jerusalem 1995.

Verfolgung und Völkermord an Menschen, die einer anderen Kultur angehören oder Gott auf andere Weise anbeten.« Der Patriarch gab der Hoffnung Ausdruck, dass das Treffen fruchtbare Begegnungen ermögliche, die zum Dialog zwischen Juden und Orthodoxen führen.

Die Eröffnungsrede der Konsultation wurde von Monsignore Damaskinos Papandreou gehalten, dem Metropoliten der Schweiz, der in das Hauptthema der Konferenz: »Kontinuität und Erneuerung« einführte. Er erklärte, das Ziel des Treffens sei eine aufrichtige Zusammenarbeit, »nicht nur in Hinblick auf eine Reinigung von den Vorurteilen der historischen Vergangenheit, sondern auch in Hinblick auf die Auseinandersetzung mit den dringenden Problemen des Menschen unserer Zeit.«

Ich antwortete auf diese Rede im Namen der jüdischen Delegation.

Das Thema »Kontinuität und Erneuerung« wurde in vier Sitzungen diskutiert. Die erste war dem Thema »Schrift und Hermeneutik« gewidmet, die zweite behandelte das Thema »Gedächtnis und Verantwortung«, die dritte war einem Überblick über »Orthodoxie und Judentum in der modernen Welt« gewidmet, und die vierte hatte das Thema: »Treue zu den Wurzeln und Verpflichtung für die Zukunft«. Jedes Thema wurde von einem christlich-orthodoxen und einem jüdischen Teilnehmer präsentiert. In besonderer Erinnerung blieb der Vortrag von Professor Theodore Stylianopoulos.

Die letzte Sitzung der Konsultation war einer Auswertung des Treffens gewidmet. Sie machte das große Interesse deutlich, mit dem alle Teilnehmer die Diskussionen verfolgt hatten, und den Wunsch, die Konsultationen in Zukunft fortzusetzen. Es wurden zahlreiche praktische Vorschlägen zur Fortsetzung der Konsultationen und zu künftigen Themen gemacht.

Das Schlusskommuniqué unterstrich, dass die »allgemeine positive Bewertung der Bedeutung der Treffen für ein gegenseitiges Verständnis und für eine Überwindung von Missverständnissen wie auch Rassismus, Antisemitismus und Fremdenfeindlichkeit und ihre Anerkennung als ein Beitrag für den interreligiösen Frieden zu der Entscheidung geführt [haben], ständige Beziehungen zu pflegen und alle drei Jahre akademische Treffen zu halten«.

Dieses dritte Treffen mit den orthodoxen Kirchen, dessen Protokoll vollständig in der israelischen Zeitschrift *Immanuel* veröffentlicht wurde, stellte einen wirklichen Durchbruch in unseren Beziehungen dar. Es war sehr viel repräsentativer als die beiden vorherigen Konsultationen. Es gab uns die Gelegenheit, eine Reihe von Problemen anzusprechen, die uns beschäftigen, insbesondere das Ausmaß der extremen nationalistischen, fremdenfeindlichen und antisemitischen Bewegungen in den Ländern Osteuropas und vor allem in Russland.

Dieses Treffen erlaubte uns, die Notwendigkeit eines *aggiornamento* der orthodoxen Kirchen hinsichtlich ihrer Theologie über die Juden und das Judentum und der damit verbundenen Unterweisung zu betonen. Eine schwierige Aufgabe wegen des extremen Konservatismus dieser Kirchen. Aufgrund der Äußerungen der christlichen Teilnehmer glaube ich aber, dass diese die Notwendigkeit begriffen haben, eine solche Entwicklung in Gang zu setzen, indem man den Gläubigen zunächst erklärt, wie gewisse heilige Texte, gewisse Liturgien und gewisse Lehren heute interpretiert werden müssen.

Anhang: Meine Beziehungen zu Ostdeutschland

Als Ergänzung zum Kapitel über meine Beziehungen zu den evangelischen Kirchen möchte ich noch über meine Aktivitäten in Ostdeutschland berichten, die zu einem großen Teil auf Bitten der Obrigkeiten der evangelischen Kirchen dieses Landes unternommen wurden.
Alles begann 1984 anlässlich der Gedenkfeiern zum vierzigsten Jahrestag der Deportationen der ungarischen Juden in Budapest. Bei einem der offiziellen Diners saß ich zufällig zwei Persönlichkeiten aus Ostdeutschland gegenüber, die, wie ich zu meiner Überraschung erfuhr, keine Juden waren. Der eine lehrte das Alte Testament und Hebräisch an der Fakultät für Evangelische Theologie an der Berliner Humboldt-Universität; der andere war Pastor in einer norddeutschen Kleinstadt. Dr. Stefan Schreiner, Lehrbeauftragter an der Humboldt-Universität, wusste erstaunlich gut Bescheid über das jüdische Leben unserer Zeit. Er wusste sofort, wer ich war, und versuchte gleich, mich zu überzeugen, dass ich unbedingt in Ostdeutschland Vorträge vor den unterschiedlichsten Zuhörerkreisen halten müsste.
Er wies darauf hin, dass es in Ostdeutschland keine jüdischen Partner gebe, was einen wirklichen Dialog praktisch unmöglich mache. Seine Bitte überraschte mich. Gewöhnlich hatten die Juden des Westens keine große Lust, in den kommunistischen Teil Europas zu reisen. Ich reiste dorthin, wenn es nötig war, um den Kontakt mit den jüdischen Gemeinden dieser Länder aufrechtzuerhalten, insbesondere mit denen Rumäniens, Ungarns, Polens, Jugoslawiens, der Tschechoslowakei ... Wir, die führenden jüdischen Persönlichkeiten des Westens, unternahmen solche Reisen, um den jüdischen Geist in diesen meist kleinen Gemeinden, die seitens ihrer Behörden einem enormen Druck ausgesetzt waren, zu stärken. Wir taten es, weil wir uns mit diesen Gemeinden solidarisch fühlten und weil wir den Gedanken nicht ertragen konnten, sie im Stich zu lassen.
Ich sagte mir, dass diese Politik kaum für die kleine Gemeinde Ostdeutschlands gelten könne, die die Zahl von 500 bis 600 eingetragenen Personen vermutlich nicht überschritt. Allerdings musste man wohl

etwa 2000 bis 3000 Personen jüdischer Abstammung dazurechnen, kommunistische Beamte oder Nachkommen kommunistischer Beamter, die keinen Kontakt zu den »offiziellen« Gemeinden hatten.
Ein Besuch in Ostdeutschland rangierte also ganz unten auf der Liste meiner Prioritäten. Aber ich hatte nicht mit der Energie und Beharrlichkeit Dr. Schreiners gerechnet. Er ließ nicht nach in seinen Versuchen, mich zu überzeugen. Da er ein einflussreiches Mitglied der Evangelischen Kirche Ostdeutschlands (Bund der Evangelischen Kirchen der DDR) und der Organisation Aktion Sühnezeichen war, die sich um die Wiedergutmachung des Unrechts bemühte, das die Nazis an den ehemaligen Feinden des Reichs, vor allem an den Juden, den Polen ... begangen hatten, ließ er mir alle möglichen Botschaften zukommen, um mich zu bewegen, diese Einladung anzunehmen.
Eines Tages schickte er sogar die Leiterin der Evangelischen Akademie von Berlin-Brandenburg zu mir. Diese lud mich zu einem mehrtägigen Seminar ein, dass anlässlich des vierzigsten Jahrestags des Endes des Zweiten Weltkriegs dem Andenken der Shoah gewidmet war und an dem Mitglieder der evangelischen Kirche aus ganz Ostdeutschland teilnehmen sollten.
Ich sollte der Hauptredner dieses Seminars sein. Dr. Stefan Schreiner sollte über die theologischen Probleme der Shoah aus christlicher und jüdischer Sicht sprechen. Dr. Schreiners Botin übermittelte mir zugleich eine Einladung zu einem Vortrag vor den Professoren und Studenten der Theologischen Fakultät der Humboldt-Universität über die jüdisch-christlichen Beziehungen in den letzten dreißig Jahren.
Angesichts dieses Programms und insbesondere der Aussicht, der Hauptredner anlässlich des Gedenkens der Shoah durch die evangelischen Kirchen zu sein, gab ich nach. Ich wusste, dass es in Ostdeutschland nur sehr wenige Personen gab, die kompetent über die Shoah sprechen konnten.
Ich hatte kurz zuvor eine interessante Erfahrung in Westberlin gemacht. Der Regierende Bürgermeister Westberlins Richard von Weizsäcker, der später Präsident der Bundesrepublik Deutschland wurde, hatte mich eingeladen, an den Gedenkfeiern anlässlich des vierzigsten Jahrestags der Wannsee-Konferenz teilzunehmen. Bei dieser Gelegenheit überredete mich Dr. Franz von Hammerstein, mit dem ich zusammengearbeitet hatte, als er beim Weltkirchenrat in Genf für die jüdischen Ange-

legenheiten zuständig war, und der jetzt Leiter der Evangelischen Akademie Westberlins war, den Abend mit ihm und einigen seiner Kollegen zu verbringen. Ich entdeckte, dass er alle Leiter der Evangelischen Akademien der Bundesrepublik Deutschland zusammengetrommelt hatte.

Er wollte, dass ich ihnen von meiner Erfahrung der Shoah und von meinem Aktivitäten in diesen verhängnisvollen Jahren berichtete. Das war eine außerordentliche Erfahrung. Mir wurde immer klarer, dass die Leiter der Akademien nur eine sehr eingeschränkte Vorstellung von der Shoah hatten. Und mir wurde auch bewusst, dass nur noch wenige Menschen am Leben waren, die diese Tragödie in ihrem ganzen Ausmaß miterlebt hatten.

Nach jeder meiner Interventionen wurden zahlreiche neue Fragen gestellt. Die Begegnung dauerte bis spät in die Nacht. Am Ende dankte man mir sehr herzlich dafür, dass ich diese Erfahrung mit ihnen geteilt hatte.

Da begriff ich, dass ich mich nicht weigern konnte, einer neuen Generation meine einzigartige Erfahrung weiterzugeben. Ich nahm daher Dr. Schreiners Einladung unter zwei Bedingungen an: Zum einen bat ich darum, dass die jüdische Gemeinde Ostdeutschlands genau über meinen Besuch informiert werde, und zum anderen, dass gleichzeitig eine Begegnung mit dem Staatssekretär für religiöse Angelegenheiten der DDR, Klaus Gysi, arrangiert werde, eine außergewöhnliche Begegnung, auf die ich zurückkommen werde.

Alle Vorträge, die ich aus Anlass dieser Gedenkfeier an der Theologischen Fakultät der Humboldt-Universität in Berlin und in der großen Kirche in Weißensee hielt, und die Referate, die ich im Großen Theologischen Seminar in Leipzig und in einer Kirche in Dresden hielt, waren von der evangelischen Kirche Ostdeutschlands organisiert worden.

Diese Referate, denen stets eine große Zuhörerschaft folgte, gaben mir die Gelegenheit, über die Situation der Juden in der Welt und über die Beziehungen zwischen Juden und Christen vor Männern und Frauen zu sprechen, die zutiefst in ihrem christlichen Glauben verwurzelt und damals noch weitgehend von der Welt abgeschnitten waren. Unter dieser sehr zahlreichen Zuhörerschaft gab es einen großen Anteil junger Leute. Auf jedes Referat folgte eine lange Reihe von Fragen und Antworten, in denen alle möglichen Probleme angesprochen wurden. Einmal hatte die Diskussion mehr als drei Stunden gedauert. Dieser Wissensdurst beeindruckte mich zutiefst. Ich hatte den Eindruck, dass es ein echtes Bedürfnis gab, die Probleme kennen zu lernen, die die Juden betrafen oder mit dem Judentum verbunden waren. Andererseits spürte ich, dass meinen Antworten von diesem Publikum ein besonderes Gewicht beigemessen wurde, weil sie von außen kamen.

Es war auch eine Gelegenheit, Kontakte zur zentralen Leitung der evangelischen Kirche Ostdeutschlands zu knüpfen und Meinungen über die allgemeine Lage in ihrem Land und in der Welt auszutauschen. Ich nutzte dies, um sie über die wichtigsten Probleme zu informieren, mit denen die jüdische Weltgemeinschaft zu kämpfen hatte. Ich hielt vor allem den Kontakt zum Generalsekretär, Pastor Ziegler, und zum Delegierten für auswärtige Beziehungen, Pastor Helmut Tschörner, aufrecht.

Diese Aufenthalte erlaubten mir auch, Gespräche mit den Verantwortlichen der jüdischen Gemeinde zu führen, denen ich durch meine Anwesenheit das Interesse und die Solidarität eines Juden aus dem Westen bezeugte.

Der Vortrag, den ich an der Theologischen Fakultät der Berliner Universität über die Entwicklung der jüdisch-christlichen Beziehungen in den letzten Jahrzehnten hielt, war der einzige, bei dem kein großes Publikum anwesend war. Allerdings fand er am frühen Nachtmittag statt, weswegen nur Professoren und Studenten kamen. Als ich am Ende des Tages zur Gruppe jüdisch-christlicher Freundschaft in Ostberlin in Anwesenheit von Monsignore Forck, dem evangelischen Bischof Berlins, über die Bemühungen des Jüdischen Weltkongresses, die Kirchen direkt gegen die Endlösung zu mobilisieren, sprach, baten mich daher mehrere Personen, die sich entschuldigten, dass sie am Nachmittag nicht hätten kommen können, zu wiederholen, was ich in der Universität gesagt hatte. Das war einerseits ganz amüsant, aber auch sehr anstrengend. Da ich meine Notizen nicht bei mir hatte, musste ich den Vortrag, den ich in der Universität gehalten hatte, aus dem Gedächtnis wiederholen.

Ich hielt auch einen Vortrag am Evangelischen Theologischen Seminar in Leipzig, das an die Stelle der ehemaligen Evangelischen Fakultät getreten war. Die kommunistischen Machthaber hatten dieses Seminar von der Universität abgetrennt. Ich kam zu diesem Vortrag mit großer

Verspätung, denn der Chauffeur, der mich in Berlin abgeholt hatte, kannte den Ort, zu dem wir fuhren, nicht sehr gut. Als es Mittag schlug, hatte ich erst die Hälfte meines Vortrags hinter mir. Ich fragte daher, ob ich aufhören oder weitermachen sollte. Ich wusste, wie strikt die Deutschen auf die Zeit achten. Ich zögerte, die Sitzung zu verlängern, denn der Saal war überfüllt und Dutzende von Personen mussten stehen. Die Antwort wurde in typisch studentischer Weise durch ohrenbetäubendes Fußgetrampel gegeben. Ich sprach also noch eine weitere Stunde. Diese Reaktion und das wirklich leidenschaftliche Interesse, mit dem sie meinem Vortrag folgten, berührten mich außerordentlich. Um meine eigene Neugier und auch meine persönliche Nostalgie zu befriedigen, fuhr ich nach Weimar. Das war ein außergewöhnlicher Ort, der das geistige Leben Deutschlands symbolisierte und der für uns alle in der Zeit vor dem Nazismus eine Quelle der Inspiration gewesen war. Um mir seine Freundschaft zu beweisen, kam Professor Stefan Schreiner extra aus Berlin, um mich bei diesem Besuch zu begleiten. Er zeigte mir das Goethe-Haus, das Schiller-Haus, das Nietzsche-Haus und das Kunstmuseum im Schloss.

Diese ersten Kontakte zur evangelischen Kirche Ostdeutschlands führten zu einer ganzen Reihe von Begegnungen und zu einer Zusammenarbeit, die mehrere Jahre andauerte. Ich reiste also wiederholt in die Deutsche Demokratische Republik.

Während meines Aufenthalts in Ostdeutschland hielt ich natürlich den Kontakt mit den führenden Persönlichkeiten der jüdischen Gemeinde aufrecht und diskutierte auch über sehr schwierige Probleme, mit denen sie zu kämpfen hatten. Auf religiöser Ebene nahm ich an einem Gottesdienst in der Synagoge in Ostberlin teil.

Eine meiner Interventionen scheint mir besonders bedeutsam. Als ich die neue Bibliothek der Gemeinde besuchte, stellte ich fest, dass sie fast nur Romane enthielt. Das entsprach vermutlich dem Niveau der jüdischen Kenntnisse der Person, die für sie zuständig war. Sobald ich wieder zu Hause war, ließ ich mehrere Hundert grundlegende Bücher über das Judentum nach Ostberlin schicken, für die die Jüdische Gemeinde sehr dankbar war.

Ich muss hinzufügen, dass ich während dieses ersten Besuchs in Ostdeutschland auch die Vertreter der katholischen Kirche besuchte. Prälat Paul Dissemond, der Sekretär der Katholischen Bischofskonferenz der DDR, war für die Beziehungen zur Regierung zuständig. Im Laufe unserer Gespräche informierte er mich über die Situation der Katholiken in der DDR und ihre Beziehungen zur Regierung. Wir trafen uns auch bei meinen späteren Besuchen in Ostdeutschland. Und ich lud ihn ein, die Bemühungen der evangelischen Kirche um ein Verständnis der Shoah auch auf die katholische Gemeinde auszudehnen. Ich schlug ihm vor, Kontakt zur jüdischen Gemeinde der DDR aufzunehmen und das Problem dieser Beziehungen auf den Kirchentreffen der Katholiken anzusprechen.

Ich ermunterte den Prälaten auch, sich für den jüdisch-katholischen Dialog zu interessieren und für die Art und Weise, wie unsere Beziehungen sich unter der Ägide des Internationalen Verbindungskomitees zwischen der katholischen Kirche und dem Judentum entwickelt hatten; ich schlug vor, sich von Zeit zu Zeit auf den von diesem Komitee organisierten internationalen Treffen vertreten zu lassen.

Da ich bei dem Vertreter der katholischen Kirche auf große Sympathie stieß, ermunterte ich ihn, seine Bemühungen um die Seligsprechung eines der katholischen Märtyrer des Nazismus, Prälat Bernhard Lichtenberg, dem man eine Gedenkkapelle in der Berliner Hedwigskirche errichtet hatte, fortzusetzen. Dieser Prälat hatte enormen Mut bewiesen, als er sich unter dem Naziregime für die Juden einsetzte. Er wurde inhaftiert und starb auf dem Transport in ein Konzentrationslager. Ich war der Meinung, dass er zu den Persönlichkeiten der Kirche gehörte, die nicht vergessen werden dürfen und für immer in der Erinnerung weiterleben sollten.

Als Prälat Dissemond aus Altersgründen in den Ruhestand trat, setzte ich meine Gespräche regelmäßig mit seinem Nachfolger im Amt des Sekretärs der Bischofskonferenz, Prälat Michelfeit, fort.

An dieser Stelle möchte ich den Bericht über meine erste Begegnung mit Klaus Gysi, dem Staatssekretär für religiöse Angelegenheiten der damaligen Regierung der Deutschen Demokratischen Republik, einschieben.

Ich traf mich mit Klaus Gysi in Begleitung des Präsidenten der Jüdischen Gemeinde von Ostberlin, Dr. Peter Kirchner, ohne feste Tagesordnung, einfach um ihn kennen zu lernen. Ich wusste, dass Klaus Gysi eine jüdische Mutter hatte und dass beide während des Zweiten Weltkriegs als Flüchtlinge in Frankreich gelebt hatten. Ich war überrascht, wie leicht und schnell sich ein Kontakt zwischen uns herstellte. Klaus Gysi war seit seinem dreizehnten Lebensjahr Mitglied der Kommunistischen Partei. Ich begriff sehr schnell, dass er ein idealistischer Kommunist alter Schule war und dass er alles Stalinistische hasste. Ich war verblüfft, als er mir eines Tages, als ich ihn fragte, was er von Gorbatschow halte, antwortete: »Er ist ein Europäer!«

Zu Beginn unseres Gesprächs kam ich, nachdem ich meine jüdisch-deutsche Abstammung angesprochen hatte, auf meine Erfahrungen der dreißiger Jahre und meine Aktivitäten beim Jüdischen Weltkongress zu sprechen. Gysi erzählte mir seinerseits von seiner Herkunft und seiner Karriere in der DDR.

Dabei entdeckten wir, dass wir in etwa gleich alt waren. Wir waren beide in Berlin geboren; während er in Frankfurt studierte, war ich in Heidelberg. Wir waren also fast zur gleichen Zeit erwachsen geworden. Beide hatten wir intensiv das Aufkommen des Nazismus und das Ende der Weimarer Republik erlebt, was sich tief in unser Gedächtnis eingebrannt hatte. Unsere Analysen dessen, was geschehen war, und unsere Reaktionen darauf waren ziemlich ähnlich.

Diese Ähnlichkeit der Analyse hat unsere Kontakte sicherlich erleichtert und mir erlaubt, ihm ganz offen alle Probleme zu schildern, die ich auf dem Herzen hatte, selbst die schwierigsten.

In der zweiten Phase des Gesprächs gab ich ihm einen knappen Überblick über die Ziele und einige der Aktivitäten des Jüdischen Weltkongresses, insbesondere unsere konsequente Osteuropapolitik seit der Präsidentschaft Nahum Goldmanns, an der wir auch weiterhin festhielten. Das führte zu einem Gespräch über die sowjetische Politik gegenüber den Juden und die skandalöse Resolution der Vereinten Nationen »Zionismus ist gleich Rassismus«, was wiederum in eine Diskussion über die Probleme der kleinen jüdischen Gemeinde in Ostdeutschland mündete. Gysi bedauerte, dass es seinem Land nicht gelungen sei, der jungen Generation die positiven Aspekte der jüdischen Identität wirklich zu vermitteln. Anschließend sprach ich ganz offen das Problem der vehement antiisraelischen Politik der DDR und ihrer Implikationen an.

Ich gab eine klare Schilderung der damals sehr schwierigen Frage der russischen und sowjetischen Juden und teilte ihm unsere Standpunkte und unsere Besorgnis über ihr Schicksal mit. Ich sprach von unseren

Verhandlungen mit der Sowjetunion über das Recht der Juden auf Emigration und den Genuss einer Reihe religiöser und kultureller Freiheiten an Ort und Stelle. Ich schilderte auch unsere Bemühungen, die öffentliche Weltmeinung für dieses Problem zu sensibilisieren.
An einem bestimmten Punkt des Gesprächs teilte Gysis Assistent mit, dass der Plan bestehe, in der DDR den zweihundertsten Geburtstag von Moses Mendelssohn, dem Philosophen der Aufklärung, zu feiern. Er fragte, ob eine Teilnahme von Juden aus dem Ausland denkbar sei. Meine Antwort war eindeutig: im Prinzip ja. Gewiss, es gab Juden, die sich aufgrund der Vergangenheit weigerten, nach Deutschland zu reisen. Aber das war kein Hindernis für offizielle Besuche der DDR. Es gab allerdings zwei Faktoren, die sich negativ auf eine solche Beteiligung auswirken könnten.
Der erste war, dass die DDR ihrer Verantwortung in der Frage der Entschädigung und der Wiedergutmachung der Naziverbrechen ausgewichen war. Ich sagte, dass die Deutsche Demokratische Republik so täte, als sei das, was unter den Nazis in Deutschland geschehen sei, nur in der Bundesrepublik geschehen und betreffe Ostdeutschland nicht. Man könne die Verantwortung der DDR hinsichtlich des existentiellen Problems der Verfolgung und der Vernichtungspolitik nicht ignorieren. Da die Juden sich der Haltung der DDR vollkommen bewusst seien, könnte das negative Auswirkungen haben.
Da unterbrach Gysi mich, um zu behaupten (ich zitiere): »Das stimmt nicht mehr. Die DDR weigert sich nicht mehr, über dieses Problem zu sprechen. Das ist eine Sache der Verhandlung. Wir sind ein kleines Land und haben kein Geld. Wir müssen eine Lösung finden.«
Das zweite Hindernis, gab ich zu bedenken, könnte die politische Linie Ostdeutschlands gegenüber Israel sein. Ich übte starke Kritik an den ständigen Angriffen gegen Israel und die israelische Politik in den Medien der DDR. Ich bemerkte, dass die Deutschen die Letzten seien, die das Recht hätten, eine aggressive Politik gegenüber Israel zu verfolgen, die bisweilen antijüdische Töne anschlage.
Klaus Gysis Behauptung, Ostdeutschland weigere sich nicht mehr, die jüdischen Forderungen anzuerkennen, war eine echte Sensation. Ich wusste, dass die Claims Conference versucht hatte, über die Regierung der Vereinigten Staaten Kontakt mit Ostdeutschland aufzunehmen, und dass auf diplomatischer Ebene schon seit geraumer Zeit hierüber ver-

handelt wurde. Die Idee war, dass die Vereinigten Staaten bestimmte Waren in Ostdeutschland kaufen sollten und dass ein Teil des Erlöses aus diesen Käufen der Claims Conference zur Verfügung gestellt werden sollte. Ein analoges Vorgehen war im Gespräch, um die amerikanischen Bürger zu entschädigen, die in der DDR enteignet worden waren. Die Regierungen verhandelten schon seit langem insgeheim hierüber. Aber niemals hatte die Regierung Ostdeutschlands öffentlich erklärt, dass sie bereit sei, die jüdischen Ansprüche auch nur teilweise zu befriedigen. Niemals zuvor hatte die Regierung Ostdeutschlands derartige Erklärungen gegenüber Vertretern der jüdischen Organisationen gemacht. Über die finanziellen Entschädigungen hinaus bedeutete Gysis Erklärung, dass Ostdeutschland bereit war, einen Teil der Verantwortung an den Naziverbrechen zu übernehmen. Ich erfuhr also als Erster von einem Gesinnungswandel, der mit einer mehr als vierzigjährigen hartnäckigen Verweigerung brach.

Ich war sehr genau über die Verhandlungen informiert, in denen die jüdischen Organisationen und insbesondere der Jüdische Weltkongress versucht hatten, von Ostdeutschland einen Teil der Entschädigungen für die Naziverbrechen zu bekommen. Unsere ursprüngliche Forderung sah Entschädigungen in Höhe von eineinhalb Milliarden Dollar vor, die zu zwei Dritteln von Westdeutschland und zu einem Drittel von Ostdeutschland getragen werden sollten. Wir hatten zahlreiche Demarchen vor allem über die DDR-Botschaft in der Schweiz unternommen, auf die nie die geringste Reaktion erfolgt war. Eines Tages wurde mir jedoch eine Million Dollar von der ostdeutschen Regierung überwiesen, als handele es sich sozusagen um eine milde Gabe! Wir betrachteten diese Geste als eine Beleidigung, die nicht hingenommen werden durfte. Ein paar Tage später überwies ich persönlich diese Summe an den Absender zurück. Dabei war es dann geblieben.

Mein Gespräch mit Klaus Gysi über die finanziellen Ansprüche an Ostdeutschland eröffnete also ein überaus bedeutsames neues Kapitel. Ich informierte sofort meine Kollegen vom Jüdischen Weltkongress und von der Claims Conference in New York.

Klaus Gysi machte auf mich einen erstaunlich offenen Eindruck. Ich hatte das Gefühl, dass selbst bei den Punkten, über die wir uns nicht einig waren, meine Argumente ihn nicht unbeeindruckt ließen. Er gab sehr ehrlich zu, dass manche meiner Kritikpunkte durchaus berechtigt seien. Später erfuhr ich, dass Klaus Gysi nach meinem Besuch mit dem Dekan der Theologischen Fakultät der Humboldt-Universität telefoniert hatte, um ihm dafür zu danken, dass er mich nach Ostdeutschland eingeladen hatte. Er schien also sehr zufrieden zu sein, einen Gesprächspartner gefunden zu haben, mit dem er über die Probleme und Positionen der jüdischen Weltgemeinschaft sprechen konnte. Wir sahen uns bei jedem meiner Besuche in Ostdeutschland und auch in Genf wieder. Eine wichtige Begegnung fand anlässlich eines offiziellen Besuchs des Staatssekretärs bei einigen internationalen religiösen Einrichtungen in Genf, vor allem beim Weltkirchenrat, statt. Auf dem Programm dieses Besuchs in Genf stand ein offizielles Treffen im Büro des Jüdischen Weltkongresses. Es fand am 22. November 1987 statt. Einen ganzen Vormittag sprachen wir über unsere gemeinsamen Probleme. Nach dieser offiziellen Begegnung setzten wir unsere Gespräche bei einem kleinen Lunch fort, den wir zu Ehren von Gysi und der ostdeutschen Delegation gaben, die ihn begleitete. Und ich wurde meinerseits zu einem Mittagessen in die Botschaft der DDR in Genf eingeladen. Es ist übrigens nicht uninteressant, dass Klaus Gysi auf seiner Pressekonferenz seinen Besuch beim Jüdischen Weltkongress erwähnte. Auf die Frage eines Journalisten bestätigte er, dass die DDR sich nicht mehr weigere, sich an der Entschädigung der Juden für die an ihnen begangenen Naziverbrechen zu beteiligen. Das war die erste offizielle öffentliche Erklärung eines Vertreters der DDR-Regierung zu diesem Problem. Sie fand ein breites Echo in der Weltpresse und spielte eine wichtige Rolle für die weiteren Verhandlungen.

Mein zweiter Besuch in Ostdeutschland fand im November 1985 statt, als der Verband der Jüdischen Gemeinden dieses Landes den vierzigsten Jahrestag der Befreiung vom Nazismus feierte. Gleichzeitig beging man den siebenundvierzigsten Jahrestag der Kristallnacht, des Nazipogroms. Das war das erste Mal, dass jüdische Persönlichkeiten der westlichen Welt eingeladen wurden, an derartigen Gedenkfeiern in Ostdeutschland teilzunehmen. Und noch ungewöhnlicher war es, einem Ausländer das Wort zu erteilen. Daher meine Überraschung, als man mich bat, im Dresdener Rathaus in Gegenwart zahlreicher Würdenträger, offizieller Regierungsvertreter und von Vertretern der Partei, der Kirchen und der verschiedenen Organisationen, die das Regime in der Nationalen Front zusammengeschlossen hatte, zu sprechen.

Auf die Gedenkfeier, der ein Gottesdienst in der Synagoge vorausgegangen war, folgte ein Konzert mit jüdischer religiöser Musik und Folklore. Diesem Konzert, das im großen Saal des Kulturhauses stattfand, wohnten 2000 bis 3000 Menschen bei.
Diese Gedenkfeier ermöglichte mir auch, meine Kontakte zum Staatssekretär für religiöse Angelegenheiten Klaus Gysi aufzufrischen. Und die Reise war auch eine Gelegenheit für mich, den evangelischen Bischof von Dresden zu treffen, der einer der Kopräsidenten des Weltkirchenrats war.
Die führenden Persönlichkeiten der evangelischen Kirche Ostdeutschlands waren sehr zufrieden mit all diesen Begegnungen und Kontakten, die sie für mich arrangiert hatten. Daher luden sie mich auch ein, am Kirchentag teilzunehmen, dem großen Jahrestreffen der evangelischen Kirchen Ostdeutschlands, das eine ganze Woche dauerte. Diese riesige Versammlung der evangelischen Kirche Ostdeutschlands fand im Juli 1987 statt. Die Teilnehmer versammelten sich gleichzeitig in zehn verschiedenen Kirchen Ostberlins, jeweils mit einem eigenen Thema. Am letzten Tag wohnten 20 000 Personen einer Kundgebung im Ostberliner Stadion bei.
Die Gruppe, die über die jüdisch-christlichen Beziehungen diskutieren sollte, hatte die größte Zahl von Teilnehmern. Neben den 700 Eingeschriebenen verfolgten zahlreiche weitere Personen die Diskussionen dieser Gruppe, darunter vor allem eine sehr große Zahl junger Leute. Diese Gruppe wurde geleitet von Pastor Johannes Hildebrandt, dem Vorsitzenden der jüdisch-christlichen Freundschaftsbewegung in Berlin, und von Professor Stefan Schreiner, der auch Mitglied der Exekutive des Internationalen Rats der Juden und Christen war.
Ich war einer der Hauptredner dieser Gruppe. Man hatte mich gebeten, über »Verpasste Gelegenheiten für den Dialog zwischen Juden und Christen vor der Shoah« zu sprechen. Ich nahm auch an anderen Kolloquien und Diskussionen teil. Zweimal beantwortete ich zwei Stunden lang Fragen. Das erste Mal betrafen die Fragen eher theologische Themen; das zweite Mal politische Probleme.
Ich hatte den Eindruck, dass meine Zuhörer Wert darauf legten, Fragen zu formulieren, die zeigten, dass sie kein Vertrauen in die Behörden, die Presse und die Medien hatten. Sie wollten ihre Unabhängigkeit im Urteil und ihr Misstrauen gegenüber ihren Regierenden beweisen.

Sie stellten mir alle möglichen Fragen über die Juden der Sowjetunion – was unter einem kommunistischen Regime ungewöhnlich war –, über die jüdisch-arabischen Beziehungen, über die Lage in Israel und allgemein über die Probleme der Menschenrechte. Und ich versuchte ohne jede Aggressivität sehr konkret und sehr genau auf all ihre Fragen zu antworten und den heiklen Problemen nicht auszuweichen. Was die theologischen Probleme betraf, so ging es darum, eine Reihe grundlegender Wahrheiten der Tradition des Judentums deutlich herauszustellen. Meinem Eindruck nach kannten sich die Fragesteller weder in der christlichen noch in der jüdischen Theologie sehr gut aus.
Eines der Symposien, an denen ich teilnahm, behandelte die jüdischen Hochschuleinrichtungen, die es in Berlin vor der Nazizeit gegeben hatte. Da ich mir keinerlei Illusionen über eine Renaissance dieses Unterrichts in Deutschland machte, konzentrierte ich mich auf die heutige Zeit und sprach über den Unterricht, der heute an den jüdischen wissenschaftlichen Einrichtungen in Israel und in den Vereinigten Staaten erteilt wird. Es schien mir sinnvoller, ihnen begreiflich zu machen, dass der Nazismus das jüdische Leben nicht zum Erliegen gebracht hatte und dass es auch heute noch immer eine rege intellektuelle Aktivität in den jüdischen Einrichtungen überall in der Welt gab.
Meine Teilnahme am Kirchentag war sehr intensiv. Ich glaube, das war genau das, was die führenden Persönlichkeiten der evangelischen Kirchen der DDR wollten. Denn in diesem Land wurden alle die Juden betreffenden Probleme totgeschwiegen. Man beschränkte sich auf scharfe und heftige verbale Angriffe gegen die Politik Israels. Als wollten sie dieses Informationsdefizit ausgleichen, versuchten die Verantwortlichen der evangelischen Kirche ihre Gläubigen über die wirkliche Situation zu informieren und ihnen zugleich das ganze Ausmaß der antijüdischen Politik der Deutschen unter dem Naziregime bewusst zu machen.
All diese Aktivitäten folgten einem Plan, der von den führenden Kreisen der evangelischen Kirche Ostdeutschlands aufgestellt worden war. Ich traf mich mit ihnen bei jedem meiner Aufenthalte in Deutschland und stellte fest, dass sich zwischen uns ein großes gegenseitiges Verständnis entwickelt hatte.
Es ist bemerkenswert, dass ich alle Einreisevisa in die DDR auf offizielle Anträge der evangelischen Kirchen erhielt. Pastor Helmut Tschörner holte mich in der Regel mit seinem kleinen Wagen in Westberlin ab,

was den Übergang erleichterte. All dies wies auf einen unbeirrbaren Willen hin, die jüdisch-christlichen Beziehungen voranzubringen.
Ich glaube, dass mein Zeugnis über all dies wichtig ist. Nach dem Zusammenbruch des kommunistischen Regimes in Ostdeutschland und bei der besessenen Suche nach Schuldigen spricht man häufig von der Rolle der evangelischen Kirche in der DDR und betont dabei immer die negativen Faktoren. Man enthüllt ihre Kontakte zur Stasi, der Geheimpolizei, vergisst dabei aber ganz, daran zu erinnern, dass man ohne sie keine Vergünstigungen oder Erleichterungen des begangenen Unrechts erhalten konnte. Man vergisst allzu leicht, dass die evangelische Kirche die einzige ernsthafte Opposition war, die sich gegenüber den staatlichen Behörden zu äußern wagte, und dass ihre Aktion zu einem großen Teil zu den radikalen Veränderungen beigetragen hat, zu denen es in der DDR gekommen ist. Rückblickend kann man verstehen, dass die Politik der Kirchen gegenüber den Juden Teil dieser grundsätzlichen Linie war und in deutlichem Gegensatz zur antiisraelischen Politik der Regierung stand.
Die Gründung der jüdisch-christlichen Freundschaftsgruppen unter Beteiligung so hervorragender Pastoren wie Johannes Hildebrandt, Siegfried Theodor Arndt und Superintendent Friedrich Margerius war in Wirklichkeit nichts anderes als eine mutige Herausforderung der Obrigkeiten. Ich begriff sehr rasch die Bedeutung der Aktion dieser Gruppen, auch wenn wir niemals darüber sprachen.
Bei meinem nächsten Besuch in Ostdeutschland im September 1987 nahm ich an einer Konferenz teil, die der Internationale Rat der Juden und Christen in Buckow organisiert hatte. Diese Konferenz führte erstmals zehn Israeli und zehn Polen nach Ostdeutschland, was der Begegnung eine große Bedeutung verlieh. Am Ende der Konferenz gab Klaus Gysi in Berlin einen großen Empfang für die Teilnehmer, auf dem er eine überaus mutige Rede über die jüdisch-deutschen Beziehungen hielt. Leider wurde diese Rede aus mir unbekannten Gründen und trotz einer Reihe von Interventionen meinerseits nie veröffentlicht.
Dieser neuerliche Besuch gab mir Gelegenheit, meine Gespräche mit dem Staatsekretär fortzusetzen. Übrigens war ich mehr und mehr überzeugt, dass eines der wichtigsten Ziele meiner Besuche in Ostdeutschland darin bestand, den Politikern dieses Landes entscheidende Informationen zu liefern, die ihnen anders nicht zugänglich waren.

Und die evangelischen Kirchen brachen ihrerseits die Kontakte zu uns nicht ab. So wurde ich im April 1988 zu einer Reihe von Vorträgen an der Theologischen Fakultät der Humboldt-Universität in Berlin sowie an der Theologischen Fakultät der Karl-Marx-Universität in Leipzig, vor den Pastoren der evangelischen Kirche in Leipzig, in Kirchen in Potsdam und in Karl-Marx-Stadt (Chemnitz) sowie in der Evangelischen Akademie in Berlin eingeladen.

Aus all dem wird deutlich, mit welcher Beharrlichkeit die evangelische Kirche ihr Werk der Erziehung und der Zusammenarbeit mit uns fortsetzte. Der große Vortrag, den ich über das Thema »Von der Pogromnacht 1938 zur Endlösung« in der Theologischen Fakultät der Humboldt-Universität und vor verschiedenen anderen evangelischen Zuhörerschaften hielt, fand sehr großen Widerhall. Der Text wurde in mehreren Zeitschriften Ostdeutschlands und Westdeutschlands veröffentlicht und anschließend auch in mehreren Sprachen außerhalb Deutschlands.

Meine Besuche in Ostdeutschland erreichten ihren Höhepunkt anlässlich der Feiern, die 1988 aus Anlass des fünfzigsten Jahrestags der Pogromnacht im November 1938 stattfanden. Diesmal lud mich die ostdeutsche Regierung ein, an den Gedenkfeiern teilzunehmen. Die Berliner Universität organisierte aus diesem Anlass ein wichtiges Symposium, das am 9. und 10. November 1988 unter dem Motto »Sich für die Zukunft erinnern« stattfand und an dem eine Reihe von Theologen und Historikern teilnahmen; mich hatte man gebeten, mein Referat über das Thema »Von der Pogromnacht 1938 zur Endlösung« zu wiederholen. Das fand im großen Saal der Kathedrale statt.

Kurz vor meiner Abreise aus Genf hatte ich erfahren, dass auf dem Programm dieses Symposiums auch eine Feier in der Humboldt-Universität stand, bei der mir die Ehrendoktorwürde in Theologie verliehen werden sollte. Man informierte mich erst sehr spät über diese Ehrung, vermutlich weil die Genehmigung von oben etwas auf sich hatte warten lassen. Es war dennoch eine sehr feierliche Zeremonie auf sehr hohem Niveau, bei der der Rektor und der Dekan der Theologischen Fakultät das Wort ergriffen, bevor mir der Titel verliehen und das Diplom ausgehändigt wurde.

Unter der zahlreichen Zuhörerschaft im Senatssaal der Universität befanden sich zahlreiche Persönlichkeiten, darunter der Staatssekretär für religiöse Angelegenheiten Löffler, Forck, der evangelische Bischof von Berlin, Monsignore Dissemond, der Vertreter der katholischen Kirche, eine große Zahl von Pastoren sowie mehrere führende Persönlichkeiten der jüdischen Gemeinden der DDR und Osteuropas und die Professoren der Universität.

Der Doyen Fink hielt die traditionelle Laudatio, und der Rektor überreichte mir das Diplom und erklärte, der Titel werde mir verliehen für meine »wissenschaftliche Arbeit im Kampf gegen den Antijudaismus und den Antisemitismus, für die unermüdliche Arbeit zur Rettung der vom Hitlerschen Faschismus verfolgten Juden und für [meinen] Beitrag zum interreligiösen Dialog und zum Frieden in der Welt«.

Diese Zeremonie in der Berliner Universität, an der ich einen großen Teil meines Studiums absolviert hatte, und die Tatsache, dass man das Datum der Gedenkfeier für das große Pogrom von 1938 gewählt hatte, um mich zu ehren, verliehen dieser Promotion eine symbolische Bedeutung, die weit über meine Person hinausging. Es war letztlich ein Akt der Wiedergutmachung am deutschen Judentum.

Alle möglichen anderen Veranstaltungen fanden zu diesem Anlass statt, insbesondere eine feierliche Sitzung des ostdeutschen Parlaments, ein von der Regierung organisiertes Galakonzert und ein offizieller Empfang des Ministerpräsidenten Erich Honecker. Dieser Empfang war ein sehr feierlicher Akt und für mich übrigens Anlass für eine sehr eigenartige Erfahrung.

Als ich die Universität verließ, wurde ich im Namen des Staatssekretärs für religiöse Angelegenheiten angesprochen und gefragt, ob ich die Auszeichnung annehmen würde, die mir am nächsten Tag auf dem feierlichen Empfang Erich Honeckers, des Ministerpräsidenten der DDR, verliehen werden sollte. Mir hatte niemand etwas von dieser Absicht gesagt. Als ich erfuhr, dass Rabbiner Schindler, der Vizepräsident des Jüdischen Weltkongresses, ebenfalls auf der Liste der Ordensempfänger stand, beschloss ich, dass es notwendig sei, uns darüber abzustimmen, wie wir uns dazu stellen sollten.

Offen gesagt behagte mir die Vorstellung, von der deutschen kommunistischen Regierung mit einem Orden ausgezeichnet zu werden, nicht besonders. Wir mussten also gemeinsam überlegen, wie wir reagieren sollten. Wir konnten die Tatsache, dass die Gedenkfeier zum fünfzigsten Jahrestag des Pogroms, zu der jüdische Persönlichkeiten aus der gan-

zen Welt eingeladen worden waren, auf eine gewisse Änderung der Haltung des Regimes den Juden gegenüber hindeutete, nicht ganz ignorieren.
Ich begab mich also zum Hotel, in dem Rabbiner Schindler den Ehrenplatz beim offiziellen Diner einer Delegation der reformierten jüdischen Gemeinden der Vereinigten Staaten einnehmen sollte. Dort erfuhr ich, dass Schindler nicht nach Berlin gekommen war, weil er in letzter Minute krank geworden war. Gleichzeitig informierte man mich, dass Edgar Bronfman, der Präsident des Jüdischen Weltkongresses, der ein paar Wochen zuvor in der DDR gewesen war, die gleiche Auszeichnung aus der Hand Erich Honeckers erhalten hatte. Daraufhin sagte ich mir, dass, wenn der Präsident des Jüdischen Weltkongresses die Auszeichnung angenommen hatte, ich sie auch annehmen konnte. Ich informierte Staatssekretär Löffler, der an dem Bankett teilnahm, entsprechend.
Etwas später am selben Abend erfuhr ich jedoch, dass andere Personen diese Auszeichnung ebenfalls erhalten sollten, darunter eine führende Persönlichkeit einer jüdischen Gemeinde eines osteuropäischen Landes, die einen sehr üblen politischen Ruf hatte und mit der ich nicht in Verbindung gebracht werden wollte. Ich entdeckte auch, dass eine andere Person einer dieser Gemeinden, von der ich wusste, dass sie nicht das gleiche Niveau wie ich hatte, ebenfalls auf der Liste stand.
Da der Staatssekretär das Diner bereits verlassen hatte, teilte ich seinem Assistenten meine Einwände mit, damit er sie seinem Chef weiterleitete. Ich fügte hinzu, er solle sich keine Sorgen machen, denn da Edgar Bronfman die Auszeichnung angenommen habe, sei der Jüdische Weltkongress ja bereits gut bedacht worden. Inzwischen war es 23 Uhr, und ich kehrte in mein Hotel zurück.
Am nächsten Morgen begab ich mich zum Palais des Ministerpräsidenten. Ich traf eine Viertelstunde vor Beginn der Zeremonie ein und sah Staatssekretär Löffler, der wie ein Tiger in seinem Käfig in der Eingangshalle hin und her lief. Als er mich sah, kam er sofort auf mich zu und sagte mir, dass ich ihm da gestern Abend ja einen schönen Streich gespielt hätte. Ich erwiderte, dass es Dinge gebe, die ich nicht akzeptieren könne. Er versicherte mir sofort, dass sie niemals die Absicht gehabt hätten, die jüdische Persönlichkeit auszuzeichnen, gegen die meine Einwände sich richteten, und dass die andere Persönlichkeit einen

sehr viel bescheideneren Orden bekäme. Dieser plötzliche Sinneswandel amüsierte mich sehr, und lächelnd antwortete ich: »Na, dann ist ja alles in Butter.«
Es war trotzdem eine ungewöhnliche Erfahrung mitzuerleben, dass man selbst unter einem kommunistischen Regime seine Ehre verteidigen konnte und nicht alles hinnehmen musste, was die Obrigkeiten einem aufzuzwingen versuchten. Ich bin nicht besonders stolz auf die Auszeichnung, die ich schließlich erhielt, aber ich bin auch nicht unzufrieden, dass es mir gelungen war, meine Bedingungen durchzusetzen.

Einsatz für das nordafrikanische Judentum

Bis zum Ende des Zweiten Weltkriegs war die jüdische Welt vollkommen vom schmerzlichen Problem der Juden Osteuropas, von ihren häufig verzweifelten Kämpfen für die Gleichberechtigung und von ihrem Kampf gegen die Armut in Anspruch genommen. Ganz zu schweigen natürlich von der Konfrontation mit Nazideutschland, die ein schreckliches Ausmaß annehmen sollte, und vom Kampf für die Konsolidierung der nationalen Heimstätte in Palästina.
Das war, vielfältig und dramatisch, die Hauptsorge des Judentums. Sie nahm unsere Gedanken so sehr in Beschlag, dass nur wenig Platz für andere Sorgen blieb. Außer vielleicht für das schreckliche Pogrom von Constantine 1934, das uns an die Existenz des nordafrikanischen Judentums erinnert hatte. Nach dem Verlust von 6 Millionen Juden entdeckten wir in gewisser Weise einige der überlebenden Gemeinden wieder, besonders jene, die im gesamten Maghreb eine Bevölkerung von mehr als einer halben Million Menschen bildeten.
Diese Wiederentdeckung veranlasste den Jüdischen Weltkongress, eine Reihe politischer Aktionen zum Schutz der großen jüdischen Gemeinden Marokkos, Tunesiens und Algeriens zu unternehmen. Angesichts des tiefgreifenden politischen Umbruchs, der sich vorbereitete, den aber niemand auch nur im Geringsten wahrnahm, war der Jüdische Weltkongress entschlossen, die politische Entwicklung aufmerksam zu verfolgen und den Gemeinden bei der Bewältigung der zu erwartenden Schwierigkeiten zu helfen. Zu diesem Zweck richteten wir 1949 in Algier das nordafrikanische Büro des Jüdischen Weltkongresses unter der kompetenten Leitung von Jacques Lazarus ein. Ich war unmittelbar und intensiv mit dieser neuen Aufgabe des Jüdischen Weltkongresses befasst.
Der Weltkrieg, aus dem wir wieder auftauchten, hatte viele Dinge gründlich in Frage gestellt und Anlass zu neuen Überlegungen gegeben. Die Entkolonisierung nahm einen zentralen Platz in der politischen Entwicklung der Nachkriegszeit ein, was für uns eine Reihe von Fragen aufwarf: War der politische Umbruch in den Ländern des Maghreb wirklich unausweichlich? Berechtigte uns die politische Lage zu der

Annahme, dass die Veränderungen ohne Unruhen vor sich gehen würden? Und in welchen Zeiträumen? Angesichts solcher Fragen beriefen wir am Vorabend der entscheidenden Wende in dieser Region im Juni 1952 die erste nordafrikanische Konferenz des Jüdischen Weltkongresses in Algier ein. Ihr Ziel war die Analyse der Lage der Gemeinden in Tunesien, Marokko und Algerien: In welche Richtung würden sie sich entwickeln? In einer ersten Phase ging es darum, ihre Verantwortlichen auf die unvermeidlichen Veränderungen vorzubereiten.

Ganz allgemein konnte man beobachten, dass die Maßnahmen, die Frankreich ergriffen hatte, um die nationalistischen Bewegungen, die die Unabhängigkeit forderten, einzudämmen, diesen Druck noch verstärkt hatten und dass die Regierung kaum zu Kompromisslösungen bereit war. Es muss betont werden, dass sich in dieser Zeit die Bevölkerungen des Maghreb in ihren antikolonialistischen Haltungen auch durch die Unabhängigkeit, die die Länder des Nahen Ostens in jüngster Zeit erlangt hatten, und deren nationalistische Bewegungen bestärkt fühlten. Man musste die Jüdischen Gemeinden – und zuallererst ihre führenden Persönlichkeiten – also daran gewöhnen, den Status quo nicht als unveränderlich zu betrachten.

Auf der Konferenz in Algier waren wir überrascht, wie sehr sich die meisten führenden Persönlichkeiten der Gemeinden in einem Gefühl der Sicherheit wiegten und sich die tiefgreifenden Veränderungen, die ihre Lebensgewohnheiten bedrohten, überhaupt nicht vorstellen konnten. Auch wenn wir diese Veränderungen noch nicht genau bestimmen konnten, musste man sich doch darüber klar werden, dass sie früher oder später eintreten würden, da nicht anzunehmen war, dass dieser Teil der Welt von einer Entwicklung verschont bleiben sollte, die bereits in anderen und noch dazu nicht allzu fern gelegenen Regionen eingetreten war.

Unsere konkrete Aktion begann im Januar 1954 mit dem Besuch der beiden politischen Direktoren des Jüdischen Weltkongresses in Marokko und Tunesien, bei denen sie eine beträchtliche Zahl von Kontakten zu den unterschiedlichsten Kreisen knüpften.

Es wurde rasch deutlich, dass die Lage in Tunesien angesichts einer gemäßigten Nationalbewegung nicht ernst war; anders sah es dagegen in Marokko aus, wo die Nationalbewegung einen harten aktivistischen Kurs eingeschlagen hatte und es bereits zu einer Reihe von antijüdischen

Vorfällen gekommen war, die in breiten Schichten der jüdischen Bevölkerung ein starkes Gefühl des Unbehagens ausgelöst hatten. Die Delegierten des Jüdischen Weltkongresses konnten beobachten, dass sich Angst ausbreitete, die sehr rasch zu dem Wunsch führte, das Land zu verlassen. Sie setzten sich daher für eine Kontaktaufnahme mit den nationalistischen Bewegungen ein, über die die französischen Behörden allerdings informiert werden mussten.

Für den Jüdischen Weltkongress gab es nur eine Alternative: Entweder verließen die jüdischen Bevölkerungsgruppen das Land oder sie verhandelten rechtzeitig mit den revolutionären Bewegungen und verständigten sich mit ihnen, um den Angriffen zu entgehen. Außerdem erforderte die Situation auch eine informelle Zusammenarbeit mit den anderen betroffenen jüdischen Instanzen, dem Staat Israel und der Jewish Agency.

Diese Politik, über die lange diskutiert wurde, fand schließlich im Sommer 1954 die Zustimmung des Koordinationskomitees des Jüdischen Weltkongresses. Uns war daran gelegen, die jüdischen Gemeinden Nordafrikas so unbeschadet wie nur möglich durch diese uns so unmittelbar betreffenden historischen Bewegungen zu bringen. Der Jüdische Weltkongress war die einzige jüdische Organisation, die die Entwicklung der politischen Ereignisse in dieser Region voraussah und erkannte, dass man die entsprechenden Konsequenzen ziehen musste. Die anderen jüdischen Organisationen (vor allem in Frankreich und den Vereinigten Staaten) unterstützten ganz offen und vorbehaltlos das französische Regime. Und die israelischen Behörden, die damals in enger Verbindung zur französischen Regierung standen, teilten diese Ansichten. Unter diesen Bedingungen war es umso wichtiger, sich an die französische Regierung zu wenden und ihr unsere Überlegungen mitzuteilen.

Die Politik des Jüdischen Weltkongresses in Bezug auf den Maghreb wurde dem französischen Ministerpräsidenten Pierre Mendès France von unserem Präsidenten Nahum Goldmann in einem langen Gespräch dargelegt, das 1954 in Paris stattfand. Pierre Mendès France versicherte seinem Gesprächspartner, dass die besondere Stellung und die Rechte der Juden und der anderen Minderheiten in allen künftigen Verhandlungen über die Territorien Nordafrikas von seiner Regierung berücksichtigt werden würden. Dies war die erste einer Reihe von Begegnungen mit den Mitgliedern der französischen Regierung, bei denen wir sie über unsere Position zu den jüdischen Gemeinden des Maghreb informierten. Wir erklärten ihnen, dass wir für die Zukunft dieser Gemeinden verantwortlich seien und dass wir unter den herrschenden Umständen mit den Nationalbewegungen dieser Länder direkten Kontakt aufnehmen müssten, um ihre Sicherheit, ihren Status und ihr Recht auf Emigration sicherzustellen. Wir erklärten ihnen auch, dass eine derartige Haltung keinesfalls als ein feindseliger Akt gegen Frankreich, für das wir tiefen Respekt und Freundschaft empfänden, interpretiert werden dürfe.

Wir verpflichteten uns, die französischen Behörden über all unsere Kontakte und Gespräche mit den nationalistischen Kreisen zu unterrichten. Diese Haltung brachte uns in den folgenden Jahren großes Verständnis von Seiten aller Mitglieder und hohen Beamten der Regierung ein, was sich in zahlreichen Begegnungen mit ihnen niederschlug, unter anderem mit den Ministern für marokkanische und tunesische Angelegenheiten Christian Fouché, Pierre July und Alain Savary sowie mit Jean Basdevant, dem Beauftragten des Außenministeriums für diese Probleme. Sie ermutigten uns übrigens, diese Kontakte fortzusetzen.

Tunesien

Erheblichen Einfluss auf die Beziehungen des Jüdischen Weltkongresses zu Tunesien hatte das Treffen seines politischen Direktors Alec Easterman mit dem Chef der Neo-Destour-Partei (und künftigen Staatschef) Habib Bourguiba. Dieses denkwürdige Treffen fand im August 1954 im Schloss von Ferté-Montargis statt, in dem Bourguiba interniert war. Easterman war von dem britischen jüdischen Journalisten John Kimche bei ihm eingeführt worden. In diesem Interview gab der Führer der Neo-Destour-Partei dem Jüdischen Weltkongress detaillierte Zusicherungen hinsichtlich der künftigen politischen Struktur des tunesischen Staats, die den tunesischen Juden die gleichen Rechte und den Genuss aller Bürgerrechte und aller politischen Rechte einschließlich des Rechts auf Emigration nach Israel garantieren würde.
Habib Bourguiba legte auch Wert darauf, seinem Gesprächspartner aufrichtig und mutig zu erklären, dass die Mitgliedschaft seines Landes in der Arabischen Liga keinesfalls als automatische Zustimmung zur Politik der Liga insbesondere Israel gegenüber interpretiert werden dürfe. Das Gespräch mit Bourguiba war der Beginn eines Kontakts, der lange Jahre andauerte und niemals abriss. Der Präsident Tunesiens war tief bewegt, dass Easterman, eine führende jüdische Persönlichkeit, ihn im Schloss von Ferté-Montargis, wo er zwangsinterniert war, aufgesucht hatte, eine Geste, die er nie vergaß.
Der Präsident bezog in seine Freundschaft mit Easterman sogar seinen Sohn, der Außenminister werden sollte, mit ein. Diese Verbindung war ein entscheidendes Element in den guten Beziehungen, die die tunesischen Behörden stets mit dem Jüdischen Weltkongress unterhalten haben.
Gleichzeitig verfolgten wir aufmerksam die Verhandlungen der französischen und tunesischen Regierung über das Abkommen, das den Rahmen für ihre künftigen Beziehungen festlegen sollte.
Wir standen in sehr engem Kontakt mit der jüdischen Gemeinde und waren sehr froh, als wir erfuhren, dass eine hervorragende jüdische Persönlichkeit als Experte in die tunesische Delegation aufgenommen

wurde. Es handelte sich um Rechtsanwalt Albert Bessis, den ich durch mehrere Besuche in der jüdischen Gemeinde Tunesiens sehr gut kannte. Ich hatte die Ehre, ihm persönlich eine Reihe juristischer Dokumente bezüglich des Schutzes der Menschenrechte zu übergeben. Diese Texte, von denen manche aus der Zeit des Völkerbundes stammten und andere von den Vereinten Nationen, waren von großem Wert für ihn.

Außerdem leiteten wir im November 1954 Christian Fouché, dem Minister für tunesische und marokkanische Angelegenheiten der französischen Regierung, ein Memorandum zu, in dem der Jüdische Weltkongress eine Reihe von Vorschlägen zu den Klauseln, die in das französisch-tunesische Abkommen aufgenommen werden sollten, machte. Und die jüdischen Gemeinden Tunesiens leiteten ihrerseits ein Memorandum der Regierung in Tunis zu, ein konstruktiver und mutiger Akt. Dieses Beispiel verdeutlicht, wie wichtig die Koordination unserer Aufgaben war und dass sie gut funktionierte. Unsere Vorschläge wurden sehr gut aufgenommen und berücksichtigt. So erkennt Tunesien in der Klausel des Artikels 5 des am 22. April 1955 unterzeichneten französisch-tunesischen Abkommens »allen, die auf seinem Territorium leben, den Genuss der Rechte und Garantien der Person, wie sie in der Allgemeinen Erklärung der Menschenrechte formuliert sind«, zu.

Außerdem verpflichtet Tunesien sich, »gemäß seinen Traditionen eine vollständige Gleichheit ihrer Staatsangehörigen ungeachtet ihrer Herkunft oder ihrer religiösen Konfession zu garantieren, insbesondere was den Genuss, de jure oder de facto, der Bürgerrechte, der individuellen und staatlichen, religiösen, beruflichen oder gesellschaftlichen Freiheiten und der kollektiven Rechte, die allgemein von den modernen Staaten anerkannt werden, betrifft«.

Alle Versprechen von Präsident Bourguiba und die Texte des Abkommens wurden peinlich genau respektiert. Die freundschaftlichen Beziehungen zwischen Präsident Bourguiba und dem Jüdischen Weltkongress dauerten an im Zeichen des Vertrauens und der Freundschaft.

Marokko

Im Laufe der folgenden Jahre richtete sich die Aufmerksamkeit des Jüdischen Weltkongresses immer stärker auf die Verschlechterung der Situation in Marokko, wo der Aufschwung der nationalistischen Bewegungen die Wahrung der Rechte und Freiheiten der marokkanischen Juden zu einer immer dringlicheren Aufgabe werden ließen. Wir verfolgten mit großer Sorge die zunehmenden Spannungen zwischen diesen Bewegungen und den französischen Behörden.

Um die Situation besser analysieren zu können, engagierte der Jüdische Weltkongress einen jungen Israeli, Joseph Golan, der aus einer Familie zionistischer Beamten stammte. Geboren in Syrien, interessierte er sich sehr für die arabischen nationalistischen Bewegungen, sprach fließend Arabisch und besaß in sehr hohem Maß die Gabe, Türen zu öffnen und unter schwierigen Bedingungen menschliche Kontakte anzuknüpfen. Deswegen betraute der Jüdische Weltkongress ihn mit der Aufgabe, erste Kontakte zu den wichtigsten nationalistischen Kreisen in Marokko herzustellen, denen der Unabhängigkeits-Partei (Istiqlal) und der Unabhängigen Demokratischen Partei (PDI). Er führte uns bei ihren Führern und später bei den anderen Verantwortlichen der Unabhängigkeitsbewegungen ein.

Die Exekutive des Jüdischen Weltkongresses kam im Januar 1955 im Palais de l'Unesco in Paris zusammen, um die wichtigsten Probleme der Tagespolitik durchzusprechen. Da die Presse einige Ausführungen aus Alec Eastermans Bericht über die Situation in Nordafrika mit kritischen Bemerkungen über Marokko veröffentlicht hatte, verlangten die Führer des Istiqlal und der Unabhängigen Demokratischen Partei ein Treffen mit den politischen Leitern des Jüdischen Weltkongresses. Ich nahm ebenfalls an dem Gespräch teil, das der erste direkte Kontakt zwischen den nationalistischen Führern Marokkos und den Vertretern einer jüdischen Organisation in Marokko und im Ausland war. Die Marokkaner waren unzufrieden darüber, dass die jüdische Gemeinde Marokkos sie niemals in ihrer nationalistischen Unabhängigkeitsbewegung unterstützt hätte. Diesbezüglich wurde keinerlei Verpflichtung eingegangen. Wir gaben unserer Besorgnis hinsichtlich der Sicherheit der Juden in einem arabischen Land Ausdruck und wiesen auf die tragische Erfahrung der Juden im Irak, in Syrien, in Ägypten und in Libyen hin.

Als Antwort auf diese ernsten Besorgnisse betonten die Marokkaner den demokratischen Charakter ihrer Bewegung, die auf den Grundbegriffen der Freiheit und der Gleichheit aller Bürger ungeachtet ihrer Herkunft oder Religion beruhe. Dennoch machte der Vormarsch der Unabhängigkeitsbewegung die Wahrung der Rechte und Freiheiten der Juden aufgrund der immer gespannteren Beziehungen zwischen marokkanischen Nationalisten und französischen Behörden zu einer dringlichen Aufgabe.

Dieses erste Treffen mit den marokkanischen Separatisten verlief trotz der von beiden Seiten geäußerten Kritik in einer herzlichen Atmosphäre. Ihm folgte eine Reihe individueller Treffen mit einigen Nationalistenführern. In der Zwischenzeit hatte sich die Situation weiter verschlechtert, und die Spannungen wurden immer stärker. In diesem Klima stellten die marokkanischen Nationalisten den Franzosen ein Ultimatum, in dem sie den 20. August als letzten Termin nannten für die Absetzung des Sultans Moulay Ben Arafa und die Ernennung eines Thronrats bis zur Rückkehr von Sultan Mohamed Ben Youssef und die Einsetzung einer marokkanischen Regierung.

Während sich die Situation immer weiter verschlechterte, ernannte Frankrcich Gilbert Grandval zum Generalresidenten. Der nach ihm benannte Plan sah ebenfalls die Absetzung des regierenden Sultans und die Einsetzung eines Regentschaftsrats und einer marokkanischen Regierung vor. Die französischen Siedler und die mächtigen Parteien der Rechten protestierten vehement gegen diesen Plan. Unter diesen Umständen wurde das Datum des 20. August als entscheidender Endpunkt für die Annahme des Plans Grandval durch die französische Regierung angesehen. Sollte dadurch eine Welle des Terrorismus in Marokko ausgelöst werden, so bestand die Gefahr, dass die Juden ihr zum Opfer fallen würden.

Ich war im Sommer selbst nach Marokko gereist und hatte mich persönlich von den enormen Spannungen überzeugen können, die sich zwischen den Franzosen und den marokkanischen Nationalisten entwickelt hatten; überall auf den Dächern von Casablanca sah man Soldaten mit Maschinengewehren. Ich konnte die allgemeine Nervosität, die jederzeit explodieren konnte, mit Händen greifen. Ich war besessen von der Vorstellung, was geschehen könnte, wenn in einer unüberlegten Aktion eine Gruppe nationalistischer Marokkaner in die Mellah, das Judenviertel, eindringen würde. Die Folgen konnten katastrophal sein. Wir beschlossen daher, unverzüglich die Gespräche mit den Nationalistenführern wieder aufzunehmen. Für den 9. September wurde ein gemeinsames Mittagessen im Salon eines großen Pariser Restaurants vereinbart, an dem auf marokkanischer Seite Si Bekkai, der ehemalige Pascha von Sefrou, Veteran und Kriegsinvalide, und zwei weitere Persönlichkeiten der Unabhängigkeitsbewegung, Abderahman Bouabid – einer der wichtigsten Führer der Istiqlal, der künftige Kopf der marokkanischen Linken – und Boucetta, der Generalsekretär des Comitée pour l'indépendance marocaine, und auf unserer Seite Alec Easterman, Maurice Perlzweig, Armand Kaplan (vom Pariser Büro), Joseph Golan und ich teilnahmen.

Die Hauptforderung an unsere Partner war, dass alle Mitglieder der nationalistischen Bewegungen und über sie ihre Truppen entsprechende Anweisungen erhalten sollten, damit die Sicherheit und Unversehrtheit der jüdischen Bevölkerung respektiert würden.

Das Gespräch war mühsam, die Diskussionen drehten sich im Kreis, gerieten ins Stocken. Unsere Gesprächspartner waren auf diese Forderung sichtlich nicht vorbereitet. Um das Gespräch wieder in Schwung zu bringen, richtete ich einen eindringlichen Appell an den neben mir sitzenden Bouabid, den ich kannte und sehr schätzte. Ich sagte leise zu ihm: »Um der Ehre Ihres Kampfes willen beschwöre ich Sie, riskieren Sie nicht, Ihre edle Sache zu beschmutzen, indem Sie unschuldiges Blut vergießen ... Sie werden es später zutiefst bedauern.« Nach einigen Augenblicken intensiven Nachdenkens wandte sich Bouabid an Si Bekkai, der die marokkanische Delegation leitete, und sagte ganz einfach zu ihm: »Ich glaube, wir können es versprechen.« Boucetta schloss sich dieser Position sofort an, die Si Bekkai, beeindruckt, seinerseits bestätigte. Wir waren natürlich sehr zufrieden mit dieser Wendung der Diskussion.

Als zweiten Teil des Gesprächs präsentierten wir der marokkanischen Delegation unsere Forderungen über die Stellung der Juden in einem unabhängigen Marokko.

Die marokkanische Delegation hielt Wort und informierte die Führer der Unabhängigkeitsbewegung über den Inhalt unserer Beratungen. Daraufhin gab Ahmed Bellafrej, der Generalsekretär des Istiqlal, eine Woche später, am 15. August, in New York eine lange Erklärung ab, die unter anderem die folgende Passage enthielt:

> Die Furcht, dass die Juden in einem unabhängigen Marokko in irgendeiner Weise diskriminiert werden könnten, ist in keiner Weise gerechtfertigt. Die marokkanischen Juden werden, *de facto* und *de jure*, den Moslems gleichgestellte Bürger sein. Sie werden die gleichen Rechte genießen und die gleichen Pflichten haben. Die freie Ausübung ihrer Religion wird nicht angetastet werden. Der größte Dienst, den wir den jüdischen Marokkanern erweisen können, ist, ihnen unsere Hilfe anzubieten. Marokko ist ihr Land, seine Freiheit ist ihre Freiheit. Jeder, der den marokkanischen Juden hilft, hilft der Unabhängigkeit Marokkos.

Gleichzeitig erhielten die Truppen der Unabhängigkeitsbewegung sehr strenge Anweisungen, die jüdische Bevölkerung des Landes zu respektieren.

Bei meinen Missionen in Marokko stellte ich fest, dass die große Masse der marokkanischen Juden vollkommen getrennt von den Marokkanern lebte und von ein paar Ausnahmen abgesehen absolut nichts über die politischen Bewegungen und Parteien des Landes wusste. Es war paradox, dass ich, der Ausländer, ihnen die Bestrebungen der verschiedenen politischen Bewegungen erklären und sie über die Position der Führer der verschiedenen Gruppierungen und ihren Einfluss aufklären musste, was ich wiederholt innerhalb der marokkanischen Sektion des Jüdischen Weltkongresses tat. Und ich musste auch die Angst der einen wie der anderen bekämpfen und ihnen angesichts der politischen Unsicherheiten Mut machen. Staatsbürgerliches Verantwortungsbewusstsein war in ihrer Erziehung vernachlässigt worden.

Wir waren sehr gut unterrichtet über die politische Landschaft. Wir trafen uns mit den meisten führenden Persönlichkeiten – Si Bekkai, Alfassi, Bellafrej, Bouabid, Ben Barka, Benjelloun, Ouazzani, Boucetta, Ben Souda und anderen – und führten, eingeführt von Joe Golan, lange Gespräche mit ihnen.

Am 20. August brach eine Welle des Terrorismus los, die zu schlimmen Massakern führte. Zu den zahlreichen Opfern gehörte auch eine verschwindend geringe Zahl von Juden, die niemals als Juden Ziel der

Angriffe waren; sie hatten sich leider den allgemeinen Unruhen nicht entziehen können.

Die unmittelbare Folge des tragischen 20. August war die Konferenz in Aix-les-Bains zwischen der französischen Regierung und den Führern der marokkanischen Unabhängigkeitsbewegung. Auch eine Delegation des Jüdischen Weltkongresses war dabei, bestehend aus Alec Easterman und dem französischen Abgeordneten Pierre Dreyfus-Schmidt, dem Leiter der politischen Kommission der französischen Sektion. Eine Delegation der jüdischen Gemeinde Marokkos war ebenfalls anwesend. Das war eine Gelegenheit für zahlreiche und fruchtbare Diskussionen mit den führenden marokkanischen Persönlichkeiten. Diese Konsultationen mündeten in ein Abkommen über die wichtigsten die marokkanischen Juden betreffenden Probleme, nämlich ihre volle staatsbürgerliche Gleichstellung, die Ablehnung eines Minderheitenstatus und die Garantie des Schutzes ihrer Rechte insbesondere durch die Verpflichtung von Seiten der künftigen Regierungen, die Allgemeine Erklärung der Menschenrechte zu respektieren. Das Abkommen erwähnte besonders das Recht auf Emigration (zusammen mit den beweglichen Gütern). Die Delegierten Marokkos waren von den Positionen des Jüdischen Weltkongresses stark beeindruckt, vor allem davon, dass er in keiner Weise gegen die marokkanischen Unabhängigkeitsbestrebungen Stellung bezog.

Unsere Position zu den politischen Bestrebungen Marokkos wurde nicht in allen jüdischen Kreisen geschätzt. Die Alliance Israélite Universelle lud uns eines Tages sogar vor; ihr Präsident René Cassin forderte uns auf, unsere Positionen zu erklären und zu rechtfertigen. Ich habe die gespannte Atmosphäre nicht vergessen, in der Easterman und ich empfangen wurden. Wir konnten natürlich nicht erwähnen, dass die französische Regierung über unsere Aktivitäten unterrichtet war. Viel später, als die marokkanischen Angelegenheiten längst Vergangenheit waren, gestand mir Präsident Jules Braunschvig, der die Arbeit der Alliance Israélite Universelle in Marokko leitete, eines Tages in einem privaten Gespräch, dass wir die Situation besser eingeschätzt hätten und dass er unsere damalige Haltung jetzt verstehe.

Kurz nach Aix-les-Bains wurde der Thronrat eingesetzt, und Si Bekkai wurde eines seiner führenden Mitglieder. In dieser Eigenschaft reiste er nach Madagaskar, um Sultan Ben Youssef von den jüngsten politischen

Entwicklungen zu unterrichten. Der Sultan akzeptierte das Programm der Nationalisten einschließlich des Abkommens, das soeben mit uns geschlossen worden war. Übrigens gab er dem Wunsch Ausdruck, sich mit uns auf dem Rückweg in Frankreich zu treffen. Während seines vorübergehenden Aufenthalts in Saint-Germain-en-Laye empfing der Sultan also Easterman und mich sowie Golan als Delegierte des Jüdischen Weltkongresses. Kronprinz Hassan – später der Herrscher Marokkos – diente als offizieller Dolmetscher.

Als die erste unabhängige Regierung in Rabat gebildet wurde, wurden wir sehr herzlich zu einem Treffen mit ihren führenden Persönlichkeiten anlässlich eines Empfangs im Schloss von Salé eingeladen. Si Bekkai, der Premierminister geworden war, empfing uns sehr freundschaftlich im Kreis seiner Kollegen und Mitarbeiter, von denen wir dank unserer früheren Kontakte viele bereits kannten.

Es muss auch daran erinnert werden, dass der Thronrat in seiner Erklärung an das marokkanische Volk ganz besonders die absolute Gleichheit aller Bürger, Moslems und Juden, hervorhob, ein Thema, das der Herrscher, sobald er nach Marokko zurückgekehrt war, in seiner ersten Rede an sein Volk wieder aufgriff. Die beiden Proklamationen bekräftigten die Absicht des Königreichs, die Allgemeine Erklärung der Menschenrechte zu respektieren. Die marokkanische Regierung sollte ihre Verpflichtung, die jüdischen Staatsangehörigen als freie, vollkommen gleichgestellte Bürger zu betrachten, peinlich genau einhalten.

Sechs Monate nach der Gründung des neuen Staates kam es durch die Emigration nach Israel, die anscheinend normal weitergegangen war, zu einer schwierigen Situation. Am 13. Mai wurde die Auswanderung auf Befehl des Innenministers durch die Nationale Sicherheit vollständig gestoppt. Auf lokaler Ebene waren gewisse Unvorsichtigkeiten begangen worden, und diejenigen, die emigrieren wollten, wurden im Lager von Mazagam in der Nähe von Casablanca interniert. In den folgenden Monaten stieg ihre Zahl auf 8000 Personen an. Aufgrund der zwischen dem Jüdischen Weltkongress und den führenden marokkanischen Nationalisten bereits bestehenden Kontakte erklärte sich der Kongress bereit, Verhandlungen mit der Regierung in Rabat über die Aufhebung des Verbots aufzunehmen.

Die Verhandlungen mit verschiedenen führenden Mitgliedern der Regierung erwiesen sich als langwierig und mühsam. Easterman und ich

mussten mehrmals nach Marokko reisen. Schließlich gestatteten die marokkanischen Behörden die Ausreise der Internierten. Sie hatten die Emigration niemals grundsätzlich in Frage gestellt, sie hatten sich nur der organisierten kollektiven Ausreise widersetzt.
Die vielfältigen Schwierigkeiten ergaben sich vor allem aus der häufig sehr negativen Haltung der subalternen Behörden. Ich glaube, dass es letztlich einerseits dem Erfindungsgeist jener, die sich auf zionistischer Seite mit diesem Problem befassten, und andererseits der Toleranz der marokkanischen Behörden zu verdanken war, dass die Emigration nach Israel weitergehen konnte. Ich persönlich bin überzeugt, dass die marokkanischen Behörden, die vor der Unabhängigkeit mit uns im Gespräch gewesen waren, angesichts dieser Emigration, die ein ziemliches Ausmaß angenommen hatte, beide Augen zudrückten. Damit bewiesen sie ihren guten Willen, was ihnen durch die Situation der Regierung angesichts der Ereignisse im Nahen Osten und die Reaktionen der arabischen öffentlichen Meinung nicht immer leicht gemacht wurde. Dennoch blieben die Beziehungen mit den verschiedenen marokkanischen Regierungen trotz des schwankenden und häufig sehr gespannten Klimas korrekt und offen.
Letzten Endes war unsere »Marokko-Politik« insgesamt zufriedenstellend. Die Massenauswanderung, die ohne große Unruhen und ohne starke Reibungen vonstatten ging, war unstreitig ein Erfolg. Die verständnisvolle, ja freundschaftliche Haltung des marokkanischen Sultans und seiner Behörden den Juden gegenüber und die Flexibilität ihrer Einstellung zu Israel sind ein wichtiges Ergebnis unserer politischen Aktivität. Und die kleine jüdische Gemeinde Marokkos nimmt seit vielen Jahren an den Beratungen des Jüdischen Weltkongresses teil.
Trotz der nicht immer leicht zu lösenden Probleme war der Einsatz des Jüdischen Weltkongresses für das marokkanische Judentum von Erfolg gekrönt.

Algerien

In diesem Land stellten sich uns die größten Probleme in der maghrebinischen Region. In Algerien lebten etwa 120 000 Juden, die aufgrund der berühmten Verordnung von Crémieux aus dem Jahr 1870 vollwertige französische Staatsbürger waren. Dieses Statut, das natürlich für die ganze jüdische Gemeinde galt, war der arabischen Bevölkerung ein Dorn im Auge, und sie machte keinen Hehl aus ihrer Unzufriedenheit über eine Situation, die sie für ungerecht hielt und auf die sie eifersüchtig war. Die algerischen Juden identifizierten sich vollkommen mit Frankreich und setzten sich ganz offen und mit Gewalt für den Fortbestand seiner Macht ein. Diese Haltung wurde übrigens von Israel geteilt, das damals von Frankreich unterstützt wurde. Und wer konnte schon wissen, ob die algerische Nationalbewegung scheitern oder ihre Ziele erreichen würde? Bei der zweiten Hypothese (die der Jüdische Weltkongress in seiner Analyse der politischen Entwicklung Algeriens ernsthaft in Erwägung zog) stellte sich unweigerlich die Frage: Könnten die Nationalisten nicht versucht sein, sich an den Juden, die so eindeutig auf der Seite Frankreichs standen, zu rächen?
Angesichts dieser Problematik ging es für uns darum, die Jüdische Gemeinde so auf die möglichen Entwicklungen vorzubreiten, dass sie die Unruhen und vor allem die Gewaltausbrüche nach Möglichkeit unbeschadet überstand. Die im Land herrschende politische Lage zwang uns zu der grundsätzlichen Vorsichtsmaßnahme, auf die Auswanderung nach Israel zu drängen. Und zuallererst die französischen Behörden von unserer Position zu unterrichten. Es war klar, dass sie eine derartige Emigrationsbewegung, die zu einer Schwächung der französischen Präsenz in Algerien führte, nicht besonders schätzen würden. Wir mussten die französische Regierung überzeugen, sich einer Emigration, die keinesfalls als feindseliger Akt gegen sie aufzufassen war, nicht zu widersetzen. Vorsichtshalber mussten wir zugleich Kontakt mit der algerischen Revolutionsbewegung, der Nationalen Befreiungsfront (Front de libération nationale), aufzunehmen. Mit dieser heiklen Aufgabe wurde Joseph Golan betraut. Es war Vorsicht geboten, da jede

Gerhart M. Riegner erhält den Orden der Légion d'honneur aus der Hand von Präsident François Mittérand. Paris, 1987.

Intervention Auswirkungen auf die Jüdische Gemeinde haben konnte. Wir hatten anschließend die Gelegenheit, uns mit einigen Führern der Nationalen Befreiungsfront im Rahmen der »Colloques Méditerranéens de la Culture« zu treffen. Diese Diskussionen wurden von Giorgio La Pira, dem Bürgermeister von Florenz, organisiert, einer hochgeachteten visionären Persönlichkeit, mit der wir im Rahmen dieser Kolloquien eng zusammenarbeiteten.

Anfang 1961 reiste eine Delegation des Jüdischen Weltkongresses nach Algier, Oran und Constantine, während die Situation im Land eine kritische Phase erreicht hatte: Es zeichnete sich die Möglichkeit ab, den Konflikt durch Verhandlungen zu lösen und einen algerischen Staat zu gründen. Die Hauptangst der jüdischen Gemeinde war: Würde die französische Staatsbürgerschaft in Frage gestellt werden?

Der Jüdische Weltkongress erhielt von französischer Seite die offizielle Zusage, dass die algerischen Juden das Recht hätten, die französische Staatsbürgerschaft zu behalten. Von Seiten der Nationalen Befreiungsfront gab es dagegen keinerlei offizielle Zusagen. Die öffentlichen Erklärungen ihrer Sprecher waren widersprüchlich. Die Abkommen von Évian zwischen Frankreich und der Nationalen Befreiungsfront enthielten Bestimmungen, die die Rechte und Freiheiten der französischen Staatsbürger Algeriens – zu denen die Juden gehörten – schützen und garantieren sollten; sie konnten entweder die französische Staatsbürgerschaft behalten oder vollwertige Staatsbürger des unabhängigen Algerien werden. Die Perspektive eines jüdischen Lebens in einem islamischen Staat, der der Arabischen Liga sehr nahe stand, war voller Ungewissheiten: ein Klima, das einem Vertrauen in ein unabhängiges Algerien und die in einem Vertrag festgeschriebenen Garantien nicht gerade förderlich war. In dieser Atmosphäre, in der die Gefühle der Unsicherheit und Furcht überwogen, folgten die Juden massenhaft den nichtjüdischen Franzosen, die praktisch ohne Ausnahme den Exodus ins Mutterland wählten.

Damit war die einst so lebendige Geschichte der Juden Algeriens zum Abschluss gekommen.

Weitere Aktivitäten auf internationaler Ebene

Bisher habe ich detailliert über meine wichtigsten internationalen Aktivitäten auf den Gebieten der Geschichte der Shoah, des Kampfes um die Menschenrechte und der Beziehungen zu den Kirchen berichtet; es gibt aber noch viele andere Bereiche des internationalen Lebens, in denen ich mich praktisch ein halbes Jahrhundert und länger engagiert habe. Einige möchte ich im Folgenden ansprechen.

Meine Rolle bei den nichtstaatlichen Organisationen

Ich beginne mit der Rolle, die ich als Vertreter des Jüdischen Weltkongresses bei den nichtstaatlichen Organisationen gespielt habe. Im internationalen Leben haben seit Ende des 19. Jahrhunderts die sich freiwillig bildenden Bewegungen eine immer größere Rolle gespielt, indem sie versuchten, die Entscheidungen der Regierungen zu beeinflussen, wenn sie ihre Interessensbereiche berührten. Diese Bewegungen dienten – bei aller Unabhängigkeit – den unterschiedlichsten Zwecken: philanthropischen, pazifistischen, religiösen, kulturellen, erzieherischen, wissenschaftlichen, sozialen (man braucht nur an die Arbeiterwelt zu denken), und ihre Anliegen wurden von den Politikern zunehmend ernster genommen. Das bedeutet, dass diese Bewegungen, die die Macht nicht gleichgültig ließen, schon recht alt sind. Viele waren bereits zur Zeit des Völkerbunds und bei den Abrüstungsverhandlungen mit Nachdruck in Erscheinung getreten. Diese Bewegungen waren der unmittelbare Ausdruck der öffentlichen Weltmeinung und spielten angesichts

der Regierungen der Länder, die allzu häufig eine Politik des Status quo in der internationalen Welt verfolgten, eine dynamische Rolle.
Erst nach dem Zweiten Weltkrieg wurde dieser Tatbestand offiziell bestätigt und ein Beraterstatus für diese Bewegungen in der Charta der Vereinten Nationen verankert. Artikel 71 dieser Charta sieht für sie einen Beraterstatus auf wirtschaftlichem und sozialem Gebiet vor, der im Rahmen des Wirtschafts- und Sozialrats und der ihm angegliederten Organe ausgeübt werden kann.
Als Vertreter des Jüdischen Weltkongresses bei den Vereinten Nationen über einen Zeitraum von etwa vierzig Jahren war ich sehr aktiv und unterhielt enge Beziehungen zu vielen dieser Bewegungen. Ich sah in dieser Arbeit die Möglichkeit, den Beraterstatus der nichtstaatlichen Organisationen zu erweitern und große gesellschaftliche Gruppen zu beeinflussen und stärker für unsere Probleme zu öffnen.
Der Jüdische Weltkongress war die erste jüdische Organisation, die diesen Beraterstatus im Wirtschafts- und Sozialrat bekam. Und mir wurde sehr rasch klar, dass man, um in dem besonderen Rahmen der Vereinten Nationen sinnvoll arbeiten zu können, über Bestimmungen verfügen musste, die diese Arbeit förderten. Daher verfolgte ich von Anfang an mit großer Aufmerksamkeit die Diskussionen über die Bestimmungen, die sich auf den Beraterstatus bezogen, und beteiligte mich an den Demarchen, die darauf abzielten, sie zu entwickeln und so weit wie möglich zu verstärken, um dadurch den Beitrag der nichtstaatlichen Organisationen zu vertiefen und ihre Leistungsfähigkeit zu verbessern.
Im Sommer 1948 fand in Genf die erste Konferenz der nichtstaatlichen Organisationen mit Beraterstatus statt. An ihr nahmen alle nichtstaatlichen Organisationen teil, die daran interessiert waren, die Grundlagen für eine ständige Zusammenarbeit untereinander zu schaffen, mit dem vorrangigen Ziel, sie vor dem Komitee der nichtstaatlichen Organisationen des Wirtschafts- und Sozialrats zu vertreten. Ich vertrat gemeinsam mit meinen Kollegen Easterman und Perlzweig den Jüdischen Weltkongress auf dieser Konferenz. Der Jüdische Weltkongress wurde damals als Mitglied in das ständige Komitee der Konferenz gewählt. Ich nahm regelmäßig an den Sitzungen dieses Komitees in New York oder in Genf teil.
Auf der ersten Konferenz der nichtstaatlichen Organisationen diskutierte man unter anderem über ihren internationalen rechtlichen Sta-

tus. Die nichtstaatlichen Organisationen konnten nur in einem bestimmten Land den Status einer juristischen Person erhalten, entsprechend den rechtlichen Bestimmungen dieses Landes. Die betreffenden nichtstaatlichen Organisationen wurden daher juristisch nationale Organisationen, deren Status weder ihren spezifisch internationalen Charakter noch die sich daraus ergebenden besonderen Bedürfnisse berücksichtigte. Um dieses äußerst komplizierte Problem zu lösen, wurde ein spezielles Untersuchungskomitee gegründet. Ich wurde zu seinem Sekretär ernannt und schlug mich lange Jahre mit diesem kniffligen juristischen Problem herum. Erst in den achtziger Jahren gelang es meinem Kollegen Daniel Lack schließlich, dieses Problem durch ein im Rahmen des Europarats geschlossenes internationales Abkommen zu lösen. Dieses Abkommen trat 1986 mit der Ratifizierung durch eine Anzahl von Mitgliedsstaaten in Kraft; es ist auch offen für die Länder, die nicht Mitglied im Europarat sind.

Die wichtigste Aufgabe des Komitees der Konferenz der nichtstaatlichen Organisationen war, die Anwendung der Bestimmungen dieses Status zu überwachen. Diese sahen vor, dass eine nichtstaatliche Organisation mit Beraterstatus das Recht hat, an den Sitzungen teilzunehmen (ihr standen sogar reservierte Sitze zur Verfügung); sie erhält auch sämtliche Unterlagen, die für die jeweilige Sitzung relevant sind, und hat das Recht, schriftliche Erklärungen zu den Tagesordnungspunkten vorzulegen, die übersetzt und an alle Teilnehmer verteilt werden; und schließlich hat sie auch das Recht, mündlich in die Diskussion einzugreifen, allerdings nur mit Zustimmung des Sitzungsleiters. Einige privilegierte Organisationen (der Kategorie A) konnten sogar selbst Tagesordnungspunkte vorschlagen.

Ich habe mich im Komitee der Konferenz der nichtstaatlichen Organisationen ganz besonders bemüht sicherzustellen, dass die Anwendung des Beraterstatus auf keinen Fall die Redefreiheit der Organisationen einschränkte. Ich unterstützte auch die Bemühungen, die darauf abzielten, jeder willkürlichen Entscheidung des Komitees des Rats der nichtstaatlichen Organisationen über die Aufnahme und die Beibehaltung des Beraterstatus vorzubeugen. Es war die Zeit des Kalten Kriegs, von dem auch die Vereinten Nationen keineswegs verschont blieben. Unter diesen Umständen und trotz der unvermeidlichen Spannungen verfolgte ich stets eine gerade Linie und setzte mich für die Unabhängigkeit aller nichtstaatlichen Organisationen ein, insbesondere für ihre Rechte, sich frei auszudrücken – einschließlich des Rechts, die Aktion der Regierungen zu kritisieren. Es ist daher nicht verwunderlich, dass ich zu einem Spezialisten auf dem Gebiet der Bestimmungen des Beraterstatus wurde, ununterbrochen bemüht, sie zu erläutern, sie zu garantieren und sie zu erweitern. 1951 wurde ich zum stellvertretenden Generalsekretär des Komitees der Konferenz in Genf (das Sekretariat hatte seinen Sitz in New York) ernannt und 1953 einstimmig zum Vorsitzenden der Konferenz gewählt, ein Posten, den ich bis 1955 innehatte. Diese Aufgabe lag mir sehr am Herzen, und ich war glücklich festzustellen, dass meine Autorität von allen respektiert wurde. Ein Aspekt dieser Arbeit ist mir vor allem im Gedächtnis geblieben: Die Vereinten Nationen hatten eine Konferenz der beratenden nichtstaatlichen Organisationen über das Problem der Diskriminierungen einberufen. Da ich mich in diesem Bereich sehr gut auskannte und mich als Präsident der nichtstaatlichen Organisationen für den Erfolg der Konferenz voll verantwortlich fühlte, wollte ich ihr einen gewissen Glanz verleihen. Daher bemühte ich mich, verschiedene Organisationen zu überreden, nicht nur durch ihre ständigen Vertreter präsent zu sein, sondern auch durch ihre führenden Persönlichkeiten. Ich bildete eine Gruppe aus mehreren Organisationen mit den unterschiedlichsten Interessen, um einen Text vorzubereiten, der als Grundlage für die Beratungen dienen sollte. Schließlich überzeugte ich Vincent Auriol, den ehemaligen Präsidenten der Republik Frankreich und Ehrenpräsident des Internationalen Verbands der Kriegsveteranen, die Konferenz zu leiten. Dies tat er mit Autorität und großer Freundlichkeit. Die Anwesenheit des ehemaligen französischen Präsidenten unter uns entsprach ganz meiner Erwartung, die groß war: Sie machte die Konferenz zu einem vollen Erfolg, und dieser Moment ist mir – natürlich – in sehr guter Erinnerung geblieben.

Nachdem meine Präsidentschaft 1955 beendet war, wurde ich immer wieder zum Schatzmeister der Konferenz gewählt, wodurch ich meine Aktivitäten im Komitee fast dreißig Jahre lang fortsetzte. Meine Mitarbeiter im Sekretariat des Jüdischen Weltkongresses halfen mir bei allen technischen Aspekten meiner Arbeit als Schatzmeister. Der Posten gab mir die Gelegenheit, die Politik der Konferenz aus allernächster Nähe zu verfolgen und immer wieder Vorschläge zu machen.

Gerhart M. Riegner mit Präsident Vincent Auriol auf der Konferenz der nichtstaatlichen Organisationen über die Diskriminierung. Genf, 1953.

Gerhart M. Riegner, gewählt zum Präsidenten der Konferenz der nichtstaatlichen Organisationen mit Beraterstatus bei der UNO mit Dag Hammarskjöld, dem Generalsekretär der UNO, und Gerald Meade (Großbritannien), dem Präsidenten des Komitees der nichtstaatlichen Organisationen des Wirtschafts- und Sozialrats. Genf, 1953.

In diesem Geist unterstützte ich auch erfolgreich die Bemühungen um eine Ausweitung des Beraterstatus auf andere Organismen der Vereinten Nationen sowie auf internationale Konferenzen, die von ihnen einberufen wurden. Unserem Gesuch, den Beraterstatus auch auf die Vollversammlung der Vereinten Nationen auszuweiten, wurde dagegen nicht entsprochen.

Im Rahmen der Konferenz bildeten wir in bestimmten Bereichen Sondergruppen, insbesondere in den Bereichen der Flüchtlinge, der Menschenrechte und der Wohnprobleme. Dadurch wurde eine konstruktive Zusammenarbeit zwischen den nichtstaatlichen Organisationen, die mit ähnlichen Problemen konfrontiert waren, angeregt und ihnen gleichzeitig ihre volle Unabhängigkeit belassen. Auf wichtigen Konferenzen der UNO schufen die nichtstaatlichen Organisationen Foren zu den Themen, die dort behandelt wurden, und übten auf diese Weise einen gewissen Einfluss auf die Konferenzen selbst aus.

Als Spezialist für den Beraterstatus knüpfte ich direkte Kontakte zu den Generalsekretären der Vereinten Nationen. Von Zeit zu Zeit empfingen diese nämlich eine Delegation des Komitees der Konferenz, um über die Position der nichtstaatlichen Organisationen im Rahmen der Vereinten Nationen und andere aktuelle Themen zu diskutieren. Da ich diesen Delegationen in der Regel angehörte, hatte ich die Gelegenheit, persönlich mit Dag Hammarskjöld, U Thant, Kurt Waldheim und Javier Perez de Cuellar zu sprechen.

Meine Rolle beschränkte sich jedoch nicht darauf, die Position der nichtstaatlichen Organisationen zu verstärken und ihnen größeres Gewicht bei den Vereinten Nationen zu verschaffen; sie erstreckte sich auch auf andere Institutionen der UNO. So war ich gemeinsam mit dem Generalsekretär des Verbandes der Organisationen für die Vereinten Nationen John Ennals der Hauptprotagonist bei der Schaffung eines Beraterstatus für die Unesco. Und von 1956-1958 wurde ich zum Vorsitzenden der Konferenz der nichtstaatlichen Organisationen mit Beraterstatus für drei Jahre bei dieser Organisation gewählt.

In der Vollversammlung der Vereinten Nationen 1950 war ich der Sprecher der nichtstaatlichen Organisationen bei unseren Demarchen, diesen Status auf die Unicef auszudehnen. Später beteiligte ich mich an den Bemühungen, einen Beraterstatus bei der Internationalen Arbeitsorganisation zu schaffen. Bekanntlich sichert das trilaterale System den

Vertretern der Arbeiter und der Arbeitgeber darin einen starken Einfluss. Andere nichtstaatliche Organisationen waren an gewissen Aspekten der Aktivitäten der Internationalen Arbeitsorganisation interessiert; wir waren der Ansicht, dass sie es verdienten, ebenfalls gehört zu werden. Die Internationale Arbeitsorganisation hat daher ihrerseits den Beraterstatus angenommen.

All diese Demarchen zugunsten der nichtstaatlichen Organisationen brachten mich in Kontakt mit den Vertretern zahlreicher Regierungen und natürlich mit vielen nichtstaatlichen Organisationen. Es ist also nicht überraschend, dass sich, als ich 1966 die Fünfte Vollversammlung des Jüdischen Weltkongresses in Brüssel organisierte, nicht weniger als achtundzwanzig Regierungen und achtzehn internationale nichtstaatliche Organisationen durch Beobachter vertreten ließen. Bedeutsam ist auch die Tatsache, dass, als die Konferenz der nichtstaatlichen Organisationen den vierzigsten Geburtstag der Vereinten Nationen feierte, drei Vertreter – die des Sekretariats der UNO, die der Staaten und die der nichtstaatlichen Organisationen mit Beraterstatus – gebeten wurden, eine Bilanz dieser Zeit vorzulegen. Ich wurde beauftragt, dies im Namen der Gemeinschaft der nichtstaatlichen Organisationen zu tun, was erstaunlich war, wenn man sich erinnert, wie schrecklich Israel damals auf internationaler Ebene behandelt wurde.

Als in den siebziger Jahren ein Sonderkomitee der nichtstaatlichen Organisationen für humanitäre Fragen gegründet wurde (aus Anlass der Konferenzen, die zu den Zusatzprotokollen zur Genfer Konvention führten), wurde ich eingeladen, die Arbeitsgruppe zu leiten, deren Schlussfolgerungen von etwa fünfzig internationalen nichtstaatlichen Organisationen unterschiedlicher Art und aller Richtungen gebilligt wurden.

Meine mit den nichtstaatlichen Organisationen zusammenhängenden Aktivitäten haben insgesamt stark dazu beigetragen, den Jüdischen Weltkongress als ständige, sehr kompetente und offene Institution bekannt zu machen.

Meine Arbeit hat also in hohem Maße dazu beigetragen, ihr einen geachteten Platz unter ihnen zu verschaffen.

Kulturelle Außenpolitik

Von allen Organisationen der Familie der UNO war die Organisation für Erziehung, Wissenschaft und Kultur eine besondere Herausforderung für uns. Natürlich waren wir vollkommen einverstanden mit der Philosophie der Unesco, die ihren schönsten Ausdruck in dem berühmten, von Léon Blum inspirierten Satz ihres Gründungsdokuments gefunden hat: »Da die Kriege im Kopf der Menschen entstehen, müssen im Kopf der Menschen die Verteidigungsmechanismen für den Frieden errichtet werden.« Es ging jedoch nicht nur darum, für den Frieden zu kämpfen und die Köpfe auf diese Aufgabe vorzubereiten, die Unesco verfolgte auch das Ziel, jedem Menschen den Zugang zur Erziehung zu sichern und ihm das Recht zu garantieren, ungehindert am kulturellen Leben teilzunehmen, sich an den Künsten zu erfreuen und am wissenschaftlichen Fortschritt und den daraus resultierenden Vorteilen teilzuhaben. Dadurch stellte die Organisation ein Instrument zur Verfügung, zu dem alle Völker ihren eigenen kulturellen Reichtum aus freien Stücken und in großherzigem Wettstreit zum Wohl der Menschheit beisteuern sollten.

Aaron Steinberg, der über mehrere Jahrzehnte hinweg die Kulturabteilung des Jüdischen Weltkongresses leitete, hatte als Erster die Idee, die Unesco für die Verwirklichung einer kulturellen Außenpolitik des jüdischen Volkes zu nutzen und nicht nur die unmittelbaren politischen Interessen in ihr zu vertreten, sondern vor allem das Sprachrohr der jüdischen Kultur in diesem friedlichen Wettstreit aller Kulturen der Welt zu sein. Aaron Steinberg nahm in unserem Namen an der Gründung der Unesco 1946 in London teil und verfolgte ihre Entwicklung aus nächster Nähe, eine Aufgabe, an der ich in den folgenden Jahren intensiv beteiligt war. Aus dieser langen Zusammenarbeit erwuchs eine große Bewunderung für die Person Steinberg und eine tiefe und dauerhafte Freundschaft.

Aaron Steinberg war eine außerordentlich fesselnde Persönlichkeit, einzigartig durch die Weite seines geistigen Horizonts. Aus einer großen russischen Familie stammend, war er ein Mann von universalistischem

Weitblick ganz in der humanistischen Tradition. Aaron Steinberg war Philosoph, Historiker, Jurist, Soziologe, Schriftsteller und Künstler. In erster Linie war er Geschichtsphilosoph: Was bedeutet die Geschichte und was kann sie bedeuten, was kann die Geschichte lehren und wohin kann sie führen ... So beschäftigte sich Steinberg leidenschaftlich mit dem Sinn der Geschichte, der das zentrale Thema seiner Reflexion war und mit dem er sich sein ganzes Leben herumschlug.
Er war ein echter Wissenschaftler und großer Denker, doch seine immer wache Intelligenz hinderte ihn nicht, mit beiden Füßen fest auf dem Boden zu stehen: Als Mann der Tat hatte er einen bemerkenswerten Sinn fürs Praktische, den er bei vielen Gelegenheiten im Rahmen des Jüdischen Weltkongresses unter Beweis stellte.
Neben Nahum Goldmann war Aaron Steinberg gewiss die herausragendste und originellste Persönlichkeit an der Spitze des Jüdischen Weltkongresses. Sein Denken, das seinen Ursprung in den tiefen Quellen des Judentums hatte, hat mich in vieler Hinsicht beeinflusst. Das wichtigste und entscheidendste Element seines Jüdischseins war der Begriff »Jüdisches Weltvolk« (nach dem von Simon Dubnow geprägten Begriff des »Weltvolks«), eine Idee, die ihn zum Jüdischen Weltkongress gebracht hatte und die ich teilte. Seine universalistische Auffassung des Judentums umfasste alles. Aaron Steinberg war dem religiösen Judentum zutiefst verbunden, der *Halacha*, die er für sich selbst als obligatorisch ansah. Er, der orthodoxe Jude von großem Format, bemühte sich, seinen Einfluss durch das Beispiel auszuüben, und vermied jede Haltung, die als Druck oder bewusste Ausübung von Zwang aufgefasst werden konnte. So ließ er auch andere Richtungen und andere Faktoren als positive Beiträge zur jüdischen Kultur zu. Tatsächlich hatten alle Richtungen des Judentums, alle Formen jüdischen Ausdrucks und Denkens ihre Gültigkeit für ihn, ungeachtet ihrer Herkunft, ob religiös, weltlich, zionistisch, jiddisch, sephardisch oder sozialistisch. Seine Auffassung des Judentums gründete auf einer Haltung positiver Neutralität gegenüber jedem kreativen Beitrag zum jüdischen Leben: Da alle Richtungen wichtig sind, müssen sie alle zugelassen und anerkannt werden. Das gilt auch für seine Auffassung der »Stämme« des jüdischen Volkes, das heißt die verschiedenen Gemeinschaften, die es bilden: die Gemeinschaften der russischen Juden, der polnischen, französischen, deutschen, angelsächsischen ... Jede dieser Gemeinschaften

hat ihre besonderen Merkmale, ihre typischen Stärken und Schwächen; jede ist für sich genommen ein Strom – mit seinen Verästelungen –, der sich in den breiten Fluss der jüdischen Tradition ergießt, die das kreative Überleben und die ununterbrochene Kontinuität des jüdischen Volkes sicherstellt.

Für Aaron Steinberg erfüllte das Judentum eine besondere Mission in der Welt; es dient häufig als Katalysator, als Werteskala, nach der andere Ereignisse und andere Ideen beurteilt werden müssen. Die Kultur war für ihn die wahre Quelle der menschlichen Kreativität: Alle Nationalkulturen der Völker der Welt – einschließlich der jüdischen Kultur – fließen zusammen und wirken in die Zukunft; gemeinsam führen sie zur Weltkultur des Menschen mit ihren vielfältigen Facetten.

Wir bemühten uns, uns von dieser hohen Auffassung der Kultur inspirieren zu lassen, indem wir uns an den Arbeiten der Unesco beteiligten. Wir übernahmen in dieser Organisation eine Rolle, die weit über unsere unmittelbaren Anliegen hinausging, da der Schutz der Kultur ein Beitrag zur Zivilisation insgesamt und zur Menschheit ist. Dieser Wunsch beseelte unsere aktive Teilnahme am Kampf für den Schutz der kulturellen Rechte. Wir betonten insbesondere die Notwendigkeit, die Kultur der Minderheitengruppen und ihre Sprachen – für die jüdischen Minderheiten das Jiddische und Hebräische – zu bewahren.

Besonders am Herzen lag uns die Überarbeitung der Geschichtsbücher für die Schulen. Die Unesco förderte in den Nachkriegsjahren die Erarbeitung und Veröffentlichung neuer Geschichtsbücher. In welchem Maße wurde die Geschichte des Judentums und der Juden in den weltweit gebräuchlichen Handbüchern korrekt dargestellt? Inwiefern wurde die Wahrheit in diesen Geschichtsbüchern verzerrt? Wo gab es Auslassungen oder bewusste Zensur in Hinblick auf den Beitrag des Judentums zum Fortschritt der Weltzivilisation? Dies waren grundlegende Fragen, die gestellt und beantwortet werden und gegebenenfalls zu Revisionen führen mussten. Deshalb initiierten wir selbst Untersuchungen zu den in zahlreichen Ländern verwendeten Geschichtsbüchern. In der Bundesrepublik Deutschland arbeiteten wir mit einem Fachinstitut zusammen, das eine bemerkenswerte Arbeit leistete.

In diesem Sinne interessierte uns auch ein großes Projekt der Unesco ganz besonders, dessen Ziel die Herausgabe einer *Geschichte der kulturellen und wissenschaftlichen Entwicklung der Menschheit* war. Es ging darum – gewiss zum ersten Mal in einem solchen Ausmaß –, eine Geschichte zu entwerfen, die nicht aus einer nationalen oder regionalen, ja kontinentalen Sicht geschrieben wird, sondern – ein durchaus berechtigter Ansatz – die Entwicklung der verschiedenen nationalen Gegebenheiten schildert, wobei diese Aspekte sich in eine ausgewogene Gesamtsicht einfügen müssen. Mit einem Wort, das bereits unsere Aufmerksamkeit geweckt hatte und das unser Hauptanliegen zum Ausdruck brachte: Diese Geschichte sollte universalistisch sein.

Wir waren zutiefst schockiert über die Darstellung der jüdischen Geschichte in fast allen Lehrbüchern, die Kapitel über das Judentum in der Antike enthielten, die Geschichte des Judentums von dieser Epoche bis zur Gründung des Staates Israel 1948 aber komplett aussparten und vollständig im Dunkeln ließen. Ein Tunnel von zweitausend Jahren, so wurde die Geschichte des jüdischen Volks jahrhundertelang von den Historikern selbst verdunkelt. Es hatte den Anschein, als hätten die Historiker die Vorurteile der Theologen übernommen, als habe es das jüdische Leben in der Diaspora zwanzig Jahrhunderte lang nicht gegeben, als habe es – *a fortiori* – nichts zum Fortschritt der Zivilisation beigetragen! Ein unerträglicher Gedanke, denn wie hätte der Staat Israel *ex nihilo* auftauchen können? Das Fazit lautete jedoch: Bestenfalls waren die Juden zweitausend Jahre lang vergessen worden, schlimmstenfalls waren sie in diesen zwei Jahrtausenden nichts als Gespenster gewesen! Wurde es nicht endlich Zeit, ein derart grob verzerrtes Bild auszulöschen?

Wir waren uns durchaus klar darüber, dass die Erarbeitung der kulturellen und wissenschaftlichen Geschichte der Menschheit – die jeder Nation und jeder Kultur den gebührenden Platz einräumt – äußerst schwierig zu verwirklichen war. Die Mitgliedsstaaten der Unesco waren sich dieser Tatsache übrigens voll bewusst und gründeten eine unabhängige internationale Kommission, um dieses Unternehmen erfolgreich durchzuführen. Diese Kommission, der renommierte Historiker angehörten, hatte allerdings mit großen Problemen zu kämpfen, da nicht wenige historische Entwicklungen unterschiedlich, divergent, ja widersprüchlich interpretiert wurden, was berücksichtigt werden musste. Dem wurde Rechnung getragen durch die Hinzufügung von Bemerkungen, die jeweils neben dem Grundtext am Rand gedruckt wurden. Wir verfolgten die Verwirklichung dieses großen Projekts der Unesco aus nächster Nähe und sorgten insbesondere dafür, dass ein hervorragender jüdischer Wissenschaftler hinzugezogen wurde, nämlich der berühmte Historiker Salo Baron von der Columbia University in New York. Dieser war jedoch durch seine eigenen Arbeiten – vor allem durch die riesige *Geschichte Israels (Soziales und religiöses Leben der Juden)* – so überlastet, dass Aaron Steinberg sich anbot, ihm zu assistieren. Und so ging er alle Manuskripte dieses gewaltigen Werks Band für Band durch und machte zahlreiche Vorschläge, damit in die Endredaktion die wichtigen Elemente eingingen, die den Beitrag der Juden zur Zivilisation durch die Jahrhunderte hindurch in seiner Gesamtheit beschreiben. Viele dieser Vorschläge wurden berücksichtigt und in den endgültigen Text aufgenommen.

Nach einer langen und minutiösen Vorbereitung – die sich über fast zwanzig Jahre erstreckte – wurde das Werk unter der Schirmherrschaft einer internationalen Kommission unter Vorsitz von Professor Paul de Berrêdo Carneiro (Brasilien) veröffentlicht; diese Kommission bestand aus 22 Mitgliedern aus 18 Ländern und 92 korrespondierenden Mitgliedern aus 42 Ländern.

In seinem Vorwort zur *Geschichte der kulturellen und wissenschaftlichen Entwicklung der Menschheit* schreibt René Maheu, der Generaldirektor der Unesco:

> Diese *Geschichte der Menschheit* unterscheidet sich von den vorhergehenden durch mehrere wesentliche Merkmale. Zunächst durch ihr genau definiertes Ziel, hinter der vielgestaltigen Menschheit die »kulturelle und wissenschaftliche Entwicklung« sichtbar zu machen. Die Wahl dieses Aspekts bedeutet tatsächlich einen Bruch mit den traditionellen Ansätzen der Geschichte, die – wie man weiß – ihr Hauptaugenmerk auf die politischen oder wirtschaftlichen, ja militärischen Determinanten legt. Auf diese Weise präsentiert sich dieses Werk als ein ausgleichendes Korrektiv zur üblichen Sicht auf die Vergangenheit der Menschen.

Wir setzten unsere Arbeit bei der Unesco die ganze Nachkriegszeit hindurch fort; ich persönlich nahm an einer ganzen Reihe von Generalkonferenzen und verschiedenen anderen Sitzungen teil. Doch obwohl wir weiterhin unsere Ideen einbrachten, waren wir zunehmend enttäuscht über die ständige Politisierung der Organisation. Allmählich beschränkte sich die Aktion der Unesco in Bezug auf die Juden auf

scharfe Resolutionen, mit denen die Generalkonferenz und der Exekutivausschuss manche Aspekte der Politik Israels gegenüber seiner arabischen Minderheit verurteilte. So sehr wir eine gewisse Kritik an Israel auch verstehen konnten, empörten uns doch die meisten dieser Angriffe, die ebenso willkürlich wie ungerecht waren.
Da ich selbst der Philosophie, der die Unesco verpflichtet war, in weiten Teilen zustimmte, bekümmerten mich diese Verirrungen umso mehr. Und in dieser Stimmung beschloss ich eines Tages, mich persönlich an den Generaldirektor Amadou-Mahtar M'Bow zu wenden, um mit ihm grundsätzlich über die Beziehungen des Jüdischen Weltkongresses zur Unesco zu sprechen. Ich erklärte ihm unsere tiefe Verbundenheit mit der Organisation seit ihrer Gründung und mit den Ideen, die sie symbolisiert, verbarg aber auch nicht unsere tiefe Enttäuschung über diese ständigen und unfruchtbaren negativen Stellungnahmen. Ich unterstrich, dass die Resolutionen zu Israel die Situation keineswegs verbesserten, sondern im Gegenteil dazu beitrügen, die Spannungen noch zu verstärken. Aber sei es denn nicht gerade die Aufgabe dieser Organisation, der jüdischen und der arabischen Kultur die Gelegenheit zu geben, sich frei im Rahmen des offenen Wettstreits der verschiedenen Kulturen zu behaupten? Und sei es nicht auch die Aufgabe der Unesco, eine Brücke zwischen zwei Kulturen zu schlagen und auf diese Weise ihre Vermittlerrolle zu erfüllen, indem sie zu einem gegenseitigen Verständnis und zu einem gelasseneren und friedlicheren Klima beitrage? Das Programm der Unesco enthalte diesbezüglich jedoch keinerlei Vorschläge.
Diese Intervention beim Generaldirektor blieb nicht ohne Folgen. Ein paar Wochen später wurde ich vom Sekretariat der Unesco aufgefordert, konkrete Vorschläge zu machen. Mir scheint, ich habe damals tatsächlich eine gewisse Mäßigung in den Stellungnahmen der Unesco zu Israel bemerkt.
Das war am Vorabend der Generalkonferenz der Unesco 1983. Da es mir unmöglich war, an ihr teilzunehmen, bat ich meinen Kollegen und Freund Professor Jean Halpérin, den Jüdischen Weltkongress zu vertreten. Jean Halpérin hatte lange Jahre die Kolloquien der jüdischen Intellektuellen französischer Sprache geleitet hatte, eines der schönsten Projekte des Jüdischen Weltkongresses auf kulturellem Gebiet, was ihn für diese Aufgabe qualifizierte. Um einen interkulturellen Dialog in Gang zu setzen, schlug Jean Halpérin im Namen des Kongresses vor,

»dass die Unesco die Initiative ergreifen sollte, einen jüdisch-islamischen oder jüdisch-arabischen Dialog über den gegenseitigen Einfluss dieser beiden Kulturen durch die Geschichte hindurch anzuregen«, wobei er präzisierte, dass der Jüdische Weltkongress ihn ermächtigt habe, einen konkreten Vorschlag zu machen, nämlich dass »wir aus Anlass des achthundertfünfzigsten Geburtstags des großen jüdischen Philosophen, Arztes, Juristen und Theologen Maimonides – der in augenfälliger Weise am Schnittpunkt des jüdischen, griechischen, arabischen und christlichen Denkens stand – [...] an die Unesco und an die direkt betroffenen Regierungen appellieren, im Laufe des Jahres 1985 ein großes Maimonides gewidmetes Kolloquium über diesen Prototyp interkultureller Beziehungen in den Ländern zu organisieren, in denen sich Maimonides' Karriere abgespielt hat«.
Professor Halpérin bat die Regierungen, seinen Vorschlag zu unterstützen, vor allem jene Regierungen, in denen Maimonides gelebt und gearbeitet hatte, nämlich Spanien, Marokko, Ägypten und nicht zu vergessen Israel, wo er ein vorbildlicher Lehrmeister blieb, wie sein Grab in Tiberias beweist.
Die Unesco nahm diesen Vorschlag des Jüdischen Weltkongresses an und verwirklichte ihn im Dezember 1985. Wissenschaftler aus der Bundesrepublik Deutschland, Ägypten, Spanien, Frankreich, dem Iran, Israel, Marokko, dem Senegal, der UdSSR, den Vereinigten Staaten und der Türkei nahmen an dem Kolloquium teil, das vor einer großen Zuhörerschaft stattfand und den Beginn einer neuen Politik im Dialog der Kulturen markierte. Alle Teilnehmer waren sich dieser Entwicklung, dieser Neuerung und der symbolischen Bedeutung der Begegnung bewusst. Die Unesco unterstrich dies in einer ganzen Reihe bemerkenswerter Dokumente.

Besuch in China, an der Chinesischen Mauer (anlässlich des ersten kulturellen Kolloquiums zwischen Chinesen und Juden). Frühjahr 1992.

Deutsche Reparationen

In den Verhandlungen über die deutschen Reparationen habe ich keine entscheidende Rolle gespielt; ich verfolgte sie allerdings aus nächster Nähe und war manchmal eng in sie eingebunden, vor allem in der allerersten Phase, die zum Abschluss der berühmten Verträge von Luxemburg führte. Ich war auch sehr intensiv an den Aktivitäten der Konferenz für die materiellen Ansprüche der Juden an Deutschland (Claims Conference) beteiligt.

Ich erwähnte bereits im Kapitel über die Menschenrechte, wie wir auf der Konferenz in Atlantic City im November 1944 formulierten, was das Nachkriegsprogramm des jüdischen Volks bilden sollte. Die Konferenz verkündete »den Grundsatz, nach dem das jüdische Volk das Recht auf eine kollektive Wiedergutmachung für die materiellen und moralischen Verluste hat, die das jüdische Volk, seine Institutionen oder jüdische Privatpersonen oder ihre Erben erlitten haben«.

Nach dem Krieg wurde dieser Anspruch mehrmals formuliert. Es wurde jedoch keine, direkte oder indirekte, jüdische Demarche Deutschland gegenüber ins Auge gefasst. Die überwältigende Mehrheit des jüdischen Volks schien damals jede Art von Kontakt mit den Deutschen abzulehnen und war nicht einmal bereit, eine pauschale Zahlung als Wiedergutmachung von Deutschland zu akzeptieren. Der Kongress hielt sich jedoch strikt an seine These der pauschalen Zahlung als grundlegendem Element der Verpflichtung für Deutschland, die jüdischen Verluste zu entschädigen. Man erwartete offensichtlich, dass eine dritte Macht die Rolle des Vermittlers übernehmen würde. Aber man wartete vergeblich.

Die Alliierten hatten nicht die gleichen Interessen wie die Juden. Die wachsenden Spannungen zwischen den westlichen Alliierten und der Sowjetunion schwächten erheblich die Hoffnung der Juden auf Unterstützung. Je mehr sich diese Spannungen verschärften, umso weniger zeigten sich die Amerikaner und Briten bereit, sich zum Sprachrohr der jüdischen Forderungen zu machen. Ganz im Gegenteil, ihr Misstrauen und ihre veränderte Politik gegenüber der Sowjetunion führten sie dazu, immer mehr die Vergehen Nazideutschlands zu vergessen und der neuen Bundesrepublik einen Status politischer und finanzieller Stabilität zuzugestehen.

Es gab sowohl beim Jüdischen Weltkongress als auch bei der Jewish Agency zahlreiche Diskussionen über die Frage der deutschen Reparationen. Aber niemand traute sich wirklich an den Kern des Problems heran. Der Kongress übte weiterhin Druck auf die Alliierten aus, in das Vertragsabkommen, das sie mit Deutschland schließen wollten – oder in jedes andere Instrument, das die deutsche Souveränität wiederherstellen sollte –, eine Bestimmung aufzunehmen, die eine Zahlungsverpflichtung für Deutschland vorsah. Und die Alliierten wurden nicht müde zu betonen, dass es allein Sache Deutschlands sei zu entscheiden, ob es diese Ansprüche befriedigen wolle oder nicht. Das war die Situation 1949.

Im Rahmen des Jüdischen Weltkongresses nahm sich Noah Barou, der Präsident der europäischen Exekutive, dieser Frage besonders an. Auf jeder Sitzung sprach er das Problem der Reparationen an und drängte energisch zum Handeln. Er war ein russischer Jude, der sein Leben lang für den Schutz der jüdischen Arbeiter kämpfte. Nachdem er die Sowjetunion verlassen und einige Zeit – in den zwanziger Jahren – in Berlin im Dienst der Handelsvertretung der Sowjets verbracht hatte, ließ er sich in London nieder, wo er sich mit Leib und Seele der jüdischen Arbeiterbewegung in Großbritannien verschrieb.

Treues Mitglied der Fabian Society, einer renommierten Institution, in der sich die bedeutendsten Intellektuellen der britischen Linken sammeln, war er einer der Gründer und eine der Säulen des Jüdischen Weltkongresses in England. Noah Barou war eine überaus faszinierende Persönlichkeit; von großzügigem Wesen, ständig unter Druck, war er dauernd in Bewegung und tat, wie seine Kollegen bemerkten, immer mehrere Dinge gleichzeitig, was nicht nach jedermanns Geschmack war! Trotz des Altersunterschieds zwischen uns standen wir uns sehr nahe.

In einer Sitzung des Leitungsgremiums des Jüdischen Weltkongresses im Dezember 1949 warf Barou das Problem der deutschen Reparationen erneut auf. Drei Monate zuvor war die Bundesrepublik Deutschland gegründet worden. Ihr Parlament, der Bundestag, war am 7. September zusammengetreten; ihr Präsident war am 12. desselben Monats gewählt worden. Der neue Staat schickte sich an, ein Abkommen mit den Alliierten zu schließen, und da Präsident und Bundeskanzler – wenn auch in Worten, denen es an Klarheit mangelte – den Wunsch ausgedrückt hatten, die jüdischen Verluste wiedergutzumachen, wurde in der Sitzung das Problem der Reparationen auf der Grundlage dieser neuen Fakten besprochen.

Aber noch hatte niemand eine konkrete Vorstellung, wie man dieses Problem angehen sollte. Ich schlug daher einen möglichen Weg für ein gangbares Verfahren vor: Zunächst sollte die deutsche Regierung noch vor jeder Verhandlung eine feierliche Erklärung vor dem Bundestag abgeben, in der sie die Verantwortung für die Verfolgungen und die Verluste der Juden übernehmen und sich verpflichten sollte, das am jüdischen Volk begangene Unrecht wiedergutzumachen und alle Entschädigungen zu leisten, die sich daraus ergaben. Ich fügte hinzu, dass tatsächlich erst nach einer solchen offiziellen und vom Bundestag angenommenen Erklärung der Regierung direkte Verhandlungen mit den deutschen Autoritäten ins Auge gefasst werden könnten. Diese Idee wurde von meinen Kollegen gebilligt und in einer offiziellen Erklärung bestätigt, die der westdeutschen Regierung und dem westdeutschen Parlament deutlich zu verstehen gab, was von ihnen erwartet wurde: die Übernahme der moralischen und politischen Verantwortung für die an den Juden begangenen Naziverbrechen; finanzielle Entschädigungen; eine Gesetzgebung gegen den Antisemitismus; die Umerziehung der deutschen Jugend; eine Garantie gegen nationalistische Tendenzen. Die Erklärung betonte nachdrücklich, dass »Deutschland sich von dieser Verantwortung nur dann durch ein Geldangebot entlasten kann, wenn es gleichzeitig seine ganze moralische und politische Verantwortung anerkennt«.

Nach diesen Entscheidungen richtete Alec Easterman, der politische Sekretär des Jüdischen Weltkongresses, am 25. Juli 1950 eine detaillierte Note über diese Probleme an den Unterstaatssekretär im Foreign Office Lord Henderson in London und kommentierte diese Forderungen in einem protokollierten Gespräch am 11. Januar 1951. Indem er erklärte, dass es unmöglich sei, die erlittenen Verluste in ihrer Gesamtheit abzuschätzen, wies Easterman darauf hin, dass er persönlich glaube, dass, wenn Deutschland die Summe von 500 Millionen Pfund Sterling anbiete, ein solches Angebot als akzeptabel angesehen werden könnte.

Am 12. März 1951 richtete die israelische Regierung eine Note an die Alliierten, in der sie von Deutschland eine Entschädigung in Höhe von eineinhalb Milliarden Dollar zur Deckung der Kosten für die Integration von Hunderttausenden jüdischer Flüchtlinge in Israel forderte. Zwei Drittel dieser Summe sollten von Westdeutschland, ein Drittel von Ostdeutschland bezahlt werden. Der Jüdische Weltkongress unterstützte diese Forderung der israelischen Regierung vorbehaltlos in den mündlichen und schriftlichen Erklärungen gegenüber der Regierungen in Washington, London und Paris. Die von Israel geforderte Summe war praktisch mit derjenigen in Pfund Sterling identisch, die Easterman in seinen Gesprächen mit den Briten erwähnte.
Dennoch ging lange Monate hindurch überhaupt nichts voran. Da beschloss Noah Barou, allein zu handeln. Er hatte in London persönliche Kontakte zu Herbert Blankenhorn geknüpft, einem hohen Beamten des deutschen Außenministeriums und engen Mitarbeiter von Bundeskanzler Adenauer. Barou hatte ihn über die Entscheidungen informiert, die wir im Dezember 1949 in New York getroffen hatten, und Blankenhorn hatte ihm angedeutet, dass diese als Grundlage für die geplanten Verhandlungen dienen könnten.
Im Juni 1951 teilte uns Noah Barou mit, dass er nach Deutschland reisen würde, um sich über die Reaktion der Finanzwelt und der Industrie des neuen Staats auf das Problem der Reparationen zu informieren. Diese Reise sollte die erste von mehr als vierzig Reisen sein, die alle mit diesem Problem in Verbindung standen.
Barou informierte uns, dass er bei seinen Gesprächen als Wirtschafts- und Finanzberater großer britischer Firmen auftreten werde. Erst wenn er auf ein ernsthaftes Interesse auf deutscher Seite stoßen würde, werde er sich als Präsident der europäischen Exekutive des Jüdischen Weltkongresses zu erkennen geben. Zunächst traf er sich mit einigen Bankiers und anderen Persönlichkeiten aus der Finanzwelt. Diese Kreise sollten sich als wenig interessiert am Problem der Reparationen erweisen; ihre Sorge galt zuallererst der Stabilität der finanziellen Situation des neuen Staats. Anschließend sprach Barou mit einer Reihe führender Industrieller, bei denen er ein lebhaftes Interesse feststellte, das sich als sehr positiv erweisen sollte. Er setzte ihnen auseinander, dass die Reparationen zum Teil in Form von Lieferungen von Ausrüstungsgütern und Industrieprodukten geleistet werden könnten, womit er diese Kreise

von der Richtigkeit unserer Forderungen und von dem Interesse überzeugte, das sie an einer Kooperation hätten, wodurch sie auch ihrem eigenen Aufschwung einen einzigartigen Impuls geben könnten. Barou wies die Industriellen beispielsweise darauf hin, dass der Staat Israel eine Handelsflotte brauche und dass gerade die deutschen Werften in der Lage seien, Passagierschiffe und Frachter zu bauen.
Nachdem er durch die Reaktion der Industriellen ermutigt worden war, sprach Barou in Bonn mit Herbert Blankenhorn, informierte ihn über seine Gespräche in Deutschland und schlug ihm vor, einen Text für die Erklärung zu entwerfen, die Bundeskanzler Adenauer vor dem Bundestag zum Problem der Reparationen abgeben sollte. Blankenhorn stimmte zu, schlug aber vor, dass Barou diesen Entwurf selbst schreiben sollte. Barou weigerte sich kategorisch, weil er der Meinung war, dies sei »ein historischer Irrtum«. Der Text über die Verantwortung an den an den Juden begangenen Verbrechen musste aus der Feder eines Deutschen kommen.
Nachdem Barou am Tag darauf in Zürich eingetroffen war, rief er mich gleich an und bat mich, sofort zu ihm zu kommen, um an einem Gespräch mit Nahum Goldmann – der ebenfalls in Zürich erwartet wurde – teilzunehmen, den er detailliert über seine Mission in Deutschland informieren wolle.
Am nächsten Tag trafen wir uns also alle drei im Hotel Baur-au-Lac. Noah Barou brachte uns den Entwurf mit, den Blankenhorn schließlich doch für Bundeskanzler Adenauer geschrieben hatte; er teilte uns mit, dass Adenauer zur Zeit auf dem Bürgenstock Urlaub mache, einem berühmten Ferienort oberhalb von Luzern, wo Blankenhorn ihn in einigen Tagen besuchen werde. Dieser hatte sich mit Barou in Luzern verabredet, um unsere Kommentare zu seinem Entwurf zur Kenntnis zu nehmen.
Wir verbrachten den ganzen Tag mit Goldmann, um den vorgelegten Text sehr genau durchzugehen. Das führte uns zu einer eingehenden Diskussion über das Problem der Reparationen selbst. Ich glaube, dass es niemals zuvor eine so gründliche und umfassende Diskussion über dieses Thema – und über alle Konsequenzen, die sich daraus ergeben konnten – gegeben hat. Unsere Diskussion und unsere Vorstellungskraft nahmen in der Tat alle Probleme vorweg, die die späteren Verhandlungen und die Reaktionen der jüdischen öffentlichen Meinung

mit sich bringen sollten; sie waren in gewisser Weise eine Generalprobe für alles Folgende.
Für ein paar Stunden gesellte sich Joseph Rosensaft, der Vorsitzende des Befreiungskomitees für die überlebenden Juden in der britischen Zone, zu uns, der von seinen Kollegen »König von Belsen« genannt wurde; Goldmann hatte ihn mit gewissen Aktivitäten in Deutschland beauftragt.
Der Entwurf, den Blankenhorn zu Papier gebracht hatte, hatte einen menschlichen Ton, wies aber auch empfindliche Lücken auf. So wurde der Staat Israel, der Hauptadressat der Reparationen, nicht einmal erwähnt. Ebenso war der Gedanke der Verantwortung des deutschen Staates nicht klar formuliert, das Wort kam überhaupt nicht vor. Ich sehe Goldmann noch heute vor mir, wie er den Text eigenhändig korrigiert. Da niemand über Barous Initiative und ihre Folgen Bescheid wusste, mussten die Israelis unbedingt sofort darüber unterrichtet werden. Goldmann verfasste zu diesem Zweck ein langes Telegramm an Außenminister Moshe Sharett, mit dessen Übermittlung der Konsul Israels in Zürich beauftragt wurde.
Ich sprach in unseren Diskussionen noch eine weitere, in meinen Augen entscheidende Frage an. Wir wussten von den äußerst gespannten Beziehungen, die zwischen der deutschen Regierung und der sozialdemokratischen Opposition herrschten. Wir wussten auch, dass diese Opposition großes Verständnis für unsere Forderungen hatte. Wir mussten vermeiden, dass dieser Konflikt sie dazu trieb, der Erklärung des Bundeskanzlers zu widersprechen. Ich gab zu bedenken, dass man, um diese Gefahr zu vermeiden, die Opposition ansprechen und direkt über unsere Initiative informieren und sie auffordern müsse, sie zu unterstützen. Goldmann stimmte meiner Idee sofort zu, da ihm vollkommen bewusst war, dass alles unternommen werden musste, damit der Bundestag möglichst geschlossen für die Unterstützung der Regierungserklärung stimmte. Es mussten also nur noch die führenden Politiker der Sozialdemokraten angesprochen werden, was durch die Entsendung von Adolph Held, dem Präsidenten des Jewish Labour Committee in New York, zu seinen deutschen Genossen geschah.
Barou bedrängte mich sehr, ein paar Tage später an seinem Gespräch mit Blankenhorn in Luzern teilzunehmen. Aber ich lehnte ab, da ich überzeugt war, dass sich die deutschstämmigen Juden in diesen Ver-

handlungen zwischen Deutschland und dem Weltjudentum nicht in den Vordergrund drängen sollten. Meine Position wurde allerdings keineswegs von allen geteilt, da hervorragende deutschstämmige Juden wie Georg Josephsthal und Felix Shinnar eine wichtige Rolle in den folgenden Verhandlungen spielten.

Barou fuhr also ein paar Tage später nach Luzern, wo er Blankenhorn unsere Korrekturen an seinem Entwurf übergab. Am nächsten Tag traf dieser sich mit Bundeskanzler Adenauer auf dem Bürgenstock. Der Bundeskanzler war einverstanden, eine Erklärung vor dem Bundestag abzugeben, beschloss aber, den Text selbst zu schreiben. Und das tat er auch. Der Ton war trockener, aber alle Punkte, die wir angesprochen hatten, waren berücksichtigt worden. Der endgültige Wortlaut wurde Nahum Goldmann von einem jüdischen Mitglied des Bundestags, Jakob Altmaier, nach Paris gebracht, noch bevor die Erklärung am 27. September 1951 im deutschen Bundestag vorgetragen wurde.

In der Erklärung von Bundeskanzler Adenauer hieß es unter anderem, dass »unaussprechliche Verbrechen begangen worden sind [...], die das deutsche Volk zu moralischen und materiellen Entschädigungen verpflichten«, und dass »die Bundesregierung bereit ist, gemeinsam mit den Vertretern des Judentums und des Staates Israel [...] eine Lösung für den materiellen Aspekt des Problems der Wiedergutmachung zu finden«. Der deutsche Bundeskanzler sprach auch von der Absicht seiner Regierung, dafür zu sorgen, dass durch Vermittlung der Kirchen und der Bildungseinrichtungen »der Geist der menschlichen und religiösen Toleranz [...] für das ganze deutsche Volk und besonders für die deutsche Jugend Realität wird«. Schließlich verkündete er den Willen der Bundesrepublik, »unermüdlich alle Gruppen zu bekämpfen, die immer noch den Hass gegen die Juden schüren«.

Die Erklärung von Bundeskanzler Adenauer wurde vom Bundestag mit großer Mehrheit angenommen; lediglich einige Abgeordnete der Extremen Rechten und der Extremen Linken stimmten dagegen. Der Jüdische Weltkongress begrüßte die Erklärung von Bundeskanzler Adenauer und die Abstimmung des Bundestags mit großer Genugtuung.

In der Zwischenzeit war auf Ersuchen der Jewish Agency eine Konferenz der jüdischen Organisationen in New York einberufen worden. Sie hatte zunächst das Ziel, die Forderungen Israels an Deutschland zu unterstützen. Nach der Erklärung des deutschen Bundeskanzlers wurde dieses Ziel jedoch so ausgeweitet, dass es alle jüdischen Forderungen, individuelle wie kollektive, einschloss. Auf diese Weise konstituierte sich die Konferenz am 26. Oktober zu einer ständigen Einrichtung unter dem Namen Konferenz für die materiellen Forderungen der Juden an Deutschland, allgemein bekannt als Claims Conference. Nahum Goldmann, der diese Initiative ergriffen hatte, wurde zu ihrem Präsidenten gewählt. Und wie ich bereits sagte, war ich jahrzehntelang ein enger Mitarbeiter dieser Institution.

Die Erklärung von Bundeskanzler Adenauer und die Abstimmung im Bundestag waren ein erheblicher Fortschritt auf dem Weg zur Lösung des Problems. Große Teile der jüdischen öffentlichen Meinung in Israel und in der Welt lehnten jedoch weiterhin jede Diskussion mit Deutschland ab, da sie nicht an die Aufrichtigkeit der deutschen Versprechungen glaubten und überzeugt waren, dass Verhandlungen zu nichts führen würden.

Obwohl auch er – wie Nahum Goldmann – die Aufnahme von Verhandlungen mit Deutschland wünschte, wagte Ben Gurion nicht, die Frage der Forderungen und möglicher Verhandlungen vor das israelische Parlament zu bringen. In dieser Situation ergriff Nahum Goldmann die Initiative eines ersten Treffens mit Bundeskanzler Adenauer. Dieses fand am 6. Dezember 1951 in London im Hotel Claridge in Anwesenheit von Noah Barou und Herbert Blankenhorn statt. Nach der schrecklichen Tragödie, die das jüdische Volk während der Nazizeit getroffen hatte, war dieses Treffen das erste zwischen einem Vertreter des Weltjudentums und des Staates Israel und einem Vertreter des deutschen Staates. Nahum Goldmann war von Ben Gurion ausdrücklich ermächtigt worden, auch im Namen Israels zu sprechen.

Wie ihre Erinnerungen bezeugen, waren sich beide vollkommen der historischen Rolle bewusst, die ihnen in diesem Augenblick zufiel. Goldmann war sich seiner gewaltigen Verantwortung als Sprecher des jüdischen Volkes gegenüber Deutschland bewusst. Und er wusste auch, welche enorme emotionale Belastung das für ihn bedeutete. Die Aufgabe Adenauers, der sehr genau die Ungeheuerlichkeit der am jüdischen Volk begangenen Naziverbrechen ermaß, war ebenfalls keine leichte: Für ihn war es die erste Begegnung mit einem Vertreter des Volks, das sein Land gemartert hatte. Adenauer erfüllte diese Aufgabe mit großer Würde und bemerkenswertem Scharfblick.

Am Ende des langen Gesprächs bat Goldmann Adenauer, Israels Forderung von einer Milliarde Dollar an die Bundesrepublik als Grundlage für die künftigen Verhandlungen zu akzeptieren und dies schriftlich zu bestätigen. Erst wenn eine solche Bestätigung vorliege, sagte er, könnten die Knesset und die Claims Conference der Aufnahme von Verhandlungen zustimmen. Ohne seine Regierung zu konsultieren, akzeptierte der Bundeskanzler Goldmanns Bitte: Noch am selben Tag schickte er ihm den geforderten Brief. Diese Geste zeigt die Scharfsicht Adenauers, der das ganze Ausmaß der Katastrophe und die Notwendigkeit, mit einem außergewöhnlichen symbolischen Akt darauf zu reagieren, begriffen hatte.

Dennoch konnten die direkten Verhandlungen erst beginnen, nachdem das Problem der deutschen Schulden gelöst worden war, eine Frage, die die Sonderkonferenz, die in den ersten Monaten des Jahres 1952 in London tagte, nur mit Mühe zu regeln vermochte. Die Verhandlungen wurden schließlich am 9. März 1952 in Wassenaar, einem Wohnviertel in der Nähe von Den Haag, eröffnet. Die beiden jüdischen Delegationen – eine des Staates Israel und eine der Claims Conference – trafen dort auf die Delegation des neuen Deutschlands.

Die Diskussionen waren langwierig, bisweilen heftig. Nahum Goldmann und Bundeskanzler Adenauer mussten persönlich intervenieren, als die Situation zu angespannt wurde; sie konnten die Krise beilegen und den Weg zu einem Abkommen ebnen.

Das endgültige Abkommen wurde erst im Juli geschlossen: Darin verpflichtete sich die Bundesrepublik, an Israel die pauschale Summe von 715 Millionen Dollar zu zahlen, vor allem in Form von Naturalleistungen, verteilt über einen Zeitraum von zwölf bis vierzehn Jahren. Die Bundesrepublik Deutschland verpflichtete sich gleichzeitig – und in ähnlicher Weise –, der Claims Conference die Summe von 450 Millionen Mark zu zahlen, während 50 Millionen Mark für die nichtjüdischen Opfer bewilligt wurden. Ein Zusatzabkommen zwischen der Bundesrepublik Deutschland und der Claims Conference enthielt detaillierte Bestimmungen über individuelle Forderungen der Rückerstattung, der Wiedergutmachung und der Entschädigung, zu deren Durchführung auf dem Weg der Gesetzgebung Deutschland sich verpflichtete.

Die in Den Haag geschlossenen Abkommen wurden am 10. September 1952 in Luxemburg von Konrad Adenauer und, im Fall des Abkom-

mens mit Israel, von Moshe Sharett, dem israelischen Außenminister, unterzeichnet. Die Abkommen mit der Claims Conference wurden von Adenauer und Nahum Goldmann, ihrem Präsidenten, unterzeichnet.
Die Bundesrepublik Deutschland erfüllte sehr korrekt die Verpflichtungen, die sich aus dem Abkommen von Luxemburg ergaben. Das »deutsche Wirtschaftswunder« trug gewiss zu der großzügigen Art bei, in der dieses Land seinen Verpflichtungen nachkam. Die Gesetzgebung bezüglich der individuellen Forderungen musste von Zeit zu Zeit durch zusätzliche Verhandlungen ergänzt werden, was Deutschland bereitwillig mitmachte. Ende 1996 belief sich die Gesamtsumme der deutschen Zahlungen auf 80 Milliarden Mark, und da die Zahlungen in verschiedener Form weiterlaufen, ist damit zu rechnen, dass sie zum Schluss 100 Milliarden Mark erreichen werden, eine Summe, die das Vielfache dessen beträgt, was beim Abschluss der Abkommen vorgesehen war.
Diese Entschädigungen und Wiedergutmachungen haben nicht nur sehr vielen Familien der Naziopfer geholfen, sich eine anständige Existenz aufzubauen. Vor allem durch seine Zahlungen an die in Israel lebenden Opfer unterstützte Deutschland auch in hohem Maße den Staat Israel, der lange Jahre mit überaus ernsten finanziellen Schwierigkeiten zu kämpfen hatte.
Die Abkommen von Luxemburg sind nicht nur bemerkenswert durch das Ausmaß der Schäden, um deren Wiedergutmachung sie sich bemühten, sondern auch durch die ungewöhnliche juristische Form der Vereinbarungen, die in drei ungewöhnlichen Aspekten zum Ausdruck kommt: Ein Staat verpflichtet sich, Entschädigungen an einen anderen Staat zu zahlen, den es zum Zeitpunkt, zu dem das Unrecht begangen wurde, noch gar nicht gab; ebendieser Staat schließt ein gültiges internationales Abkommen mit einer privaten Organisation (der Claims Conference) ab, obwohl im Internationalen Recht nur die Staaten internationale juristische Personen sind; und ebendieser Staat verpflichtet sich einem Dritten gegenüber, seine eigenen Staatsangehörigen zu entschädigen, obwohl die Praxis der Staaten solche Verpflichtungen in der Regel nur den Angehörigen eines anderen Staates gegenüber vorsieht.
Nur wenige Personen waren sich des in der Tat außergewöhnlichen Charakters der Abkommen von Luxemburg bewusst, die das Ergebnis einer Reihe von Verhandlungen waren, die zu den erfolgreichsten gehören, die in den letzten fünfzig Jahren geführt worden sind.

Mitten im »no man's land«

Nach dem Zweiten Weltkrieg setzte ein langer und mühevoller Prozess von Gesprächen und Diskussionen ein, dessen Ziel der allgemeine Friedensschluss war. Die erste Phase war die Ausarbeitung von Friedensverträgen zwischen den alliierten Mächten auf der einen und Bulgarien, Finnland, Ungarn, Italien und Rumänien auf der anderen Seite, die 1946 auf einer Friedenskonferenz in Paris abgeschlossen wurden. Ein Treffen der Außenminister der Vereinigten Staaten, Großbritanniens, Frankreichs und der Sowjetunion sollte diese Verträge vorbereiten.

Die genannten Verträge waren für die Juden aus zwei Gründen von erheblicher Bedeutung: Die jüdische Bevölkerung dieser Länder (mit Ausnahme Finnlands) bestand aus Überlebenden der Vernichtungspolitik der Nazis. Außerdem war der gesetzliche Status der Gemeinden in den unter deutschem Einfluss stehenden Ländern dem Nazimodell angepasst worden. Diese Situation wurde noch verschärft durch die feindselige Haltung der nichtjüdischen Staatsangehörigen, besonders in Rumänien und Ungarn. Nur Bulgarien wusste, vor allem unter dem Einfluss seiner orthodoxen Kirche, seine jüdische Bevölkerung vor den Nazi-Deportationen zu schützen. In Italien hatte unter dem Königreich bis 1938 ein sehr judenfreundliches Klima geherrscht; nach dem Abschluss des Dreimächtepakts zwischen den Achsenmächten brachte die Einführung der Rassengesetze trotz der Sympathie, die ihnen von der großen Mehrheit der Bevölkerung entgegengebracht wurde, großes Leid über die jüdischen Staatsangehörigen.

Die Situation der Juden unterschied sich also beträchtlich von Land zu Land, wobei die historischen Hintergründe großes Gewicht hatten. So hielt Rumänien den Rekord einer achtzigjährigen antijüdischen Gesetzgebung, die gegen den Berliner Vertrag von 1878 und den Minderheitenschutzvertrag von 1919 verstieß. Dieses Land war bekannt für seine antijüdischen Haltungen in der Periode zwischen den beiden Kriegen. In Ungarn setzte die antijüdische Politik kurz nach dem Trianon-Vertrag über die Gebietsregelungen nach dem Ersten Weltkrieg 1920 ein und fand ihren Höhepunkt in dem Augenblick, in dem die deutschen Truppen am 19. März 1944 ins Land einmarschierten. Die rasche Vernichtung von etwa 550 000 Juden wurde mit der willfährigen Mittäterschaft der ungarischen Behörden und eines Teils der Bevölkerung durchgeführt.

Angesichts dieser Situation beschloss der Jüdische Weltkongress, dem Treffen der Außenminister und der anschließenden Friedenskonferenz ein Memorandum über die Forderungen der betroffenen Gemeinden zuzuleiten. Da man diese Forderungen nicht stellen konnte, ohne zuvor die betroffenen Gemeinden konsultiert zu haben, beschloss der Jüdische Weltkongress, sie alle im Mai 1946 nach Genf einzuladen. Die Vertreter der Jüdischen Gemeinden in Bulgarien, Finnland, Italien und Rumänien nahmen an diesem Treffen teil. Wir einigten uns recht schnell über die zu stellenden Forderungen. Nur die Gemeinde Ungarns fehlte. Da sie unter sowjetischer Besatzung lebte, konnte niemand das Land verlassen – und auch nicht hinein – ohne eine Sondergenehmigung der Besatzungsmacht. Daher wurde ich vom Jüdischen Weltkongress beauftragt, die jüdischen Gemeinden Ungarns zu kontaktieren, um ihre Positionen kennen zu lernen. Wir waren vor allem deswegen an ihnen interessiert, weil wir uns erinnerten, dass die ungarischen Juden als große Patrioten nach dem Ersten Weltkrieg die Minderheitenschutzklauseln abgelehnt hatten, die zu ihren Gunsten in den Trianon-Vertrag aufgenommen worden waren. In der Nazizeit hatten sie dies gewiss bereut. Dennoch wollten wir in der neuen Situation keine erneute Ablehnung von Seiten der ungarischen Juden riskieren.

Weil wir in Genf nicht die geringste Auskunft über die Verbindungen mit Ungarn bekommen konnten, versuchte ich mein Glück, indem ich unverzüglich in die Tschechoslowakei, das Nachbarland, reiste. In Prag suchte ich den ungarischen Konsul auf und sagte zu ihm: »Ich möchte nach Budapest reisen.« – »Ich auch«, war seine Antwort, die wie eine angesichts einer solchen Utopie tiefbetrübte Ablehnung aus ihm herausschoss. Der Konsul fügte hinzu, dass »die Genehmigung der Besatzungsmacht mindestens drei Monate erfordert ... wenn sie überhaupt gegeben wird; was das Risiko eines illegalen Besuchs betrifft, so rate ich Ihnen mit allem Nachdruck davon ab.«

Ich hatte keine Zeit zu verlieren. Und so musste ich erneut meine Erfindungskraft bemühen. Da die Telefonverbindung zwischen den beiden Ländern funktionierte, nahmen meine tschechoslowakischen Kollegen in Bratislava Kontakt mit Budapest auf; sie vereinbarten ein Treffen zu einem bestimmten Zeitpunkt an der ungarisch-slowakischen Grenze unweit ihrer Stadt.

Stephen Roth, damals Sekretär der Ungarischen Sektion des Jüdischen Weltkongresses, brachte in seinem Wagen den Präsidenten der liberalen jüdischen Gemeinde, den Vizepräsident der orthodoxen jüdischen Gemeinde und den Vertreter der zionistischen Bewegung Ungarns zur Grenze.

Hören wir Stephen Roths Bericht von diesem ungewöhnlichen Treffen, den er fünfundvierzig Jahre später anlässlich meines achtzigsten Geburtstags gab; seine Darstellung unserer »Arbeitssitzung« verdeutlicht sehr schön die außergewöhnlichen Bedingungen, unter denen dieses Treffen stattfand:

> Ich verließ Budapest um sechs Uhr morgens, um zur ungarisch-slowakischen Grenze unweit von Bratislava zu fahren; ich hatte unsere von einem Expertenkomitee sorgfältig vorbereiteten Dokumente dabei – und mehrere Flaschen Wodka. Riegner kam aus Bratislava. Nachdem der Wodka die ungarischen und russischen Grenzposten überzeugt hatte, dass ich nur einen Cousin auf der anderen Seite treffen wollte, den ich lange nicht gesehen hatte, wurde uns erlaubt, eskortiert von den Grenzposten durch das *no man's land* zu fahren, an dessen Ende der – mir vollkommen unbekannte – »Cousin« wartete. Wir setzten uns in den staubigen Straßengraben im *no man's land* und gingen, unter den gelangweilten Augen der russischen, ungarischen und jetzt auch slowakischen Grenzposten, meine Dokumente durch, die historischen Forderungen der ungarischen Juden nach ihrer großen Tragödie, diskutierten ihre genaue Interpretation und Durchsetzbarkeit, und nach zwei, drei Stunden »Treffen mit dem Cousin« flog Riegner nach Paris, wo die Leiter des Jüdischen Weltkongresses ungeduldig auf unser Dokument warteten – und ich kehrte nach Budapest zurück.
>
> Warum erinnere ich mich so genau an das Datum dieses Treffens? Es war der Morgen nach meiner Hochzeit [der 28. Juni 1946]. Ich habe Riegner seit langem verziehen ...

Ergänzend zu diesem farbigen – aber sehr genauen – Bericht von Stephen Roth muss ich hinzufügen, dass meine Rückreise ziemlich kompliziert war: Bratislava-Prag im Nachtzug, Prag-Brüssel im Flugzeug, schließlich erneut mit dem Zug nach Paris, was sich als die schnellste, wenn nicht kürzeste Strecke erwies. Auf diese Weise kam ich gerade noch rechtzeitig, als das Redaktionskomitee den Teil des Memorandums beendete, der sich mit Rumänien beschäftigte, und sich anschickte, die Forderungen, die Ungarn betrafen, zu formulieren! Das war für uns alle ein Augenblick unendlicher Erleichterung.

Wir erreichten schließlich, dass in die Friedensverträge mit Rumänien und Ungarn Sonderklauseln, die die jüdischen Staatsangehörigen ihrer Länder betrafen, aufgenommen wurden. Aber die herrschenden kommunistischen Regierungen haben sie stets ignoriert – was uns veranlasste, die Verhandlungen mit diesen Ländern nach dem Zusammenbruch der Regime Osteuropas wiederaufzunehmen, und diesmal mit Erfolg.

Dieses Abenteuer an der slowakisch-ungarischen Grenze ist ein schönes Beispiel für die ungewöhnlichen Situationen, mit denen ich bei meinen Aktivitäten konfrontiert wurde.

Man musste, um noch einmal Stephen Roth zu zitieren, den »Mut [haben], die von der Tradition bedingten Reflexe abzulegen, um neue, im Moment noch unerforschte Wege zu gehen«. Dies ist und war stets die Philosophie meines Handelns.

Unterstützung der Gemeinden

Von allen jüdischen Gemeinden, mit denen ich Kontakt hatte, fühlte ich mich besonders der Gemeinde des ehemaligen, zerfallenden Jugoslawien verbunden. Diese Gemeinde schloss sich dem Jüdischen Weltkongress gleich bei seiner Gründung an und wurde eines seiner treuesten Mitglieder. Sie verblüffte mich durch die hohen Fähigkeiten ihrer führenden Persönlichkeiten und durch die Tatsache, dass es ihr gelungen war, vor dem Krieg ein bemerkenswertes jüdisches, nationales und kulturelles Zentrum zu schaffen, aus dem Gruppen von hohem intellektuellem Niveau hervorgingen und das eine echte Quelle der Inspiration war. Dieses Zentrum – geprägt von der starken Persönlichkeit Alexander Lichts – übte einen großen Einfluss aus. Ich sollte Licht, der während des Zweiten Weltkriegs in die Schweiz flüchtete, sehr gut kennen lernen; er verbrachte den Rest seines Lebens übrigens in Genf.

Ich kam häufig in Kontakt mit dieser Gemeinde; ich erinnere mich, dass ich mit Simche Spitzer, dem Generalsekretär des Verbandes der jüdischen Gemeinden Jugoslawiens, noch am Vorabend des Einmarsches der deutschen Truppen in das Land telefonierte. Das war im Sommer 1941. Die Situation änderte sich dramatisch, das Schicksal der Juden schlug in die Katastrophe um; es war der erste Akt des Vernichtungsprozesses, der sich schon bald auf ganz Europa ausdehnen sollte. Er fand lange vor der Wannseekonferenz statt, die alle Ministerien und alle Organisationen des Reichs für die Endlösung mobilisierte.

Die Politik in Jugoslawien unterschied sich insofern von jener in den anderen Ländern, als die Massenmorde von der Wehrmacht selbst und nicht von den infamen Diensten der Gestapo durchgeführt wurden, und auch weil dieses Unternehmen voll und ganz von den höchsten Ebenen des deutschen Außenministeriums unterstützt und gefördert wurde. Die gnadenlose und systematische Vernichtung der Juden fand in den Lagern von Jasenovac, Semlin, Stara Gradica, Sabac und anderen statt, und niemand, der die Ereignisse damals miterlebt hat, kann die Namen dieser furchtbaren Orte, die einen Vorgeschmack dessen ga-

ben, was später in den Vernichtungslagern in Polen geschehen sollte, aus seinem Gedächtnis löschen.
Der Plan, aus dem Land eine »judenfreie« Zone zu machen, wurde mit einer solchen Schnelligkeit ausgeführt, dass er in weniger als einem Jahr erfüllt war. Ein hochrangiger Nazioffizier sollte im August 1942 stolz dem neuen Oberkommando der Heeresgruppe Südost erklären, dass »Serbien das einzige Land ist, in dem das Judenproblem [...] gelöst ist«. Das Ergebnis dieser furchtbaren Politik war, dass von siebzig- bis achtzigtausend Menschen, die die jugoslawische Gemeinde bildeten, gerade mal vierzehntausend überlebten. Diese Überlebenden waren einerseits die Kriegsgefangenen der ehemaligen Armee und andererseits die Partisanen, denen es gelungen war, sich dem Widerstand anzuschließen, wo sie meist in den Bergen operierten.
Ich stand in ständigem Kontakt mit den Gefangenenlagern, in denen sich die jüdischen Offiziere und Soldaten befanden. Ich schickte ihnen Lebensmittelpakete, Gebetsbücher, *Tallitim* (Gebetsschals).
Die gemeinsame Erfahrung von vier Jahren Lagerhaft festigte ihren Geist und führte zu einer außergewöhnlichen Solidarität und geistigen Reife. Sie bereitete sie darauf vor, ja bestimmte sie dazu, die Führerschaft der nach dem Krieg wiederaufgebauten Gemeinde zu übernehmen.
Als sie aus der Gefangenschaft und den Zentren des Widerstands zurückkehrten, standen die Überlebenden vor der absoluten Leere: Väter, Mütter, Frauen, Kinder, Brüder und Schwestern, Freunde ... alle verschwunden! Da die Männer nicht allein leben konnten, heirateten sie nichtjüdische Frauen. Bei der Gründung des Staates Israel wanderte etwas mehr als die Hälfte der Überlebenden in den neuen Staat aus; die andere Hälfte beschloss, im Land zu bleiben, zum Teil vermutlich aus Furcht vor den Problemen, die die Mischehe ihnen in Israel bereiten könnte.
Die Leitung der kleinen jugoslawischen Gemeinde, die ausschließlich aus ehemaligen Kriegsgefangenen bestand, hatte eine hohe Auffassung von ihren Pflichten; sie versuchte, ihren Zusammenhalt zu sichern und sie zugleich in die neue sozialistische Nachkriegsgesellschaft zu integrieren. Bei dieser Aufgabe wurde sie von Moshe Pijade, einem der Führer des neuen Regimes und einem engen Kameraden Titos während des Widerstands, außerdem Präsident des neuen Parlaments, unterstützt.

Ich hatte die Gelegenheit, diesen politischen Kämpfer zu treffen, dessen zutiefst kommunistische Überzeugungen seine Loyalität gegenüber seiner jüdischen Herkunft nicht berührten, und ich war sehr beeindruckt von dieser starken Persönlichkeit. Alles wies darauf hin, dass es ihm durch die wichtige Rolle, die er für Tito gespielt hatte, gelungen war, diesem das Ausmaß der jüdischen Tragödie bewusst zu machen.
Für die Leitung der neuen Gemeinde ging es darum, die bestehenden religiösen Strukturen zu benützen und sie in die einer nationalen Minderheit zu verwandeln. Auf diese Weise gesellte sich die jüdische Gemeinde *de facto* zu den anderen Nationalitäten, die den neuen jugoslawischen Staat bildeten. Daher wurde ihr, im Gegensatz zu den anderen Religionsgemeinschaften, erlaubt, auf dem Gebiet der Erziehung und der Kultur aktiv zu sein und Ferienlager für Jugendliche unterschiedlichen Alters zu organisieren, denen man eine jüdische Erziehung zu geben versuchte. Zugleich versammelte man die Eltern in Hotels, um ihre jüdische Identität zu stärken.
Unter den Publikationen, die herausgegeben wurden, erwähne ich nur das jährliche Erscheinen eines Almanachs, die Verteilung eines Informationsbulletins und vor allem – reproduziert in einer großen Anzahl von Exemplaren – die berühmte *Haggada* von Sarajewo, eine Inkunabel aus der Mitte des 14. Jahrhunderts mit wunderbaren Illuminationen. Und warum sollte ich nicht – eine besonders bewegende Geste – die Errichtung eines Denkmals für die Opfer der Shoah in fünf Städten erwähnen? All diese Aktivitäten bezeugen die eindrucksvolle Vitalität und das hohe intellektuelle Niveau der führenden Persönlichkeiten der kleinen jugoslawischen Gemeinde mit ihren kaum 6500 Mitgliedern – und das in einem kommunistischen Land!
Ich blieb während der Nachkriegsjahre in engem Kontakt mit der jugoslawischen Gemeinde und nahm an ihren Kongressen teil, auf denen die lokalen Gemeinden zusammenkamen. Und die Gemeinde nahm ihrerseits regelmäßig an den Sitzungen des Jüdischen Weltkongresses teil.
Eines schönen Tages rief mich Professor Albert Vajs, der Präsident des Verbandes der jugoslawischen Gemeinden (der von Zeit zu Zeit nach Genf kam, um den Kontakt mit dem Jüdischen Weltkongress und dem »Joint« zu pflegen), an, um mir zu sagen, dass er mich »in aller Ruhe« sehen wolle. Er wolle mich in einer heiklen Angelegenheit um Rat fragen. Ich lud ihn für abends zu mir nach Hause ein. Professor Vajs, der

Vergleichendes Recht und Politikwissenschaft in Belgrad lehrte, wollte offensichtlich mit mir über etwas sprechen, das ihm besonders am Herzen lag; er berichtete mir von einer Idee seiner Frau, die er selbst für verrückt hielt. Er war der einzige jüdische führende Kopf in Jugoslawien gewesen, der nach dem Krieg eine jüdische Frau gefunden hatte, die wie durch ein Wunder die Vernichtung überlebt hatte (der ihr erster Mann zum Opfer gefallen war). »Meine Frau«, vertraute Albert Vajs mir an, »hat die Absicht, in Belgrad einen jüdischen Kindergarten zu gründen ... Was halten Sie von dieser Absicht?« Vajs brauchte mir nicht zu erklären, dass es aus der Sicht der *Halacha* kein einziges jüdisches Kind mehr in Belgrad gab. Ich dachte nach und fragte dann: »Wie viele Kinder haben Sie?« – »Ungefähr zwanzig, sogar ein paar mehr, wenn man die Vororte dazuzählt.« – »Was riskieren Sie also, wenn Sie es machen? Sie werden ja sehen, was daraus wird. Machen Sie es!« Das war meine Antwort. Lange hörte ich nichts mehr von dem Projekt. Dann – ich überspringe fünfzehn Jahre, wie im Film – sind wir im Jahr 1967. Die Leitung der jugoslawischen Juden hatte, wie bereits erwähnt, eine hohe Auffassung von ihrer Aufgabe. Sie wusste, wie schwierig es war, eine so kleine Gemeinde lebendig zu erhalten, die sich über Belgrad, Zagreb, Sarajewo und mehr als dreißig sehr kleine Gemeinden verteilte. Wie konnte man unter diesen Umständen hoffen zu überleben? Der Verband der Jüdischen Gemeinden Jugoslawiens war der Meinung, ein Weg, dies zu erreichen, sei, Möglichkeiten der Begegnung mit anderen west- und osteuropäischen Gemeinden und aus der ganzen Welt zu schaffen, worin wir ihn ausdrücklich bestärkten. Und so organisierte er aus Anlass des 350. Jahrestags der Gründung der Jüdischen Gemeinden in Bosnien-Herzegowina eine große Feier in Sarajewo, zu der Juden aus den kommunistischen Ländern, aus Westeuropa und aus den Vereinigten Staaten eingeladen wurden. Ein umfangreiches Veranstaltungsprogramm wurde organisiert, das unter anderem eine historische Ausstellung in einem eigens zu diesem Zweck geschaffenen Museum, verschiedene Konzerte – jüdische Chöre und das Nationalorchester unter Leitung eines jüdischen Dirigenten – und zahlreiche weitere kulturelle und gesellschaftliche Aktivitäten enthielt. Der Jüdische Weltkongress beteiligte sich finanziell an der Gedenkfeier. Ich überzeugte persönlich Nahum Goldmann, an der Feier teilzunehmen, die durch seine Anwesenheit noch mehr Glanz bekam.

Am Vorabend der Feierlichkeiten traf ich in Sarajewo ein. In der großen Halle des Hotels, in dem ich abgestiegen war, sprach mich ein junger eleganter Mann an, der mich »für *Kadima*, die Zeitschrift der jugoslawischen jüdischen Jugend«, interviewen wollte. Auf diese Weise erfuhr ich zu meiner Überraschung, dass diese jungen Leute es erreicht hatten, ihre eigene Zeitschrift herausgeben zu dürfen, was in einem kommunistischen Land beinahe undenkbar war. Ich war gerade dabei, ihm einige der Probleme des Weltjudentums zu erklären, als ich Albert Vajs auf uns zukommen sah. Ein breites Lächeln erhellte sein Gesicht; er freute sich sichtlich, mich im Gespräch mit diesem jungen Mann zu sehen. Auf ihn weisend, sagte Vajs zu mir: »Erinnern Sie sich noch an unsere Unterhaltung in Ihrer Wohnung vor fünfzehn Jahren in Genf? – Das ist das Ergebnis!« Mich an die erste Frage erinnernd, die ich ihm damals gestellt hatte, wiederholte ich sie Wort für Wort: »Wie viele Kinder haben Sie?« – »Etwa fünfzig Jungen und etwa dreißig Mädchen, und sie sind alle *so*!« erwiderte Vajs, wobei er mit der Faust seine Freude und seinen Stolz unterstrich.
Ich werde diese Begegnung niemals vergessen und auch nicht, dass ich ihm den Rat gab, sich auf das Abenteuer einzulassen. Denn das hatte tatsächlich zum Wiederaufblühen einer dynamischen jüdischen Jugend geführt, die sich ihrer Identität bewusst ist. In den Mischehen, auf deren außergewöhnliche Umstände wir hingewiesen haben, scheint sich der jüdische Faktor überall als der stärkere erwiesen zu haben.
Diese jugoslawische Erfahrung zeigt wieder sehr deutlich, dass Vorhersagen, die sich auf statistische Aussagen berufen, sehr mit Vorsicht zu genießen sind. Wenn man mich 1948 gefragt hätte, wie viele Jahre des Überlebens ich der jugoslawischen Gemeinde geben würde, dann hätte ich gewiss zwanzig Jahre gesagt, höchstens! Das Leben hat mich gelehrt, dass die Propheten und andere Futurologen sich sehr oft irren ... Hüten wir uns, den Propheten zu spielen, und überlassen wir es dem lieben Gott, über unser Schicksal zu bestimmen!

Ein sehr spezielles Jom Kippur

Eine weitere in Jugoslawien erlebte Geschichte verdient es, erzählt zu werden. Als ich Präsident der Konferenz der nichtstaatlichen Organisationen mit beratendem Status bei der Unesco war, musste ich 1957 an einer Konferenz der nationalen Kommissionen für diese Organisation in Europa teilnehmen.

Die Konferenz fand in der schönen Stadt Dubrovnik zur Zeit der großen jüdischen Feste statt. Ich musste den Mitgliedern der verschiedenen nationalen Kommissionen im Namen der nichtstaatlichen Organisationen eine ganze Reihe von Forderungen präsentieren. Meine Reise nach Dubrovnik führte mich über Belgrad, wo ich meine jugoslawischen Freunde wiedersah. Albert Vajs erzählte mir von der wunderschönen Synagoge Dubrovniks, einer der ältesten Europas, die ich unbedingt besuchen müsse. Als ich am Vorabend der Konferenz, ein paar Tage nach Rosch Haschana, in Dubrovnik ankam, nutzte ich die Zeit, um in die Altstadt zu gehen, in deren Zentrum sich gegenüber dem Gouverneurspalast in der kleinen »Judengasse« die berühmte Synagoge befindet. Das Gebäude von 1352 ist in gotischem Stil errichtet; der eigentliche Gottesdienstraum befindet sich im ersten Stock.

Ich wurde dort von einem gewissen Herrn Tolentino empfangen. Zusammen mit einem seiner Brüder war er der einzige männliche Überlebende der Jüdischen Gemeinde von Dubrovnik. Am Vorabend von Jom Kippur war er von der Idee besessen, einen Gottesdienst zu feiern, und er beschwor mich, alles in meiner Macht Stehende zu tun, um einen *Minjan* (Mindestanzahl von zehn Männern, die zur Abhaltung des Gottesdienstes in der Synagoge anwesend sein müssen) zusammen zu bekommen, da er wohl der Meinung war, dass an der bevorstehenden internationalen Konferenz genügend Juden teilnähmen, um es zu erreichen. Nach dem Krieg war es den Brüdern Tolentino nur ein einziges Mal gelungen, einen *Minjan* zusammenzubringen, und zwar anlässlich eines internationalen Juristenkongresses. So war ich also am Vorabend unserer Konferenz mit einer schwierigen Aufgabe betraut worden!

Ich nutzte den ersten Empfang, um zu versuchen, aus dem Teich der Juden diejenigen zu fischen, die an diesem kleinen Gottesdienst teilnehmen könnten. Ich freute mich, in der Person eines jungen Attachés der israelischen Botschaft in Belgrad einen Beobachter zu finden, der im Prinzip sehr viel weniger beschäftigt war als ich und daher besser in der Lage war, die Personen ausfindig zu machen, die an dem Gottesdienst teilnehmen konnten. Ich teilte ihm meine Überlegungen mit, die sich auf die Liste der Konferenzteilnehmer gründeten, und nannte ihm die Namen derer, die er ansprechen sollte: Julien Cain, den Leiter der französischen Delegation, außerdem Direktor der Bibliothèque nationale; Botschafter Werblowsky, den Vertreter Polens, wahrscheinlich jüdischer Abstammung; Henry Kellerman, Beobachter der Vereinigten Staaten, Diplomat ursprünglich aus Deutschland, dessen Vater Rabbiner war; Zuckerman, Beamter der Unesco, Israeli ... Und auch unter den Übersetzern würden sich wohl ein paar Juden finden. Zwei Tage später sah ich meinen jungen israelischen Freund wieder, ganz enttäuscht über das magere Ergebnis seiner Bemühungen: Der Leiter der französischen Delegation hatte die Existenz einer der ältesten Synagogen Europas interessiert aufgenommen, aber gesagt, dass seine »philosophischen Überzeugungen« ihm jede Teilnahme an einem Gottesdienst verböten; der polnische Diplomat Werblowsky hatte seine jüdische Herkunft nicht geleugnet und sogar darauf hingewiesen, dass er in seiner Jugend der Bewegung Haschomer Hatzair angehört habe, dass er Moshe Sharett, den ehemaligen israelischen Außenminister, gut kenne, dass es für ihn als offiziellem Delegierten eines kommunistischen Landes aber nicht in Frage komme, an einem solchen Gottesdienst teilzunehmen ... was ihn aber nicht daran hindere, die Synagoge zu besuchen. Trotz seiner Enttäuschung wollte der junge israelische Diplomat seine Suche aber gern fortsetzen, wozu ich ihn lebhaft ermunterte. Ich sprach selbst mit Henry Kellerman, dem Beobachter für die Vereinigten Staaten, der, wie sich herausstellte, ein Mitschüler von mir auf dem Berliner Gymnasium gewesen war (er war eine Klasse über mir gewesen). Mit dem jungen israelischen Attaché, dem israelischen Beamten der Unesco, dem amerikanischen Diplomaten, zwei jüdischen Dolmetschern, die wir entdeckt hatten, und mir waren wir also sechs, die am späten Nachmittag von Kol Nidrei die Konferenz verließen, um zur Synagoge zu gehen, wo uns die beiden Brüder Tolentino erwarteten.

Uns fehlten also noch zwei Teilnehmer, um die schicksalhafte Zahl zehn zu erreichen. Wir setzten uns und warteten ... warteten auf das Wunder, geschart um die Brüder Tolentino, deren Spannung fast unerträglich wurde. Ein paar Frauen waren da, aber nach dem jüdischen Ritus zählten sie in diesem Fall nicht. Nach einer Viertelstunde bangen Wartens öffnet sich die Tür, aufgestoßen von einem vorbeikommenden jüdischen Touristen: Wir sind neun! Das Ziel, so nah jetzt, schien dennoch nach wie vor fern, unerreichbar, in dieser angespannten Atmosphäre, die jede weitere Minute noch drückender machte. Schließlich ging die Tür erneut auf, und zwei Männer kamen herein, der eine ein jugoslawischer Journalist, Sonderkorrespondent der *Borba*, der Nationalzeitung und Organ der Kommunistischen Partei Jugoslawiens, der andere seinem Aussehen nach ein Asiat. Der jugoslawische Reporter, ein Jude, hatte erfahren, dass wir an diesem Abend des großen Festes einen *Minjan* brauchten. Da er jedoch, wie der polnische Diplomat, ein kommunistischer Beamter war, konnte er ebenfalls nicht an einem Gottesdienst teilnehmen. Er beschloss also, nicht als Jude, sondern als Journalist in die Synagoge zu kommen, da er genau wusste, dass dies aus religiöser Sicht keinen Unterschied machte. Um aber vor den kommunistischen Behörden sein Gesicht zu wahren, hatte er einen asiatischen Kollegen gebeten, ihn zum Gottesdienst zu begleiten ... Der *Minjan* war vollständig, und der Gottesdienst konnte endlich beginnen, zur unbeschreiblichen Freude der Brüder Tolentino!

Über das Anekdotische hinaus ist diese Geschichte eine getreue Beschreibung der soziologischen Realitäten, die das Judentum in der Mitte des 20. Jahrhunderts kennzeichneten: ein assimilierter Franzose, der Angst hat, an einem Gottesdienst in der Synagoge teilzunehmen; ein polnischer Diplomat jüdischer Abstammung, der seine religiöse Herkunft verbergen muss; ein amerikanischer Beobachter, der in Wirklichkeit ein liberaler deutscher Jude ist; zwei jüdische Dolmetscher ...

Ich habe selten etwas Vergleichbares erlebt, das so bedeutsam ist und zugleich so viel über die Situation der Juden meiner Generation aussagt.

Unterstützung Israels

Die ständige Unterstützung Israels war eine der Konstanten der Arbeit des Jüdischen Weltkongresses; hier eine vollständige Bestandsaufnahme zu machen, wäre unmöglich – ein Buch würde dafür nicht ausreichen. Dennoch möchte ich ein paar besonders eindrucksvolle Beispiele für meinen Beitrag zu dieser Arbeit geben. Zum ersten Mal wurde ich auf diesem Gebiet tätig, als es den Staat Israel noch gar nicht gab.

Als die anglo-amerikanische Kommission, die eingesetzt worden war, um sich mit den Problemen im Nahen Osten zu befassen, 1946 beauftragt wurde, Vorschläge zum Problem der Displaced Persons zu machen, unterstützte die Jewish Agency – die ganz klar die jüdische Politik bezüglich der Zukunft Palästinas bestimmte – mit Nachdruck die Forderung, ein jüdisches Gemeinwesen in dieser Region zu gründen. Die Jewish Agency wollte sich hierfür der Unterstützung der organisierten jüdischen Gemeinden versichern. Allerdings standen die Jewish Agency und die Zionistische Weltorganisation zwar in ständiger Verbindung mit den zionistischen Gruppen in den verschiedenen Ländern, aber sie hatten kaum Kontakte zu den offiziellen jüdischen Gemeinden.

Nahum Goldmann, der ein einflussreiches Mitglied der Exekutive der Jewish Agency war, setzte daher eine Sonderkommission ein, die sich darum kümmern sollte, die Unterstützung dieser Gemeinden zu erhalten. Da er meine engen Kontakte zu den repräsentativen Organen der jüdischen Gemeinden in der ganzen Welt kannte, nahm Goldmann mich als Mitglied in diese Kommission auf.

Auf diese Weise außerordentliches Mitglied einer Kommission der Jewish Agency geworden, arbeitete ich vor allem mit Gideon Rafael zusammen, der später eine bemerkenswerte Karriere im diplomatischen Dienst Israels machen und Generalsekretär des Außenministeriums unter Golda Meir werden sollte. Meine Aufgabe war es, mich an die Gemeinden zu wenden und sie dazu zu bringen, offizielle Memoranden vorzulegen, um die Idee der Gründung eines jüdischen Staates vor der anglo-amerikanischen Kommission zu unterstützen.

Ich bin stolz darauf, dass es mir gelang, die repräsentativen jüdischen Organisationen von mehr als dreißig Ländern zu überzeugen, diesen Weg der Solidarität zu gehen und sich vorbehaltlos für die Gründung eines jüdischen Staates auszusprechen.
Diese Aktivität beschränkte sich jedoch nicht auf die jüdischen Gemeinden. Sie erstreckte sich auch auf die repräsentativen Komitees der Displaced Persons in der amerikanischen, britischen und französischen Zone des besetzten Deutschlands und Italiens. Es gelang uns, in der Schweiz die Delegierten aller repräsentativen Komitees der Displaced Persons zu versammeln; sie verabschiedeten einstimmig eine Erklärung, die die Gründung eines jüdischen Staates forderte. Diese Abstimmung der Vertreter, die aus mehreren Hundertausenden von Displaced Persons gewählt worden waren – die in ganz besonderer Weise das Bedürfnis nach einer neuen Heimat verspürten –, hatte unter diesen Umständen eine sehr große Bedeutung.
Als die anglo-amerikanische Untersuchungskommission in Genf zusammenkam, stellte ich der Jewish Agency eine Reihe von Büros für die Arbeiten der Delegation zur Verfügung und versuchte ihre Arbeit im Rahmen meiner Möglichkeiten zu erleichtern. Moshe Sharett, der die Delegation leitete, sollte die Unterstützung, die ich ihm auf diese Weise zukommen ließ, nicht vergessen. Als er Jahre später, inzwischen Premierminister, eines Tages in Genf Molotow treffen sollte, kam er ohne Voranmeldung in mein Büro gestürmt, nur um mir die Hand zu schütteln und mir zu sagen: »Man vergisst seine alten Freunde nicht!«
Bekanntlich führten die Arbeiten der anglo-amerikanischen Kommission dazu, dass Großbritannien auf sein Mandat über Palästina verzichtete und dass eine offizielle Kommission der UNO gebildet wurde, die eigene Empfehlungen zur Zukunft Palästinas ausarbeiten sollte (UNSCOP).
Die Kommission der Jewish Agency – der ich angehörte – sollte daher ihre Arbeit fortsetzen und dafür sorgen, dass die repräsentativen Organisationen der großen jüdischen Gemeinden der ganzen Welt und die repräsentativen Gruppen der jüdischen Displaced Persons die Idee der Gründung eines jüdischen Staats vor der UNO-Kommission unterstützten. Auch diese Arbeit war von Erfolg gekrönt.
Die offizielle Kommission der Vereinten Nationen arbeitete schließlich Vorschläge aus, die zu der denkwürdigen Entscheidung der Voll-

versammlung der UNO vom 29. November 1947 führte: die Teilung Palästinas, die den Weg für die Gründung des jüdischen Staates frei machte.

Meine ersten Aktivitäten, die sich auf die Unterstützung eines jüdischen Staates richteten, fanden also in der Phase vor seiner Gründung statt.

Unsere Unterstützung Israels und unsere tiefe Sorge um seine Sicherheit waren so selbstverständlich, dass ich zögere, die Vielzahl von Aspekten aufzuzählen, durch die unsere Solidarität zum Ausdruck kam.

Die Idee der Einheit des jüdischen Volkes, der wir zutiefst verbunden waren, und der Begriff der *Ahavat Israel* (Liebe zu Israel) bezogen sich naturgemäß sowohl auf das Volk als auch auf den Staat. Dies war all die Jahre so. Wir versuchten den Staat zu unterstützen, wann immer unsere Stimme nützlich sein konnte.

Israel ist von uns nicht nur bei der Verteidigung seiner Rechte unterstützt worden. Wir halfen Israel auch, als manche seiner Beamten Dummheiten machten und sich so in eine sehr schwierige Situation brachten.

Manche erinnern sich wahrscheinlich an die ernste Krise zwischen Ben Gurion und Pinchas Lavon, seinem Verteidigungsminister. Zu dieser Krise war es durch gewisse Aktivitäten des israelischen Geheimdienstes in Ägypten gekommen, in deren Verlauf ein paar junge jüdische Ägypter, junge Männer und Frauen, Sabotageakte begangen hatten. Der israelische Geheimdienst hatte sie törichterweise überredet, diese Gewaltakte in Kinos und an anderen öffentlichen Orten zu begehen. Als die Affäre bekannt wurde, wussten die Behörden nicht, was sie tun sollten, und wandten sich schließlich an uns, damit wir die Verteidigung der verhafteten jungen Leute vor den ägyptischen Gerichten organisierten. Die Wahrheit über diese schändliche Affäre wurde uns jedoch verborgen. Eines Tages erschien General G. – der anscheinend für diese Anweisungen verantwortlich war – in meinem Büro, um mich zu bitten, für die Verteidigung dieser jungen ägyptischen Juden zu sorgen, die er als Opfer antisemitischer Machenschaften der ägyptischen Behörden hinstellte. Der General hatte eine dicke Akte vor sich liegen, aus der er mir einige Passagen vorlas. Als ich ihn bat, mich das eine oder andere der zitierten Dokumente selbst lesen zu lassen oder sie mir zu kopieren, weigerte er sich. Eine Haltung, an der ich sofort erkannte, dass er mir die wahren Fakten bewusst vorenthalten wollte und dass die Gutgläubigkeit der jungen zionistischen Aktivisten durch ihre Verwicklung in illegale Handlungen missbraucht worden war. Ich schloss daraus, dass man alles unternehmen musste, um diesen jungen Leuten zu helfen, die sich naiv bereit erklärt hatten, Rollen zu spielen, deren Sinn ihnen verborgen blieb.

Ich versuchte also, ihre Verteidigung vor den ägyptischen Gerichten zu organisieren. Ich wandte mich an den Präsidenten der französischen Sektion des Jüdischen Weltkongresses, den Abgeordneten Pierre Dreyfus-Schmidt, einen sehr renommierten Rechtsanwalt. Er war bereit, diese schwierige Aufgabe zu übernehmen, und überredete einen ehemaligen Präsidenten der Pariser Anwaltskammer, ihn bei dieser Verteidigung zu unterstützen. Die beiden versuchten ihr Bestes, konnten aber nicht verhindern, dass einige schwere Strafen verhängt wurden.

Ich erwähne diese traurige Affäre, um zu zeigen, dass die israelischen Behörden in bestimmten besonders schwierigen Situationen sehr wohl wussten, wer ihnen aus dem Schlamassel heraushelfen konnte, in den sie sich selbst gebracht hatten!

Vor allem in den internationalen Organisationen schlug Israel noch bis in die jüngste Zeit nicht nur die Feindseligkeit zahlreicher Staaten entgegen, diese bestritten auch die Legitimität seiner Existenz. Diese Feindseligkeit äußerte sich vor allem in der ständigen Verabschiedung von häufig willkürlichen und unbegründeten Resolutionen und Verurteilungen der Aktivitäten des Staates Israel in der UNO und in fast allen Sonderorganisationen (wie der Unesco, der Internationalen Arbeitsorganisation und der Weltgesundheitsorganisation). Und sie drückte sich auch in der Weigerung aus, Israel als Mitglied in die regionalen Organismen aufzunehmen, denen es mit vollem Recht hätte angehören müssen, sowie im systematischen Ausschluss seiner Delegierten von den Ämtern, auf die die Mitgliedsstaaten in den internationalen Organisationen Anspruch erheben konnten.

Diese Feindseligkeit machte nicht einmal vor dem humanitären Bereich halt: Das israelische Symbol des Roten Kreuzes, der *Magen David Adom*, wurde von der internationalen Gemeinschaft als Schutzzeichen im Sinne der humanitären Konventionen abgelehnt. Und die internationale Gemeinschaft tolerierte auch den Boykott israelischer Produkte durch die arabischen Staaten sowie den Boykott von Produkten, die

aus Staaten kamen, die Handelsbeziehungen mit Israel unterhielten. Ebenso duldete die internationale Gemeinschaft viel zu lange die Verfolgung der jüdischen Gemeinden in den arabischen Ländern und die Weigerung zahlreicher Staaten, die Emigration der jüdischen Staatsbürger nach Israel und in andere Länder zu erlauben.
Eine der größten an Israel begangenen Ungerechtigkeiten war vermutlich die Ablehnung des Friedensvertrags zwischen Israel und Ägypten durch die Vollversammlung der Vereinten Nationen. Eine wirklich skandalöse Abstimmung von Seiten einer Organisation, die gegründet worden war, »um die künftigen Generationen vor der Geißel des Krieges zu bewahren«, und die es als ihr wichtigstes Ziel ansah, »den internationalen Frieden und die internationale Sicherheit zu wahren«.
All diese Druckmittel verfolgten das Ziel, Israel aus der internationalen Gemeinschaft auszuschließen. Und die Politik der grundsätzlich negativen Abstimmungen behandelte Israel auf die gleiche Weise, wie einst der Jude behandelt worden war – als Paria der Gesellschaft.
Wir bemühten uns in diesen Situationen stets, für den Staat Israel einzutreten, die ungeheuerliche Ungerechtigkeit anzuprangern, die darin bestand, die Legitimität des Staates zu bestreiten – ein einmaliger Fall in der Geschichte der Vereinten Nationen –, die falschen Anklagen richtigzustellen und die Ungerechtigkeit solchen Vorgehens deutlich vor Augen zu führen.
Die Rolle des Jüdischen Weltkongresses bei der Unterstützung Israels artikulierte sich in dreierlei Weise: einerseits durch die Haltung seiner wichtigsten Organe, andererseits durch die Ermutigung der Mitgliedsgemeinden, sich durch Interventionen bei den Regierungen, den politischen Parteien, den religiösen und sozialen Einrichtungen für Israel einzusetzen, und schließlich durch die offene Unterstützung Israels in den internationalen Foren, in denen der Jüdische Weltkongress vertreten ist oder zu denen er Zugang hat, seien es die verschiedenen Organe der UNO (vor allem in den Sonderorganisationen wie der Unesco oder der Internationalen Arbeitsorganisation), des Europarats, der Europäischen Wirtschaftsgemeinschaft, des Europäischen Parlaments ...
Es muss auch auf die positiven Aspekte der Initiativen hingewiesen werden, die wir ergriffen, um den Nahostkonflikt beizulegen und ein Klima des Verständnisses, ja des Einvernehmens zu schaffen. Zu diesem Zweck unterstützten Nahum Goldmann und einige andere von

uns beispielsweise die visionären Aktivitäten des Bürgermeisters von Florenz, Giorgio La Pira, und halfen ihm bei der Organisation und Durchführung der »Colloques méditerranéens de la Culture«, die das Ziel verfolgten, die antagonistischsten Standpunkte im Nahen Osten einander anzunähern. Mit der gleichen Perspektive arbeitete ich im Rahmen der Entraide universitaire internationale mit den Gemeinschaften von Intellektuellen aus der ganzen Welt.

Der Höhepunkt der Feindseligkeit der arabischen und islamischen Länder Israel gegenüber, manifestiert in enger Verbindung mit dem sowjetischen Block, war die Verabschiedung der Resolution 3379 (XXX) durch die Vollversammlung der Vereinten Nationen am 10. November 1975, die den Zionismus als »Form von Rassismus und Rassendiskriminierung« bezeichnete.

Diese Resolution, die bewusst das Ziel verfolgte, den Staat Israel zu diffamieren und aus der Gemeinschaft der Nationen auszuschließen, bezog sich auf die antiisraelischen Angriffe, die in der anlässlich der Feier des Internationalen Jahrs der Frau in Mexiko im Juli 1975 verabschiedeten Erklärung über die Gleichheit der Frauen sowie in der Resolution der Staats- und Regierungschefs der Organisation der Afrikanischen Einheit in Kampala zur gleichen Zeit formuliert worden waren. Diese aggressiven Positionen prangerten im einen Fall »den Kolonialismus, die Fremdbesatzung, den Zionismus und die Apartheid« als Hindernis für die Gleichheit der Frauen bzw. im anderen »das rassistische Regime im besetzten Palästina« an.

Die Resolution der UNO, die den Zionismus als Form von Rassismus definierte, war zuerst diskutiert und dann, am 17. Oktober, von der dritten sozialen Kommission der Vollversammlung der Vereinten Nationen verabschiedet worden. Leonard Garment, Delegierter der Vereinigten Staaten, hatte sofort gegen sie protestiert: »Ich wäge meine Worte sorgfältig ab, wenn ich behaupte, dass es sich hier um einen obszönen Akt handelt ... Die Sprache dieser Resolution ist eine Verzerrung und eine Perversion.«

Sobald die Abstimmung der Kommission bekannt geworden war, startete der Jüdische Weltkongress eine energische Protestkampagne und gab damit seinem Willen Ausdruck, diese himmelschreiende Diffamierung zu bekämpfen und sich mit aller Kraft für Israel einzusetzen.

Nahum Goldmann ließ als Präsident des Jüdischen Weltkongresses den größten Presseagenturen eine empörte Erklärung zuleiten: »Nicht nur die Juden, sondern alle aufrichtigen Menschen werden schockiert sein, wenn sie erfahren, dass die Resolution, verabschiedet mit 70 zu 29 Stimmen bei 27 Enthaltungen, die historischen Tatsachen parodiert und die nationale Befreiungsbewegung eines Volkes diffamiert, das zwei Jahrtausende hindurch seiner nationalen Existenz und des Rechts auf Selbstbestimmung beraubt und Opfer der grausamsten Verfolgung war. Diese Resolution schadet dem Ansehen der Vereinten Nationen mehr als dem Zionismus.«

In einem Klima berechtigter Empörung und Erregung, die hohe Wellen schlug, mussten alle Kräfte des guten Willens gegen den Resolutionsentwurf mobilisiert werden. Wir versuchten seine Verabschiedung durch die Vollversammlung der Vereinten Nationen selbst zu verhindern. Am 23. Oktober schickte ich in meiner Eigenschaft als Generalsekretär des Jüdischen Weltkongresses an alle Mitgliedsorganisationen einen Brief, in dem ich sie aufforderte, alles in ihrer Macht Stehende zu tun, um ihre Regierungen zu überzeugen, sich diesem Text zu widersetzen und die öffentliche Meinung gegen diese Diffamierung zu mobilisieren.

Unter Führung des Jüdischen Weltkongresses richteten die sieben jüdischen Organisationen mit Beraterstatus bei der UNO einen feierlichen Protest an Gaston Thorn, den Präsidenten der Vollversammlung, und nahmen Kontakt zur größtmöglichen Zahl von nichtstaatlichen Organisationen auf, damit sie ihre Positionen unterstützen. Einige nichtstaatliche Organisationen wandten sich ausdrücklich gegen den Text des Entwurfs; außerdem unterzeichneten – ein eindrucksvolles Beispiel – fünfundsechzig Vertreter der unterschiedlichsten nichtstaatlichen Organisationen in ihrem eigenen Namen am 30. Oktober eine gemeinsame Erklärung, um ihre tiefe Missbilligung der Resolution über den Zionismus zum Ausdruck zu bringen. Diese Erklärung gab die Meinung von Persönlichkeiten wieder, die nichtstaatlichen Organisationen aller Richtungen angehörten wie dem Internationalen Verband juristischer Frauen, dem Weltverband der Kriegsveteranen, dem Internationalen Büro für katholische Erziehung, den amerikanischen Baptistenkirchen, der Internationalen Liga der Menschenrechte, dem Esperanto-Weltbund, dem Internationalen Frauenrat.

Zur gleichen Zeit kommentierte Niall McDermot, der Generalsekretär der Internationalen Juristenkommission, seine Missbilligung der Resolution, die den Zionismus als Form des Rassismus denunziert; er erinnerte an sein »zwanzigjähriges Engagement im aktiven Kampf gegen den Rassismus« und unterstrich, dass die Kommission »nicht denkt, dass die betreffende Resolution zur Beseitigung der Rassendiskriminierung beiträgt; ganz im Gegenteil, es besteht die Gefahr, dass sie der Zukunft des Jahrzehnts der UNO für diese Beseitigung Schaden zufügt«.

Trotz der beträchtlichen Energie, die aufgewandt wurde, um gegen diese gefährliche, perverse und abwegige Resolution zu kämpfen, trotz der von breiten Kreisen ausdrücklich anerkannten Richtigkeit unseres Kampfes passierte der Text ohne Schwierigkeiten die Vollversammlung, und der Kampf musste fortgesetzt werden.

Wieder gab Nahum Goldmann den Ton an: »Die Resolution der Vollversammlung der UNO, die den Zionismus verdammt, ist die schlimmste und amoralischste Entscheidung, die die Organisation in den letzten Jahren getroffen hat. Den Zionismus ›rassistisch‹ zu nennen, ist eine absurde Verdrehung der Tatsachen und eine Verweigerung des Rechts des jüdischen Volkes, sein eigenes Land und seinen eigenen Staat zu haben, ein Recht, das durch eine mit überwältigender Mehrheit von ebendiesen Vereinten Nationen durchgeführten Abstimmung begründet wurde.« Nachdem er darauf hingewiesen hatte, dass die zivilisiertesten Staaten und insbesondere die Vereinigten Staaten und die meisten europäischen Länder gegen die »absurde Resolution« gestimmt haben, fuhr er fort: »Es ist die Pflicht des jüdischen Volkes, auf das Entschiedenste auf diese Resolution zu reagieren, indem es sich mit dem zionistischen Ideal identifiziert und sich vollkommen solidarisch mit dem jüdischen Staat Israel erklärt.«

Zitieren wir unter den Reaktionen auf die Resolution der UNO diejenige des Weltkirchenrats, die, gezeichnet von seinem Generalsekretär Philippe Potter, die eindeutige Ablehnung der »Gleichsetzung von Zionismus mit Rassismus« ausdrückte, darauf hinwies, dass diese »die verheerende Wirkung [hat], die sowieso schon explosive Lage in Nahost noch zu verschärfen«, und »das Recht des Staates Israel, in international anerkannten Grenzen friedlich zu leben«, anerkannte. »Alles, was von diesen Aufgaben ablenkt oder zur Ablenkung davon benutzt werden könnte, wird das Risiko für neue, immer breitere bewaffnete Konflikte im Nahen Osten noch verstärken.«

Kardinal Willebrands, der Vorsitzende der Kommission des Heiligen Stuhls für die religiösen Beziehungen zum Judentum, wunderte sich seinerseits, dass »so komplexe Phänomene wie der Zionismus und der Rassismus in den Vereinten Nationen behandelt worden sind, ohne genau zu definieren, wie diese Begriffe zu verstehen sind. Dieses Vorgehen kann weder der Gerechtigkeit noch dem Frieden dienen, den wir alle für den Nahen Osten wünschen.«

Auf Initiative des Nobelpreisträgers André Lwoff unterzeichneten zehn Nobelpreisträger einen Appell, der »alle Menschen guten Willens« aufforderte, »sich uns anzuschließen, um durch ihre moralische Aktion diese verheerende Abstimmung, die ernste und unvorhersehbare Folgen hat, zu verdammen«; diesem Appell schlossen sich zahlreiche weitere Nobelpreisträger an.

Der Jüdische Weltkongress teilte dem Sonderkomitee der nichtstaatlichen Organisationen für die Menschenrechte mit, dass er aus Gründen der Würde und der Selbstachtung nicht mehr am Jahrzehnt der Vereinten Nationen gegen den Rassismus teilnehmen könne, solange die Resolution, die den Zionismus mit dem Rassismus gleichsetzt, Bestandteil dieses Programms bleibe.

Um ihre Solidarität mit dem Staat Israel nach der infamen Abstimmung der Vereinten Nationen zu bezeugen, versammelte sich die jüdische Welt am 5. Dezember auf einer großen Konferenz in Jerusalem; dort wurde feierlich »das historische Recht des jüdischen Volkes auf Eretz Israel« verkündet. Der Jüdische Weltkongress war mit einer starken Delegation vertreten.

Dennoch herrschte die Diffamierung des Zionismus noch sehr lange in den Räten der UNO und der anderen internationalen Instanzen vor, und wir mussten unseren Kampf gegen sie ständig weiterführen.

So wurde etwa auf der Vollversammlung der UNO 1979 mit sehr großer Mehrheit eine Resolution gegen den politischen »Hegemonismus« verabschiedet, die im vierten Paragraphen ihrer Präambel die Formel wiederaufgriff, die Zionismus und Rassismus gleichsetzt.

Wir brauchten lange Jahre, um dieses Vorurteil zu bekämpfen; wir haben unseren Kampf niemals aufgegeben. So verurteilte die Siebte Vollversammlung des Jüdischen Weltkongresses im Januar 1981 in Jerusalem unmissverständlich die von den Vereinten Nationen und auf den unter ihrer Schirmherrschaft abgehaltenen Konferenzen verabschiede-

ten Resolutionen und Erklärungen, die den Zionismus mit Rassismus gleichsetzten.
Die Vollversammlung betrachtete diese Resolutionen und Erklärungen nicht nur als eine Verfälschung der Wahrheit, die die Vereinten Nationen diskreditiert, sondern auch als einen groben Affront gegen die Würde des jüdischen Volkes und einen Versuch, seine nationalen Bestrebungen herabzusetzen.
Die Achte Vollversammlung des Jüdischen Weltkongresses, die im Januar 1986 in Jerusalem stattfand, griff dieses Thema erneut auf; sie erinnerte daran, dass der Jüdische Weltkongress seit den sechziger Jahren nicht aufgehört habe, die Autoritäten und die öffentliche Meinung warnend darauf aufmerksam zu machen, dass die meisten Formen des Antizionismus nicht mehr vom Antisemitismus unterschieden werden könnten und dass der Kampf gegen letzteren immer mehr zu einem Kampf gegen den Antizionismus werde. Die Vollversammlung des Jüdischen Weltkongresses verurteilte insbesondere die Vertreter bestimmter Mitgliedsstaaten, die in den Instanzen der UNO und in ihren Sonderorganisationen eine antisemitisch gefärbte Sprache benutzten, die zum Rassenhass aufrief, und damit die Instanzen der UNO in Orte der Verunglimpfung des jüdischen Volkes verwandelten.
Die Vollversammlung erklärte weiter, dass die Verunglimpfung und Verteufelung des Zionismus – eine nationale Befreiungsbewegung und ein Instrument der Wiedergeburt des jüdischen Volkes – zu einer der schädlichsten Formen des politischen Antisemitismus geworden seien und bekämpft und als solche verurteilt werden müssten.
Die Achte Vollversammlung des Jüdischen Weltkongresses unterstützte daher als logische Folge voll und ganz die der von Zionistischen Weltorganisation in enger Zusammenarbeit mit dem Jüdischen Weltkongress und dem Staat Israel initiierte Kampagne zur Bekämpfung der Diffamierung des Zionismus, die ihren Höhepunkt 1985 in einer Petition an den Generalsekretär der UNO erreichte. Unterzeichnet von achthundert hervorragenden Persönlichkeiten aus achtundzwanzig demokratischen Ländern, forderte dieser Appell die Vereinten Nationen auf, die falsche Resolution zu widerrufen und sich auf ihre Charta zu besinnen.
Sechzehn Jahre ständiger Anstrengungen waren nötig, um diese schändliche Geschichte der Resolution 3379 zu beenden.

Die Veränderungen, die in der Situation im Nahen Osten eintraten, spielten natürlich eine Rolle in dieser Entwicklung.
Erst am 16. Dezember 1991 wurde auf der 46. Sitzung der Vollversammlung der UNO eine – scheinbar anspruchslose und harmlose – Resolution unter dem Titel *Beseitigung des Rassismus und der Rassendiskriminierung* verabschiedet. Der Text der Resolution beschränkte sich einfach darauf, die Resolution vom 10. November 1975 zu widerrufen; er wies an keiner Stelle auf den Inhalt der außer Kraft gesetzten Resolution hin. Ich glaube, das ist das einzige Mal, dass ein solcher Widerruf in den Vereinten Nationen ausgesprochen wurde.
Damit hatten wir gesiegt.

Meine Rolle in der jüdischen Studentenbewegung und in den internationalen Universitätsorganisationen

Annäherung an die jungen Intellektuellen

Seit Beginn meiner Arbeit beim Jüdischen Weltkongress interessierte ich mich für die jüdische Studentenbewegung. Ich erkannte früh die Bedeutung der Ausbildung der jungen Intellektuellen, vor allem in Hinblick darauf, dass sie eines Tages die Geschicke der Gemeinden in der Welt in ihre Hand nehmen könnten. Schon bei der Gründung des Jüdischen Weltkongresses waren unter diesem Gesichtspunkt zwei Konferenzen organisiert worden. Die eine versuchte die jüdische Jugend in ihrer Gesamtheit zu vereinen, um eine echte geeinte Weltbewegung zu schaffen, die andere wollte – ausgehend von verschiedenen bereits existierenden Gruppen – den Weltbund der jüdischen Studenten, dessen Anfänge auf die zwanziger Jahre zurückgehen, erweitern und stärken.

Die Bedeutung der jüdischen Studentenbewegungen in der Geschichte des Zionismus war mir sehr wohl bewusst. Ich erinnerte mich der herausragenden Rolle von Persönlichkeiten wie Chaim Weizmann, Leon Motzkin, Shemaryahu Levin oder Joseph Lurie, um nur einige zu nennen, die mit ihrem Wirken großen Einfluss auf die jüdischen studentischen Vereinigungen in Berlin, Bern, Genf und anderenorts ausübten und in hohem Maße zur Formulierung der Ziele und der Ideologie der zionistischen Bewegung beitrugen.

Deshalb wuchs in mir die Überzeugung, dass man sich, wenn man mit dem Jüdischen Weltkongress eine neue Form der Organisation des jüdischen Volkes schaffen wollte, zugleich um die Zukunft und, konkreter, um die Ausbildung einer Generation von Führungspersönlichkeiten kümmern musste, die die Geschicke der Gemeinden bestimmen konnten. Ich verfolgte daher sehr aufmerksam die Aktivitäten der Studenten. Und es ist kein Zufall, dass, als 1939 der Krieg ausbrach, der Generalsekretär des Weltbundes der jüdischen Studenten, D. Tecuciano, zu mir nach Genf kam. Die meisten jüdischen Studenten waren mobilisiert worden oder hatten sich freiwillig verpflichtet und dienten in den verschiedenen Armeen. Kein Wunder also, dass das Sekretariat des Weltbundes nicht mehr funktionsfähig war. Mir wurde daher das Archiv der Organisation übergeben, um es für die Dauer des Krieges aufzubewahren.

Genf war auch der Sitz der Entraide universitaire internationale (International Student Service). Diese Organisation verfolgte zwei Hauptziele: einerseits Kontakte mit den nationalen Universitätsgemeinden zu knüpfen und zu prüfen, wie man in einem pazifistischen Geist zusammenarbeiten könnte, und andererseits den Studenten zu helfen, wann immer sie Hilfe benötigten. Das geschah vor allem in Form von Hilfe für Flüchtlingsstudenten und später für Studenten, die Kriegsgefangene waren.

Eine Jahresversammlung vertrat das höchste Organ der Entraide und wählte eine Exekutive, die mindestens einmal im Jahr zusammenkam. Dank ihres ausgedehnten Netzes von Studentenvertretungen (und Vertretungen der Professoren) war sie im Krieg sehr aktiv und wurde vor allem von den repräsentativen Organisationen der katholischen und protestantischen Studenten unterstützt. Die eine hatte ihren Sitz in Fribourg, die andere in Genf. André de Blonay, ein Schweizer mit ausgeprägter Persönlichkeit, war der Generalsekretär der Entraide, der sich sehr dafür einsetzte, sie auszuweiten und leistungsfähiger zu machen. Er erkannte, dass er die jüdischen Studenten einbinden musste. Da es damals keine aktive jüdische Studentenorganisation gab, wandte sich André de Blonay an Paul Guggenheim, der eine wichtige Rolle im jüdischen Leben der Schweiz spielte, und lud ihn ein, im Komitee die Interessen der Juden zu vertreten.

Die Anfänge in der Entraide universitaire internationale

Professor Guggenheim, der unser Rechtsberater war, arbeitete also mehrere Jahre mit der Entraide zusammen, bevor er – er hatte seine Pflicht mehr als erfüllt – daran dachte, einen Nachfolger zu suchen, und begann, sein Amt nach und nach jemand anderem zu übertragen, in diesem Fall mir. Wir waren eng befreundet, und er kannte mein lebhaftes Interesse für die jüdische Studentenbewegung. Ich trat also im letzten Kriegsjahr offiziell der Organisation bei, die mir ja keineswegs fremd war. Während meines Aufenthalts in Paris als Auslandsstudent hatte ich ein Stipendium von der Entraide française erhalten. Ich war damals sehr froh, als ich es nach einigen Monaten bekam.

Neubeginn

Nach dem Ende des Kriegs waren die meisten jüdischen Studentengruppen verschwunden. Man musste also eine neue internationale jüdische Studentenbewegung aufbauen. Es war meine Aufgabe, die erste Konferenz der jüdischen Studentengruppen, die sich wieder in Europa bildeten, einzuberufen, um den Rahmen für eine neue Organisation zu schaffen. Das gelang mir Ende 1946 in Paris; als Versammlungsort wählte ich das Büro des Institut international de coopération intellectuelle. Das Institut hatte einst zur Zeit des Völkerbunds die Rolle gespielt, die später die Unesco unter der Ägide der UNO übernehmen sollte. Zu seinen Mitgliedern zählten so bedeutende Persönlichkeiten wie Thomas Mann, Albert Einstein, Paul Valéry, wodurch es einen großen Widerhall hatte. Zu unserer Konferenz 1946 kamen die Vertreter der jüdischen Studentenbewegungen aus England, Belgien, Deutschland, Frankreich, der Schweiz ... Ich erinnere mich an sehr viele dieser Vertreter. Sie nahmen auch an den späteren Treffen teil und machten erfolgreiche Karrieren und übernahmen sehr verantwortliche Stellungen in ihren Gemeinden, worauf ich noch heute stolz bin. Es sei mir erlaubt, hier die Engländer Israel Finestein, Joseph Jackson, die Franzosen Adi Steg und Henri Brunschvig und den Belgier Georges Schneck zu nennen. Ich verfolgte mit nicht erlahmender Aufmerksamkeit die Arbeiten des Weltbundes und hatte die Genugtuung, ihr als Erster eine Subvention im Namen des Jüdischen Weltkongresses zu gewähren. Insgesamt kam mir ein wenig die Rolle des Förderers des wiedererstandenen Weltbundes zu.

Hier muss ich ein paar grundsätzliche Gedanken einfügen. Die Jugendorganisationen funktionieren nur dann wirklich gut, wenn sie führende Persönlichkeiten hervorbringen (oder anzuziehen vermögen), die voller Begeisterung und Pläne sind und entsprechenden Unternehmungsgeist besitzen. Das ist aber nicht immer der Fall, da nicht jede

Generation zwangsläufig in der Lage ist, dynamische, kompetente und einsatzbereite Führungspersönlichkeiten hervorzubringen. Fehlen diese, verfällt eine solche Organisation und muss auf Nachwuchs warten. Genau das war hier der Fall, weswegen ich die Subvention ruhen ließ und sorgsam zur Verfügung hielt für eine Leitung, die wieder aus hochqualifizierten Persönlichkeiten bestehen würde. Es ist eine Frage der Geduld, die mehr oder weniger rasch belohnt wird und die nur eine relativ bescheidene und vor allem unabhängige Organisation aufbringen kann.

Der Weltbund trüge seinen Namen zu Unrecht, wenn er nicht auch Lateinamerika abgedeckt hätte, wo ich praktisch eine regionale Sektion ins Leben rief. Diese entstand aus einem Treffen der jüdischen Studenten in Buenos Aires, auf dem sie ihre Zusammenarbeit mit den Studenten anderer lateinamerikanischer Länder verkünden wollten. Ich nutzte diese Gelegenheit, um in einer Art programmatischen Rede zu formulieren, was die Philosophie des lateinamerikanischen Zweigs der jüdischen Studenten werden sollte, nämlich die Vertretung der Interessen der Studenten im Rahmen der jüdischen Organisationen und die Vertretung der jüdischen Interessen in den nationalen Studentenorganisationen.

Ich versuchte auch, die Aufnahme des Weltbundes in die Claims Conference und später in die Memorial Foundation zu erreichen, was von anderen jüdischen Organisationen aus ideologischen Gründen bekämpft wurde. So bemühte ich mich, Subventionen für den Weltbund von anderen internationalen jüdischen Organisationen zu erhalten, die über Mittel verfügten. Diese waren sich jedoch nicht der Bedeutung der Studentenbewegungen bewusst, insbesondere was ihre Rolle als treibende Kraft in den Gemeinden für deren Zukunft betraf.

Ich erinnere mich, wie oft ich mit Zalman Shazar, dem damaligen Leiter der Abteilung für Erziehung der Jewish Agency, gekämpft habe, um eine bescheidene Subvention für die Studenten zu bekommen. Doch die Abteilung, die Shazar leitete, lehnte jede Subvention ab, die nicht an die *Chalutz*-(Pionier)-Bewegungen der zionistischen Jugend ging. Erst viel später unterstützte die Jewish Agency auch die jüdischen Studentenbewegungen. Es gab eine Zeit, in der ihre Vertreter in der Bewegung des Weltbundes alles bestimmen wollten und keinen Einfluss außer dem ihren duldeten.

Der »Joint« zeigte erst ziemlich spät Interesse an den Studenten. Mir gelang es schließlich jedoch, eine ganze Reihe von Organisationen für ihre Aktivitäten zu interessieren, darunter auch die Claims Conference und später die Memorial Foundation. Aber diese Vorbehalte gehören der Vergangenheit an, da die Sache der Studenten inzwischen großzügig von diesen Organisationen unterstützt wird. Und der Jüdische Weltkongress unterstützt noch heute die verschiedenen kontinentalen Zweige des Weltbundes; sein Präsident und sein Generalsekretär spielen hierbei eine sehr positive Rolle.
Ich habe niemals versucht, den Studenten irgendeine politische Linie oder bestimmte konkrete Aktivitäten aufzuzwingen. Ich war stets der Meinung, dass sie selbst zu entscheiden hätten, was sie unternehmen wollten. Selbst wenn ich mit gewissen Beschlüssen einmal nicht einverstanden war, ging ich immer davon aus, dass die jungen Leute selbst ihren Weg finden mussten, auch auf die Gefahr hin, dass sie manchmal Fehler machten. Diese Haltung wurde sehr geschätzt und brachte mir das Vertrauen und den Respekt mehrerer Studentengenerationen ein, die mich häufig konsultierten und meine Ratschläge befolgten.

Öffnung zur Dritten Welt

Meine vielleicht wichtigste Aktion fand im Rahmen der Entraide universitaire internationale statt. Seit dem letzten Kriegsjahr arbeitete ich intensiv mit dieser Organisation, in der ich die jüdischen Interessen vertrat, zusammen. Wenn ich etwas unternehme, dann identifiziere ich mich immer voll und ganz mit den angepeilten Zielen. Daher beteiligte ich mich sehr rasch an den laufenden Aktivitäten der Entraide sowie an der Entwicklung der Konzepte und Grundsätze, die die Grundlage für die künftige Arbeit der Organisation bilden sollten. So setzte ich mich etwa hartnäckig dafür ein, dass die Aktivitäten der Organisation auch auf andere Kontinente ausgeweitet würden. Die Länder der Dritten Welt – Asiens, später Afrikas – sollten davon profitieren. Ich trug in hohem Maße dazu bei, dass zum ersten Mal ein Sekretär indischer Herkunft ernannt und mit wichtigen Aufgaben im Sekretariat betraut wurde. Es handelte sich um Malcolm Adishehia, eine bemerkenswerte Persönlichkeit; später machte er eine sehr erfolgrei-

che internationale Karriere vor allem als stellvertretender Generaldirektor der Unesco.
Auch die Ausweitung der Entraide auf die Universitäten Afrikas befürwortete ich als einer der Ersten. Ich war sehr beeindruckt von den hohen Qualitäten der ersten Vertreter dieses Kontinents, Professoren der Universität von Ghana, die gekommen waren, um mit uns zusammenzuarbeiten.
Die Organisation wurde damals mit praktisch allen Konflikten konfrontiert, die es weltweit gab. Meine Erfahrung als Diplomat und Vermittler kam mir sehr zugute, wenn es darum ging, dafür zu sorgen, dass sich die Auswirkungen dieser Konflikte auf die Entraide in tolerierbaren bzw. vernünftigen Grenzen hielten. Die Universitätskreise waren sich dessen wohl bewusst, da sie damals darauf bestanden, dass ich meine Aufgabe fortsetzte. Die große Vielfalt der nationalen Sektionen der Entraide wurde bei unseren Treffen sichtbar, die sich durch enorme Unterschiede im Lebensstandard, in der Organisation des Studiums und in den ideologischen Optionen auszeichneten. Auf diese Weise schimmerten alle Konflikte, die die Welt erschütterten, in unseren Diskussionen durch. Tatsächlich verschonte nicht eine einzige Spannung unsere Beratungen, ob es sich nun um den Antagonismus zwischen Pakistan und Indien, den Konflikt zwischen Juden und Deutschen, Israeli und Arabern oder die Probleme zwischen den ehemaligen Kolonialmächten und den Ländern der Dritten Welt handelte; alles gab unseren Diskussionen Nahrung und führte manchmal zu heftigen Zusammenstößen. Wie oft musste ich in diese Diskussionen eingreifen, um die Gemüter zu beruhigen und Lösungen zu finden, damit sich alle an der gemeinsamen Arbeit beteiligen konnten! Einer Arbeit, die einerseits ein besseres gegenseitiges Verständnis und andererseits eine engere internationale Kooperation zwischen den Universitäten anstrebte. Mitten im Kalten Krieg wollten wir unseren Beitrag zur Verständigung zwischen den Völkern und Staaten, mit einem Wort zum Weltfrieden leisten.

Die Not der Universitäten

Die Universitätsgemeinden aus der Not herauszuholen war eine dringliche Aufgabe, die sofortige Lösungen und konkrete Anstrengungen erforderte. Wie man diese Gemeinden lehren konnte, sich selbst zu helfen, war die große Frage. Und unsere Erfahrung sollte helfen, Antworten zu finden, vorausgesetzt, man sah die Probleme aus der richtigen Perspektive. Das bedeutete, dass man in den Universitäten beispielsweise Kooperativen gründete, die in der Dritten Welt häufig nicht – oder jedenfalls schwer – zugängliche Unterrichtstexte herausgeben und verteilen sollten. Weitere Kooperativen wurden in den Universitäten im Bereich der Medizin gegründet, insbesondere um die Tuberkulose und andere Krankheiten zu bekämpfen, die vor allem unter den unterprivilegierten Bevölkerungsschichten grassierten.

Die Organisation war für alles offen. Ich nenne nur die bereits erwähnten katholischen und protestantischen Studenten, die stark in ihr vertreten waren, so zum Beispiel durch Bernard Ducret und Philippe Maury, die sehr schnell zu zuverlässigen und treuen Freunden wurden. Ich erreichte, dass sich der Weltverbund der jüdischen Studenten der Entraide universitaire internationale anschloss. Neben diesen internationalen studentischen Vereinigungen gab es einen internationalen Professoren- und Lehrerverband. Und schließlich gab es die nationalen Sektionen der Entraide, die von den nationalen Studentenunionen und den Rektoren und Verwaltungsbeamten der Universitäten gebildet wurden.

Wichtige Begegnungen

Die Entraide zog zahlreiche Personen aus der Welt der Universitäten an; sie waren ihr in aktiver Sympathie verbunden und ließen es nicht an wertvoller Unterstützung fehlen. Das war eine außerordentlich bereichernde Erfahrung für mich, auf die ich, wie ich gestehe, stolz war. Denn meine Arbeit für die Studenten fand eine noch breitere Zustimmung, als ich gehofft hatte. Von diesen direkt engagierten Persönlichkeiten – die leitende Funktionen an Universitäten innehatten oder eine herausragende Rolle im geistigen Leben ihrer Länder spielten – möchte ich einige nennen, so Reinhold Niebuhr, amerikanischer Theologe und Soziologe, der die amerikanische Sektion der Entraide leitete; Sir Walter Moberly und Sir Keith Murray, die nacheinander Präsident des University Grants Committee in England (zuständig für die Zuteilung der Subventionen an die Universitäten) waren und an der Spitze der britischen Entraide standen; Gilbert Murray, Professor in Oxford, Vorkämpfer für die Idee des Völkerbunds in England; Sir Maurice Bowra, Vizekanzler der Universität Oxford und brillanter Hellenist; J. F. Wolfenden, Vizekanzler der Universität von Reading; Henri-Irénée Marrou, französischer katholischer Historiker; Jean Baillou, der lange Jahre die Kulturabteilung des Außenministeriums in Paris leitete; Zakir Husain, Vizekanzler der großen islamischen Universität von Aligarth in Indien, ein enger Vertrauter von Ghandi; Professor H. Mujeeb, Vizekanzler der islamischen Universität Jamia Millia in Bombay und viele mehr.

Die nationalen studentischen Vereinigungen mehrerer Länder hatten starke Persönlichkeiten in ihren Reihen, die häufig an unseren Konferenzen teilnahmen. Ich erinnere mich ganz besonders an Olof Palme, der schwedischer Ministerpräsident werden sollte. Palme war damals der Präsident der nationalen Studentenunion seines Landes. Auf diese Weise entwickelten sich durch die Treffen Beziehungen, die sich als sehr wertvoll erweisen sollten, nicht nur auf beruflicher Ebene, sondern auch auf persönlicher, bisweilen auch freundschaftlicher Ebene.

Meine Aktivitäten in der Entraide universitaire internationale haben mir schnell das Amt des Schatzmeisters und dann des Vizepräsidenten eingebracht. Schließlich bot man mir die Präsidentschaft der Organisation an, die ich zunächst jedoch ablehnte, da ich nicht über genügend direkte und regelmäßige Kontakte zur Universitätswelt verfügte. In der Absicht, einen Nachfolger für die Präsidentschaft zu suchen, traf ich mich während eines Besuchs in den Vereinigten Staaten mit dem Präsidenten der amerikanischen Sektion der Entraide, Professor Reinhold Niebuhr, den ich bei Begegnungen wiedersehen sollte, die zu den großen Augenblicken meines Lebens gehören. Reinhold Niebuhr, eine Ausnahmegestalt, hatte – neben einer gründlichen Kenntnis der internationalen Angelegenheiten – einen scharfsichtigen Blick auf die Welt, gegründet auf ein religiöses und ethisches Bewusstsein, das dem meinen nicht unähnlich war. Für viele Europäer, die nicht das Privileg hatten, ihn zu kennen, wurden die reichen intellektuellen Fähigkeiten der Amerikaner erst unter der Präsidentschaft Kennedys deutlich. Meine Begegnung mit Reinhold Niebuhr hatte mir diesbezüglich die Augen geöffnet. Diese starke Persönlichkeit sah alles aus einer universalen Perspektive, seine politischen Analysefähigkeiten waren außerordentlich. Niebuhr, einer der ersten, die den Hitlerismus und seine Entwicklung in Deutschland begriffen hatten, unterstützte uns in den dunkelsten Jahren des Krieges, und er unterstützte auch unseren Willen, den Staat Israel zu gründen. Reinhold Niebuhr war also wie geschaffen dafür, einen Nachfolger für die Präsidentschaft der Entraide universitaire internationale für uns zu finden. Da ein bedeutender Teil der Einnahmen der Organisation aus den Vereinigten Staaten kam, war es nur vernünftig, wenn ein Amerikaner ihre Geschicke bestimmen würde. Unterstützt von seinem Komitee, schlug Niebuhr mir vor, Dean Everett Moore Baker zum Präsidenten zu wählen. Die Wahl war ausgezeichnet, da Baker ein ausgeprägtes Verständnis für die internationalen Beziehungen hatte. Baker, der sich durch große Offenheit auszeichnete, kam zur nächsten internationalen Konferenz 1950 in Bombay, der ersten auf dem asiatischen Kontinent, was uns faszinierende Besuche in verschiedenen geistigen Zentren Indiens bescherte. Die Vollversammlung wählte Baker zum Präsidenten der Entraide. Leider wurde der neue Präsident auf dem Rückflug Opfer einer Flugzeugkatastrophe in der Nähe von Kairo. Es gab keinen Überlebenden. Wir waren noch in Indien, als wir von der Katastrophe erfuhren. Wir waren alle tief bestürzt. Dieser grausame Tod zwang mich, das Amt des Präsidenten kommissarisch weiter auszuüben. Ich blieb mehrere Jahre in diesem Amt, unterstützt von meinen Kollegen, denn die Suche nach einem Nachfolger für Dean Everett Moore Baker erwies sich als sehr schwierig.

Eine meiner ersten Initiativen als gegen meinen Willen wiedergewählter Präsident war die Kontaktaufnahme mit den führenden Persönlichkeiten der israelischen Universitäten und der nationalen israelischen Studentenunion. Ich reiste mehrmals nach Israel und nahm an mehreren Treffen im Haus des Rektors der Hebräischen Universität, des Archäologen Benjamin Mazar, teil. Das israelische Komitee wurde dabei gegründet. Und kurz darauf wurde David Bergmann, Professor am Weizmann-Institut, Mitglied der Exekutive der Entraide als Vertreter der israelischen Sektion.

Von den internationalen Konflikten, die im Rahmen einer so ausgedehnten und dynamischen Institution wie der Entraide unvermeidlich ausbrachen, muss ich die Spannungen zwischen Juden und Deutschen erwähnen, die mich in eine missliche Lage brachten. Lange Jahre widersetzte sich der Weltbund der jüdischen Studenten der Aufnahme eines deutschen Komitees in die Organisation. Als 1952 in Luxemburg das Reparationsabkommen zwischen Adenauer, Sharett und Goldmann geschlossen wurde, wurde ein neuer Versuch unternommen, ein deutsches Komitee in die Organisation aufnehmen zu lassen, womit wir hatten rechnen müssen. Als offizieller Vertreter des Weltbundes war ich darüber nicht besonders glücklich. Der Bund hatte beschlossen, sich erneut der Aufnahme eines deutschen Komitees zu widersetzen. Die Vergangenheit lässt sich nicht so leicht vergessen, und die jungen jüdischen Studentenführer waren der Meinung, dass sie diese antideutsche Politik fortsetzen müssten, zumindest noch für eine Weile. Das erleichterte mir meine Aufgabe natürlich nicht gerade. Einerseits war ich Goldmann und seiner Politik der Öffnung gegenüber den Deutschen sehr verbunden und froh über die Abkommen, die er in Luxemburg geschlossen hatte, andererseits musste ich mich als diszipliniertes Mitglied des Weltbundes der jüdischen Studenten dessen Politik unterordnen und gegen die Aufnahme stimmen. Ich war froh, als ich feststellte, dass ein, zwei Mitglieder der Vollversammlung nicht wollten, dass nur die Juden gegen den Beitritt der Deutschen waren. Aus Solidarität mit unserer Position schlossen sie sich daher der Ablehnung an. Als Präsident musste ich dann, nachdem ich gegen sie gestimmt hatte, die deutsche Delegation mit einer Willkommensrede begrüßen. Ich glaube, ich habe mich mit Diplomatie und Takt aus der Affäre gezogen, indem ich von der Hoffnung sprach, die die Vollversammlung an die Anwesenheit der Deutschen und ihre künftige Mitarbeit knüpfen würde. Ich bemühte mich, ihnen klarzumachen, dass der Widerstand gegen ihre Aufnahme sich nicht gegen sie persönlich richtete, sondern Ausdruck der tiefen Enttäuschung und Verzweiflung wäre, die die Shoah im Gedächtnis der überwältigenden Mehrheit des jüdischen Volkes hinterlassen hätte. Ich fügte hinzu, dass ihre Arbeit in der Organisation dazu beitragen könnte, diese Gefühle zu überwinden.

Die Ausübung der Präsidentschaft konfrontierte mich noch mit einem weiteren, ebenfalls schwierig zu lösenden Problem. Während des Kriegs war eine Sonderorganisation gegründet worden, der World Student Relief, der den Studenten, die Opfer des Krieges waren, und insbesondere den Flüchtlingen und Kriegsgefangenen helfen sollte. Da der größte Teil der finanziellen Mittel von Pax romana und dem protestantischen Christlichen Studentenweltbund beschafft wurde, verlangten diese beiden Organisationen ein größeres Mitspracherecht bei den Entscheidungen über die Vergabe der Mittel. Der World Student Relief billigte jeder dieser Organisationen ein Drittel der Stimmen zu. Nach dem Krieg verlor dieses Arrangement seinen Sinn, weswegen man versuchte, die Entraide universitaire internationale und den World Student Relief zu fusionieren. Dies geschah schließlich unter dem Namen World University Service. Der französische Name Entraide universitaire internationale wurde jedoch beibehalten.

Grundprinzipien

In meiner Eröffnungsrede auf der Konferenz in Oxford 1954 formulierte ich die Philosophie der neuen Organisation: »Die Entraide vertritt keine eigene Ideologie, alle Personen, die in ihr arbeiten, sind von der Notwendigkeit überzeugt, an gewisse menschliche Werte und bestimmte Grundprinzipien zu glauben.« Hier diese Prinzipien, wie ich sie formuliert habe:

Erstens: Wir glauben an die gegenseitige Abhängigkeit der Nationen und Gemeinsysteme; weit davon entfernt, sie zu isolieren, vereint die Vielfalt der Probleme, mit denen sie konfrontiert sind, die Nationen und Gemeinden. Deswegen bemüht sich die Entraide universitaire internationale, die Universitätsprobleme auf Weltebene zu behandeln, das Interesse aller auf die Lösung der besonderen Probleme zu lenken und diese Probleme im Kontext einer globalen Erfahrung zu betrachten.

Zweitens: Wir glauben an die Würde des Menschen und haben Vertrauen in seine schöpferischen Fähigkeiten. Dank des konstruktiven Beitrags, den jeder von uns zu leisten imstande ist, ist die Verantwortung für das Schicksal der Menschheit notwendigerweise das Werk aller.

Drittens: Wir glauben an die Gleichheit der Rassen und der Nationen. Die Vielfalt der Menschen und Kulturen, der Rassen und Nationen ist wesentlich für den Reichtum der Zivilisation. Jeder besitzt die gleichen

Rechte und Pflichten, zu den geistigen Anstrengungen und den wirtschaftlichen Mitteln beizutragen.

Viertens: Wir glauben an die Grundsätze der akademischen Freiheit – die Freiheit der Lehre, des Studiums und der unabhängigen wissenschaftlichen Forschung.

Schließlich: Wir glauben an die Interessengemeinschaft der Mitglieder der Universitäten und Hochschulen in der Welt. Als Mitglieder dieser Gemeinschaft tragen die Studenten und die Lehrenden Verantwortung füreinander, so wie beide Verantwortung für die Gesellschaft tragen, in der sie leben.

Wir waren in der Entraide universitaire internationale überzeugt, dass wir die größtmögliche Zahl von Strömungen in unsere Arbeit einbinden mussten, seien es geistige oder politische Strömungen, die im Universitätsleben in Erscheinung treten. Wir waren anfangs eine westliche, aber sehr offene Organisation, die sich bewusst war, dass sie die repräsentative Organisation der nationalen studentischen Vereinigungen der Länder Osteuropas und eines Teils der kolonisierten oder sich auf dem Weg in die Unabhängigkeit befindlichen Länder einbeziehen musste. Diese Organisation war die Internationale Studentenunion in Prag, dessen Mitglieder die genannten nationalen Organisationen waren. Wir hatten weder prokommunistische Gefühle, noch machten wir uns Illusionen über ihre politische Unabhängigkeit, aber wir waren überzeugt, dass der Beitrag zum Frieden – ein Ziel, das wir niemals aus den Augen verloren – über Kontakte, ja enge Beziehungen zum Gegner läuft. Will man Konflikten vorbeugen, muss man den Dialog suchen. Solange wir miteinander sprechen, kämpfen wir nicht – eine nicht unwichtige Überlegung.

Bereits 1950 hatte die Entraide eine Resolution in diesem Sinn verabschiedet und zugleich Garantien gegen den immer möglichen Missbrauch gesucht. Wir diskutierten mehrere Jahre über diese Öffnung. Und schließlich beschlossen wir auf der Konferenz in Oxford 1954 einstimmig, der Internationalen Studentenunion in Prag diesen Weg zu öffnen, nicht ohne die Grenzen unserer Zusammenarbeit zu signalisieren und sie mit Garantien gegen für die westlichen Länder nachteilige Akte auszustatten.

Die Kommunisten akzeptieren?

Die kommunistische Ausrichtung der Internationalen Studentenunion war den nationalen studentischen Vereinigungen der westlichen Länder ein Dorn im Auge. Sie gründeten eine Gegenbewegung, indem sie ein Koordinationssekretariat der nationalen studentischen Vereinigungen (»Cosec«) einrichteten, in dem diese Vereinigungen der westlichen Länder zusammengeschlossen waren und das seinen Sitz in Holland hatte. Die Gründung dieser Gegenorganisation schien uns gerechtfertigt, weswegen wir den Sekretär des »Cosec« als Mitglied in die Entraide aufnahmen. Da in Oxford grundsätzlich über die Aufnahme der Internationalen Studentenunion entschieden worden war, lag es an jedem einzelnen, über die Regeln, die wir aufgestellt hatten, nachzudenken und sie zu akzeptieren. Zu meiner großen Überraschung machte sich auf der folgenden Tagung der Exekutive im Mai 1955 ein erbitterter Widerstand gegen die Entscheidung von Oxford, die acht Monate zuvor vorgeschlagen und angenommen worden war, bemerkbar.
Mit einem Mal kündigten die nationale Studentenunion der Vereinigten Staaten und einige amerikanische Mitglieder aus religiösen Organisationen sowie der Vertreter der »Cosec« an, dass sie die getroffenen Entscheidungen ablehnen würden. Dieser Widerstand wurde noch erbitterter auf der Vollversammlung in Helsinki im Sommer 1955. Um den Vertretern der Internationalen Studentenunion das Recht einzuräumen, uneingeschränkt an der Sitzung teilzunehmen, sollte zu Beginn der Tagesordnung über die Aufnahme der Union – und ihre Garantien – abgestimmt werden. Der Beitritt wurde der Union jedoch immer verweigert. Wir diskutierten während der fünf Tage der Vollversammlung ausschließlich über das Problem der Aufnahme. Dabei stellte sich heraus, dass der Widerstand gegen diese Aufnahme sehr stark war. Da tatsächlich fast die Hälfte der Vollversammlung sie ablehnte, war rasch klar, dass eine Zustimmung aussichtslos war, ja, dass nicht einmal ein Kompromiss gefunden werden würde. Ich hatte das unbestimmte Gefühl, dass »jemand« hinter diesem unerwarteten Widerstand steckte – aber wer?
Auf der Vollversammlung in Helsinki beschäftigten mich vor allem zwei Dinge, die mit der kulturellen Bestimmung der Institution zu tun hatten. Meine erste Sorge war, dass in diesem Klima des Kalten Kriegs

die Organisation gefährdet war, dass sie sich politisieren und in den internationalen Konflikten Stellung beziehen könnte. Für mich ging es dagegen darum, ihr ihren unparteiischen Charakter zu bewahren, dafür zu sorgen, dass sie sich nicht bestimmte Ideologien der Rechten oder der Linken zu eigen machte, was ich immer abgelehnt hatte. Die Organisation war ein Ort der Begegnung aller politischen Richtungen, aller Religionen und aller Nationalitäten. Dadurch konnten wir behaupten, dass wir in der Lage wären, gemeinsam zu prüfen, wie wir uns den Problemen der Welt stellen könnten, um Positionen der Vermittlung und Möglichkeiten konkreter Zusammenarbeit zu finden.

Meine zweite Sorge war die Erhaltung des Sekretariats der Organisation, das aus einer ausgezeichneten Mannschaft bestand. Ich fürchtete, dass bestimmte Entscheidungen der Vollversammlung manche veranlassen könnten, es zu verlassen. Die Frage wurde fünf Tage lang diskutiert, während derer sich eine merkwürdige Situation entwickelte. Die beiden Positionen wurden gleich stark vertreten, und einige schwankten zwischen ihnen. Das erklärte die überraschenden Stimmabgaben, die nicht das eine oder andere Lager unterstützen, sondern verhindern sollten, dass eine Tendenz die Oberhand gewann! Diese ungesunde Atmosphäre machte mir große Sorgen. Wie konnte ich die riskanten Folgen dieser Situation verhindern, wie konnte ich sie überwinden? Während der Wahl des Präsidenten gelang es mir schließlich. Seit Jahren wussten meine Kollegen von meinem Wunsch, das Amt des Präsidenten aufzugeben. Was ich aber aus verwaltungstechnischen und politischen Gründen nicht – oder noch nicht – konnte. Das Sekretariat war jedoch ausdrücklich in Kenntnis gesetzt, dass ich zwar bereit war, ein weiteres Mal zu kandidieren, dass dies aber das allerletzte Mal sein würde. Zur allgemeinen Überraschung präsentierte sich in letzter Minute noch ein zweiter Kandidat, nämlich der Präsident der amerikanischen Sektion der Entraide, Professor Buell Gallagher, der das City College in New York leitete (eine Universität, die etwa 16 000 jüdische Studenten zählte, so dass er sagen konnte, er repräsentiere ebenso viele Juden wie ich!). Im politischen Leben seines Landes galt er als Liberaler, weshalb ich nie verstanden habe, wie er sich der harten Linie der Amerikaner in Helsinki anschließen konnte. Die Gruppe, die seine Kandidatur wünschte, war in meinen Augen keine Garantie für den unpolitischen Charakter der Organisation, weswegen ich bei meinem Entschluss zu kandidieren blieb. Ich gewann die Wahl schließlich mit zwei Stimmen und drei Enthaltungen (von denen zwei die der Kandidaten waren).

Jetzt ging es darum, das Überleben der Entraide universitaire internationale zu sichern, der durch das schreckliche Klima, das sich breit gemacht hatte, ziemlich zugesetzt worden war. Meine Erfindungsgabe kam mir dabei zu Hilfe. Ich wusste, dass meine eigene Position zu ausgeprägt war und einer Versöhnung, die versucht werden musste, im Wege stünde. Ich nahm daher die Wahl nicht an und schlug der Vollversammlung vor, eine Persönlichkeit zu wählen, die von allen geschätzt wurde, da sie nicht in den Konflikt verwickelt war und in der akademischen Welt auf einhellige Zustimmung stieß. Eine solche Person, die tatsächlich völlig unbeteiligt war, war der Präsident des indischen Komitees, Professor Zakir Husain. Ich wies darauf hin, dass ich nicht einmal die Zeit gehabt hätte, Kontakt mit ihm aufzunehmen, um bei ihm vorzufühlen. Ich könnte also nicht dafür garantieren, dass Zakir Husain auf meine Initiative positiv reagieren werde. Unter diesen Bedingungen war ich bereit, noch ein Jahr als Vizepräsident weiterzuarbeiten, um den Übergang zu erleichtern und Zakir Husain in einer täglichen Arbeit zu helfen, für die er natürlich überhaupt nicht vorbereitet war. Manche warfen mir vor, mich nicht sehr demokratisch verhalten zu haben (womit sie nicht ganz Unrecht hatten), was aber die Durchführung des Plans nicht verhinderte. Zu meiner großen Genugtuung war Zakir Husain bereit, das Amt zu übernehmen, was mir erlaubte, mich im Jahr darauf auf der Vollversammlung in Mysore (Indien) aus der Organisation zurückzuziehen.

Die geheime Hand des CIA

Allerdings wusste ich noch immer nicht, wer für dieses Klima der Spaltung verantwortlich war, das den Fortbestand der Entraide universitaire internationale so stark gefährdet hatte. Ich hatte natürlich einen bestimmten Verdacht, aber es vergingen einige Jahre, bis ich schließlich entdeckte, welcher Art der Widerstand war, der sich auf so heimtückische Weise manifestiert hatte. Es handelte sich um den amerikani-

schen Geheimdienst! Nach dem Ende des Kalten Kriegs wurde eine Reihe von Berichten über diesen Geheimdienst – den CIA – veröffentlicht, der neben zahlreichen nichtstaatlichen Organisationen auch das Koordinationssekretariat der nationalen studentischen Vereinigungen (»Cosec«) und einige amerikanische Universitätsbewegungen subventioniert hatte. Allen voran die nationale Studentenunion der Vereinigten Staaten, deren Vertreter sich dem Lager der Opposition auf der Vollversammlung in Helsinki angeschlossen hatten. Ich muss jedoch darauf hinweisen, dass ich persönlich niemals unter der Aktivität des amerikanischen Geheimdienstes zu leiden hatte. Dennoch war dies ein überraschendes und lehrreiches Abenteuer.
Wie bewerte ich heute aus der Rückschau meine Arbeit im Rahmen der Entraide universitaire internationale? Ich bin versucht zu sagen, dass sie für mich eine aufregende Erfahrung war, deren Nutzen ich wohl niemals ganz werde ermessen können. Ich habe nicht nur gelernt, stürmische Sitzungen zu leiten, was nirgendwo gelehrt wird, ich habe auch gelernt, die Rolle des Vermittlers zu spielen. All das hat mir später bei meinen Aktivitäten beim Jüdischen Weltkongress enorm geholfen. Ein weiterer positiver Aspekt ist erwähnenswert: Ich begegnete zahlreichen Persönlichkeiten, die wirklich der geistigen Weltelite angehörten. Und diese häufig sehr engen Kontakte haben meinen Horizont deutlich erweitert. Es waren Kontakte, die für sich genommen bereits eine äußerst befriedigende Erfahrung sind. Der studentischen Jugend geholfen zu haben wird eines der schönsten Abenteuer meines Lebens bleiben.

Die Bedeutung Asiens

Die jährlichen Vollversammlungen der Entraide fanden jedes Jahr in einem anderen Land statt, in der Regel dort, wo es eine Universität von internationalem Ruf gab. Diese Gewohnheit machte uns jedes Mal mit einer anderen akademischen Tradition bekannt. Ich erinnere mich besonders an die Vollversammlungen in Grenoble, Oxford, Istanbul, Bombay und Helsinki und die faszinierenden Begegnungen, zu denen es dort kam.
Nach Helsinki sollte die nächste Vollversammlung in Indonesien statt-

finden. Wir freuten uns alle darauf, in dieses Land reisen und dort eine alte asiatische Kultur entdecken zu können. Leider wurde nichts daraus. Die indonesische Regierung weigerte sich, den israelischen Professoren und Studenten, die an der Konferenz teilnehmen sollten, Visa zu bewilligen. Da wir nicht eine nationale Sektion von der Vollversammlung ausschließen konnten, mussten wir die Konferenz im letzten Moment nach Indien verlegen. Ich war sehr froh, dass alle meine Kollegen sofort mit dieser Verlegung einverstanden waren, als ich sie der Exekutive vorschlug. Die Entscheidung, die Konferenz in Mysore in Indien durchzuführen, war zugleich eine Hommage an den neuen Präsidenten der Entraide, Professor Zakir Husain.

Die Begegnung mit diesen kulturellen Zeugen einer jahrtausendealten Zivilisation beeindruckte mich zutiefst. Vor allem aber verblüffte mich das brodelnde Leben dieses Kontinents mit seinen riesigen Menschenmengen, seinen gewaltigen Ausdehnungen, seiner unbeschreiblichen Armut, seinen so kultivierten Eliten, seinen Bauern, die elend dahinvegetierten in Strohlehmhütten ohne Licht, ihrem grausamen Kastensystem, den Millionen von Flüchtlingen aus Pakistan, die buchstäblich auf der Straße lebten ...

Ich sah auch die bewundernswerten Anstrengungen der Regierung, der schrecklichen Probleme Herr zu werden, mit denen sie durch die Unabhängigkeit und die Teilung des Landes konfrontiert wurde. Häuser für 20 Millionen Flüchtlinge zu bauen, Unterrichtsseminare einzurichten, um Millionen von fehlenden Schullehrern auszubilden, die reißenden Fluten der großen Flüsse zu bändigen, die Landwirtschaft zu modernisieren, die Quellen für die Elektrifizierung des Landes erheblich zu vermehren, durch eine kühne Politik des »entschiedenen Handelns« zu versuchen, schrittweise die existierende Diskriminierung zwischen den Kasten zurückzudrängen – lauter gewaltige Aufgaben, die die Regierung neben vielen anderen zu bewältigen versuchte.

Und noch etwas habe ich gelernt: dass die nationalen und sozialen Probleme auf dem asiatischen Kontinent untrennbar miteinander verbunden sind. Das Erreichen der nationalen Unabhängigkeit nach mehr als einem Jahrhundert der Kolonialherrschaft und das Streben nach einem anständigen Leben verbunden mit der Bewältigung der unbeschreiblichen Armut, in die das Kolonialsystem die Massen getrieben hatte, waren zwei nicht voneinander zu trennende Ziele.

Dies alles wurde uns in den Gesprächen klar, die wir mit einigen führenden Persönlichkeiten des Landes führten. Ich erinnere mich besonders an unsere Begegnung mit Premierminister Jahawarlal Nehru in Neu-Delhi auf unserer ersten Konferenz 1950 in Indien. Er war ein ungewöhnlich faszinierender Mann, der aus einer außerordentlich gebildeten brahmanischen Familie stammte. Sein ausdrucksvolles Gesicht war von großer Schönheit, und sein Wesen war von außergewöhnlichem Charme geprägt. Er empfing uns zu einem mehrstündigen Gespräch, in dem er uns mit großer Offenheit einige Aspekte der indischen Politik auseinandersetzte. Er bereitete uns auch auf unsere Reise nach Benares vor und warnte uns vor einigen unangenehmen Aspekten, denen wir in dieser Stadt begegnen würden. »Vergessen Sie nie«, sagte er uns, »dass Benares bereits vor siebentausend Jahren ein religiöses Zentrum und eine heilige Stadt war, als ihr Europäer noch auf Bäume geklettert seid.« In diesem Augenblick wurde ich mir des ganzen asiatischen Stolzes bewusst, der sich in dieser Persönlichkeit verkörperte.

Nehru war nicht die einzige indische Persönlichkeit, der wir begegneten. Auf der Konferenz in Bombay begrüßten uns der stellvertretende Premierminister der Regierung von Bombay, Sri Morarje Desai, der ein paar Jahrzehnte später Premierminister von Indien werden sollte, und der Bürgermeister von Bombay, Sri S.K. Patil, der ebenfalls eine große politische Karriere machen sollte, und einige andere maßgebliche Politiker. Ich war sehr überrascht, als ich erfuhr, dass Sri M.R. Masani das Empfangskomitee für unsere Konferenz leitete. Ich kannte ihn – er war fast der einzige Inder, den ich kannte – von den Vereinten Nationen her, wo er Indien in der Menschenrechtskommission vertrat, deren Arbeit ich regelmäßig verfolgte. Die internationale Welt ist wirklich klein!, sagte ich mir. Jeder kennt jeden.

Während unserer zweiten Konferenz in Indien wurden wir von Indira Ghandi empfangen, die die Nachfolgerin ihres Vaters im Amt des Premierministers geworden war. Sie war gewiss eine bemerkenswerte Frau, auf mich wirkte sie jedoch viel autoritärer, reservierter und kühler als ihr Vater. Dennoch lernten wir auch von ihr viel über Indien.

Den interessantesten Meinungsaustausch hatte ich mit Zakir Husain. Er beeindruckte mich enorm, und ich bewunderte ihn sehr. Er hatte in Deutschland, in Tübingen, zur Zeit der Weimarer Republik studiert, war sehr genau über die Judenverfolgungen in Nazideutschland informiert und hatte großes Verständnis für uns. Als Erzieher in der Kongresspartei genoss er große Autorität und wurde später Erziehungsminister, bevor er zum ersten muslimischen Präsidenten des Landes gewählt wurde. Er unterhielt gute Beziehungen zu den arabischen Kreisen und erhielt von Saudi-Arabien hohe Subventionen für die Universität, die er leitete. Wir diskutierten häufig über die Probleme Asiens, über Erziehungsprobleme und über die Weltlage. Als er die höchsten Ämter in der Verwaltung übernahm, blieb ich in direktem Kontakt mit ihm.

Ich hatte immer gehofft, dass er eines Tages die Rolle eines Vermittlers mit den Arabern spielen und dass er als indischer Moslem von hohem Ansehen die negative Politik Indiens gegenüber dem jüdischen Staat – die in erster Linie durch ihre ständige Konkurrenz mit Pakistan auf der Weltbühne motiviert war – ändern könnte. Leider war diese Hoffnung vergeblich. Er starb ganz plötzlich während seiner Präsidentschaft.

Bei meinen Besuchen in Indien hatte ich auch mehrere Begegnungen mit den jüdischen Gemeinden des Landes. Die Gemeinschaft der B'nai Israel in Bombay zählte zum Zeitpunkt der Unabhängigkeit ungefähr 25 000 Seelen. Sie existierte seit tausend Jahren und war Anfang des 19. Jahrhunderts von einigen jüdischen Offizieren der britischen Armee entdeckt worden. Von einigen Ausnahmen abgesehen hatte sie die jüdischen Riten und Traditionen ziemlich getreu bewahrt. Das wundersame Überleben dieser kleinen Gemeinschaft inmitten der Massen von Hindus war vermutlich dem indischen Kastensystem zu verdanken. Die Juden hatten sich, um ihre Identität zu bewahren, praktisch als Kaste organisiert.

In Bombay wurde ein spezieller Abend organisiert, an dem 500 B'nai Israel teilnahmen, um mich über die Situation der Juden in der Welt sprechen zu hören. Meine Rede wurde sehr bald von einer äußerst pittoresken Person unterbrochen, die kein Englisch konnte und darauf bestand, das mein Vortrag ins Maharati übersetzt wurde. Das war das einzige und wahrscheinlich letzte Mal in meinem Leben, dass ich in diese Sprache übersetzt wurde.

In Bombay traf ich auch Juden irakischer Herkunft, die erfolgreiche Geschäftsleute waren und von denen einige Bürgermeister ihrer Städte waren. Die meisten Juden Bombays leben heute in Israel. Als das Oberrabbinat Israels Zweifel an der Reinheit ihrer Traditionen anmeldete, unterstützten der Präsident der Israelischen Sektion des Jüdischen Weltkongresses und ich nachdrücklich die Juden Indiens und gewannen schließlich ihren Fall.

Ich besuchte auch die kleine Gemeinde von Delhi, von deren Mitgliedern einige wichtige Ämter in der Bundesverwaltung bekleideten, und die Gemeinde Kalkuttas, die vor allem sephardischer Herkunft war.

Auf meiner zweiten Reise nach Indien 1956 besuchte ich auch die Juden in Cochin, nahe der äußersten Südspitze des Landes, dem Cape Comorin. Der Ursprung dieser Gemeinde ist mysteriös, es gibt mehrere Theorien hierüber. Obwohl stark dezimiert, besteht diese Gemeinde noch immer. Sie war zwischen »weißen« und »schwarzen« Juden gespalten. Ich traf sogar den Mann, der die »Revolution« der »schwarzen« Juden gegen die »weißen« angeführt hatte. An einem Tag von Jom Kippur hatten die »schwarzen« Juden in der reinsten Ghandischen Tradition der Gewaltlosigkeit die Treppen besetzt, die zur Synagoge der »weißen« Juden führten, um den Zutritt zur Synagoge der »Weißen« zu erhalten und die soziale Diskriminierung zwischen den beiden Gruppen zu beenden. Sie hatten Erfolg, aber sie beklagten sich, dass die soziale Kluft nicht verschwunden war.

All diese kleinen Gemeinden wurden schließlich in einer repräsentativen Organisation zusammengeschlossen, dem Central Jewish Board of India. Diese Vereinigung ist einem in Bombay lebenden Juden litauischer Herkunft, Hersh Cynowicz, zu danken. Erzogen in der zionistischen Tradition und sehr energisch, fungierte er mit großem Geschick als Vermittler zwischen den verschiedenen Gruppen, die riesige Entfernungen und sehr unterschiedliche Traditionen trennten.

Eine unvorhergesehene Affäre

Ich kann dieses Kapitel nicht beenden, ohne ein weiteres Erlebnis zu erzählen. Es hat nichts mit den Problemen der Studenten oder der Universitäten zu tun. Aber es fand statt anlässlich der Vollversammlung der Entraide in Grenoble 1953. Ohne meine Anwesenheit in dieser Stadt wäre es niemals dazu gekommen.

Am Ende einer Sitzung der Vollversammlung der Entraide ging ich gegen 23 Uhr mit einigen Kollegen der Universität von Grenoble in mein Hotel. Da ich den ganzen Tag die Versammlung und verschiedene Kommissionen geleitet hatte, war ich todmüde. Wir hatten etwa zwanzig Minuten zu gehen und genossen die kühle Luft nach einem harten Arbeitstag.

Nach ein paar Minuten begegneten wir einer Gruppe von Personen, die mich kannten. Es waren Juden aus Grenoble, die der lokalen Sektion des Jüdischen Weltkongresses angehörten. Sie machten mir heftige Vorwürfe, dass ich ihnen nicht mitgeteilt hatte, dass ich in Grenoble war, und bedrängten mich, wenigstens einmal mit ihnen zu Mittag zu essen.

Am vereinbarten Tag aßen wir also gemeinsam in der Wohnung einer der führenden jüdischen Persönlichkeiten der Stadt zu Mittag. Es war eine sehr sympathische Gruppe; wir waren zu acht bei Tisch. Jemand, den ich nicht kannte, fing an, eine unglaubliche Geschichte zu erzählen: Es gab in Grenoble einen Fall von Kindesentführung. Es handelte sich um zwei junge österreichische Juden, die ihre Eltern einer katholischen Frau, Madame Brun, anvertraut hatten, bevor sie nach Auschwitz deportiert worden waren, von wo sie nicht mehr zurückkehrten. Zwei Tanten, von denen die eine in Israel und die andere in Neuseeland wohnte, forderten die Rückgabe der Kinder. Madame Brun weigerte sich. Sie machte alle möglichen Schwierigkeiten, und es wurde schnell klar, dass sie die Kinder hatte taufen lassen und dass sie sie behalten wollte.

Mein Gesprächspartner, Moshe Keller, hatte im Auftrag der Familie einen Prozess vor dem Gericht in Grenoble angestrengt. Demaskiert, hatte Madame Brun die Kinder wegbringen lassen; baskische Priester hielten sie in Spanien versteckt.

Ich hatte Mühe, eine so abenteuerliche Geschichte zu glauben. Es hatte zwar die Affäre Mortara in Bologna gegeben, aber das war hundert Jahre her. Dass eine solche Geschichte auch heute noch passieren konnte, war nicht leicht zu akzeptieren.

Moshe Keller beklagte sich bitter darüber, dass sich die jüdischen Organisationen in Paris, vor allem diejenigen, die sich um jüdische Kinder kümmerten, nicht dafür interessierten und auf seine dringenden Bitten um Hilfe nicht reagierten. Er bat mich inständig, ihm zu helfen. Ich versprach es ihm und sagte ihm, dass wir ihn nach den Sommerferien nach Paris einladen und dass wir auch die Vertreter der Organisationen, die sich um Kinder kümmerten, und einige hervorragende Juristen dazu bitten würden, um gemeinsam zu prüfen, was man in dieser Angelegenheit unternehmen könnte. Ich gab dem Büro des Jüdischen Weltkongresses in Paris entsprechende Anweisungen.

Das Problem der von Katholiken während des Krieges versteckten Kinder war für mich nicht neu. Ich hatte bereits 1945 mit Monsignore Montini in Rom darüber gesprochen.

Das geplante Treffen fand wie vorgesehen im Büro des Jüdischen Weltkongresses in Paris statt, und auf Vorschlag von Rechtsanwalt David Lambert, einem ausgezeichneten Juristen und Vizepräsident der Französischen Sektion des Jüdischen Weltkongresses, wurde beschlossen, einen hervorragenden Anwalt, Maître Maurice Garçon, zu bitten, an der nächsten Sitzung des Gerichts in Grenoble teilzunehmen und dort die Interessen der jüdischen Familie zu vertreten. Außerdem wurden mehrere Pariser Zeitungen auf den Prozess aufmerksam gemacht.

Alles geschah wie geplant. Maître Garçon nahm an dem Prozess teil. Sein Plädoyer erregte enormes Aufsehen. Und so kam es zur »Affäre Finaly« – das war der Name der Familie der Kinder –, die sich zu einer echten nationalen Angelegenheit ausweitete, weit über Franreich hinaus Aufsehen erregte und die jüdische Gemeinschaft sehr bewegte. Verschiedene jüdische Organisationen wachten endlich auf. Der Oberrabbiner Frankreichs, Jacob Kaplan, nahm sich der Angelegenheit persönlich an und verhandelte mit den höchsten Autoritäten der Kirche Frankreichs. Die Kinder wurden zurückgegeben; sie reisten nach Israel zu ihrer Tante und sind heute gute israelische Staatsbürger. Ohne meine Intervention wäre diese – auf Grenoble beschränkte – Geschichte nicht bekannt geworden. Der glückliche Ausgang der »Affäre Finaly« hat den Prozess der Versöhnung zwischen Juden und Katholiken in beträchtlichem Maße vorangebracht.

Die Entwicklung des Jüdischen Weltkongresses

Die Gründung des Jüdischen Weltkongresses: eine handelnde Minderheit

Ich nahm an der Gründung des Jüdischen Weltkongresses an der Seite von Dr. Nahum Goldmann und Stephen Wise teil. Gegründet unter schwierigen Bedingungen, sollte sich die Organisation in der Folge in ungeahnter Weise fortentwickeln. Zunächst aber muss kurz daran erinnert werden, wie die Welt 1936 aussah.

Die Nazis übten schon seit dreieinhalb Jahren die Macht aus und verfolgten eine antijüdische Politik, die mit diskriminierenden Maßnahmen, unerhörter Brutalität und autoritärem Durchgreifen in die Tat umgesetzt wurde. All dies wurde von den Zivil- und Justizbehörden gedeckt. Das militärisch geführte Polen hatte den Minderheitenschutzvertrag gekündigt, der den Juden die Grundrechte garantierte, und diente damit als Beispiel für andere Länder. In mehreren Ländern, die die Wirtschaftskrise von 1929 getroffen hatte, stürzte die wirtschaftliche Diskriminierung Zehntausende von Familien in die Mittellosigkeit. Kein Land der Welt wollte die Massen der Juden aufnehmen, die aus Deutschland und den europäischen Ländern, die ihren eigenen Antisemitismus praktizierten, fliehen wollten. Die westliche Welt war angesichts der Nazis und ihrer Verbündeten wie gelähmt. Die Gründungsversammlung des Jüdischen Weltkongresses trat daher in einem Klima der Ablehnung und der Angst vor der Zukunft zusammen.

Die Gründer des Jüdischen Weltkongresses in Genf 1936 vertraten nicht das gesamte jüdische Volk. Sie bildeten nur eine Minderheit. Es waren allerdings Vertreter aus zweiunddreißig Ländern aller Kontinente anwesend. Die Organisatoren hatten die große Mehrheit der Juden Osteuropas, Polens, Rumäniens, der Tschechoslowakei, Litauens und Lettlands hinter sich. Mit einer Delegation der Sowjetunion konnte man nicht rechnen. Diese großen Gemeinden, die das lebendige Zentrum des Judentums in jener Zeit bildeten, hatten sich mit überwältigender Mehrheit zur Idee des Jüdischen Weltkongresses bekannt. Gewiss, es gab in den Oppositionskreisen die jüdische religiöse Ultraorthodoxie

und den sozialistischen »Bund«. Insgesamt aber war die Idee des Kongresses außerordentlich populär.
Diejenigen, die sich versammelten, um der tödlichen Gefahr des Hitlerismus entgegenzutreten – von denen ich, glaube ich, der einzige noch Lebende bin –, hatten die dringende Notwendigkeit einer einheitlichen Vertretung aller jüdischen Gemeinden der Welt erkannt, deren Exekutive ermächtigt wäre, in ihrem Namen zu sprechen und zu handeln. Zu den bedeutendsten Teilnehmern gehörten die Schriftsteller Shalom Ash und Emil Ludwig, der Richter Julian M. Mack, die Professoren Nathan Isaacs und Horace Kallen, Louis Sturz, Joseph Tenenbaum, Chaim Greenberg, Marie Syrkin (aus den Vereinigten Staaten); die Rabbiner Ouziel und Fishman sowie Berl Locker und Itzhak Grünbaum (aus Palästina); Arieh Tartakower, Anselm Reiss, Großrabbiner Rubinstein und Emil Sommerstein (aus Polen), Maurice Eisendrath (aus Kanada). Die Juden Westeuropas und Nordamerikas wurden durch Delegationen vertreten, die nicht im Namen all ihrer Gemeinden sprachen.
Erinnern wir daran, dass es auf internationaler Ebene die Zeit der Beschwichtigungspolitik gegenüber Hitler war. Damals folgten die großen jüdischen Gemeinden des Westens mehr oder weniger der Politik ihrer Regierungen. Dadurch war der Jüdische Weltkongress, der damals das Symbol des aktiven Kampfes gegen den Nazismus war, natürlich nicht sehr populär bei denen, die diese Beschwichtigungspolitik akzeptierten. Dies galt besonders für Frankreich, wo es keine zentrale repräsentative Organisation der Juden gab und wo nur eine Minderheit die Idee des Kongresses unterstützte. Diese Minderheit bestand vor allem aus Einwanderern aus Osteuropa, von denen die meisten in der Fédération des sociétés juives de France und in der zionistischen Bewegung zusammengeschlossen waren.
In England war die Situation noch komplizierter. Die Frage, ob das britische Judentum dem Jüdischen Weltkongress beitreten sollte, war Gegenstand einer leidenschaftlichen Diskussion in der repräsentativen Organisation, dem Board of Deputies of British Jews. Dieser Vorschlag wurde mit einer Mehrheit von acht Stimmen abgelehnt. Schließlich trat der Board erst 1975, neununddreißig Jahre später, dem Weltkongress bei.
Es gab in England jedoch stets eine sehr starke Bewegung für den Jüdischen Weltkongress. Und nach der Abstimmung gegen den direkten

Beitritt wurde eine Britische Sektion des Jüdischen Weltkongresses gegründet. In ihr schlossen sich all jene zusammen, die für die Idee des Kongresses waren. Die Britische Sektion hatte das Glück, über ausgezeichnete Führungspersönlichkeiten zu verfügen. Während des Kriegs wurden sie zum Zentrum des europäischen Judentums, eine Art *brain trust*.

Die Britische Sektion des Jüdischen Weltkongresses zog eine große Zahl hervorragender Juden an, die allen Richtungen angehörten und entschlossen waren, mit aller Kraft gegen den Nazismus zu kämpfen und die jüdische Solidarität Wirklichkeit werden zu lassen. Zu den führenden Persönlichkeiten gehörten so bedeutende Männer und Frauen wie Lord Melchett, der als Kind getauft worden war und der unter dem Einfluss des Hitlerismus zum Judentum zurückgekehrt war; seine Schwester, die Marquise de Reading, der junge liberale Rabbiner Maurice Perlzweig, sozialistische Parlamentarier wie Sydney Silverman, Maurice Orbach, Ian Mikardo, die Gründerin der Women's International Zionist Organization (»Wizo«) Rebecca Sieff, angesehene Journalisten wie Alec Easterman, der Wirtschaftsexperte und Soziologe Noah Barou und viele mehr.

Die Britische Sektion des Jüdischen Weltkongresses zog auch Persönlichkeiten an, die ihr Vaterland verlassen und sich in England niedergelassen hatten, wie den Geschichtsphilosophen Aaron Steinberg, die Juristen Ernst Frankenstein, Franz-Rudolf Bienenfeld und Ernst J. Cohn, denen sich weitere führende Persönlichkeiten anschlossen, die aus den von den Nazis besetzten Ländern entkommen waren.

In den Vereinigten Staaten kämpfte der Amerikanische Jüdische Kongress für einen Weltkongress. Dieser Amerikanische Jüdische Kongress hat eine wunderbare Geschichte. Er wurde 1917 während des Ersten Weltkriegs gegründet, als die Vereinigten Staaten in den Krieg eintraten. In den amerikanischen jüdischen Kreisen hatte man über die Gründung einer Vertretung der Gesamtheit der amerikanischen Juden nachgedacht, die durch eine Volksabstimmung gewählt werden sollte. Das war die Idee von Brandeis, Wise und einigen anderen führenden Persönlichkeiten des amerikanischen Judentums. Dadurch war diese Organisation, die Amerikanischer Jüdischer Kongress genannt wurde, sehr repräsentativ. 1919 schickte sie ihre Delegation auf die Versailler Friedenskonferenz.

Nach der Friedenskonferenz verließen einige der konservativsten Vertreter der amerikanischen jüdischen Gemeinde den Amerikanischen Jüdischen Kongress und verfolgten ihre eigene Politik. Es handelte sich vor allem um die Vertreter des Großbürgertums – die dem American Jewish Committee angehörten –, die stets Probleme damit hatten, die demokratischen Methoden in der Organisation der jüdischen Gemeinden zu akzeptieren. Es wurde also damals ein zweiter, weniger repräsentativer Amerikanischer Jüdischer Kongress gegründet.
Der Kongress setzte seine Arbeit jedoch fort. Er war eine Art Föderation von Organisationen. Es gab keine individuellen Mitglieder wie heute. Damals vertrat eine sehr große Zahl amerikanischer jüdischer Organisationen vor allem die seit mehreren Jahrzehnten aus Osteuropa eingewanderten Juden und diejenigen, die aktiv die zionistische Bewegung unterstützten. Aber der Kongress unterschied sich von den »alten« amerikanischen jüdischen Familien deutscher oder sephardischer Abstammung. Er war gewiss das Instrument der jüdischen Massen, aber er vertrat nicht die einflussreichsten Juden.
Nach dem Zweiten Weltkrieg wurde der Amerikanische Jüdische Kongress vollkommen umgestaltet, nämlich in eine Organisation mit individuellen Mitgliedern. Und die Gemeinden Lateinamerikas wurden von kleinen Delegationen auf der Gründungsversammlung vertreten.
1936 ließ die Repräsentativität des Jüdischen Weltkongresses stark zu wünschen übrig. Lange Jahre waren nötig, damit die Grundidee des Kongresses akzeptiert wurde, nämlich die demokratische Idee, dass die großen und kleinen Gemeinden zusammen über ihre gemeinsamen Probleme beraten und über eine von allen gewählte ständige Exekutive handeln sollten. Ich brauchte lange, um zu verstehen, warum diese Idee – die heute selbstverständlich ist – der Mentalität der Juden vor dem Krieg so fremd war und warum sie Angst machte. Diese Angst hatte zwei Motive: erstens den von den Antisemiten verbreiteten Mythos eines »Weltjudentums«, der eine »Weltherrschaft« anstrebt; zweitens den Vorwurf der doppelten Treuepflicht, das heißt einer gespaltenen Loyalität. Auf den Mythos einer Verschwörung des Weltjudentums war die öffentliche und transparente Organisation der Gemeinden in einer Weltorganisation eindeutig die natürlichste Antwort. Dass man sich ganz offen vor den Augen der Welt organisierte, bewies, dass man nichts zu

verbergen hatte. Was die doppelte Treuepflicht bedeutete, so sagte Nahum Goldmann häufig, dass es keinen Menschen ohne mehrere Loyalitäten gebe: seiner Mutter, seinem Vater, seinem Kind, seiner Familie, seiner Religion, seinem Land usw. gegenüber. Das sind natürliche Bindungen. Die Nazis seien diejenigen, die nur eine einzige Loyalität akzeptieren würden, die – in ihrem extremen mythischen Nationalismus – nicht zugeben, dass der Mensch auch andere Pflichten als nur gegenüber seinem Volk hat. All das kommt uns heute sehr merkwürdig vor.
Die Situation sollte sich nach dem Krieg schnell ändern. Nach dem furchtbaren Leiden der Shoah betrachtete man diese ideologischen Kämpfe und die Spaltung der Juden als tragischen Hohn. Wären die Juden geeinter gewesen, hätte vieles vielleicht vermieden werden können.
Es war klar, dass die Gemeinden, die sich zu Verbänden organisiert hatten, in denen alle lokalen Gemeinden des Landes zusammengeschlossen waren, besser vorbereitet waren, dem Jüdischen Weltkongress beizutreten, als jene, die ideologisch gespalten waren und über keine einheitliche Vertretung verfügten. Ersteres war der Fall in der Schweiz, in Jugoslawien, in Bulgarien, in Italien und in den meisten europäischen Ländern. In Ländern wie Frankreich und den Vereinigten Staaten war die Situation anders, da jüdische Organisationen dort durch die strikte Trennung von Kirche und Staat frei gegründet werden konnten und in ihren Aktivitäten unabhängig waren. Das hatte eine große Zahl und eine große Vielfalt von Organisationen zur Folge, weswegen viele Jahre notwendig waren, um die Grundlagen für die Einheit der Gemeinde zu schaffen.
Die Lehre, die wir aus dieser Erfahrung zogen, war die Förderung der Gründung repräsentativer Organisationen, die alle Juden des Landes in einem Bund der lokalen Gemeinden oder in einem Zentralorgan zusammenfassten, in dem alle Bewegungen aller aktiven religiösen und ideologischen Richtungen zusammengeschlossen waren.
Während des Zweiten Weltkriegs wurden große Anstrengungen in dieser Richtung in Lateinamerika unternommen. Die Erste Panamerikanische Jüdische Konferenz 1941 in Baltimore war ein wichtiger Schritt. Sie brachte eine große Zahl jüdischer Organisationen Lateinamerikas mit den Vertretern des amerikanischen und kanadischen Judentums

zusammen. Sie zeigte auch deutlich die Schwäche der lateinamerikanischen Strukturen auf. Das veranlasste die Leitung des Kongresses, Dr. Yaacov Hellmann, der aus Riga (Lettland) stammte und eine Zeit lang jüdischer Abgeordneter im Parlament war, nach Lateinamerika zu schikken. Hellmann machte sich später als jüdischer Intellektueller und Journalist in Polen einen Namen, wo er von 1933 bis 1936 Chefredakteur der großen jiddischen Zeitung *Dos naje wort* war.

Nachdem er Osteuropa verlassen hatte, wurde er Ende 1939 zum Vertreter des Jüdischen Weltkongresses für ganz Lateinamerika mit Sitz in Buenos Aires ernannt. Hellmann entfaltete eine ungeheure Aktivität auf dem gesamten Kontinent und inspirierte mit seiner starken Persönlichkeit viele führende Männer. Es gelang ihm auch, in den meisten Ländern repräsentative Zentralorgane zu gründen.

Diese Arbeit hat die jüdischen Gemeinden Lateinamerikas eng mit der Organisation des Jüdischen Weltkongresses verbunden. Die Arbeit wurde immer intensiver, so dass 1959 die jüdischen Gemeinden in einem vierten regionalen Zweig der Exekutive des Jüdischen Weltkongresses in Lateinamerika gegründet wurde, der die Gemeinden von einundzwanzig Ländern des Kontinents umfasste. Dieser Zweig der Exekutive ergänzte die bestehenden Zweige in Nordamerika, Europa und Israel. Dieser Prozess führte schließlich zehn Jahre später zur Gründung des Lateinamerikanischen Jüdischen Kongresses, der repräsentativen Organisation aller Juden des Kontinents. Noch heute ist der Lateinamerikanische Jüdische Kongress eine wesentliche Säule des Jüdischen Weltkongresses.

Hellmann organisierte gleichzeitig unter allen lateinamerikanischen Gemeinden eine große Kollekte, um den gefährdeten Juden in Europa zu helfen. Dadurch konnte der Jüdische Weltkongress zu einem guten Teil seine Hilfsaktion für die Naziopfer finanzieren.

Eine weitere Initiative des Jüdischen Weltkongresses in New York verdient Erwähnung. Europa war stets das Rückgrat des Kongresses und das Hauptziel seiner Aktivitäten gewesen. Mit der Ausweitung des Krieges wurden die großen historischen Gemeinden schrittweise zum Schweigen verurteilt. Einer gewissen Zahl von Flüchtlingen gelang jedoch die Einreise in die Vereinigten Staaten. Einige von ihnen hatten eine wichtige Rolle in ihren Gemeinden gespielt.

Da das europäische Judentum in die Knechtschaft gestürzt worden war,

war es äußerst wichtig, dass seine im Exil lebenden führenden Persönlichkeiten als tatsächliche Vertreter handelten, bis die Gemeinden in den besetzten Ländern befreit worden und wieder in der Lage waren, ihre neuen Sprecher zu bestimmen. Daher wurden – schon Ende 1941 – repräsentative Komitees der jüdischen Gemeinden von achtzehn besetzten Ländern gegründet. Nach dem Vorbild der Exilregierungen entstanden Komitees, die aus hervorragenden Persönlichkeiten der verstummten jüdischen Gemeinden bestanden.
All diese Komitees bildeten einen Rat für die europäischen jüdischen Angelegenheiten und wurden bei allen Fragen, die ihre Länder betrafen, konsultiert. Die Komitees sammelten auch Gelder, um ihren Gemeinden zu helfen. Durch diese etwas gewagte Methode bewahrte der Kongress seine Repräsentativität für die zum Schweigen verurteilten Gemeinden.

Die Konferenz in Atlantic City

Während dieser ganzen Zeit hörte der Jüdische Weltkongress nicht auf, sich zu entwickeln. Seine große Sonderkonferenz in Atlantic City im November 1944 war in mancher Hinsicht repräsentativer als die Gründungsversammlung acht Jahre zuvor.
Denn die »War Emergency Conference« des Jüdischen Weltkongresses in Atlantic City versammelte zum ersten Mal seit Kriegsbeginn jüdische Vertreter aus dreiundzwanzig Ländern der fünf Kontinente und dazu Vertreter von sechzehn Gemeinden aus Ländern, die noch vom Rest der Welt abgeschnitten waren. Zweck der Notkonferenz war, über die Situation der Juden und die Zukunft des Judentums in der Welt zu diskutieren. Indem sie das politische Nachkriegsprogramm des jüdischen Volks formulierten, sollten uns die Erklärungen und Resolutionen der Konferenz von Atlantic City tatsächlich über mehrere Jahrzehnte hinweg als Richtschnur dienen, ein deutlicher Beweis für die Weitsicht und Kraft ihrer Vision. Das für den Augenblick dringlichste Problem war jedoch, sich verstärkt darum zu bemühen, die europäischen Juden zu retten. Diese Priorität in der letzten überaus kritischen Phase des Kriegs war übrigens der Grund dafür, dass ich nicht in Atlantic City war; ich musste in Genf bleiben, um alles in meiner Macht Stehen-

de für die Rettung der Juden zu versuchen. Das erklärt den Appell von Atlantic City an das jüdische Volk, gleichsam eine feierliche Pflicht den Millionen Märtyrern des Nazismus gegenüber, »seinen Beitrag zu den Kriegsanstrengungen an allen Fronten fortzusetzen und zu verstärken bis zur vollständigen Zerstörung des nazistisch-faschistischen Regimes«. Und das erklärt auch die Unterstützung »der Kräfte, die bei den Vereinten Nationen und im Geist der Atlantik-Charta für den Sieg der Prinzipien der Gerechtigkeit, der Freiheit und der Gleichheit in einer freien und demokratischen Welt kämpfen«, durch die Konferenz. In diesem Sinne forderte sie:

(a) die Verkündigung einer internationalen Erklärung der Menschenrechte, die den Bewohnern aller Länder ohne Unterschied der Abstammung, Nationalität, Rasse, Religion oder Sprache den vollen Schutz des Lebens und der Freiheit gewährt [...];

(b) völlige und unzweideutige Gleichberechtigung *de jure* und *de facto* für alle Bürger oder Untertanen in jedem Lande [...];

(c) das unveräußerliche Recht aller ethnischen und religiösen Gruppen, bei gleichem Schutz der Gesetze und – wo ein solches Regierungssystem besteht – gleicher Unterstützung seitens des Staates ihre kollektive Eigenart zu bewahren und zu pflegen;

(d) die Annahme und Verkündung nationaler Gesetze und entsprechender internationaler Rechtsakte, die antisemitische und antirassische Tätigkeit und ähnliche Handlungen der Aufreizung zu Rassen- und Religionshass zu strafrechtlichen Delikten und Vergehen gegen die öffentliche Ordnung erklären.

Unter dieser Perspektive waren viele weitere wichtige Punkte Gegenstand der Beratungen. So forderte die Konferenz die Anerkennung der spezifischen Bedürfnisse der Juden, nämlich:

(1) die Aufhebung und Nichtigerklärung aller gegen Juden gerichteten diskriminatorischen Maßnahmen und die volle Wiederherstellung ihrer Rechte und ihres Rechtsstatus;

(2) Anerkennung der besonderen Bedürfnisse des jüdischen Volkes bei der Anwendung der Hilfs- und Wiederaufrichtungsmaßnahmen im Rahmen des Wiederaufbauprogramms für die Nachkriegszeit;

(3) Festnahme, Aburteilung und Bestrafung aller derjenigen, die für die seit 1933 gegen Juden als solche und gegen das jüdische Volk begangenen Verbrechen als Anstifter oder Täter verantwortlich sind;

(4) Restitution und Wiedergutmachung der Schäden, die die noch bestehenden jüdischen Gemeinden und die einzelnen jüdischen Opfer durch nazistischen und faschistischen Raub und Mord erlitten haben;

(5) die Anerkennung des Grundsatzes, dass das jüdische Volk ein Recht auf eine kollektive Wiedergutmachung der materiellen und moralischen Verluste hat, die das jüdische Volk, seine Institutionen oder einzelne Juden, die weder selbst noch durch ihre Erben ihre individuellen Ansprüche geltend machen können, erlitten haben;

(6) die Errichtung Palästinas als jüdisches Commonwealth.

Zwei Auszüge aus Reden – die eine gehalten von A. Leon Kubowitzki und die andere von Nahum Goldmann – scheinen mir die enorme Verantwortung, die die Konferenz des Jüdischen Weltkongresses in Atlantic City trug, besonders gut zu verdeutlichen.

Hinsichtlich der Anstrengungen, die unternommen wurden, um die europäischen Juden zu retten, erklärte der damalige Generalsekretär Kubowitzki: »Unsere Aufgabe wird beendet sein, wenn der letzte Jude vor der deutschen Barbarei gerettet sein wird.« Und Nahum Goldmann schloss mit der folgenden bewegenden Botschaft: »Wir sind eine Generation, deren eine Hälfte verurteilt war zuzusehen, wie die andere Hälfte vernichtet wurde, ohne ihr helfen zu können [...] eine Generation, die noch immer die gesegnetste werden kann, wenn sie die Rolle spielt, zu der die jüdische Geschichte sie beruft, und ihrer Verantwortung nachkommt, die darin besteht, den Weg der tragischen Vergangenheit über die ungewisse Gegenwart in eine neue Zukunft zu öffnen.«

Gleich nach Kriegsende kamen im August 1945 in London alle jüdischen Gemeinden Europas zusammen. Das war umso bewegender, als die führenden jüdischen Persönlichkeiten des Widerstands in all diesen Ländern über ihre schrecklichen Erfahrungen sprachen, unter ihnen Kämpfer des Warschauer Ghettos wie Antek Cukierman und Cyvia Lubetkin.

Während wir auf eine neue Vollversammlung warteten, die allein imstande war, die neuen Strukturen des Kongresses festzulegen, wurde beschlossen, ein europäisches Sekretariat zu gründen, das die Arbeit des Kongresses in Europa durchführen sollte. Mehrere Mitglieder der Britischen Sektion, vor allem Dr. Noah Barou, Alec Easterman und ich, wurden zu Mitgliedern dieses europäischen Sekretariats bestimmt. Und auch der Leiter des neuen Büros in Paris, Sylvain Cahn-Debré, stieß zu uns. Ich selbst wurde mit den Problemen der Organisation und Koordination des europäischen Sekretariats beauftragt.

Die Vollversammlung in Montreux

In den ersten Nachkriegsjahren galten unsere Hauptaktivitäten der Reorganisation der Gemeinden, der Beseitigung der letzten Vergehen der Nazizeit, dem Wohlergehen von Hunderttausenden von Displaced Persons in den Lagern und ihrer Zukunft, der Unterstützung der Gründung des jüdischen Staats und den ersten Schritten im Kampf für die Ausarbeitung einer Menschenrechtscharta der UNO. Ich beteiligte mich aktiv an all diesen Bemühungen. Gleichzeitig bereiteten wir uns auf die Zweite Vollversammlung des Kongresses vor, die Ende Juni 1948 in Montreux stattfinden sollte. Diese Vollversammlung war eine der eindrucksvollsten des Kongresses und auch eine der wichtigsten. Ich war mit der technischen Vorbereitung der Versammlung beauftragt und lud Stephen Roth vom Londoner Büro ein, diese Verantwortung mit mir zu teilen.

Es war damals der Beginn der Spannungen zwischen Ost und West, das Vorspiel des Kalten Krieges. Die Vollversammlung gab uns die Gelegenheit, alle Gemeinden Osteuropas mit Ausnahme Russlands an diesem umfassenden Treffen teilnehmen zu lassen, das heißt die Gemeinden Bulgariens, Ungarns, Polens, Rumäniens, der Tschechoslowakei und Jugoslawiens. Das war ein gewaltiger Erfolg, der sich für lange Zeit nicht wiederholen sollte.

Seit Kriegsende hatten wir uns intensiv bemüht, Kontakte mit diesen Ländern zu pflegen. Unsere Verbundenheit mit diesen Gemeinden war vor allem der Ausdruck des tiefen Schmerzes für alle, die verschwunden waren. Und wir wollten auch unsere Verbundenheit mit ihren großen Traditionen zeigen. Vor allem aber wollten wir versuchen, ein jüdisches Leben in diesen Ländern, ganz gleich unter welchem Regime, aufrechtzuerhalten.

Die Delegationen der Länder des Ostens vertraten Gemeinden, die die Shoah grausam dezimiert hatte. Sie waren offiziell von den Behörden ihrer Länder »ermächtigt« worden und schlossen eine Reihe von jüdischen Kommunisten mit ein. Das führte zu bisweilen heftigen politi-

schen und ideologischen Diskussionen während dieser Vollversammlung.
Das andere bedeutsame Element der Vollversammlung in Montreux war die Tatsache, dass sie sechs Wochen nach der Ausrufung des Staates Israel stattfand und dass ein Mitglied der gerade gebildeten israelischen Regierung, David Remez, eine Grußadresse an sie richtete. Sie war übrigens das erste wirklich bedeutende Nachkriegstreffen zwischen den Juden des Ostens und denen des Westens. Es sollte die Grundlagen für die neue Zusammenarbeit zwischen allen Gemeinden schaffen. Zu diesem Zweck wurde die neue Verfassung der Organisation erarbeitet und verabschiedet. Es ist tröstlich festzustellen, dass es der Vollversammlung trotz aller Meinungsverschiedenheiten und politischer Spannungen gelang, sich auf ein Programm und klar definierte Ziele zu einigen.
Wir wählten in Montreux eine neue Exekutive aus etwa fünfzig Personen aus sechzehn Ländern in verschiedenen Kontinenten, an deren Spitze Stephen Wise und Nahum Goldmann standen. Wir wollten auch einen Vertreter Osteuropas in unsere Exekutive aufnehmen. Unsere Wahl war auf Dr. Albert Vajs, den Präsidenten des Bundes der Jüdischen Gemeinden Jugoslawiens, gefallen, den wir sehr schätzten. Professor Vajs lehnte jedoch mit der Begründung ab, aufgrund der gerade stattfindenden Veränderungen in der politischen Szene Jugoslawiens könne er die Wahl nicht annehmen, da er nicht wisse, welche Situation ihn bei seiner Rückkehr in sein Land erwarte. In der Tat hatte sich Tito, während wir in Montreux tagten, in einem spektakulären und gewagten Akt von der UdSSR und dem kommunistischen Block getrennt.
In Anerkennung der Dienste, die ich während des Krieges geleistet hatte, und der Rolle, die ich im europäischen Sekretariat spielte, wurde ich ebenfalls in die Exekutive gewählt.
Abschließend muss ich daran erinnern, dass Montreux das letzte Treffen des Kongresses war, an dem Stephen Wise teilnahm. Er war schwer krank. Mehr als einmal, besonders in einer Nacht, hatten wir alle Angst, dass ihm etwas passieren könnte. In einer bewegenden Abschiedsrede verabschiedete er sich von den Kongressmitgliedern. Stephen Wise erinnerte dabei an zwei große Erfahrungen seines Lebens, die ihn zutiefst geprägt hatten.
Die erste war die Begegnung mit Theodor Herzl auf dem Zweiten Zionistischen Kongress 1898. Er erinnerte daran, dass Herzl ihm bei dieser

Gelegenheit gesagt habe, dass er nicht mehr lange genug leben würde, um den jüdischen Staat zu sehen, dass aber er, Wise, der viel jünger sei, ihn eines Tages sehen werde. Ein paar Wochen nur nach der Gründung des Staates berührte diese Erinnerung uns alle sehr stark.
Die zweite große Erfahrung seines Lebens, an die Wise erinnerte, war sein Besuch 1936 in Warschau, wohin er gereist war, bevor er an der Gründungsversammlung des Kongresses in Genf teilnahm. Seine Begegnung mit den Gemeinden Polens hatte ihn tief beeindruckt und ihm die Lebendigkeit, den geistigen und kulturellen Reichtum und auch den Stolz der jüdischen Massen Osteuropas vor Augen geführt. Es war eine ergreifende Hommage an das so tragisch dezimierte jüdische Leben.

Die Ausweitung des jüdischen Weltkongresses

Die israelische Vertretung auf dem Jüdischen Weltkongress

Die Gründung des Staates Israel stellte uns vor ein Problem, das unsere eigene Organisation betraf. Auf welche Weise sollten die Juden des neuen Staats im Jüdischen Weltkongress vertreten sein? Es muss daran erinnert werden, dass die Juden Palästinas bereits 1936 an der Gründungskonferenz des Jüdischen Weltkongresses teilgenommen hatten. Die Juden waren damals von dem Vaad Leumi, dem Nationalrat, dem demokratisch gewählten repräsentativen Organ der Juden Palästinas, vertreten worden. Dieser war jedoch mit der Gründung des jüdischen Staates verschwunden, was zu einer veränderten Situation führte. Es war nicht leicht, eine adäquate Lösung für dieses Problem zu finden. Manche waren der Meinung, dass die in die Knesset gewählten Parlamentarier diese Rolle sehr gut übernehmen konnten; andere schlugen vor, die Stadträte der großen jüdischen Städte sollten die israelischen Delegierten für die Gremien des Kongresses wählen. Und das waren keineswegs alle Vorschläge.
In Israel wie im Jüdischen Weltkongress wurde in langen Diskussionen versucht, eine gute Vertretung zu finden – was nicht selbstverständlich war. Man darf nicht vergessen, dass die Abgeordneten und die Stadträte in Israel von allen gewählt wurden, also nicht unbedingt die jüdischen Bevölkerungsgruppen Israels vertraten. Die Diskussionen führten schließlich zu einem etwas hybriden System, das niemanden vollkommen befriedigte, das aber bis heute in Gebrauch ist und sich bewährt hat.
Dieses System sieht wie folgt aus: Die politischen Parteien Israels bilden nach jeder allgemeinen Wahl eine Exekutive, in der sie entsprechend den Verhältnissen im israelischen Parlament vertreten sind. Diese Formel hat den Vorteil, eine Vertretung zu garantieren, die den politischen Meinungen der Juden Israels entspricht; der Nachteil ist allerdings, dass sie lediglich zu einem getreuen Abbild der politischen Kräfte führt, das die Probleme kultureller oder sozialer Art vernachlässigt.

Gerhart M. Riegner mit Nahum Goldmann. Washington, 1977.

Es mussten also Korrektive – Nationalrat, Kommissionen, Räte – gefunden werden, in denen die Verantwortlichen des kulturellen und sozialen Lebens an der Arbeit beteiligt werden konnten, und Regeln hinzugefügt werden, die den kleinen politischen Parteien eine minimale Vertretung in den Gremien des Kongresses sicherten.

Ganz allgemein kann man sagen, dass seit 1959 überall der Wunsch nach einer gewissen Dezentralisierung des Jüdischen Weltkongresses bestand, die einzige Möglichkeit, unabhängiger vor allem auf regionaler Ebene zu arbeiten, was bedeutete: eine Gruppe für Nordamerika, die die Vereinigten Staaten, Kanada und Mexiko umfasst; eine Gruppe für Lateinamerika (bestehend aus den Gemeinden von zweiundzwanzig Staaten des südamerikanischen Kontinents und Mittelamerikas); eine europäische Gruppe und ein israelischer Zweig. Weitere regionale Zweige sollten später eine angemessene Vertretung bekommen.

Gerhart M. Riegner mit Henry Kissinger, Nahum Goldmann, Philip Klutznick. Washington, 1977.

Die Ausweitung in den Vereinigten Staaten

In den Nachkriegsjahren wurde der Jüdische Weltkongress jedoch in den Vereinigten Staaten mit besonders schwierigen Organisationsproblemen konfrontiert. Die Umwandlung des Amerikanischen Jüdischen Kongresses in eine Organisation mit individuellen Mitgliedern hatte tiefreichende Gründe, die vor allem mit dem Generationenwechsel und der Entwicklung der Mentalitäten zusammenhingen. Gleichzeitig begannen sich die amerikanischen Juden damals der Tatsache bewusst zu werden, dass sie aufgrund der Schwächung des jüdischen Lebens in Europa eine entscheidende Rolle vor allem in Hinblick auf Israel zu spielen hatten.

All dies erlaubte dem Amerikanischen Jüdischen Kongress nicht, seine einigende Rolle für die Organisationen weiterzuspielen. Diese behaupteten sich immer stärker durch die Vielfalt ihrer Zielsetzungen. Der Amerikanische Jüdische Kongress entschied sich daher gezwungenermaßen für ein System des individuellen Beitritts. Dadurch unterschied er sich kaum noch von den anderen Organisationen, was zu einer paradoxen Situation führte: Obwohl die Vereinigten Staaten zur größten jüdischen Gemeinde der Welt geworden waren, war der Jüdische Weltkongress dort am schwächsten vertreten.

Auf seine manchmal etwas brüske Art, Entscheidungen zu treffen, versuchte Nahum Goldmann daraufhin, den Jüdischen Weltkongress durch eine Art Super-Kongress ablösen zu lassen; er dachte an eine Instanz, die auf eine größere Zustimmung bei den amerikanischen Organisationen stoßen würde und wichtige Organisationen an sich binden sollte, die bislang nicht in ihm vertreten waren. Alle sollten jedoch dem Grundsatz zustimmen, dass die neue Organisation über eine Exekutive verfügen sollte, die ermächtigt wäre, eine ähnliche Rolle wie die Exekutive des Jüdischen Weltkongresses zu spielen. All dies führte nach jahrelangen Verhandlungen zur Gründung der World Conference of Jewish Organizations, allgemein bekannt als »Cojo«, die eine engere Zusammenarbeit des Jüdischen Weltkongresses mit einigen anderen Organisationen gewährleistete. Ich war der einzige, der sich der Gründung der »Cojo« heftig widersetzte, weil ich der Ansicht war, dass wir uns nicht genügend bemüht hatten, manche Organisationen zu überzeugen, sich uns anzuschließen. Aber ich stand mit meiner Meinung allein; die spätere Entwicklung sollte mir Recht geben.

Manche Initiativen der »Cojo« waren jedoch auch positiv, wie etwa das gemeinsam dem Vatikan während des Zweiten Vatikanischen Konzils zugeleitete Memorandum oder die gemeinsame Organisation einer bedeutenden internationalen Konferenz über die großen Probleme der jüdischen Erziehung. Dennoch wurde die »Cojo« mit der Zeit immer überflüssiger, da die Organisationen, die sie bildeten, nach und nach dem Jüdischen Weltkongress beitraten.

1963 wurde eine Amerikanische Sektion des Jüdischen Weltkongresses in den Vereinigten Staaten gegründet, die zusammen mit dem Amerikanischen Jüdischen Kongress von zwölf nationalen jüdischen Organisationen gebildet wurde.

Ein weiterer Faktor in der Organisation und Kooperation der amerikanischen jüdischen Gemeinden beeinflusste die Position des Jüdischen Weltkongresses in den Vereinigten Staaten: Gegründet auf Initiative von Nahum Goldmann, verwandelte sich die Konferenz der Präsidenten der großen jüdischen Organisationen Amerikas praktisch in die Kon-

Gerhart M. Riegner mit den Abteilungsleitern des Jüdischen Weltkongresses. Straßburg, 1965. Von links nach rechts: Aaron Steinberg, Gerhart M. Riegner, Alec Easterman, Maurice Perlzweig, Joseph Linton.

ferenz dieser Organisationen. Die Konferenz der Präsidenten beschloss, ihre Aktion, die sich ursprünglich auf die amerikanisch-israelischen Beziehungen beschränkte, auf alle jüdischen Probleme auszuweiten, die sich außerhalb der Vereinigten Staaten stellten. Gleichzeitig fasste die Konferenz eine enge Zusammenarbeit mit dem Jüdischen Weltkongress ins Auge und schickte insbesondere eine große Delegation zur Fünften Vollversammlung des Jüdischen Weltkongresses in Brüssel 1966. Seit dieser Vollversammlung hat die Bedeutung des Jüdischen Weltkongresses in den Vereinigten Staaten stark zugenommen. Zwei Initiativen trugen wesentlich dazu bei.

Einerseits überzeugte Nahum Goldmann die Leitung der Hadassah, der renommierten Organisation, in der mehr als 350 000 amerikanische jüdische Frauen zusammengeschlossen waren, dem Jüdischen Weltkongress beizutreten. Goldmanns zionistische Politik war in der Hadassah außerordentlich beliebt, und sie unterstützte ihn nach Kräften. Als die Hadassah ihre Vertretung in der Exekutive der Jewish Agency wechseln wollte – ihre Präsidentin Rose Halprin übte dort seit vielen Jahren mit großem Geschick hohe Funktionen aus –, schlug Nahum Goldmann eine Lösung vor, die vorsah, ihr wichtige Verantwortungen innerhalb des Jüdischen Weltkongresses zu übertragen. Und so wurde die Hadassah Mitglied der amerikanischen Sektion.

Und noch ein zweiter Beitritt zur amerikanischen Sektion verlieh dem Jüdischen Weltkongress eine neue Dimension: derjenige der Union of Orthodox Jewish Congregations of America. Die Rabbiner Joseph Karasick und Samson Weiss, die – im Namen der Union – als Beobachter an der Sitzung der Exekutive 1965 in Straßburg und im Jahr darauf an der Vollversammlung in Brüssel teilgenommen hatten, waren zutiefst beeindruckt von der Persönlichkeit Nahum Goldmanns und von der Ernsthaftigkeit unserer politischen Arbeit. Während eines langen Privatgesprächs machte ich den beiden Vertretern der Union klar, dass es, wenn sie Nahum Goldmanns Politik wirklich unterstützen wollten, ein wirksames Mittel gäbe: dem Jüdischen Weltkongress beizutreten; ich beobachtete aber ein deutliches Zögern bei ihnen. Nahum Goldmann wurde als Erster davon überrascht, als die beiden amerikanischen jüdisch-orthodoxen Führer ihm am übernächsten Tag ihre Entscheidung mitteilten, dem Jüdischen Weltkongress beizutreten. Diese Geste war natürlich an sich schon von großer Tragweite, aber sie hatte auch das bemerkenswerte Verdienst, die anderen großen jüdischen religiösen Bewegungen in den Vereinigten Staaten zu veranlassen, sich dem Jüdischen Weltkongress anzuschließen. So traten also auch die Union of American Hebrew Congregations, die repräsentative Organisation der Reform, die United Synagogue, das Zentralorgan der konservativen Kongregationen und die Reconstructionist Foundation sowie die Rabbinerorganisationen und die Frauenorganisationen der verschiedenen jüdischen religiösen Richtungen dem Kongress bei. Das bedeutete ein Wachsen der Organisation um mehrere Millionen Menschen. Dadurch wurde der Jüdische Weltkongress ein maßgeblicher Faktor in der amerikanischen Szene. Mit der Zeit machte sich dieser Zuwachs an Prestige und Einfluss des Kongresses weit über die Vereinigten Staaten hinaus bemerkbar, vor allem in Großbritannien (Beitritt des Board of Deputies of British Jews) und schließlich in Frankreich, wo der Conseil représentatif des institutions juives de France (Crif) nach langen Diskussionen dem europäischen Zweig des Jüdischen Weltkongresses beitrat. Gleichzeitig entwickelte sich eine enge Zusammenarbeit zwischen dem Kongress und der Jewish Agency. Diese Zusammenarbeit kam insbesondere in der Vertretung von Delegierten der Jewish Agency in der Exekutive des Jüdischen Weltkongresses zum Ausdruck.

Die südafrikanische jüdische Gemeinde und der Kongress

Die große Jüdische Gemeinde der Südafrikanischen Union hielt sich lange fern von der Bewegung des Jüdischen Weltkongresses. Sie folgte der Linie des Board of Deputies of British Jews, der repräsentativen Organisation der britischen Juden. Doch als diese Organisation 1974 schließlich Mitglied des Jüdischen Weltkongresses wurde, kam der South African Jewish Board of Deputies, die repräsentative Organisation der südafrikanischen Juden, auf uns zu und wollte dem Beispiel der britischen Juden folgen, was gewisse Schwierigkeiten mit sich brachte. Die internationale Gemeinschaft bekämpfte damals immer stärker die Politik der Apartheid und ächtete Südafrika; davon waren sogar die nichtstaatlichen internationalen Organisationen betroffen, die die Apartheidpolitik des herrschenden Regimes nicht eindeutig verurteilt hatten.
Wir befanden uns daher in einer schwierigen Lage, denn einerseits hatten sich zwar zahlreiche bedeutende Juden der südafrikanischen Gemeinde der Anti-Apartheid-Bewegung in ihrem Land angeschlossen und waren manchmal ihre Sprecher, andererseits jedoch hatte die repräsentative Organisation der südafrikanischen Juden niemals gewagt, Stellung zu beziehen, sondern erklärt, es sei an jedem Einzelnen, sich individuell zu der Frage zu äußern. Die offiziellen jüdischen Führungspersönlichkeiten Südafrikas befanden sich natürlich in einer misslichen Lage: Sie hatten es mit einer Macht zu tun, die während des Zweiten Weltkriegs und bereits vorher häufig ihre Sympathie für die Nazis bekundet hatte. Daher konnten sie nicht völlig frei in der Rassenfrage Stellung beziehen.
Die repräsentativsten südafrikanischen Rabbiner, sowohl diejenigen, die der Bewegung der Orthodoxie, als auch diejenigen, die dem liberalen Flügel angehörten, bewiesen dagegen großen Mut. Viele von ihnen hatten die Apartheid nachdrücklich verurteilt.
Angesichts der Gefahr, bestimmte beratende Funktionen innerhalb des Systems der Vereinten Nationen zu verlieren, bestand kein Anlass, hin-

sichtlich der Aufnahme der südafrikanischen Juden in den Kongress ungeduldig zu sein. Unter diesen Umständen entschied ich mich fürs Abwarten. Übrigens spürten die südafrikanischen Juden, die ein paar Jahre lang als Beobachter zu den Treffen des Kongresses gekommen waren, sehr deutlich, dass wir es nicht besonders eilig hatten, sie als vollwertige Mitglieder aufzunehmen. Erst als der South African Jewish Board of Deputies – der zu einem nationalen Kongress zusammengekommen war – eine von der jüdischen Studentenunion des Landes vorgeschlagene Resolution verabschiedete, die die Apartheidpolitik eindeutig verurteilte, gab ich als Generalsekretär des Kongresses meinen Widerstand gegen den Beitritt der südafrikanischen Juden in den Jüdischen Weltkongress auf.

Osteuropa

Der Kalte Krieg hat es den jüdischen Gemeinden Osteuropas nicht leichtgemacht, ihre Zugehörigkeit zum Jüdischen Weltkongress aufrechtzuerhalten. Wie bereits erwähnt, hatten diese Gemeinden auf der Zweiten Vollversammlung 1948 auf beeindruckende Weise ihre Verbundenheit bewiesen. Unter dem Druck ihrer Behörden konnten manche von ihnen für lange Zeit nicht im Kongress bleiben. In Wirklichkeit variierten ihre Beziehungen zum Jüdischen Weltkongress je nach Ära und Land. Diese Schwierigkeiten veranlassten uns, unseren Einsatz für die Gemeinden Osteuropas noch zu verstärken, womit wir schließlich auch Erfolg hatten.
Ich habe bereits die Situation der Juden in der Sowjetunion geschildert: unsere langen Kämpfe für ihre allgemeine Gleichberechtigung und insbesondere für ihre religiösen und kulturellen Rechte. Wir gaben niemals die Hoffnung auf, dass sie sich eines Tages dem Jüdischen Weltkongress anschließen würden. Doch erst als Gorbatschow an die Macht kam, wurde ihre Befreiung Wirklichkeit, und sie konnten dem Jüdischen Weltkongress beitreten.

Angegliederte Bewegungen

Der Jüdische Weltkongress wird von repräsentativen Organisationen der jüdischen Gemeinden gebildet. Ihre Aufnahme in den Kongress geschieht auf territorialer Grundlage. Allerdings versuchten auch zahlreiche auf internationaler Ebene organisierte jüdische Bewegungen vom Kongress anerkannt zu werden und ihm anzugehören sowie Einfluss in ihm auszuüben. Dies waren einerseits Verbände, die auf der Grundlage der gemeinsamen Herkunft ihrer Mitglieder gegründet worden waren, wie der Sephardische Weltbund, der Weltbund der polnischen Juden, der ungarischen Juden usw. und andererseits Verbände, die nach dem Kriterium der Berufszugehörigkeit gebildet worden waren, wie die Internationale Vereinigung der jüdischen Juristen oder der Weltbund der jüdischen Journalisten.
Zu diesen internationalen jüdischen Bewegungen werden auch die Gruppen gezählt, die zum Zweck der Vertretung gemeinsamer Interessen gegründet wurden, wie der Weltbund der Veteranen, Partisanen und Lagerinsassen oder der Weltbund der jüdischen Studenten. Dazu gehören außerdem wichtige Bewegungen, in denen sich die jüdischen Frauen zusammengeschlossen haben, wie der Internationale Rat der jüdischen Frauen und die Women's International Zionist Organization (»Wizo«). Die ideologischen zionistischen Bewegungen gründeten ebenfalls internationale Verbände, die ihre Mitglieder in der Diaspora vereinigten. Diese ganze Welt spielt eine wichtige Rolle in der öffentlichen Meinung. Manche Vereinigungen haben einen starken Einfluss auf die Entwicklung von Ideen. Daher bemühte ich mich, diese aktiven Bewegungen in die Aktivitäten des Kongresses einzubinden und doch zugleich das für seine Bildung grundlegende territoriale Prinzip zu respektieren. Zu diesem Zweck gründeten wir im Kongress die Kategorie der angegliederten internationalen Organisationen (*associated international organizations*), die all diesen Gruppen eine gewisse Vertretung, vor allem in den Vollversammlungen, garantiert. Auf diese Weise genießt das vom Jüdischen Weltkongress vertretene Konzept der Einheit des jüdischen Volkes die Unterstützung der Gesamtheit dieser Bewegungen. Außerdem kann der Jüdische Weltkongress nicht nur ihren guten Willen für sein politisches Handeln mobilisieren, sondern profitiert auch von ihren besonderen Kompetenzen. Mit einem Wort, diese

– wahrhaft universelle – Unterstützung stärkte deutlich die Position und die Glaubwürdigkeit des Kongresses.
Man erlaube mir, näher auf einige Aspekte meines Beitrags zur Entwicklung und Erweiterung des Jüdischen Weltkongresses einzugehen. Nachdem ich 1936 in den Jüdischen Weltkongress eingetreten war, wurde ich 1939 Direktor in Genf. Nach Kriegsende wurde ich Mitglied des Sekretariats für Europa und 1948 in die Weltexekutive gewählt. 1959 wurde ich offiziell zum Koordinator des Kongresses ernannt, bevor ich 1965 zu seinem Generalsekretär gewählt wurde, eine Position, die ich bis 1983 innehatte. Wenn ich erst relativ spät Generalsekretär wurde, so geschah dies aus Rücksicht auf gewisse Empfindlichkeiten unter den Verantwortlichen, die hohe Ämter bekleideten und deutlich älter als ich waren. Das hinderte mich allerdings nicht daran, einen starken Einfluss auszuüben.
Ich nahm meine Aufgabe immer sehr ernst und identifizierte mich überaus stark mit dem Kongress, den ich mir stets – mit all meiner Energie – in seinen fernen Zielen wie in seiner täglichen Arbeit ehrgeizig und strahlend wünschte. Den Kurs bestimmen und ihn zu halten verlangt in jedem Augenblick Anstrengungen und Korrekturen.
In der ganzen Zeit dieser intensiven Aktivitäten – die in Wirklichkeit mein gesamtes Berufsleben ausmachten, dem auch mein Privatleben in hohem Maße unterworfen war – besuchte ich die jüdischen Gemeinden überall in der Welt. Natürlich waren das offizielle Besuche, vor allem aber verfolgten sie, auf menschlicher Ebene, das Ziel, für die jüdischen Gemeinden da zu sein und ihre Probleme zu verstehen. Und das war nur durch enge und vertrauensvolle Kontakte mit den Menschen möglich, die die Bande, die sie mit der Gesamtheit der anderen Gemeinden und mit dem Jüdischen Weltkongress verbanden, sehr konkret spüren mussten. Es ging tatsächlich darum, ein ganzes Netz neu zu knüpfen oder aufzubauen.
Ich war stets von dem unbeirrbaren Wunsch erfüllt, für jedermann zugänglich zu sein. Für mich war das eine unerlässliche Bedingung für die Mission des Kongresses: offen zu sein für alle, unabhängig von allen Schwierigkeiten und zeitlichen Zwängen, mit denen man bisweilen zu kämpfen hatte.
Vielleicht sollte ich in diesem Zusammenhang an die Rede erinnern, die Nahum Goldmann hielt, als mir die Verdienstmedaille des Kongresses

verliehen wurde. Goldmann bezeichnete mich als einen der besten Kenner der jüdischen Gemeinden, »vertraut mit ihren Problemen wie sonst niemand«. Das erfüllt mich noch heute mit großem Stolz, da ich mir bewusst bin, dass die Gemeinden im Alltag das Blut des Judentums sind. Allerdings zirkulierte dieses Blut nicht immer genügend, wenn beispielsweise die Rivalität mancher Gemeinden – im Einklang mit den ehrgeizigen Plänen ihrer Städte – Probleme bereitete und die Harmonie ihrer Beziehungen gefährdete. Dies galt etwa für die Gemeinden von Melbourne und Sydney oder von Rio und São Paulo ... Um diese Streitigkeiten zu schlichten und wieder ein gewisses Einvernehmen herzustellen, musste ich häufig große Flexibilität und sehr viel Fingerspitzengefühl beweisen. Das zeigt, dass es nicht genügte, ein tüchtiger Organisator zu sein, man musste auch ein geschickter Diplomat sein. Dabei achtete ich darauf, dass jeder, wenn es nötig war, direkten Zugang zum Präsidenten hatte. So wurde die Fähigkeit des Kongresses, auf höchster Ebene für andere da zu sein, unabhängig davon, wie viel zusätzliche Präsenz das für seine führenden Persönlichkeiten bedeutete, häufig auf die Probe gestellt.

Es ist interessant festzustellen, dass der Einsatz von Neuerungen und fortschrittlichen Entwicklungen keineswegs so selbstverständlich war, wie es rückblickend scheinen mag. So führte ich bereits 1953 bei den großen Konferenzen das System der Simultanübersetzung ein. Die Transparenz der Sprachen schien mir immer ein wesentlicher Faktor für das Verständnis zwischen den Menschen, und das gilt für die Juden ebenso wie für alle anderen, eine Tatsache, die nicht unterschätzt werden darf. Bis 1948 wurde das Jiddische – als *lingua franca* – von fast allen Delegierten verstanden. Dann wurde nach und nach das Englische die dominierende Sprache. Viele meinen, dass eines Tages das Hebräische an seine Stelle treten wird. Es ist übrigens erstaunlich, wie groß hinsichtlich des Vordringens des Englischen oder dessen, was es ersetzt, die Kluft zwischen den Generationen ist: Die alte, die das Jiddische benutzte, wurde unaufhaltsam von der neuen, dem Angelsächsischen zugewandten hinweggefegt.

Ich bin stets ein guter Organisator gewesen. Mein Organisationstalent lässt mich unter jeder Unordnung in meiner Privatsphäre und in meinem beruflichen Umfeld leiden. Dieser Aspekt meiner Persönlichkeit ist anscheinend häufig wahrgenommen worden. In diesem Zusammenhang erlebte ich während einer Konferenz des Kongresses in Genf eine amüsante Geschichte. Israel Sieff, der damals der Leiter der berühmten Kette Marks and Spencer und eine einflussreiche, auch großzügige Persönlichkeit des Jüdischen Weltkongresses (er war damals sein Vizepräsident) war, erklärte mir, dass ihn die Organisation der Konferenz so beeindruckt habe, dass er bereit sei, mir die Leitung einer seiner Filialen irgendwo in der Welt anzuvertrauen. »Sie können sich aussuchen, welche der hundertzwanzig Filialen Sie am meisten reizt!« Da ich wusste, dass jede von ihnen einen sagenhaften Umsatz machte, war ich von dem Angebot sehr geschmeichelt; ich dankte ihm dafür, fügte aber hinzu: »Wenn ich am Geld interessiert wäre, wäre ich heute Bankier und nicht Generalsekretär des Jüdischen Weltkongresses.« Dennoch betrachte ich dieses Angebot, so überraschend es für mich damals war, noch immer als das netteste Kompliment, das mir jemals im Kongress gemacht wurde.

Ich möchte noch auf einen anderen Aspekt meiner Arbeit hinweisen. Ich hatte das Glück, in Nahum Goldmann einen Chef von ungewöhnlicher geistiger Offenheit zu haben. Die Weite seiner Vision ließ ihn stets das Wesentliche jeder Frage erkennen, ohne dass er sich in Einzelheiten verlor. Und das Vertrauen, das er mir bewies, erlaubte mir eine große Unabhängigkeit, ohne die ich übrigens, als einfacher Beamter, wohl nicht beim Jüdischen Weltkongress geblieben wäre. Diese Unabhängigkeit und die Vielfalt der Herausforderungen, mit denen der Jüdische Weltkongress immer wieder konfrontiert wurde, mussten mich einfach stimulieren. Und das sind letztlich die entscheidenden Faktoren, die dafür verantwortlich sind, dass ich dem Jüdischen Weltkongress sechzig Jahre meines Lebens gewidmet habe.

Nahum Goldmann akzeptierte und übernahm bereitwillig meine Ideen. Unsere ganze Arbeit war darauf gerichtet, die politischen Entwicklungen vorwegzunehmen, die Zukunft vorherzusehen und die jüdischen Gemeinden auf die Situationen vorzubereiten, die sie erwarteten. Zu diesem Zweck schufen wir spezielle Strukturen, damit sich die Stimme der Jugend bei unseren Beratungen Gehör verschaffen konnte und damit ihre Vertreter zu verantwortlichen Führungspersönlichkeiten ihrer Gemeinden heranreifen konnten.

Die Ziele neu formulieren

Die tiefen gesellschaftlichen Umwälzungen und die Veränderungen, die in der Situation der Juden in der Welt eingetreten sind, verlangten auch, dass man neu über die Ziele, über die Mittel, wie man sie erreichen kann, und über die Funktion, die dem Jüdischen Weltkongress dabei zukommt, nachdachte. Die Rolle des Kongresses, der im Zentrum des jüdischen Lebens steht, wurde ein entscheidender dynamischer Faktor in dieser Entwicklung.

Die Zeit der Shoah – in der das Überleben das oberste Gebot unserer Aktivitäten war – neigte sich ihrem Ende zu. Die Epoche, die nun anbrach, war geprägt vom wiedererstarkten Wunsch zu leben und die jahrtausendealte, in höchstem Maße schöpferische Mission des jüdischen Volkes fortzusetzen. Zugleich wurde die Zeit auch stark stimuliert durch die Entstehung des Staates Israel und die immer zentralere Rolle, zu der er berufen war.

In diesem Geist überarbeiteten wir 1975 auf der Sechsten Vollversammlung die Verfassung des Jüdischen Weltkongresses. Die Ziele, die er sich für die Zukunft setzte, berücksichtigen diese Entwicklung und benennen die Prioritäten, zu denen die neue Situation uns zwang:

> Der Jüdische Weltkongress hat das Ziel, die Einheit des jüdischen Volkes zu fördern, sich für die Verwirklichung seiner Ziele einzusetzen und die Kontinuität und Entwicklung seines religiösen, geistigen, kulturellen und sozialen Erbes zu gewährleisten; zu diesem Zweck bemüht er sich:
>
> – die Verbundenheit des Weltjudentums mit Israel als zentraler schöpferischer Kraft im jüdischen Leben zu intensivieren und die Solidarität zwischen den jüdischen Gemeinden der ganzen Welt zu stärken;
>
> – die Rechte, den Status und die Interessen der Juden und der jüdischen Gemeinden zu sichern und überall dort zu verteidigen, wo sie geleugnet, verletzt oder bedroht werden;
>
> – die schöpferische Entwicklung des sozialen, religiösen und kulturellen jüdischen Lebens überall in der Welt zu fördern und zu unterstützen;

Gerhart M. Riegner erhält die Ehrendoktorwürde des Jewish Theological Seminary of America. New York, Mai 1982.

– die Bemühungen der jüdischen Gemeinden und Organisationen auf dem Gebiet der politischen, wirtschaftlichen, sozialen, religiösen und kulturellen Probleme des jüdischen Volkes zu koordinieren;
– die Mitgliedsgemeinden und -organisationen zu vertreten und sich in ihrem Namen bei den Regierungsbehörden sowie den zwischenstaatlichen und internationalen Behörden für die Interessen, die das jüdische Volk in seiner Gesamtheit betreffen, einzusetzen:
Der Jüdische Weltkongress bemüht sich, mit allen Völkern auf der Grundlage der allgemeinen Ideale des Friedens, der Freiheit und der Gerechtigkeit zusammenzuarbeiten.

Diese Grundsätze gelten noch heute. Grundsätzlich hat der Jüdische Weltkongress seine Vorstellungen in den Jahren, die vergangen sind, seit die Leitung in andere Hände übergegangen ist, nicht geändert. Seine Arbeitsmethoden haben sich weiterentwickelt, ohne allerdings an der Philosophie der Organisation etwas zu ändern. Und natürlich hat jede Generation das Recht, die geeignetsten Wege zu suchen und zu gehen, um die gesteckten Ziele zu erreichen.

An der Schwelle zum nächsten Jahrtausend

Gerhart M. Riegner 1997.

Mein Leben stellt eine Einheit von ungewöhnlicher, ja einzigartiger Konstanz dar: sechzig Jahre, ununterbrochen demselben Ideal geweiht. Ich habe meine Funktionen während der dramatischsten Periode unserer Geschichte ausgeübt, die geprägt war von drei bedeutenden Entwicklungen, von denen manche die jüdische Gemeinschaft bis in die Grundfesten ihrer Existenz erschütterten.

Das erste dieser Ereignisse war die Shoah. Sie war die schwerste Krise in der jüdischen Geschichte seit der Zerstörung des Tempels, vielleicht sogar noch schwerwiegender. Ein Drittel unseres Volkes ist von einem Todfeind mit voller Absicht vernichtet worden. Das jüdische Volk ist noch immer traumatisiert durch diese Erfahrung und kämpft mit sich selbst in dem Versuch, die Bedeutung dieser furchtbaren Tragödie zu verstehen. Diese Katastrophe traf das jüdische Volk bis in die tiefsten Schichten seiner Existenz. Sie hätte beinahe sein Vertrauen in den kontinuierlichen Fortschritt der Menschheit zerstört, wie ihn unsere messianische Tradition lehrt, die die Ideen der Aufklärung noch verstärkte. Diese Prüfung weckte im jüdischen Volk tiefe Zweifel an der Richtigkeit seines Glaubens. Eine beträchtliche Anstrengung war nötig, um unsere Verzweiflung zu überwinden und unser wirkliches Engagement neu zu definieren.

Ich gehörte der tragischen Generation an, die die Katastrophe kommen sah und versuchte, die Fluten aufzuhalten, die aber angesichts der mangelnden Voraussicht, der moralischen Gleichgültigkeit und des politischen Opportunismus der Welt, die uns umgab, nichts dagegen tun konnte.

Der zweite Faktor, der von entscheidender Bedeutung für die Existenz des jüdischen Volkes war, war die Wiedergeburt eines jüdischen Staates nach zweitausend Jahren der Not, des Umherirrens und der Verfolgungen. Das war unsere spektakulärste Leistung. Dieses Ereignis gab dem jüdischen Volk zum ersten Mal seit praktisch zweitausend Jahren seine Souveränität und stürzte es zugleich in die Zwickmühlen, die die Macht und die aktive Teilnahme an der Bestimmung der Geschichte mit sich bringen.

All dies hat die unzerstörbare Energie des jüdischen Volkes bewiesen und seinen unbeirrbaren Willen, sich erneut eine Existenz auf der Erde seiner Vorfahren auf neuen Grundlagen aufzubauen. Das war ein entscheidender Schritt, nicht nur um sich von der Angst, den Diffamierungen und dem äußeren Druck zu befreien, sondern auch um die notwendigen Voraussetzungen für die Entwicklung unserer eigenen Kultur in Freiheit und Würde zu schaffen.
Ich war ein aktiver Zeuge der Entwicklung, die zu diesem Wunder geführt hat, und habe aktiv an den vielfältigen Bemühungen teilgenommen, die darauf abzielten, den neuen Staat in seinen unsicheren Anfängen zu festigen, ihn durch die solidarische und beständige Aktion der Diaspora zu stärken und gegen diejenigen zu verteidigen, die seine Legitimität in Frage stellten.
Das dritte Ereignis, das man nicht außer Acht lassen darf, war der Zusammenbruch der kommunistischen Regime in Osteuropa und die vielfältigen Konsequenzen, die sich daraus ergaben. Diese wurden vor allem anlässlich des fünfzigsten Jahrestags des Endes des Zweitens Weltkriegs offenbar und führten die neue Situation vor Augen, in der sich große Teile des jüdischen Volkes befinden.
Es gibt heute keine Juden mehr in Gefangenschaft. Der Staat Israel muss nicht mehr um die Anerkennung seiner Existenz kämpfen. Die Shoah, der Holocaust ist – wie wir sehen werden – auf dem Weg, in den großen Strom der Geschichte Europas integriert zu werden. Die großen religiösen Institutionen haben das Judentum endlich als eine lebendige Realität akzeptiert, die ihren Weg in die Zukunft fortsetzt. Jeder Jude ist heute Jude aus eigenem Willen. Die Tatsache, dass ein erhöhter Prozentsatz von Juden beschlossen hat, nicht in einer freien Gesellschaft zu verschwinden, impliziert eine starke Motivation und vor allem den Wunsch, sein Jüdischsein wieder positiv zu definieren.

Die größte Herausforderung, der sich heute alle religiösen Bewegungen stellen müssen, rührt von der Tatsache her, dass wir in einer weitgehend säkularisierten Gesellschaft leben. Wie können sie unter diesen Umständen dem Druck dieser Gesellschaft widerstehen? Es besteht kein Zweifel, dass die Kraft der weltlichen Einflüsse die religiösen Bewegungen stark schwächt. Die jüdische Gemeinschaft erlebt intensiv die Folgen des so geschaffenen Klimas, in dem ihre Mitglieder den Einflüssen eines sie umgebenden weltlichen Materialismus ausgesetzt sind, was Auswirkungen auf weite Teile der Gemeinschaft hat. Die traditionellen jüdischen Institutionen – und insbesondere die für ihre Stabilität bekannte jüdische Familie – können mittlerweile nur noch mit allergrößter Mühe aufrechterhalten werden.

Zwar erleben wir gleichzeitig auch ein bemerkenswertes Wiedererstarken des orthodoxen Sektors der jüdischen Gemeinschaft, der die enorme Kraft und die ganze Inbrunst der Verbundenheit mit den traditionellen Formen des Glaubens entfaltet. Die religiösen Schulen und die *Jeschiwot* haben sich in ganz außerordentlicher Weise entwickelt. Die *Jeschiwot* in Israel, in denen Zehntausende junger Leute erzogen werden, übertreffen heute zahlenmäßig das mächtige System der orthodoxen Erziehung Osteuropas, das in den letzten Jahrhunderten das Hauptzentrum des jüdischen religiösen Lebens gewesen war und aus dem die meisten modernen jüdischen Bewegungen hervorgegangen sind. Israel ist ein wesentliches Zentrum dieser Renaissance geworden. Ein großer Teil der Lehrer und Erzieher der Diaspora wird in Israel ausgebildet. Die jüdische Forschung hat eine erstaunliche Entwicklung genommen. In den letzten Jahrzehnten sind in Israel mehr jüdische Studien entstanden als in der ganzen Zeit der Zerstreuung der Juden.

Ebenso haben die konservativen und reformierten Bewegungen – die anderen Hauptsektoren des jüdischen religiösen Lebens – gewaltige Anstrengungen zur Bewahrung und Entwicklung ihrer Institutionen unternommen. Die Einführung der jüdischen Ganztagsschule, die eines der wichtigsten Mittel für die Weitergabe des jüdischen Geistes an die jungen Generationen ist, war ein bemerkenswerter Erfolg. Die Umwandlung der Synagoge in ein Zentrum des Studiums und der kulturellen Aktivitäten aller Art – vom Kindergarten über die Ausbildung von Jugendlichen und Sportgruppen bis hin zu Kursen für Erwachsene – bezeugt die tiefe Verbundenheit mit den jüdischen Werten und den Eifer, mit dem diese Bemühungen um die Aufrechterhaltung einer starken und lebendigen jüdischen Gemeinschaft betrieben werden. Die Annahme des Prinzips der väterlichen Abstammungslinie durch die Reformbewegung, das von den anderen Sektoren der Gemeinschaft entschieden abgelehnt wird, ist ein weiterer Versuch, sich der Herausforderung der Zeit zu stellen.

Und selbst in den Gebieten der ehemaligen Sowjetunion, aus denen praktisch jede jüdische Aktivität verbannt war, erlebt man ein erstaunliches Wiedererwachen des jüdischen Geistes und seiner Tradition und eine wahre Explosion von Initiativen, die sich die Bewahrung und Revitalisierung des Judentums zum Ziel gesetzt haben. Wer hätte für möglich gehalten, dass nur ein paar Jahre nach dem Zusammenbruch der Sowjetunion Tausende von Studenten an mehr als fünfzig staatlichen oder privaten Universitäten Vorlesungen und Seminare über jüdische Geschichte, die Bibel, jüdische Philosophie, Hebräisch und viele weitere Themen ähnlicher Art besuchen und dass etwa dreihundertfünfzig Professoren und Fachleute mit diesen Vorlesungen und Seminaren betraut sind?

Ganz so düster sieht es also nicht aus. Dennoch verkünden die Statistiken regelmäßig einen deutlichen Rückgang der Zahlen und eine allgemeine Verringerung der Juden. Ich gehöre nicht zu diesen Unglückspropheten. Es ist möglich, dass die Zahl der Juden abnimmt. Aber die Intensität des Engagements breiter Schichten des jüdischen Volkes scheint mir gegenwärtig größer als in den letzten beiden Jahrhunderten. Die Shoah und die Gründung des Staates Israel haben hierbei eine große Rolle gespielt. Ich sehe den Assimilationsprozess so, dass die dritte Generation sich ihrer Wurzeln zu erinnern sucht, die die zweite Generation zu vergessen versuchte.

Die Assimilation ist kein neues Phänomen. Sie zieht sich durch unsere gesamte Geschichte. Die Schwankungen der Gesamtzahl der Juden im Laufe der Jahrhunderte sind der Beweis. Alle statistischen Spekulationen lassen die wirkliche Bedeutung der jüdischen Existenz außer Acht. Es gibt keine rationale Erklärung für die Tatsache, dass das jüdische Volk nach all den Verfolgungen durch die weltlichen Mächte und das nachdrückliche Bestreiten seines Rechts auf Existenz durch die wichtigsten geistlichen Kräfte der Welt noch immer am Leben ist. Niemand kann vorhersehen, welche Absichten Gott mit seinem Volk hat, und ganz bestimmt nicht die Statistiker.

In all den zahllosen Krisen und Spannungen, die während der langen Jahre meiner Arbeit praktisch nie aufgehört haben, habe ich niemals die Hoffnung verloren, niemals, nicht einmal in den schlimmsten Augenblicken, habe ich resigniert. Niemals habe ich ein »Nein« als Antwort akzeptiert. Wenn ich auf scheinbar unüberwindliche Schwierigkeiten stieß, habe ich immer nach anderen Wegen gesucht, sie zu überwinden.

Ich glaube, dass der Bericht über meine Aktivitäten – dieses Buch bezeugt es – beweist, dass man mit einem bedingungslosen Glauben an die Richtigkeit seiner Sache, unbändiger Energie, unbeirrbarer Entschlossenheit, grenzenloser Beharrlichkeit und systematischer täglicher Arbeit schließlich zu Resultaten gelangt, selbst wenn die Hindernisse zunächst vollkommen unüberwindlich scheinen. Häufig habe ich ganz allein gehandelt. Mein Handeln kann vielleicht als Beispiel für andere dienen, die sich in ähnlichen Situationen befinden.

Dieses Klima hielt während meiner ganzen Aktivitäten an. Dann tauchte jedoch ein Lichtblick auf. Die Entscheidung der Regierung Rabin-Peres, auf jeden Wunsch nach Herrschaft über ein anderes Volk zu verzichten und den Frieden mit den Palästinensern über Verhandlungen und in der Achtung der wesentlichen Interessen der anderen Partei anzustreben, veränderte die Situation vollständig und löste ein weltweites positives Echo aus. Man sah in dieser Entscheidung so etwas wie eine Rückkehr des jüdischen Staates zu den Grundsätzen, die die friedliche Koexistenz zwischen den Nationen regeln sollen. In Wirklichkeit aber gehorchte sie ganz einfach nur der Logik, die die Annahme der Entscheidung der UNO über die Teilung Palästinas im November 1947 durch Ben Gurion und die israelischen Behörden motiviert hatte.

Die Reaktion der Außenwelt beschränkte sich nicht auf die Probleme des Nahen Ostens. Sie dehnte sich rasch auf diejenigen der Diaspora aus und warf viele Fragen auf, die sie betrafen. Eine neue verständnisvollere Atmosphäre entwickelte sich, was die enge Komplementarität der Probleme Israels und der Diaspora zeigt. Gewiss, der Antisemitismus zeigt sich noch immer in zahlreichen Ländern und taucht manchmal sogar ganz unerwartet auf. Dennoch hat sich die Situation der Diaspora insgesamt deutlich gefestigt.

Diese Situation findet ihren augenfälligsten Ausdruck in einer Reihe von Ereignissen, die darauf hinweisen, dass ein historischer Prozess eingesetzt hat, der die Shoah als ein einzigartiges zentrales Ereignis unseres Jahrhunderts akzeptiert und als solches in die europäische Geschichte integriert. Diese Entwicklung bedeutet einen echten Durchbruch für die jüdische Position in der modernen Welt. Fünfzig Jahre waren dafür nötig. Fünfzig Jahre hat es gedauert, bis sich die Völker, unter denen wir leben, der Ungeheuerlichkeit der Katastrophe bewusst werden und ihre transzendentale Bedeutung ermessen. Erst nach und nach hat man ein Bewusstsein dafür entwickelt, dass, auch wenn Deutschland unbestritten der Hauptschuldige für die Ausrottung eines Drittels des jüdischen Volkes ist, die anderen Völker nicht ohne Tadel sind und alle einen Teil der Verantwortung an dem, was geschehen ist, tragen. Nachlässigkeit, Feigheit, Unbekümmertheit, Gleichgültigkeit, Leichtfertigkeit, Trägheit, Passivität, Mangel an Reaktion, fehlender Wille zur Rettung kennzeichneten das Verhalten aller – niemand kann sich für unschuldig erklären.

Dieser Durchbruch fand einen starken symbolischen Ausdruck anlässlich des fünfzigsten Jahrestags der Befreiung des Lagers Auschwitz. Während wir bei den Gedenkfeiern der Shoah und der Ehrung unserer Toten immer allein gewesen waren, nahmen an dieser denkwürdigen Zeremonie fast fünfzig Regierungen teil und ehrten gemeinsam mit uns die an diesem Ort gestorbenen Opfer.

Die Rede, die Kaspar Villiger, der Präsident der Schweizerischen Eidgenossenschaft, anlässlich des fünfzigsten Jahrestags des Kriegsendes hielt – in der er sich beim jüdischen Volk für die von der Schweiz vor und während des Zweiten Weltkriegs begangenen Vergehen und insbesondere für die Abweisung von Tausenden jüdischer Flüchtlinge und die Verantwortung für die Einführung des Stempels »J« auf den Pässen der deutschen Juden entschuldigte –, gehört in die gleiche Bewegung der Anerkennung des Unrechts der Vergangenheit.

Kurz darauf gab der Präsident des Internationalen Komitees vom Roten Kreuz das »moralische Versagen« seiner Institution zu, die heute die Versäumnisse und Fehler, die sie während des systematischen Völkermords am jüdischen Volk begangen hat, nur bedauern kann.

Die Erklärung von Präsident Jacques Chirac, der zum ersten Mal die Verantwortung der Französischen Republik für die antijüdische Politik der Vichy-Regierung anerkannte, ist ein weiterer bedeutender Schritt im Prozess der Wiederherstellung der Wahrheit und der Anerkennung dieser bis dahin sogar von seinem Vorgänger verdrängten Verantwortung. Diese anschließend von Premierminister Lionel Jospin gebilligte Stellungnahme ist ein großer Augenblick innerhalb dieser Entwicklung.

Die Erklärung der Reue der französischen Bischöfe vom 30. September 1997 über ihr Schweigen angesichts der Ausrottung der Juden und

ihre Verantwortung dafür, nicht geholfen zu haben, als Protest und Schutz noch möglich und notwendig waren, ist ein tiefbewegendes Dokument und ein wichtiger Akt der Wiedergutmachung.
Ähnliche Erklärungen wurden von mehreren Bischofskonferenzen anderer Länder veröffentlicht, in denen sie die Fehler, Vergehen und andere Versäumnisse ihrer Kirchen gegenüber den Juden während des Zweiten Weltkriegs bedauern, vor allem in Deutschland, in Polen, in Holland, in der Schweiz, in den Vereinigten Staaten, in Ungarn und in Italien; und schließlich müssen wir auch den Text »Wir erinnern uns: Eine Reflexion über die Shoah«, vorbereitet auf Veranlassung von Johannes Paul II. und veröffentlicht von der Kommission des Heiligen Stuhls für die religiösen Beziehungen zum Judentum am 16. März 1998, nennen.
Ebenso legen auch alle aktuellen und bisweilen leidenschaftlichen Diskussionen und Debatten über die Rückgabe der jüdischen erblosen Vermögen, über das Nazigold, das zum Teil von den Opfern stammt, und über die nicht erfüllte Pflicht der Staaten, die beschlagnahmten oder gestohlenen Gegenstände zurückzugeben und die Juden, die die Shoah überlebt haben, für ihre Verluste und Leiden zu entschädigen oder auszugleichen, Zeugnis davon ab, dass die Staaten und breite Schichten der Gesellschaft endlich aufwachen und sich ihrer Vergehen und ihrer Verantwortung in der Vergangenheit bewusst werden.
All dies wäre nicht geschehen und wäre sogar undenkbar gewesen ohne die Entwicklung einer Geisteshaltung, die die Shoah heute als zentrales Ereignis innerhalb der Geschichte unseres Jahrhunderts akzeptiert.

Ich weiß, dass diese neue Situation durch die Bildung der Regierung Netanyahu stark erschüttert worden ist. Ihre Politik hat nicht nur den Friedensprozess angehalten. Sie hat die Glaubwürdigkeit und das zurückgewonnene Ansehen des Staates Israel untergraben, so dass er ein weiteres Mal zunehmend in die Isolation gerät. Außerdem hat sie überall die Position der Diaspora geschwächt.
Da Netanyahus Methode darin besteht, die Dinge zu verschleppen, werden seine falschen und widersprüchlichen Versprechen und seine inkonsequenten Erklärungen von einem großen Teil der öffentlichen Meinung übel vermerkt. Während die einen diese Politik, um die Worte des ehemaligen Außenministers David Levy zu zitieren, als ein »un-

durchschaubares Abrakadabra« betrachten, sind die anderen überzeugt, dass sein wirkliches Ziel die Annullierung der Osloer Verträge sei. All dies bringt die Sache des Friedens natürlich nicht voran.

Trotzdem gibt es auch einige wichtige positive Dinge. In ihrer großen Mehrheit sind die Juden Israels, wie alle Umfragen beweisen, glühende Verfechter des Friedens und wünschen die Fortsetzung des Friedensprozesses bis zum Schluss. Die große Mehrheit der Juden der Diaspora teilt diese Sicht.

Und auch die große Mehrheit der Palästinenser und der Regierungen der arabischen Staaten ist heute ganz klar für die Fortsetzung dieses Prozesses. Darin unterscheidet sich die heutige Situation wesentlich von der, die herrschte, als der Friede mit Ägypten geschlossen wurde und alle anderen arabischen Staaten und die Mehrheit der Mitgliedsstaaten der UNO den Friedensvertrag verurteilten.

Die Extremisten beider Seiten versuchen die Friedenspolitik zu sabotieren. Sie unterstützen sich gegenseitig in diesem Kampf und konnten bis jetzt jede konstruktive Lösung verzögern.

Ich glaube jedoch, dass die positiven Kräfte schließlich die Oberhand gewinnen werden. Der Friede ist keine Idee, mit der man spielt; sie ist die Quintessenz der jüdischen Tradition selbst. Die Idee, dass beide Völker, Juden und Palästinenser, das historische und moralische Recht auf eine unabhängige Existenz in dem alten Land haben, das sie beide als ihre Heimat betrachten, ist zu stark, als dass sie scheitern könnte. Lassen Sie mich hier *meinen Glauben in die Hoffnung* wiederholen, »ohne die wir nichts ausrichten können, die aber alles möglich macht«.

Ein weiteres ernstes Problem, das sich uns an der Schwelle zum dritten Jahrtausend stellt, sind die Verschärfung der religiösen Konflikte und die sich daraus ergebenden Spannungen. Die Stärkung und Ausweitung der fundamentalistischen religiösen Bewegungen, die wir in großen Teilen der Welt beobachten, haben zu vorher in dieser Form nicht gekannten Haltungen des Fanatismus und der Intoleranz geführt. All diese Entwicklungen haben ihre Spuren in den jüdischen Gemeinden hinterlassen.

Die Spannungen zwischen den religiösen Schichten und denen der Nichtgläubigen in Israel sind nicht neu. Es gibt sie seit der Gründung des Staates. Dieser kulturelle Konflikt wird eines Tages geregelt werden müssen. Ben Gurion und die Gründer des Staates hatten Recht, ihn so lang wie möglich hintanzustellen und in der Zwischenzeit dem Staat zu erlauben, an Stärke und Zusammenhalt zu gewinnen. Diese Spannungen zwischen den beiden Parteien der Bevölkerung haben sich verschärft, seit die orthodoxen Kräfte des Landes beträchtlich an Macht gewonnen haben, immer extremistischere Haltungen annehmen und mit allen Mitteln versuchen, die Politik des Landes in ihrem Sinn zu beeinflussen. Dennoch hat Ben Gurions Politik nach wie vor ihre Berechtigung.

In den Vereinigten Staaten sind manche extremistische orthodoxe Gruppen in ihrer Intoleranz so weit gegangen, den breiten Kongregationen der jüdischen Reformbewegung und der Konservativen ihren jüdischen Charakter abzusprechen! Und dies in völligem Widerspruch zur Lehre der *Halacha*, nach der es für einen Juden fast unmöglich ist, seine jüdische Identität zu verlieren.

Die Stärkung der extremistischen Tendenzen in der israelischen – und weltweiten – Orthodoxie birgt jedoch große unmittelbare Gefahren. Auf dramatische Weise zeigte sich dies in der Diskussion über den Übertritt der Nichtjuden in Israel zum Judentum. Die diesbezüglichen orthodoxen Forderungen haben die Vertreter der Konservativen und der Reformbewegung, die die große Mehrheit der amerikanischen Juden stellen, zutiefst verletzt. Dieser Konflikt hatte sich so sehr zugespitzt, dass er auf dramatische Weise zu eskalieren und das Judentum unwiderruflich zu spalten drohte. Erst nach intensiven Vermittlungsbemühungen konnte das Schlimmste für den Augenblick verhindert werden, und Finanzminister Neeman wurde beauftragt, einen für alle betroffenen Parteien akzeptablen Kompromiss zu finden.

Der Jüdische Weltkongress, der höchste Ausdruck des Prinzips der Einheit des jüdischen Volkes, kann diesen dramatischen Konflikt nicht ignorieren. Als einer der Gründer dieser Institution, der seine Gründung miterlebt hat und Zeuge war, wie bei diesem Anlass die Einheit des jüdischen Volks als einziges Grundprinzip der neuen Organisation verkündet wurde, glaube ich, dass wir eine besondere Aufgabe haben: Wir müssen dafür sorgen, dass dieser Konflikt beigelegt und keine Anstrengung gescheut wird, um die Mission von Minister Neeman zu unterstützen und eine für alle akzeptable Lösung zu finden. Ich freue mich, dass Präsident Ezer Weizmann diese Position unterstützt.

Man spöttelt manchmal über den Begriff der Einheit des jüdischen Volkes und seine Wirksamkeit. Es stimmt zwar, dass das jüdische Volk vielleicht das individualistischste Volk ist, das es gibt, und zutiefst an die Meinungsfreiheit eines jeden glaubt. Man sagt bisweilen spöttisch, dass drei Juden, die miteinander diskutieren, vier Meinungen äußern. Das ändert jedoch nichts daran, dass die Einheit des jüdischen Volks der einzige wirksame Rahmen ist, um unsere Organisationen, unsere Gemeinden, die Diaspora und die Bevölkerung Israels zusammenzuschließen und zu vereinen zur gemeinsamen Verteidigung der Rechte und Interessen aller, um ihren Zusammenhalt zu gewährleisten.
Da dieser Zusammenschluss und diese Kooperation auf dem freien Willen aller beruhen, ist das Prinzip der Einheit der einzige Garant für den Fortbestand des jüdischen Volkes und seiner Mission in der Welt.

Anhang

Register

C

D

E

F

I

J

K

L

M

N

O

P

R

S

T

U

V

W

Z